실전 재정학

최신 기출문제 완벽 해설과 모의고사 수록

장선구 · 박환재

비앤엠북스

세무사 재정학 기출문제 분석

	재정상황(시사적)	후생경제학	공공재	외부성	공공선택	소득분배	국민연금	정부지출	비용편익	재정적자(국채)	공공요금	지방재정
2013		파레토 효율 개념 MRS=MRT 수식 사회후생함수 보상의 원칙 롤스의 사회후생함수	비가치재 린달모형	외부효과 특성 [계산] 피구세	투표의 역설 니스카넨 모형	분배의 정의(러너, 에지워드) 불평등 발생원인 [계산] 10분위 분배율 정액보조금 효과 사회보험제도		정부지출 증가원인	환경정책 비용편익	리카도 대등정리	공공요금 결정원리 (이부요금제와 최대부하가격)	중앙정부와 지방정부 역할
2012		MRS=MRT 롤스사회후생함수 보상의 원칙 사회후생함수 파레토효율 개념(식)	비가치재 린달 모형	환경정책(조건부가치평가법, 헤도닉 등) [계산]피구세와 조세수입크기 외부효과 개념	투표의 역설	불평등발생원인 [계산] 10분위 분배율 분배의 정의 (러너, 에지워드)	사회보험제도 개관 (국민연금 효과 등 묶어서)	니스카넨 모형 정부지출증가원인		리카도 대등정리	[계산] 독점과 소비자잉여 공공요금 결정원리	중앙정부 VS 지방정부
2011		애로우 조건 후생경제학 개설 의료보험시장과 역선택 시장실패 개설 [계산] 계약곡선	공공재 개설 가치재와 비가치재 공공재 성격	외부성 개설 [계산] 피구세	[계산] 공공재최적 양 불평등 지수 개설	소득분배이론 비교 (공리주의,롤스)	국민연금 경제적효과		사회적 할인율 개설 (기후변화와 연결) [계산] 순현재가치	공채부담 개설	공공요금 개설	지방재정 개설
2010	현행 세목 (종합부동산세)	[계산] 롤스 사회후생함수 칼도-힉스 보상 기준 도덕적 해이(의료보험제도)	[계산] 공공재 최적수준 공공재 개념(효용함수) 린달모형(표이해)	[계산] 오염배출권 오염배출권 개설 피구세와 하버거 삼각형		소득불평등도 부의 소득세 효과			[계산] 순현재가치(NPV) 잠재가격	재정적자와 국채 리카도 등가정리	자연독점과 공공요금	지방재정조정제도 오우츠분권화 정리
2009	현행조세체계 고령화현상 조세부담률과 국민부담률	시장실패(설명) 생산가능곡선 정부역할(복지국가목표) 정부실패원인 공리주의효용함수와효용가능경계 애로우불가능성정리요건	[계산]공공재최적수준 수요표출메커니즘시사점	외부성 개념	공공선택이론 개설	소득불평등도		피콕-와이즈만	사회적 할인율	균형재정승수(조세승수 와 정부지출승수) 재정적자와 구축효과 국채부담(러너와배로)	한계비용가격설 정방식	지방재정 개론 중앙정부와지방정 부역할분담
2008	부동산관련세제 EITC(한계세율계산) 현행목적세 아닌것	정보비대칭(의료보험시장) 효용가능경계와 사회후생함수형태	[계산]공공재최적수준 [계산]클라크조세 공공재성격 공공재무임승차게임이론	[계산]피구세 [계산]피구세와설명 외부성의 외부화 개설 코즈정리성립 어려운이유	공공선택이론 개설	소득불평등 정도 측정	사회보험 특성	공공재 과다공급 (학자이름) 이전지출효과	BC분석 특성	재정적자와 국가채무 개설	공공요금결정 개설	지방공공재 공급 개설
2007		후생행복지수 도덕적해이 개설 차선이론보상원칙 개설 애로우조건	공공재유형 [계산]공공재무임승차시 자중손실 공유자원 개설	[계산]피구세크기 공해해결방법 코즈정리게임이론		불평등지수 부의소득세제	국민연금제도 효과 (저축,노동공급)	정부지출지속증가 원인	BC분석 평가와 현재가치 할인율	국채 부담(학자)	공공요금결정 개설 (최대부하가격)	지방재정조정제도 개설 끈끈이효과
2006	부동산가격안정화조치 한국재정상황재정운용 EITC(소득,대체효과)	역선택과보험시장 사회후생함수 개설 효율성과시장실패	공공재적정수준 개설 공공재수요표출 개설	폐수해결방안 효용함수(보조금)	공공선택이론 개설	앳킨슨 불평등지수	국민연금의 저축효과 국민연금재정위기이유	정부지출 지속적 증가현상	[계산]내부수익률 BC분석잠재가격		이부가격제도	지방공공재
2005		정부실패원인 파레토최적 차선이론	[계산]공용목초지사용량 [계산]공공재최적량	소비과정해로운외부성 오염배출해결방안	니스카넨모형 과반수제투표	에지워드모형 부의소득세(EITC) 불평등지수 [계산]앳킨슨지수	국민연금 재원조달 방식		사회적할인률 BC분석 개설	리카도 등가정리	램지가격설정방식	티부모형 지방재정조정제도

	조세기본원리	조세와 소득분배	조세와 효율성			바람직한 조세제도	소득세와 부가세	법인세	조세와 경제행위(개인)	조세와 경제행위(기업)
2013	목적세 조세부담 원칙 공평과세	선형누진세	동결효과 이윤세 조세의 자본화	조세전가와 귀착 [계산] 비효율성 계수	물품세(노동) 초과부담 원인 근로소득세 인상효과 근로소득세와 예산선	물품세와 소득세 최적조세제도 조세제도의 개혁 [계산] 탈세	부가가치세와 다단계 거래세 비교	법인세 중립성 법인세 통합방식 인플레이션과 법인세	임금소득세효과 이자소득세효과	투자세액공제
2012	조세부담원칙/동결효과 공평과세/목적세 [계산] 조세의 자본화 조세부담 전가와 귀착		[계산] 비효율성계수 이윤세효과 누진세 초과부담 이유	정액보조금과 한계세율인상 효과 최적조세 개관(CH, 지출세) 물품세 VS 소득세 효율성비교	하버거 모형 [계산] 선형누진세 조세부담액	조세제도 개혁	근로소득세인상 효과 근로소득세부과 예산선 다단계 거래세	법인세 성격과 존립		
2011	공평한조세부담 (편익원칙, 능력원칙) 개설 조세 기본원리 개설	토지세와 후전	사중손실 개설 정액세 효과 조세와 초과부담 개설	조세귀착 개설 조세와 효율성 개설 [계산] 조세귀착 [계산] 독점이윤과 초과부담	음의 소득세 효과 최적물품세 개설		포괄적 소득세(HS) 개설 부가세 장점 소비세와 소득세 비교	법인세 개설1 법인세 개설2	근로소득세가 노동에 미치는 영향 노동여가선택 개설 이자소득세(2기간선택)	자본의 사용자비용
2010	[계산] 종량세 부과 [계산] 종량세 조세수입 조세 이익설 조세부담과 탄력성	평균세율과 누진성 하버거 모형 개설 조세의 자본화	초과부담과 전가 램지규칙			탈세 방지대책 최적조세 납세순응비용	소득세(세액공제) 소비과세 실효세율(공제고려) 부가세 특성	법인세 개설 자본 사용자 비용	소득세 부과와 노동공급 이자소득세와 저축	MM정리(조세와 투자)
2009	[계산]종량세 조세수입 [계산]소득탄력성과 조세수입 균등희생원칙 (우하향한계효용곡선) 직접세와간접세	선형누진세(간단식)	하버거모형 램지규칙 [계산]초과부담크기 설명	소비세장단점/ 초과부담크기	물품세귀착 이자소득세부과영향	바람직한 조세제도요건 탈세이론 조세지출	부가가치세 개설			투자세액공제 한계실효세율접근법
2008		누진세율 개념 국제화자본이동과 조세부담 하버거모형 조세의 자본화 조세와 조세부담 개설	초과부담과 탄력성 [계산]조세수입과초과부담비율 램지규칙	조세형태(종가세,종량세)와효율성 콜렛-헤이그과세정책	조세가 자원배분에 미치는 영향 종가세 개설 (예산제약식)	탈세 개설	소득공제와 세액공제 부가가치세 개설	법인세중립성기준 인플레이션의 조세영향		
2007	조세기본원리 개설 조세예산제약식 형태 조세의 전가와 귀착 조세의 귀착 개설/조세의 자본화 균등희생원칙(역진조세)		조세수입과 탄력성 초과부담 발생원인 초과부담과 탄력성 완전보완재조세효과 (초과부담)	최적 물품세		개인지출세 조세지출 개설	[계산]소비형부가세 부담액 bracketcreep용어 포괄적소득세제	법인세 과세베이스	조세와 위험부담행위 후방굴절근로소득세 이자소득세효과	조세가 투자에 미치는 효과
2006	조세세원 개설/소득평가기준 [계산]세후실질이자율 이중과세조정/tax haven 종량세 종가세 효과 편익 원칙총세금	소득재분배와 누진성	램지조세 완전보완재조세부과효과 하버거모형 [계산]사중손실	비과세 감면조항 문제	하버거 삼각형 초과부담 개설	최적 조세(선형 누진 소득 세 등) 개설	부부합산과세(과세단위) 인플레이션세(지수화)	이중과세 해소	스티글리츠기대효용 모형 근로소득세노동공급	
2005	[계산]종량세 가격상승 조세의 자본화/절대균등희생원칙 [계산]초과부담 조세부담전가와 귀착 공평조세편익원칙 완전경쟁 물품세 귀착		하버거모형 초과부담			탈세모형 최적물품세(종합적) 스턴최적선형누진세	포괄적소득세 영세와 면세	법인세 통합방식 인플레이션과 법인세 법인세중립성조건	[계산]근로자노동시간 이자소득세효과 비례소득세효과	

실 전 재 정 학

머리말

세무사 1차 시험에서 합격하기 위해서는 재정학에서 최대한 득점을 많이 해야 한다. 세무사를 비롯하여 과거 국회사무직, 행정직, 행정고시, 외무고시 등 모든 자격시험에 자신이 선택한 여러 과목에서 당락을 가르는 과목이 바로 재정학이었다. 이에 재정학에서 고득점을 해야 하고 또한 조금의 투자로 그렇게 할 수 있다는 것이 모든 출제위원의 공통된 의견이다.

이러한 목표를 달성하기 위해서는 과거의 기출문제를 면밀히 분석하여 출제경향을 파악하여야 한다. 지극히 당연한 이야기임에도 불구하고 많은 수험생들은 기출문제의 답만 체크하고 자신이 이해할 수 있는 쉬운 문제만 반복해서 암기하는 학습태도와 경향을 보인다. 이러한 잘못된 학습에 문제인식을 같이한 저자들은 '기출문제의 꼼꼼한 접근'과 '창의적 사고와 이해'라는 전략적 목적을 달성하기 위해서 이 책을 출간하게 되었다. 최근 3년간의 기출문제와 3회분의 모의고사를 통해 240문제를 '꼼꼼히' 곱씹고 '창의적으로' 이해한다면 실전 시험에서 고득점을 할 것이라는 데 의심할 여지가 없다.

저자들은 현재 대학 강단에서 정규수업으로 재정학을 강의하고 있으며, 학회에도 왕성하게 참여하고 있는 한편, 행정고시와 외무고시 등 많은 자격시험에 출제위원으로 활동하고 있어서 재정학의 최근 경향까지 잘 파악하고 있다고 자부한다.

이 책을 활용하는 방법을 하나 제안하면 항상 간편히 휴대하면서 창의적 이해를 하라는 것이다. 이러한 활용법을 돕기 위해 책의 사이즈를 의도적으로 작게 하였다. 항상 손에 들고 다니면서, 단편적인 공식만 암기하지 말고, 기출문제를 한 문제씩 꼼꼼하게 체크하면서 전반적인 문제의 느낌과 분위기를 파악하라는 것이다.

극단적이기는 하지만 차라리 문제를 통째로 암기하는 방법이 빠르게 고득점에 이르는 지름길일 수 있다. 물론 문제에 익숙해지는 과정에서 왜, 어떻게 하는 의문이 생기면 "느낌 아니까"란 추가적인 이해도 싹틀 것이다. 저자들은 그러기를 바라 마지않으며, 또한 그렇게 될 것으로 굳게 믿는다.

처음 기획했던 의도에 비추어볼 때 여전히 많은 아쉬움이 남지만 이 책을 꾸준히 다시 펼쳐 보고 되새기면서 조금씩 개선해 갈 것을 약속한다. 이 책을 쓴다는 핑계로 저자들의 주변에서 외부불경제를 느낀 모든 분께 용서를 구한다. 더불어 포기하지 않고 이 책을 만들도록 독려해 준 독자 여러분과 이 책을 이용해서 시험을 준비하는 많은 수험생들에게 합격의 영광이 있기를 바란다.

2014년 2월 저자

실 전 재 정 학

차례

▣ 세무사 실전 재정학 핵심정리

세무사 시험 실전 대비용
재정학 알짜 정보 총정리

세무사 실전 재정학 핵심정리

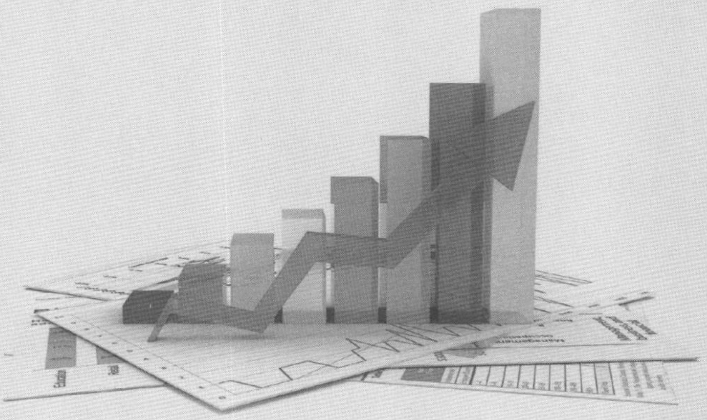

시장실패와 정부

핵심 1 재정학 개론

1. 정부의 3대 기능 중 배분(allocation)기능에 속하는 것은?

① 최저임금제 실시
② 소득세율 인상
❸ 국방비 지출
④ 고용보험제도 운영
⑤ 공공근로사업 실시

⇨ 국방비 지출은 공공재 생산과 공급이므로 자원배분기능에 해당함

	내용	설명
재정 기능	효율성	생산물, 생산요소 적재적소 배분
	공평성	누진세율, 상속 · 증여세, 사치성 소비재에 중과세
	안정적 성장	경기변화에 민감한 조세 및 지출구조
재정상태 변화	효율성	파레토 효율성(몰가치적 판단기준)
	공평성	가치판단 문제, 사회적 합의 곤란
	온정적 간섭주의	개인선호 제약(소비자 주권과 충돌)
재정이론 전개	고전학파(Smith)	균형재정, 작은 정부론
	케인즈(Keynes)	적극적인 재정정책 지지, 큰 정부론
	통화주의자	구축효과, 재정정책 비판, k% rule 지지
	새고전학파	리카도 대등정리, 재정정책 비판
	공급 중시 경제학	Laffer 곡선 : 세율과 세수입 관계

1. 정부부문의 특징

① 국민이 직접 선출한 사람 혹은 선출된 사람에 의해 임명된 사람들이 운영책임
② **강제성**(민간은 자발적 교환원리) → 강제적 조세징수 : 세금, 토지수용
③ **비시장 분배**(비시장적 의사결정) : 민간부문은 시장가격에 의한 배분
- 정치적 측면 중시(공공부문은 경제적 측면과 정치적 측면을 모두 반영)
- 정부 생산 · 공급하는 재화와 서비스는 시장 자체가 형성되지 않음
  [예] 초등학교 교육서비스, 거주지역 배분

④ **예산(계획성)**은 공공부문 경제활동 기준, 공공부문 활동 구속하는 기능
⑤ 공공욕구를 예산원리에 의해 충족 : 민간부문은 사적 욕구를 시장원리에 의해 충족
⑥ 공공부문은 개인이 조세로 부담한 희생과 동등한 이익으로 보상받기보다 모든 국민이 골고루 혜택을 받는 **일반보상의 원리**를 따름 : 민간부문은 개인이 지불한 비용에 상응하는 재화의 가치로 보상받는 개별보상의 원리를 따름

2. 정부를 보는 2가지 견해

현실에서는 ① 정부가 과세권을 가지고, 강제로 징수, ② 공공재 공급 의사결정에도 정부가 강제

→ 유기체적 견해가 우세하다고 할 수 있음

	유기체적 견해	기계론적 견해
개념	국가는 하나의 독립체	단순한 개인들의 집합체
정부와 사회구성원 관계	사회 전체 〉 개인 공익이 선행 ⇨ 전체주의적 사상	개인을 정부보다 우선시 ⇨ 개인주의적 사상에 입각

3. 정부의 역할

① 심판으로서의 역할(규칙 설정과 집행)과 경기자로서의 역할(공공재 생산·공급) : 밀턴 프리드만

② 자원배분, 소득분배, 경제안정과 성장 : 머스그레이브

핵심 2 시장실패와 정부실패

1. 다음은 일반균형과 자원배분의 효율성에 대한 설명이다. 타당하지 않은 것을 고르시오.

① 후생경제학 제1정리는 모든 소비자의 선호체계가 **강단조성**을 갖고, **외부성이 존재하지 않는 경우** 일반경쟁균형의 배분은 파레토 효율적이다.

② 후생경제학 제2정리는 모든 사람의 선호가 연속적이고, 강단조적이며, 볼록성을 가지는 경우에 초기 부존자원이 적절히 분배되면 파레토 효율적인 배분은 일반경쟁균형이 된다.

③ 후생경제학 제1정리는 소비자와 생산자는 사회에 미칠 자신의 파급효과를 생각하지 않을지라도 시장의 힘을 통해 균형의 질서로 나아갈 수 있음을 보여 준다.

④ 후생경제학 제2정리는 **재분배를 위한 목적**으로 가격체계에 어떤 손질을 가하는 것이 바람직하지 않다는 의미를 내포한다.

❺ 일반경쟁균형에서 실현된 파레토 효율적인 배분은 가장 바람직한 상태이다.

⇨ 저소득층에게 낮은 가격으로 전기나 수도를 공급하는 것이 그다지 바람직하지 않고, 재분배를 위한 간섭을 하려면 현금을 통해 이전하고, 나머지는 시장기능에 맡겨야 한다는 의미

2. 시장실패에 관한 설명으로 옳지 않은 것은?

① 소수의 기업이 참여하는 시장에서 이윤극대화를 추구할 때 발생한다.

② A기업의 생산이 B기업의 생산에 미치는 영향이 A기업에서 생산한 재화의 시장가격에 반영되지 않는 경우에 발생한다.

❸ 사회적 비용이 사적 비용보다 클 경우, 기업의 사적 생산량은 사회적으로 효율적인 생산량보다 적다.

④ 경제주체들 간에 비대칭적 정보가 존재할 경우에 발생한다.

⑤ 무임승차 문제가 나타날 경우에 발생한다.

1. 시장실패 개념과 원인

(1) 개념 : 시장기구가 자원을 효율적이지 않게 배분하는 것

(2) 시장실패 원인

① 불완전경쟁 : 독점, 과점, 독점적 경쟁과 같은 시장구조는 완전경쟁이 아니므로 효율적인 자원배분을 하지 못함

② 공공재

- 소비의 비경합성(non-rivalry)과 배제불가능성(non-excludability)
- 무임승차자(free rider problem)의 문제
- 강제(coercion)의 불가피성

③ 외부성 : 재화의 가격들이 정확한 기회비용을 반영할 때 자원배분이 효율적이지만, 외부성(제3자효과)이 존재할 때 재화의 가격이 **외부성을 제외한** 기회비용만 반영하므로 비효율적 자원배분

④ 불확실성

- 애로우(K. Arrow)는 비록 불확실성이 존재해도 완벽한 조건부거래시장(perfect contingency market)이 존재하면 효율적 자원배분 가능함을 입증
  그러나 완벽한 보험을 제공하는 것은 역선택과 도덕적 해이 때문에 불가능

⑤ 완비되지 못한 시장(incomplete markets)
- 민간부문에는 적절한 보험시장 불비
  → 은행예금의 안전성을 위한 보험, 천재지변에 대한 보험, 빈곤에 대한 보험 등
- 자본시장의 불비
  → 수출입은행, 학생융자금, 중소기업융자 등
- 보완적 시장(complementary markets)의 불비
  → 커피와 설탕의 예(두 기업가가 협동하여 양자를 생산하기로 하면 서로 이득이 될 것임)

⑥ 불완전한 정보
- 애컬로프(G.A. Akerlof, 1970)는 '개살구 시장(markets for lemons)' 모형에서 정보의 비대칭성 때문에 중고차시장에서 개살구같이 겉만 괜찮아 보이는 차들이 잘 거래된다는 것을 보여 줌
- 좋은 중고차라도 판매자와 달리 구매자들은 그러한 정보를 정확히 가지지 못하기 때문에 더 높은 가격을 지불하지 않으려 하고 이에 따라 좋은 차가 제값으로 거래되지 못함

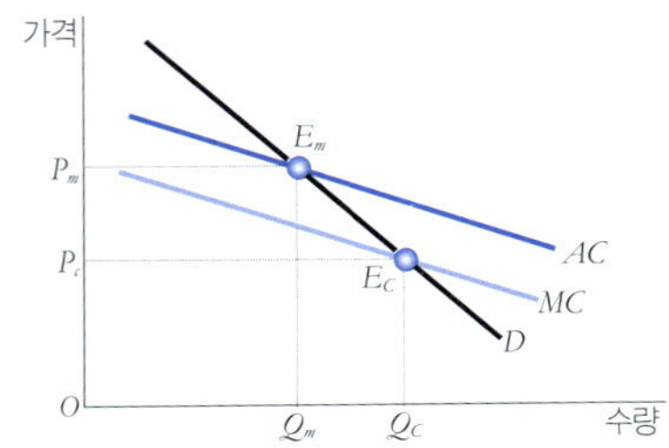

⑦ **비용체감산업** : 생산규모가 증가해도 오히려 평균비용과 한계비용이 감소하는 산업
- 가격을 한계비용에 설정하면 적자가 발생하여 생존할 수 없게 되며, 평균비용에 가격을 설정하면 비효율적으로 됨
- 예 : 전기통신, 전력, 가스, 철도 등

2. 정부실패 개념과 원인

(1) **개념** : 시장실패로 정부 개입의 **필요조건이 성립**되지만 **충분조건까지 성립은 아님**
- 정부가 개입해서 자원배분을 더 왜곡시킬 수 있다는 의미

(2) 정부실패 이유

① **제한된 정보** : 정책의 모든 귀결을 완벽하게 예견하는 것은 거의 불가능

② **민간부문의 반응을 완벽하게 통제 불가** : 민간부문이 반드시 기대된 대로 반응한다는 보장 없음

③ **정치적 과정에서의 제약** : 정책에 의해 이득을 보는 사람이 있는 반면에 손해를 보는 사람도 반드시 있음. 다양한 이해관계가 정치적 과정에서 조정되는 도중 엉뚱한 방향으로 나갈 수 있음

④ **관료조직에 대한 불완전한 통제와 비효율성** : 관료들은 나름대로 유인을 가지고 있기 때문에 정책이 실제로 수행되는 과정에서 굴절이 있을 수 있음. 이와 같은 주인-대리인 문제 외에 경쟁이 약해서 비효율적임.

3. 완전경쟁시장과 효율성

완전경쟁시장과 효율성 조건	소비 : $MRS^A_{XY}=MRS^B_{XY}=\frac{P_X}{P_Y}$
	생산 : $MRTS^X_{LK}=MRTS^Y_{LK}=\frac{w}{r}$
	종합 : $MRS_{XY}=MRT_{XY}=\frac{P_X}{P_Y}=\frac{MC_X}{MC_Y}$
후생경제학 제1정리	경쟁균형 ⇨ 파레토 효율성(외부성이 없다는 가정, 선호의 단조성)
후생경제학 제2정리	파레토 효율적 자원배분 ⇨ 경쟁균형(선호의 볼록성, 초기자원의 재배분을 통한 효율성 달성 가능)

핵심 3 역선택과 도덕적 해이

1. 도덕적 해이에 대한 설명으로 틀린 것은?

① **엄격한 사전 건강검진을 시행**하더라도 생명보험시장의 도덕적 해이 문제를 완전히 해결할 수는 없다.
② 노동시장의 도덕적 해이를 줄이기 위한 방법의 대표적인 것이 **효율성 임금**(efficiency wage)이다.
❸ 정보가 적은 쪽에서 정보가 많은 쪽으로 완전한 정보를 제공하는 경우 완전한 문제가 해결 가능하다.
④ **보험금은 이미 결정**되어 있고, 사건발생확률이 보험구입자의 행동에 의해서 영향을 받는 경우 도덕적 해이가 문제시된다.
⑤ 도덕적 해이로 인해 보험가입자가 행위의 결과로 인해 발생하는 비용을 전혀 부담하지 않아도 되는 완전보험이 판매되지 않고, 이로 인해서 결국에는 시장에서는 시장실패가 발생한다.

2. 은행들이 금리를 높게 받기보다는 대출을 거부하는 신용할당의 행태를 보이게 되는 이유에 대한 설명으로 틀린 것은?

① 금리를 높이는 경우 역선택 문제로 인해서 은행의 기대수익이 낮아질 수 있다.
② 일정 금리 이상을 요구할 때 안전한 투자를 선호하는 기업들이 투자를 포기할 가능성이 커진다.
③ 대출시장에서의 정보가 완전하다면 신용할당이 생기지 않는다.
④ 신용할당이 존재할 때 은행의 자금대출 공급곡선은 후방굴절 형태를 갖는다.
❺ 금리가 높아질수록 위험이 높은 기업들이 대출을 받게 되는 경향이 높아지는 것을 도덕적 해이라고 한다.

3. 다음은 정보경제이론에 대한 설명이다. 타당하지 못한 것을 고르시오.

① 낯선 곳으로 여행을 떠나는 경우 맥도날드 같이 유명한 상표의 햄버거로 점심을 해결하는 사람이 부쩍 늘었다고 하는데, 그 이유는 역선택 때문이다.
② 완벽한 사회보장제도를 갖추었다고 자랑하는 사회는 경제 전체의 생산성 저해를 가져올 수 있다.
❸ 자동차의 판매에서 품질보증이 완벽하게 제공되면 도덕적 해이가 해결된다.
④ 전문경영인으로 하여금 의무적으로 그 회사의 주식을 보유하게 하는 것은 도덕적 해이를 막기 위한 것이다.
⑤ 전문경영인의 성과를 그 기업이 속한 산업 내의 다른 기업의 상대적 수익과 비교해 상여금을 정하는 경우 도덕적 해이를 사전에 방지할 수 있다.

⇨ [역선택과 도덕적 해이] 품질보증이 완벽하게 제공되면 소비자들은 조심해서 차를 관리할 유인이 낮아지게 되고, 그 결과 고장을 방지하기 위한 노력을 게을리하게 되어 도덕적 해이 문제가 발생한다. ② 완벽한 사회보장제도를 마련했다면, 어떤 사람이 전혀 일하지 않아도 생계에 위협을 받지 않는다는 것으로 이 제도의 혜택을 보는 사람들은 열심히 일하고자 하는 의욕을 상실하게 되고, 그 결과 도덕적 해이로 인해 경제 전체의 생산성이 저하되는 문제가 발생할 수 있다. ⑤ 전문경영인을 경영의 성과인 이윤에 맞추어 상여금을 지급하는 경

우 경영의 성과가 전문경영인의 노력 때문인지 아니면 주변의 여건 때문인지 정확하게 파악할 수 없다는 문제점이 발생한다. 따라서 이를 보완하기 위해서 그 기업이 속해 있는 산업 내의 전반적인 상황에 기인하는 영향을 제거하고 경영인의 노력만을 문제 삼기 위해서 상대적 보수구조를 대안으로 채택할 수 있다.

4. 비대칭정보가 존재할 때 의료보험시장에서 발생하는 역선택을 감소시키는 방안으로 옳지 않은 것은?

① 의료보험 가입 시 정밀 신체검사를 요구한다.
② 보험회사가 의료보험 가입희망자의 과거 병력을 조회한다.
③ 의료보험 가입희망자의 건강상태를 반영하여 보험료를 차등부과한다.
④ 단체의료보험상품을 개발하여 해당 단체 소속원 모두 강제가입하게 한다.
❺ 의료보험에 기초공제제도를 도입한다.

1. 비대칭정보 문제

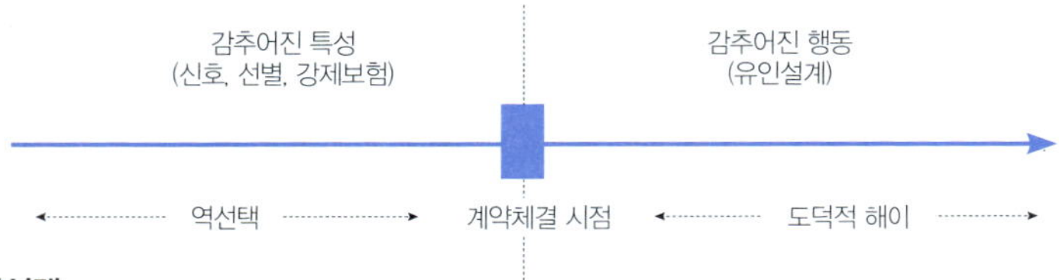

2. 역선택

(1) **개념** : 정보의 비대칭성으로 인해서 바람직하지 못한 선택을 하는 경우
(2) **발생 원인**: 감추어진 **특성**, 자기선택(self-selection) 문제
(3) **문제점과 해결책** : bad재의 부정적인 외부성(시장실패)으로 바람직한 자원배분 달성되지 않음

- 신호발송(정보 많은 측), 선별(정보 적은 측), 강제보험, 조건부계약 체결, 평판, 표준화(프랜차이즈)

① 상품시장 : 보증, 광고, 평판
② 금융시장 : 신용 할당
③ 노동시장 : 교육은 신호 역할
④ 보험시장 : 신체검사, 강제보험(국민연금, 건강보험), 탄력 보험제, 차별화된 보험상품

3. 도덕적 해이

(1) **개념** : 상대방의 행동을 관찰하기 어려운 경우, 바람직하지 않은 행동을 하는 현상
(2) **발생원인** : 유인구조 불일치(본인-대리인 문제), 감추어진 **행동**
(3) **해결책** : 적절한 유인 구조(incentive design)

① **공동보험제도(co-insurance)** : 손실액의 일부만 보상해 주는 방식
② **기초공제(deduction)제도** : 비용의 일정액 이하는 본인 부담, 일정액 초과하는 부분만 보상해 줌

참고 **본인-대리인 문제**

주주와 CEO, 국민과 정치인, 지주와 소작농, 의뢰인과 변호사, 가수와 매니저 등

핵심 4 효용가능경계와 사회후생함수 : 보상의 원리

1. 갑과 을 두 사람이 존재하는 사회를 상정하고 이들이 소비하는 유일한 상품은 사과라고 가정하자. 이 사회에는 4개의 사과만 있고 각자의 소비량에 따른 총효용은 다음과 같다. 롤스적(Rawlsian) 사회후생함수하에서 각자 몇 개의 사과를 소비하는 것이 가장 바람직한 배분인가?

갑		을	
소비량	총효용	소비량	총효용
0	0	0	0
1	10	1	5
2	18	2	9
3	24	3	12
4	28	4	14

① 갑 0개 - 을 4개 ❷ 갑 1개 - 을 3개 ③ 갑 2개 - 을 2개
④ 갑 3개 - 을 1개 ⑤ 갑 4개 - 을 0개
⇨ 사회적 약자의 총요용이 가장 크게 되는 배분이 가장 바람직한 배분임

2. X재가 200개 있고, 경제 내에 두 사람 A와 B가 존재하는 경우, 각각의 효용함수가 $U_A=3\sqrt{X_A}$, $U_B=\sqrt{X_B}$라고 할 때 롤스의 사회후생함수에 따라 사회후생을 극대화 할 수 있는 값은? ($6\sqrt{5}$)
⇨ 롤스의 사회후생함수는 'L'자형의 무차별곡선이므로 그 꼭지점을 찾으면 $3\sqrt{X_A}=\sqrt{X_B}=U$. 양변을 제곱하면 $9X_A=X_B=U^2$. 따라서 $X_A=20$, $X_B=(200-20)$, $U^2=180$.

3. 원점에 대해서 볼록한 사회무차별곡선은 소비자의 다양성을 중시한다. (○)

4. 사회후생함수가 $U=Max(U_A, U_B)$인 경우는 극단적인 평등주의를 반영한다. (×)

5. 효용가능경계는 효용가능곡선의 포락선이다. (○)

6. 효용가능경계는 생산과 소비가 동시에 효율적인 상태를 의미한다. (○)

7. 효용가능경계는 사회무차별곡선과 접할 때 바람직한 유일한 한 상태를 정의할 수 있다. (○)

8. 후생경제학에 관한 설명으로 옳은 것은?
① 모든 사람들의 한계대체율이 같을 때 소비 및 ~~생산의~~ 파레토 최적이 달성된다.
② 후생경제학의 제1정리는 완전경쟁균형이 ~~항상 존재하는 것~~을 의미한다.
❸ 두 사람이 동일한 동조적 선호체계를 갖고 그들의 한계대체율이 체감한다면, 에지워드 상자에서 그들 간의 파레토 최적 배분점의 궤적은 대각선으로 표시된다.
④ 후생경제학의 제2정리는 초기 부존자원을 적절하게 재분배함으로써 ~~효율성은 저해하지만~~ 공평성을 추구할 수 있다는 것을 보여 준다.

⑤ 칼도 보상기준에 따르면, 어떤 정책이 사회후생을 증대시키기 위해서는 그 정책 시행으로 ~~공평성이~~ 개선되어야 한다.

9. 보상의 원칙에 관한 설명으로 옳은 것은?

① 개인 간의 효용을 ~~직접 비교하여~~ 어떤 변화가 사회후생의 개선인지 여부를 평가한다.
❷ 보상의 원칙은 개인 간의 효용비교 문제를 잠재적 보상이라는 개념을 통해 우회한다.
③ 어떤 변화를 통해 이득을 얻는 사람에 의해 평가된 이득의 가치가 손해를 보는 사람에 의해 평가된 손해의 가치와 ~~일치할 때~~ 그 변화는 사회후생의 개선이다.
④ 보상의 원칙은 당사자 간 ~~실재~~ 보상이 이루어지는 것을 전제로 한다.
⑤ 파레토 개선의 경우~~에만~~ 보상의 원칙이 충족된다.

10. 사회후생함수에 관한 설명으로 옳지 않은 것은?

① 공리주의적 가치관에 따르면, 사회후생함수는 개인의 효용을 더한 것으로 정의된다.
❷ 평등주의적 가치관에 따르면, 사회후생을 결정할 때 효용수준이 높은 사람이나 낮은 사람이나 ~~동일한 가중치를~~ 적용해야 한다.
③ 롤스의 사회후생함수는 사회구성원들 중에서 효용수준이 가장 낮은 사람의 효용이 그 사회의 후생수준이라고 본다.
④ 애로우는 불가능성정리에서 어떤 사회의 여러 가지 상태를 비교, 평가할 수 있는 합리적인 기준이 존재하지 않음을 입증하였다.
⑤ 차선의 이론은 하나 이상의 효율성 조건이 이미 달성되지 않은 상태에서는, 만족되는 효율성 조건의 수가 많아진다고 해서 사회적 후생이 더 커진다는 보장이 없다는 이론이다.

공리주의적 가치판단	평등주의적 가치판단	롤스적 가치판단
■ $SW=U_A+U_B$ ■ 두 사람 간의 효용이 어떻게 분배되는지 관계없이 단지 개인 효용의 합으로 결정 ■ 가중치 없음	■ 어떤 사람의 효용수준이 더 높을수록 더 작은 가중치 부여 ⇨ 부자들에게서 가난한 사람들에게 소득을 재분배해야 한다는 근거 ■ $SW=\alpha U_A+\beta U_B$ 원점에서 볼록한 사회무차별곡선 ⇨ A의 한계효용이 갖는 상대적 중요성이 점점 작아짐 ⇨ 사회무차별곡선의 기울기가 완만해진다는 것 의미	■ $SW=min(U_A, U_B)$ ⇨ 최소극대화 원칙, 가장 못사는 사람의 효용수준에 의해 사회후생 결정 ■ 한 사회에서 가장 못사는 사람의 생활수준을 가능한 가장 크게 개선시키는 것이 최우선 과제

a. 공리주의 ($SW=U_A+U_B$)
b. 평등주의 ($SW=\alpha U_A+\beta U_B$)
c. 롤스 ($SW=\min[U_A, U_B]$)

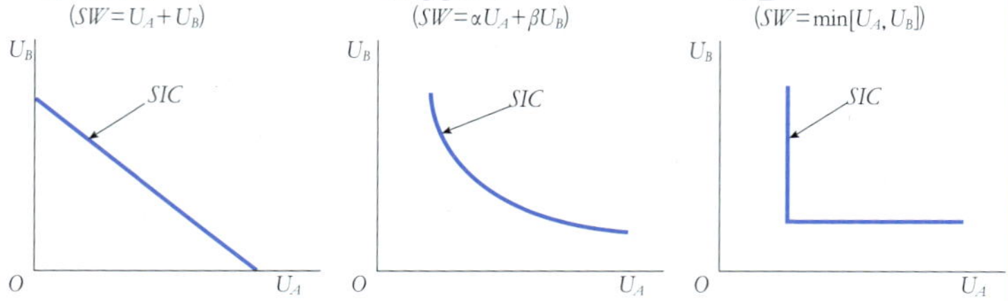

1. 효용가능경계

(1) 개념 : 계약곡선(파레토효율적인 자원배분점들의 궤적)에 대응하는 두 소비자의 효용조합을 효용공간에 옮겨 그린 것

(2) 활용 : 후생경제학에서 어떤 사회의 두 소비자의 효용수준을 설명할 때 때때로 이용되는 분석도구

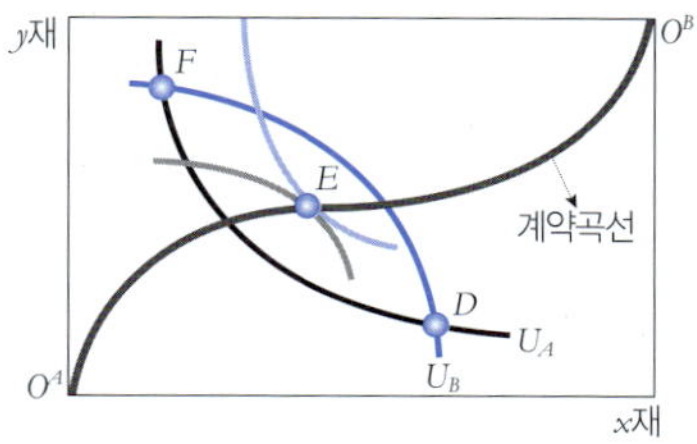

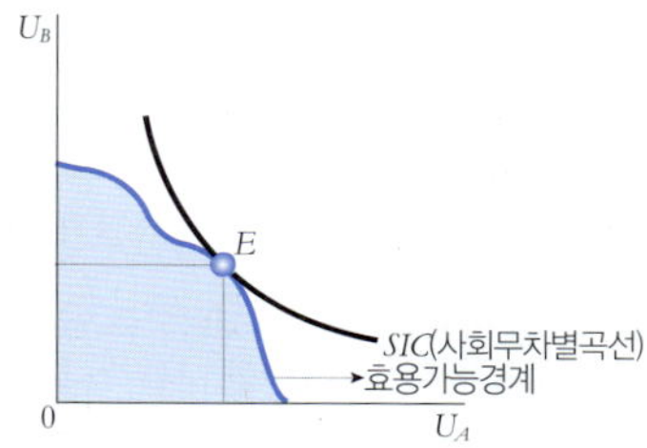

2. 사회후생함수

(1) 개념 : 사회구성원들의 효용을 그 사회전체의 총후생수준으로 나타내는 메커니즘 혹은 함수

(2) 의미 : 각기 다른 개인들의 선호가 효용함수로 표현되듯이, 사회구성원들의 공평에 대한 선호가 하나의 함수로 표현

(3) 형태 : 사회구성원들의 평등도에 대한 성향에 따라 달라짐

① **공리주의** : 두 사람 간의 효용이 어떻게 분배되는지 관계없이 단지 개인 효용의 합(기울기 −1인 직선형 사회무차별곡선)

② **롤스주의** : 가장 불행한 사람의 효용수준이 사회후생결정(L자형 사회무차별곡선)

③ **평등주의** : 어떤 사람의 효용수준이 더 높을수록 더 작은 가중치 부여(원점에서 볼록한 사회무차별곡선)

3. 보상의 원리

(1) 배경

① 정부의 시장개입으로 모든 사람의 후생이 개선되거나 다른 사람에게 피해를 주지 않으면서 어떤 사람의 후생이 증가하면 파레토 기준에 의해 정당화될 수 있음(파레토 개선)

② 그러나 정부의 시장개입이 어떤 사람에게 손해를 주지만 다른 사람에게 이익을 주는 경우 판단기준 필요

(2) 판단기준

① **칼도−힉스 기준** : 이익을 보는 자의 이익이 손해를 보는 자의 손해를 보상하고도 남음이 있으면 개선으로 판단

② **스키토브스키 기준** : 어떤 변화가 칼도-힉스 기준으로 바람직하다고 판명되는 동시에 그 반대의 변화는 칼도-힉스 기준에 의해 바람직하지 않다고 확인되어야 개선으로 판단

핵심 5 애로우의 불가능성 정리와 차선이론

1. 애로우의 불가능성 정리란 무엇인가?
① 시장경제를 통하여 파레토개선을 하는 것은 불가능하다.
② 정부의 개입을 통해 모든 사람의 후생을 증진시키는 것은 불가능하다.
❸ 사회적으로 바람직한 조건을 모두 갖춘 사회후생함수는 존재하지 않는다.
④ 시장기구를 통하여 공공재가 공급되는 것은 불가능하다.
⑤ 투표에 의한 사회적 선택은 불가능하다.

2. 차선의 정리에 관한 설명으로 옳지 않는 것은?
① 차선의 정리에 의하면 정부가 개입해도 효율적 자원배분에 실패할 수 있다.
② 차선의 정리에 따르면 한 부문이 독점일 때 다른 부문도 독점으로 하는 것이 사회후생을 증진시킬 수 있다.
③ 차선의 정리에 의하면 부분 개선이 실패할 가능성이 크다.
④ 차선의 정리에 따르면 만족되는 효율성의 조건수가 증가한다고 항상 좋은 것은 아니다.
❺ 차선의 정리에 의하면 소득세가 차등물품세보다 낫다.

1. 불가능성 정리 : 애로우(K. Arrow)

(1) 등장 배경과 개념
① 등장 배경 : 사회후생함수가 실제로 존재할 수 있는가?
② 개념 : 바람직하다고 생각할 수 있는 여러 성격을 두루 갖춘 사회적 선호체계(사회후생함수)는 존재하지 않는다는 것을 입증

(2) 사회후생함수가 갖추어야 할 조건(민주적이고 합리적인 공리)
① **완전성(완비성)과 이행성** : 비교 가능하고, 일관된 선택
② **비제한성** : 개인들의 선호를 특정 선호로 국한시켜서는 안 됨
③ **파레토원칙** : 모두가 선호 → 사회전체도 선호
④ **(다른 선택대안으로부터의) 독립성** : 제3의 대안 개입에 영향을 안 받아야 함
⑤ 비독재성 : 한 사람의 선호가 사회선호 결정 안 됨

(3) 시사점
① 정부개입 전과 개입 후의 사회후생 비교 불가능
② 정부개입의 반대 근거로 사용
③ 선호가 유사한 사회에서는 사회후생함수 존재 가능
④ 가치판단을 도입하여 사회후생 비교

2. 차선이론

(1) **개념** : 파레토 효율성 달성을 위한 (어떤 제약 때문에) 모든 조건이 동시에 충족되지 않은 상태에서, 효율성의 조건이 더 많이 충족된 경우가 그렇지 않은 경우보다 사회적으로 바람직하다고 볼 수 없음

- 1개 이상의 효율성 조건이 충족되지 않은 상태에서 가급적 많은 조건을 충족시키는 것이 차선(second best)이 아닐 수 있음

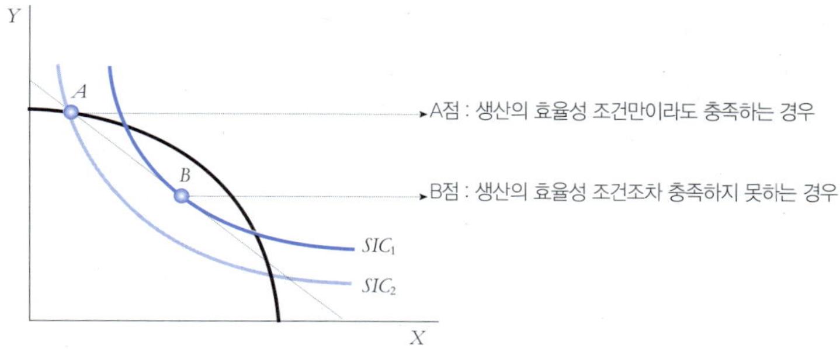

(2) 내용과 시사점

① 점진적인 제도 개혁의 부정적인 효과 지적

- 차선이론은 점진적 개혁이 비록 좋은 의도에서 추진되었다고 하더라도 중간과정에서 예기치 않은 부정적 결과를 가져오게 될지도 모른다는 점 경고
- [질문] 소득세, 법인세, 부가세 등의 개혁이 필요하다고 하여 한 해에 하나씩 개선하면 세제가 완전한 모습이 될 것인가? (NO!)

② 모든 비합리성을 일거에 제거한다면 최선의 상태가 실현될 것이므로 아무런 문제가 없음

③ 최선의 배분이 실현될 수 없다면 차선의 결과라도 가져올 수 있도록 노력해야 하는데, 이 작업이 어려움

(3) 사례

① 포괄적 소득세와 포괄적 소비세의 비교

- 소비세가 더 많은 효율성 조건을 충족하지만 더 우월하다고 하기 어려움

② 직접세와 간접세의 비교

- 직접세가 더 많은 효율성 조건을 충족하지만 더 우월하다고 하기 어려움(차등물품세와 같은 간접세)

③ 독점의 문제

- 두 산업이 존재하는 경우 '독점+완전경쟁'이 '독점+독점'보다 더 우월하다고 하기 어려움

④ 관세에 의한 유치산업보호

- 이로운 외부성을 만드는 유치산업의 경우 '유치산업+경쟁산업'에서 유치산업에 보조금, 경쟁산업에 조세를 부과해야 하나 차선으로 관세를 활용

핵심 6 공공재의 개념과 특성

1. 다음 그림은 재화를 두 가지 기준에 의해서 분류한 것을 보여 주고 있다. 이에 대한 설명으로 맞는 것은?

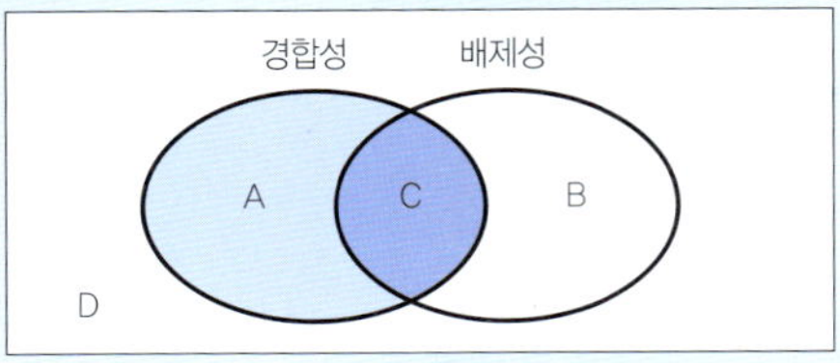

① A재화는 한 사람이 소비를 하는 경우에 다른 사람의 소비를 제한하는 속성이 있다.(○)
② B재화의 예로는 공해상의 어족 자원을 들 수 있다.(×)
⇨ A재화의 예로는 공해상의 어족자원, B재화의 예로는 유선방송 등이다.

2. 공공재의 설명 중 맞는 것은?
① 한계효용이 0이다.
② 한계생산비용이 0이다.
❸ 새로운 소비자의 참여에 따른 한계비용이 0이다.
④ 자유재이다.
⑤ 모든 소비자가 동일한 가격에 직면한다.

3. 가치재의 특성이 아닌 것은?
① 소비자선호에 대한 정부간섭이다.
② 온정적 간섭주의로 공급된다.
③ 공적욕구의 일종인 가치욕구를 충족한다.
④ 소비의 경합성을 가진다.
❺ 소득재분배와 무관하다.

1. 공공재 차선이론
하나 이상의 효율성 조건이 이미 달성되지 않은 상태에서는, 만족되는 효율성의 조건의 수가 많아진다고 해서 사회적 후생이 더 커진다는 보장이 없다는 이론

2. 공공재의 개념
① 여러 사람이 공동으로 그 소비에 참여하는 특성
② 공공재는 그 자체의 **성격에** 의해 규정되어야 함(공급주체 기준이 아님에 주의)
- 민간단체가 공원이나 박물관 등 공공재를 생산하기도 함
- 효율성과 다양한 선호의 측면에서는 민간이 우월함
- 분배적인 측면에서는 정부가 우월함

③ 모두 동일한 양을 소비하지만, 동일한 편익을 누리는 것은 아님
- 모든 사람의 공공재 소비량이 같다고 해서 같은 가치를 부여하는 것이 아님
- 국방서비스에 대한 극단적인 평화주의자

참고 **가치재(merit goods)**

① **사용재에 속함(공공재 아님)**
② 국민들이 고루 소비할 수 있게 만들어 주는 것이 바람직하다는 관점
⇨ 온정적 간섭주의
③ 의료서비스, 주택서비스, 의무교육, 가난한 사람에 대한 급식
④ 개인의 자유, **소비자 주권과 충돌**

3. 공공재의 유형

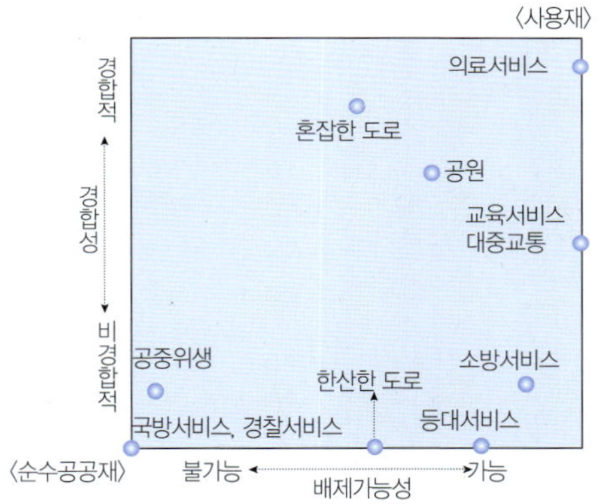

4. 공공재의 특성

(1) 소비의 비경합성(non-rivalry)

① 다른 사람의 소비 가능성이 줄어들지 않음
② 일정한 양의 공공재가 생산되면 모든 사람들이 바로 그만큼 공공재 소비 가능
③ 추가적인 한계비용 = 0
- 사회적 관점에서 볼 때 소비하는 사람의 수가 많아질수록 더 바람직하다는 의미

(2) 배제불가능성(non-excludability)

① 대가를 지불하지 않는 사람도 그것을 소비할 수 있다는 의미
- 배제의 원칙 적용 불가능

② 양(+)의 가격을 부과하려고 해도 불가능하다는 의미
- 비경합성의 경우는 양의 가격을 부과하는 것이 바람직하지 않다는 의미(주의!)

5. 사례

한 마을에 김씨와 박씨 두 사람이 살고 있는데 홍수방지시설을 갖춰야 할지 고민이다. 각자 1,000씩을 부담하거나, 두 사람 모두 전혀 부담하지 않는 두 가지의 전략만 있다. 이때, 두 사람이 1,000씩을 각각 부담하면 각자의 홍수피해방지액은 1,500이 되고, 한 사람만 부담하면 홍수를 완전히 방지할 수 없어 각자 750의 피해를 막을 수 있다. 두 사람 모두 비용을 내지 않으면 혜택도 없고, 비용도 없다.

김씨 \ 박씨	부담 ○	부담 ×
부담 ○	(500, 500)*	(−250, 750)
부담 ×	(750, −250)	(0, 0)

*시설 구축으로 인한 혜택은 1500이고 비용은 1000이 되므로 순편익은 500(=1500−1000)이 됨

① 우월전략(dominant strategy) : 상대방의 행동에 관계없이 자신에게 최선의 결과를 가져다 주는 전략 → 부담 ×

② 내쉬균형(Nash Equilibrium) : 두 사람 모두 비용을 전혀 부담 안 하는 것

③ 협조 가능성 존재 : 두 사람 모두 부담하는 전략을 선택하면 더 큰 순편익을 누릴 수 있음

④ 무임승차자의 문제로 공공재가 공급되지 않음

핵심 7 공공재의 최적 수준

1. 공공재를 수요하는 3명의 소비자가 있는데, 각각의 수요함수는 다음과 같다.

소비자 1 : $Q=60-P_1$ 소비자 2 : $Q=100-P_2$ 소비자 3 : $Q=140-P_3$

공공재의 총생산비용은 $180Q$라고 하자. 무임승차 문제로 인해 공공재가 제공되지 못한다면 사회적 후생손실은 얼마인가?

⇨ (2,400)
$\Sigma MB=\Sigma P=(60-Q)+(100-Q)+(140-Q)=300-3Q$, $MC=180$이므로, $Q=40$이다. 이때 공공재가 공급 안 되면 소비자잉여만큼 경제적 후생손실이 발생함(그림을 그려 확인해 볼 것)

2. 합격마을에 민간재와 공공재 두 재화만을 소비하는 총 200명의 동일한 효용함수를 지닌 주민들이 살고 있다. 효용함수는 $U(X_i,\ Y)=X_i+\sqrt{Y}$(단, $i=1,\ 2,\ \cdots\ 200$)이다. 민간재 생산의 한계비용이 1원이고, 공공재 생산의 한계비용은 10원이라고 할 때 파레토 최적의 공공재 공급량은?

⇨ Y재가 공공재이므로, $\Sigma MRS_{YX}=200\times\frac{MU_Y}{MU_X}=200\times\frac{\frac{1}{2}Y^{-\frac{1}{2}}}{1}$, $MRT_{YX}=\frac{MC_Y}{MC_X}=\frac{10}{1}$,
$\Sigma MRS_{YX}=MRT_{YX}$에서 $Y=100$

3. 합격마을에 갑, 을, 병 3명이 살고 있다. 치안을 위한 방범대원의 수에 대한 편익은 다음과 같다. 방범대원 한 명을 고용하는 데는 450만원이 든다.

방범대원 수	갑의 한계편익	을의 한계편익	병의 한계편익
1	300만원	250만원	200만원
2	250만원	200만원	150만원
3	200만원	150만원	100만원
4	150만원	100만원	50만원

- 사회적으로 적정한 방범대원 수는 3명이다. (O)
- 갑이 무임승차자라면 한 명의 방범대원이 공급될 것이다. (O)
- 방범대원이란 공공재는 소비에서 비경합성이 발생한다. (O)
- 비배제성으로 주민들은 진실한 선호를 표출하려고 하지 않는다. (O)

⇨ $\sum_{i=1}^{3}$한계편익$_i$=한계비용=450(i=갑, 을, 병)

4. 청씨와 홍씨 두 사람은 가로등(Z)을 설치하여 공동으로 소비하고자 한다. 가로등의 가격이 P라고 할 때, 청씨의 공공재 수요함수는 $Z=50-P$이고, 홍씨의 수요함수는 $Z=-2P+30$이다. 가로등 하나를 생산하는 데 들어가는 비용이 40일 때와 15일 때 효율적인 공공재의 공급량은 각각 얼마인가?

⇨ [공공재 최적 공급] 공공재의 최적 공급은 $\Sigma MB=MC$, $\Sigma MRS=MRT$로 나타낼 수 있다. 그림을 그리면 개별적인 한계편익곡선(수요곡선)을 수직으로 합해 사회적 한계편익을 구하고, 이것이 한계비용과 같아지는 점을 찾으면 됨
반드시 수요함수를 P로 정리하고 수직으로 합해야 하고, 꼭 그림을 활용해야 한다(굴절된 부분이 생길 수 있기 때문). 이 문제의 경우도 가격이 15 이상이 되면 홍씨는 구입하지 않

기 때문에, 문제에서 가격이 40인 경우 효율적인 산출량은 두 사람의 수요함수를 수직으로 더한 $P=-\frac{3}{2}Z+65$가 $MC=40$과 교차하는 데서 결정되고, $Z=\frac{50}{3}$이다. 그러나 $MC=15$인 경우는 홍씨는 구매하지 않고, 그 결과 청씨의 수요곡선만 의미를 지녀 효율적인 산출량은 30이 됨

1. 공공재 시장수요

(1) 사용재의 경우 : 수평합

① 모든 사람이 동일한 가격에 직면

② 개인별로 수요하는 양은 다름

(2) 공공재의 경우 : 수직합

① 모든 사람이 동일한 양을 소비

② 개인별로 지불하고자 하는 사용가격(한계편익)은 다름

2. 공공재의 최적 공급조건(부분균형) : 보웬 조건

① 모든 개인소비자들에 대한 한계편익의 합계와 한계비용이 같을 때 공공재의 최적 공급 규모가 결정됨

② 최적 공급조건

$MB_Z^1+MB_Z^2=MC_Z$

단, MB : 한계지불용의액(한계편익)

MC : 한계비용

3. 공공재의 최적 공급조건(일반균형) : 새무엘슨 조건

① 각 개인이 진정한 선호를 표출한다는 가정하에서 모든 개인의 공공재의 사용재에 대한 한계대체율의 합이 공공재와 사용재 사이의 한계변환율과 같을 때 최적 공급

② 새무엘슨 조건

$MRS_{ZX}^1+MRS_{ZX}^2=MRT_{ZX}$

③ 새무엘슨 조건을 충족하면 파레토 효율적 배분이 이루어짐

핵심 8 수요표출 메커니즘 : 클라크 조세

1. 다음은 공공재의 선호시현기구(preference revelation mechanism)에 대한 설명이다. 이에 대한 올바른 설명이 아닌 것을 고르시오.

① 클라크 조세나 그로브즈-레드야드 기구는 린달 모형과 달리 개인들이 반드시 진실된 수요를 시현할 것이라고 가정하지 않는다.
② 클라크 조세는 개인의 수요시현으로 인해 다른 모든 사람들이 입는 소비자잉여의 순손실(순이득)과 똑같은 금액의 조세를 개인에게 부과하는 것이다.
❸ 클라크 조세는 ~~자원의 효율적인 배분을 달성한다.~~
④ 클라크 조세에 의한 공공재 공급량은 사무엘슨 조건을 만족한다.
⑤ 클라크 조세의 경우는 균형 개념이 우월전략균형인 데 반해서 그로브즈-레드야드의 경우는 내쉬균형 개념을 사용한다.
⇨ 클라크 조세는 자신의 진실한 선호표명이 우월전략. 그러나 허비쯔는 클라크 조세 균형예산이 되는 메커니즘 불가능. 이에 대한 반박으로 그로브즈-레드야드는 우월전략을 내쉬전략으로 바꾸면 효율성+균형예산 동시가능 주장

2. 클라크-그로브즈의 유인제도의 실시목적은?

① 공공재의 결합공급
② 공평한 소득분배의 실현
❸ 정확한 자원배분의 실현
④ 안정적 자원배분의 실현
⑤ 공급량의 조절

1. 내용

① 공공재에 대해서 진정한 선호를 표출하는 것이 가장 유리하도록 고안된 장치
- 선호를 왜곡(과장, 과소)하면 손해를 보게 설계된 유인(incentive) 메커니즘
- 진정한 선호 표출이 우월전략

② 세금 결정 시 자신의 선호가 반영되지 않음
③ 개인의 실제 지불액 = 자신의 선택으로 야기된 순비용
- 세금의 크기는 자신이 표출한 선호와 무관하고 다른 사람들이 표출한 선호에만 의존
- 사용재도 전략적인 행위는 일어날 수 있지만 이득을 볼 여지가 없음
- 보완성을 활용한 공공재 수요 추정 → 국립공원 이용 시 특별장비가 필요한 경우(단, 이 장비는 사용재 성격) 장비구입행위로 국립공원 선호표출

2. 문제점

① 균형예산이 보장 안 됨
② 담합을 통한 왜곡된 선호 표출 시 문제됨

참고 허비쯔(Hurwixz, 1975)의 메커니즘 설계의 불가능성 정리

공공재 부담을 위해 필요한 3가지 충족조건이 존재하지 않음(좌절)
① 소비자들이 진정한 선호를 표출하는 것이 우월전략
② 정부가 선택한 공공재 수준은 효율적
③ 정부 예산은 항상 균형

3. 대안 : 그로브즈-레드야드 조세

클라크 조세의 우월전략 대신 내쉬의 균형전략으로 완화하여 효율성과 예산 균형의 달성을 시도

- 내쉬균형전략 : 다른 사람이 진실한 선호표출시 자신도 진실한 선호표출이 최적

4. 사례: 안건이 2개인 경우의 클라크 조세

사회구성원	지불용의 최대 금액	
	상수도	하수도
갑	10	0
을	15	0
병	0	12
정	0	10
	25 (채택)	22

- 갑의 납세액 = (12+10)−15 = 7
- 을의 납세액 = (12+10)−10 = 12
- 병과 정의 납세액 = 0

핵심 9

외부성

1. 다음은 외부성과 관련한 내용을 설명한 것이다. 타당하지 않은 것을 고르시오.

① 한밤중에 큰 소리로 음악을 틀어 이웃사람에게 불편을 야기하는 경우는 소비과정에서 나오는 외부성이다.
② 실질적 외부성은 효용함수나 생산함수에 영향을 주는 것으로 기술적 외부성이라고도 한다.
③ 사용재적 외부성이란 소진 가능한 외부성으로 기술훈련을 시킨 근로자를 다른 기업이 고용할 수 없는 경우를 말한다.
❹ 소비과정에서 해로운 외부성이 발생하게 되면 사회적 한계편익은 사적 한계편익보다 커진다.
⑤ 외부성을 해결하는 방식으로 시장을 활용하는 것은 적절한 유인을 통해 오염배출자들의 배출 수준을 스스로 억제하도록 유도한다.

생산 측면 부정적 외부성 발생효과

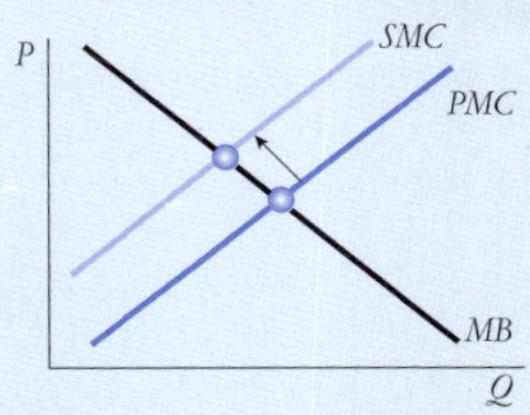

소비 측면 부정적 외부성 발생효과

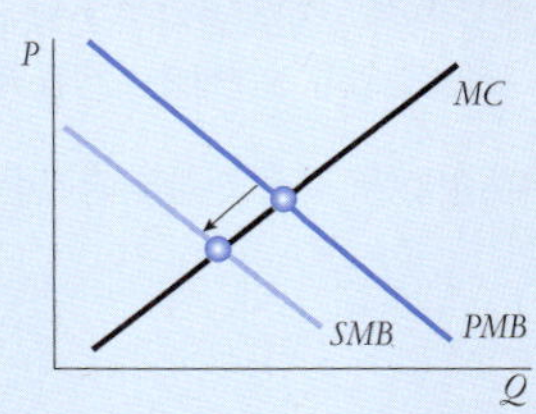

2. 두 기업의 비용함수가 각각 다음과 같이 주어져 있다. 정부의 정책으로 타당한 것은?

$$C_1(X)=3X^2+2X$$
$$C_2(Y;X)=3Y^2+10Y-5X$$

⇨ X재 생산은 Y재 생산비용을 낮추므로 X재 생산기업인 기업 1에 피구 보조금을 지급($-5X$를 관찰할 것!)

1. 외부성

(1) 개념

어떤 행위가 제3자에게 **의도하지 않은** 혜택이나 손해를 가져다주지만, 이에 대해 **대가를** 받지도 지불하지도 않을 때 외부성이 발생한다고 함

- 어떤 계약관계에 의해 과수원 주인이 꿀벌 소유자에게 요금을 지불한다면 외부성이 내부화(internalize)된 것(미국 워싱턴 주에서 실제 관찰)

(2) 외부성과 자원배분

① 소비의 외부성 : 사적 한계편익±외부성=사회적 한계편익

② 생산의 외부성 : 사적 한계비용±외부성=사회적 한계비용

③ 문제의 핵심은 환경의 소유권 부재로 비효율적 자원배분

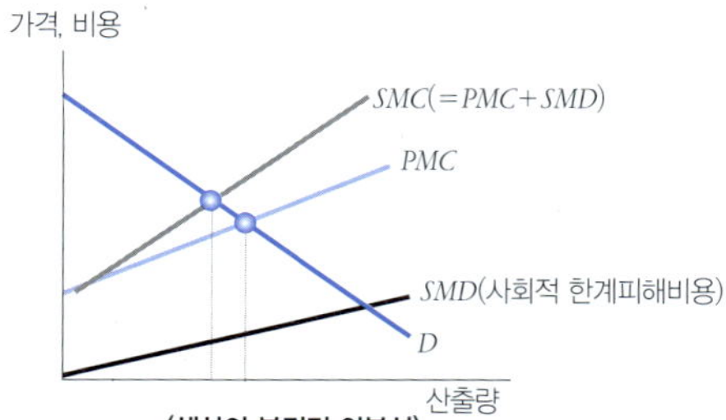

(생산의 부정적 외부성)

(3) 해결방식

① 시장을 활용한 방식 : 환경세, 오염허가서, 피구적 보조금, 소유권의 확립
적절한 유인을 통해 오염배출자 스스로 배출의 억제 유도

- 요구되는 정보의 양이 상대적으로 적음. 장기적으로 효율적이고 경제적인 정화기술의 개발 촉진

② 비시장적 해결방식 : 직접 규제(환경기준, 배출허용기준)

핵심 10 코즈 정리 : 외부성의 본질인 상호의존성 강조

1. 코즈 정리

- 코즈 정리는 시장실패를 교정하기 위해서 정부가 반드시 개입할 필요가 없음을 시사한다. (○)
- 거래비용이 없다면 재산권을 누구에게 귀속시키는가에 따라서 자원배분의 효율성이 달라진다. (×)
- 코즈 정리는 외부성을 내부화하는 방안으로 당사자 간에 협상에 드는 거래비용이 무시할 정도로 작아야 한다. (○)

2. 다음은 외부효과에 대하여 협상에 의한 해결방법이다. 그림에서 하천의 상류에 있는 기업 甲(갑)은 오염물질을 배출하고 있으며, 그로 인해서 하천의 하류에 있는 기업 乙(을)은 피해를 보고 있다. 이때 기업 갑이 오염물질을 배출하여 얻게 되는 한계편익(MB)과 그로 인해 기업 을이 입게 되는 피해의 한계비용(MC)은 다음과 같이 주어져 있다(단, Q는 오염배출량임). 그림과 관련한 외부성 해결방안에 대해서 틀리게 설명한 것을 모두 고르시오.

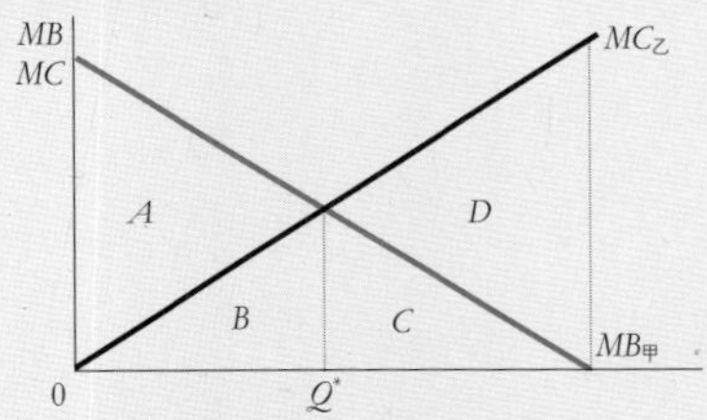

❶ 재산권이 누구에게 설정되는가에 따라 효율성이 영향을 받는다.
② 재산권이 누구에게 설정되든 효율성에는 영향이 없다.
③ 만일 기업 갑에게 재산권이 주어진 경우에 오염물질 배출수준을 Q^*로 결정한다면 두 당사자 간 보상금액은 C와 $(C+D)$ 사이에서 결정된다.
❹ 만일 오염물질의 배출수준을 Q^*로 결정한다면, 기업 갑이 요구하는 최소한의 금액은 C가 될 것이고, 기업 을이 지불하고자 하는 최대금액은 $(B+C+D)$가 된다.
⑤ 만일 기업 을에게 재산권이 주어진 경우에 오염물질 배출수준을 Q^*로 결정한다면 두 당사자 간 보상금액은 B와 $(A+B)$ 사이에서 결정된다.

⇨ [기업 갑에게 재산권이 주어진 경우]
재산권이 기업 갑에게 주어진 경우에 오염물질 배출에 의한 총편익이 극대화되는 수준은 한계편익이 0이 되는 산출량 수준에서 총편익이 극대화된다. 이때 오염물질 배출수준이 Q^*로 주어지면, 기업 갑의 경우 잃게 되는 편익의 감소분은 C가 되고, 기업 을의 경우 최대한 지불하려는 금액의 크기는 $(C+D)$가 된다. 따라서 두 당사자 간에 협상을 하게 되면 합의되는 금액이 C와 $(C+D)$ 사이가 된다.

⇨ [기업 을에게 재산권이 주어진 경우]
기업 을은 기업 갑이 전혀 오염물질을 배출하지 않도록 할 것이다. 그런데 오염물질 배출수준을 Q^*로 하게 되면, 기업 을의 경우 발생하는 비용은 B가 된다. 한편, 기업 갑의 경우 오염물질 배출수준이 Q^*가 되면 $(A+B)$만큼 편익이 증가하기 때문에 최대한 지불하려는 금액의 크기는 $(A+B)$가 된다. 따라서 두 당사자 간에 협상을 하게 되면 합의되는 금액의 범위는 B와 $(A+B)$ 사이가 된다.

1. 코즈 정리가 성립하기 위한 전제조건

① 이해당사자 판별 용이해야 함 → 관련 당사자들의 수가 작아야 함
② 협상 당사자들 간에 힘이 동등해야 함
③ 거래비용이 작아야 함
④ 외부효과의 크기에 대한 완전정보를 가지고 있어야 함

2. 코즈 정리

(1) **개념** : 교섭비용 없이 협상이 가능하고 재산권이 잘 설정되면, 첫째 재산권이 누구에게 할당되든 동일한 자원배분을 가져오며, 둘째 코즈 세계의 자원배분은 파레토 효율적임
(2) **시사점** : 만약 코즈의 세계에 조세가 부과되면 자원배분의 파레토 효율성은 상실됨
(3) **문제점** :
① 교섭 당사자 간에 서로의 비용-편익에 대한 완전한 정보를 가지기 어려움
② 교섭비용이 무시할 정도로 작지 않음(특히 환경문제)

3. 미샨의 쾌적권

① 코즈 정리의 상호성이라는 애매한 개념을 완화
② 환경은 모든 사람의 공동재산이므로 일반대중이 환경에 대한 권리를 가짐

핵심 11 오염배출권

1. 두 개의 기업 1과 2가 있는데 폐기물의 양이 각각 Q_1, Q_2라고 하자. 폐기물의 양을 줄이기 위해서 치르는 한계비용이 각각 $MC_1=2(20-Q_1)$과 $MC_2=3(30-Q_2)$로 주어져 있다. 이때 최적 오염수준을 40으로 달성하기 위해서 오염배출권을 발행하는 경우에 오염배출권의 가격과 각 기업의 오염배출량은 얼마인가?

⇨ 만일 오염물질에 대한 규제가 없는 경우에는 한계비용이 0이나 마찬가지이므로 $Q_1=20$, $Q_2=30$이다. 그런데 오염배출권을 발행하는 경우 최적 오염수준이 40이므로 $Q_1+Q_2=40$이다. $MC_1=2(20-Q_1)=MC_2=3(30-Q_2)$ $\therefore Q_1^*=14$, $Q_2^*=26$이고, 오염배출권의 가격은 12이다.

2. 임진강 주변의 웅지마을에 3개의 공장이 있다. 정부가 오염을 90단위로 낮추고자 모든 기업에게 30단위의 오염을 허가하는 오염배출권을 배분했다고 할 때, 자유롭게 오염배출권이 매매될 수 있는 가능성은?

공장	초기 오염정도	오염을 한 단위 낮추는 데 드는 비용
A	60 단위	1만 5천원
B	60 단위	2만원
C	40 단위	1만원

■ A가 C에게 오염배출권을 한 단위에 1만 2천원에 판매 (×)
■ C가 B에게 오염배출권을 한 단위에 1만 5천원에 판매 (○)

1. 오염허가서

① 일정한 양의 면허를 발행하여 시장에 유통시키면, 환경에 대한 **진정한 선호**를 표출하도록 유도하여 환경보전 관련 비용을 절약할 수 있음

② 의식적인 노력 없이 자동적인 조정이 가능하다는 측면에서 **상당 정도의 신축성**을 지님

■ 환경세의 경우는 인플레이션과 같은 환경변화에 대응하여 새로이 세율을 산정하는 등 노력이 필요함

환경세	오염허가서
■ 배출부과금(effluent charge), 피구세(Pigouvian tax)라고도 함 ■ 세율은 최적 배분상태에서 오염물질이 초래하는 한계피해액과 일치	■ 일정한 양의 오염허가서, 면허(license)를 발행하여 이를 보유하고 있는 경제주체만 오염물질을 배출할 수 있게 허용하는 방식 ■ 환경에 대한 진정한 선호를 표출하도록 유도하는 데 유리 ⇨ 시장에서 오염허가서가 자유로이 교환되는 상황에서 선호를 거짓되게 표출 시 자신에게 손해 발생 ■ 환경보전과 관련한 비용의 절약 가능 ■ 상당한 정도의 신축성 : 의식적인 노력 없이 자동적인 조정이 가능함 ⇨ 환경세를 부과하는 경우에는 인플레이션에 대응하는 새로운 세율을 산정하는 등 정책당국이 변화하는 상황에 적응하기 위해 많은 노력을 투입해야 함

2. 환경정책과 경제성장

① 부정적 : 생산성 하락, 신규 원천 편의(new-source bias : 환경규제가 신규 생산시설에만 적용되어 투자의욕 저하되는 특징)

- 환경규제가 생산비를 높여 생산성을 하락시킴

② 긍정적 : 포터 가설(동태적)

- 환경규제가 기술혁신을 유발하고 결국 기업의 이윤을 증가시킴

3. 환경정책과 국제무역

① 부정적 : 전통적

- 국내기업에 부담을 주어 생산성 하락, 환경규제를 피하고자 해외로 기지 이전('공해안식처가설')

② 긍정적 : 동태적

- 근로자의 건강과 질, 생산성 높아짐

핵심 12 공공선택이론 : 집단적 의사결정

1. 정부는 공공재와 관련하여 개인들의 서로 다른 선호를 어떻게 총체화하여 사회선호로 바꿀 것인가의 문제에 직면한다. (○)

2. 다수결투표제도에서는 투표의 결과가 균형에 이르지 못하고, 순환하게 되는 경우가 발생할 수 있다. (○)

3. 투표의 역설이 발생하면 개인의 선호는 합리적임에도 불구하고 사회의 선호는 일관성을 상실한다. (○)

4. 투표의 대상이 일차원적이고 투표자의 선호가 단일정점을 가진 선호라면 다수결투표 균형은 존재한다. (○)

5. 다봉선호는 수돗물에 대한 대체재인 생수가 존재하는 경우와 같이 사적 대체재가 존재하는 경우 발생할 가능성이 높다. (○)

6. 관료들은 공공재 공급에 따른 사회적 순편익의 극대화를 추구하므로 ~~총편익이 0이 되는 수준~~까지 공공재 공급을 결정한다. (×)

7. 미그-빌레인저 모형에서는 예산상의 잉여를 효용함수에 반영한다. (○)

8. 정치가는 공익보다는 득표 극대화를 추구하기 위해서 투표자에게 가장 유리한 정책을 추진한다. (○)

9. 양당제하에서 두 정당의 정강은 서로 유사해질 가능성이 높은데 이를 '호텔링 원칙(Hotelling's principle)'이라고 한다.(○)

10. 로머-로젠탈 모형에서 회복수준은 관료가 제안한 예산안이 기각되었을 경우 복귀해야 하는 지출수준을 의미한다. (○)

1. 전원합의제

① 파레토 최적(소수 보호) ② 빅셀
③ 너무 많은 시간 소요 ④ 전략적 반대 가능
⑤ 현재상태가 월등 ⑥ 완비성 위배

2. 과반수제

① 다수의 횡포
② 투표의 역설(일관성 없는 결과, 의사진행 조작)
③ 이행성 위배

3. 최적다수결제

① 뷰캐넌과 툴록
② 의사결정비용(찬성비율과 비례)
③ 외부비용(불만자비율과 비례)
④ 최적다수결 : 「의사결정비용 + 외부비용」을 최소화하는 찬성비율

4. 점수투표제

① 선호의 강도 반영
- 고의적인 전략적 행동에 취약함

② 다른 선택대안으로부터의 독립성 위배

참고 점수투표제와 전략적 행동

	투표자 1	투표자 2	투표자 3	투표자 4	투표자 5	투표자 6	합계
후보 A	6	4	5	7	0	1	23
후보 B	3	3	3	2	7	1	19
후보 C	1	3	2	1	3	8	18

투표자 5는 후보 B를 지지하고 있으나, 어차피 선출 가능성이 희박함을 알고 10점을 모두 후보 C에게 몰아주는 전략을 사용함

4. 중위투표자이론

(1) **개념** : 모든 사람의 선호가 단봉형 선호를 나타낼 경우 과반수투표제에 의한 의사결정 방식은 항상 중간에 위치한 사람(중위투표자)이 가장 선호하는 안건이 채택됨

(2) **시사점**

① 단봉선호 충족조건 필요
② 과반수제 적용시 성립
③ 중위투표자의 선호

5. 다봉선호

① 민간부문에 대체재가 공급되는 경우 자연스러움 → 공원, 의료서비스
② 표결대상이 2차원 이상이면 모두 단봉선호라도 투표역설 발생 가능

6. 단봉선호 보장되는 조건

무차별곡선 원점 볼록 + 고정된 가격(예산선)

7. 투표제도와 불가능성 정리

① 개인의 선호를 한데 묶어 집단적인 선호로 바꾸는 민주적이고 합리적인 메커니즘은 존재하지 않음(불가능성 정리)
② 모든 투표제도는 완비성, 이행성, 다른 선택대안으로부터의 독립성 등을 만족시키지 못함

핵심 13 공공선택이론 : 정치가와 관료제 모형

1. 관료제 비효율성 극복방안

■ 급여구조와 승진제도 개선, 부처 간 혹은 민간부문 간 경쟁 도입

2. 공공선택이론의 설명 중 타당하지 않은 것은?

❶ 관료들은 공공재 공급에 따른 사회적 순편익의 극대화를 추구하므로 ~~총편익이 0~~이 되는 수준까지 공공재 공급을 결정한다.
② 미그-빌레인저 모형에서는 예산상의 잉여를 효용함수에 반영한다.
③ 정치가는 공익보다는 득표 극대화를 추구하므로 투표자에게 가장 유리한 정책을 추진한다.
④ 양당제하에서 두 정당의 정강은 서로 유사해질 가능성이 높은데 이를 '호텔링 원칙(Hotelling's principle)'이라고 한다.
⑤ 로머-로젠탈 모형에서 회복수준이란 관료가 제안한 예산안이 기각되었을 경우에 복귀시켜야 하는 지출을 의미한다.

1. 니스카넨 모형

① 관료들은 예산 규모가 커질수록 직책상의 특권과 영향력, 권한이 커짐
② 예산 규모의 극대화를 추구 → **사회적 순편익이 0이 되는 수준**
③ 예산의 비효율적인 집행 가능성과 현실에서 관료들의 예산 확보 노력 이유 설명
④ **제1급 가격차별** 성격(예산편성의 독점권)
⑤ <u>**주인-대리인 모형의 일종**</u>

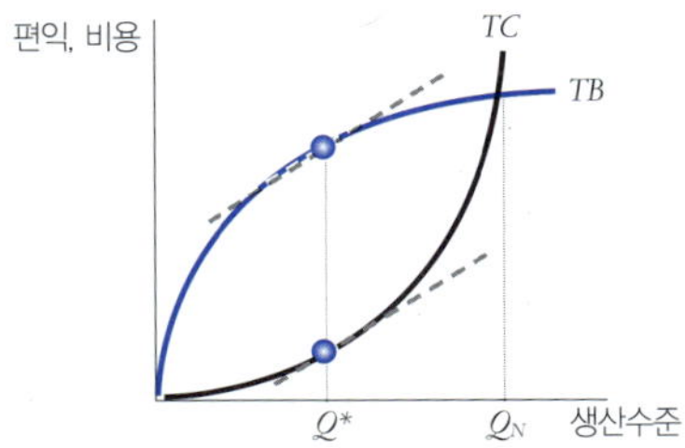

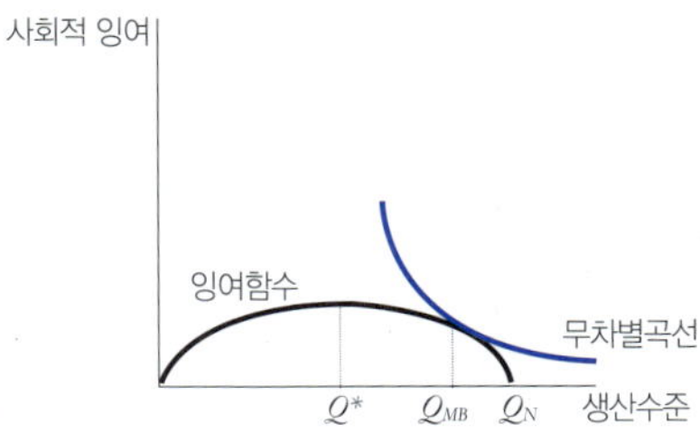

2. 미그-빌레인저 모형

① 관료들의 목적함수는 **효용극대화**로 효용에는 예산 및 기타 직책상의 특권이 포함됨
② 효용극대화를 추구하는 관료는 공공재 공급량이 사회적 최적 수준을 초과하지만, <u>니스카넨 모형보다는 적은 수준</u>

3. 로머-로젠탈 모형

① 예산안이 **기각**되면 공공지출은 **회복 수준**(reversion level)으로 결정됨(작년 예산안 수준으로 회복)

② 회복수준에서 국민들의 효용이 낮으므로 최적예산보다 큰 예산이라도 수용
→ 예산 극대화 경향 반영

4. 다운즈 모형

① **정치가는 득표를 극대화**
② 자신의 이익을 추구하는 정치가라면 투표자의 의사를 충실하게 반영
③ 투표자가 공공재편익을 과소평가하면 정치가는 공공재의 과소공급 지지
④ **최소차이의 원칙(호텔링의 원칙)** : 중위투표자의 표를 얻기 위해 각 정당들의 정강이 유사해짐

5. 뷰캐넌-툴록 모형

① 소수파끼리 투표 거래를 통해 연합을 이루어 정강에 영향
② 소수파의 제휴를 유도하는 정강을 통해 정권 교체 가능

6. 로비집단 모형

① 철의 삼각형 : 정치가, 관료, 로비집단이 연합
② 합리적 무지(무시) : 개인들은 정책이나 정강정보를 얻는 비용이 편익보다 커서 무시하는 것이 합리적이기에 로비집단이 다수 개인들보다 더 큰 영향력 과시
③ **포획이론** : 기존기업은 로비를 통해 정부가 시장규제를 만들도록 유도

핵심 14 계층별 소득분배

1. 그래프는 에코국과 마니아국의 로렌츠 곡선을 나타낸 것이다. 이에 대한 분석으로 맞는 것을 고르시오. 단, 두 국가는 국민총소득이 동일하고, 인구는 각각 100만 명이다.

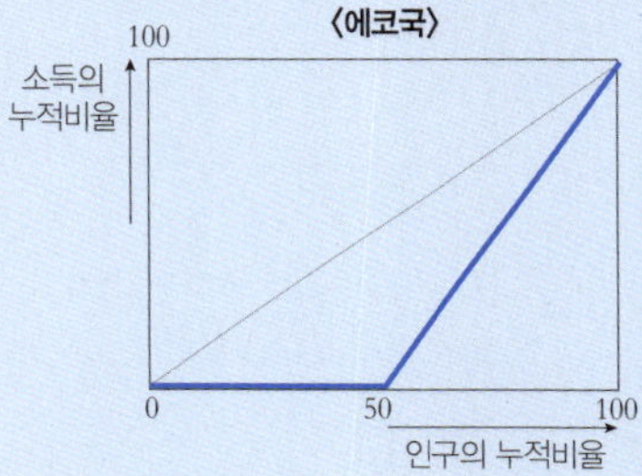

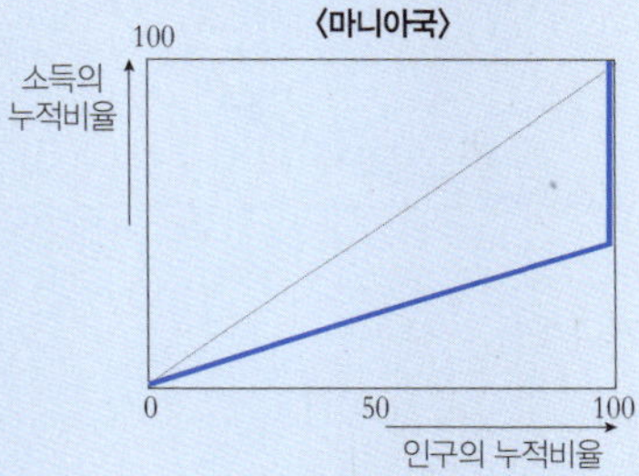

① 에코국과 마니아국의 소득분배 상태는 동일하다.
❷ 에코국과 마니아국의 지니계수는 동일하다.
❸ 최고 소득자와 최저 소득자의 소득격차는 에코국보다 마니아국이 크다.
④ 하위 50% 이내의 사람들 간의 소득격차는 에코국보다 마니아국이 크다.

2. 로렌츠 곡선이 대각선과 일치할 때 지니계수는 1의 값을 지닌다. (×)
⇨ 평등과 불평등지수 암기법은 불평등을 지닌 앳킨슨, 달튼 균등하게 파썰어!

3. 십분위분배율은 이론적으로 0과 2 사이의 값을 지니며, 최하위 40% 소득계층의 소득점유율을 최상위 20% 소득계층의 소득점유율로 나눈 비율이다. (○)

4. 소득의 계층적 분배 문제는 시장기구에 의해서 해결하기 힘들다. (○)

5. 앳킨슨 지수에는 상대적 불평등 기피도가 명시적으로 도입되어 있다. (○)

6. 소득이 y_1, y_2인 두 사람으로 구성된 사회의 사회후생함수가 $W=y_1y_2$라고 할 때, $y_1=9$, $y_2=1$인 경우의 앳킨슨 지수를 구하면?
⇨ $A=1-\frac{3}{5}=\frac{2}{5}$

1. 로렌츠 곡선

(1) **개념** : 한 사회에서 소득이 낮은 계층부터 높은 계층의 순서대로 배열하여 하위 몇 %가 차지하는 전체소득 중의 비율을 나타내는 점들을 이어 놓은 곡선
(2) **성격** : ① 서수적 성격 ② 교차 시 판단 불분명(반드시 그림을 통해 이해할 것)
(3) **판단** : 대각선에서 멀수록 불평등

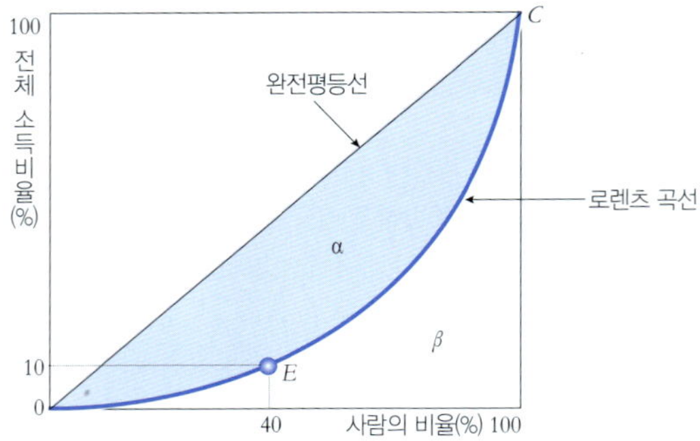

2. 지니계수

① $G=\dfrac{\alpha}{\alpha+\beta}\,(0\leq G\leq 1)$

② $G=\dfrac{\text{평균적인 소득격차}}{(2\times\text{평균소득})}$

$G=\dfrac{1}{2\mu}\,\dfrac{1}{n(n-1)}\,\sum_{i=1}^{n}\sum_{j=1}^{n}|y_i-y_j|$

단, μ : 소득의 평균, y_i : i번째 사람의 소득

③ G가 클수록 불평등(불평등지수)

3. 십분위분배율

① $D=\dfrac{\text{하위 40\% 소득 점유율}}{\text{상위 20\% 소득 점유율}}\,(0\leq D\leq 2)$

② D가 클수록 평등(평등지수)

4. 앳킨슨 지수(Atkinson index : A)

① $A=1-\dfrac{Y_e}{\overline{Y}}$

② Y_e(균등분배대등소득) : 모든 사람에게 균등하게 소득을 분배하였을 경우의 사회후생수준이 현재의 분배상태에서의 사회후생수준과 같아지도록 만드는 균등소득

③ 사회후생함수가 명백히 드러날 수 있는 성격

- 똑같은 분배상태라도 보는 사람에 따라서 균등분배대등소득이 달라질 수 있기 때문에 A의 값도 여러 가지로 나올 것임
- 현재 분배상태가 거의 균등분배상태라고 하면 $Y_e=\overline{Y}$가 되어, 거의 $A=0$

④ A는 평등성에 대한 선호가 클수록, 불평등할수록 크다.

핵심 15 소득분배이론과 재분배정책

1. 사회보장제도에 대한 설명 중 타당하지 않는 것은?
① 사회보장제도는 사회보험, 공공부조, 사회복지사업으로 구성된다.
② 공공부조는 수직적 소득재분배 기능을 하며 근로의욕을 저해한다.
③ 사회보험은 수평적 소득재분배 기능을 하며, 민간보험보다 효율적이다.
④ 공공부조의 현물보조방식은 온정적 간섭주의 때문이다.
❺ 러너의 동등확률에 의한 소득재분배는 사회후생을 반드시 증가시킨다.
⇨ 러너의 동등확률에 의한 소득재분배는 사회후생 증가의 기대값이 양수일 뿐 실제로는 사회후생을 증가 혹은 감소시킬 수도 있음

1. 에지워드 최적 분배 : 공리주의 견해

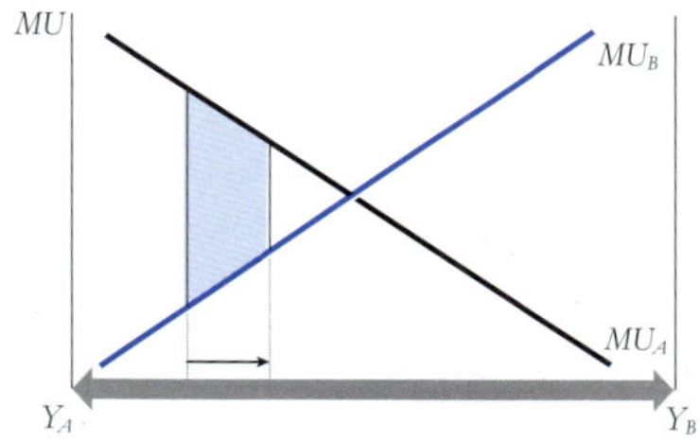

(1) 가정
① 모든 사람들은 동일한 효용함수(비판대상), 효용은 소득만의 함수 → **한계효용체감**
② 총소득은 고정
③ 사회후생은 개인의 효용의 합 → 공리주의
(2) 결론: 모든 사람들에게 **완전 균등한 소득분배가 가장 바람직함**
(3) 개선
러너의 동등확률 가정 → 효용함수가 달라도 동등확률을 부여하면 동일한 결론
∴ 균등분배가 최적이고 기대효용 극대

2. 재분배정책
(1) 누진세 제도
(2) 사회복지제도 = 사회보험(기여원칙) + 공공부조(비기여) + 사회복지서비스(비기여)
① 사회보험제도 : 민간부문의 보험과 비슷하게 운영하면서, 제한적으로 재분배 효과 추구
■ 사회보험은 비스마르크형(독일, 중앙집권적)과 베버리지형(영국, 민간자발적)으로 나눔
② 공공부조 : 극빈계층에 초점(인간다운 생활 권리), 재분배효과 극대화, 국민기초생활보장제도
③ 사회복지서비스 : 취약계층에 초점(장애인·노인·아동 등의 시설이용과 경비부조)

3. 바람직한 사회보장제도
(1) 경제적 효율성
① 저축, 근로의욕에 부정적 영향(예: 빈곤함정, 실업함정) 최소화
② **빈곤함정(poverty trap)** : 근로소득 증가에 따라 빈곤가구의 과세 전 소득이 상승해도 과세 후 소득이 오히려 감소해 근로에 대한 의욕상실이 생기는 현상
③ **실업함정(unemployment trap)** : 실업급여 등의 사회부조 수급 실업자가 고용되면 사회부조 수급의 상실과 더불어 과세대상이 되어 과세 후 소득감소(실업상태로 계속 잔존)

(2) **행정적 효율성** : 복잡한 제도, 비전산화 등

(3) **목표 효율성** : 사회보장제도가 빈곤을 어느 정도 완화했는가로 측정

- 혜택을 받을 자격이 있는 사람들 중 실제 수혜자 비율로 측정

(4) **최소한의 수치심**: 수치심은 수혜 자격이 있는 사회부조조차 신청하지 않게 만드는 요인(낙인효과)

(5) **보편성**: 수혜 자격이 있는 사람들이 자동적으로 혜택을 누릴 수 있도록 고안되어야 함

- 수혜자가 신청하는 경우에만 지급되는 경우가 일반적

핵심 16 부의 소득세 제도

1. 선형누진세가 기초수당 100만원과 한계세율 20%로 구성될 때 벌어들인 소득이 200만원이라면 다음 중 옳은 것은?
① 세금을 60만원 낸다.
② 세금을 40만원 낸다.
③ 100만원만큼의 보조금을 받는다.
④ 면세 혜택을 받는다.
❺ 부의 소득세를 적용받아 60만원만큼 보조금을 받는다.

2. 부의 소득세가 시행되면 대체효과와 소득효과 모두 노동공급을 감소시키는 방향으로 작용한다. (○)

3. 부의 소득세는 보조금을 현금으로 지급하므로 소비자 후생 측면에서 우월하다. (○)

4. 부의 소득세 제도는 한계세율이 낮을수록 효율성 측면에 부합한다. (○)

5. 부의 소득세 제도는 소득이 일정수준 이하가 되면 그 차액만큼 조세 환급을 통해 지급하는 제도이다. (○)

6. 부의 소득세 제도는 소득세 체계 내에서 운용되므로 특수계층의 요구에 부응하기 쉽다. (×)

1. 기본 성격 : 음의 세율 적용되는 누진적 소득세제의 연장선

(1) 장점
① 행정적으로 단순 + 별도의 수혜심사 없음(∵ 일반적인 조세 체계안에서 운영)
② 현금 제공 → 수혜자가 마음대로 처분 가능
- 후생 측면 유리

③ 수치심 제거 → 일종의 권리로 인식

(2) 단점: 특정그룹의 특수 요구에 응하기 어려움

2. 운영방식

① 선형 세율구조 + 최소한의 기초수당 보장
② 한계세율에 따라서 보조금이 축소
③ 효율성(한계세율 t의 크기), 공평성(기초수당 m의 크기) → m과 t를 동시에 선택 어려움

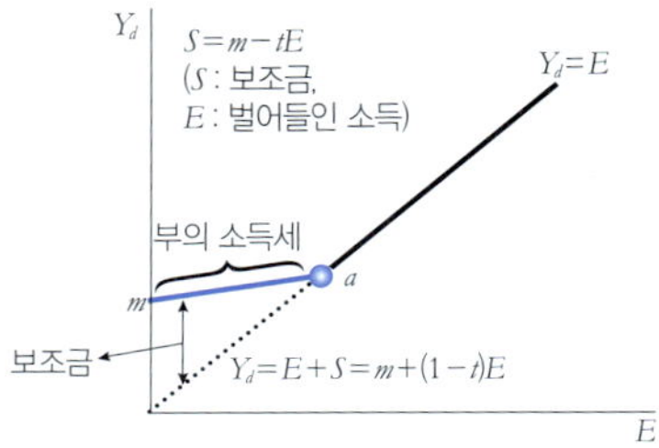

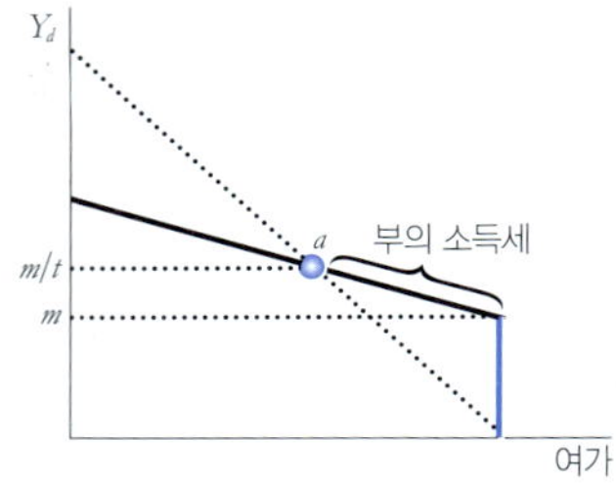

3. 경제적 영향 : 노동공급에 미치는 영향

① 부의 소득세제하에서 **소득효과와 대체효과는 모두 노동공급 감소**

- 근로소득세와 상반된 결론

② 대체효과 : 보조금 지급받음 → 여가가격 하락 → 여가↑(= 노동공급↓)

③ 소득효과 : 실질소득 증가 → 여가↑(= 노동공급↓)

여가의 특성	대체효과	소득효과	가격효과(NIT의 효과)
정상재	노동공급 감소	노동공급 감소	노동공급 감소
열등재	노동공급 감소	노동공급 증가	대체효과가 크면 노동공급 감소, 소득효과가 크면 노동공급 증가

4. 문제점

① 제도의 기여도와 무관하게 결정됨

② 부의 소득세 적용자와 약간 많은 소득자의 근로의욕에 악영향

③ 저축을 늘리면 이자소득의 증가로 보조금이 줄기 때문에 저축의욕 감소

④ 막대한 재정부담

핵심 17 최저소득보장제도와 EITC

1. 근로장려세제(근로소득보전세제)하에서 점증구간에서 발생하는 효과에 대한 설명 중 옳은 것은?
① 노동공급의 변화가 없음
② 대체효과는 노동공급을 감소, 소득효과는 노동공급을 증가
③ 대체효과는 노동공급을 증가, 소득효과는 노동공급을 증가
④ 대체효과는 노동공급을 감소, 소득효과는 노동공급을 감소
❺ 대체효과는 노동공급을 증가, 소득효과는 노동공급을 감소
- 노동공급의 크기 : 최저소득보장제도 < 부의 소득세 < (원래 상태), EITC < (원래 상태)
- 소득 수준 : (원래 상태) < 부의 소득세, (원래 상태) < EITC
- 효용 : (원래 상태) < 부의 소득세, EITC

1. 최저소득보장제도

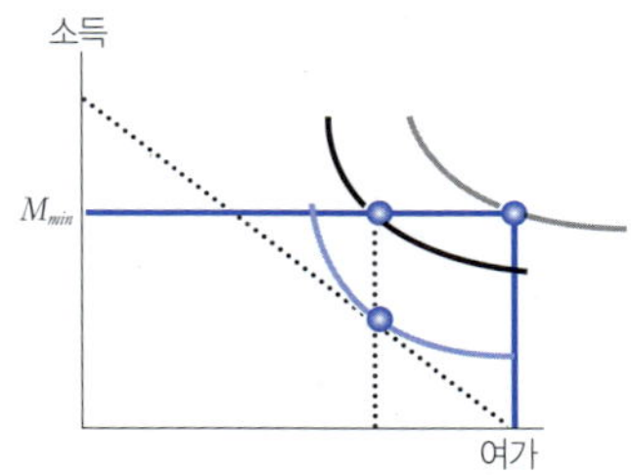

① 국민기초생활보장제도
② 암묵적 세율이 100%
∵ 임금소득이 증가해도 최종소득은 불변
③ 소득 증가를 위해 노동공급하면 최종소득은 증가하지 않고, 여가만 감소해 후생 감소
④ 노동공급에 부정적

2. EITC(Earned Income Tax Credit)

(1) EITC(근로소득세액공제) 개요
① 임금보조금제도 원리, 근로보조금(work bonus), 근로장려세제(한국)
② 노동공급 유인을 제공하면서 저소득자에게 소득을 보조해 주자는 취지
- 현재 미국에서는 소득재분배의 가장 큰 비중을 차지

(2) 운영방식

점증구간
① 소득이 증가함에 따라 조세환급(보조금, 근로장려금)이 점증하는 구간
② 노동공급의 증가에 따라서 임금률 상승
③ 대체효과가 노동공급을 증가시키는 방향으로 작용
- 대체효과 〉 소득효과

평탄구간
① 일정액의 조세환급구간
② 임금률이 제도 시행 이전과 동일
③ 대체효과는 없고, 소득효과는 보조금을 지급받기에 정상재인 여가를 늘려 노동공급 감소

점감구간
① <u>**부의 소득세 원리 작용**</u>
② 소득이 증가함에 따라서 보조금 감소

③ 개인의 임금률을 낮추는 효과

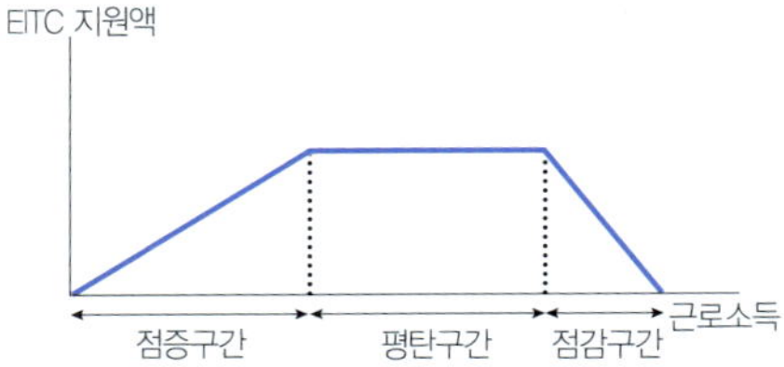

	점증구간	평탄구간	점감구간
대체효과	(+)	0	(−)
소득효과	(−)	(−)	(−)
전체효과	?	(−)	(−)

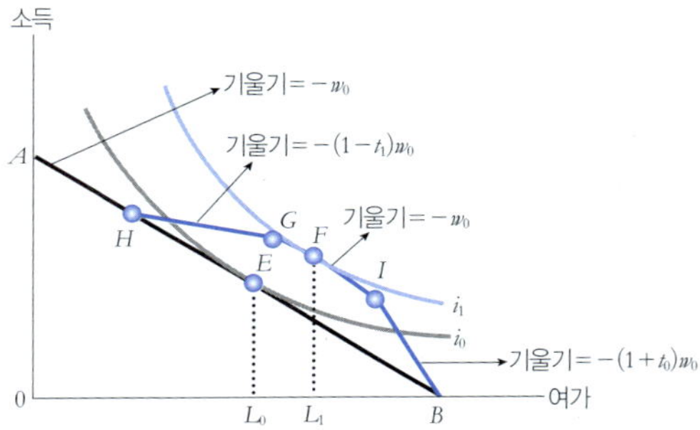

핵심 18 국민연금제도의 경제적 효과

1. 다음은 연금보험과 관련한 내용이다. 타당하지 않은 설명을 고르시오.

① 정부가 연금보험시장에 개입해야 하는 이유는 사적연금보험시장이 높은 거래 비용, 사회적 위험, 역선택, 도덕적 해이 등으로 인해 제 기능을 못하기 때문이다.
② 국민연금은 기여금에 대한 연금비율을 고소득자보다 저소득자에게 높게 책정하여 소득재분배에 기여하고 있다.
③ 우리나라 국민연금제도는 결혼 여부나 가족 수에 따라 세대 내에서 소득을 재분배하고 있다.
❹ 세대 내 재분배효과는 재원의 조달방식이 적립방식이냐 부과방식이냐에 따라서 달라진다.
⑤ 원칙적으로 연금보험의 재원이 완전적립방식으로 조달되면 세대 간 재분배가 발생하지 않는다.

1. 국민연금제도의 의의

① 시장실패 보완(민간보험의 역선택 문제 해결)
② 소득 재분배 기능
③ 온정적 간섭주의의 관점

2. 적립방식과 부과방식 : 우리나라는 기본적으로 적립방식

	적립방식	부과방식
의미	국민들이 낸 보험료를 적립해 기금을 만들고 그 기금의 수익으로 연금 지급	중복세대 모형(새무엘슨)
장단점	자신이 적립한 돈을 돌려받음 지불 능력 문제없음	현재세대가 노년세대의 생계 부담 지불 능력 불안정
국민저축에 미치는 영향	납부액만큼 개인저축↓ 기여금만큼 정부저축↑ ∴ 국민저축 불변	납부액만큼 개인저축↓ 정부저축 불변 ∴ 국민저축 감소

3. 국민연금제도가 저축에 미치는 영향

① **재산대체효과** : 국민연금 보험료 납부를 저축으로 인식 → 민간저축 감소
② **은퇴효과** : 노년층의 조기은퇴를 촉진하여 은퇴 후 필요자금 증가 → 저축 증가
③ **상속효과** : 중복세대 모형에서 미래세대가 불쌍해 상속 증가 → 저축 증가
④ **인식효과** : 노후생활 중요성 인식 → 저축 증가

구분	공적저축	사적저축				총저축	
	적립효과 (1)	재산대체효과 (2)	은퇴효과 (3)	상속효과 (4)	인식효과 (5)	(1)+(2)	(1)+(2)+(3)+(4)+(5)
적립방식	+	−	+	+	+	0	+
부과방식	0	−	+	+	+	−	−

4. 국민연금제도가 노동공급에 미치는 영향

(1) **소득효과** : 일할 때 낸 보험료보다 높은 연금 혜택 → 실질소득 증가
→ 조기은퇴(여가↑, 노동공급↓)

(2) **대체효과** : 불분명

① **은퇴 이전** 세금만 고려하면 연금 도입이 임금 하락을 의미(여가의 기회비용 하락)
→ 여가↑, 노동공급↓

② 세금과 **은퇴 이후** 연금 혜택까지 고려 시 → 실질임금 상승(여가 기회비용 상승)
→ 여가↓, 노동공급↑

5. 연금보험의 재정위기

(1) 근본 원인

① 인구증가율의 감소

② 경제성장률의 하락

③ 은퇴연령의 단축

④ 평균수명의 연장

(2) 대처 방안

지출억제 방안

① 연금수급연령 연장

② 은퇴 당시의 경제적 능력에 따라 연금지급액 조절
→ 경제적 능력이 많은 은퇴자에게는 연금지급액을 삭감할 것을 요구하는 것
- 사회보험의 성격에 맞지 않다는 지적 제기

수입증대 방안

① 보험료율 인상

② 연금수급액 과세

핵심 19 정부지출의 지속적 증가 : 바그너의 법칙

1. 정부의 지출은 지속적으로 증가하고 있다. 이에 대한 설명으로 타당하지 않은 것을 고르시오.

❶ 바그너는 공공수요가 가격에 탄력적이므로 경비가 팽창한다고 주장하였다.
② 정부지출의 당위성은 가치재와 국방서비스, 저소득계층에 대한 생계비 지원 등에서 찾을 수 있다.
③ 피콕과 와이즈만은 사회적 혼란기에 사람들이 조세부담의 허용수준이 높아지기 때문에 경비가 팽창한다고 보았다.
④ 브라운-잭슨은 중위투표자들의 공공재 수요증가에서 경비팽창의 원인을 찾았다.
⑤ 보몰은 정부부문의 낮은 생산성을 경비팽창의 원인으로 보았다.

1. 바그너의 법칙

국민소득이 증가함에 따라서 1인당 정부지출의 크기는 상대적으로뿐만 아니라 절대적으로도 증가함

2. 피콕–와이즈만의 전위효과론

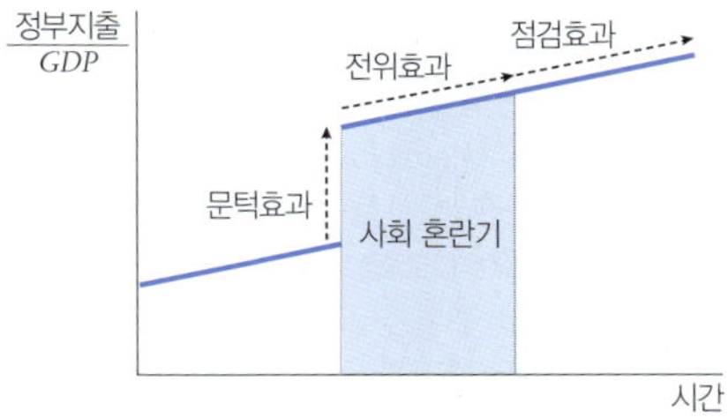

(1) **평상시**

국민들이 납부할 용의가 있는 조세의 허용수준에 맞추어 안정적으로 증가

(2) **위기시**

① **시발효과(문턱효과)** : 전쟁, 지진, 기근 등 사회격변으로 조세 허용수준이 상승
② **전위효과** : 사회격변기 동안 정부지출 추세선 자체가 상승하여 사회적 혼란이 종료된 후에도 정부지출은 높은 수준 유지
③ **점검효과** : **사회격변기가 지난 후**에 국민들의 인식이 전환

3. 브라운–잭슨의 중위투표자 이론

① 중위투표자가 가장 선호하는 수준의 공공서비스 공급
② 공공서비스에 대한 수요의 **소득탄력성이 1보다 큰 경우** 소득이 증가할 때 공공재를 더 수요하려고 함

4. 보몰 효과

정부부문의 **생산성이 낮아** 공공서비스의 가격이 지속적으로 상승 → 비용병(보몰병 : 민간생산성↑→공공부문임금↑→공공서비스가격↑→공급 축소 못함↑→재정팽창)

5. 재정착각 가설

간접세의 경우와 누진세율 구조하의 인플레이션이 존재하는 경우에 → 공공재가격의 인식 결여

참고 갈브레이드의 의존효과

사용재는 광고에 의존을 많이 하지만, 공공재는 광고에 별로 영향을 받지 않아 과소공급 ⇨ 공공경비 덜 증가

핵심 20 공공재의 과다-과소 공급설

1. 공공재공급의 최적수준에 대한 설명 중 타당하지 않는 것은?
① 뷰캐넌-툴록 모형에 따르면 비용은 모든 유권자가 부담하지만 투표거래(logrolling)에 의한 다수파들은 자기들의 비용만 고려하므로 공공재가 과다공급된다.
② 갈브레이드는 광고선전에 의한 의존효과 때문에 사용재로 편향되어 공공재가 과소공급된다고 한다.
③ 니스카넨은 관료들이 직책상의 특권을 위해 공공재를 과다공급한다고 본다
④ 다운즈는 소비자의 합리적 무지로 공공재편익을 과소평가하기 때문에 공공재가 과소공급된다고 본다.
❺ 뷰캐넌은 공공선택과정에서 공공재가 과소공급된다고 주장한다.

1. 공공재의 과다 공급설

(1) 관료제 모형

① 니스카넨 모형 등에 의하면, 관료들이 개인의 직책상의 특권과 영향력을 증대시키기 위해서 예산극대화 혹은 자신들의 효용극대화를 추구
② 개인의 편익을 극대화하여 사회적 최적 수준을 상회

(2) 투표 거래(logrolling)

① 투표자들은 자신들이 선호하지 않더라도 서로 상대방이 원하는 사업을 고려하여 투표를 거래(표의 교환)
② 그 결과 공공재 공급이 증가하는 경향이 발생

(3) 재정착각(재정환상, fiscal illusion)

각종 소비세 등 간접세는 사람들의 체감 부담이 작기(실제로 부담하는 것보다 조세부담을 작게 느낌) 때문에 공공재 공급에 대한 저항이 작아 과다공급

(4) 리바이던 가설 : 뷰캐넌

① 민주주의체제의 맹점으로, 특히 대의민주주의의 본질적인 속성에 기인함
② 비용을 궁극적으로 부담해야 할 일반대중은 정부지출의 증가에 따른 비용을 제대로 인식하지 못해서 정부지출의 팽창에 적극적으로 대응하지 않게 된다는 주장

2. 공공재의 과소 공급설

(1) 갈브레이드의 의존효과

(2) 부정적 조세인식

① 공공재는 조세와 편익이 직접 매칭되지 않아서
② 조세를 납부해도 자신에게 혜택이 돌아오지 않는다고 인식하여 조세를 납부하지 않으려는 경향

(3) 다운즈의 투표자의 합리적 무지

① 투표자들이 "나 하나쯤이야!" 하는 생각으로 전체를 위해서 노력하지 않는 것이 합리적이라고 생각
② 이런 생각으로 인해 정보를 얻으려는 노력을 하지 않아 점점 무지해짐
③ 그 결과 정치가들은 득표극대화를 위해 낮은 수준의 공공재와 낮은 수준의 조세를 부과

핵심 21 비용-편익분석과 사회적 할인율

1. 다음은 편익과 비용의 평가기준에 대한 설명이다. 타당하지 않은 것은?

① 자원의 사회적 기회비용을 계산하고, 사회적 기회비용을 반영하는 가격을 잠재가격이라고 한다.

❷ 공공사업의 수행을 위해 독점자가 생산한 상품을 구입하는 경우에 상품의 생산량이 공공사업에 사용한 양만큼 증가하면 시장가격을 기준으로 사용한다.

③ 물품세가 부과된 상품이 공공사업에 투입되는 경우에 그 투입량만큼 생산량이 증가하는 경우는 생산자가격을 기준으로 삼는 것이 타당하다.

④ 심각한 불황으로 비자발적 실업이 광범위하게 존재하는 경우가 아니면 임금을 기회비용으로 사용할 수 있다.

⑤ 민간부문의 투자에 사용되었을 자금이 공공사업의 재원으로 사용되는 경우에 민간부문 투자의 세전수익률을 사회적 할인율로 삼는 것이 타당하다.

2. 정부가 공공사업에 대한 우선순위를 고려하는 문제에 대한 설명 중 틀린 것은?

① 정부가 시행하는 사회적 비용편익분석은 순편익의 극대화를 추구한다.

② 사회적 비용편익 분석에서 비용을 측정하는 문제는 편익을 측정하는 문제보다 심각하지 않다.

③ 정부는 공공사업의 우선순위를 선정함에 있어서 인구를 소득계층에 따라서 몇 개의 그룹으로 나누어 분배가중치를 곱하여 각 그룹에 귀착되는 순편익을 평가한다.

④ 민간기업은 현재가치를 구할 때 시장이자율을 적용하지만, 사회적 편익분석에서는 사회적 할인율을 사용한다.

❺ 미래에 발생하는 편익의 가치를 개인에게보다는 ~~정부가 더 낮게~~ 평가해야 할 것이다.

1. 조정된 가격의 판단기준

좋은 것(생산량 증가, 투자)	나쁜 것(생산량 감소, 소비)
한계비용	시장가격
생산자가격	소비자가격
세전수익률	세후수익률

(1) 한계비용(MC) 〈 시장가격(P)

⇨ 독점의 경우

① 생산량을 **증가**시키면 낮은 가격을 기준

② 생산량이 **불변**이면 시장가격을 기준

(2) 생산자가격 〈 소비자가격

물품세가 부과된 상품이 공공사업에 투입된 경우,

① 투입량만큼 생산량이 **증가**하면 생산자가격

② 생산량이 **예전 수준 그대로**이면 소비자가격

(3) 세전수익률 vs 세후수익률

① 민간부문의 **투자에** 사용되었을 자금이면 투자의 세전수익률이 기준

② **소비에** 쓰일 자금이었으면 세후수익률이 기준

2. 특수한 상황인 경우

(1) 시장가격이 변화하는 경우

소비자 잉여의 변화 기준

(2) 시장에서 거래되지 않는 재화의 가치평가

① 시간의 가치 : 절약된 시간의 기회비용(시간당 임금수준)

② 생명의 가치 : 인적자본 접근법(기대소득의 현재가치)에 의한 평가가치보다 지불의사 접근법(사망을 피하기 위한 최대지불의사액)에 의한 평가가 더 높음

3. 사적 비용편익분석과 사회적 비용편익분석 비교

	사적 비용편익분석	사회적 비용편익분석
목표	이윤 극대화	순편익 극대화
미래이윤 할인	시장이자율 사용	사회적 할인율 사용
인플레이션 고려	고려	고려
불확실성	주식시장 · 보험시장 활용	위험평가
측정문제	없음	직면
분배문제	고려 안 함	고려
환경, 생태계문제	고려 안 함	고려

4. 사회적 할인율 적용

공공사업에 투입된 자금이 민간부문의 소비에 쓰일 것이었다면, 민간부문 투입자금의 세후수익률 또는 소비자이자율을 사회적 할인율로 선택해야 함

5. 사회적 할인율이 민간사업의 할인율보다 낮아야 하는 이유

① 미래세대에 끼치는 영향

② 근시안적 태도 → 정보 부족

③ 공공사업의 이로운 효과(외부경제)

6. 사회적 할인율 사례

> 공공사업에 투입된 20억원의 자금 중 5억원이 민간부문의 투자에 쓰일 돈이었고, 15억원은 소비에 쓰일 돈이었다면 사회적 할인율은?(단, 세전수익률은 15%이고, 세후수익률은 10%라고 가정)

세전수익률과 세후수익률의 가중평균치가 사회적 할인율로 적용

$\rightarrow \frac{1}{4} \times 15\% + \frac{3}{4} \times 10\% = 11.25\%$

7. 위험성의 문제

① 할인율을 통한 조정과 확실대등액(순편익의 기대효용과 같은 효용을 주는 확실한 금액)을 통한 조정이 있지만, 확실대등액을 통한 조정이 더 바람직함

② 애로우-린드 정리 : 공공사업의 편익규모가 작고 편익과 비용이 다수에게 분할되는 경우 위험도 분산되어 위험성문제 무시됨

핵심 22 재정적자와 국채 부담

1. 재정적자와 국채에 대한 리카르도 대등정리와 관련한 논의이다. 설명으로 타당하지 않은 것을 고르시오.

❶ 리카르도의 견해에 따르면 국채 발행 이후에 ~~이자율은 상승하지만~~ 총수요에는 영향이 없다.
② 리카르도 대등정리에 의하면 국채는 미래의 조세부담을 의미한다.
③ 합리적인 경제주체들은 미래세대를 위해서 더 많은 유산을 남겨준다.
④ 국채의 발행은 궁극적으로 현재세대의 부담이 된다.
⑤ 국채발행은 민간부문의 소비와 투자에 아무런 영향도 미치지 못한다.

2. 국채발행으로 미래세대는 원리금을 상환하기 위해서 조세를 납부하지만 부모로부터 같은 액수의 유산을 받기 때문에 그 부담이 정확하게 상쇄된다. (○)

3. 개인들이 합리적으로 예측을 할 경우에 정부지출의 재원을 조세로 조달하든 국채로 조달하든 경제적 영향은 동일하다. (○)

⇨ 조세와 국채의 구성비율에 변화가 생기더라도 개인들의 경제적 선택에는 아무런 실질적 변화가 생기지 않고, 자원배분에 어떤 변화도 생기지 않는다.

4. 실증적으로 리카르도 등가정리가 성립하기 위해서는 재정적자가 증가할 경우 자식들에게 넘겨주기 위한 저축도 증가해야 한다. (○)

⇨ 현실은 상쇄할 만큼의 저축 증가는 아니다.

5. 리카르도 등가정리(RET)는 모딜리아니-밀러(MM) 정리와 유사한 맥락이다. (○)

⇨ MM정리는 법인세가 없을 경우 기업의 재무정책은 기업의 가치에 영향을 미치지 않는다는 것을 의미한다.

6. RET가 성립 시 현재세대가 부담 (○)

⇨ 미래세대의 부담은 없다.

7. RET가 성립하면 이자율에 아무런 변화가 없고, 구축효과도 안 나타난다. (○)

8. 인플레이션이 발생하면 정부는 국민에게 지는 부채의 실질 가치가 감소하여 세금을 거둔 것과 같다. (○)

9. 이자율이 상승하면 국채의 보유자에게 세금을 거둔 것과 같다. (○)

10. 명목상 자본지출이 10억이라도 경제적인 측면에서는 자본의 감가상각분에 국한된다. (○)

⇨ 자본적 지출도 지출시점에서 모든 재정적자가 전부 부채로 집계되면 재정적자 규모는 과다 측정된다.

11. 자본지출항목을 경상지출에서 분리한 것을 자본예산(capital budgeting)이라고 한다. (○)

12. 자본예산방식으로 파악된 정부의 실질적 적자폭은 통계상의 적자폭보다 낮다. (○)

13. 재정적자는 자본축적과 경제성장, 국제수지에 악영향을 미친다. (○)

1. 공채 부담 학설

(1) 현재세대 부담설

① **러너 : 내부채무**(국민에게 돈을 빌림) + 외부채무(해외에서 돈을 빌림)

- 내부채무의 경우는 미래세대의 부담이 증가하지 않음
- 외부채무의 경우는 소비에 사용했는지 또는 투자에 사용했는지에 따라 다름

② **배로** : 리카도 등가정리

- 공채를 미래의 조세증가로 인식해 현재세대는 저축을 증가시켜 유산을 남겨 줌

(2) 미래세대 부담설

① 뷰캐넌 : 개인의 입장에서 공채의 매입은 효용극대화를 위한 현재소비와 미래소비의 시점 간 대체에 불과하며, 공채의 부담은 상환시점에서 조세부담의 형태로 미래세대에게 전가됨

② 모딜리아니 : 자본축적의 변화를 통해 미래세대에 공채부담이 전가됨(라이프 사이클 가설을 전제로 유산이 없음)

③ 새무엘슨 : 중복세대모형을 통해 내부채무도 미래세대로 전가가 가능함

2. 공채 관리

(1) 경기 대응적 관리 : 케인즈

① 호황기는 장기채 발행, 침체기는 단기채로 유동성 증대

② 호황기에 금리가 높은 장기채 발행으로 이자비용 많이 소요

(2) 경기 순응적 관리 : 미국경제발전위원회의 트위스트(twist)조작방식

① 공채 이자비용 최소화 목적

② 호황기는 이자가 낮은 단기채 발행, 불황기는 장기채 발행

(3) 경기 중립적 공채 관리 : 프리드만(M.Friedman)

통화주의 → 단순화와 주기적인 발행으로 경제적 교란 없도록 관리

3. 자본예산

① 자본적 지출(미래이윤창출을 위한 지출)이 필요한 투자를 위한 의사결정과정

② 자본적 지출 : 토지, 건물, 기계설비 등의 구매, 수명연장 혹은 가치증가를 위한 수선비

③ 자본적 지출을 비용이 아닌 자산으로 파악(감가상각을 통해 비용계상) ⇨ 재정적자폭 감소

핵심 23 공공요금이론

1. 다음은 공기업에서 제공되는 서비스의 가격책정방식에 대한 설명이다. 타당하지 않은 것을 고르시오.

① 가스공사의 수요의 가격탄력성이 전화공사의 수요의 가격탄력성보다 작은 경우 가격이 한계비용과 괴리되는 상대적 비율은 가스서비스의 경우가 전화서비스의 경우보다 더욱 커야 한다.
❷ 공공요금을 부과하는 주된 목적은 소득재분배를 통한 효용의 증진에 있다.
③ 적정 공공요금 모형에서 단기적인 측면에서 기존시설을 이용하는 경우에는 경제적 지대를 획득할 수 있다.
④ 시설용량이 제한되어 있는 문화예술 공간의 경우 적정 공공요금의 부과 단계는 최적 시설 규모를 먼저 선택한 후에 한계비용가격설정 원칙을 적용한다.
⑤ 이부가격제도(two-part tariff)는 소량의 소비자들에게 가입비가 묵시적인 장벽으로 작용하여 소비배제 결과를 초래할 수 있다.

1. 공공요금 부과의 목적

① 효율성 → 주목적
② 공평성
- 주목적이 아님
- 사용재적 성격을 지닌 재화와 서비스는 사용자가 1차적 책임을 지는 것이 타당

③ 재정수입의 획득 : 아주 제한된 경우에만 추구(예 : 담배)

2. 적정 공공요금이론

(1) 단기 : 기존시설 효율적 이용

① 시설용량이 제한되어 한계비용곡선이 어느 정도 지나면 수직
② **경제적 지대** 존재 : 가격이 한계비용을 초과하는 부분

(2) 장기 : 최적 시설규모의 선택

① 규모수익불변(CRS) 전제 : $LAC = LMC$ 의미
② 장기적인 관점에서는 D(수요곡선)$=LMC$에서 가장 효율적
③ 최적 시설규모를 먼저 선택하고, 최적 생산량을 결정하는 2단계 구조

3. 한계비용가격설정방식의 문제점

(1) $MC = P$(한계비용가격설정) : 효율적이지만, 적자(손실) 발생

(2) 대처방안

① 조세에 의한 충당
② 평균비용가격설정
③ 제2급 가격차별
④ 이부가격제도 : 가입비 + 사용료
- 가입비가 너무 비싼 경우 묵시적 진입장벽으로 작용함

4. 램지가격설정

① 일정한 재정수입 + 효율성 상실 최소화
② **역탄력성 법칙** : 수요의 가격탄력성이 클수록 P를 MC에 가깝게 설정
③ 한계비용가격설정 원칙 포기
④ 효율성 측면만 고려해 **분배적인 측면 문제**
　∵ 가격탄력성이 작은 경우(필수품) 더 높은 가격 부과

참고　최대부하 가격설정(peak-load pricing) 방법

(1) 개념
① 성수기와 비수기의 가격을 다르게 설정하여 생산설비의 효율적 이용을 추구하는 것
② 전기, 전화 등은 특성상 저장이 불가능하고, 시간에 따라서 수요가 크게 변함
③ 성수기에는 시설을 완전 가동하고, 비수기에는 최소한의 수준만 가동

(2) 가격설정방법
① 비수기 가격 : $P_{비}=$ 단위당 한계비용만 적용
② 성수기 가격 : $P_{성}=$ 단위당 한계비용 $+\dfrac{\text{생산능력 확장 시 단위당 비용}}{\text{연간 성수기 기간 비율}}$

핵심 24 티부 모형과 지방재정조정제도

1. 다음은 지방재정과 관련한 티부가설에 대한 설명이다. 타당하지 않은 것을 고르시오.

① 티부 가설은 지방공공재와 관련한 선호의 시현 문제와 관련이 있다.
② 티부 가설은 지방공공재 공급 시 편익이 다른 지역으로 유출되는 경우 성립하지 않을 수 있다.
③ 발에 의한 투표는 개인이 효용을 극대화하는 지방공공재와 조세의 조합을 제공하는 지역사회를 찾아간다는 것을 의미한다.
❹ 넓게 보면 티부 가설이 실패하는 경우는 사적재 시장이 실패하는 경우와는 차이가 있다.
⑤ 티부 가설은 지역사회 간의 자유로운 이동, 자발적인 지역사회 형성, 효율적인 공공재 공급, 최적의 지역사회들 간의 관계를 설명한다.

2. 끈끈이 효과가 발생하면 무조건부 교부금이나 비대응 교부금도 공공서비스의 추가적 생산을 촉진한다.

1. 중앙정부와 지방정부의 역할

(1) 중앙정부가 우월한 경우

① 경제안정
② 소득재분배
③ 자원배분

- 자원배분 중에서 국방 · 우편 서비스와 같이 범국가적 차원의 외부성, 규모의 경제, 조세징수상의 효율성이 존재하는 경우 해당

(2) 지방정부가 우월한 경우

① 주민선호의 충실한 반영시
② 지방공공재의 조세부담 인식
③ 지방정부 간 경쟁을 통한 효율성이 목적인 경우

	중앙집권	지방분권
경제안정 측면	더 유리	
소득재분배 측면	더 유리	
자원배분 측면	외부성, 규모경제, 순수공공재, 조세징수상 효율성의 경우 더 유리	주민선호반영, 주민의 조세부담인식, 지방정부간 경쟁의 효율성의 경우 더 유리
대표적 주창자	새무엘슨	오우츠(분권화정리), 티부(발에 의한 투표), 폴리(소득재분배=지역공공재)

2. 분권화 정리(decenralization theorem) : 오우츠(W. Oates)

지방공공재를 어느 단계의 정부가 생산하든 똑같은 비용이 든다면, 중앙정부가 모든 지역에 대해 일정한 양을 공급하는 것보다 각 지방정부가 스스로 판단에 따라 적절한 양을 공급하는 것이 더욱 효율적임

3. 완전일치 상태

① 역할의 분담

국가공공재의 성격을 갖는 것은 중앙정부가, 지방공공재의 성격을 갖는 것은 지방정부가 공급의 역할을 맡는 방식으로

② 책임의 분담

각 공공재를 소비하는 사람들이 살고 있는 지역을 대표하는 정부가 공급의 책임을 맡도록 완벽하게 분담을 이룬 상태

4. 티부 모형

(1) 가정

① 다수의 지역사회가 존재

② 완전한 정보

③ 완전한 이동성

④ 규모수익불변

⑤ 외부성 없음

(2) 내용

지역주민이 소리 없이 '**발에 의한 투표**(voting with the feet)'를 함으로써 개인들이 가장 선호하는 지역에 정착하여 파레토효율적인 균형달성

5. 지방재정조정제도

(1) 개념

각 지역 간 경제력의 차이를 완화하고, 지역 간 외부성에 대한 피구적 보조금을 지급하고, 규모의 경제로 인해 중앙정부가 징수한 후 지방정부에 분배하는 효율적 역할분담체제

(2) 무조건부 교부금 : 조건 없이 지급하는 교부금(보조금)

- 소득효과만 존재

(3) 조건부 교부금

① 대응(정률) 교부금 : 가격 보조(특정 공공재 생산비용의 일정비율을 교부)

② 비대응(정액) 교부금 : 소득 보조(공공재 생산에만 사용하도록 교부)

(4) 사례

① **국고보조금(조건부, 정률)** : 국가가 추진하는 정책을 장려하기 위해서

- 과학기술 연구비 보조금, 무역진흥 보조금, 공공사업 보조금 등

② 지방교부금(무조건부) : 가난한 지방정부

- 내국세의 15%로 정해져 지자체가 마음대로 쓸 수 있음

③ 지방양여금(조건부, 정액) : 취약한 지방재정 균형적 확충 목적

- 주세와 전화세는 전액, 농어촌특별세는 일정비율 재원

(5) 무조건부 교부금의 실증연구(끈끈이 효과)

① 이론 : 무조건부 교부금 1원의 증가=지역주민소득 1원의 증가=지방정부의 지출수준 1원의 증가

② 실증 : 무조건부 교부금 1원의 증가시 지역공공재 생산에 40% 투입 ; 반면에 지역주민소득 1원의 증가시 지역공공재 생산에 10%만 투입

(6) 재원

① 자체수입 : 지방세, 지방세외 수입

② 의존수입 : 지방교부세, 국고보조금, 지방양여금

③ 자체수입+지방교부세=일반재원

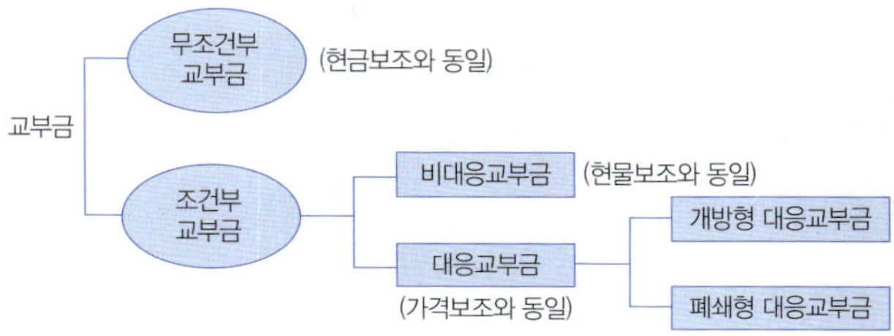

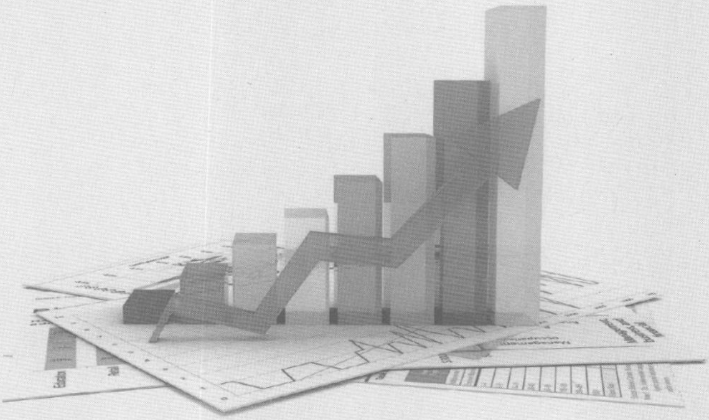

조세

핵심 25 조세의 전가와 귀착 : 부분균형 접근과 하버거 모형

1. 노동과 자본을 투입해서 X재와 Y재를 생산하는 하버거의 일반균형모형에서 X재는 노동집약적이고, Y재는 자본집약적으로 생산되고 있다. 두 재화의 생산기술은 규모수익불변이고, 노동과 자본의 총공급량은 고정되어 있다고 하자. 두 재화를 생산하기 위한 노동과 자본의 이동은 자유롭고, 두 생산요소 모두 완전고용된 상태이다. 생산물시장과 생산요소시장은 완전경쟁적이고, 기업은 이윤극대화를 추구하고 있으며, 소비자는 효용극대화를 추구하고 있다. 이때 정부가 X재 생산에 투입되는 자본에 대해서만 조세를 부과하는 경우 일반균형모형하에서 발생할 것으로 예상되는 현상으로 적절하지 않은 것을 고르시오.

① X재 산업에 고용되어 있는 자본에 대해서 조세가 부과되면 X재의 가격상승으로 인해서 X재의 소비와 생산이 감소한다.

② 산출효과는 과세된 부문의 요소집약도에 의해서 결정되고, 조세가 부과된 부문에 집약적으로 사용되는 생산요소의 상대가격을 항상 낮추는 방향으로 작용한다.

③ 요소대체효과는 조세가 부과된 생산요소인 자본의 상대가격을 항상 낮추는 방향으로 작용한다. 한편 산출효과에 의한 요소의 상대가격의 변화는 노동과 자본의 요소집약도의 차이가 클수록 크게 변화한다.

④ X재 산업의 자본에 조세부과 시 X재 산업에서의 요소집약도($\frac{K}{L}$)가 하락하고, Y재 산업에서는 요소집약도가 커진다.

❺ 노동집약적인 X재 산업의 자본에 과세를 하게 되면 궁극적으로 자본의 상대가격이 하락하게 된다.

2. 다음은 조세를 부과했을 때 귀착에 대한 설명이다. 맞게 설명한 것을 고르시오.

① 독점기업인 경우에는 항상 조세부담을 소비자에게 모두 전가할 수 있다.

❷ **완전경쟁시장에서 비용감소산업인 경우에 조세가 100% 이상 소비자에게 전가될 수 있다.**

③ 이윤세가 부과되면 ~~전부 소비자에게~~ 조세부담이 귀착된다.
⇨ 생산량 불변으로 생산자(기업)가 전부 부담

④ 완전경쟁시장에서 토지에 대해 과세를 하면 전부 조세부과 **발표시점에 ~~토지 구입자가~~** 부담한다.

⑤ 수요곡선이 우하향하는 독점시장에서 한계비용곡선이 수평인 경우 소비자는 조세부과 크기의 ~~2/3~~를 부담한다.

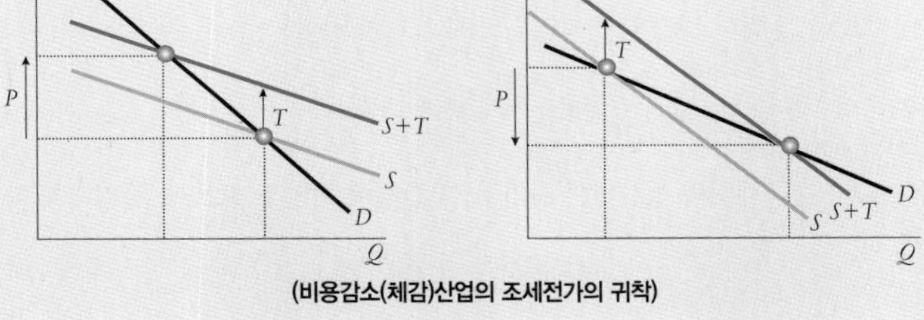

(비용감소(체감)산업의 조세전가의 귀착)

1. 전가와 귀착

(1) **전가** : 조세납부액－실질가처분소득의 변화폭

(2) **귀착** : 조세의 실질적 부담으로 절대귀착, 차별귀착, 예산귀착을 통해 분배효과 측정

① 절대귀착 : 다른 조세와 정부지출이 불변이라는 가정하에서 특정조세의 분배효과를 측정

② **차별귀착** : 모든 조세와 정부지출이 불변이라는 가정하에서 특정조세를 다른 종류의 조세로 **대체**했을 경우 나타나는 분배효과를 측정

③ 예산귀착 : 다른 조세가 없다는 가정하에서 특정조세의 분배효과와 그 조세수입에 의한 정부지출의 분배효과를 함께 측정

2. 전가의 형태

(1) **전전** : 판매자로부터 소비자에게 조세부담 이전

(2) **후전** : 전전의 반대로 이전 혹은 판매자가 요소공급자에게 조세부담 이전

(3) **갱전** : 조세부담이 재전가

(4) **소전** : 경영합리화 등의 효율적 생산을 통해 조세부담이 실질적으로 사라짐

(5) **조세환원** : 증권이나 토지처럼 미래에 부담할 조세가 현재의 소유자에게 부담

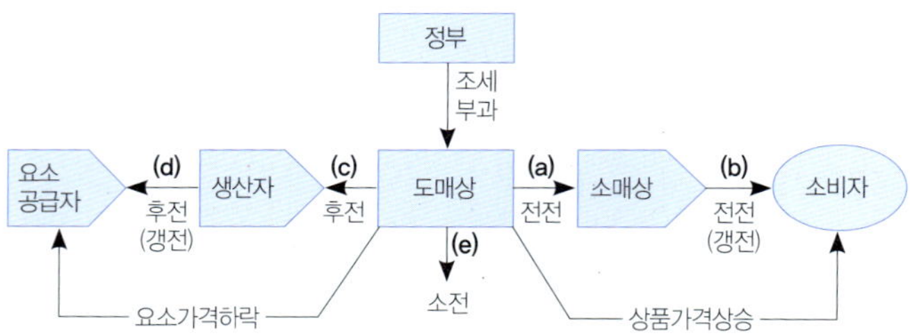

3. 부분균형분석

(1) **경쟁시장에서 물품세 부과** : 수요의 탄력성이 클수록 수요자 부담 작고, 공급탄력성이 클수록 공급자 부담 작음

(2) **독점의 경우에도 소비자에게 모두 전가 안 됨**

4. 일반균형분석(하버거 모형)

(1) **물품세의 귀착**

① 산출효과 : 어떤 산업에 물품세가 부과될 때 그 산업에 집약된 요소에 불리하게 작용하는 효과

② 자본집약재 산업에 물품세 부과 : 그 산업이 위축되고 그 산업에 집약된 요소인 자본이 상대적으로 더 많이 방출되어 자본의 상대가격이 하락 → 모든 자본소유자 부담(원천측면)

③ 사용 측면 : 과세상품 많이 소비하는 사람에게 귀착

(2) **부분요소세의 귀착**

① **산출효과** : 물품세처럼 생산비의 증가로 그 산업에 **집약된 요소에 불리**하게 작용하는 효과

② **요소대체효과** : **과세된 요소에 불리하게 작용**하여 그 요소의 수요감소로 과세요소의 상대가격 하락
③ 사용 측면 : 과세요소집약적 상품 많이 소비하는 사람에게 귀착

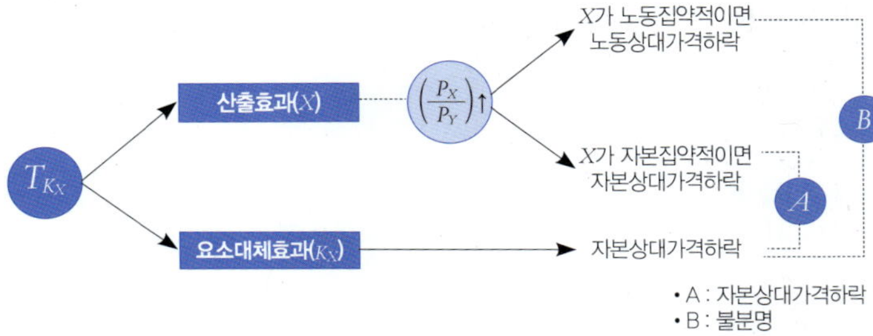

참고 **요소의 상대가격(w/r)의 변화가 커지는 경우**

① 요소집약도의 차이가 클수록
② 수요의 가격탄력성이 클수록
③ 대체탄력성이 **작을수록**

핵심 26 조세의 기본원리

1. 동등희생의 원리에 관한 설명으로 타당하지 않는 것은?
① 비례적 균등희생은 조세로 인한 희생의 비율이 서로 균등하도록 조세를 배분하는 것이 공평하다고 본다.
② 한계적 균등희생은 조세로 인해 소득이 감소할 때 희생의 한계량이 서로 균등하도록 하는 것이 바람직하다고 본다.
③ 한계에서의 희생이 균등하도록 조세배분을 하는 것이 사회후생을 극대화시킨다.
④ 절대적 균등희생은 조세로 인한 소득감소로 생기는 희생의 절대량을 균등하도록 조세배분하는 것이 바람직하다고 본다.
❺ 절대적 균등희생은 저소득자에게 가장 적은 조세부담이 배분되고, 고소득자에게 가장 많은 조세부담이 주어져 누진과세의 개념을 가장 잘 정당화해 준다.

2. 소비세를 부과할 때 그 부담이 누진적으로 되는 상품은?
① 필수재
② 열등재
③ 정상재
④ 수요의 가격탄력성이 1보다 큰 상품
❺ 수요의 소득탄력성이 1보다 큰 상품

1. 밀의 동등희생원리

(1) 희생의 절대량
① 희생된 효용의 절대량 면적이 모든 사람에게 똑같아야 함
→ 반드시 누진과세를 요구하지 않는다는 점에 주의
- 소득의 한계효용이 불변인 경우(한계효용곡선 수평) → 모든 사람이 똑같은 금액을 내는 경우 희생의 절대량이 모두 같아짐(극단적 역진성)

② 동등희생원리가 누진과세를 정당화하기 위해서는 소득수준이 상승함에 따라 한계효용이 급격히 체감해야 함
→ 한계효용의 소득탄력성이 1(엄밀히 −1)보다 큰 제한적인 상황에서만 누진세가 요구됨
- 소득이 1% 증가할 때 한계효용은 1% 이상 감소할 정도로 한계효용곡선이 가파른 기울기를 지녀야 함

(2) 희생의 비율
① 원래 누리던 효용의 크기에 대한 희생된 효용의 비율이 모든 사람에게 똑같아야 함
② 한계효용이 체감하지 않고 똑같은 수준이라면 → 비례세
③ 한계효용이 체감하는 일반적인 경우 → 일률적으로 말하기 어려움

(3) 한계에서의 희생
① 한계에서의 효용의 희생이 모든 사람에게 똑같아야 함
② 사회전체의 희생을 극소화하는 장점 → 효율성과 공평성 모두 충족 주장
- (전제조건) 모든 사람의 효용함수가 똑같고, 소득의 한계효용이 체감한다는 조건 필요

참고 **누진성이 성립하는 경우**

① 균등절대 희생설 : 한계효용의 소득탄력성이 1보다 큰 경우
② 균등비례 희생설 : 한계효용곡선이 우하향의 직선
③ 균등한계 희생설 : 한계효용 체감

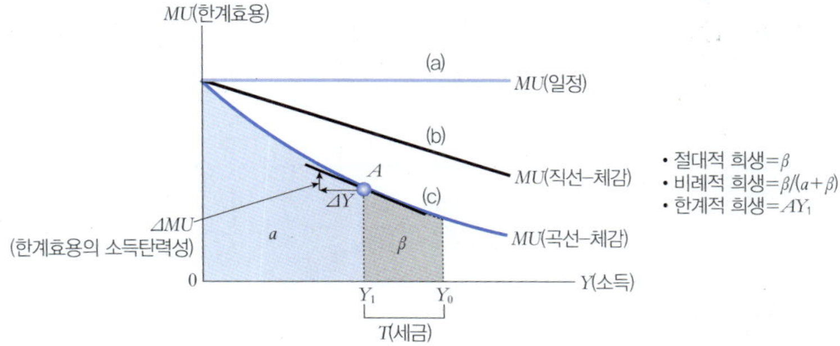

2. 편익원칙 vs 능력원칙

(1) 편익원칙에 의할 경우

① 공공서비스의 수요의 소득탄력성이 클수록
② 공공서비스의 수요의 가격탄력성이 작을수록
→ 누진성은 커짐
③ 무임승차자의 문제로 실현이 어려움

(2) 능력의 원칙

① 과세가 공평함(수평적 공평성, 수직적 공평성)
② 효용이 경제적 능력평가의 가장 바람직한 기준
③ 경제적 능력평가의 기준(효용의 대리변수)

- 소득(열심히 일하는 사람의 조세부담이 더 큼)
- 소비(사생활 침해, 세무행정의 복잡성)
- 재산(현금화 같은 유동성문제)
- 예산집합(교차문제)

핵심 27 초과부담과 탄력성

1. 수요곡선은 우하향하는 직선이고 공급곡선은 수평이라고 하자. 초기균형점에서 수요의 가격탄력성이 2라고 할 때, 단위당 25%의 물품세를 부과하였다. 이때 거래량이 100단위로 감소하게 되었고, 정부의 세수는 25,000이라고 하자. 이때 초과부담은 얼마가 되는가?

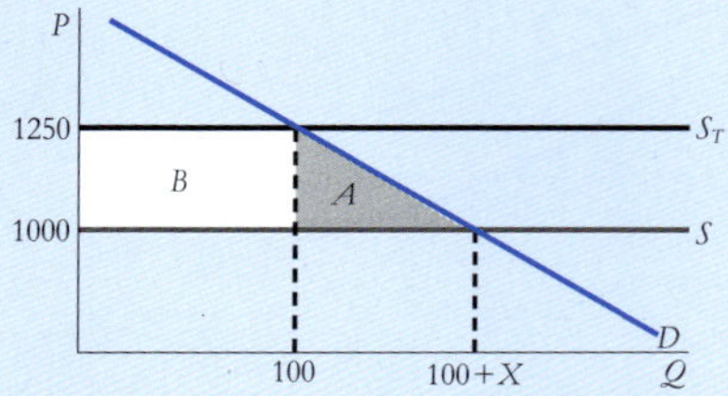

⇨ $\varepsilon=2=\dfrac{\dfrac{X}{100+X}}{\dfrac{250}{1,000}}$, $X=100$

초과부담(A)은 $\dfrac{1}{2}\times100\times250=12,500$

2. 다음은 조세의 초과부담에 대한 설명이다.

- 물품세가 부과된 이후에 구입량이 불변이면 대체효과와 소득효과는 서로 반대방향으로 작용하고, 크기는 같은 경우로 초과부담이 발생한다. (O)
- 물품세 부과 시의 초과부담은 동등변화(equivalent variation)에서 조세수입을 제거한 크기로 측정할 수 있다. (O)

3. 다음은 종량세와 초과부담의 관계, 그리고 종량세와 조세수입의 관계를 나타낸 것이다.

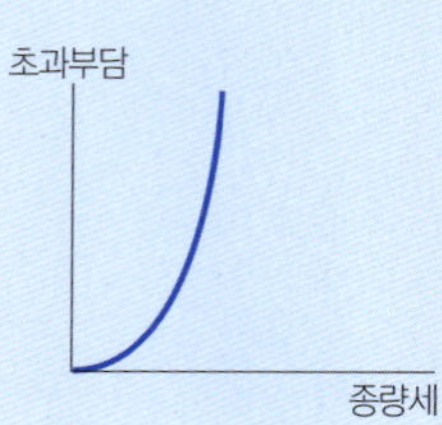

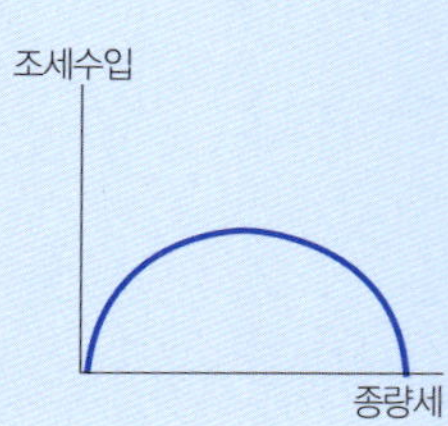

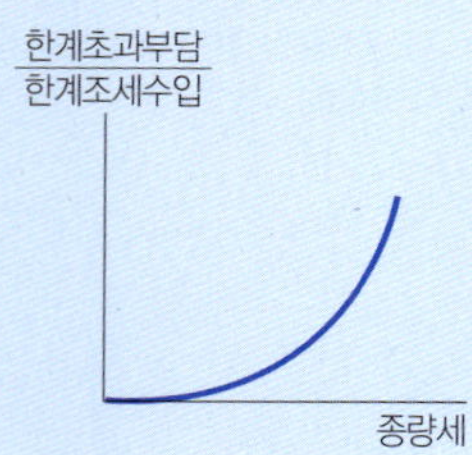

1. 초과부담의 정의

① 초과부담＝조세의 실제부담의 크기－조세 징수액

② 조세가 민간부문의 의사결정을 교란시킴으로써 발생하는 효율성 상실의 크기

2. 초과부담 발생원인

① 민간부문의 선택에 교란 발생(대체효과)으로 효율적 자원배분의 조건이 충족되지 않음

② 상품간 선택, 여가-소득간 선택, 현재소비와 미래소비간 선택에서「한계대체율≠한계변환율」

3. 시장 차원에서 초과부담 측정

(1) 단일상품 경우

$$EB = -\frac{1}{2}tP\Delta Q = \frac{1}{2}t\left(-\frac{\Delta Q}{\Delta P}\cdot\frac{P}{Q}\right)Q\Delta P\frac{P}{P} = \frac{1}{2}t^2\varepsilon_p P\cdot Q$$

(2) 다상품 경우

두 시장 간의 **대체관계와 보완관계를 고려해서** 판단해야 함

$$EB = -\frac{1}{2}\Sigma T_i\Delta Q_i$$ (T_i : 세율 아닌 세액)

4. 개인 차원에서 초과부담 측정

동등변화에서 조세수입을 차감한 크기로 측정

- 무차별곡선이 L자인 경우에는 대체효과가 없어 초과부담도 없음

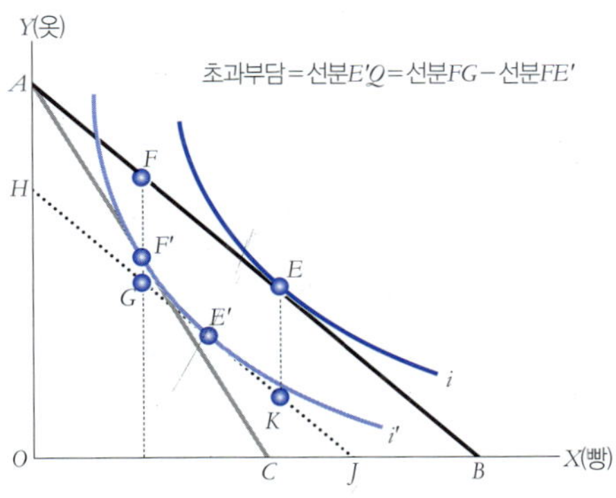

핵심 28 최적 물품세와 최적 소득세

1. 최적과세이론에 관한 설명으로 타당한 것은?
① 램지규칙은 생필품의 경우 과세대상에서 제외한다.
② 일반물품세는 공평보다 효율을 중시하며 초과부담이 존재하지 않는다.
③ 램지규칙은 공평을 중시하여 주택이나 승용차 등의 고가품에 중과세한다.
❹ 최적소득과세는 효율과 공평을 모두 고려하는 과세준칙이다.
⑤ 최적선형소득세율은 노동공급의 임금탄력성이 클수록 높아진다.

2. 세 재화의 수요의 가격탄력성이 각각 1, 2, 3일 때 램지규칙에 의한 최적물품세율은?
① 6%, 3%, 1%
② 10%, 30%, 60%
❸ 60%, 30%, 20%
④ 15%, 10%, 5%
⑤ 5%, 10%, 15%

⇨ $\frac{1}{1} : \frac{1}{2} : \frac{1}{3} = 6 : 3 : 2$

1. 최적 물품세

(1) 램지 조세
① 주어진 세수 목표를 달성하면서 사회후생을 극대화할 수 있는 조세
② 단, 모든 사람이 동질적이란 가정 때문에 사회후생함수가 개인의 후생함수와 동일하여 사실상 **효율성만 고려함**

(2) 램지 규칙
① **효율성만** 고려
- 사회후생 극대화는 초과부담 극소화를 의미

② $\frac{\Delta X_1}{X_1} = \frac{\Delta X_2}{X_2}$
- 물품세의 최적 구조는 각 재화의 수요량이 동일한 비율로 감소하도록 해야 함

(3) 역탄력성 법칙
① $\frac{t_1}{t_2} = \frac{\varepsilon_2}{\varepsilon_1}$
- 각 재화에 부과되는 세율(t)은 그 재화의 보상수요탄력성(ε)에 역의 관계

② **효율성의 관점에서만** 도출되어 수요의 가격탄력성이 낮은 재화가 주로 필수품인 경우 분배상태 악화

(4) 콜렛-헤이그 조세
① 현실에서 여가 과세가 불가능하다는 사실을 직시하고
② 간접적으로 여가에 과세 → 여가와 **보완적인** 재화에 고세율
③ 동일세율의 물품세(모든 상품에 동일 세율 부과) 혹은 소득세보다는 세율에 **차등을 둔 물품세가 우월**

2. 최적 소득세

(1) 최적 소득세 목적 : 효율성 + 공평성

효율성은 초과부담이 극소화되는 것이고, 공평성은 소득에 따라서 적정하게 차등해서 과세해야 한다는 의미

- 물품세는 재화에 부과되는 조세이므로 공평성을 고려하기 어려움

(2) 최적 선형소득세

① 선형누진세 : 한계세율이 일정하고, 평균세율이 상승

② 공평성과 효율성의 상충관계 : 공평성을 높이기 위해서 정액 보조금의 크기를 인상하면 동일한 액수의 조세수입을 얻기 위해서는 세율인상이 불가피

(3) 최적 비선형소득세

① 소득수준이 높아질수록 한계세율도 높아지는 것

- 최고소득구간에 대해서는 0의 한계세율을 적용하는 것이 최적

② 최고소득수준의 한계세율을 0으로 두는 경우 조세수입은 이전과 동일한데 최고소득자의 효용수준은 상승하기 때문에 파레토 개선이 됨

(4) 스턴의 연구

가정

① 여가와 소득에 대한 선호가 동일하고

② 여가와 소득 간의 대체탄력성이 일정하다는 가정을 전제

결론

① 평등성에 대한 선호가 강할수록 → 더 높은 세율 요구

② 소득과 여가 간의 **대체탄력성이 높을수록 → 더 낮은 세율 요구**

③ 공평에 대한 사회적 선호가 클수록 → 더 높은 세율 요구

핵심 29 바람직한 조세제도와 탈세 모형

1. 소비세 또는 지출세에 관한 설명으로 타당한 것은?
① 지출세는 상품구매행위에서 발생하는 교란이 없는 조세이다.
② 지출세는 근로의욕을 저해시키지 않는다.
③ 지출세는 소득세와 달리 시점 간 소비선택을 왜곡시킨다.
❹ 칼도가 주장한 조세로서 소득에서 저축을 뺀 나머지에 과세하는 방식이다.
⑤ 차선의 정리에 의하면 소득세보다 지출세가 더 바람직하다고 말할 수 있다.
⇨ 지출세는 시점 간 소비선택의 왜곡을 발생시키지 않으나 여가-소득 간의 선택에는 영향을 미침. 차선의 정리에 따라 지출세가 만족시키는 효율성조건의 개수가 많아도 소득세보다 우월하다고 말하기 어려움

2. 최적탈세모형에 관한 설명 중 타당하지 않는 것은?
① 탈세의 한계편익과 한계비용이 같을 때 최적탈세소득이 구해진다.
② 탈세의 한계편익은 탈세소득(미신고소득)에 세율을 곱한 것이다.
❸ 탈세소득은 적발확률에 의존한다.
④ 탈세의 한계비용은 벌금에 적발확률을 곱한 것이다.
⑤ 탈세의 한계비용은 탈세소득이 클수록 크다.
⇨ 최적탈세소득이 적발확률에 의존함

1. 직접세와 간접세 : 전통적인 논의(오해)

① 간접세보다 직접세가 더 바람직
② 물품세보다 소득세가 사회후생이 높음
- 이 논리는 오직 두 재화 사이의 소비자선택이 문제되는 경우인 제한적인 상황에서만 타당
- 여가와 노동공급까지 고려하지 않은 경우만 소득세 우월

2. 포괄적 소득세와 포괄적 지출세

(1) 지출세

① 개인소비세와 동일
② 납세자가 소비를 위해 지출한 금액에 따라 세금의 크기가 결정
③ 소득세와 지출세는 **저축이 과세대상이 되는가의 여부에만** 차이

(2) 효율성 측면

① 소득세 교란 : 현재소비와 미래소비 간의 선택에서 교란을 야기하므로 지출세가 우월
- 지출세와 소득세 모두 여가와 소득 사이의 선택을 교란하는 결과를 가져오므로 차선의 정리에 의하여 지출세가 더 바람직하다고 말하기는 어려움

② 장기적인 관점의 효율성 : **자본축적**의 촉진 측면에서 지출세가 우월
- 실증적인 근거가 없어 설득력 미약

(3) 공평성 측면 : 칼도(Kaldor, 1955)

① 노동의 대가인 소득에 세금을 부과하는 것보다 소비하는 행위에 대해 과세하는 것이 더욱 바람직

② 스스로 소비하고 싶은 욕구를 억누르고 남의 필요에 쓰일 목적으로 저축한 돈에 대해 과세하는 것은 불공평

③ 수평적 공평성 측면에서 우월

- 소득세제하에서는 저축성향이 높은 사람에게 더 많은 세금 부과
- 이자소득이 과세대상으로 포함되지 않는 지출세는 문제없음

	포괄적 지출세(소비세)	포괄적 소득세
상품 간 선택	× (교란 없음)	× (교란 없음)
여가–소득 간 선택	○ (교란)	○ (교란)
현재소비–미래소비 간 선택	× (교란 없음)	○ (교란)
수평적 공평성	△ (우월)	▽ (열등)
수직적 공평성	△ (우월)	▽ (열등)
이중과세(저축+이자소득)	× (문제 없음)	○ (문제 있음)

3. 탈세 모형

(1) 가정

① 탈세 시도자의 목표 : 기대소득의 극대화

② 위험부담에 중립적 가정

(2) 모형

① 편익 : 탈세로 인해 줄어든 조세부담(한계세율 t) → 허위로 1원 낮추어 신고 시 얻을 수 있는 한계편익

② 비용 : 탈세행위 적발 시 추징금(벌금형태)

③ 조세당국의 무작위적 감사를 받을 확률

- 벌금(θ)은 탈루소득의 크기(y)에 따라 부과

(3) 분석

① 탈루소득 1원의 증가 시 기대할 수 있는 한계비용은 $\pi f'$(π : 감사받을 확률, f' : 벌금률)

- 탈루소득이 증가함에 따라 한계비용이 체증

② 탈세의 한계편익 : 높이가 t인 수평선 MB

③ 탈세의 한계비용 : 우상향의 MC곡선

(4) 결론

① 납세자가 숨기려는 소득의 크기는 한계세율, 감사받을 확률, 벌금률에 의해 결정

② 탈세의 한계비용을 높이기 위해서는 감사의 확률(π)을 높이거나, 벌금률(f')을 높여야 함

(5) 한계

심리적인 비용 측면을 무시

- 위험기피적인 사람의 경우 기대소득의 극대화가 아닌 기대효용 극대화 수준에서 탈루소득의 크기 결정 → 규모는 더 작게 될 듯

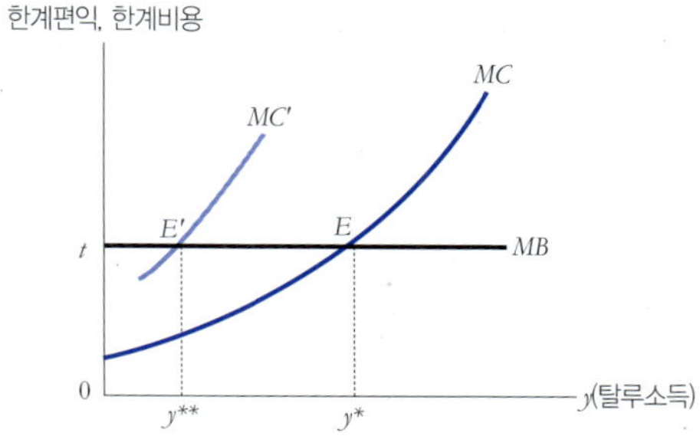

핵심 30 소득세

1. 헤이그-사이먼즈의 포괄적 소득세원에 과거에 축적된 부를 제외하는 이유는 무엇인가?
① 미실현자본이득이므로
② 재산세와 중복되므로
③ 상속세와 중복되므로
❹ 일정기간의 구매력의 증가(잠재소비력의 증가)가 아니므로
⑤ 초과부담이 발생하지 않으므로
⇨ 포괄적 소득세는 일정기간의 구매력(잠재소비력, 순가치)의 증가에 대한 과세이다.

2. 소득공제와 세액공제의 효과에 대한 설명 중 타당한 것은?
① 공제대상의 성격상 소득공제는 역진적이다.
② 누진세율체계에서 소득공제가 누진적이다.
❸ 누진세율체계에서 소득공제는 역진적이다.
④ 공제대상의 성격상 소득공제는 누진적이다.
⑤ 탈세가능성이 없다면 두 효과는 동일하다.
⇨ 누진세의 소득공제는 고소득자(한계소득세율 높은 자)에게 유리함. 세액공제는 저소득자에게 유리함

1. 헤이그-사이먼즈 소득세 : 포괄적 소득세

(1) 개념

① 두 시점 사이에서 발생한 경제적 능력 순증가의 화폐가치 = 소비 + 순가치(net worth) 변화
- 발생주의 원칙

→ 실현되지 않은 자본이득 포함

② 현금소득이나 현물소득뿐만 아니라 발생을 기준으로 한 **자본이득(capital gain)을 포함**하는 개념

(2) 장점

① 능력원칙 충실
② 소득세의 세원잠식 문제 해결
③ 수평적 공평성 충족 : 모든 소득을 똑같이 대우
- 현실에선 사내유보를 통한 지본이득은 과세대상 제외

④ 배당률 결정에 중립적 : 배당금과 자본이득 동일 취급

2. 필요경비 인정

(1) 필요경비

① 소득을 얻기 위해서 사용된 비용
② 소득세 산정 시 제외되는 부분
- 이자소득과 배당소득을 제외한 거의 모든 소득에 대해서 인정

(2) 필요경비 산정 시 문제점

① 기계 및 시설의 노후에 따른 감가상각비 산정과 재고비용 산정이 어려움

② 소비성 경비와 사업성 필요경비를 구분하는 것임

③ 필요경비를 너무 광범위하게 인정하면

실제 소비를 목적으로 지출한 경비에 대해 세제상 불공평한 혜택을 줄 가능성이 있음

- 대체효과 유발로 자중손실 발생

3. 인플레이션과 소득세

(1) 발생

실질자본소득은 증가하지 않았음에도 불구하고 인플레이션이 생기기 이전보다 더 높은 세율을 적용받는 경우 발생

- 명목세율에 누진세율이 적용되기 때문

(2) 과세 전 실질자본소득이 낮은 경우

과세 후 실질자본소득이 오히려 음(−)이 될 수 있음

- 어떤 개인이 10%의 인플레이션율하에서 연이율이 12%의 이자소득을 받는 경우 명목수익률은 12%이나, 실질수익률은 2%(=12%−10%)가 됨. 이때 이자소득세율이 20%라면 납세 후 명목수익률은 12×(1−0.2)=9.6이고, 인플레이션을 감안하면 실질수익률은 −0.4%(=9.6%−10%)로서 음(−)이 됨

(3) 해결책

① 세율이나 각종 공제를 물가지수에 연동시키는 방법(indexation)

② 세법을 주기적으로 개정

4. 자본이득 처리 문제

(1) 자본이득의 발생을 기준으로 과세 시 문제 : 유동성 문제

① 자본이득은 포괄적 의미의 소득으로 자본소득의 범주에 포함되나, 주식이나 채권과 달리 자본이득은 일반적으로 자산이 매각되어야 비로소 정확히 측정

- 발생기준이 아닌 실현(realization)기준으로 과세

② 유동성 문제 야기

- [사례] 폐지된 토지초과이득세의 경우 과세베이스 산정 시 토지가격측정 문제뿐만 아니라, 팔지 않고 가지고 있는 토지의 자본이득에 발생을 기준으로 과세하는 경우 기타 다른 소득이 없다면 세금을 내기 위해 토지를 팔아야 하는 유동성 문제 직면

(2) 자본이득의 실현을 기준으로 과세 시 문제 : 동결효과(lock-in effect)

① 자본이득에 대한 과세는 개인들로 하여금 가치가 오른 자산을 팔기보다 계속 가지고 있도록 유도

② 동결효과는 교환의 비효율을 초래함

- 교환의 효율성은 어떤 자산에 가장 높은 가치를 부여한 사람이 그 자산을 소유할 경우 성립 그러나 어떤 자산에 더 높은 가치를 부여하는 사람이 나타나는 경우에도 원래 소유자가 계속이 자산을 보유하도록 유도하여 교환의 효율성이 깨짐
- [사례] 양도소득세
  재산증식을 위해 주택을 샀다 팔았다 하여 주택가격이 계속 오르는 경향을 억제하는 효과도 있음. 양도소득세를 피하기 위해서 주택을 계속 보유하게 하는 유인으로 인해 교환의 효율성 저해

5. 과세단위 문제

(1) **결혼 벌금 : 가족단위 납세 시 발생**

(2) **사례**

소득세율 과세표준이 1,000만원 이하인 경우 8%, 1,000만원 초과하고 4,000만원 미만인 금액에는 17%일 때, 과세표준이 2,000만원인 개인 A와 B의 경우

	소득	개인단위	가족단위
개인 A	2,000	250	250
개인 B	2,000	250	250+90
부부 AB	4,000	500	590

① 개인단위

결혼 여부와 상관없이 납세액은 (1,000×0.08)+(1,000×0.17)=250만원

결혼을 하면 가족의 납세액은 250×2=500만원

② 가족단위

독신 = 250만원씩

가족 = (1,000×0.06)+(3,000×0.17)=590만원

- 가족단위로 과세한 경우 결혼을 하면 납세액이 90만원 증가 → 결혼 여부에 따라서 납세액이 달라짐

(3) **개인단위 과세(individual unit)**

장점

① **개인단위 과세는 결혼에 중립적**

- 개인단위 과세는 결혼이라는 선택과 관련해 효율성에 영향을 주지 않음

② 개인단위 과세는 노동공급에 중립적

- 누진세를 적용하는 경우 가족단위 과세 시 부부합산 소득구간의 한계세율이 더 높아 노동공급에 왜곡이 커짐

단점

① **수평적 공평성 문제** : 가족의 소득은 동일하나 납세액이 다름

- 두 부부의 소득이 (4,000만원, 0원)인 경우와 (2,000만원, 2,000만원)인 경우에 두 가족 소득은 같지만 개인단위로 과세할 경우 전자의 납세액이 커짐

② 개인단위 과세는 **조세를 줄이기 위해서** 자산소득을 부부 사이에 이전시킬 가능성이 있음

- 자산소득이 많더라도 그에 상응하는 조세부담이 늘어나지 않을 수도 있음

③ 결혼은 담세능력을 변화시키는데 개인단위 과세는 이 점을 고려 못함 → 같이 살면 생활비 절감

- 헌법재판소는 결혼으로 인한 생활비 절감으로 조세가 늘어나는 것, 즉 결혼으로 인한 절약가능성에 조세를 부과하는 것은 타당하지 않다고 판시(2001헌바82)

(4) **가족단위 과세(family unit)**

① 장점

소비계획의 기초적 단위는 가족이므로 담세능력도 가족 기준으로 평가

② 단점

비효율성(결혼 벌금)

6. 소득공제와 세액공제

(1) 공평성

① 세액공제(tax credit)

소득수준에 관계없이 해당 지출에 대해 동일한 요율을 적용하므로 실제 조세감면 효과는 대상자의 소득수준과 무관

② 소득공제(tax deduction)

과세대상소득에서 일정금액을 빼주는 것으로 누진세일 경우 실제 조세감면 효과는 소득수준이 높을수록 크게 나타남

(2) 효율성

① 소득공제 : 해당재화의 상대가격을 하락시켜 왜곡을 유발

■ 누진세일 경우 소득수준이 높을수록 상대가격이 더 크게 하락

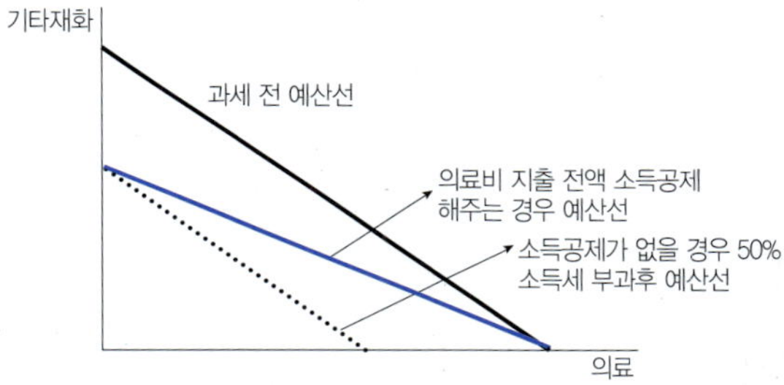

② 소득공제와 달리 **세액공제**는 상대가격이 개인의 소득수준과 그에 따른 세율에 관계없이 같아 **교환의 효율성을 달성함**

(3) 종합적 결론

① 담세능력을 조정하여 공평성을 증진하는 것이 목적이면 소득공제가 더 적절해 보이나, 어떤 경제행위를 장려하는 것이 목적이면 우열은 불분명

■ 이유 : 소득공제는 소득수준에 따라서 서로 다른 비율로 실효가격을 낮추어 주는 반면, 세액공제는 모든 사람들에게 같은 비율로 실효가격을 낮추어 비교가 어려움

② 소득세 부과 시 의료비지출을 소득에서 공제해 주는 것은 공평을 고려한 조치이지만, 소득공제는 특정행위를 장려하기 위한 유인을 제공하기 위해서도 사용할 수 있음

핵심 31 부가가치세

1. 다음은 부가가치세에 대한 설명이다. 타당하지 않은 것은 무엇인가?

① 부가가치세의 과세베이스는 소매단계에 부과되는 일반판매세의 과세베이스와 동일하다.
② 부가가치세는 법적으로는 소비자에게 귀착된다. 그러나 실제 경제적 귀착은 부가가치세에 대해서 경제가 어떻게 반응하는가에 따라서 달라진다.
❸ 전단계세액공제방식에서 영세율이 비과세효과를 가지려면 중간 소비단계에 적용되어야 한다.
④ 전단계세액공제방식에서 최종 소매단계의 세율이 소매판매세의 세율과 같으면 소비자가 내는 세액도 같아진다.
⑤ 최종 소매단계 이전에 면세가 적용되면 최종소비자의 납세액은 면세적용단계 이전 단계의 세액만큼 오히려 늘어난다.

2. 현행 우리나라 부가가치세와 관련이 없는 것은?

① 거래세
② 최종소비자의 실질부담
③ 자본재에 대한 면세
❹ 개별소비세
⑤ 원칙적으로 모든 상품에 대한 과세

1. 소비세와 소득세

- 소비에 대한 조세와 소득세는 유량(flow)에 과세하는 것이고, 재산세는 저량(stock)에 과세하는 것임
- 소득세는 인세로서 개인의 담세능력을 적절히 측정하기 위해 개인의 인적 상황을 고려하지만, 판매세는 물세로서 담세능력을 고려하지 않아, 공평성 관점에서는 소득세가 판매세보다 우위에 있다고 할 수 있음

소득세	소비에 대한 조세(판매세+개인 지출세)
생산요소의 판매자인 가계의 요소소득에 과세	산출물의 판매자인 기업의 판매액에 과세
인세	물세 ⇨ 소비자의 인적 상황을 고려하지 않으므로 인적공제, 소득공제, 누진율 등 없음(단, 개인 지출세는 인세)

2. 부가가치세의 특성

(1) 부가가치세

① 생산이나 거래되는 각 단계에서 증가한 가치(부가가치)에 종가세의 형태로 부과

	매출액	매입액	부가가치	세율	부가가치세
제조	500	0	500	0.1	50
도매	800	500	300	0.1	30
소매	1,000	800	200	0.1	20

② 부가가치세액은 각 단계에서 부가가치에 세율 10%를 곱한 후 합한 값으로 100(=50+30+20)
③ 이 금액은 소매단계의 순판매가격인 1,000원에 10%의 일반판매세를 부과하는 경우에 얻는 판매세액 100원과 동일함

(2) 특성

① 부가가치세는 부가가치에만 부과되므로 다단계거래세(총판매액 그 자체가 과세대상)와 달리 **수직통합을 방지**하는 효과
② **소비형 부가가치세는 투자가 촉진**되는 장점이 있음
③ **영세율**을 통해 **수출품**에 조세를 효과적으로 환급 가능
④ **제도 자체 내에서** 탈세를 방지하는 장치 있음
- 이러한 특징은 소매단계에 부과되는 일반판매세의 과세베이스와 동일

3. 부가가치세 유형

현실에서는 소비재만 생산하는 것이 아니고 자본재도 생산하고 있어 이를 둘러싼 처리 문제
① 소비형 부가가치세 : 소비재만 대상으로 하고, 자본재는 모두 과세대상에서 제외
② 순소득형 부가가치세 : 자본재의 감가상각비만 고려
③ 총소득형 부가가치세 : 자본재를 따로 취급 안 하고 포함

유형	과세대상
소비형 부가가치세	총매출액−자본재 구입비용−중간재(원료) 구입비용
순소득형 부가가치세	총매출액−감가상각비용−중간재 구입비용
총소득형 부가가치세	총매출액−중간재 구입비용

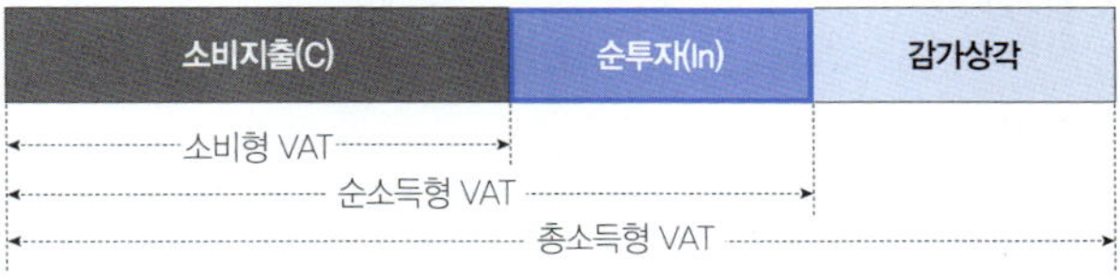

4. 전단계세액공제방식 : 우리나라와 EU

① 자신의 총매출액에 세율을 적용하여 총부가가치세를 산출한 후, 자신에게 중간재를 공급한 공급자가 이미 납부한 납세액을 공제해 주면 됨
- 전단계 공급자가 이미 납부한 부가가치세액은 전단계 공급자로부터 받은 송장에 기재되어 있음

② 자체 내에 탈세를 방지하는 장치가 마련되어 있다고 볼 수 있으나, 서로 공모하여 송장을 위조할 가능성이 있어 완전한 것은 아님

	매출액(A)	매입액	세율(C)	총부가가치세(D)(D=A×C)	전단계납세액(E)	현단계 납세액(F)(F=D−E)	납세액 합계
제조	500	0	0.1	50	0	**50**	100
도매	800	500	0.1	80	50	**30**	
소매	1,000	800	0.1	100	80	**20**	

- 부가가치세는 법적으로 소비자에게 귀착되지만, 실제 경제적 귀착은 부가가치세에 대해 경제가 어떻게 반응하는가에 따라 달라짐

5. 부가가치세와 세율

(1) 면세

① 면세가 적용되는 단계에서 세율이 0이라는 점은 영세율의 경우와 동일하나

② 전단계 세액이 공제되는 영세율의 경우와 달리, 면세의 경우는 면세가 적용되는 단계의 바로 직전 단계의 세액을 공제해 주지 않음

∴ 최종단계 이전에 면세가 적용되면 면세적용단계 이전 단계의 세액만큼 최종소비자의 납세액이 오히려 늘어날 수 있음

(2) 면세대상

① 규모 영세해 기장능력도 없는 경우

② 필수품(식료품, 의약품)

③ 공익성(의료서비스)

④ 행정적 어려움(은행, 보험)

	매출액(A)	매입액	세율(C)	총부가가치세(D) (D=A×C)	전단계납세액(E)	현단계 납세액(F) (F=D−E)	납세액 합계
1단계	500	0	0.1	50	0	**50**	
2단계	700	500	0.1	70	50	**20**	
3단계	800	700	면세	0	70(공제 안 됨)	**0**	170
4단계	900	800	0.1	90	0	**90**	
5단계	1,000	900	0.1	100	90	**10**	

(3) 경감세율 : 영세율

① 이전 단계 환급을 해 줌

② 수출품

③ 목적지 원칙(판매지주의) : 수출품의 경우 최종소비자가 국내에 있는 것이 아니고 외국에 있기 때문

참고 부가가치세의 세율구조

(1) **단일세율** : 부가가치세가 부과되는 각 단계에 같은 세율을 적용하는 것

⇨ 현재 우리나라 10% 단일세율

(2) **복수세율** : 부가가치세가 부과되는 특정단계에 다른 단계들과는 다른 세율을 적용하는 것

⇨ 복수세율에는 할증세율과 경감세율이 있으며, 영세율은 경감세율 중에서 0의 세율을 적용한 것

① 전단계세액공제방식에서 중간 단계가 아닌 최종 소매단계에 할증세율이나 경감세율이 적용되면 다음 단계가 없어 할증 또는 경감된 세액이 공제되지 못함

⇨ 소비자의 실제 납세액이 늘어나거나 줄어들 수 있음

② 영세율은 경감세율의 일종

③ 전단계세액공제방식에서 영세율이 비과세효과를 가지려면 최종 소매단계에 적용되어야 함

⇨ 만일, 최종 단계 이전에 적용되면 소비자의 납세액에 영향을 주지 못함

6. 소비형부가가치세 vs 일반판매세

① 면세와 영세율을 적용하지 않는다면 단일세율일 경우 소비형부가가치세는 일반판매세와 동일

② 소비형부가가치세는 일반판매세와 같이 자본재를 구입하는 데 든 비용을 과세대상에서 제외시켜 투자에 중립적

③ 부가가치세 옹호자 : 부가가치세는 소매상으로부터 구입된 생산물의 경로를 추적할 수 있고, 자진납세장치가 마련되어 있음

④ 일반판매세 장점 : 최종 소매단계 이전에는 법적인 납세 의무자들이 존재하지 않아 납세자의 수가 적음

7. 일반판매세와 선별판매세

(1) 일반판매세

① 수평적 공평성

담세능력을 소비기준으로 보면 일반판매세는 수평적으로 공평하나, 소득기준으로 보면 수평적으로 공평하지 못함

- 이유 : 동일한 소득을 지닌 사람이라도 연령, 취향 등으로 소비수준이 다를 수 있음

② 수직적 공평성

담세능력을 소비지출로 측정하는 경우, 소비지출이 많을수록 담세능력이 크다고 보는 경우 일반판매세는 비례적

- 그러나 담세능력을 소득으로 측정하는 경우 일반판매세는 수직적 공평의 관점에서 역진적 (∵ 평균소비성향 감소)
- 일반판매세의 역진성은 대량으로 소비되는 재화(농산물 등)를 과세베이스에서 제외하여 완화 가능

(2) 선별판매세

① 선별판매세는 소비재 중 특정품목을 선별해 과세하여 일반판매세보다 비효율성 야기

- 그러나 누진성 강화, 비가치재 소비 억제, 시장실패 치유 등으로 계속 시행

② 필수품에 대한 과세는 역진적 : 필수품 지출액이 소득에서 차지하는 비중은 고소득자에 비해 저소득자가 더 큼

- 주류, 담배와 같이 대량 소비되는 품목의 경우도 소득 중 지출이 차지하는 비중은 상대적으로 저소득층이 높아 역진적

③ 사치품에 대한 과세는 누진적

8. 소비베이스 과세와 소득베이스 과세

(1) 소비베이스 과세

① 소비를 과세베이스로 하는 경우 : 현재소비와 미래소비의 상대가격은 변하지 않고, 그 결과 조세는 왜곡이 없음

② 예산선의 평행이동은 저축과 차입에 관계없이 납세액이 같게 됨

- 수평적 공평성에서 우월

(2) 소득베이스 과세

① 미래소비에 대한 현재소비의 상대가격을 하락시켜 대체효과를 유발하고, 그 결과 비효율성 야기

② 차입하는 사람보다 저축하는 사람이 낸 세금의 현재가치가 큼

- 수평적 공평성 위배

9. 개인지출세(personal expenditure tax) = 소비세(consumption tax)

(1) 의의

① 누진성을 고려할 수 있는 소득세와 달리 판매세는 개인의 상황을 고려하지 못해 역진적
② 소비에 대한 조세의 경우도 개인의 상황을 고려할 수 있는 과세가 바로 개인지출세임
③ 개인들이 사회에 기여한 소득보다는 사회에서 빼앗아간 소비에 과세하는 것이 타당하다는 주장에 기원

(2) 특징과 평가

① 개인소득세는 저축에 대한 이자에 과세하지만, 개인소비세는 미래소비를 위한 저축과 현재소비 간에 왜곡이 없으나 여가-소득간의 선택에는 영향을 미침
- 그러나 여가에 과세할 수 없어 차선의 원리에 따르면 해석 주의(소비세가 만족시키는 효율성의 개수가 많아도 소득세보다 우월하다고 말하기 어려움)

② 생애주기가설에 입각하면 소비가 소득보다 더 안정적이므로 소득세보다 소비세가 더 공평함
③ 개인소득세의 경우 조세를 내고 난 소득을 저축하여 이자소득을 얻었을 때, 이자소득세를 다시 납부해야 하는데(이자소득에 이중과세), 개인소비세는 자본소득에 대한 이중과세 문제가 발생하지 않음

참고 조세선불방식(tax prepayment approach)

내구재(자동차, 주택)를 구입할 당시에 그것을 소비로 간주하여 과세하고 이후 내구재가 제공하는 소비의 편익에는 다시 과세하지 않는 방법

10. 조세의 동등성

① 인적 공제나 각종 공제를 무시하면 세율이 비례적인 비례적 개인지출세는 일반판매세와 동일
② 노동공급이 변하지 않을 경우 비례적 개인지출세는 비례적 임금소득세와 동일
∵ 비례적 개인지출세는 현재소비와 미래소비의 가격을 같은 비율만큼 상승시켜 실질소득이 줄어든 효과가 발생해 적절히 조절한 비례적 임금소득세와 동일

참고 **동등한 조세**

- 비례적 개인지출세와 일반판매세
- 임금소득세와 이자소득에는 과세하지 않고, 이자지급도 소득에서 공제해 주지 않는 소득세
- 비례적 개인지출세와 이자소득이나 기타 자본에 대한 보수에 과세하지 않는 비례적 소득세
- 비례적 개인지출세와 비례적 임금소득세
- 비례적 개인지출세와 저축에 과세하지 않는 비례적 소득세
- 평생소득에 대한 과세와 평생소비에 대한 조세(단, 유산과 상속이 없는 경우)
- 개인지출세와 투자에 비과세하는 부가가치세
- 소득세와 투자에 과세하는 부가가치세

11. 부가가치세의 환수효과와 누적효과

(1) 환수효과와 누적효과

① 환수효과 : 중간단계에 면세제도가 적용되면, 마지막 단계에서 면세효과가 사라져 국고로 환수되는 효과

② 누적효과 : 면제 전 단계에서 이미 과세한 부가가치에 다시 부가가치세를 과세하는 효과

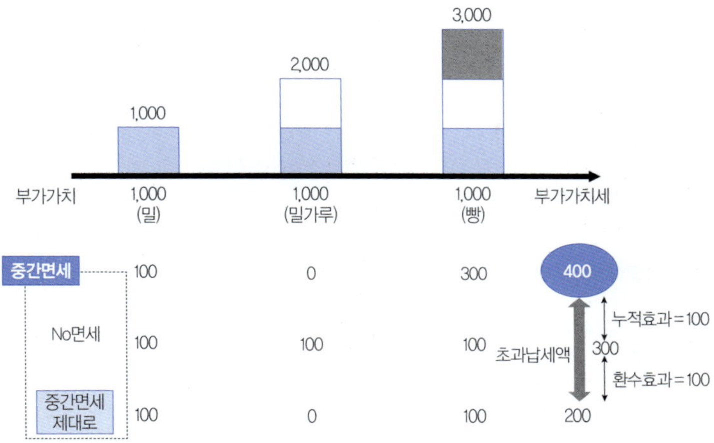

(2) 중간면세인 경우

① 총납세액(400) = 면세 제대로인 경우(200) + <u>초과납세액(200 = 누적효과 + 환수효과)</u>

② 초과납세액(200) = 누적효과(100 : No면세와 비교) + 환수효과(100 : 초과 누적액)

참고　현실 조세제도 개혁

(1) 조세제도 개혁 시 충돌하는 문제

① 누진성을 높이려면 세율을 올려야 하는데 이로 인해 한계세율이 높아질수록 초과부담 증가

② 가능한 한 세원을 넓히고 조세를 단순화시킴

⇨ 세원이 넓어지면 세율을 낮출 수 있음. 그러나 조세를 통해 여러 광범위한 정책적 목표를 달성하기는 어려움

(2) 현재 논의되는 개혁과제

① 소득 대신 소비에 과세 : 현재 정도의 누진율을 달성하기 어려워 공평성이 훼손된다는 비판

② 단일세율 조세(flat tax) : 단순성으로 행정비용이 절감될 수 있으나, 중산층 부담이 늘어나는 대신 고소득층의 부담은 줄어들어 공평성이 훼손된다는 비판

③ 탄소세 : 지구온난화를 유발하는 온실가스 배출을 직접 측정하기는 어렵지만, 화석연료의 탄소 함량에 따라 조세 부과

④ 환경세 : 천연펄프를 사용하는 제품에 높은 세율을 부과하여 환경훼손을 줄임

⇨ 살충제나 비료 등 수질이나 토양 등 환경을 오염시키는 상품에 과세

핵심 32 법인세 중립성 조건과 통합방식

1. 다음은 법인세와 관련한 내용이다. 설명으로 틀린 것을 고르시오.

① 법인세는 자기자본에 의한 재원조달보다 타인자본에 의한 재원조달을 더욱 우대하는 결과를 초래하여 기업의 재무구조를 악화시키는 요인이 된다.
② 법인세는 법인부문과 비법인 기업의 자본에 대한 세제상의 차별을 초래하여 자원배분의 왜곡을 가져온다.
❸ 법인세에서 이중과세를 해소하는 경우에 법인부문에 투자한 사람들은 일시적으로 ~~자산의 가치가 하락한다.~~
④ 인플레이션이 발생하는 경우 선입선출법을 사용하는 기업은 세부담이 커진다.
⑤ 자기자본에 대해서 귀속이자를 비용으로 처리하는 것이 허용되고, 세법상 감가상각률과 경제적 감가상각률이 일치하는 경우 법인세는 경제적 이윤에 대한 과세가 된다.

2. 부분통합방식 중에서 법인단계에서 조정하는 방식은?

① 귀속방식
② 지급배당공제방식
③ 조합방식
❹ 수취배당세액공제방식
⑤ 자본이득과세방식

1. 법인세의 성질

(1) 과세대상 : 총수입＝임금＋지대＋이자＋**회계적 이윤**＋감가상각＋중간재 구입비용

↓

경제적 이윤＋자기자본의 기회비용
(법인세 과세대상)

(2) 경제적 이윤에 대한 과세라는 관점(신고전파 모형)

① 한계투자가 차입자금으로 조달되고(100% 차입경영)
② 회계적 감가상각=경제적 감가상각
③ 법인세부담은 주주에게 귀착(초과부담 없음, 즉 투자저해하지 않음)

(3) 자본에 대한 과세라는 관점(하버거 모형)

① 자기자본의 기회비용을 공제하지 않음
② 단기 : 자본소유자에게 부담귀착 vs 장기 : 노동자, 소비자에게 전가
(한계비용상승으로 초과부담발생, 또한 법인-비법인 간의 자원배분왜곡)

2. 법인세 투자 중립성 조건

① 감가상각공제액의 현재가치 + 이자공제액의 현재가치 =1
② **자본재 구입비용에 대해 즉각 경비처리 허용 + 지급이자 비용공제 없음**
③ **진정한 경제적 감가상각에 해당하는 감가상각 공제 허용 + 완벽한 이자공제**

3. 법인세 통합방식

완전통합 방식

(1) 조합방식

① 법인이윤을 주주에게 완전 귀속(법인의 주주를 법인화 안 된 조합원처럼 취급)

② 소득에 모두 포함시켜 소득세 납부(사내유보된 부분을 각 주주의 지분에 따라 배분하여 소득으로 귀속)

③ 단, 주주가 얻은 자본이득 중 이윤이 사내유보된 것은 소득세 면제

④ 한계 : 실제 받지 않은 사내유보를 과세소득에 합산

- 통합이 누진성을 높이는 경우 고소득자 주주들의 반발
- 규모가 크고, 소유가 광범위하게 분산된 법인에 적응이 어려움(주식의 매매로 주주가 계속 바뀜)
- 납세 의무가 없는 단체(외국인, 장학재단, 공익단체)가 주주인 경우 적용 문제

(2) 자본이득방식

① 법인세를 폐지하고 현금소득뿐만 아니라 실현 여부에 관계없이 모든 자본이득에 동일한 세율로 과세하는 방식

- 법인소득 중에서 배당되는 부분은 개인소득으로 나타나고, 사내유보되는 부분은 주식가격에 반영되어 자본이득으로 나타날 것임

② 한계 : 법인단계에서 조세가 부과되지 않으므로, 투자세액공제와 같은 투자유인책은 주주에게 제공되거나 법인에게 보조금의 형태로 직접 지급되어야 함

부분통합 방식

법인세를 존속시키면서 법인세의 이중과세문제를 해결

- 법인세 중 배당된 부분에 대한 이중과세 제거

(1) 배당합산방식 : 배당과 법인세액을 합산하여 개인소득세를 산출하고 법인단계에서 이를 조정

(2) 수취배당세액공제방식

① 우리나라의 법인세가 이에 해당하며, 소득세율에 관계없이 일률적으로 수취배당의 19%를 공제해 줌

② 법인세를 내고 난 후의 배당을 다른 소득에 합산하여 소득세를 산출한 후 자신이 받은 배당의 일정비율을 세액공제해 주는 방법

③ 이중과세가 완전히 제거되지는 못함

④ 법인 이윤과세＝배당된 부분에 대한 과세＋[사내유보된 부분에 대한 과세]

⇨ [사내유보된 부분에 대한 과세]부분을 떼어내 주주가 납부한 것으로 인정해 주는 것

⇨ 그로스업(gross-up)방식

(3) 지불배당공제방식 : 법인소득에서 지불할 배당소득을 공제하여 법인단계에서 조정

핵심 33 조세와 후방굴절 노동공급곡선

1. 어떤 근로자의 하루 시간부존량은 8시간이고 임금은 시간당 1원이며 비근로소득은 2원이라고 하자. 근로자의 효용함수는 $U=LY$($L=$여가, $Y=$소득)이라고 하자. 근로소득에 대해서만 20%의 비례소득세가 부과될 경우 이 근로자의 노동시간은 어떻게 변할까?

① 변화가 없을 것이다.
② 0.25시간 늘어날 것이다.
❸ 0.25시간 줄어들 것이다
④ 0.5시간 늘어날 것이다.
⑤ 0.5시간 줄어들 것이다.

2. 여가와 소득의 선택문제에 직면해 있는 대표적 개인이 있다고 하자. 정액세(lump-sum tax)를 동일한 세수를 가져다주는 비례소득세로 대체했을 경우 이 개인의 경제적 행위에 미치는 효과를 바르게 설명한 것은?(단, 여가는 정상재라고 가정한다.)

① 소득효과가 발생하지 않으므로 노동공급은 증가한다.
② 소득효과와 대체효과가 상쇄되어 노동공급에 대한 영향이 없다.
❸ 대체효과가 발생하며 노동공급은 감소한다.
④ 상대가격 구조는 여전히 불변이다.
⑤ 동일한 세수를 유지하기 때문에 효용수준은 불변이다.

1. 상황

세율 t인 비례(근로)소득세 부과 → 세후 순임금률 $(1-t)w$로 하락

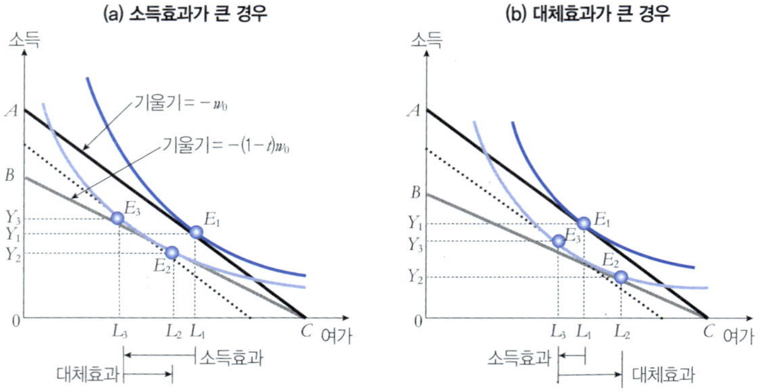

2. 분석

① 근로소득세 부과 → 세후 순임금률(여가가격) 하락 → 대체효과, 소득효과 발생
② 대체효과 : 근로소득세 부과 → $P_{여가}\downarrow$ → 여가(L)↑, 노동(H)↓
③ 소득효과 : 근로소득세 부과 → m(실질소득)↓ → 여가(L)↓, 노동(H)↑

3. 결론

소득효과와 대체효과 **반대방향** 발생

∴ 비례소득세로 노동공급에 미치는 효과는 불분명

4. 후방굴절 노동공급곡선의 경우

① 노동공급의 임금탄력성이 음(−)의 값을 가짐 : 노동공급곡선이 후방굴절

② **대체효과〈소득효과** : 근로소득세 한계세율의 인상은 노동공급을 증가

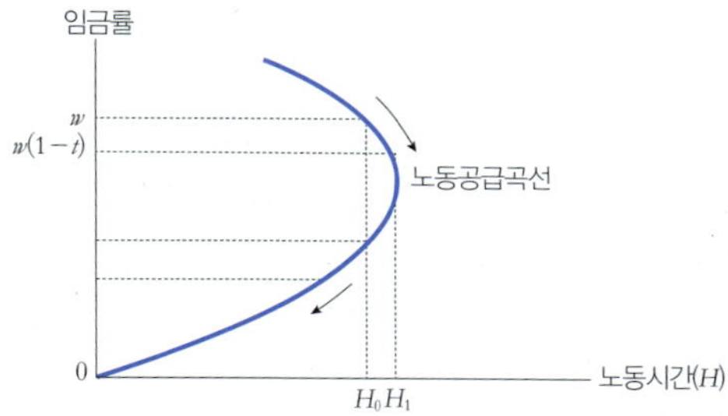

5. 정액세(럼섬세)로 대체시

① 동일 세수의 럼섬세로 대체시 대체효과 없음

② 비례소득세에 비해서 항상 노동공급 증가

핵심 34 이자소득세 효과

1. 다음은 이자소득세가 저축에 미치는 영향에 대한 설명이다. 타당하지 않은 것을 고르시오.

① 이자소득세가 부과된 이후에 대출이자율이 하락한 것은 현재소비의 상대가격이 떨어진 것을 의미한다.

② **이자지급액을 공제해 주지 않은 이자소득세**는 저축이자율은 떨어뜨리지만, 차입이자율에는 영향을 주지 않는다.

❸ 이자소득세가 부과될 경우에 저축이 감소하지 않았다면 초과부담은 없다.

④ 이자소득세가 대출자에게만 부과되었다고 할지라도 차입자도 조세부담을 지게 된다.

⑤ **이자지급액을 소득공제해 주는 이자소득세**는 대출자에게 과세하여 차입자에게 보조금을 지급하는 효과를 지니게 되어, 과세 전 차입자와 대출자가 동일한 세율의 적용을 받고 있었다면 조세수입은 0이 된다.

1. 이자지급을 소득공제해 주는 이자소득세

① 이자소득세 부과 시의 효과를 단계별로 분석
- 아무런 이야기 없으면 저축자로 놓고 봐야 함

② 이자소득에만(근로소득세 × t세율)로 소득세 부과

③ 현재소비 기회비용(= 미래에 포기해야 하는 소비)

④ 이자소득세 부과 → 현재소비 기회비용 낮춤(순이자율 $(1-t)r$로 하락)
- 대체효과 : 현재소비↑
- 소득효과 : 현재소비(정상재)↓(∵ 실질소득 감소)

∴ 예측불가

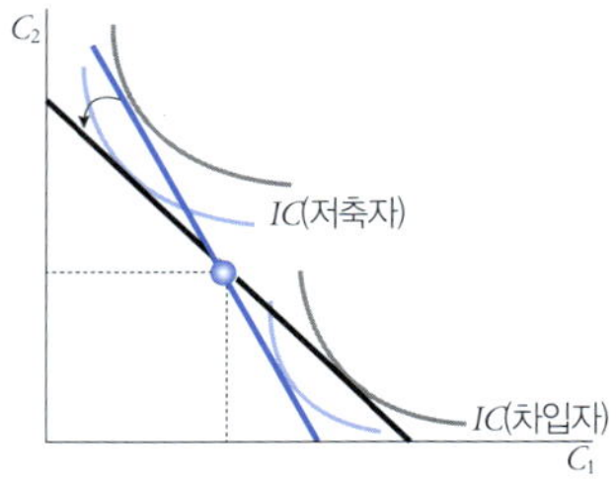

⇨ 대체효과 : 조세 → 순이자율↓ → C_1의 상대가격↓ → C_1↑(S↓)
⇨ 소득효과 :
t↑ → ① 저축자 실질소득↓ → C_1↓(S↑)
② 차입자 실질소득↑ → C_1↑(S↓)

이자소득세 : 저축자의 경우
① 대체효과 : 이자소득세 → 실질이자율↓ → 현재소비의 상대가격↓ → 현재소비↑, 저축↓
② 소득효과 : 이자소득세 → 실질이자율↓ → 실질소득↓ → 현재소비↓, 저축↑
⇨ 대체효과 < 소득효과 : 저축 증가
대체효과 > 소득효과 : 저축 감소

이자소득세 : 차입자의 경우
① 대체효과 : 이자소득세 → 실질이자율↓ → 현재소비의 상대가격↓ → 현재소비↑, 저축↓
② 소득효과 : 이자소득세 → 실질이자율↓ → 실질소득↑ → 현재소비↑, 저축↓
⇨ 두 효과 모두 저축감소

핵심 35 조세와 위험부담행위

1. "위험한 자산의 수익에 과세한 후 위험부담행위가 증가하였다." 이러한 경제적 현상은 어느 경우에 발생하는가?

① 정부가 손실에 대해 전혀 보상해 주지 않는 경우 위험부담행위의 소득탄력성이 음의 값을 지니며 소득효과가 대체효과를 압도할 때 (○)
② 정부가 손실에 대해 전혀 보상해 주지 않는 경우 위험부담행위의 소득탄력성이 음의 값을 지닐 때 (×)

2. 완전손실상쇄제도(full loss offset)가 실시되지 않으면서 개인의 투자수익에 대해 비례소득세를 부과할 경우 나타나는 경제적 변화를 설명하라. 단, 개인은 효용극대화를 추구하며, 자산은 위험한 자산과 안전한 자산 두 가지로 구성되고, 안전한 자산의 수익률은 0(零), 위험부담행위의 소득탄력성이 양(陽)의 값을 가진다고 가정한다.

⇨ 대체효과는 위험부담행위 감축, 소득효과는 위험부담행위 감축 → 위험이 따르는 투자감소

1. 완전손실상계 허용 시(토빈 모형)

① 개인의 위험부담행위가 촉진됨
② 사회후생이 하락함
③ 정부의 위험부담능력이 큰 경우 사회후생감소를 줄일 수 있음

2. 부분손실상계 허용 시(토빈 모형)

① 투자소득에 대해 세율 t의 비례소득세 부과 시, 손실 발생 시 손실상계가 전혀 허용되지 않는다면 기대수익은 감소하지만 위험의 크기는 불변임
② 대체효과 : 위험자산보유의 기회비용이 증가하여 위험부담행위를 감소시키는 방향으로 작용
③ 소득효과 : 위험부담의 소득탄력성(상대적 위험기피의 정도)에 따라서 달라짐

> $t\uparrow$
> - 대체효과 : $P_{위험}\uparrow \rightarrow \sigma\downarrow$ (위험자산보유 감소)
> - 소득효과 : m(실질소득)$\downarrow$
>   - $\varepsilon_M<0$(열등재) $\rightarrow \sigma\uparrow$ (위험자산보유 증가)
>   - $\varepsilon_M>0$(정상재) $\rightarrow \sigma\downarrow$ (위험자산보유 감소)

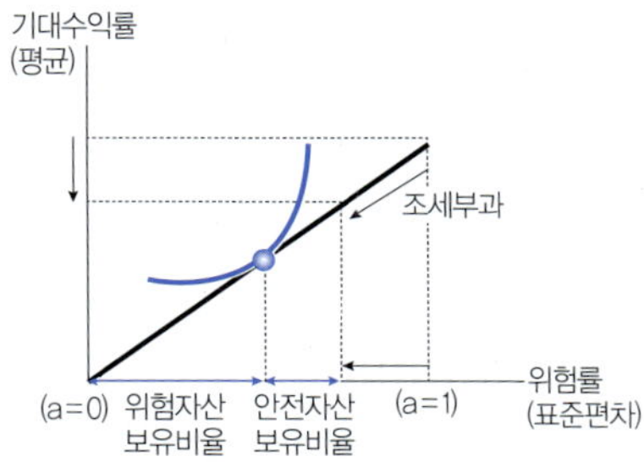

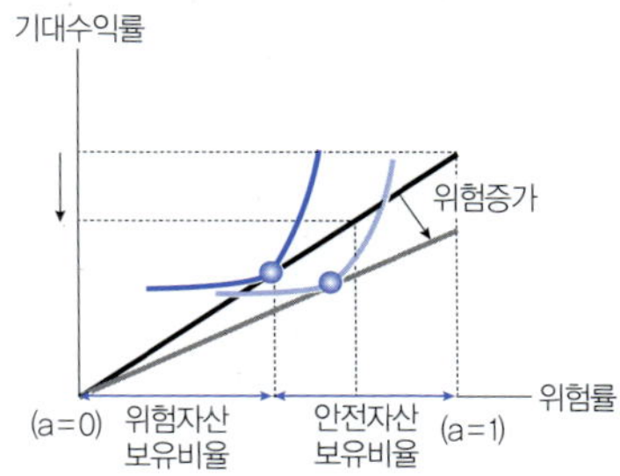

3. 스티글리츠 모형

① 조세 부과 시, 상대위험기피 체증의 경우 위험부담행위가 촉진되나

② **상대위험기피 체감의 경우**는 **위험부담행위가 감소**

③ 토빈 모형과 마찬가지로 폰노이만의 기대효용이론에 기반함

핵심 36 한계실효세율과 투자세액공제

1. 조세를 부과했을 때 투자에 미치는 영향에 대한 설명이다. 틀린 설명을 고르시오.

① **가속상각을 허용하면** 초기에는 납세액이 감소하고, 후기에는 납세액이 증가하지만 현재가치를 고려하면 총체적인 조세 부담액은 감소한다.

② **투자의 한계실효세율이 음(−)인 경우**에는 정부가 투자소득에 대해서 보조금을 주는 것으로 조세는 투자에 긍정적인 영향을 미친다.

③ 세전수익률이 0.4이고, 세후수익률이 0.2라고 할 때 한계실효세율로 인해 **세전 투자수익의 50%가 감소**했다는 것을 의미한다.

❹ **자기자본의 귀속이자를 포함한 모든 이자비용이 완전히 공제되고, 세법상 감가상각률과 경제적 감가상각률이 일치**한다면 법인세는 ~~투자를 촉진~~시키는 효과를 준다.

⑤ **법인세 부과로 투자가 촉진되기 위해서는** 실효납세 후 자본비용이 과세 전 자본의 사용자 비용보다 낮아져야 한다.

1. 한계실효 세율[킹과 풀러톤(M. King and D. Fullerton), 1984]

① 한계실효세율 $= \dfrac{\text{투자의 세전실질수익률} - \text{세후실질수익률}}{\text{세전실질수익률}}$

② 한계실효세율이 높을수록 (세후실질수익률이 하락하므로) 조세가 투자에 불리하게 작용

③ 한계실효세율이 0보다 크면 조세가 투자를 저해

④ 한계실효세율이 **0보다 작으면 조세가 투자를 촉진**

2. 투자를 촉진시키는(자본의 사용자 비용을 감소시키는) 방법 : 신고전파 투자모형

(1) 자본의 사용자비용 : 자본의 기회비용(=이자율+감가상각률)

(2) 방법

① 가속상각제도

② 투자세액공제제도

③ 이자비용, 감가상각비용, 투자소득공제

④ 법인세율 인하

⑤ 일정기간 조세감면(tax holiday)

⑥ 각종 준비금제도로 납세시점 연기

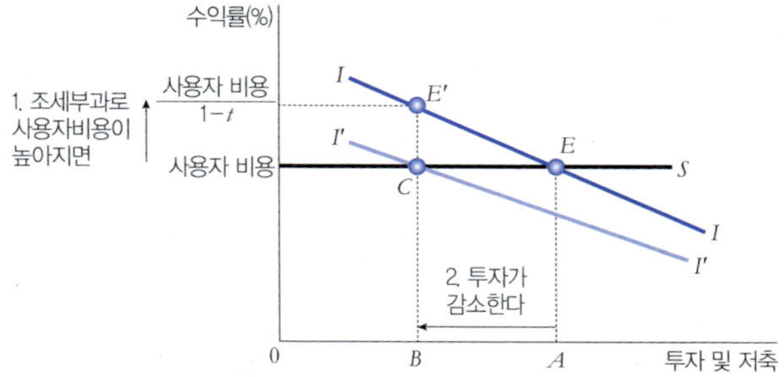

세무사 시험 실전 대비용
재정학 알짜 정보 총정리

세무사 실전 재정학 수리문제

01 x재가 200개 있는 경제 내에 두 사람 A, B가 있는데 그들의 효용함수가 각각 $U_A=3\sqrt{X_A}$, $U_B=\sqrt{X_B}$라고 하자. 롤스(Rawls)적 사회후생함수를 가정할 때 사회후생의 극대값은?

① $8\sqrt{5}$
② $4\sqrt{5}$
③ $2\sqrt{5}$
④ $10\sqrt{5}$
⑤ $6\sqrt{5}$

02 김씨 가족에게 500,000원이 주어졌다. 김씨 부부에게는 딸이 하나 있다. 이들 가족의 효용은 오직 소득(Y)에 의해서 결정되며, 각자의 효용함수는 다음과 같다.

김씨 : $U_A=2Y_A$
김씨 부인 : $U_B=2Y_B$
김씨 딸 : $U_C=Y_C$

여기서 U_A, U_B, U_C는 각각 김씨, 김씨 부인, 김씨 딸의 소득이다. 이들 가족으로 이루어진 사회후생함수(SWF)는 다음과 같이 정의되어 있다.

$$SWF=\min(U_A,\ U_B,\ U_C)$$

주어진 사회후생함수를 극대화하는 배분금액은 각각 얼마인가?

① $Y_A=125{,}000$원, $Y_B=125{,}000$원, $Y_C=250{,}000$원
② $Y_A=150{,}000$원, $Y_B=150{,}000$원, $Y_C=200{,}000$원
③ $Y_A=\frac{500{,}000}{3}$원, $Y_B=\frac{500{,}000}{3}$원, $Y_C=\frac{500{,}000}{3}$원
④ $Y_A=200{,}000$원, $Y_B=200{,}000$원, $Y_C=100{,}000$원
⑤ $Y_A=100{,}000$원, $Y_B=100{,}000$원, $Y_C=300{,}000$원

03 옹고집과 배비장은 좁은 방에서 함께 일하고 있다. 옹고집은 애연가이지만, 배비장은 담배연기를 무척 싫어한다. 옹고집이 하루에 피는 담배량을 X(갑)이라고 할 때, 담배를 피움으로써 옹고집이 얻는 한계이득(MB)와 그로부터 발생하는 배비장의 한계비용(MD)이 다음과 같이 표시된다고 한다.

> 옹고집의 한계이득(원) : $MB = -20X + 1{,}400$
> 배비장의 한계피해(원) : $MD = 30X$

담배 한 갑을 1,200원이라고 할 때 옹고집이 배비장을 신경 쓰지 않을 경우 하루에 담배를 (　)갑 피울 것이며, 두 사람의 후생수준의 합을 극대화하기 위해서는 옹고집으로 하여금 하루에 담배를 (　)갑 이상 피우지 못하도록 규제하는 것이 바람직하다. 괄호 안의 수치를 순서대로 쓴다면?

① 10, 4
② 8, 6
③ 10, 5
④ 8, 4
⑤ 10, 0

04 옥수수의 수요함수는 $Q = 20{,}000 - 200P$이며, 옥수수 생산의 한계비용은 단위당 50원이다. 옥수수 생산에는 농약을 사용하는데, 이로 인한 외부불경제는 옥수수 단위당 2.5원으로 추정된다. 이러한 외부효과를 감안할 때, 효율을 이루는 옥수수 생산량은 얼마인가?

① 20,000
② 10,500
③ 9,500
④ 500
⑤ 19,500

05 자동차에 대한 수요곡선은 $P=200-Q$, 사적 한계비용은 $PMC=Q+70$, 그리고 자동차생산으로 유발되는 공해로 인한 사회적 한계피해액은 $SMD=2Q+10$으로 표시된다. 이 경우 사회적 최적인 자동차 생산량은 얼마이고, 이를 달성하기 위해 필요한 종량세의 크기는 얼마인가? 최적 생산량과 종량세의 순서대로 답하시오.

① 30, 70
② 30, 90
③ 40, 70
④ 40, 90
⑤ 알 수 없다.

06 A는 X재를 소비하고, B는 Y재를 소비하며, 각각의 효용함수는 다음과 같다.

$$U_A(X)=3X^2+2X$$
$$U_B(Y;X)=3Y^2+15Y+5X$$

다음 보기 중 옳은 것은?

① 이 경우 정부는 X재 소비자인 A에게 피구세를 부과해야 한다.
② 이 경우 정부는 X재 소비자인 A에게 피구 보조금을 지급해야 한다.
③ 이 경우 정부는 Y재 소비자인 B에게 피구세를 부과해야 한다.
④ 이 경우 정부는 Y재 소비자인 B에게 피구보조금을 지급해야 한다.
⑤ 이 경우 정부는 개입하면 안 된다.

07 X재의 시장수요함수는 $D_X=30-P_X$, 사적 한계비용함수는 $PMC_X=5+Q_X$, 그리고 사회적 한계비용함수는 $SMC_X=5+1.5Q_X$이다. X재의 생산량이 사회적으로 가장 바람직한 수준이 되도록 하려면 정부는 X재 생산에 단위당 얼마의 종량세를 부과하여야 하는가?(단, D_X : X재의 수요량, Q_X : X재의 생산량, P_X : X재의 가격)

① 1.25
② 2.5
③ 5
④ 6.25
⑤ 10

08 공용목초지의 사용으로부터 마을 주민 개개인이 얻는 편익은 $B=20Q-Q^2$이라고 하자. 이 목초지를 무료로 사용할 때와 목초지 사용량에 따라 $C=10Q$의 요금을 지불해야 할 때 사용량은 각각 얼마인가?(단, Q는 목초지의 사용량을 말한다.)

① 5, 5
② 10, 0
③ 10, 5
④ 10, 10
⑤ 15, 10

09 A와 B 두 사람만이 사는 어느 마을에 공공도로를 만들려고 한다. 이 도로에 대한 A의 개별수요함수는 $Q=20-P$이고, B의 개별수요함수는 $Q=20-2P$라고 하자. 그리고 이 도로의 건설비용으로는 1km당 20원이다. 이 경우 조세의 편익원칙에 의하면 A가 내야 할 총세금은 얼마인가?(단, Q는 km로 표시된 도로의 길이)

① 10/3
② 20/3
③ 40/3
④ 400/9
⑤ 800/9

10 어느 공공재에 대한 갑과 을 두 사람의 수요곡선이 아래와 같이 표현된다.

$$갑 : Z=100-\frac{1}{2}P$$
$$을 : Z=50-\frac{1}{3}P$$

이 공공재 생산의 한계비용은 150원으로 일정하다고 가정할 때, 이 공공재의 적정 공급량은 얼마인가?

① 30
② 40
③ 50
④ 75
⑤ 100

11 크루소와 프라이데이 두 사람만 사는 나라에 더위를 피하기 위한 공동 대피소굴을 파기로 했다. 이 동굴의 깊이를 D미터로 표시하면 크루소의 한계편익함수는 $R=100-2D$이고 프라이데이의 한계편익함수는 $F=40-0.5D$라고 한다. 한계편익이 마이너스는 될 수 없다고 한다. 동굴을 파는 총비용함수는 $C=100-0.5D^2$으로 주어져 있다. 동굴의 최적 깊이는 얼마인가?

① 깊을수록 좋다.
② 56미터
③ 40미터
④ 4.3미터
⑤ 7미터

12 시만자치회에서 의사결정방식으로 뷰캐넌-털록이 제시한 '최적 다수결제' 모형을 도입하기로 했다. 가결률 n(0<n<1)에 따른 의사결정비용 및 외부비용이 다음과 같이 표시된다고 할 때 최적 가결률은 얼마인가?

의사결정 비용 : $C_D = 4n^2 + 3$
외부 비용 : $C_E = -6n + 10$

① $n=0$
② $n=1/2$
③ $n=2/3$
④ $n=3/4$
⑤ $n=1$

13 어느 조용한 동네에 뻥튀기 아저씨가 있다. 이 아저씨는 옥수수를 kg당 200원씩 주고 사다가 튀겨서 kg당 450원씩 판다. 튀기기 전과 후의 무게는 변함이 없다. 옥수수를 튀기는 데 드는 한계비용은 $150-10X+X^2$으로 나타낼 수 있다. 여기서 X는 옥수수의 수량(kg)을 나타낸다. 한편 마을 주민들은 옥수수 튀기는 소리를 싫어해서 옥수수 튀기는 소리를 없애 준다면 총 $5X^2$원까지 돈을 지불할 용의가 있다고 한다. 이 동네에서 가장 바람직한 뻥튀기의 생산량은?

① $\sqrt{10}$kg
② 10kg
③ $10\sqrt{3}$kg
④ 25kg
⑤ 45kg

14 강 상류에서 갑과 을 두 기업이 동일한 공해물질을 각각 1,000톤과 500톤 배출하고 있다. 정부는 공해물질 배출총량을 1,200톤까지 줄이기로 하고 배출하는 공해물질 단위당 일정금액의 공해세를 부과하기로 하였다. 공해물질의 저감량을 Q톤이라 할 때 갑과 을 기업의 공해물질 저감에 소요되는 한계비용은 각각 2Q만원과 Q만원이다. 배출하는 공해물질 톤당 공해세액은 얼마로 설정하여야 하는가?

① 100만원
② 120만원
③ 150만원
④ 200만원
⑤ 250만원

15 소비자 A, B가 공공재를 소비할 때 얻는 편익과 공공재 공급비용이 아래와 같이 주어져 있다면 공공재의 최적공급량(X^*)은 얼마인가? 그리고 린달 메커니즘에 의해서 비용부담이 결정된다면 A가 부담하는 비용의 크기(C_A)는 각각 얼마인가?

개인A : $U^A=34X-X^2 \quad (0\leq X\leq 17)$

개인B : $U^B=20X-\frac{1}{2}X^2 \quad (0\leq X\leq 20)$

생산비 : $C=18X$

① 8, 60
② 8, 80
③ 10, 96
④ 12, 96
⑤ 12, 120

16 어떤 동네에 동일한 선호를 지닌 1,000명의 주민이 거주하고 있는데 한 주민의 효용 함수는 다음과 같다.

$$U(X_i, Y) = X_i - \frac{50}{Y}$$

(X_i는 주민 i의 민간재 소비량, Y는 공공재의 양)

민간재는 단위당 1,000원의 비용이 들고, 공공재는 단위당 5,000원의 비용이 든다면 파레토 최적수준의 공공재 양은 얼마인가?

① 50
② 100
③ 150
④ 200
⑤ 250

17 첫 해에 100억원 편익이 발생하고, 둘째 해에 185억원의 비용이 발생하며, 셋째 해에 84억원의 편익을 발생시키는 공공사업의 경우, 내부수익률은 얼마인가?

① 5%
② 10%
③ 15%
④ 20%
⑤ 25%

18 민간부문의 투자나 소비에 사용될 자금이 공공사업에 투입된 경우에 민간부문의 투자수익률을 사회적인 수익률로 사용할 수 있다. 만약 공공사업에 투입된 120억원의 자금 중 40억원이 민간부문의 투자에 사용될 돈이었고, 80억원은 소비에 사용될 돈이었다면 사회적 할인율은 얼마인가?(단, 민간부문 투자의 세전수익률은 12%, 세후수익률은 9%로 가정한다.)

① 12%
② 9%
③ 10%
④ 3%
⑤ 11%

19 완전경쟁시장에서 X재에 대한 수요곡선과 공급곡선이 다음과 같이 주어져 있다.

수요 : $P=300-X$
공급 : $P=2X$
(단, P는 가격, X는 수량)

정부가 공공사업에 X재를 30단위 투입하였다고 할 때, 이로부터 발생하는 사회적 비용(기회비용)은?

① 6,000
② 6,200
③ 6,300
④ 6,400
⑤ 6,600

20 수요곡선과 공급곡선이 각각 다음과 같이 주어져 있을 때, 생산자에게 단위당 300원의 종량세를 부과하면 단위당 조세액 중에서 소비자에게 전가되는 크기는?

공급곡선 : $P=Q$
수요곡선 : $P=3{,}000-2Q$

① 100원
② 150원
③ 200원
④ 270원
⑤ 300원

21 수요의 가격탄력성이 2이고, 공급의 가격탄력성이 3인 경우 단위당 100원의 물품세가 (a) 소비자에게 부과되었을 때, (b) 생산자에게 부과되었을 때 각각의 경우 단위당 조세액 중 소비자와 생산자 부담의 크기는?

① (a) 20원 (b) 80원
② (a) 40원 (b) 20원
③ (a) 40원 (b) 60원
④ (a) 60원 (b) 40원
⑤ (a) 60원 (b) 60원

22 비과세대상이었던 나대지에 1년 후부터 평당 1,000원씩의 세금을 영구적으로 부과하기로 하였다. 현재시가가 평당 100,000만원인 토지 100평을 가지고 있던 A씨의 토지 가격은 어떻게 되겠는가?(단, 이자율은 10%이다.)

① 평당 1,000원씩 상승
② 평당 1,000원씩 하락
③ 평당 10,000원씩 상승
④ 평당 10,000원씩 하락
⑤ 변하지 않는다.

23 어떤 독점기업이 직면하고 있는 수요곡선은 다음과 같다.

$$X = P^{-2}$$

(단, X는 수량, P는 가격)

이 기업의 한계비용은 50원으로 일정하다. 이 독점기업의 제품에 단위당 10원의 세금이 부과된다면 재화의 가격은 얼마나 오르게 될까?

① 10원
② 20원
③ 30원
④ 40원
⑤ 50원

24 어떤 독점기업의 한계비용곡선이 수평선이고, 이 독점기업이 생산하는 재화에 대한 수요곡선이 $Q^d = 5P^{-2}$으로 주어져 있다. 이 재화에 대해 단위당 6원의 조세가 부과된다면 소비자가격은 얼마나 상승하겠는가?

① 3원
② 6원
③ 8원
④ 10원
⑤ 12원

25 이윤극대화를 추구하는 독점기업이 생산하는 재화 X에 대해서 수요곡선과 한계비용곡선이 다음과 같다고 하자. 재화 X에 단위당 30원의 종량세 형태의 물품세를 부과할 경우 소비자가격은 어느 정도 상승하는가?

수요곡선 : $P=200-3Q$
한계비용곡선 : $MC=30$
(단, P는 X재의 가격, Q는 수량, MC는 한계비용)

① 10원
② 15원
③ 20원
④ 30원
⑤ 50원

26 독점시장에서 단위당 일정액의 물품세를 부과할 때, 다음 중 가격상승폭이 가장 큰 경우는 수요의 가격탄력성이 얼마일 때인가?

① 2
② 3
③ 4
④ 5
⑤ 6

27 수요곡선은 우하향의 직선이고 공급곡선은 수평선이라고 가정하자. 단위당 50%의 물품세를 부과하였더니 재화가격은 150원으로 상승하였고, 정부의 조세수입은 5,000원으로 측정되었다. 만약 최초 균형점에서 수요의 가격탄력성이 1이었다면 초과부담의 크기는 얼마이겠는가?

① 1,000
② 1,500
③ 2,000
④ 2,500
⑤ 5,000

28 정부가 담배 한 갑에 대해 600원의 종량세를 부과한다고 가정하자. 공급은 $Q=3,000+5P$로 주어지고, 수요는 $Q=4,800-P$로 주어졌다면, 과세로 야기되는 사중손실은 얼마인가?

① 10만원
② 15만원
③ 20만원
④ 25만원
⑤ 30만원

29 조세부과 이전에는 가격과 거래량이 각각 (200, 300)이었으나 단위당 100원씩의 물품세를 부과하였더니 가격과 거래량이 각각 (250, 200)으로 변화하였다. 비효율성계수의 크기는?

① 0.05
② 0.1
③ 0.2
④ 0.25
⑤ 0.5

30 어떤 재화의 수요곡선은 우하향이고 공급곡선은 우상향의 형태로 주어져 있다. 조세부과 이전에는 이 재화의 거래량이 120개였으나 단위당 10원의 종량세가 부과된 이후에는 거래량이 80개로 감소하였다면 비효율성계수의 크기는?

① 0.15
② 0.20
③ 0.25
④ 0.30
⑤ 0.35

31 주어진 자료를 이용하여 위험중립자인 에코마니아의 최적 탈세액의 크기를 계산하면?

한계세율 : 60%
세무조사확률 : 0.01
발각시의 과징금 : $f(x)=x^2$(x : 탈세액)

① 10원
② 20원
③ 30원
④ 40원
⑤ 50원

32 정기예금의 명목금리가 연 5%인데 소비자물가지수는 연 3%씩 올라간다. 정기예금에 대한 이자소득세율이 20%라고 한다면 실질이자소득에 대한 실효세율은 얼마인가?

① 10%
② 20%
③ 30%
④ 40%
⑤ 50%

33 개인 A와 B의 소득의 한계효용함수가 $U^A=70-M$, $U^B=50-M$으로 주어져 있다고 하자.(단, M은 소득을 나타낸다.) 사회후생함수가 $U=U^A+U^B$이고, 사회전체의 총소득이 100이라면 사회후생이 극대화되도록 하려면 개인 A에게 얼마만큼의 소득이 배분되어야 하는가?

① 30
② 40
③ 50
④ 60
⑤ 70

34 소득이 Y_1, Y_2인 두 사람으로 구성된 사회의 사회후생함수가 $W=Y_1Y_2$라고 하자. 이 두 사람의 소득이 각각 $Y_1=9$, $Y_2=1$이라고 할 때 앳킨슨 지수를 구하면 얼마인가?

① 0.6
② 1
③ 0.5
④ 0.3
⑤ 0.4

35 개인 A의 소득은 3,000원, 개인 B의 소득은 1,000원으로 주어져 있다고 하자. (a) 공리주의적 사회후생함수를 가정할 때, (b) 롤스의 사회후생함수를 가정할 때 애킨슨 지수 값은 각각 얼마인가?(단, 소득=효용이라고 가정한다.)

	공리주의 사회후생함수	롤스의 사회후생함수
①	0	0
②	0	0.5
③	0	1
④	0.5	0.5
⑤	0.5	1

36 부의 소득세제하에서 분기점소득이 500만원이고 세율이 60%라면 소득이 300만원인 가족은 얼마만큼의 보조금을 지급받겠는가?

① 80만원
② 120만원
③ 180만원
④ 200만원
⑤ 300만원

37 부의 소득세재가 도입되어 소득이 전혀 없는 사람에게 연간 50만원을 최저생계비로 보장하였으며, 소득이 증가할수록 그 크기는 점차 감소하여 연간소득이 200만원이 되면 보조금이 0이 된다고 하자. 이때 적용된 부의 소득세율은 얼마인가?

① 10%
② 20%
③ 30%
④ 25%
⑤ 50%

38 에코마니아항공사는 항공요금을 결정할 때 최대부하가격결정 모형을 이용하고 있다. 일반적으로 방학기간 중에는 여행자수가 급증하기 때문에 성수기와 비수기가 잘 구분된다고 하자. 다음 자료를 이용하여 최대부하기(성수기)의 가격과 최적 시설규모를 구하면?

가격비용＝20원
성수기 : 6~8월, 12~2월
시설규모 1단위를 증가시킬 때 소요되는 비용＝10원
성수기의 수요곡선 : $P_1 = 70 - 2Q$
비수기의 수요곡선 : $P_2 = 50 - 4Q$

	성수기 가격	최적 시설규모
①	30	15
②	30	20
③	40	15
④	40	20
⑤	40	30

39 에코이동통신업체의 사장인 마니아씨는 통화요금 설정과 관련하여 심사숙고를 하고 있다. 조사한 바에 따르면 오전 10시부터 오후 6시까지는 통화량이 너무 많아 통화가 제대로 안 되는 문제점이 발생하고 있는 반면, 나머지 시간대에는 통화량이 시설용량에 턱없이 모자란다고 한다. 만약 최대부하가격결정 모형을 이용하여 전화요금을 설정한다면 최대부하기(성수기)의 가격과 최적 시설규모는?

가격비용=40원
시설규모 1단위를 증가시킬 때 소요되는 비용=20원
성수기의 수요곡선 : $P_1 = 500 - 20Q$
비수기의 수요곡선 : $P_2 = 200 - 30Q$

	성수기 가격	최적 시설규모
①	50	20
②	50	30
③	100	20
④	100	30
⑤	50	20

40 기업 A, B, C, D의 오염배출량과 오염저감비용이 아래의 표와 같이 주어져 있다. 정부가 오염배출량을 절반으로 줄이기 위해 각 기업에게 1장당 1톤씩의 오염을 배출할 수 있는 오염배출권을 20장씩 배부하고, 오염배출권을 가진 한도 내에서만 오염배출을 허용하기로 하였다. 오염배출권의 자유로운 시장거래가 허용된다면 오염배출권 가격은 얼마가 되겠는가?

기업	오염배출량(톤)	오염저감비용(만원/톤)
A	30	3
B	40	4
C	30	6
D	60	5

① 3만 5천원
② 4만원
③ 4만 5천원
④ 5만원
⑤ 5만 5천원

41 갑와 을은 $M=100-M$(단, M은 소득)인 동일한 한계효용함수를 가지고 있고, 이들이 나눌 수 있는 총소득은 100만원으로 고정되어 있다고 하자. 초기에 갑은 30만원을, 을은 70만원을 가지고 있었는데 소득재분배 결과 갑은 40만원을, 을은 60만원을 가지게 되었다. 이때 사회전체적으로 증가한 효용의 크기는 얼마인가?

① 150
② 200
③ 250
④ 300
⑤ 이 정보로는 알 수 없다.

42 에코나라의 평균소득은 100만원이라고 하자. 이때 소득의 분포는 평균의 1/3에 해당하는 범위에서 차이를 보고 있다. 이런 상태에서 사회적으로 불평등을 없애기 위해서 1인당 평균적으로 20만원까지 지불할 용의가 있다면 균등분배대등소득은 얼마인가?

① 20만원
② 약 23만원
③ 약 75만원
④ 80만원
⑤ 불평등도 회피지수가 주어지지 않는 한 균등분배대등소득을 알 수 없다.

43 방향제 한 단위의 가격은 1이고, 방향제를 Z라고 할 때, A가 가지고 있는 용돈은 10, B가 가지고 있는 용돈은 5, A의 효용은 $U_A(Z, X_A)=\frac{1}{2}Z+X_A$, B의 효용은 $U_B(Z, X_B)=\sqrt{Z}+X_B$이라고 할 때, 경제적 관점에서 최적의 방향제 구입량과 두 사람이 분담하는 금액은 각각 얼마인가?

	방향제 구입량	A의 부담액	B의 부담액
①	2	1/2	3/2
②	3	2	1
③	1	1/2	1/2
④	1	3/4	1/4
⑤	1/2	1/4	1/4

44 다음은 클라크-그로브즈의 수요표출 메커니즘에 의해 어떤 공공재의 최적 공급량과 조세부담액을 결정하려고 한다. 다음과 같은 자료를 기반으로 최적 공급량과 각 소비자의 조세부담액, 정부의 예산상태를 구해 보아라.

> 소비자는 1, 2, 3이 존재하고, 공공재의 단위당 생산비용은 1원이다.
> $V^i(Z)=i\times\sqrt{Z}\ (i=1, 2, 3)$

	최적 공급량	1의 조세부담액	2의 조세부담액	3의 조세부담액	예산상태
①	1	−4	−3	−2	적자
②	4	−6	−4	−2	적자
③	9	−6	−3	0	적자
④	16	−4	0	4	적자
⑤	25	0	5	10	적자

45 홍대 근처에 버스전용차로제를 실시할까 고민 중에서 있다. 연구보고서 결과 대중교통을 이용하는 학생들의 등하교 시간이 매일 30분 정도 줄어들 것인 반면 자동차로 등하교하는 학생들의 시간은 30분이 증가할 것으로 예상된다.

> 관련 학생들의 수 : 1,000명
> 대중교통 이용자 수 : 600명
> 대중교통 이용자의 시간당 평균 임금률 : 4,000원
> 자가용 이용자 수 : 400명
> 자가용 이용자의 시간당 평균 임금률 : 10,000원

총체적으로 관련된 학생들의 후생은 어떻게 될 것이며, 찬반투표로 버스전용차로를 설치한다면 어떤 결과가 나올 것인가?

① −800,000원　　채택될 수 있다.
② −600,000원　　채택될 수 있다.
③ 0원　　채택 여부와 무관하다.
④ +800,000원　　부결될 것이다.
⑤ 이 정보로 구할 수 없으므로, 그 결과를 판단할 수 없다.

46 서울시의 수도서비스 공급을 위한 고정비용은 1,000원으로 생산량과 무관하게 일정하고, 한 단위 수도서비스의 생산과 공급을 위한 가변비용도 10으로 일정하다고 하자. 수도서비스에 대해 집계된 한계편익곡선은 $MB=35-\frac{Q}{10}$(단, Q는 서비스량)으로 주어져 있다. 이때 다음 설명 중 타당하지 않은 것은?

① 한계비용 가격설정방식에 의할 경우 최적 생산량은 250이다.
② 한계생산비용 가격설정방식은 1,000의 손실을 야기한다.
③ 평균비용 가격설정방식을 적용하면 손실은 0이다.
④ 평균비용 가격설정방식을 사용할 경우 생산량은 150이다.
⑤ 평균비용 가격설정방식을 따를 경우 가격은 15이다.

47 3인으로 이루어진 상황에서 공공재 공급을 위한 재원분담을 가정하자. 공공재가 25단위 공급될 때, A, B, C 3인의 편익은 각각 40, 50, 30이라고 한다. 이 공공재의 단위당 공급비용은 4라고 한다. 재원분담방식이 클라크(Clarke) 세제를 따른다고 할 때, A, B, C가 분담해야 할 액수는 얼마인가?

	A의 분담금	B의 분담금	C의 분담금
①	100/3	100/3	100/3
②	40/100	50/100	30/100
③	40	50	30
④	20	30	10
⑤	60	50	70

48 어떤 기업의 총수입(total revenue)함수와 총비용함수는 다음과 같다고 한다.(단, Q는 산출량)

$$TR=100Q-\frac{1}{4}Q^2, \quad TC=10Q$$

그런데 이 기업은 오염을 발생시키는 것으로 알려져 조사해 본 결과 추가적으로 $5Q$의 환경비용이 발생하는 것으로 나타났다. 다음 설명 가운데 옳지 않은 것은?

> 가. 이 기업의 사적(private) 이윤을 극대화하는 산출량은 Q=180이다.
> 나. 사회적으로 바람직한 산출량은 Q=175이다.
> 다. 생산물 한 단위당 5의 환경세를 부과하면 사적 이윤을 극대화하는 산출량과 사회적 잉여를 극대화하는 산출량이 같아진다.
> 라. 부정적 외부성의 전형적인 사례이며, 왜곡을 발생시키지 않는 정액세(lump-sum tax)로써 문제를 해결할 수 있다.

① 가, 나
② 가, 다
③ 나, 다
④ 나, 라
⑤ 다, 라

49 강 상류에서 A과 B 두 기업이 동일한 공해물질을 각각 1,000톤과 800톤 배출하고 있다. 정부는 공해배출 톤당 일정액의 공해세를 부과하여 공해물질 배출총량을 1200톤까지로 600톤 줄이고자 한다. 한편 공해물질의 감축량을 Q톤이라 하면 A와 B 기업의 공해물질 감축에 소요되는 한계비용은 각각 0.2Q만원과 0.1Q만원으로 나타난다고 가정한다. 이 정책목표를 달성하기 위하여 부과하여야 하는 공해배출 톤당 공해세액은 얼마인가?

① 10만원
② 20만원
③ 30만원
④ 40만원
⑤ 50만원

50 저임금 근로소득자에 대한 근로장려를 위하여 다음과 같은 근로장려세제를 도입하였다고 가정하자. 연간 800만원까지의 근로소득자에 대해서는 근로소득의 10%를 장려금으로 지급하고, 800만원 초과 1,200만원 이하의 근로소득자에 대해서는 80만원의 장려금을 지급하며, 1,200만원 초과 1,700만원 미만의 근로소득자에게는 1,700만원에서 근로소득을 제한 금액의 16%를 장려금으로 지급한다. 이러한 제도하에서 연 근로소득이 1,500만원인 소득자가 인식하게 되는 한계세율은 얼마인가?(단, 연간 1,700만원의 근로소득까지는 소득세 면세범위에 해당한다고 가정한다.)

① 10%
② 16%
③ -16%
④ 84%
⑤ -84%

51 다음은 어느 재화의 시장수요와 공급함수를 나타낸 것이다.(단, Q^D와 Q^S는 각각 수요량과 공급량이며, 보상수요곡선과 시장수요곡선은 일치한다고 가정한다.)

$$P=100-2Q^D, \qquad P=10+3Q^S$$

정부가 이 재화에 단위당 10씩의 세금을 부과했을 때, 정부의 조세수입과 조세의 초과부담 비율은 얼마인가?

① 16:1
② 18:1
③ 20:1
④ 22:1
⑤ 24:1

52 공공재를 수요하는 세 명의 소비자가 있다. 이들 각각의 수요함수는 다음과 같으며 공공재 총생산비용은 $TC=180Q$이다.

소비자1 : $Q=60-P_1$
소비자2 : $Q=100-P_2$
소비자3 : $Q=140-P_3$

여기서 Q와 P는 각각 공공재의 양과 가격이다. 무임승차 문제로 인하여 공공재 Q가 제공되지 못한 상황이 발생한 경우 경제적 손실(자중손실)의 크기는?

① 0
② 1,200
③ 2,400
④ 4,800
⑤ 7,200

53 상품 x를 생산하는 기업 A의 비용함수는 $C_A(x)=x^2+20$으로 표시되고 상품 y를 생산하는 기업 B의 비용함수는 $C_B(y)=y^2+x$로 표시된다. 그러므로 기업 A가 생산하면 할수록 기업 B의 비용은 증가하게 된다. 두 기업 모두 완전경쟁시장에 직면하고 있으며 x재의 완전경쟁가격은 20이고, y재의 완전경쟁가격은 40이다. 새로운 기업의 진입은 없는 상태로 기존 두 기업만 활동하고 있다. 상품 x에 대한 효율적인 피구세는 얼마인가?

① 0
② 1
③ 2
④ 3
⑤ 4

54 소비자에게 종량세를 부과한 후의 공급곡선과 수요곡선이 각각 $Q_S=P$, $Q_D=100-(P+T)$라고 하자.(단, Q_D는 수요량, Q_S는 공급량, P는 가격, T는 종량세임). 균형에서의 조세수입함수와 조세수입이 최대일 때의 세율 T를 구하면?

① $50-\frac{1}{2}T$, 25

② $50T-\frac{1}{2}T^2$, 50

③ $100-\frac{1}{2}T$, 50

④ $100T-\frac{1}{2}T^2$, 25

⑤ $100-T$, 30

55 다음은 도서대여업시장의 수요와 공급 곡선을 각각 나타낸 것이다.

$$P=25-Q_D$$
$$P=7+2Q_S$$

정부가 도서대여업을 장려하기 위해 단위당 3만큼의 보조금을 지급한다고 가정하자. 이때, 정부가 투입해야 하는 보조금과 이 보조금에 의한 초과부담의 비율은? (단, Q_D는 수요량, Q_S는 공급량, P는 가격임)

① 12 : 1
② 13 : 1
③ 14 : 1
④ 15 : 1
⑤ 16 : 1

56 X재와 Y재의 시장공급곡선은 완전탄력적이며 두 재화의 현재 시장가격은 각각 $P_X=10$(만원), $P_Y=1$(만원)으로 주어져 있다. 갑식이의 한 달 소득은 110만원인데 이 돈으로 X재와 Y재만을 소비한다고 한다. 갑식이의 X재 소비량을 X, Y재 소비량을 Y라고 할 때 갑식이의 효용함수는 $U(X, Y)=3\sqrt{XY}$로 표시된다. 이때 정부가 20%의 소득세를 도입하는 동시에 X재의 거래에 대하여 10%의 물품세를 부과하였다고 하자. 조세부과 후 갑식이가 납부하는 조세 총액은 얼마인가?(단, X재와 Y재에 대한 수요는 상호 독립적이고, 갑식이의 노동공급 변화는 없다고 가정한다.)

① 23만원
② 24만원
③ 25만원
④ 26만원
⑤ 27만원

57 '스웨이빌라' 단지에는 20가구의 주민이 입주해 있다. 단지 내에 가로등을 설치하는 데 소요되는 총비용과 가로등 수에 따른 가구당 한계이득(한계효용)이 아래 표에 표시되어 있다. 이 빌라에는 가로등을 몇 개 설치하는 것이 가장 효율적인가?(단, 가로등에 대한 모든 가구의 선호체계는 동일하다고 가정한다.)

가로등 수	설치 총비용	가구당 한계이득
1개	100만원	100만원
2개	200만원	50만원
3개	300만원	25만원
4개	400만원	10만원
5개	500만원	5만원

① 1개 ② 2개
③ 3개 ④ 4개
⑤ 5개

58 100가구가 입주해 있는 어느 아파트단지 주민들은 모두 경비(security)서비스를 원하고 있다. 경비원을 1일 고용하는 데 소요되는 비용과 경비원 수에 따른 가구당 한계이득(한계효용)이 다음 표와 같을 때 효율적인 규모의 경비원 수는?(단, 경비에 대한 모든 가구의 선호체계는 동일하다고 가정한다.)

경비원 수	1일 경비 비용	가구당 한계이득(MB)
1명	200	5
2명	400	4
3명	600	3
4명	800	2
5명	1,000	1

① 1명 ② 2명
③ 3명 ④ 4명
⑤ 5명

59 강감찬씨와 이순신씨는 같은 골목에서 이웃하고 살고 있는데 골목길이 하도 어두워서 공동으로 외등을 하나 설치하려고 한다. 외등의 밝기를 X(룩스)라는 변수로 표시할 때 외등의 밝기에 따른 강씨의 한계효용함수는 $U_K=300-2X$, 이씨의 한계효용함수는 $U_L=100-X$로 표시되며 서로가 상대방의 효용함수를 잘 알고 있다고 가정하자. 외등의 밝기를 1룩스 높이는 데 100만큼씩의 비용이 들며 고정비용은 없다고 가정할 때 다음 설명 중에서 타당하지 않은 것은?

① 강씨와 이씨에게 외등은 공공재(public goods)의 역할을 한다.
② 외등에 대한 강씨와 이씨의 총의사수요곡선(pseudo-demand curve)은 $X \leq 100$의 영역에서는 $U=400-3X$, $X>100$의 영역에서는 $U=300-2X$로 표시된다.
③ 외등의 밝기는 100룩스($X=100$)로 결정하는 것이 가장 효율적이다.
④ 만일 강씨가 거저타기(free ride)를 시도할 경우에는 외등은 설치될 수 없을 것이다.
⑤ 강씨는 외등 비용의 $\frac{2}{3}$, 이씨는 $\frac{1}{3}$을 부담하는 것이 사회적으로 가장 효율적이다.

60 하숙생인 장씨와 문씨는 비디오테이프(X)를 빌려서 함께 시청한다. 이 두 사람만으로 구성되는 경제에서 비디오테이프는 공공재의 성격을 갖는다고 가정하자. 장씨 및 문씨의 일주일간 비디오 수요함수는 각각 $P_j=1{,}000-100X$ 및 $P_m=2{,}000-200X$로 추정된다. 비디오테이프 대여료가 1,500원에 고정되어 있다고 할 때 공공재 소비의 효율과 관련된 다음 기술 중 옳은 것은?

① 일주일에 5개를 빌려 볼 때에 효율이 달성된다.
② 일주일에 2.5개를 빌려 볼 때에 효율이 달성된다.
③ 린달균형에서 장씨 및 문씨는 각각 1,000원 및 500원을 부담하게 된다.
④ 두 사람이 각각 750원씩을 갹출하여 대여료 1,500원을 낼 때에 효율이 달성된다.
⑤ 효율이 달성되려면 비디오 한 편을 볼 때마다 문씨가 장씨에게 500원을 지급해야 한다.

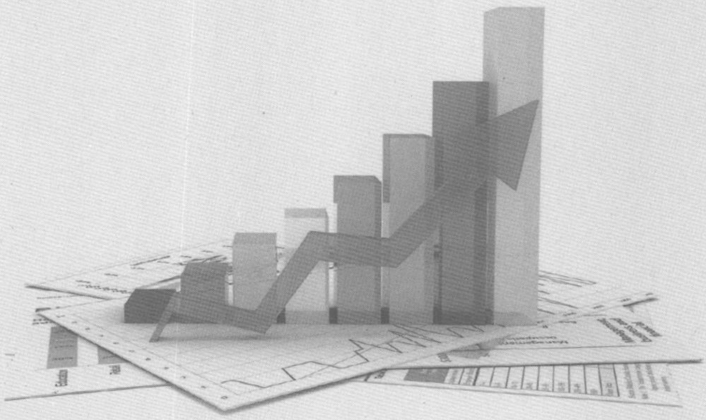

세무사 실전 재정학 수리문제 해답 및 풀이

1	2	3	4	5	6	7	8	9	10
5	1	1	3	1	2	3	3	5	2
11	12	13	14	15	16	17	18	19	20
3	4	2	4	5	2	1	3	3	3
21	22	23	24	25	26	27	28	29	30
4	4	2	5	2	1	4	2	4	3
31	32	33	34	35	36	37	38	39	40
3	5	4	5	2	2	4	3	3	4
41	42	43	44	45	46	47	48	49	50
4	4	3	3	1	4	4	4	4	2
51	52	53	54	55	56	57	58	59	60
1	3	2	2	3	4	5	4	5	1

1. ⑤

롤스의 사회후생함수로 $W=\min[3\sqrt{X_A}, \sqrt{X_B}]$가 된다. → $3\sqrt{X_A}=\sqrt{X_B}$

X개가 200개 있는데 X_A, X_B로 나누어져 있으니깐 → $X=X_A+X_B=200$

두 식을 연립해서 풀면 $X_A=20$, $X_B=180$,

따라서 $W=6\sqrt{5}$ 이다.

2. ①

롤스 후생함수니까 3사람의 효용수준이 같다고 보고 계산한다.

$U_A=U_B=U_C$에서 $2Y_A=2Y_B=Y_C$

그리고 주어진 소득이 500,000원이므로 $Y_A+Y_B+Y_C=500{,}000$을 이용하면

$Y_A=Y_B=125{,}000$원, $Y_C=250{,}000$원이다.

3. ①

옹고집의 한계이득(MB), 한계비용은 담배의 가격인 1,200원이므로

(1) 만일 배비장이 신경 쓰지 않는다면 사회적인 추가한계비용은 0이 되므로

$MB=-20X+1400=MC=1{,}200$원

이때 담배 X는 10갑

(2) 만일 배비장에게 미치는 추가적인 한계피해(MD)를 감안하면

$MB=-20X+1400=MC'=1{,}200+30X$

이때 담배 X는 4갑이 된다.

4. ③

옥수수 생산의 사회적 한계비용은 사적 한계비용 50원에 외부한계비용 2.5원을 합한 52.5원이다. $SMC=52.5$

수요함수(한계편익) $=P=100-\frac{1}{200}Q$

따라서 $100-\frac{1}{200}Q=52.5$

즉 $Q=9{,}500$이다.

5. ①

$SMC=3Q+80$

$SMB=P=200-Q$

균형에서 $SMC=SMB$

$3Q+80=200-Q$

$Q=30$
이때 $Q=30$을 PMC에 대입하여 SMC일 때의 값과 차이를 구하면 조세부과의 크기를 알 수 있다.

6. ②
A와 달리 B의 효용은 A의 X재 소비량에 의해서 영향을 받는다. 개인 A의 X재 소비량이 증가하면 개인 B의 효용은 증가한다. 그러므로 개인 A의 X재 소비가 개인 B에게 긍정적인 영향을 준다. 긍정적인 외부성은 과소생산, 과소소비가 이루어진다. 이때는 생산과 소비의 증진을 위해서 보조금을 지급해야 한다.

7. ③
$P_X=30-Q_X$ ………………… (1)
$PMC_X=5+Q_X$ ……………… (2)
$SMC_X=5+1.5Q_X$ …………… (3)
종량세의 경우는 (1)=(3)에서 $Q_X=10$을 구해서 (2)와 (3)의 값을 비교하면 5를 구할 수 있다. 그림도 활용해 볼 것.

8. ③
한계편익은 $MB=20-2Q$
목초지를 무료로 사용할 수 있다면 한계편익이 0이 될 때까지 사용하게 되므로 $MB=20-2Q=0$에서 $Q=10$이 된다. 목초지 사용에 따른 총비용인 $C=10Q$을 미분하면 $MC=10$이다. 따라서 $MB=MC$에서 $Q=5$가 된다.

9. ⑤
$P_A=20-Q$

$P_B=10-\frac{1}{2}Q$

$P=P_A+P_B=30-\frac{3}{2}Q$

$MC=20$

$\therefore\ 30-\frac{3}{2}Q=20$에서 $Q^*=\frac{20}{3}$

이 값을 각각의 P_A, P_B에 대입하면 지불금액의 크기를 알 수 있다.

따라서 지불금액은 $\frac{40}{3}$원, $\frac{20}{3}$원이고, 이때 지불해야 하는 총세금의 크기는 A가 $\frac{800}{9}(=\frac{40}{3}\times\frac{20}{3})$, B가 $\frac{400}{9}(=\frac{20}{3}\times\frac{20}{3})$이다.

10. ②
$P_{갑}=200-2Z$
$P_{을}=150-3Z$
$P=P_{갑}+P_{을}=350-5Z$
$MC=150$
$\therefore\ 350-5Z=150$
$Z=40$

[유제 1] A, B, C 세 명의 공공재 수요함수는 각각 다음과 같다.

$$D_A = 40 - P_A$$
$$D_B = 50 - P_B$$
$$D_C = 60 - P_C$$

공공재를 1단위 공급하기 위한 비용이 90일 때, 공공재의 사회적 최적 수준은?(단, D는 공공재 수요량, P는 공공재 가격)

① 10 ② 20 ③ 30 ④ 60 ⑤ 90

해답 ②

풀이 $\sum P = (40-Q)+(50-Q)+(60-Q)=150-3Q$

$MC=90$

$\therefore 3Q=60, Q=20$

[유제 2] 두 명의 소비자 A, B와 사용재 X, 공공재 Z가 존재하는 경제가 있다. 이 경제에서 공공재 1단위는 사용재 1단위를 투입하여 생산할 수 있다고 하자. 소비자 A와 B의 효용함수는 각각 다음과 같다고 하자.

$$U_A = X + 2Z - \frac{1}{2}Z^2$$
$$U_B = X + 2Z - \frac{1}{6}Z^2$$

이때 공공재의 효율적인 공급수준은 얼마인가?

해답 $\frac{9}{4}$

풀이 $MRS_{ZX}^{A} = \frac{MU_Z^A}{MU_X^A} = \frac{2-Z}{1} = 2-Z$

$$MRS_{ZX}^{B} = \frac{MU_Z^A}{MU_X^A} = \frac{2-\frac{1}{3}Z}{1} = 2-\frac{1}{3}Z$$

$$\sum MRS_{ZX} = 4 - \frac{4}{3}Z = MRT_{ZX} = 1$$

$$Z = \frac{9}{4}$$

11. ③

$MB = 140 - 2.5D$

$MC = D$

$MB = MC$에서 $40m$

12. ④

$C = C_D + C_E = 4n^2 - 6n + 13$

$\frac{dC}{dn} = 8n - 6 = 0$

$n = \frac{3}{4}$

[유제] 어떤 집단의 결정비용함수는 $D=8NN_a^2$이고, 외부비용함수는 $K=16(N_a-N)^2$이라고 하자.(단, N=총투표자 수, N_a=안건이 통과되기 위해서 요구되는 찬성투표자 수, $0 \le N_a \le N$이다.) $N=3$일 때, 적정 찬성투표비율은?

해답 $\frac{2}{5}$

풀이 $C=8NN_a^2+16(N_a-N)^2$

$=24N_a^2+16(N_a-3)^2$

$=40N_a^2-96N_a+144$

$\frac{dC}{dN_a}=0,\ N_a=\frac{96}{80},\ N=3$

최적 찬성비율$=\frac{N_a}{N}=\frac{\frac{96}{80}}{3}=\frac{2}{5}$

13. ②

$PMC=200+150-10X+X^2$

$EMC=10X$(외부한계비용 : $5X^2$의 미분)

$SMC=350+X^2$

최적 생산량은 $P=SMC$

$450=350+X^2$

$X=10$

[유제] 어떤 회사의 총비용함수는 다음과 같다.

$$C=10X+2X^2$$

(단, C는 총비용, X는 산출량)

그런데 이 회사 제품의 생산과정에서 나쁜 냄새가 난다. 공장이 냄새를 발생시키지 않기를 원하는 주민들은 냄새를 없애기 위해서 총 $3X^2$까지 지불할 용의가 있다고 한다. 이 재화의 시장가격이 개당 210원이라고 할 때 사회적 최적 생산량은?

해답 $X=20$

풀이 $PMC=10+4X$

EMC(외부한계비용)$=6X$

$SMC=PMC+EMC=10+10X$

$P=210$원이므로 $P=SMC$

$X=20$

14. ④

공해물질 줄이는 데 들어가는 비용은

$-MC_A=2Q$

$-MC_B=Q$

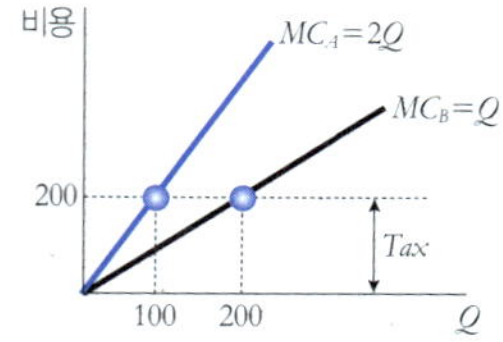

공해물질을 줄이는 데 드는 비용은 A공장이 더 크니까 조금 줄이고, B공장은 많이 줄이려고 할 것이다.

구체적으로 B공장은 A공장보다 공해물질 감소능력이 2배나 높다. 따라서 정부는 오염물질을 1,500톤(=1,000톤+500톤)에서 1,200톤으로 300톤을 줄이려고 한다.

직관적으로 2배 능력이 더 좋은 B공장이 200을 줄이고 B공장은 100을 줄이면 된다. 간단한 계산에 의하면
$MC_A=2Q_A$, $MC_B=Q_B$에서 $MC_A=MC_B$ ······························ ①
$300=Q_A+QB$ ······························ ②
따라서 ①, ②를 연립해 풀면 쉽게 구할 수 있다.

15. ⑤
$MB_A=34-2X$
$MB_B=20-X$
$SMB=MB_A+MB_B=54-3X$
$SMC=18$
$\therefore X=12$
$C=18X=18\times12=216$
$MB_A=34-2\times12=10$
$MB_B=20-12=8$
각각의 비용부담분은

A부담 : $216\times\frac{10}{10+8}=120$

B부담 : $216\times\frac{8}{10+8}=96$

(※ 원래는 반드시 그림을 그려서 따져보아야 한다. X재 구간이 있기 때문이다.)

16. ②

각 개인의 한계대체율을 구하면 $MRS_{YX}=\frac{MU_Y}{MU_X}=\frac{-(-\frac{50}{Y^2})}{1}=\frac{50}{Y^2}$

전체주민이 1,000명이므로 $\sum MRS_{YX}=\frac{50,000}{Y^2}$

$MRT_{YX}=\frac{MC_Y}{MC_X}=\frac{5,000}{1,000}=5$

최적 공급조건인 $\sum MRS_{YX}=MRT_{YX}$에서 $\frac{50,000}{Y^2}=5$이므로
$Y=100$

[유제] 어떤 마을에 민간재(X)와 공공재(Y) 두 재화만을 소비하는 총 200명의 주민이 살고 있다. 이 사람들은 모두 동일한 효용함수를 가지고 있으며, 그 효용함수는 다음과 같다.

$$U(X_i, Y)=X_i+Y^{1/2}$$
(단, $i=1, 2, \cdots\cdots 200$)

민간재 생산의 한계비용은 1원이고, 공공재 생산의 한계비용은 10원이라고 할 때, 파레토 최적의 공공재 공급량은?

해답 $Y=100$

풀이 $MRS_{YX}=\frac{MU_Y}{MU_X}=\frac{\frac{1}{2}Y^{-2}}{1}=\frac{1}{2\sqrt{Y}}$

$\sum MRS=200\times\frac{1}{2\sqrt{Y}}=\frac{100}{\sqrt{Y}}$

$$MRT=\frac{10}{1}=10$$

$$\therefore\ \Sigma MRS=MRT$$

17. ①

$$100-\frac{185}{(1+m)}+\frac{84}{(1+m)^2}=0$$

$m=0.05$

[유제] 배타적인 공공사업 X와 Y의 순편익이 다음과 같이 주어져 있다면, 현재가치법과 내부수익률법을 사용할 때 각각 어떤 공공사업이 선택되겠는가?(단, 현재가치법을 사용할 때의 할인율은 10%이다.)

	0기	1기	2기
투자안 X	−100	135	0
투자안 Y	−100	0	169

해답 내부수익률 투자안 X : 0.35
투자안 Y : 0.3
현재가치법 투자안 X : 22.7
투자안 Y : 39.7

풀이 투자안 X : $-100+\frac{135}{(1+m)}=0$

투자안 Y : $-100+\frac{169}{(1+m)}=0$

현재가치법 투자안 X : $-100+\frac{135}{(1+0.1)}=22.7$

현재가치법 투자안 Y : $-100+\frac{169}{(1+0.1)}=39.7$

18. ③

공공사업에 투입된 자금 중 민간투자에 사용될 자금의 기회비용은 세전수익률, 민간소비에 사용되었을 자금의 기회비용은 세후수익률을 사용한다.

$$\text{기회비용}=\left(\frac{40}{120}\times 12\%\right)+\left(\frac{80}{120}\times 9\%\right)=10\%$$

19. ③

$$\text{민간의 후생감소분}=\left(\frac{1}{2}\times 20\times 20\right)+\left(20\times 200\right)=4,200$$

$$\text{한계비용 증가분}=\left(\frac{1}{2}\times 10\times 20\right)+\left(10\times 200\right)=2,100$$

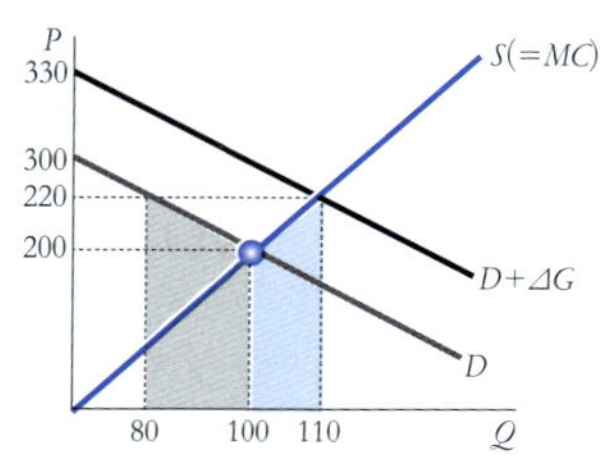

20. ③

조세부과 이전	조세부과 이후
수요곡선 : $P=3{,}000-2Q$	수용곡선 : $P=3{,}000-2Q$
공급곡선 : $P=Q$	공급곡선 : $P=Q+300$
균형가격 : $P=1{,}000$	균형가격 : $P=1{,}200$
균형거래량 : $Q=1{,}000$	균형거래량 : $Q=900$

[유제1] 어떤 재화의 수요와 공급 곡선이 다음과 같이 주어져 있다.

$$\text{수요곡선} : Q=400-2P$$
$$\text{공급곡선} : Q=-200+4P$$

정부가 공급자에 대해 단위당 30만원만큼의 물품세를 부과한다고 하자. 이때 시장에서 균형가격(P)과 생산량(Q), 그리고 정부의 세수 중 소비자가 부담하는 금액(R)은 얼마인가?

해답 $P=120,\quad Q=160,\quad R=3{,}200$

[유제2] 어느 재화에 대한 수요와 공급 곡선이 아래와 같다고 할 때, 공급자에게 단위당 6원의 종량세가 부과되는 경우 징수되는 세수는?

$$\text{수요곡선} : Q=86-P$$
$$\text{공급곡선} : Q=-10+\frac{1}{2}P$$

해답 120원

[유제3] 어떤 독점기업의 수요곡선이 다음과 같이 주어져 있다.

$$X=300-P$$

여기서 X는 수요량(개), P는 가격(원)을 나타낸다. 이 기업의 평균비용곡선은 수평이라고 한다. 이 기업이 생산하는 재화에 대해서 개당 80원의 종량세를 부과한다면 가격은 얼마만큼 오르겠는가?

해답 40원

21. ④

$$\frac{\text{수요의 가격탄력성}}{\text{공급의 가격탄력성}}=\frac{\text{생산자 부담}}{\text{소비자 부담}}$$

$$\frac{2}{3}=\frac{100\times\frac{2}{5}}{100\times\frac{3}{5}}$$

22. ④

조세의 자본화로 $\frac{1{,}000}{r}$ 원만큼 토지가격하락

23. ②

$$MR=P(1-\frac{1}{\varepsilon})$$

$$MC'=MC+T$$

이 수요함수의 식은 수요의 가격탄력성이 2가 된다. 이때 $MR=P(1-\frac{1}{2})$가 된다. 따라서 가격은 $MR=MC$의 2배로 증가한다. 그러므로 세금 10원의 부과로 한계비용이 10원 증가하면 가격은 2배인 20원 증가하게 된다.

24. ⑤
가격탄력성이 2라는 점을 활용하면, 가격은 조세부과의 2배 증가한다.

25. ②
독점기업의 수요곡선이 우하향하는 직선이고 한계비용이 일정한 경우, 물품세가 부과되면 정확히 단위당 조세액의 절반만큼 소비자에게 전가된다. 따라서 조세액의 절반인 15원만큼 소비자가격이 상승한다.

[유제1] 공급곡선이 완전탄력적이고 수요의 가격탄력성이 2일 때 2%의 세율로 과세되는 재화의 경우 초과부담 크기의 당해 재화에서 징수되는 조세수입에 대한 비율은 얼마에 가까운가?
해답 2%

[유제2] 노동의 시장공급곡선은 우하향의 직선이고 노동에 대한 시장수요는 완전탄력적인 어떤 노동시장에서 현재의 총임금지급액은 10조원이고 이때의 노동공급의 (보상)가격탄력성은 0.5라고 하자. 이제 정부가 임금에 대하여 20%의 근로소득세를 부과하기로 결정한 경우 이 조치가 경제에 미치는 초과부담의 크기는 얼마가 되겠는가?
해답 1,000억원

[유제3] 냉장고산업의 공급곡선은 완전탄력적이라고 가정하자. 지금 냉장고 1대당 2만원의 특별소비세가 부과되어 소비자가격은 70만원으로 상승하고 냉장고의 수요는 150대에서 120대로 감소하였다면 특별소비세의 초과부담은?
해답 30만원

26. ①
직관적으로 가격상승폭이 가장 큰 경우는 수요의 가격탄력성이 가장 작을 때이다. 따라서 문제에서는 탄력성이 제일 작은 2가 된다.

[유제] 수요곡선은 우하향하는 직선이고, 공급곡선은 수평선이라고 하자. 최초의 균형점에서 수요의 가격탄력성이 1이라고 하자. 이때 단위당 20%의 물품세를 부과하였을 경우 거래량이 100단위로 감소하고 정부의 세수는 10,000이라면 초과부담은 얼마인가?
해답 1,250

27. ④
그림을 간단히 그려보면 다음과 같다.

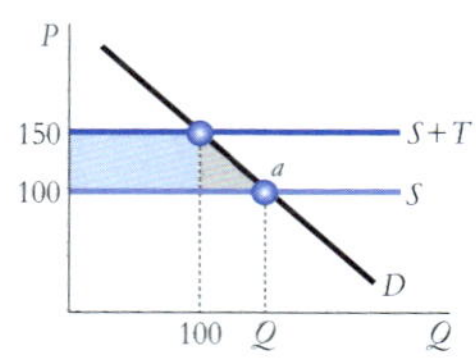

조세부과전 a점에서 탄력성이 1이라고 했으므로

$$\varepsilon_p=\frac{\frac{\Delta Q}{Q}}{\frac{\Delta P}{P}}=\frac{\frac{Q-100}{Q}}{\frac{50}{100}}=1$$

$Q=200$이 되어 초과부담 크기 Δ는 2,500이 된다.

28. ②

그림을 그려 보는 것이 가장 손쉬운 방법이다.

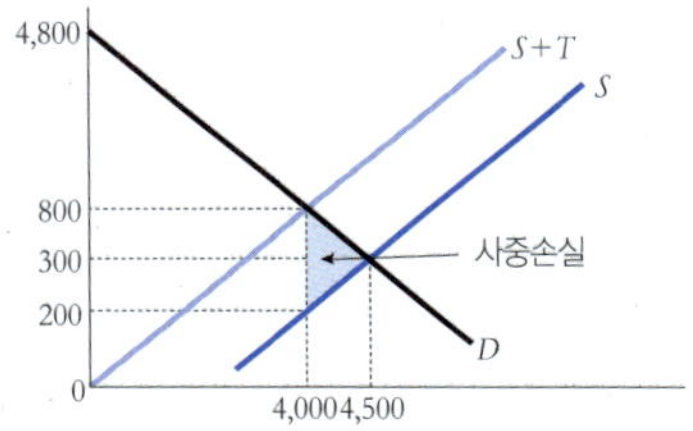

29. ④

비효율성 계수 $=\frac{\text{초과부담}}{\text{조세수입}}=\frac{\frac{1}{2}t^2\varepsilon PQ}{tPQ}=\frac{1}{2}t\varepsilon$이다. 이 문제를 그림을 이용해서 풀면 다음과 같다.

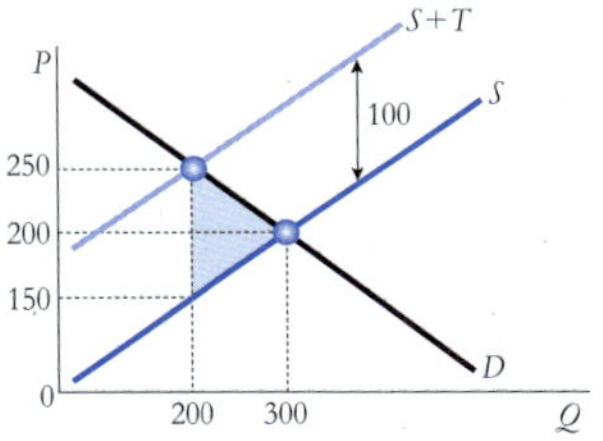

초과부담의 크기는 $\frac{1}{2}\times100\times100=2{,}500$이고, 조세수입은 $200\times100=20{,}000$이다.

따라서 비효율성 계수는 0.25이다.

30. ③

조세수입의 크기를 구하면 800원이고, 초과부담의 크기는 200이므로 0.25가 된다.

31. ③

MB=0.6(한계세율)

MC=세무조사확률×한계과징금=$0.01\times2x=0.02x$ (← 균형에서는 $MB=MC$ 성립해서)

$x=30$

32. ⑤

명목이자율은 5%이고, 물가상승률은 3%이므로 납세이전의 실질이자율은 2%이다.

이자소득세는 명목이자율이 부과되는데 명목이자율이 5%이고, 이자소득세율이 20%이므로 납세액은 1% (=0.2×5%)가 된다.

즉 납세 후는 2%−1%=1%이다.

따라서 5%의 이자소득 중에서 1%의 이자소득세를 납부하고 나면 납세 후 실질이자율은 1%가 되고, 납세 전

실질이자율이 2%이고, 납세 후 실질이자율은 1%이므로 실질이자소득에 대한 실효세율은 50%가 된다.

33. ④
공리주의 사회후생함수이므로 $U^B = U - U^A$로 기울기가 -1이다.
기울기가 -1이라는 것은 A와 B의 가중치가 동일하다는 의미이다. 따라서 두 사람 간의 효용이 동일한 경우가 된다.
(1) $U^A = U^B$
그리고 사회전체적인 소득수준은 100이므로 $U^A = U^B = 100$이다.
(2) $U^A + U^B = 100$
두 조건을 연립으로 풀면 문제는 해결된다.

34. ⑤
사회후생은 $W = Y_1 Y_2 = 9 \times 1 = 9$
만일 사회가 아주 평등하다면 $Y_1 = Y_2 = 3$이 되어 균등분배소득은 3이 된다.
사회평균소득은 $\overline{Y} = \frac{Y}{2} = \frac{9+1}{2} = 5$
앳킨슨 지수는 $A = 1 - \frac{Y^e}{\overline{Y}} = 1 - \frac{3}{5} = 0.4$

35. ②
(1) 공리주의의 경우
사회후생은 $W = Y_A + Y_B = 3{,}000 + 1{,}000 = 4{,}000$
만일 사회가 아주 평등하다면 $Y_A = Y_B = 2{,}000$가 되어 균등분배소득은 2,000이 된다.
사회평균소득은 $\overline{Y} = \frac{Y_A + Y_B}{2} = \frac{2{,}000 + 2{,}000}{2} = 2{,}000$
앳킨슨 지수는 $A = 1 - \frac{Y^e}{\overline{Y}} = 1 - \frac{2{,}000}{2{,}000} = 0$
(2) 롤스의 경우
사회후생은 가장 못사는 사람을 기준으로 하여 $W = Y_B = 1{,}000$
만일 사회가 아주 평등하다면 $Y_A = Y_B = 1{,}000$이 되어 균등분배소득은 1,000이 된다.
사회평균소득은 $\overline{Y} = \frac{Y_A + Y_B}{2} = \frac{3{,}000 + 1{,}000}{2} = 2{,}000$
앳킨슨 지수는 $A = 1 - \frac{Y^e}{\overline{Y}} = 1 - \frac{1{,}000}{2{,}000} = 0.5$

36. ②
분기점이 500만원이므로 500만원까지는 세금을 내지 않는다. 이때는 보조금도 0이 된다.
보조금 공식은 $S = M - tY$
$0 = M - 0.6 \times 500$
$M = 300$
소득이 300만원일 때의 보조금의 크기는 $S = 300 - 0.6 \times 300 = 120$만원이다.

37. ④
보조금 공식 $S = M - tY$을 이용하면
최저보장소득이 50만원, 연간소득이 200만원일 때 보조금이 0이므로,
$M = 50$, $Y = 200$, $S = 0$이 되어 대입하면 $t = 25\%$가 된다.

38. ③
성수기 기간이 6개월이므로 전체를 1로 할 때 $w_1 = 0.5$

비수기 기간도 6개월이므로 $w_2=0.5$
가변비용 $b=20$
시설규모 한 단위 늘릴 때 추가비용 $\beta=10$
성수기 : $P_1=b+\frac{\beta}{w_1}=20+\frac{10}{0.5}=40$
비수기 : $P_2=b=20$

39. ③

성수기 기간이 8시간이므로 전체를 1로 할 때 $w_1=\frac{1}{3}$
비수기 기간도 16시간이므로 $w_2=\frac{2}{3}$
가변비용 $b=40$
시설규모 한 단위 늘릴 때 추가비용 $\beta=20$
성수기: $P_1=b+\frac{\beta}{w_1}=40+\frac{20}{\frac{1}{3}}=100$ 비수기 : $P_2=b=40$

문제에서 성수기의 최적 시설규모는 요금이 100원일 때 성수기 수요함수에 대입하면 $Q^*=20$이 된다.

[유제] 남산터널의 통행료를 시간대별로 달리해서 출퇴근기의 혼잡기에 통행하는 차량에 대해서는 더 높은 통행료를 받아야 한다는 주장이 제기되고 있다. 관련 연구보고서 결과에 의해 다음과 같은 정보를 얻을 수 있다.

> 혼잡기는 오전 7시에서 10시와 저녁 6시에서 9시이다.
> 자동차 한 대가 지나가는 데 드는 사회적 비용의 총합은 200원이다.
> 터널의 시설규모를 한 단위 개선하는 데 드는 사회적 비용은 100원이다.
> 주행자가 비혼잡기에 도로를 사용하기 위해서 지불하고자 하는 금액을 적절히 산정하면 $P=500-100Q$이다.
> 주행자가 혼잡기에 도로를 사용하기 위해 지불하고자 하는 금액은 $P=1{,}000-100Q$이다.

경부하기의 통행료와 과부하기 통행료를 구하고, 적정한 터널의 규모도 구하여라. 총비용을 시설비용과 가변비용으로 나눌 경우 시설비용은 모두 과부하기의 사용자에게 귀착되는가?

해답 경부하기 통행료는 200이고, 과부하기 통행료는 600이다. 이때 적정한 터널의 규모는 4이다. 시설비용은 모두 과부하기의 사용자에게 귀착된다.

40. ④

[유제] 두 개의 기업 1과 2가 있는데 폐기물의 양이 각각 Q_1, Q_2라고 하자. 폐기물의 양을 줄이기 위해서 치르는 한계비용이 각각 $MC_1=2(20-Q_1)$과 $MC_2=3(30-Q_2)$로 주어져 있다고 하자. 이때 최적 오염수준을 40으로 달성하기 위해서 오염배출권을 발행하는 경우에 오염배출권의 가격과 각 기업의 오염배출량은 얼마인가?

	오염배출권 가격	기업1의 양	기업2의 양
①	10	14	26
②	12	14	26
③	12	16	24
④	14	20	20
⑤	14	26	14

해답 ②

풀이 만일 오염물질에 대한 규제가 없는 경우에는 한계비용이 0이나 마찬가지이므로 $Q_1=20, Q_2=30$이 된다. 그런데 오염배출권을 발행하는 경우 최적 오염수준이 40이므로, 우리는 하나의 정보를 얻어낼 수 있다.

바로 $Q_1+Q_2=40$이다.

다음으로 두 기업의 한계비용이 동일해지는 수준에서 최적 수준이 결정되므로 또 하나의 식을 얻어낼 수 있다.

$MC_1=2(20-Q_1)=MC_2=3(30-Q_2)$

따라서 두 식을 연립해서 풀면 $Q_1^*=14, Q_2^*=26$이고, 오염배출권의 가격은 12가 된다.

41. ④

사다리꼴의 면적이 증가한 효용의 크기를 의미한다.

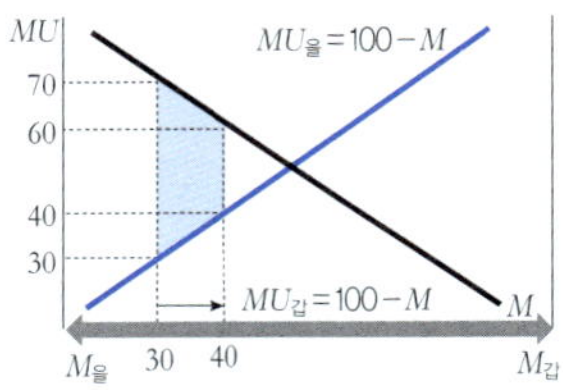

42. ④

평균소득과 균등소득을 달성하기 위해 평균적으로 포기할 용의가 있는 금액이 주어져 있기 때문에 '불평등성 회피도'를 알지 못하는 경우라도 균등분배대등소득을 구할 수 있다.

43. ③

$MRT_{ZX}=1$

$$MRS_{ZX}^{A}=\frac{MU_Z}{MU_{X_A}}=\frac{1}{2},\quad MRS_{ZX}^{B}=\frac{MU_Z}{MU_{X_B}}=\frac{1}{2\sqrt{Z}}$$

사무엘슨 조건에 의하여 $\frac{1}{2}+\frac{1}{2\sqrt{Z}}=1$에서 공공재의 최적 공급량인 $Z=1$이고, A와 B의 부담비율은 각각 $\frac{1}{2}$로 동일해진다.

44. ③

(1) 공공재의 효율적인 공급량은

$max\ C(z)=\sum_{i=1}^{3}V^i(Z)-Z=\sqrt{Z}+2\sqrt{Z}+3\sqrt{Z}-Z=6\sqrt{Z}-Z$

$C'(Z)=\frac{6}{2\sqrt{Z}}-1=0 \quad \therefore Z^*=9$

(2) 각각의 조세부담액을 T^i라고 하면, $V^1(Z^*)=3, V^2(Z^*)=6, V^3(Z^*)=9$이므로

$T^1(Z^*)=Z^*-V^2(Z^*)-V^3(Z^*)=9-15=-6$

$T^2(Z^*)=Z^*-V^1(Z^*)-V^3(Z^*)=9-12=-3$

$T^3(Z^*)=Z^*-V^1(Z^*)-V^2(Z^*)=9-9=0$

(3) 예산상태는 $T^1+T^2+T^3=-9<9$로 재정적자

[유제 1] 두 명의 소비자 A, B와 사용재(X), 공공재(Z)가 존재한다. 이 경제에서 공공재 한 단위는 사용재 한 단위를 투입하여 생산할 수 있다고 한다. 소비자 i는 $U^i(x^i, z)=x^i+z-\frac{1}{4}z^2$의 효용함수를 가지고 있고, 5단위의 사용재만을 보유하고 있다.(단, i는 A, 또는 B이고, x^i는 소비자 i의 사용재 소비량이다.) 이 경제의 파레토 효율적인 공공재의 양과 A와 B의 사용재 양은 얼마인가?

해답 $Z^*=1, X^A=X^B=\frac{9}{2}$

[유제 2] 세 명의 소비자와 사용재(X)와 공공재 (Z)가 존재하는 경제를 생각해 보자. 공공재 한 단위는 사용재 두 단위를 투입하면 항상 생산이 가능하다고 하자. 소비자 i는 m^i만큼의 사용재를 초기부존자원으로 보유하고 있으며 각 소비자의 효용함수는 다음과 같이 주어져 있다.

$$U^1(X, Z)=X+Z-\frac{1}{2}Z^2$$

$$U^2(X, Z)=X+Z-\frac{1}{3}Z^2$$

$$U^3(X, Z)=X+Z-\frac{1}{6}Z^2$$

(1) 사회적으로 파레토 효율적인 Z의 생산량과 (2) 각 소비자의 세금부담액을 구하여라.

해답과 **풀이**

(1) $MRT=2=\sum MRS=3-2Z$

$Z^*=\frac{1}{2}$

(2) 공공재의 단위당 가격이 2이므로 $2Z^*-\sum_{j\neq i} V^j(Z^*)$를 계산하면 된다.

$U^1(Z^*)=Z^*-\frac{1}{2}Z^*=\frac{1}{2}-\frac{1}{8}=\frac{3}{8}$

$U^2(Z^*)=Z^*-\frac{1}{3}Z^*=\frac{1}{2}-\frac{1}{12}=\frac{5}{12}$

$U^3(Z^*)=Z^*-\frac{1}{6}Z^*=\frac{1}{2}-\frac{1}{24}=\frac{11}{24}$

각자가 부담하는 세금은 다음과 같이 구할 수 있다.

$T^1=2Z^*-V^2(Z^*)-V^3(Z^*)=1-\frac{5}{12}-\frac{11}{24}=\frac{3}{24}$

$T^2=2Z^*-V^1(Z^*)-V^3(Z^*)=1-\frac{3}{8}-\frac{11}{24}=\frac{4}{24}$

$T^3=2Z^*-V^1(Z^*)-V^2(Z^*)=1-\frac{3}{8}-\frac{5}{12}=\frac{5}{24}$

총조세부담액은 $T^1+T^2+T^3=\frac{12}{24}<1$로 재정적자임

45. ①

시간의 가치는 여가를 위해 희생된 소득의 크기로 평가할 수 있다. 따라서 후생변화의 총합은 다음과 같다.

$(600\times\frac{1}{2}\times 4{,}000\text{원})-(400\times\frac{1}{2}\times 10{,}000\text{원})=-800{,}000\text{원}$

이때 후생은 감소하게 되지만 선호의 강도를 반영할 수 없기 때문에 1인1표의 투표방식에서는 버스전용차선제가 통과될 가능성이 크다.

46. ④

$TFC=1{,}000$과 $MC=10$을 이용하면 $TC=10Q+1{,}000$이다. 이때 $AC=10+\frac{1{,}000}{Q}$가 된다.

한계비용 가격설정방식을 따르면 $MB=MC$에서 $35-\frac{Q}{10}=10$에서 $Q=250$이다.

이때 손실의 크기는 100이 된다. 만일 평균비용 가격설정방식을 사용하면 $AC=10+\frac{1{,}000}{Q}=MB=35-\frac{Q}{10}$에서 $Q=200$이다. 이때 가격은 15가 된다.

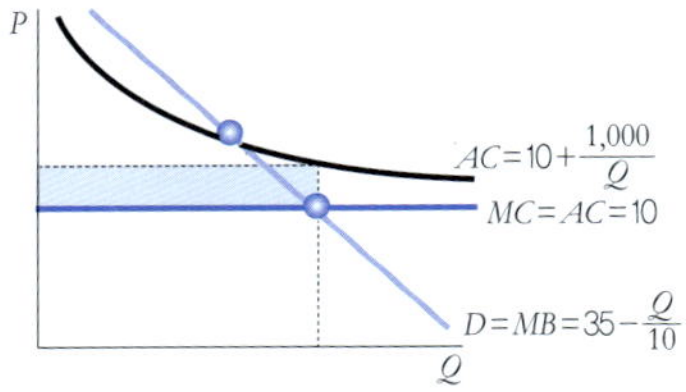

47. ④

$T_i=cZ^*-\sum_{j\neq i}V_j(Z^*)$에서

$T_A=(4\times 25)-(50+30)=20$
$T_B=(4\times 25)-(40+30)=30$
$T_C=(4\times 25)-(40+50)=10$

48. ④

사적인 경우

$MR=100-\frac{1}{2}Q,\ PMC=10,\ \therefore Q^*=180$

사회적인 경우

$SMC=PMC+SMD=10+5=15$

$\therefore 100-\frac{1}{2}Q=15,\ Q^{**}=170$

49. ④

$600=Q_A+Q_B$ …………… ①
$MC_A=MC_B$에서 $0.2Q_A=0.1Q_B$ …………… ②
①과 ②를 연립으로 풀면 $Q_A=200$ $Q_B=400$
그림을 통해 보면

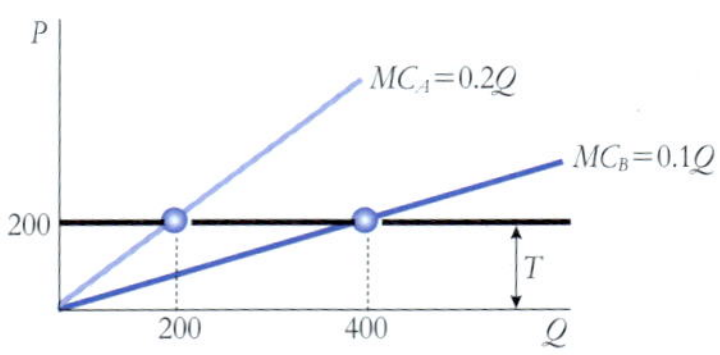

위 그림에서 조세크기는 200이 된다.

50. ②

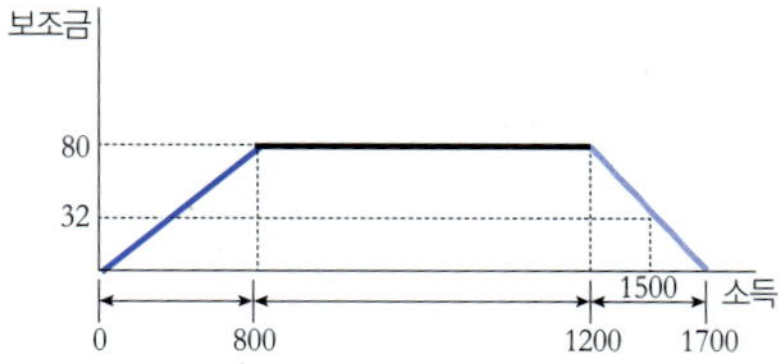

$0 \le M \le 800$: $S_1 = M \times 0.1$

$800 \le M \le 1200$: $S_2 = 80$

$1200 \le M \le 1700$: $S_3 = (1700 - M) \times 0.16 = 272 - 0.16M$

51. ①

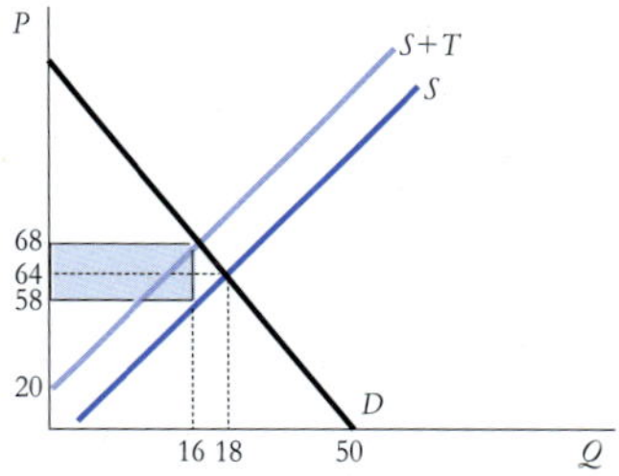

52. ③

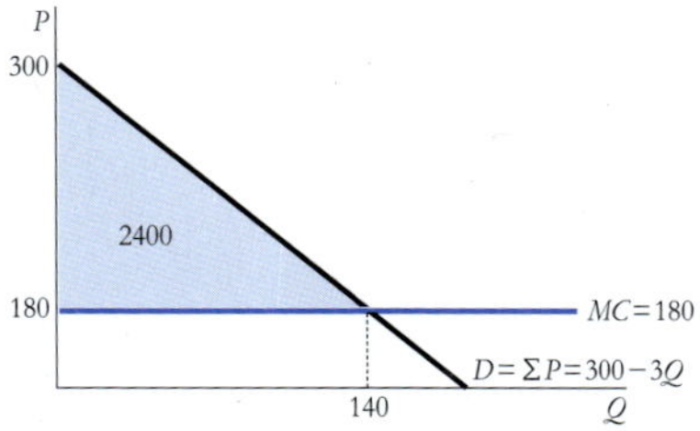

53. ②

$C_B(y) = y^2 + x$에서 A기업은 부정적(−) 외부성을 야기하므로 A기업에게 피구세를 부과해야 한다.

$MC_A(x) = 2x$

$MC_B(y) = 2y$

$SMD = \frac{\Delta C_B(y)}{\Delta x} = 1$

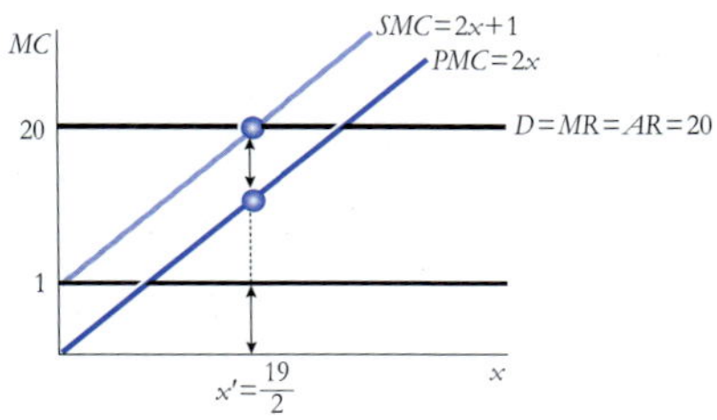

54. ②

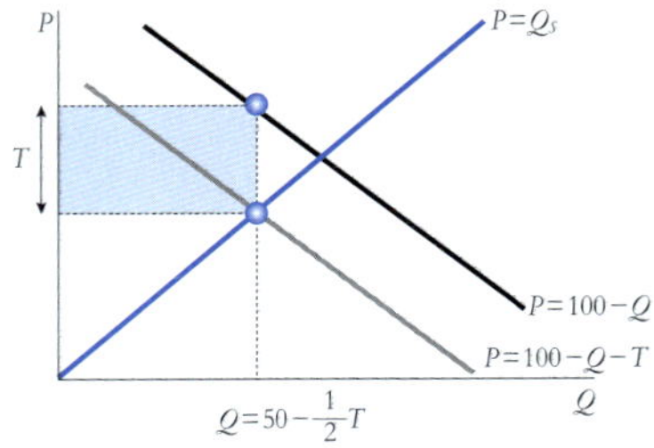

$R_{tax}=T\times Q=50T-\frac{1}{2}T^2$

$\frac{\Delta R_{tax}}{\Delta T}=50-T=0,\ T=50$

55. ③

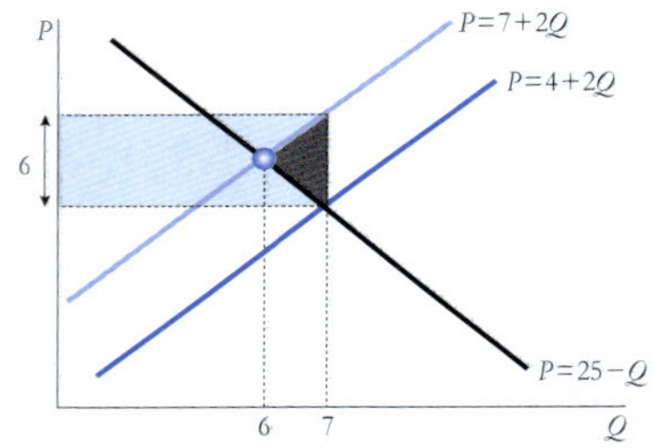

56. ④

조세부과 전	조세부과 후
$110=10X+Y$	$88=11X+Y$
$U(X, Y)=3\sqrt{XY}$	$U(X, Y)=3\sqrt{XY}$
$X=5.5,\ Y=55$	$X=4,\ Y=44$

∴ 소득세 22만원 + X재 물품세 10% (4만원) = 26만원

57. ⑤

한계비용은 100만원이 되고, 이때 한계편익의 총합은 주민이 20가구 있으니, 한계이득이 5만원인 경우 총편익의 크기는 100만원으로 동일해진다.

58. ④

1일 경비 비용이므로 한계비용(MC)은 200이고, 가구당 MB가 2인 상황에서 100가구가 있으니, 경비원수는 4명일 때가 균형이다.

59. ⑤

$MB_K=300-2X,\ MB_L=100-X,\ \sum MB=400-3X,\ MC=100$ (반드시 그림을 그려서 이해할 것)

60. ①

$\sum MB=\sum P=P_j+P_m=(1{,}000-100X)+(2{,}000-200X)=3{,}000-300X$가 되고, $MC=1{,}500$이 되어, $X=5$가 된다. 이때 장씨는 500원을 부담하고, 문씨는 1,000원을 부담하게 된다.

[유제 1] 한 마을에 갑, 을, 병 세 가구가 살고 있다. 이들의 치안을 담당하는 공공재로서 방범대원의 수에 대한 각각의 편익은 아래와 같다. 그리고 방범대원 한 명당 비용은 450만원이다. 이 경우 아래의 설명 중에서 옳지 않은 것은?

방범대원수	갑의 한계편익	을의 한계편익	병의 한계편익
1	300만원	250만원	200만원
2	250만원	200만원	150만원
3	200만원	150만원	100만원
4	150만원	100만원	50만원

① 사회적으로 적정한 방범대원의 수는 3이다.
② 갑이 비용부담을 하지 않고 을과 병이 비용부담을 하게 되면 무임승차자의 문제가 발생한다.
③ 갑이 무임승차자가 될 경우 두 명의 방범대원이 공급될 것이다.
④ 세 가구의 한계편익의 합계가 한계비용과 같게 될 때 사회적으로 효율적이 된다.
⑤ 방범대원이라는 공공재는 소비에 있어서 비경합성(non-rivalry)이 발생한다.

해답 ③

풀이 $MRT=450$이기 때문에 $\sum MRS=450$을 찾으면 방범대원의 수는 3명일 때 극대가 된다.

[유제 2] 인구가 200만명인 어떤 도시에서 3.1절 경축행사로 불꽃놀이를 계획하고 있다. 그런데 불꽃 1발의 비용은 500만원이고, 이 불꽃놀이의 비용 가운데 일부를 특정기업에 대한 광고수입으로 충당하고자 한다. 아래의 표는 불꽃놀이가 기업에게 주는 한계광고효과와 시민들에게 주는 한계효용을 나타내고 있다. 몇 발의 불꽃을 발사하는 것이 효율적인가?

〈화폐로 표시한 불꽃놀이의 한계 광고효과 및 한계효용〉

불꽃의 수	기업에 대한 한계광고효과	평균적 시민에 대한 한계효용
1	6,000,000	10
2	5,500,000	8
3	4,900,000	6
4	2,200,000	4
5	1,100,000	2
6	500,000	1

① 2발 ② 3발 ③ 4발 ④ 5발 ⑤ 6발

해답 ④

풀이 불꽃의 수가 5개인 경우에 기업의 광고비용 11,000,000+4,000,000=5,100,000이 되어 비용 500만원보다 커지지만, 6개로 늘어나면 500,000+2,000,000=2,500,000원이 되어 비용 500만원에 미치지 못하게 된다. 이때 시민의 수 200만명을 평균적 시민의 한계효용에 곱해야 사회전체적인 효용크기를 알 수 있다.

세무사 시험 실전 대비용
재정학 알짜 정보 총정리

세무사 실전 재정학 기출문제

2013년 세무사 재정학 기출문제

01 역선택(adverse selection)에 관한 사례로 옳은 것은?

① 의료보험에 가입한 사람이 부주의하게 행동하여 부상 발생률이 증가하는 경우
② 주택의 임차인보다는 주택소유자가 집을 더 잘 관리하여 내부수리 비용이 적게 드는 경우
③ 중고차시장에서 상태가 나쁜 자동차가 주로 거래되는 경우
④ 하천에 대한 재산권이 설정되지 않아 상류와 하류 지역 간 분쟁이 발생하는 경우
⑤ 정부가 이공계 육성을 위해서 공과대학 증설을 결정하는 경우

02 후생경제학에 관한 설명으로 옳지 않은 것은?

① 100억원, 200억원, 300억원 규모의 예산 가운데 최적예산을 선택하는 투표를 할 경우 모든 투표자들이 단일정점(single-peaked)의 선호를 갖게 되면 투표의 역설은 발생하지 않는다.
② 사회무차별곡선이 우하향하면서 원점에 볼록한 것과 공평성을 사회후생에 반영하고 있는 것과는 관련성이 있다.
③ 한 상품에 종량세가 부과된 상태에서 다른 상품에도 종량세는 부과하면 자원배분의 효율성이 항상 악화되는 것은 아니다.
④ 모든 사람들이 단일정점의 선호를 갖게 되면 애로우(K. Arrow)의 불가능성 정리는 성립한다.
⑤ 애로우의 불가능성 정리에서 비독재성의 조건을 완화한다는 것은 단조변환에 제약을 두는 것을 의미한다.

03 시장에서 자원이 최적 배분되지 못하는 시장실패가 발생하는 경우에 관한 설명으로 옳지 않은 것은?

① 어떤 한 기업이 해당 시장에 유일한 생산자로 참여하여 이윤극대화를 추구하는 경우에 발생한다.
② 어떤 한 기업이 생산요소시장의 유일한 수요자로 행동하여 해당 요소를 구매하는 경우에 발생한다.
③ 외부경제로 인하여 사회적 최적 생산량보다 과다생산되는 경우에 발생한다.
④ 경제주체들 간의 비대칭적 정보가 존재하거나 경제현상에 대한 불확실성이 존재할 경우에 발생한다.
⑤ 보험시장이나 자본시장이 완전하게 갖추어져 있지 못한 경우에 발생한다.

04 비배제성과 비경합성에 관한 설명으로 옳은 것은?

① 재화가 일단 제공되면 다른 사람이 그 재화를 소비하는 데 추가비용이 발생하지 않는 경우 소비가 비배제성을 띤다고 한다.
② 어떤 사람이 그 재화를 소비하지 못하도록 배제하는 것이 불가능할 때 소비가 비경합성을 띤다고 한다.
③ 클럽재(club good)는 비경합성이 있으면서 비배제성을 띠지 않는 대표적 재화이다.
④ 일반적으로 시장은 비배제성의 원칙이 적용되는 상황에서 적절히 기능할 수 있다.
⑤ 한계비용이 0인 자연독점 재화는 비경합성을 띤다.

05 공공재와 무임승차 문제에 관한 설명으로 옳지 않은 것은?

① 공공재에서 무임승차가 발생하는 원인은 비배제성 때문이다.
② 공공재에서 무임승차 가능성은 집단의 크기와는 관련이 없다.
③ 무임승차는 산업에서 생산제한이 가격인상을 위한 담합의 형성을 어렵게 함으로써 유용한 역할을 하는 경우도 있다.
④ 공공재의 효율적 생산수준은 각 개인의 수요를 수직적으로 합한 수요곡선과 공공재 생산의 한계비용곡선이 만나는 곳에서 결정된다.
⑤ 각 개인의 수요를 수직적으로 합하여 공공재의 수요곡선을 도출하는 이유는 공공재의 비경합성 때문이다.

06 A, B, C 3인으로 구성된 경제에서 각각의 효용함수는 준선형함수 형태로 $U^A = \sqrt{G} + X_A$, $U^B = 2\sqrt{G} + X_B$, $U^C = 3\sqrt{G} + X_C$이다. $P_G = P_X = 1$일 때, 공공재를 효율적으로 공급하기 위해서 B가 부담하여야 하는 분담률은? (단, G: 공공재, X_i: i의 사적재 소비량, P_G: 공공재 가격, P_X: 사적재 가격, i: A, B, C)

① $\frac{1}{3}$ ② $\frac{1}{9}$
③ $\frac{1}{6}$ ④ $\frac{1}{2}$
⑤ $\frac{2}{3}$

07 3인의 유권자 a, b, c가 있는 사회이다. 공공재에 대한 유권자들의 수요함수는 각각 $D_a=30-P_a$, $D_b=40-P_b$, $D_c=41-P_c$로 주어져 있다. 공공재 1단위를 공급하기 위한 비용은 60이고, 이 비용은 각 유권자가 $\frac{1}{3}$씩 부담한다. 이때 공공재 규모 결정에 있어서 다수결 원칙에 의해 결정되는 수준(ㄱ)과, 사회적 최적 수준(ㄴ)은? (단, D_i: 유권자 i의 공공재 수요량, P_i: 유권자 i의 지불가격, i: a, b, c)

① ㄱ – 17, ㄴ – 17
② ㄱ – 20, ㄴ – 17
③ ㄱ – 20, ㄴ – 20
④ ㄱ – 17, ㄴ – 20
⑤ ㄱ – 21, ㄴ – 17

08 민주사회에서 공공지출을 결정하기 위한 투표과정에 관한 설명으로 옳지 않은 것은?

① 공공재 수준과 조세부담 비중을 결정하는 린달(E. Lindahl)의 모형은 시장에서의 가격결정과 같이 파레토 효율이 달성된다.
② 투표자 간 거래를 통해 각 개인이 선호하는 안건이 채택되도록 하는 전략적 행동을 투표의 거래(vote trading)라고 한다.
③ 모든 투표자가 단일정점(single-peaked) 선호라면 국방예산의 규모를 결정하는 다수결투표의 결과는 항상 중위투표자의 선호를 반영한다.
④ 다수결투표를 통하여 해당 안건에 대한 개별유권자의 선호강도를 파악할 수 있다.
⑤ 린달이 제시한 공공재 규모 및 조세부담비중 모형은 공공지출에서도 만장일치 합의가 가능함을 보여 준다.

09 외부성이 존재할 때 나타나는 현상에 대한 설명으로 옳지 않은 것은?

① 외부불경제가 존재하는 경우 시장에 맡겨 두면 보편적으로 사회적 최적 생산량보다 과소 생산되는 경향이 있다.
② 외부불경제가 존재하는 경우 사회적 최적 생산량이 일반적으로 0이 되는 것은 아니다.
③ 대기오염에 의한 외부불경제의 경우 어떤 오염물질이 어느 정도 피해가 되는지 측정하기 어렵다.
④ 외부불경제가 존재하는 경우 사회적 최적 생산량은 사적 한계비용에 한계피해를 더한 사회적 한계비용과 사회적 한계편익이 일치하는 수준에서 결정된다.
⑤ 사회적 최적 산출량 수준에서는 효율성이 극대화된다.

10 온실가스 배출로 인하여 발생하는 지구온난화 현상은 다양한 지구환경 문제를 야기한다. 온실가스 배출저감을 위하여 시행되는 배출권거래제 정책에 관한 설명으로 옳지 않은 것은?

① 우리나라는 온실가스 배출권거래 관련 법안이 이미 통과되어 향후 시행할 예정이다.
② 온실가스 배출권거래제는 개별기업의 온실가스 저감에 따른 한계비용 격차가 작을수록 효과적이다.
③ 온실가스 배출권거래제는 실제 거래에 따른 거래비용이 크지 않을 경우 일반적으로 직접규제 정책에 비하여 효율적이다.
④ 무상으로 배출권을 할당하는 경우 배출권거래제에서는 과다할당에 따라 불로소득(windfall profit)이 발생할 수 있다.
⑤ 온실가스 배출권거래제는 규제대상 기업의 온실가스 저감기술 개발을 유인할 수 있다.

11 어떤 상품의 시장수요곡선은 $Q=20-P$이고, 한계비용은 $MC=5+Q$이며, 상품 1단위 생산 시 발생한 한계피해는 $SMD=Q$이다. 자원배분 왜곡을 치유하기 위한 최적 제품부과금 (product charge)은? (단, Q: 수량, P: 가격)

① 2.5
② 5
③ 7.5
④ 12.5
⑤ 15

12 A, B 두 사회는 구성원수도 같고, 전체소득도 같다고 한다. 원점에서 수평축의 중간점까지는 A의 로렌츠 곡선이 B의 로렌츠 곡선 아래에 있고, 중간점에서 마지막까지는 A의 로렌츠 곡선이 B의 로렌츠 곡선 위에 있다. 이에 관한 설명으로 옳은 것은?

① A의 지니계수가 B의 지니계수보다 크다.
② B의 지니계수가 A의 지니계수보다 크다.
③ 두 로렌츠 곡선의 교차점에서는 A와 B의 소득점유율이 상이하다.
④ A의 로렌츠 곡선상 한 점의 좌표가 (20,10)이라면, 하위소득자 10%가 전체소득의 20%를 점유하는 것을 나타낸다.
⑤ 상대적으로 A는 B보다 중간점 이하의 소득계층에서 소득편차가 크다.

13 부(−)의 소득세제에서 과세표준이 Y(소득)일 때 조세함수는 $Y = +200 - 0.2Y$이다. 이때 옳지 않은 것은?

① 평균세율이 일정하다.
② 한계세율이 일정하다.
③ Y가 800이면 납부할 세금은 없다.
④ Y가 500이면 세후에 소득은 증가한다.
⑤ Y가 2,000이면 세금은 200이다.

14 적립방식의 국민연금제도 도입이 미치는 경제적 효과에 관한 이론적 설명으로 옳지 않은 것은?

① 국민연금제도를 도입하면 재산대체효과(wealth substitution effect)로 국민저축이 줄어든다.
② 국민연금제도가 도입되면 은퇴효과로 자발적인 저축이 증가한다.
③ 국민연금제도가 도입되면 상속효과로 자발적인 저축이 증가한다.
④ 국민연금제도가 도입될 때 나타나는 소득효과는 노년층의 노동공급을 줄이게 된다.
⑤ 국민연금제도 도입이 초래하는 대체효과가 노동시장에 미치는 효과는 불분명하다.

15 정부는 저소득층에 대한 에너지복지정책으로 전력, 등유 등 특정에너지로 교환할 수 있는 바우처 정책 또는 동일한 수준의 에너지를 구입할 수 있는 현금지급 정책의 도입을 고려하고 있다. 이에 관한 설명으로 옳지 않은 것은? (단, 모든 재화는 정상재이며, 바우처 환매는 불가능함)

① 두 정책에서 저소득층의 예산선은 서로 다르게 나타난다.
② 바우처 정책은 에너지소비뿐만 아니라 다른 재화에 대한 소비를 증가시킬 수 있다.
③ 바우처 정책은 현금지급 정책에 비하여 상대적으로 선택 가능한 재화의 조합이 적다.
④ 바우처 정책은 정부가 일종의 가부장적 역할을 하여 소비자 주권에 개입하는 사례로 볼 수 있다.
⑤ 바우처 정책의 경우 소득효과만 발생하지만 현금지급 정책의 경우 에너지가격체계의 변화를 발생시켜 대체효과도 추가적으로 나타나게 된다.

16 정부 공공사업의 비용–편익분석과 관련된 설명으로 옳지 않은 것은?

① 정부 공공사업에 대한 할인율은 기회비용의 관점에서 희생된 민간부문 투자의 수익률을 사용할 수 있다.
② 공공사업에 대한 투입물의 가격은 경쟁시장 여부에 따라 달라진다.
③ 민간에 고용되었던 사람이 공공사업에 투입되었다면 민간에서의 임금률이 기회비용이 된다.
④ 공공사업으로 시장가격이 낮아지는 경우라면 증가된 소비자잉여가 사회적 편익에 포함되어야 한다.
⑤ 조세가 부과된 제품을 공공사업의 투입물로 사용하는 경우 투입물의 생산자가격이 아닌 소비자가격을 비용계산에 사용하여야 한다.

17 재정적자의 경제적 효과에 관한 설명으로 옳은 것을 모두 고른 것은?

ㄱ. 통화주의학파는 경제 불황기에는 호황기에 비해 구축효과가 크게 나타난다고 하였다.
ㄴ. 국채발행을 통해 재정적자를 충당하면 케인즈학파는 승수효과만큼 총수요 증가를 가져온다고 하였다.
ㄷ. 리카도(D. Ricardo) 대등정리가 성립하지 않은 경우에 재정적자를 국채로 충당하면 국제수지를 악화시킨다.

① ㄱ ② ㄱ,ㄷ ③ ㄴ ④ ㄴ,ㄷ ⑤ ㄷ

18 특정회계연도의 정부지출은 300조원, 정부수입은 270조원이어서 30조원을 국채로 조달하였다. 정부수입은 모두 조세 형태이며, 재정적자는 모두 국채로 충당한다고 가정할 경우, 리카도(D. Ricardo) 대등정리에 부합하는 것으로 옳은 것은?

① 정부지출이 증가하면 총수요가 영향을 받는다.
② 정부지출 수준은 그대로 유지한 채 감세를 통해 정부수입을 축소시키면 경기를 부양하는 효과가 발생한다.
③ 정부지출이 증가할 때 구축효과로 인하여 총수요는 영향을 받지 않는다.
④ 경기 침체기에는 조세보다 국채로 정부지출 재원을 조달하는 것이 효과적이다.
⑤ 경기 호황기에는 조세보다 국채로 정부지출 재원을 조달하는 것이 효과적이다.

19 공공서비스의 가격설정 이론에 관한 설명으로 옳지 않은 것은?

① 규모의 경제가 존재할 때 한계비용가격설정을 할 경우 결손이 발생한다.
② 이부가격제도에서 공공요금은 독점적 생산자가 소비자잉여의 크기를 미리 예상해 이를 가입비로 받고 사용료는 한계비용과 일치하게 설정한다.
③ 자연독점일 경우 평균비용가격설정을 하면 경제적 이윤은 0이 된다.
④ 최대부하가격설정(peak-load pricing)에서 비부하기(off-peak period)의 단위당 공공요금은 한계비용수준으로 설정하는 것이 효율적이다.
⑤ 규모의 경제가 존재할 때 평균비용가격설정으로 효율적인 생산량을 도출할 수 있다.

20 지방재정에 있어서 교부금(grants)에 관한 설명으로 옳지 않은 것은?

① 범주적 교부금(categorical grants)은 중앙정부가 특정한 조건을 달고 지방정부에 제공하는 교부금이다.
② 대응교부금(matching grants)은 지방정부가 어떤 사업을 수행할 경우 비용의 일정 부분을 중앙정부가 부담하는 방식으로 교부금을 지급하는 방식이다.
③ 비대응교부금(non-matching grants)은 대응교부금과 달리 아무런 대응조건 없이 중앙정부가 교부하는 교부금이다.
④ 대응교부금은 가격보조에 해당하고 비대응교부금은 소득보조에 해당한다고 볼 수 있다.
⑤ 무조건 교부금(unconditional grants)은 중앙정부가 지방정부와 세입을 공유한다는 입장에서 아무런 조건 없이 제공하는 교부금을 뜻한다.

21 우리나라의 현행 조세에 관한 설명으로 옳지 않은 것은?

① 부가가치세는 국세이다.
② 지역자원시설세는 목적세이다.
③ 레저세는 광역자치단체세이다.
④ 지방소비세는 기초지방자치단체가 징수하고 있다.
⑤ 국세의 세수가 지방세의 세수보다 크다.

22 조세에 관한 설명으로 옳지 않은 것은?

① 역진세는 평균세율이 한계세율보다 크므로 소득이 증가할 때 평균세율은 하락하고 한계세율은 상승한다.
② 정액세는 소득이 증가할수록 평균세율이 하락한다.
③ 정액세의 한계세율은 0이다.
④ 정액세는 역진적 세부담을 초래한다.
⑤ 조세의 초과부담은 평균세율보다 한계세율과 더 밀접하게 관련되어 있다.

23 조세가 갖추어야 할 중요한 요소 중의 하나인 중립성에 관한 설명으로 옳지 않은 것은?

① 엄격한 의미에서 중립성이란 조세부과가 민간부문의 경제행위에 교란을 일으키지 않음을 의미한다.
② 조세가 부과될 때 사람들이 경제행위를 변화시키는 이유는 조세부담 회피와 관련이 있다.
③ 인두세는 장·단기적으로 경제행위에 영향을 미치지 않는 대표적인 중립세이다.
④ 완화된 개념에서 중립세란 소득효과만 있고 대체효과가 존재하지 않는 조세를 말한다.
⑤ 모든 조세가 반드시 경제행위를 왜곡시키는 것은 아니며, 오히려 민간부문의 왜곡된 경제현실을 교정하는 경우도 있다.

24 조세지출의 예로서 옳은 것은?

① 남북협력기업에 대한 보조금 지급
② 기초수급자에 대한 에너지 교환권 지급
③ 법인세 특별감가상각
④ 담배소비에 대한 특별과세
⑤ 조세수입으로 확보된 자금의 지출

25 두 상품 X와 Y가 완전대체재일 경우 상품 Y에 조세가 부과되면 조세부담은 누구에게 귀착되는가?

① Y재의 공급자에게 모두 귀착된다.
② X재와 Y재의 공급자에게 귀착된다.
③ X재의 공급자에게 모두 귀착된다.
④ X재의 수요자에게 모두 귀착된다.
⑤ X재와 Y재의 수요자에게 귀착된다.

26 생산요소 과세의 귀착에 관한 설명으로 옳지 않은 것은?

① 근로소득세는 종가세의 일종으로 근로소득세가 부과되면, 근로자가 받는 순임금률은 낮아진다.
② 근로자의 임금이 근로소득세만큼 낮아지기 때문에 근로소득세 부과는 전액 근로자에게 귀착된다고 볼 수 있다.
③ 소규모 개방경제하에서는 자본 공급곡선이 수평선이 되므로 자본에 대한 과세는 조세를 포함한 자본의 수익률을 과세폭만큼 상승시킨다.
④ 소규모 개방경제하에서 자본에 과세하면 자본의 공급자가 얻는 세후수익률에는 변화가 없고 전액 자본 사용자에게 귀착된다.
⑤ 조세의 자본화란 자산의 가격이 미래에 발생될 조세부담의 현재가치만큼 하락함을 뜻하는 것으로 자산의 공급이 신축적이라면 완전한 자본화는 발생하지 않는다.

27 어떤 상품에 25%의 종가세율로 생산자 측에 과세한 후 판매량은 50이고, 판매가격도 50이 되었다. 이 기업의 한계비용은 40으로 일정하고, 수요곡선의 기울기는 −1이라고 할 때, 조세수입의 크기는?

① 100 ② 20 ③ 250 ④ 500 ⑤ 550

28 2생산요소-2상품인 경제(A. Harberger 모형)에서 한 상품에만 물품세를 부과하면 그 상품의 생산과정에 집약적으로 사용되는 생산요소의 상대가격을 떨어뜨리는 결과를 가져온다. 이때 상대가격의 변화 및 물품세 귀착에 관한 설명으로 옳지 않은 것은?

① 두 산업 간 요소집약도의 차이가 클수록 상대가격비율은 더 큰 폭으로 변화한다.
② 조세부과의 대상이 된 상품에 대한 수요의 가격탄력성이 클수록 상대가격의 변화가 더 커진다.
③ 원천(source) 측면에서 보면 물품세가 부과된 산업에서 집약적으로 사용되고 있는 생산요소의 공급자에게 부담이 귀착된다.
④ 생산요소 간 대체탄력성이 작을수록 상대가격의 변화는 작아진다.
⑤ 사용(use) 측면에서 보면 과세되는 상품을 더 많이 소비하고 있는 사람일수록 더 많은 부담을 지게 된다.

29 조세의 초과부담에 관한 설명으로 옳지 않은 것은?

① 완전보완재인 두 상품 X와 Y 중에서 상품 Y에 종가세를 부과할 때 초과부담은 존재하지 않는다.
② 보상수요곡선의 탄력성이 클수록 대체효과는 크게 되고 초과부담은 커진다.
③ 수요곡선과 공급곡선이 비탄력적일수록 조세수입은 작아진다.
④ 공급곡선이 완전비탄력적이고, 수요곡선이 우하향할 경우 조세의 초과부담은 없다.
⑤ 세율이 높을수록, 상품의 거래액이 클수록 초과부담은 커진다.

30 최적 조세에 관한 설명으로 옳지 않은 것은?

① 파레토 최적을 위반하지 않으면서 세수를 거둘 수 있는 조세는 정액세(lump-sum tax)이다.
② 역탄력성 법칙에 의하면 각 상품에 대한 최적 세율은 수요의 가격탄력성에 반비례하도록 책정되어야 한다.
③ 램지(F. Ramsey)규칙에 따르면 최적조세제도는 모든 상품의 수요를 같은 비율로 감축시키는 조세체계이다.
④ 최적소비과세는 효율성을 충족하지만 형평성을 저해할 수 있다.
⑤ 소득계층 간 소비패턴에 큰 차이가 있다면 가난한 사람이 주로 사용하는 상품에 높은 세율을 부과할 때 재분배 효과를 기대할 수 있다.

31 최적소득세의 누진성과 효율성에 관한 설명으로 옳지 않은 것은?

① 소득수준의 상승에 따라 평균세율이 상승하면 누진성이 커진다.
② 조세의 소득탄력성이 클수록 누진적이다.
③ 선형누진세의 한계세율이 높을수록 초과부담이 커지고, 정액증여(lump-sum-grant)가 클수록 재분배효과가 커진다.
④ 스턴(N. Stern)에 따르면, 평등성에 대한 선호가 강할수록 최적 소득세율은 높게 설정된다.
⑤ 스턴에 따르면, 소득과 여가 간 대체탄력성이 클수록 최적 소득세율은 커진다.

32 개인의 효용함수가 $U(Y)=Y$일 때, V만큼 소득을 축소신고하는 경우 적발되지 않으면 소득은 $W+tV$이고, 적발되면 세금 및 벌금 납부 후 소득은 $W-aV$이다(Y: 최종소득, W: 성실납세 후 소득, t: 세율, a: 적발될 경우에 추징세금을 반영한 총벌과금의 비율). 이때 $t=0.2$이고, $a=0.3$이라면 적발될 확률()이 얼마가 되어야 축소신고를 하지 않기 시작하는가?

① 0.1　② 0.4　③ 0.5　④ 0.6　⑤ 1

33 선형누진소득세 구조에 관한 설명으로 옳지 않은 것은?

① 면세점 소득 이상의 구간에서 한계세율은 일정하다.
② 면세점 소득 이상의 구간에서 소득이 증가할수록 평균세율이 증가한다.
③ 면세점 소득에서는 한계세율과 평균세율이 일치한다.
④ 동일한 효용을 유지하는 경우 선형누진세의 초과부담이 비례소득세의 초과부담보다 크다.
⑤ 면세점 소득 이상의 구간에서 한계세율은 평균세율보다 언제나 크다.

34 법인세 부과에도 불구하고 중립성이 보장되는 경우로 옳지 않은 것은?

① 진정한 경제적 감가상각과 금융비용 전액 공제를 허용하는 경우
② 현금의 흐름 혹은 직접적 비용을 기준으로 과세하는 경우
③ 자본비용상각의 현재가치가 자본구입가격과 일치하는 경우
④ 적자가 발생할 때 손실액을 다음 해로 이월해주는 경우
⑤ 조세가 자본의 사용자 비용을 변화시키지 않는 경우

35 회계상 감가상각이 경제적 감가상각과 같은 경우 법인세에 관한 설명으로 옳지 않은 것은?

① 법인세의 과세대상은 법인의 자기자본에 대한 정상적인 보수와 경제적 이윤을 합한 것이다.
② 100% 차입경영인 경우에는 경제적 이윤과 세전 당기순이익은 다르다.
③ 100% 차입경영인 경우에는 법인세가 기업의 노동수요에 영향을 주지 않는다.
④ 100% 자기자본을 사용한 경우에 법인세는 법인에 사용된 자본에 대한 세금이 된다.
⑤ 100% 자기자본을 사용한 경우에 법인세는 비법인 기업에 투자되는 자본에 영향을 준다.

36 인플레이션이 법인세에 미치는 영향 및 교정방안에 관한 설명으로 옳지 않은 것은?

① 인플레이션으로 감가상각의 실질가치가 떨어지는 현상이 생기면 법인세의 실질적 부담은 커지게 된다.
② 재고처리에 선입선출법을 적용할 경우, 인플레이션은 기업의 장부상 이윤을 과대평가시켜 기업의 법인세 부담이 무거워진다.
③ 법인의 투자재원을 차입으로 충당하는 경우, 인플레이션은 차입의 실질가치를 떨어뜨림으로써 기업에 이윤을 준다.
④ 인플레이션이 발생하면 각종 자본재 가격의 평균상승폭을 측정해 감가상각의 허용폭을 이에 맞춰 늘려 주는 방식으로 실질세율 상승현상을 교정할 수 있다.
⑤ 인플레이션이 발생하면 각종 자본재 가격 상승률을 감안해 법인세제에서 허용해 주는 내용연수를 늘려서 교정 해주어야 한다.

37 법인세 개혁방안의 하나로 거론되는 완전통합방식에 대하여 완전통합 옹호론자들이 주장하는 효율성 개선 효과로 옳은 것을 모두 고른 것은?

> ㄱ. 재원조달에 있어서 타인자본우대로 부채 편향을 제거할 수 있다.
> ㄴ. 완전통합으로 효율성이 개선되더라도 법인세 납세자 전체의 후생은 불변이다.
> ㄷ. 법인과 비법인 부문 간 자원배분의 왜곡이 제거될 수 있다.
> ㄹ. 조세로 인한 저축의사결정 왜곡이 감소하게 될 것이다.

① ㄱ, ㄴ ② ㄱ, ㄷ, ㄹ ③ ㄱ, ㄹ ④ ㄴ, ㄷ ⑤ ㄴ, ㄷ, ㄹ

38 노동공급곡선이 후방굴절하는 구간에서 임금소득세를 부과할 때 발생하는 현상으로 옳지 않은 것은?

① 노동공급자가 받는 순임금률인 공급임금률은 조세보다 더 크게 하락한다.
② 기업이 지불하는 수요임금률은 조세보다 더 작게 증가한다.
③ 조세는 노동공급자에게 100% 이상 귀착된다.
④ 균형노동량은 증가한다.
⑤ 수요자는 과세로 인해 더 낮은 임금률로 더 많은 노동을 고용한다.

39 단순 2기간 생애주기모형에서 이자소득세만 부과하는 경우 개인의 저축에 미치는 영향으로 옳지 않은 것은? (단, 현재소비와 미래소비는 정상재, 무차별곡선은 원점에 대해 볼록, 이자율은 양(+)으로 주어져 있음)

① 이자소득세는 초과부담을 초래하지 않는다.
② 이자소득세 부과에 따른 소득효과는 일정수준의 미래소비를 유지하기 위하여 저축을 증가시키는 것을 말한다.
③ 소득효과가 대체효과를 압도하는 경우 저축이 증가한다.
④ 대체효과는 현재소비를 증가시킨다.
⑤ 납세 후 이자율이 인하되어 현재소비의 상대가격을 하락시킨다.

40 신재생에너지 설비의 증대를 위하여 시행되는 투자세액공제(invest tax credit)가 기업의 신재생에너지 설비비중을 증대시키는 이유로 옳은 것은?

① 기업이 신재생에너지 설비 구입에 대하여 지불하는 이자를 직접적으로 감소시키기 때문이다.
② 신재생에너지 설비의 한계생산물이 증가하기 때문이다.
③ 신재생에너지 설비의 실질구매가격이 하락하기 때문이다.
④ 투자세액공제는 일반적으로 과거자료를 근거로 산정되어 공제액이 과대계상되기 때문이다.
⑤ 투자세액공제로 인하여 실질적으로 해당 설비의 감가상각률이 하락하기 때문이다.

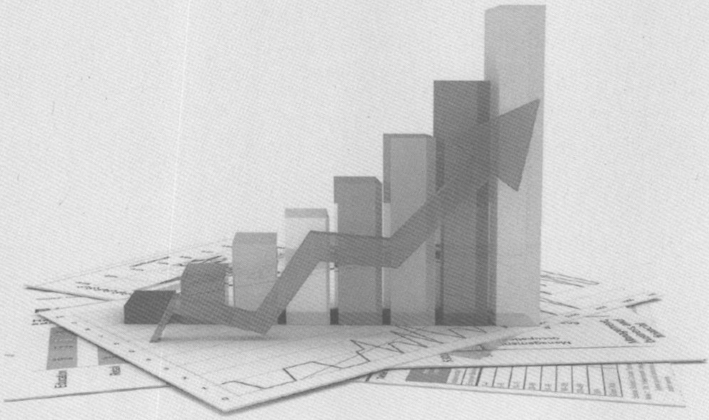

2012년 세무사 재정학 기출문제

01 다음 중 파레토 효율 상태에서 항상 달성되는 조건이 아닌 것은?

① 완전경쟁시장에서 평균수입과 한계비용이 일치한다.
② 완전경쟁시장에서 시장가격이 한계비용과 일치한다.
③ 두 재화의 상대가격이 두 재화의 한계대체율과 일치한다.
④ 시장가격이 평균비용과 일치한다.
⑤ 두 재화 간의 한계대체율과 한계변환율이 일치한다.

02 두 상품 X, Y 중 한 상품 X에 대해서만 세율 t_X의 물품세가 부과될 때 소비자가 효용극대화를 추구하면 성립하는 조건으로 옳은 것은? (단, MRS는 한계대체율, MRT는 한계변환율을 의미한다.)

① $MRS_{XY}=(1+t_X)MRT_{XY}$
② $MRS_{XY}=(1-t_X)MRT_{XY}$
③ $(1+t_X)MRS_{XY}=MRT_{XY}$
④ $(1-t_X)MRS_{XY}=MRT_{XY}$
⑤ $(1+t_X)MRS_{XY}=(1-t_X)MRT_{XY}$

03 사회후생함수에 관한 설명으로 옳지 않은 것은?

① 공리주의적 가치관에 따르면, 사회후생함수는 개인의 효용을 더한 것으로 정의된다.
② 평등주의적 가치관에 따르면, 사회후생을 결정할 때 효용수준이 높은 사람이나 낮은 사람이나 동일한 가중치를 적용해야 한다.
③ 롤스(J. Rawls)의 사회후생함수는 사회구성원들 중에서 효용수준이 가장 낮은 사람의 효용이 그 사회의 후생수준이라고 본다.
④ 애로우(K. Arrow)는 불가능성정리에서 어떤 사회의 여러 가지 상태를 비교, 평가할 수 있는 합리적 기준이 존재하지 않음을 입증하였다.
⑤ 차선이론은 하나 이상의 효율성 조건이 이미 달성되지 않은 상태에서는, 만족되는 효율성의 조건의 수가 많아진다고 해서 사회적 후생이 더 커진다는 보장이 없다는 이론이다.

04 보상의 원칙에 관한 설명으로 옳은 것은?

① 개인 간의 효용을 직접 비교하여 어떤 변화가 사회후생의 개선인지 여부를 평가한다.
② 보상의 원칙은 개인 간의 효용비교 문제를 잠재적 보상이라는 개념을 통해 우회한다.
③ 어떤 변화를 통해 이득을 얻는 사람에 의해 평가된 이득의 가치가 손해를 보는 사람에 의해 평가된 손해의 가치와 일치할 때 그 변화는 사회후생의 개선이다.
④ 보상의 원칙은 당사자 간 실제 보상이 이루어지는 것을 전제로 한다.
⑤ 파레토 개선의 경우에만 보상의 원칙이 충족된다.

05 외부효과에 관한 설명으로 옳지 않은 것은?

① 과수원의 이웃에 양봉업자가 이주해 옴으로써 사과 수확량이 증가하였다.
② 기업이 생산과정에서 제3자에게 끼친 손해를 전액 보상하더라도 생산측면에서 외부효과는 여전히 존재한다.
③ 사회적비용이 사적비용보다 큰 경우 이 기업의 균형생산량은 최적생산량보다 많은 상태이다.
④ 섬진강 상류에서 돼지를 키우는 사람이 축산폐수를 방류한 결과, 하류의 고기잡이에 부정적인 영향이 발생하였다.
⑤ 긍정적인 의미의 외부성이 존재한다는 것은 사회적 편익이 사적 편익보다 크다는 것을 의미한다.

06 비가치재(demerit goods)에 관한 설명으로 옳지 않은 것은?

① 비가치재는 정부에 의해 생산과 소비가 제약될 수 있다.
② 마약의 사용금지 조치는 비가치재에 대한 법적 규제의 예이다.
③ 주류에 대한 중과세는 직접규제의 예이다
④ 비가치재에 대해서는 정부가 개인의 선호에 간섭하며 소비자주권을 제약한다.
⑤ 죄악세(sin tax) 부과는 가격기구를 활용한 비가치재 대책에 해당한다.

07 플라스틱을 생산하는 과정에서 오염물질을 배출해 주민들에게 피해를 입히는 공장이 있다. 이 공장의 플라스틱 제품에 대한 주민들의 수요곡선 한계비용 그리고 오염의 한계피해는 다음과 같다.

- $Q_d=900-P$(Q_d는 수요량, P는 가격)
- $MC=\frac{2}{5}Q_S$(MC는 사적한계비용, Q_S는 생산량)
- $MD=\frac{1}{10}Q_S$(MD는 오염의 한계피해)

이 경우 피구세(Pigouvian tax) 부과에 따른 정부 조세수입의 크기는?

① 3,600 ② 9,000 ③ 18,000 ④ 36,000 ⑤ 72,000

08 린달(E. Lindahl)의 공공재 최적공급 모형에 관한 설명으로 옳지 않은 것은?

① 공공재 생산량과 비용부담비율이 동시에 결정되는 모형이다.
② 공공재 공급규모 결정과정에 참여하는 사회구성원들은 자신의 진정한 선호를 드러낸다고 가정한다.
③ 비용부담비율이 시장에서의 가격과 동일한 역할을 수행하게 된다.
④ 균형점에서 결정되는 조세부담 비율은 누진성을 보장한다.
⑤ 공공재 비용부담비율 결정은 편익원칙에 근거를 두고 있다.

09 투표의 역설에 관한 설명으로 옳지 않은 것은?

① 투표의 순서에 따라 그 결과가 달라지는 현상을 말한다.
② 중위투표자 정리가 성립하지 않는다.
③ 두 안건 가운데 하나를 선택하는 경우에는 발생하지 않는다.
④ 안건이 셋 이상인 경우에 발생할 수 있다.
⑤ 2차원 이상의 선택인 경우에도 모든 사람이 단봉선호를 갖고 있다면 발생하지 않는다.

10 니스카넨(W. Niskanen)이 제기한 관료들의 예산결정 행태에 관한 설명으로 옳지 않은 것은?

① 관료가 목표로 하는 생산수준은 총편익곡선이 총비용곡선과 교차할 때 달성된다.
② 관료가 목표로 하는 생산수준에서는 사회적 잉여가 완전히 소멸되어 사회적 순편익이 이 된다.
③ 관료들의 특권, 명성, 영향력은 자신이 집행하는 예산의 규모에 비례한다.
④ 관료들은 제1급 가격차별 독점자와 같은 독점력을 갖게 된다.
⑤ 관료들은 정치인의 득표수를 극대화하는 예산을 선택한다.

11 정부지출 증가의 원인에 관한 설명으로 옳은 것을 모두 고른 것은?

ㄱ. 1인당 국민소득이 증가할 때 국민경제에서 차지하는 정부지출 규모의 상대적 크기가 커지는 현상은 바그너(Wagner)법칙에 부합한다.
ㄴ. 브라운-잭슨(Brown-Jackson)은 위기상황이 몇 차례 반복됨에 따라 정부지출은 점차 더 증가하나, 혼란기가 지난 후에도 정부지출의 상대적 비중은 이전 수준으로 복귀하지 못하고 일단 높아진 수준에서 지속적으로 증가하는 현상이 나타난다고 설명하였다.
ㄷ. 피콕-와이즈만(Peacock-Wiseman)은 바그너법칙을 중위투표자 선택과 결부시켜 설명하며, 공공서비스에 대한 수요의 소득탄력성이 충분히 크면 정부지출의 상대적 비중이 커진다고 보았다.
ㄹ. 보몰(W. Baumol)은 정부부문의 규모가 확대되는 이유로 정부부문의 생산성이 향상됨에 따라 확대정책을 추구하려는 욕구가 강하기 때문으로 보았다.
ㅁ. 뷰캐넌(J. Buchanan)은 대의민주주의체제가 본질적으로 정부부문의 과도한 팽창을 유발하는 속성을 갖고 있다는 리바이던 가설(Leviathan hypothesis)을 제시하였다.

① ㄱ, ㄹ ② ㄱ, ㅁ ③ ㄴ, ㄷ ④ ㄷ, ㄹ ⑤ ㄷ, ㅁ

12 불평등 발생의 원인과 대책에 관한 설명으로 옳지 않은 것은?

① 불평등을 발생시키는 원인들은 크게 개인적 요인과 사회적 요인으로 구분될 수 있다.
② 불평등의 원인으로 유전적 요인, 교육적 환경 차이, 경제적 환경 차이 등이 있다.
③ 앳킨슨(A. Atkinson)지수에서 소득분배가 불균등할수록 균등분배대등소득과 평균소득과의 격차가 커진다.
④ 블라인더(A. Blinder)는 실업문제의 우선해결에 중점을 두는 경제안정화정책은 빈곤층보다 중산층 이상의 고소득층에 유리하다고 보았다.
⑤ 불평등 현상을 완화하기 위하여 정부는 누진과세와 각종 사회보장제도를 시행한다.

13 정부가 재분배정책의 일환으로 저소득자에 대한 사회복지 정액보조금을 늘리면서, 한편으로는 고소득자의 한계세율을 높였을 때 나타날 수 있는 현상으로 옳지 않은 것은? (단, 여가는 정상재이다.)

① 저소득자 후생 증가
② 고소득자 후생 감소
③ 저소득자 노동공급 증가
④ 대체효과로 인한 고소득자 노동공급 감소
⑤ 초과부담 증가

14 어떤 사회가 롤스(J. Rawls)의 사회후생함수를 선택한 경우에 관한 설명으로 옳지 않은 것은?

① 원초적 위치(original position)라는 가상적 상황에서 출발하고 있다.
② 부자와 가난한 사람의 소득을 전부 합친 후 절반씩 나누어 가지면 사회후생은 증가한다.
③ 이 사회는 소득재분배 정책을 위험에 대비하는 보험정책으로 간주한다.
④ 이 사회에서는 소득 중간계층에 개한 감세정책으로 사회후생이 증가하지 않는다.
⑤ 복권 당첨으로 부자의 소득이 증가하면 사회후생은 감소한다.

15 환경정책에 있어서 비용과 편익의 측정 및 평가방법에 관한 설명으로 옳지 않은 것은?

① 조건부가치평가법은 잘 보존된 환경이 갖는 사용가치를 시장가격으로 측정하는 방법이다.
② 위험을 회피하기 위해 어느 정도의 지출을 감수할 용의가 있는지를 파악하는 편익산출법을 회피행위접근법이라고 한다.
③ 회피행위접근법에 따라 환경정책으로 인한 편익을 산출하면 편익이 과소평가될 수 있다.
④ 헤도닉(hedonic)가격접근법은 주택가격이 환경의 질을 포함하여 주택이 가지는 여러 가지 특성에 의해 결정된다고 설명한다.
⑤ 지불의사접근법은 환경의 질 악화로 인해 손해는 본다고 느끼는 사람들이 환경개선을 위해 지불할 용의가 있는 금액을 파악하는 방법이다.

16 중앙정부와 지방정부의 재정기능에 관한 설명으로 옳지 않은 것은?

① 티부(C. Tiebout)는 주민이 자유롭게 거주지를 선택할 수 있다면 지방 공공재가 효율적으로 공급될 수 있다고 하였다.
② 공공재로부터 편익의 귀속지역이 전국적인 경우에는 중앙정부가, 지방단위에 그치는 경우에는 지방정부가 공급하는 것이 바람직하다.
③ 지역 간 공공재에 대한 선호가 이질적인 경우 중앙정부가 일률적으로 공급하는 것이 효율적이다.
④ 공공재 공급에 있어서 규모의 경제가 발생하는 경우 중앙정부가 공급하는 것이 바람직하다.
⑤ 소득재분배 기능은 전국적인 수준에서 시행되어야 하므로 중앙정부가 맡는 것이 바람직하다.

17 시장수요곡선이 $Q=160-P$, 독점자의 평균비용곡선이 $AC=40+Q$라고 할 때 독점이윤을 극대화하는 산출량(Q^*), 가격(P^*), 소비자잉여(S^*)는 얼마인가?

① $Q^*=30$, $P^*=130$, $S^*=400$
② $Q^*=30$, $P^*=130$, $S^*=450$
③ $Q^*=40$, $P^*=150$, $S^*=450$
④ $Q^*=40$, $P^*=120$, $S^*=800$
⑤ $Q^*=60$, $P^*=100$, $S^*=1,800$

18 한 나라의 소득분포가 제1오분위 8%, 제2오분위 10%, 제3오분위 20%, 제4오분위 26%, 제5오분위 36%로 주어졌을 때 십분위분배율은?

① 0.25 ② 0.30 ③ 0.50 ④ 1.00 ⑤ 2.00

19 리카도(D. Ricardo)의 대등정리에 관한 설명으로 옳지 않은 것은?

① 국채발행의 부담이 미래세대로 전가되지 않는다.
② 국채발행이 국민저축과 투자에 영향을 미치지 않는다.
③ 개인들은 공공부문의 부채를 정확하게 파악하여 의사결정을 한다.
④ 개인들은 원하는 차입을 아무런 제한 없이 조달할 수 있다는 자본시장의 완전성을 전제로 한다.
⑤ 재정적자가 증가하면 민간저축이 감소한다.

20 사회보험제도에 관한 설명으로 옳지 않은 것은?

① 고용보험, 건강보험 등이 대표적인 예이다.
② 소득재분배의 기능도 있다.
③ 소비평탄화(consumption smoothing) 효과가 있다.
④ 국민연금제도의 재산대체효과는 저축을 줄이는 방향으로 작용한다.
⑤ 사적 보험제도와는 달리 도덕적 해이는 발생하지 않는다.

21 분배의 정의 및 이론에 관한 설명으로 옳지 않은 것은?

① 평등주의적 정의관의 문제점 중 하나는 개인의 정당한 권리가 침해될 가능성이 있다는 것이다.
② 에지워드(F. Edgeworth)의 최적분배이론에서 전제된 가정 중 심각한 문제는 소득의 한계효용이 일정하다는 것이다.
③ 에지워드는 사회후생이 극대화되기 위해서는 완전히 균등한 분배가 이루어져야 한다고 주장하였다.
④ 러너(A. Lerner)는 사람들의 효용함수가 다르다 해도 모든 사람이 특정 효용함수를 가질 확률이 같다는 가정하에서 균등한 분배가 최적임을 주장하였다.
⑤ 러너는 기대효용 관점에서 균등한 분배상태와 불균등한 분배상태를 비교할 때 균등한 분배상태에서의 기대효용이 더 크다는 것을 입증하였다.

22 공공요금 결정원리에 관한 설명으로 옳지 않은 것은?

① 공기업이 동일한 서비스 공급에 대해 차별가격을 적용하여, 수요의 가격탄력성이 높은 그룹에는 낮은 가격을, 낮은 그룹에는 높은 가격을 적용함으로써 효율성 상실을 최소화할 수 있다.
② 이부요금제는 서비스 이용기회 제공에 대해 부과하는 고정요금과 실제 소비량에 대해 부과하는 종량요금으로 구성된다.
③ 이부요금제는 전화, 전기, 가스처럼 관로나 선을 통해 서비스를 공급하는 경우에 주로 적용된다.
④ 최대부하가격 결정원리는 성수기와 비수기에 따라 요금을 달리함으로써 수요의 변동폭을 줄여, 설비의 최적이용을 실현하기 위한 것이다.
⑤ 이부요금제에서 관로나 선을 통해 공급된 서비스는 수요의 가격탄력성이 높기 때문에 기업이 고정요금 인상을 통해 부담을 이용자에게 전가시킬 수 있다.

23 조세부담의 전가와 귀착에 관한 설명으로 옳지 않은 것은?

① 조세부담의 전가란 법적으로 조세부담의 의무를 지고 있는 사람이 다른 사람에게 그 부담을 강제로 떠넘기는 것은 아니다.
② 기능별 소득분배 관점에서는 어떤 생산요소를 공급하느냐에 따라 사람들을 구분하고 각 그룹별로 세부담의 귀착을 분석한다.
③ 부가가치세를 동일한 세수의 법인세로 대체할 때 어떤 분배적 효과가 생기는지를 분석하는 것이 차별귀착(differential incidence)의 한 예이다.
④ 다른 조세나 지출에 아무런 변화가 없다는 전제하에서 특정 조세의 분배적 효과를 분석하는 것을 절대귀착(absolute incidence)이라고 한다.
⑤ 법인세는 부과하면 소비자에게도 세부담이 전가될 수 있는데, 이를 후방 전가라고 한다.

24 누진적인 근로소득세 부과가 초과부담을 초래하는 이유로 옳은 것은?

① 납세자의 경제능력에 관계없이 차등 과세하기 때문이다.
② 세부담의 영향으로 납세자의 소득수준이 증가하기 때문이다.
③ 평균세율이 소득증가에 따라 하락하기 때문이다.
④ 여가를 과세대상에 포함시키는 것이 현실적으로 불가능하기 때문이다.
⑤ 소득 불평등도를 약화시키기 때문이다.

25 이윤세에 관한 설명으로 옳지 않은 것은?

① 이윤세 부과는 독점기업의 균형생산량을 감소시킨다.
② 이윤세 부과는 완전경쟁기업의 단기 균형생산량에는 영향을 미치지 않는다.
③ 이윤세 부과는 완전경쟁기업의 단기 균형가격에는 영향을 미치지 않는다.
④ 이윤세 부과는 완전경쟁기업의 장기 균형생산량에는 영향을 미치지 않는다.
⑤ 이윤세는 경제적 이윤에 부과되는 것이다.

26 맥주의 보상수요곡선이 $Q_d = 200 - P$이고 공급곡선(Q_S)은 $P = 100$일 때, 정부가 생산자에게 맥주 한 단위당 20의 물품세를 부과한다고 가정하자. 이 경우 나타나는 비효율성계수(coefficient of efficiency)는? (단, 모든 가격의 단위는 원이다.)

① $\frac{1}{8}$　② $\frac{1}{4}$　③ $\frac{1}{2}$　④ 1　⑤ 2

27 하루 24시간 중 노동과 여가의 선택에 직면한 근로자의 시간당 임금은 w이다. 이때 세율 t_w의 근로소득세가 부과될 경우 다음 설명 중 옳지 않은 것은? (단, M은 소득, H는 여가를 나타낸다.)

① 세후 순임금률은 $(1-t_w)w$이다.
② 세금 부과 전의 예산선은 $M=-wH+24w$이다.
③ 세금 부과 후의 예산선은 $M=-(1-t_w)wH-24w(1-t_w)$이다.
④ 세금 부과 전 예산선의 소득축 절편은 $24w$이다.
⑤ 세금 부과 후 예산선의 여가축 절편은 24이다.

28 어떤 사람의 소득이 2,000만원, 소득세율은 30%, 정액증여(lump-sum grant)가 500만원이라고 하자. 이때 선형누진세에 의한 조세부담액은?

① 100만원 ② 200만원 ③ 450만원 ④ 600만원 ⑤ 750만원

29 우리나라는 근로소득세 최고세율은 35%에서 38%로 인상하였다. 이때 발생할 수 있는 변화에 관한 설명으로 옳지 않은 것은? (단, 여기서 여가는 정상재이다.)

① 소득효과와 대체효과가 정확하게 상쇄되면 노동공급은 불변이다.
② 세율 인상으로 인한 소득효과가 대체효과보다 크면 고소득층의 노동공급이 감소한다.
③ 노동공급곡선이 후방굴절되는 구간에서는 세율 인상으로 노동공급이 증가한다.
④ 세율인상으로 초과부담이 증가한다.
⑤ 세율인상에도 불구하고, 고소득층의 노동공급량 감소에 따라 세수증대가 이루어지지 않을 수 있다.

30 최적조세제도에 관한 설명으로 옳지 않은 것은?

① 콜렛-헤이그(Corlett-Hague) 규칙은 각 상품에 적용되는 물품세의 세율을 수요의 가격탄력성에 반비례하도록 정하는 것이다.
② 지출세(expenditure tax)는 누진과세 가능하다.
③ 일반적으로 소득세와 지출세는 저축이 과세대상이 되느냐의 여부에서 차이가 있다.
④ 칼도(N. Kaldor)는 임금소득에 대해 과세하는 것보다 소비행위에 과세하는 것이 더 바람직하다고 주장하였다.
⑤ 최적물품세이론은 공평성보다는 효율성 관점에서 접근하고 있다.

31 목적세에 관한 설명으로 옳은 것을 모두 고른 것은?

ㄱ. 세원과 지출이 연계되어 있어 재정운용의 경직성이 초래될 수 있다.
ㄴ. 장기간 지속되는 특정 분야 또는 사업에 대한 예산을 안정적으로 확보하는 데 유리하다.
ㄷ. 현행 우리나라 지방세체계 하에서 레저세는 목적세로 분류된다.
ㄹ. 목적세는 과세의 능력원칙을 구현하기 위한 조세이다.
ㅁ. 현행 우리나라 국세체계 하에서 교통·에너지·환경세는 목적세로 분류된다.

① ㄱ, ㄴ, ㄷ
② ㄱ, ㄴ, ㄹ
③ ㄱ, ㄴ, ㅁ
④ ㄴ, ㄹ, ㅁ
⑤ ㄷ, ㄹ, ㅁ

32 공평과세 관한 설명으로 옳은 것은?

① 조세부담이 누진적이면 자원배분이 효율적이라고 할 수 있다.
② 우리나라의 부가가치세는 조세부담이 누진적인 경향을 갖는다.
③ 우리나라의 근로소득세는 이익설에 기초한 조세이다.
④ 모든 사람이 소득의 한계효용이 일정하다면 비례세가 비례희생균등의 원칙에 부합된다.
⑤ 한계희생균등의 원칙은 과세로 인해 희생된 효용의 비율이 모든 사람에게 동일해야 함을 의미한다.

33 조세부담 원칙에 관한 설명으로 옳지 않은 것은?

① 납세자가 공공서비스로부터 받은 편익에 비례하도록 조세를 부담하는 것이 공평하다고 보는 원칙이 있다.
② 공공서비스의 혜택이 어떻게 분배되고 있는지와 관계없이 납세자의 담세능력에 따라 조세부담이 분배되어야 공평하다고 보는 원칙이 있다.
③ 피구세(Pigouvian tax)는 능력원칙에 부합하는 조세이다.
④ 밀(J.S. Mill)은 공평한 과세의 원칙으로 동등희생의 원칙을 제시하였다.
⑤ 수평적 공평성과 수직적 공평성은 편익원칙보다는 능력원칙과 밀접하게 관련된다.

34 조세제도 개혁에 관한 설명으로 옳은 것을 모두 고른 것은?

ㄱ. 서레이(S. Surrey)는 조세지출(tax expenditure) 요소가 많이 포함되어 있을수록 재정이 효율적으로 운영된다고 주장했다.
ㄴ. 파레토 개선의 성격을 갖는 조세제도 개혁은 현실적으로 어렵다.
ㄷ. 인플레이션하에서 종가세는 조세부담액을 감소시키므로 종가세율을 높이는 방향으로 조세제도를 개혁하는 것이 바람직하다.
ㄹ. 소득세의 세원을 넓히기 위한 방법 중 하나인 포괄적 소득세 제도는 헤이그-사이먼즈(Haig-Simons)의 소득 정의에 근거를 두고 있다.
ㅁ. 소득세 과세범위를 줄이는 대신 세율을 올리는 방향으로 조세제도를 개혁하는 것이 바람직하다.

① ㄱ, ㄴ ② ㄱ, ㅁ ③ ㄴ, ㄷ ④ ㄴ, ㄹ ⑤ ㄹ, ㅁ

35 생산요소 공급이 가변적일 경우, 노동집약적인 산업에 물품세를 부과할 때 나타나는 효과로 옳지 않은 것은?

① 생산요소 공급이 고정되었을 때보다 자본의 상대가격 변동에 미치는 효과가 줄어든다.
② 노동공급은 감소된다.
③ 노동과 자본의 대체탄력성이 작을수록 요소의 상대가격 변화가 크다
④ 생산요소 공급이 고정되었을 때보다 노동의 상대가격은 더 크게 하락한다.
⑤ 산업 간 요소집약도의 차이가 클수록 요소의 상대가격변화가 크다.

36 A씨는 1㎡당 1,000,000원 하는 토지를 1,000㎡ 가지고 있다. 1㎡당 10,000원의 재산세가 영구적으로 부과되는 경우 조세의 자본화(tax capitalization) 크기는? (단, 할인율은 10%, 토지공급은 완전 비탄력적이라고 가정한다.)

① 1㎡당 1,000원 ② 1㎡당 5,000원 ③ 1㎡당 10,000원
④ 1㎡당 50,000원 ⑤ 1㎡당 100,000원

37 자본이득을 실현기준으로 과세할 때 나타나는 동결효과(lock-in effect)로 인해 발생되는 문제점이 아닌 것은?

① 부동산의 장기보유 경향이 감소된다.
② 자본재의 생산성이 떨어진다.
③ 새로운 투자가 제약되고 자산의 효율적 배분이 저해된다.
④ 가계의 자산선택이 왜곡된다.
⑤ 자산이동이 억제됨으로써 자산시장의 공급이 위축된다.

38 두 재화 X, Y 중 X재에만 물품세를 부과하는 대신, 동일한 조세수입을 가져다주는 소득세로 대체할 경우 다음 중 옳지 않은 것은? (단, M은 소득, P_X와 P_Y는 각각 X재와 Y재의 가격, t_X는 물품세율, t는 소득세율이다.)

① 물품세에 부과 이전의 예산선은 $M=P_XX+P_YY$이다.
② X재에만 물품세를 부과한 후 예산선은 $M=(1+t_X)P_XX+P_YY$이다.
③ 물품세 부과와 동일한 조세수입을 가져다주는 소득세로 대체한 후의 예산선은 $(1+t)M=P_XX+P_YY$이다.
④ 오직 두 재화 사이에서의 소비자 선택이 문제되고 있는 상황에서는 소득세가 물품세보다 효율적이다.
⑤ 효율성 측면에서 여가까지 고려한 일반적인 상황에서는 소득세가 더 우월하다고 할 수 없다.

39 상품의 거래단계마다 일정세율을 부과하는 다단계거래세(multi-stage turnover tax)와 부가가치세의 차이에 관한 설명으로 옳은 것을 모두 고른 것은?

ㄱ. 다단계거래세는 부가가치세에 비해 수평적 통합을 부추긴다.
ㄴ. 부가가치세는 다단계거래세에 비해 탈세의 유인을 줄인다.
ㄷ. 소비형 부가가치세는 자본재를 과세대상에서 제외시킨다.
ㄹ. 다단계거래세는 역진적이나, 부가가치세는 누진적이다.
ㅁ. 다단계거래세는 부가가치세와 달리 수출상품에 대한 환급세액을 정확히 파악하기 어렵게 만든다.

① ㄱ, ㄴ, ㄷ ② ㄱ, ㄴ, ㄹ ③ ㄴ, ㄷ, ㅁ ④ ㄴ, ㄹ, ㅁ ⑤ ㄷ, ㄹ, ㅁ

40 법인세의 성격과 존립 논쟁에 관한 설명으로 옳지 않은 것은?

① 통합주의 견해는 법인세를 폐지하자는 것이다.
② 절대주의 견해에 따르면 법인세 폐지는 기업의 사내유보에 대한 과세를 강화한다.
③ 법인세를 소득세와 완전 통합하는 방식 중 자본이득방식은 법인세를 철폐하고 실현되지 않은 부분을 포함한 모든 자본이득에 소득세를 부과하는 것이다.
④ 우리나라에서는 법인세의 이중과세 문제를 완화하기 위하여 배당세액공제제도를 시행하고 있다.
⑤ 법인세 반대론자들은 법인세는 이중과세 문제가 발생한다고 주장한다.

2011년 세무사 재정학 기출문제

01 시장실패에 관한 설명으로 옳지 않은 것은?

① 소수의 기업이 참여하는 시장에서 이윤극대화를 추구할 때 발생한다.
② A기업의 생산이 B기업 생산에 미치는 영향이 A기업에서 생산한 재화의 시장가격에 반영되지 않는 경우에 발생한다.
③ 사회적 비용이 사적 비용보다 클 경우, 기업의 사적 생산량은 사회적으로 효율적인 생산량보다 적다.
④ 경제 주체들 간에 비대칭적 정보가 존재할 경우에 발생한다.
⑤ 무임승차문제가 나타날 경우에 발생한다.

02 비대칭적 정보가 존재할 때 의료보험시장에서 발생하는 역선택을 감소시키는 방안으로 옳지 않은 것은?

① 의료보험 가입시 정밀신체검사를 요구한다.
② 보험회사가 의료보험 가입희망자의 과거 병력을 조회한다.
③ 의료보험 가입희망자의 건강상태를 반영하여 보험료를 차등 부과한다.
④ 단체의료보험상품을 개발하여 해당단체 소속원 모두 강제가입하게 한다.
⑤ 의료보험에 기초공제제도를 도입한다.

03 A와 B 두 사람과 커피(C)와 햄(H) 두 재화가 존재하는 교환경제를 상정한다. 수평축을 햄, 수직축을 커피로 하는 에지워드 상자(Edgeworth box)에서 A의 원점을 좌측 하단의 꼭지점, B의 원점을 우측 상단의 꼭지점이라고 하자. A의 효용함수는 $U(H_A, C_A)=H_A+4\sqrt{C_A}$이고, B의 효용함수는 $U(H_B, C_B)=H_B+2\sqrt{C_B}$이다. 이때 계약곡선(contract curve)의 모양은? (단, 초기부존자원이 A는 $H=8$, $C=10$이고, B는 $H=8$, $C=2$이다.)

① 수직선
② 수평선
③ 대각선
④ A의 원점에서 시작되는 기울기가 1/4인 직선
⑤ B의 원점에서 시작되는 기울기가 1/4인 직선

04 후생경제학에 관한 설명으로 옳은 것은?

① 모든 사람들의 한계대체율이 같을 때 소비 및 생산의 파레토 최적이 달성된다.
② 후생경제학의 제1정리는 완전경쟁균형이 항상 존재하는 것을 의미한다.
③ 두 사람이 동일한 동조적(homothetic) 선호체계를 갖고 그들의 한계대체율이 체감한다면, 에지워드 상자(Edgeworth box)에서 그들 간의 파레토 최적 배분점의 궤적은 대각선으로 표시된다.
④ 후생경제학의 제2정리는 초기 부존자원을 적절하게 재분배함으로써 효율성은 저해하지만 공평성은 추구할 수 있다는 것을 보여 준다.
⑤ 칼도(N. Kaldor) 보상기준에 따르면, 어떤 정책이 사회후생을 증대시키기 위해서는 그 정책 시행으로 공평성이 개선되어야 한다.

05 완전경쟁시장의 시장수요함수는 $Q=240-10P$이고, 개별기업들의 비용을 합한 총비용함수는 $TC=8Q$이다(단, Q : 수요량, P : 가격). 모든 기업이 하나의 카르텔(cartel)을 형성하여 독점이윤을 극대화했을 때, 독점이윤의 크기와 그에 따른 초과부담은?

① 160, 80 ② 320, 160 ③ 320 , 320 ④ 640, 160 ⑤ 640, 320

06 공공재의 성격에 관한 설명으로 옳은 것은?

① 해안가 작은 마을에 울린 지진해일 경보 사이렌은 공공재이다.
② 클럽재의 경우, 회원수 증가에 따른 편익변화만 제대로 도출할 수 있다면, 이론적으로는 적정회원수의 산정이 가능하다.
③ 공공부문이 어떤 재화를 공급한다면 그것은 공공재가 되기 위한 충분조건이 된다.
④ 무임승차문제는 소비의 경합성으로 인해 발생하며 정부가 그 재화를 공급해야 하는 이유가 된다.
⑤ 어떤 재화의 소비가 배제 불가능하더라도 비경합적이면 시장을 통해 그 재화를 공급할 수 있다.

07 공공재의 공급에 관한 설명으로 옳지 않은 것은?

① 부분균형분석에 의하면, 소비자들의 한계편익의 합과 합계비용이 일치할 때 효율적인 공급이 이루어진다.

② 보웬(H. Bowen)에 따르면, 개별적이고 자발적인 교섭에 의해 공공재의 적정공급이 실현된다.

③ 린달(E. Lindahl)은 시장의 분권화된 의사결정으로는 효율적인 자원배분이 달성될 수 없음을 보였다.

④ 클라크-그로브즈(Clarke-Groves)조세를 부과할 경우, 우월전략은 공공재 소비자가 자신의 진정한 선호를 표출하는 것이다.

⑤ 사무엘슨(P. Samuelson)은 모든 소비자들이 공공재와 사적재간 한계대체율의 합이 두 재화의 한계변환율과 일치하는 것이 효율적인 공공재 공급의 필요조건이라고 하였다.

08 A국에는 100명의 주민이 거주한다. 공공재인 구축함 보유에 따른 개별 주민의 한계편익은 $MB=10-Q$고, 구축함 한 척당 공급가격은 100억원이다(단, Q : 구축함의 수). 이때 A국의 최적 구축함의 수는?

① 0척　② 1척　③ 5척　④ 9척　⑤ 10척

09 외부성에 관한 설명으로 옳은 것은?

① 외부성을 내부화시키기 위해서는 항상 당사자 간의 자발적인 협상을 통해야 한다.

② 공공재적 외부성(joint externalities)은 사적재적 외부성(appropriable externalities)에 비해 당사자 간 직접적 협상에 의한 해결가능성이 높다.

③ 환경오염유발 재화에 최적 피구세(optimal Pigouvian tax)를 부과하면 환경오염이 발생하지 않는다.

④ 금전적 외부성(pecuniary externalities)이 자원배분의 비효율성을 유발시킬 수 있다.

⑤ 오염배출허가서 제도를 통하여 외부불경제를 교정하는 방법은 점차 시장 경쟁성을 떨어뜨릴 수 있다.

10 하천 상류의 화학공장은 총수입 $10Q_C$, 총비용은 $\frac{1}{4}Q_C^2$이고, 하천 하류의 양식업자 총수입은 $10Q_F$, 총비용은 $\frac{1}{4}Q_F^2+\frac{1}{4}Q_CQ_F$이다(단, Q_C : 화학공장의 생산량, Q_F : 양식업자의 생산량). 화학물과 양식생산물의 가격은 10이고 두 기업의 합병이 불가능할 때, 파레토 최적을 위해서 화학공장에 부과해야 할 단위당 피구세(Pigouvian tax)는?

① $\frac{20}{3}$ ② $\frac{30}{3}$ ③ $\frac{5}{3}$ ④ $\frac{15}{3}$ ⑤ $\frac{10}{3}$

11 보다투표제(de Borda rule)는 애로우(K. Arrow)가 제시한 집합적 선택조건 중에서 어떤 조건을 충족시키지 못하는가?

① 완전성 ② 이행성
③ 비제한성 ④ 파레토 효율성
⑤ 무관한 선택대안으로부터의 독립성

12 소득분배에 관한 설명으로 옳지 않은 것은?

① 공리주의적인 관점에서는 노동공급이 비탄력적인 경우, 소득재분배로 인한 왜곡이 크기 때문에 소득재분배를 원하지 않는다.
② 롤스(J. Rawls)의 최소극대화 기준을 나타내는 사회무차별곡선의 모양은 L자형이다.
③ 노직(R. Nozick)은 개인들의 경제활동으로 창출된 소득분배상태를 교정하는 것보다 그 분배상태가 형성되는 과정을 중시한다.
④ 평등주의적인 사회후생함수에서 도출된 사회무차별곡선은 평등주의적 성향이 강할수록 원점에 대해 더욱 볼록한 모양을 갖는다.
⑤ 쿠즈네츠(S. Kuznets)의 U자 가설은 세로축에 소득분배의 균등도를, 가로축에 경제발전단계 또는 1인당 국민소득을 표시한 평면에서 설명된다.

13 소득불평등 지수에 관한 설명으로 옳지 않은 것은?

① 앳킨슨(A. Atkinson)지수 값은 불평등성에 대한 그 사회의 가치판단을 전제로 하여 계산한다.
② 5분위분배율은 상위 20%에 속하는 사람들의 소득 점유율을 하위 20%의 소득점유율로 나누 값으로 그 값이 클수록 소득분배가 불평등함을 의미한다.
③ 지니(Gini)계수는 0에서 1 사이의 값을 가지며 소득분배가 평등할수록 0에 가까워진다.
④ 달튼(H. Dalton)의 평등지수는 0에서 1 사이의 값을 가지며 소득분배가 평등할수록 1에 가까워진다.
⑤ 십분위분배율은 하위 20%에 속하는 사람들의 소득점유율을 상위 40%에 속하는 사람들의 소득점유비율로 나눈 값으로 그 값이 클수록 소득분배가 평등하다고 할 수 있다.

14 음(陰)의 소득세(negative income tax)가 $T=t_X(B-Y)$와 같이 설정(단, T : 음의 소득세, t : 한계세율, B : 소득보장액, Y : 개인소득)되어 있다고 할 때, 옳지 않은 것은?

① 소득보장액은 50만원, 개인소득은 25만원, 한계세율은 0.5일 때, 음의 소득세액은 12.5만원이다.
② 소득보장액은 높게, 한계세율은 낮게 설정하면 비효율성을 줄이면서 재분배효과를 높일 수 있다.
③ 소득보장액은 100만원, 개인소득은 25만원, 한계세율은 0.5일 때, 최종소득은 62.5만원이다.
④ 음의 소득세제의 재분배효과는 소득보장액이 클수록 작아진다.
⑤ 선형의 한계세율구조를 가정할 경우, 한계세율이 인상되면 음의 소득세액은 증가한다.

15 국민연금제도의 경제적 효과에 관한 설명으로 옳지 않은 것은? (단, 다른 조건은 일정하다고 가정한다.)

① 재산대체효과는 자발적인 저축을 줄이도록 영향을 미친다.
② 은퇴효과는 자발적인 저축을 줄이도록 영향을 미친다.
③ 상속효과는 자발적인 저축을 증가시키도록 영향을 미친다.
④ 국민연금제도는 은퇴 후 개인의 실질소득을 증가시킴으로써 은퇴 후 노동공급을 줄이는 효과를 발생시킨다.
⑤ 국민연금제도가 국민연금에 가입한 근로자들의 노동공급에 미치는 효과는 불분명하다.

16 가치재(merit goods)와 비가치재(demerit goods)에 관한 설명으로 옳지 않은 것은?

① 정부의 가치재 공급은 소비자 주권과 충돌 할 수 있다.
② 정부가 보건소를 통해 어린이들에게 무료예방접종을 제공하는 것은 가치재의 사례에 해당한다.
③ 담배와 같이 사회적 비용을 유발하는 재화에 과세하는 것은 비가치재 소비를 억제하는 데 목적이 있다.
④ 정부가 국방서비스를 생산하고 공급하는 것은 그것이 가치재이기 때문이다.
⑤ 가치재 공급은 정부가 개인들의 의사결정이 적절하지 않다고 판단하는 경우에 이루어진다.

17 기후변화와 같은 매우 장기적인 현상과 관련된 사업의 비용편익분석에서 일정한 기간 단위로 점차 감소하는 양(陽)의 사회적 할인율을 적용하자는 주장이 있다. 이러한 주장의 근거로 옳은 것은?

① 미래에 발생하는 비용과 편익을 더 높은 비중으로 반영하기 위한 것이다.
② 현재 시점에서 미래세대에 대한 고려는 무의미하기 때문이다.
③ 비용편익분석에서 나타나는 장기적인 편익의 불확실성과 위험을 반영하기 위한 것이다.
④ 미래에 발생하는 비용과 편익이 서로 다르기 때문이다.
⑤ 현재에 발생하는 비용과 편익을 더 높은 비중으로 반영하기 위한 것이다.

18 어떤 투자 사업은 초기 투자비용이 500억원이고, 투자 다음해부터 20년간 매년 20억원의 편익과 2억원의 비용이 발생한다고 한다. 사회적 할인율이 0%일 때, 이 사업에서 발생하는 순편익의 현재가치는? (단, 사업의 잔존가치는 0원이다.)

① −100억원　② −140억원　③ 0원　④ 100억원　⑤ 140억원

19 공채에 관한 설명으로 옳지 않은 것은? (단, 다른 조건은 일정하다고 가정한다.)

① 리카르도(D. Ricardo)의 대등정리(equivalence theorem)에 따르면, 재정지출 재원을 공채발행으로 조달하는 경우와 조세로 조달하는 경우의 경제적 효과는 동일하다.

② 러너(A. Lerner)에 따르면, 외부채무(external debt)는 정부지출재원을 민간부문에서 조달하기 때문에 미래세대의 부담이 늘어나지 않는다.

③ 공채발행에 따른 재정지출의 증가가 민간투자를 감소시키는 현상을 구축효과라고 한다.

④ 이자율에 영향을 주지 않을 만큼 민간부문에 여유자금이 충분할 경우, 정부의 공채발행을 통한 재원조달로 인하여 구축효과가 발생하지 않는다.

⑤ 공채발행의 증가는 이자율의 상승을 초래하여 무역수지를 악화시킬 수 있다.

20 공공부문이 공급하는 재화나 서비스에 대한 공공요금을 부과와 관련된 설명으로 옳지 않은 것은?

① 공공요금 부과의 정당성은 공공요금이 가격기능을 수행하게 하여 자원배분의 효율성을 높이는 데 있다.

② 비용체감산업의 경우, 한계비용가격설정방식을 적용하면 효율성을 달성하지만 손실이 발생한다.

③ 비용체감산업의 경우, 평균비용가격설정방식을 적용하면 손실은 발생하지 않지만 과소생산으로 인한 비효율이 발생한다.

④ 램지가격설정원칙에 따르면, 비효율성을 최소화시키기 위해서는 수요의 가격탄력성이 클수록 가격과 한계비용의 격차는 상대적으로 더 크게 설정되어야 한다.

⑤ 공공요금부과를 통해서 소득재분배 목표를 달성하려는 정책은 효율성을 저해시킬 뿐만 아니라 손실보전 문제를 발생시킬 우려가 있다.

21 지방재정과 관련한 설명으로 옳지 않은 것은?

① 오우츠(W. Oates)의 분권화 정리에 다르면, 지방정부에 의한 지방공공재 공급이 주민들의 선호를 더 잘 반영할 수 있다.

② 공공재가 공간적 파급효과(spillover effect)를 발생시킬 경우, 지방정부가 공급하는 것이 효율적이다.

③ 티부(C. Tiebout) 모형에 따르면, 지방공공재의 경우 분권적인 배분체계에서 효율적인 자원배분을 실현할 수 있다.

④ 경제정책의 세 가지 목표인 경제안정, 소득재분배, 자원배분 중 지방정부에서는 자원배분의 역할이 강조된다.

⑤ 지방재정조정제도의 주요 목적은 수평적 재정형평성 및 수직적 재정형평성의 제고에 있다.

22 조세에 관한 설명으로 옳은 것은?

① 소비자들이 쉽게 대체재를 구할 수 있는 상품의 공급자들이 생산량을 조절하기 어려울 경우, 그 상품에 부과되는 조세는 소비자에게 더 많이 귀착된다.
② 수요와 공급 중 하나가 탄력적이거나 모두 탄력적인 재화에 조세를 부과하면, 상대적으로 거래량은 적게 감소하고 사중손실(deadweight loss)은 커진다.
③ 수요에 비해 공급이 상대적으로 비탄력적일 때 조세를 부과하면, 공급량이 가격하락에 덜 민감하기 때문에 소비자들이 더 큰 조세부담을 지게 된다.
④ 정액세(lump-sum tax)는 모든 사람이 동일한 세액을 납부하므로 비례세 성격을 띠고 소득에 역진적이다.
⑤ 세율이 누진적으로 증가하는 소득세제는 납세자의 노동, 저축 및 투자유인을 왜곡시킬 수 있다.

23 사중손실(deadweight loss)에 관한 설명으로 옳지 않은 것은?

① 사중손실은 수요의 가격탄력성과 공급의 가격탄력성이 클수록 증가한다.
② 대체제가 많은 재화일수록 그 재화에 대한 과세로 인해 초래되는 사중손실은 더 커진다.
③ 사중손실의 크기를 계산하기 위해서는 소득효과와 대체효과를 모두 반영한 수요의 가격탄력성이 필요하다.
④ 사중손실의 크기는 세율의 제곱에 비례한다.
⑤ 세율이 증가하면 비효율성계수는 커진다.

24 공평한 조세부담 원칙에 관한 설명으로 옳지 않은 것은?

① 납세자들이 무임승차 성향은 편익원칙의 실현을 어렵게 하는 원인이 될 수 있다.
② 동등희생(equal sacrifice)원칙은 편익원칙에 근거한 조세부담의 이론적 기초를 제공한다.
③ 편익원칙은 능력원칙에 비해 조세부담에 있어 납세자의 자발적 협조를 유도하기가 용이하다.
④ 능력원칙에 따르면, 똑같은 경제적 능력을 가진 사람들에게 동일한 금액의 조세를 부담시켜야 한다.
⑤ 능력원칙에 따르면, 서로 다른 경제적 능력을 가진 사람들에게 차등적인 금액의 조세를 부담시켜야 한다.

25 정액세(lump-sum tax)에 관한 설명으로 옳은 것은?

① 정액세의 부과는 상대가격을 변경시킨다.
② 정액세는 대체효과와 소득효과는 발생시킨다.
③ 정액세는 효율성과 공평성을 동시에 충족시키는 조세이다.
④ 정액세는 납세자의 경제적 의사결정에 교란을 초래하지 않는다.
⑤ 소득이 1,000만원인 납세자에게는 200만원을, 소득이 100만원인 납세자에게는 20만원을 정액으로 부과하는 소득세는 정액세의 일종이다.

26 완전경쟁시장에서 토지가격은 그 토지로부터 발생하는 임대료 수입 흐름의 현대가치와 같아진다. 이때 정부가 임대료 수입에 대해 과세하면 토지가격은 미래조세 부담흐름의 현재가치만큼 하락하게 된다. 이와 같은 현상과 조세의 실질적 부담자를 옳게 연결한 것은?

① 환원(tax capitalization) - 현재의 토지 소유자
② 소전(tax transformation) - 현재의 토지 소유자
③ 환원(tax capitalization) - 미래의 토지 구매자
④ 소전(tax transformation) - 미래의 토지 구매자
⑤ 전전(tax shifting) - 현재의 토지 소유자

27 조세의 귀착에 관한 설명으로 옳은 것은?

① 개방경제에서 국가 간 자본이동이 완전한 경우, 자본에 대한 과세는 전적으로 자본수요자에게 귀착된다.
② 생산요소의 공급이 완전비탄력적인 경우, 그 생산요소에 대한 조세는 수요자와 공급자 모두에게 귀착된다.
③ 완전경쟁시장 상품에 과세할 때 공급곡선이 불변이면 수요곡선이 탄력적일수록 소비자의 조세부담이 증가한다.
④ 물품세가 부과될 때, 독점기업일지라도 부과된 세금 이상을 소비자에게 전가시킬 수 없다.
⑤ 램지(Ramsey)규칙은 조세부담을 최소화하기 위한 정책기준이다.

28 조세의 귀착과 초과부담에 관한 설명으로 옳지 않은 것은?

① 두 상품 X와 Y가 완전대체재인 경우, 상품 X에 조세가 부과되면 이 조세는 모두 상품 X의 수요자에게 귀착된다.
② 두 상품 X와 Y가 완전보완재인 경우, 상품 Y에 종가세가 부과되면 그로 인해 초과부담은 발생하지 않는다.
③ 완전경쟁시장에서 공급곡선은 완전비탄력적이고 수요곡선이 우하향하는 경우, 그 상품에 대한 조세는 초과부담을 발생시키지 않는다.
④ 다른 조건이 일정할 때, 시간이 흐를수록 공급곡선의 탄력성이 커지면 상대적으로 소비자에게 조세가 더 많이 귀착된다.
⑤ 이자소득세는 대체효과를 통해 비효율성을 유발한다.

29 이윤극대화를 추구하는 어떤 독점기업의 비용함수는 $C=16+Q^2$이고, 수요함수는 $P=20-Q$이다(단, Q : 수요량, P : 가격). 정부가 재화 한 단위당 4원씩의 조세를 이 기업 또는 소비자에게 부과한다고 가정할 때, 옳은 것을 모두 고른 것은?

ㄱ. 조세가 부과되기 전, 독점기업은 재화 한 단위당 15원의 가격에 5단위를 판매한다.
ㄴ. 조세가 독점기업에 부과되는 경우, 이 기업은 재화 한 단위당 16원의 가격에 4단위를 판매하므로 조세의 3/4을 부담한다.
ㄷ. 조세가 소비자에게 부과되는 경우, 소비자는 재화 한 단위당 12원의 가격에 4단위를 구매한다.
ㄹ. 조세가 독점기업에 부과될 때, 소비자는 자신에게 부과되는 경우에 비해 부담을 덜 지게 된다.

① ㄱ, ㄴ ② ㄷ, ㄹ ③ ㄱ, ㄴ, ㄷ ④ ㄴ, ㄷ, ㄹ ⑤ ㄱ, ㄴ, ㄷ, ㄹ

30 근로소득세 부과가 노동시장에 미치는 영향으로 옳지 않은 것은?

① 동일한 조세수입을 징수하고자 할 때, 비례소득세보다 선형누진소득세가 근로의욕을 더 떨어뜨린다.
② 여가가 열등재일 때, 비례소득세를 부과하면 노동공급은 감소한다.
③ 여가가 정상재일 때, 비례소득세 부과가 노동시장에 미치는 영향은 소득효과와 대체효과의 상대적 크기에 따라 다르다.
④ 선형누진소득세제에서 면세점을 인하할 경우, 여가가 열등재라면 노동공급은 증가한다.
⑤ 선형누진소득세제에서 면세점을 인상할 경우, 여가가 정상재라면 노동공급은 감소한다.

31 여가-소득간의 선택 모형에서 조세가 개인의 노동공급 의사결정에 미치는 영향에 관한 설명으로 옳은 것은? (단, 여가는 정상재이다.)

① 비례적 근로소득세율 인상은 여가의 가격을 상승시킨다.
② 근로소득세를 인상하면 소득효과는 노동공급을 증가시키는 반면, 대체효과는 노동공급을 감소시킨다.
③ 누진적 소득세의 경우, 여가의 가격을 나타내는 예산선의 기울기가 일정하다.
④ 일반적으로 근로소득세율이 낮을 때, 세율인상은 노동공급을 감소시키지만 근로소득세율이 높을 때 세율인상은 노동공급을 증가시킨다.
⑤ 세율인상의 효과는 임금률 상승의 효과와 동일하다.

32 조세의 효율성에 관한 설명으로 옳은 것을 모두 고른 것은?

ㄱ. 여가를 포함한 모든 상품에 동일한 세율로 조세를 부과하면 정액세(lump-sum tax)와 동등해진다.
ㄴ. 여가를 포함한 모든 상품에 동일한 세율로 조세를 부과하면 초과부담이 발생하지 않는다.
ㄷ. 콜렛-헤이그(Corlett-Hague)법칙에 따르면, 세율은 그 상품의 소득탄력성에 반비례하여야 한다.
ㄹ. 독점시장에서 평균비용과 한계비용이 동일하고 수요곡선이 우하향하는 직선일 경우, 단위당 종량세 t를 부과하면 가격은 $\frac{1}{2}t$만큼 상승한다.

① ㄱ, ㄴ ② ㄷ, ㄹ ③ ㄱ, ㄴ, ㄷ ④ ㄱ, ㄴ, ㄹ ⑤ ㄴ, ㄷ, ㄹ

33 최적 물품세에 관한 설명으로 옳지 않은 것은?

① 동질적 소비자를 가정할 때, 수요의 가격탄력성에 반비례하도록 종량세를 부과하면 초과부담이 최소화된다.
② 동질적 소비자를 가정할 때, 최적 물품세는 모든 재화에 대해 수요량이 동일한 비율로 감소되도록 조세를 부과해야 한다.
③ 이질적 소비자를 가정할 때, 소득의 사회적 한계가치를 반영하여 소득이 낮은 사람들이 많이 사용하는 재화에는 낮은 세율을, 소득이 높은 사람들이 많이 사용하는 재화에는 높은 세율을 부과하는 것이 바람직하다.
④ 여가가 정상재일 때, 여가와 보완관계에 있는 재화에는 더 낮은 세율은, 여가와 대체관계에 있는 재화에 대해서는 더 높은 세율을 부과해야 한다.
⑤ 동질적 소비자를 가정할 때, 수요의 가격탄력성에 반비례하는 물품세는 공평성을 저해할 수 있다.

34 헤이그-사이먼즈(Haig-Simons)의 포괄적 소득에 관한 설명으로 옳지 않은 것은?

① 소득은 일정기간 동안 발생한 개인의 경제적 능력의 순증가분을 말한다.
② 납세자의 경제적 능력을 증가시키더라도 실현되지 않은 부분은 소득에 포함시키지 않는다.
③ 과거에 축적된 부는 소득에서 제외한다.
④ 각종 공제제도는 포괄적 소득세를 제도화하는 과정에서 나타나는 문제점을 보완하기 위해 도입된 것이다.
⑤ 발생원천과 사용용도가 다른 소득이라도 동일하게 취급한다.

35 부가가치세에 관한 설명으로 옳은 것을 모두 고른 것은?

ㄱ. 부가가치세의 주요 도입배경으로는 다단계거래세제에서 나타날 수 있는 수직적 통합을 이용한 조세회피 방지와 수출품에 대한 소비세 환급을 통한 수출촉진 등을 들 수 있다.
ㄴ. 부가가치세는 모든 소비재에 대해 단일세율을 적용함으로써 저소득층의 조세부담을 상대적으로 낮추게 된다.
ㄷ. 어떤 상품이 부가가치세 면세 대상인 경우, 중간단계에서 이미 납부한 부가가치세는 환급해준다.
ㄹ. 어떤 상품에 영세율이 적용되는 경우, 그 이전 단계에서 납부한 부가가치세는 전액 환급해준다.

① ㄱ, ㄴ ② ㄱ, ㄷ ③ ㄱ, ㄹ ④ ㄴ, ㄷ ⑤ ㄷ, ㄹ

36 지출세(expenditure tax)에 관한 설명으로 옳지 않은 것은?

① 호황기에 소비지출을 억제시키는 자동안정화 기능을 한다.
② 일반소비세인 부가가치세와 마찬가지로 물세이다.
③ 소득파악이 쉽지 않은 고소득층의 소득에도 실질적으로 과세할 수 있다.
④ 개인의 총소비액에서 인적공제 또는 비인적공제 등을 적용할 수 있어 실질적으로 소득세와 유사하게 설계할 수 있다.
⑤ 소득세와 달리 과세대상기간에 적립한 저축에 대한 이중과세문제가 발생하지 않는다.

37 법인세에 관한 설명으로 옳지 않은 것은?

① 법인세는 과세의 공평성과 자원배분의 효율성을 달성하기 위해 소득세와의 통합이 논의된다.
② 인플레이션은 감가상각의 실질가치를 떨어뜨림으로써 법인의 실질적 조세부담을 크게 한다.
③ 정부는 법인세제 상의 감가상각이 정상적인 속도보다 빠르게 진행되는 것을 허용함으로써 법인세의 탈세 유인을 축소시키고자 한다.
④ 법인세는 법인에 부과되는 조세로서 귀착자가 누구인지 불분명하다.
⑤ 법인세의 성격에는 법인부문에 투자된 자본에 대한 과세, 경제적 이윤에 대한 과세 등의 견해가 있다.

38 법인세액 결정에 관한 설명으로 옳지 않은 것은?

① 법인세는 자기자본보다 타인자본을 우대한다.
② 투자세액공제는 설비투자금액의 일정비율을 공제하는 방식으로 이루어진다.
③ 물가가 상승하면 차입금의 실질이자부담이 줄어 절세효과가 나타난다.
④ 감가상각액이 늘어나면 법인세액이 줄어든다.
⑤ 법인소득을 주주에게 배당하면 법인세액이 줄어든다.

39 두 기간을 사는 어떤 개인의 기간선택모형(inter-temporal choice model)을 이용하여 조세가 저축에 미치는 영향을 파악하고자 한다. 1기는 일을 하는 기간으로서 소득이 발생하며, 2기는 은퇴 후 기간으로서 소득이 없다고 가정한다. 이 개인이 1기에 발생한 소득 가운데 일부는 소비하며, 나머지 일부를 2기에 사용하기 위하여 저축한다고 할 때, 관련된 설명으로 옳지 않은 것은? (단, 두 기간 간 이자율은 r이고, 차입은 없다.)

① 어떤 개인이 2기의 소비수준을 과세 전과 동일하게 유지하고자 한다면 이자소득세율을 인상할 경우 현재소비를 줄이고 저축을 늘리게 된다.
② 이자소득세 t의 세율로 과세하면 저축의 수익률은 $r\times(1-t)$가 된다.
③ 이자소득과세는 1기 소비를 늘리고 저축을 줄인다.
④ 저축에 대한 조세가 부과되기 이전에는 1기 소비의 가격은 $(1+r)$이 된다.
⑤ 이자소득세율 인상과 이자율 인하는 이론적으로 저축에 미치는 효과가 동일하다.

40 신고전학파의 기업투자결정모형에서 자본의 사용자비용에 직접적으로 영향을 미치지 않는 것은?

① 이자율　② 투자세액공제율　③ 사내유보비율
④ 법인세율　⑤ 경제적 감가상각률

세무사 시험 실전 대비용
세무사 알짜 정보 총정리
재정학 알짜 정보 총정리

세무사 실전 재정학 모의고사

세무사 재정학
모의고사 1

01 후생경제학의 제1정리에 대한 설명 중 옳지 않는 것은?

① 시장경제에 외부성이 존재하지 않아야 한다.
② 시장의 가격기구가 가장 저렴한 비용으로 생산할 수 있는 자가 생산하도록 한다.
③ 재화들로부터 가장 큰 효용을 느끼는 사람이 사용하도록 유도하는 유인체계를 증명하는 논리이다.
④ 효율적이면서 동시에 공평한 자원배분이 경쟁시장을 통해 달성될 수 있다.
⑤ 경쟁시장은 파레토 효율적인 자원배분을 달성할 수 있다.

02 현실적으로 정부개입이 모든 사람의 후생을 증가시키는 경우보다, 일부는 이익을 보게 하고 일부는 손해를 보게 하는 경우가 거의 대부분이다. 이러한 경우 정부개입이 정당화될 수 있는 근거에 대한 설명 중 후생경제학적 관점에서 옳지 않은 것은?

① 파레토 기준에서는 모든 사람의 후생이 증가하거나 다른 사람에게 피해를 주지 않으면서 어떤 사람의 후생이 증가할 때에만 정당화될 수 있다.
② 정부의 개입으로 이익을 본 사람의 이익이 손해를 본 사람의 손해를 보상하고도 남음이 있다면 보상의 원칙에 따라 바람직하다.
③ 칼도-힉스 기준은 모든 사람에게 화폐 1원의 사회적 의미가 동일하다는 가정을 바탕으로 한다.
④ 스키토브스키 기준에 따르면 정부의 개입으로 새로운 상태가 바람직할 때 그 반대의 경우에도 바람직해야 한다.
⑤ 보상의 원칙은 이익이 손해보다 더 크면 사회적 잉여로 남아 전체 이익을 높일 것이라는 가상적 보상을 바탕으로 한다.

03 시장에서 자원이 효율적으로 배분되지 못하는 시장실패가 발생하는 경우에 관한 설명으로 옳지 않은 것은?

① 어떤 소수 기업들이 해당 시장에서 서로 전략적인 행위를 할 때 발생한다.
② 기업의 시설규모에 비해 시장이 협소하거나 수확체증의 기술을 가진 경우 생산을 증가시킴에 따라 평균비용과 한계비용이 모두 감소할 때 발생한다.
③ 외부경제로 인하여 경쟁시장의 최적 생산량과 사회적 최적 생산량이 달라져서 발생한다.
④ 중고차시장에서 복숭아(좋은 차)는 없고 레몬(나쁜 차)만 거래되는 경우 발생한다.
⑤ 공용도로, 공원, 등대는 누구나 사용하고 즐길 수 있기 때문에 시장이 효율적으로 공급할 수 있다.

04 무임승차자의 문제와 수요표출 메커니즘에 대한 설명으로 옳지 않는 것은?

① 무임승차자의 문제를 해결하기 위해 클라크-그로브즈 조세체계를 만들 수 있는데, 중추적이지 않은 사람들만 세금을 내게 하는 방식이다.
② 무임승차자의 문제는 어떤 사람이 그 재화를 소비하지 못하도록 배제하는 것이 불가능하기 때문에 발생한다.
③ 무임승차자의 문제는 죄수의 딜레마 게임과 마찬가지로 전략적 행위로 효율적인 균형을 어렵게 한다.
④ 무임승차자의 문제를 해결하기 위한 클라크-그로브즈 조세체계는 추가세금의 형태이므로 민간부문의 소비를 구축하여 비효율성을 초래할 수 있다.
⑤ 각 개인이 자신의 수요를 표명함으로써 다른 사람에게 끼치는 순손실액의 합을 세금으로 내게 하면 무임승차자의 문제를 해결할 수 있다.

05 3인(갑, 을, 병)의 린달경제에서 공공재인 가로등의 수요가 다음과 같을 때 가로등의 최적공급량과 각 개인이 부담하는 린달조세액을 옳게 설명한 것은? (단, 가로등 단위당 한계비용은 6원)

단위가격	수요량		
	갑	을	병
1	10	9	8
2	9	8	7
3	8	7	6
4	7	6	5

① 가로등의 최적공급량은 6단위이며, 병이 부담하는 린달조세액은 3원이다.
② 가로등의 최적공급량은 7단위이며, 을이 부담하는 린달조세액은 3원이다.
③ 가로등의 최적공급량은 8단위이며, 병이 부담하는 린달조세액은 1원이다.
④ 가로등의 최적공급량은 9단위이며, 갑이 부담하는 린달조세액은 2원이다.
⑤ 가로등의 최적공급량은 10단위이며, 을이 부담하는 린달조세액은 0원이다.

06 톰과 제리 2인으로 구성된 경제에서 각각의 효용함수는 다음과 같다.

$$U^{톰}=2\sqrt{G}+X_{톰},\quad U^{제리}=\sqrt{G}+X_{제리}$$

$P_G=P_X=1$일 때, 공공재를 효율적으로 공급하기 위해서 제리가 부담하여야 하는 분담률은? (단, G : 공공재, X_i : i의 사용재 소비량, P_G : 공공재 가격, P_X : 사용재 가격, i : 톰, 제리)

① $\frac{1}{3}$ ② $\frac{1}{9}$ ③ $\frac{1}{6}$ ④ $\frac{1}{2}$ ⑤ $\frac{2}{3}$

07 어떤 양봉장 옆에 사과를 재배하는 과수원이 들어섰다. 과수원에서 사과를 a단위 생산할 때 양봉업자는 b단위의 꿀을 생산한다. 사과의 생산비용과 꿀의 생산비용이 다음과 같다고 한다.

사과 생산비용 : $c=a^2$
꿀 생산비용 : $c=b^2-a$

사과와 꿀은 완전경쟁시장이며, 사과의 가격은 1원이고 꿀의 가격은 2원이라고 가정한다. 이윤을 극대화하는 사과의 생산량(ㄱ)과 꿀의 생산량(ㄴ)을 구하고, 과수원 주인과 양봉업자가 결혼하여 주인이 같아질 때 이윤을 극대화하는 사과의 생산량(ㄷ)과 꿀의 생산량(ㄹ)을 옳게 구한 것은?

① ㄱ 1, ㄴ 1, ㄷ 1, ㄹ 1
② ㄱ 1/2, ㄴ 1, ㄷ 1, ㄹ 1
③ ㄱ 1/2, ㄴ 1, ㄷ 1/2, ㄹ 1
④ ㄱ 1, ㄴ 1/2, ㄷ 1, ㄹ 1
⑤ ㄱ 1, ㄴ 1/2, ㄷ 1, ㄹ 1/2

08 민주사회에서 공공지출을 결정하기 위한 공공선택이론에 관한 설명으로 옳지 않은 것은?

① 관료모형에서는 관료의 예산극대화 행태에서 자원배분문제를 제시하고 있다.
② 정치가모형에서는 정치가의 득표극대화 행태에서 자원배분문제를 제시하고 있다.
③ 개인의 투표를 통한 의사결정방법은 공공선택의 가장 합리적인 의사결정방식이다.
④ 공공선택이론은 공공재의 효율적인 배분을 위하여 제시되는 이론이다.
⑤ 모든 투표자가 단일정점(single-peaked) 선호를 가지면 다수결투표의 결과는 항상 중위투표자가 가장 선호하는 안건이 채택된다.

09 어떤 상품의 시장수요곡선은 $Q=10-P$이고, 한계비용은 $MC=2+Q$이며, 상품 1단위 생산 시 발생한 공해의 한계피해는 $MD=2Q$이다. 자원배분 왜곡을 치유하기 위한 최적 환경세(피구세)는? (단, Q : 수량, P : 가격)

① 2 ② 3 ③ 4 ④ 5 ⑤ 10

10 허리케인이 지나간 지역에서 얼음, 생수, 모텔방의 값에 폭리를 취하는 상인을 볼 수 있다. 우리는 이러한 상인들을 처벌하여야 하는지 자유주의와 공리주의, 롤스주의에 입각해서 볼 때 논리적으로 옳지 않게 설명한 것은?

① 자유주의는 개인의 자유존중이라는 관점에서 처벌에 반대한다. 시장은 자신의 의지에 부합한다면 어떠한 개인의 자유도 존중해야 하기 때문이다.
② 자유주의는 행복극대화라는 관점에서 처벌에 반대한다. 공급자의 사기를 높여 필요한 물건을 공급하게 해서 사회전체의 행복을 크게 하기 때문이다.
③ 롤스주의는 어려운 사람의 행복을 감소시키므로 사회전체의 후생이 감소한다고 볼 것이다. 따라서 상인이 공급을 늘려 이를 보상하도록 하여야 하므로 처벌에 반대한다.
④ 롤스주의는 현재의 상황에서 자유시장이 자유롭지 못하다고 보는데, 강요받은 자유는 자유가 아니라고 보기 때문에 처벌에 찬성할 것이다.
⑤ 공리주의는 주민의 고통과 상인의 이익의 합계를 구하여 이익이 더 크다면 공리가 극대화되므로 처벌에 반대할 것이다.

11 정부가 사회적 할인율을 선택할 때 균형상태에서 동일한 값이라고 판단할 수 있는 것은?

(가) 주관적인 시간선호율	(다) 세후 투자수익률
(나) 소비자 이자율	(라) 세전 투자수익률

① 가, 라　② 가, 나　③ 가, 다,　④ 가, 나, 다　⑤ 가, 나, 다, 라

12 비용–편익분석에 관한 설명으로 옳지 않은 것은?

① 비용-편익분석은 정부의 경제행위의 타당성을 분석할 때 그 행위로부터 초래되는 비용과 편익을 비교함으로써 이루어진다.
② 한정된 자원을 공공부문이 효율적으로 사용할 수 있는가 하는 경제성의 평가는 공공투자사업들이 사회후생의 증가를 가져오는지의 여부에 따라 정해질 수 있다.
③ 공공투자사업은 사회후생의 증가여부에 따라 경제성을 분석하므로 사회후생함수의 설정과 평가를 통해 구체적으로 파악되어야 한다.
④ 정부가 시장에 거래되지 않는 많은 재화와 서비스를 생산할 때 그 가치를 평가하는 문제는 과학인지 예술인지 구분하기 어려울 때도 있다.
⑤ 대규모 투자사업의 정부지출의 효과는 국민들에게 미치는 영향이 매우 크므로 정부가 수행하는 공공투자사업을 선정할 때에는 그 타당성을 충분히 분석하여야 한다.

13 환경정책을 실행하는 경우 환경의 편익을 추정하는 일이 중요한 과제이다. 대기나 수질 등 환경의 질이 개선될 때 소비자가 얼마만큼 지불할 의사를 가졌는지 알아볼 수 있는 여러 방법들에 대한 설명으로 옳지 않는 것은?

① 환경과 대체관계에 있는 재화시장을 이용하는 방법으로 회피비용법을 사용할 수 있다.
② 환경과 약보완관계에 있는 재화시장을 이용하는 방법으로 여행비용법을 사용할 수 있다.
③ 환경을 속성으로 가지고 있는 재화시장을 이용하는 방법으로 속성가격법을 사용할 수 있다.
④ 환경에 대한 가상시장을 만들어 설문을 통해 지불용의액을 구하는 방법으로 조건부 가치평가법이 있다.
⑤ 지불용의액 접근법은 여행비용법처럼 일반적으로 환경재와 대체관계에 있는 시장재화를 관찰함으로써 편익을 추정하는 소비자잉여에 이론적 기반을 두고 있다.

14 누진세제가 경제적 능력이 큰 사람이 조세부담도 많이 진다는 수직적 공평성의 원칙을 잘 충족시키는가에 대한 여러 견해들이 있다. 누진세제가 필요하며 당연한 것이라고 모두 믿을지 모르지만 누진세제의 여러 문제점을 지적하는 학자들도 있다. 그러한 주장의 근거들 중 옳은 지적만 고른다면?

(가) 세율구조가 매우 복잡하여 탈세할 수 있다.
(나) 누진세의 영향은 주로 소수의 고소득층만 받으므로 다수에 의한 횡포다.
(다) 누진세율이 클수록 노동의욕이 떨어지고 효율성이 낮아진다.
(라) 개인들의 가처분소득을 어느 정도 평준화할 수 있다.
(마) 누진세는 편익의 원칙에 부합하지 않는다.
(바) 누진세는 동등희생의 원칙에 부합하지 않는다.
(사) 롤스의 원초적 상황에서 모두 누진세를 선택할 것이다.

① 가, 나　　② 가, 나, 다　　③ 가, 나, 다, 라
④ 라, 마, 사　　⑤ 라, 마, 바

15 정부는 생수를 파는 독점시장에 단위당 세금을 100원 부과하였다. 이 생수회사의 수요곡선은 우하향하는 선형수요곡선이며, 한계비용은 일정하다고 가정한다. 소비자와 생산자가 부담하는 조세귀착에 대한 설명 중 옳은 것은?

① 소비자가 전적으로 부담하게 된다.
② 소비자와 생산자가 나누어 부담하게 되며, 그 크기는 수요의 가격탄력성에 따라 달라진다.
③ 소비자와 생산자가 각각 반씩 나누어 부담하게 된다.
④ 소비자가 생산자보다 더 많이 부담하게 된다.
⑤ 소비자가 생산자보다 더 적게 부담하게 된다.

16 생산요소 과세의 귀착에 관한 설명으로 옳지 않은 것은?

① 근로소득세는 근로자가 받는 임금률과 시장임금률 간의 쐐기 역할을 하여 근로소득을 감소시킨다.
② 근로자의 임금이 근로소득세만큼 순임금률이 낮아지기 때문에 이러한 임금률의 하락은 전액 근로자에게 귀착된다고 볼 수 있다.
③ 소규모 개방경제 하에서는 자본이 일정한 이자율에 무한히 공급될 수 있으므로 자본에 대한 과세는 조세를 포함한 자본의 수익률을 과세폭만큼 상승시킨다.
④ 소규모 개방경제하에서 자본에 과세하면 자본의 공급자가 얻는 세후수익률에는 변화가 없고 자본소유자는 아무런 부담을 지지 않고 전액 자본사용자에게 귀착된다.
⑤ 조세의 자본화란 자산의 가격이 미래에 발생될 조세부담의 현재가치만큼 하락함을 뜻하는 것으로 과세의 발표만으로도 즉시 효과가 발생하는 공표효과가 작용한다.

17 2생산요소–2상품인 경제(Harberger 모형)에서 노동집약적으로 생산되는 쌀과 자본집약적으로 생산되는 옷이 있다고 가정한다. 자본집약재인 옷에 물품세를 부과하는 경우 상대가격의 변화 및 물품세 귀착에 관한 설명으로 옳지 않은 것은?

① 두 산업 간 요소집약도의 차이가 클수록 상대가격은 더 큰 폭으로 변화하고 자본소유자의 부담이 커진다.
② 조세부과의 대상이 된 상품에 대한 수요의 가격탄력성이 클수록 상대가격의 변화가 더 커지고 자본소유자의 부담이 커진다.
③ 원천(source) 측면에서 어떤 생산요소의 공급자에게 부담이 귀착된다는 사실은 모든 사람의 선호가 동일하기 때문에 나온 결과이다.
④ 두 생산요소 간 대체탄력성이 작을수록 상대가격의 변화는 작아지고 자본소유자의 부담이 작아진다.
⑤ 사용(use) 측면에서 소비자들의 선호가 다르다면 옷을 더 많이 소비하고 있는 사람일수록 더 많은 부담을 지게 된다.

18 노동집약적으로 생산되는 쌀과 자본집약적으로 생산되는 옷이 있다고 가정한다. 쌀의 생산에 고용된 자본에 대하여만 과세할 때 조세의 귀착에 관한 설명 중 옳지 않는 것은?

① 산출효과에 의해 노동의 상대가격이 하락하여 노동자의 부담이 커진다.
② 요소대체효과에 의해 노동의 상대가격이 상승하여 노동자의 부담이 작아진다.
③ 쌀의 수요탄력성이 클수록 산출효과가 커진다.
④ 쌀과 옷의 요소집약도의 차이가 작을수록 산출효과가 더욱 커진다.
⑤ 쌀과 옷의 요소대체탄력성이 클수록 산출효과가 더욱 커진다.

19 단순 2기간 생애주기모형에서 이자소득세만 부과하는 경우 개인의 저축에 미치는 영향으로 옳지 않은 것은? (단, 현재소비와 미래소비는 정상재, 무차별곡선은 원점에 대해 볼록, 이자율은 양(+)으로 주어져 있음)

① 이자소득세의 부과는 현재소비와 미래소비의 상대가격을 변화시켜서 대체효과와 소득효과를 모두 발생시킨다.
② 이자소득세 부과에 따른 소득효과는 일정수준의 미래소비를 유지하기 위하여 저축을 증가시키는 것을 말한다.
③ 소득효과가 대체효과를 압도하는 경우 저축이 증가한다.
④ 이자소득세 부과에 따른 대체효과는 현재소비의 기회비용을 낮추어 저축을 감소시키는 것을 말한다.
⑤ 이자소득세는 일반적으로 저축을 감소시키지만 초과부담이 발생하지 않는다.

20 정부가 투자자의 위험부담행위에 대해 보상을 해 주지 않고 투자수익에 과세를 하는 경우 투자자의 위험부담행위와 사회후생에 관한 설명으로 옳지 않는 것은? (단, 위험부담행위의 소득탄력성은 양수)

① 어떤 투자자의 입장에서 동일한 위험률에서 수익률이 낮아진다.
② 위험부담행위의 상대가격이 하락하여 대체효과와 소득효과가 발생한다.
③ 대체효과와 소득효과가 같은 방향으로 작용하여 위험부담행위가 감소한다.
④ 대체효과와 소득효과가 같은 방향으로 작용하여 위험부담행위가 증가한다.
⑤ 투자수익의 과세는 투자를 저해하여 사회후생을 감소시킨다고 볼 수 있다

21 어떤 재화에 대한 수요곡선과 공급곡선이 각각 다음과 같이 주어졌다고 한다.

> 수요 : $P=10-Q$
> 공급 : $P=2$

정부가 이 상품에 대하여 단위당 2원의 물품세를 부과하는 경우 초과부담액은?

① 1 ② 2 ③ 3 ④ 6 ⑤ 8

22 어떤 빵의 수요가 다음과 같다.

> $P=25-Q$

빵의 생산에 드는 한계비용은 5로 일정하다. 정부는 빵의 소비촉진을 위해 단위당 2의 보조금을 지급하기로 했다. 이 경우의 설명 중 옳은 것은?

① 원래의 균형에서 Q=20인데 보조금만큼 한계비용을 낮추어 생각하면 Q=22가 된다. 즉, 빵의 수요가 2단위 증가한다.
② 빵의 가치가 변한 것이 아닌데 빵의 수요가 늘어난 것은 보조금이 실질적으로 빵 생산자의 단위당 비용을 보조해 주어 인위적으로 한계비용을 낮춘 결과이다.
③ 보조금에 의해 증가한 수요에 대한 빵의 한계편익이 한계비용을 초과하므로 이 부분이 사회가 부담할 초과부담이다.
④ 빵에 대한 보조금의 초과부담액은 2이다.
⑤ 조세는 어떤 행위를 규제하므로 초과부담이 발생하지만 보조금은 그렇지 않다.

23 '배당금의 수수께끼'에 관한 설명으로 옳지 않은 것은?

① 기업경영자가 배당세율이 자본이득세율보다 낮다는 이유로 사내유보를 통한 투자확대보다 높은 배당금을 지급하는 현상을 말한다.
② 주인-대리인 간의 이익이 달라 발생하는 전형적인 문제로서 '주인-대리인문제(principal-agent problem)'로 설명 가능하다.
③ 소액주주의 필요성을 수용하여 배당금을 지급한다는 것으로 설명 가능하다.
④ 경영자가 미래의 수익성과 성장가능성에 대해 주주에게 신호(signal)를 발송하기 위해 배당금을 증가시킨다는 것으로 설명 가능하다.
⑤ 투자실패에 따른 자본손실을 피하고 배당금이라도 챙기자는 투자자의 심리적 특성으로 설명 가능하다.

24 최적 조세에 관한 설명으로 옳지 않은 것은?

① 콜렛-헤이그(Corlett and Hague) 규칙은 정액세 형태의 소득세처럼 모든 상품에 동일한 세율의 물품세를 부과하면 효율적이지만 여가에 과세할 수 없기 때문에 초과부담이 발생하므로 차등세율을 하여야 한다는 것이다.

② 램지(F. Ramsey) 규칙에 따르면 최적 조세제도는 모든 상품에 대하여 조세수입의 한계초과부담이 같아지는 조세제도이다.

③ 역탄력성 법칙에 의하면 각 상품에 대한 최적 세율은 수요의 가격탄력성에 반비례하도록 책정되어야 한다.

④ 램지 조세(Ramsey tax)는 주어진 세수목표와 소득분배목표에서 초과부담을 최소화하는 최적물품세를 말한다.

⑤ 소득계층 간 소비패턴에 차이가 있다면 부유한 사람이 주로 사용하는 상품에 높은 세율을 부과할 때 효율성과 공평성을 달성할 수 있다.

25 최적 소득세의 누진성과 효율성에 관한 설명으로 옳지 않은 것은?

① 비선형소득세의 경우 최적 세율은 낮은 소득에서 0으로 시작해서 소득이 높아짐에 따라 세율이 증가하다가 어느 소득수준부터는 감소해서 0이 되는 세율구조이다

② 스턴의 최적 선형누진세율에 영향을 미치는 요인은 두 가지이다. 하나는 평등에 대한 선호이고, 다른 하나는 소득-여가 사이의 대체탄력성이다.

③ 스턴(N. Stern)에 따르면, 정부의 세수목표가 클수록 최적 한계세율은 높지 않아야 노동의욕을 떨어뜨리지 않는 최적 세율구조가 된다는 것을 암시한다.

④ 스턴에 따르면, 평등성에 대한 선호가 강할수록 최적 소득세율은 높게 설정된다.

⑤ 스턴에 따르면, 소득-여가 사이의 대체탄력성이 높을수록 대체효과에 의한 초과부담이 발생할 가능성이 크므로 최적 세율은 낮아야 한다.

26 부(−)의 소득세제에서 과세표준이 Y(소득)일 때 조세함수는 $T = -100 + 0.2Y$이다. 이 때 설명 중 옳지 않는 것은?

① Y가 500이면 납부할 세금은 없다.

② Y가 400이면 20의 보조금을 받는다.

③ 동일한 세수목표 아래 세율이 2배로 인상되면 정액보조금은 200으로 되어야 한다.

④ 세율과 함께 정액보조금이 상승하면 초과부담이 커진다.

⑤ 평균세율과 한계세율이 일정하다.

27 법인세의 이중과세논쟁의 핵심은 고전적 제도를 완전통합제도와 비교하면 그 차이를 설명할 수 있다. 법인세 납부 전 법인소득이 100만원, 법인세율이 50%, 주주단계에서 70%의 개인소득세율로 과세된다고 가정하자. 이때 고전적 제도와 완전통합제도 아래서 법인세와 소득세납부액을 올바르게 서술한 것은?

ㄱ. 고전적 제도는 개인소득세와 법인세를 분리해서 이중과세하는 것이다.
ㄴ. 완전통합제도에서는 법인소득이 개인의 배당소득이 되어 과세된다.
ㄷ. 고전적 제도에서 법인세액은 50만원, 개인소득세액은 35만원이다.
ㄹ. 완전통합제도에서 법인세액은 50만원, 개인소득세액은 70만원이 된다.

① ㄱ, ㄴ ② ㄱ, ㄷ, ㄹ ③ ㄱ, ㄴ, ㄹ ④ ㄱ, ㄴ, ㄷ ⑤ ㄴ, ㄷ, ㄹ

28 부가가치세에 대한 설명 중 옳지 않는 것은?

① 영세율제도에 해당되는 상품이면 거래액을 환급받을 수 있는데, 이는 수출산업을 지원하고 육성하며, 국제적인 이중과세를 방지할 수 있는 효과가 있다.
② 면세대상 사업자가 생산하는 재화를 중간투입물로 사용하는 다른 과세대상 사업자가 있는 경우 면세제도는 원래의 목적과 달리 부가가치세의 수입을 증가시킨다.
③ 모든 상품에 일률적으로 과세되므로 서민들이 많이 구입하는 생활필수품 등의 소비에 역진적이다.
④ 우리나라의 부가가치세액을 결정하는 방식은 우선 총판매액에서 중간투입물의 구입비용과 자본재의 구입비용을 공제하는 소비형 과세방식을 택하고 있다.
⑤ 면세제도는 부가가치세가 생활필수품 등에 매우 역진적이므로 서민들의 세부담을 완화하여 소비지출을 증가시키는 효과가 있다.

29 부과방식의 국민연금제도 도입이 미치는 경제적 효과에 관한 이론적 설명으로 옳지 않은 것은?

① 국민연금제도를 도입하면 공적저축은 없고 재산대체효과(wealth substitution effect)로 국민저축이 줄어든다.
② 국민연금제도가 도입되면 은퇴효과만 고려하면 저축이 증가한다.
③ 국민연금제도가 도입되면 상속효과만 고려하면 저축이 증가한다.
④ 국민연금제도가 도입되면 소득재분배효과를 가진다.
⑤ 국민연금제도 도입될 때 개인들이 은퇴 후 일하면서 추가로 번 소득에 일정한 삭감된 연금이 지급된다면 소득효과와 대체효과에 의해 노동공급에 미치는 영향이 불분명하다.

30 '갑' 나라에서는 사회복지와 노동을 결합한 생산적 복지를 위해 '근로빈곤층'에게 근로유인과 함께 최저생활을 보장해 주자는 취지의 근로장려세제를 도입하기로 했다. 이 나라에 살고 있는 근로빈곤층인 갑돌이는 일을 하여 낮은 소득을 벌고 있지만 공공부조의 혜택은 못 받고 있다고 한다. 갑돌이는 여가를 정상재로 여긴다. '갑' 나라에서 현금으로 지원하는 근로장려세제는 근로소득이 매우 낮은 경우 근로소득이 증가함에 따라 근로장려금이 증가하는 점증구간, 근로소득이 어느 수준을 초과하면 근로소득이 증가함에 따라 근로장려금이 감소하는 점감구간, 그리고 두 구간 사이의 어떤 소득범위에 대해서는 근로장려금이 일정한 평탄구간을 두고 운영된다. 이 경우 근로장려세의 경제적 효과에 관한 설명으로 옳지 않는 것은?

① 점감구간에서는 소득효과와 대체효과가 모두 발생하는데, 두 효과 모두 노동공급을 감소시킨다.
② 점증구간에서도 소득효과와 대체효과가 모두 발생하는데, 두 효과가 서로 상반되게 작용한다.
③ 평탄구간에서는 일정한 액수의 근로장려금이 지급되므로 소득효과만 발생한다.
④ 갑돌이는 현재 일을 하지 않고 있으므로 여가-소득의 선택에서 점증구간의 어디에서 선택할 것으로 예상된다.
⑤ 점감구간에서는 노동공급을 증가시키는 방향으로 작용한다.

31 지방재정조정제도에 관한 설명으로 옳지 않은 것은?

① 지방교부세와 국고보조금을 통해 중앙정부는 지방재정을 조정할 수 있으며, 이와 같은 지방재정조정을 제도화한 것을 지방재정조정제도라고 하는데, 지방정부의 재원에서 일반재원에 해당한다.
② 조건부 교부금(conditional grant)은 중앙정부가 사용목적에 대해 특정한 조건을 달아 지급하는 범주적 교부금이다.
③ 비대응교부금(non-matching grants)은 지방정부에 의한 사업비의 재원조달과 상관없이 공공사업을 하는 조건을 달아 지급하는 교부금으로서 소득 혹은 현물보조의 지급방식이다.
④ 대응교부금(matching grant)은 특정사업비의 일정비율만 지급하는 교부금으로서 가격보조의 지급방식이다.
⑤ 무조건부 교부금(unconditional grant)은 지방정부와 세입을 공유(세입분여)한다는 의미로 아무 조건 없이 지급하는 교부금이다.

32 정부지출에 관한 바그너의 법칙에 대한 원인으로 가장 옳지 않는 것은?

① 사회적 혼란기에 민간지출을 대신(전위)하는 정부지출이 급증해도 쉽게 용인되며, 혼란이 수습되어도 한동안 높은 수준으로 지속되다가 다른 혼란이 오면 톱니처럼 다시 더 높은 수준으로 증가하기 때문이다.
② 소득이 전반적으로 상승할 때 중위투표자의 공공재수요의 소득탄력성이 매우 크다면 공공선택의 과정에서 중위투표자가 원하는 만큼 정부지출이 크게 증가하기 때문이다.
③ 기술혁신과 생산성의 증가가 잘 이루어지지 않는 공공부문에서 공공재의 생산비용이 상대적으로 빨리 상승하여 정부지출이 증가하기 때문이다.
④ 정부가 여러 조세형태로 쪼개어 조세수입을 올리고, 또한 공채발행이나 화폐증발에 의해 재원을 조달해서 공공재에 대한 국민의 '인식가격'이 인하되는 효과가 발생하기 때문이다.
⑤ 사람들은 합리적 무지에 의해, 공공서비스의 편익과 조세가격을 과소평가하지만 편익을 더욱 과소평가하여 공공서비스가 과다공급되기 때문이다.

33 국공채 발행에 의한 재정적자에 관한 설명으로 옳은 것을 고른다면?

ㄱ. 국공채 발행을 통해 재정적자를 충당하면 케인즈학파는 승수효과만큼 총수요 증가를 가져오지만 개방경제에서는 총수요의 증가로 금리가 상승하여 민간투자를 억제하는 구축효과가 발생한다.
ㄴ. 개방경제에서는 재정적자에 의한 정부지출의 확대로 금리가 상승하면 해외금리가 상대적으로 낮아져서 원화약세가 되면 수출은 늘고 수입은 감소하여 경상수지가 흑자로 되는 경향이 있다.
ㄷ. 새고전학파의 배로(R. Barro)는 합리적인 사람이라면 국공채의 자산효과가 있더라도 구축효과에 의해 상쇄된다고 본다.
ㄹ. 통화주의자들은 공채의 러너효과 때문에 개인들이 공채를 자산으로 보고 더 부유하게 되었다고 생각하여 화폐수요와 소비지출을 증가시키고, 이에 따라 공채발행에 따른 금리상승요인은 민간투자의 일부를 억제하는 구축효과를 발생시킨다.

① ㄱ　② ㄱ,ㄷ　③ ㄱ, ㄴ　④ ㄴ,ㄷ　⑤ ㄱ, ㄹ

34 공채부담에 대한 설명 중 옳지 않는 것은?

① 러너의 견해는 "공채는 자기 자신에 대한 채무"라는 말을 하면서 공채의 현재세대부담설을 주장한다.
② 뷰캐넌은 공채에 의한 재원조달은 과세를 미래로 연기하는 것이므로 공채부담을 미래세대에 전가한다고 주장한다.
③ 새무엘슨의 중복세대모형(Overlapping Generation Model, OG모형)은 공채가 내국인에 의한 차입(내국채)이라고 하더라도 미래세대로 공채부담이 전가된다는 것이다.
④ 미래세대의 부담증가를 고려하여 현재세대가 행동할 경우 세대 간 공채의 부담 전가현상은 발생하지 않는다.
⑤ 리카도의 대등정리는 사람들이 합리적이라는 가정을 하기 때문에 현실성이 높다.

35 공공서비스의 가격설정이론에 관한 설명으로 옳지 않은 것은?

① 공공요금은 한계비용의 원리에 의하여 결정하고 정부가 보조금을 지원하는 것은 바람직하다.
② 램지가격설정방식은 수요탄력성이 작은 시장에 요금마진율을 낮추고 수요탄력성이 큰 시장에 요금마진율을 높이는 것이 사회후생 손실을 최소화한다는 가격체계이다.
③ 이부가격으로 사회후생손실을 최소화한다는 것은 소비자잉여와 생산자잉여가 크도록 한다는 것이다.
④ 최대부하가격은 비수기와 성수기의 수요조절로 시설의 효율적인 이용을 도모하는 요금체계이다.
⑤ 비용체감산업에서 공공요금을 평균비용에 일치하도록 결정하면 파레토효율적이지 못하다.

36 정부가 전화와 전기의 두 공공서비스를 제공하고 있다. 전화에 대한 수요의 탄력성이 2, 전기에 대한 수요탄력성이 1이다. 램지가격설정방식에 의해 전화서비스요금을 한계비용보다 20% 더 높게 책정했다. 전기의 가격은 한계비용보다 얼마나 높게 정해야 하는지 옳게 설명한 것은?

① 정부는 전기의 한계비용보다 10% 더 높게 매긴다.
② 정부는 전기의 한계비용보다 20% 더 높게 매긴다.
③ 정부는 전기의 한계비용보다 30% 더 높게 매긴다.
④ 정부는 전기의 한계비용보다 40% 더 높게 매긴다.
⑤ 정부는 전기의 한계비용보다 50% 더 높게 매긴다.

37 법인세에 관한 설명 중 옳지 않는 것을 모두 고른 것은?

ㄱ. 법인세는 원칙적으로 회계적 이윤과 자기자본의 기회비용으로 구성되는 경제적 이윤에 대하여 과세한다.
ㄴ. 법인의 추가적 한계투자가 차입자금으로 조달되고, 세제상의 감가상각률이 경제적 감가상각률과 일치할 때 법인세는 경제적 이윤에 대한 과세로 볼 수 있다.
ㄷ. 자기자본에 대한 이자는 비용으로 공제하지 않고 있으므로 법인세는 자본에 대한 과세로 볼 수 있다.
ㄹ. 법인세의 이중과세는 효율성은 달성하지만 공평성의 측면에서 법인과 비법인 부문을 달리 취급하는 문제를 가진다.

① ㄱ, ㄴ
② ㄱ, ㄷ, ㄹ
③ ㄱ, ㄹ
④ ㄴ, ㄷ
⑤ ㄱ, ㄴ, ㄷ, ㄹ

38 부가가치세에 관한 설명 중 옳지 않는 것은?

① 부가가치세는 소비재를 과세대상에 어떻게 포함시키는가에 따라 몇 가지 유형으로 구분된다.
② 일정기간의 총매출액에서 모든 중간투입물의 구입비용과 함께 자본재의 구입비용을 빼는 방식의 부가가치세를 소비형 부가가치세라고 한다.
③ 일정기간의 총매출액에서 모든 중간투입물의 구입비용을 뺀 후 추가로 자본재의 감가상각비용을 뺀 것을 과세대상으로 삼는 유형의 부가가치세를 순소득형 부가가치세라고 한다.
④ 일정기간의 총매출액에서 중간투입물의 구입비용만 공제하고, 자본재와 관련한 비용(구입비용과 감가상각비용)을 공제해주지 않는 유형의 부가가치세를 총소득형부가가치세라고 한다.
⑤ 가장 포괄적인 유형의 부가가치세는 총소득형 부가가치세이라고 할 수 있다.

39 자산세의 근거로 옳지 않는 것은?

① 경제전체의 효율성과 공평성을 높인다.
② 편익의 원칙에 부합한다.
③ 지불능력의 원칙에 부합한다.
④ 조세회피 및 세원이전이 어렵다.
⑤ 세수확보가 용이하다.

40 헤이그-사이먼즈의 소득에 대한 설명 중 옳지 않는 것은?

① 헤이그-사이먼즈의 소득은 주어진 과세기간 동안의 소비의 시장가치와 자산가치의 순변화의 합으로 정의된다.
② 미실현 자본이득도 소득에 포함시켜야 하는데, 전혀 거래되지 않고 있을 경우 자산가치의 변화를 정확히 측정한다는 것은 쉬운 일이 아니다.
③ 귀속임대료(imputed rent)도 측정하여 소득에 포함시켜야 하지만 측정 자체가 쉽지 않다.
④ 소득을 측정하는 것도 문제이지만 소득을 얻는 데 소요되는 비용을 어떻게 측정할 것인가 하는 문제도 있다.
⑤ 헤이그-사이먼즈의 소득은 인적자본(human capital)과 물적자본(physical capital)이 모두 포함되어 있어서 조세의 공평성원칙에 부합된다.

세무사 재정학 모의고사 2

01 공공부문의 경제행위가 갖는 특징에 대한 설명 중 옳지 않는 것은?

① 경제주체가 대리인이라는 점이다.
② 합법적으로 강제력을 가지는 강제성의 원리가 적용된다.
③ 누구에게나 적용되는 보편성을 가진다.
④ 비시장배분의 방법에 의해서만 재화와 서비스가 배분된다.
⑤ 일반보상의 원리에 의해 집합적 욕구를 충족시킨다.

02 파레토효율에 대한 설명 중 옳지 않은 것은?

① 파레토개선이 불가능한 상태를 말한다.
② 효율성과 공평성을 모두 고려한 가장 이상적인 상태를 말한다.
③ 소비자들의 효용이 극대화되는 상태이다.
④ 생산자들의 이윤이 극대화되는 상태이다.
⑤ 시장경제와 상관없는 자원배분상태이다.

03 어느 경쟁산업의 대표적 소비자의 수요곡선이 $D=8-2P$이며, 대표적 생산자의 고정비용이 1이고 가변비용이 생산량에 비례한다. 이때 소비자잉여와 생산자잉여의 합계는?

① 1
② 3
③ 5
④ 6
⑤ 8

04 정부의 개입에 대한 근거로서 옳지 않는 것은?

> A. 공공재의 존재
> B. 외부성의 존재
> C. 경기변동
> D. 공공선택
> E. 정보의 비대칭성

① A
② B
③ C
④ D
⑤ E

05 사회후생함수에 관한 설명으로 옳지 않는 것은?

① 사회구성원들 각자의 효용을 모두 고려하여 그 사회전체의 총후생수준을 하나의 함수값으로 나타내는 과정을 사회후생함수라고 한다.
② 한 사회의 구성원들의 공평성에 대한 가치관을 반영한다.
③ 개인들의 효용을 사회효용으로 완전히 변화시키는 것은 불가능하다.
④ 사회후생함수의 현실적 선택장치가 각종 투표제도들이다.
⑤ 공리주의적 사회후생함수에서는 소득재분배가 사회후생을 감소시킬 수 있다.

06 GNP=12인 경제에서 다음처럼 세 사람(A, B, C)에게 소득이 나뉜다.

소득	분배상태 1	분배상태 2	분배상태 3
A	2	1	1
B	2	3	5
C	8	8	6

다음 설명 중 옳지 않은 것은?

① 소득의 분배상태 1에서는 지니계수가 1/2이다.
② 지니계수로 볼 때 분배상태 3이 가장 평등하다.
③ 롤스에 따르면 분배상태 1에서 사회후생이 가장 높다.
④ 공리주의에 따르면 어느 분배상태에서나 사회후생이 동일하다.
⑤ 답이 없다.

07 다음은 어떤 재화에 대한 수요함수이다. 다음 설명 중 옳지 않는 것은?

> $Q=(\frac{X}{N})^a$
> 단, Q : 개인의 소비수준
> X : 재화량
> N : 인원수

① $a=1$인 재화는 소비가 경합적이고 다른 사람을 소비에서 완벽히 배제할 수 있다.
② $a=0$인 재화는 어떤 사람의 소비가 다른 사람의 소비를 줄이지 않고, 다른 사람을 소비에서 완벽히 배제할 수 있다.
③ $0<a<1$인 재화에는 혼잡한 도로나 거리가 있으며, 이 재화는 비경합적이고 배제적이다.
④ $a=1$인 재화의 수요곡선은 각 개인의 수요곡선을 수평으로 합하여 구한 것이다.
⑤ $a=0$인 재화의 수요곡선은 각 개인의 수요곡선을 수직으로 합하여 구한 것이다.

08 무인도에 살고 있는 로빈슨 크루소와 프라이데이는 낚시를 하고 돌아올 때 방향을 안내할 수 있는 등대(Z)를 설치하려고 한다. 이 등대를 설치하는 데 드는 한계비용은 100원이라고 한다. 등대의 가격이 P원이라고 할 때 두 사람의 등대에 대한 수요함수는 다음과 같다.

> $Z^C=-P+100$
> $Z^F=-\frac{1}{2}P+75$
> 단, Z^C는 크루소의 공공재수요
> Z^F는 프라이데이의 공공재수요

다음 설명 중 옳지 않는 것은?

① 등대에 대한 (가상적) 시장수요곡선은 $-\frac{3}{2}P+175$이다
② 등대에 대한 시장공급곡선은 P=100이다
③ 공공재의 효율적 공급량은 50이 된다.
④ 크루소와 프라이데이의 한계편익은 각각 50, 50이다.
⑤ 무인도의 세계에서 각자가 편익의 원칙에 따라 조세를 납부하므로 효율적이지만 무임승차자의 문제가 있을 수 있다.

09 디즈니마을에 미키와 미니, 구피가 살고 있다. 이 마을의 길에 가로수를 설치하려고 하며 가로수의 총설치비용이 9만원이라고 한다. 미키와 미니, 구피의 편익은 각각 5, 3, 2(만원)이다. 그런데 구피는 가로수가 필요 없다며 가로수설치를 반대한다. 다음 설명 중 옳지 않는 것은?

① 미키는 중추적 사람이며 클라크세를 3만원 내게 하면 정직하게 가로수 수요를 표출하게 된다.
② 미니는 중추적 사람이 아니며, 클라크세를 내지 않으면 정직하게 가로수 수요를 표출하게 된다.
③ 구피는 중추적 사람이며, 클라크세를 내지 않으면 정직하게 가로수 수요를 표출하게 된다.
④ 클라크세는 추가적으로 납부하는 세금이므로 민간소비를 구축하여 비효율적이다.
⑤ 미키가 자신의 선호를 속여 0.5(만원)라고 말하면 클라크세를 내지 않아도 되지만 손해를 본다.

10 어떤 지역에 있는 철강업자 A사와 B사가 생산과정에서 발생하는 폐수를 깨끗이 정화처리하는 데 비용이 들어간다. 예를 들어 폐수방출량이 s톤일 때 각사의 정화처리비용은 다음과 같다.

A사의 정화처리비용 : $c=10s-\frac{1}{2}s^2$

B사의 정화처리비용 : $c=15s-\frac{1}{2}s^2$

상수도관리본부는 A사와 B사의 한계정화처리비용을 다음과 같이 구한 후,

A사의 한계정화처리비용 : $mc_a=10-s$
B사의 한계정화처리비용 : $mc_b=15-s$

다음 설명 중 옳지 않는 것은?

① 폐수 1톤당 5원의 배출부과금을 부과하면 A사의 최적배출량은 5톤이다.
② 폐수 1톤당 5원의 배출부과금을 부과하면 B사의 최적배출량은 10톤이다.
③ 폐수배출총량을 10톤으로 규제하고, 각사에 5톤의 폐수배출거래권을 나누어 주면 A사의 최적폐수배출량은 2.5톤이다.
④ 폐수배출총량을 10톤으로 규제하고, 각사에 5톤의 폐수배출거래권을 나누어 주면 B사의 최적폐수배출량은 2.5톤이다.
⑤ 폐수배출총량을 10톤으로 규제하고, 각사에 5톤의 폐수배출거래권을 나누어 주면 균형배출권가격은 7.5원이다.

11 다음 표는 현재의 상태에서 도서관 건립(X)과 체육관 건립(Y) 안건이 채택되었을 때 세 명의 투표자들의 효용(만족도)의 변화를 나타낸다.

투표자	안건	
	도서관(X)	체육관(Y)
A	–5	–5
B	12	–5
C	–5	12

다음 설명 중 옳지 않은 것은?

① 각 안건별로 다수결에 의해 결정을 한다면 모든 안건이 부결된다.
② 만약 투표자의 연합이 만들어진다면 투표자 B는 X안, 투표자 C는 Y안이 채택될 때 이익이 매우 크기 때문에 서로 표 교환행위를 한다.
③ 다수결이 투표연합보다 사회후생을 높인다.
④ 투표연합이 다수결보다 사회후생을 높인다.
⑤ 투표연합에 의한 승리연합이 표를 주고받는 투표거래를 하는 것이 정치적 결탁이다.

12 관료모형에 관한 설명 중 옳지 않은 것은?

① 공공선택론이 주로 수요자중심으로 공공재 공급수준을 설명하는데, 관료모형은 공급자중심으로 공공재 공급수준을 설명한다.
② 니스카넨 모형에서 기관 간 경쟁을 통하여 공급가격에 대한 정보독점을 줄여서 정부규모의 확대를 방지할 수 있다.
③ 니스카넨 모형에서 공공기관의 편익과 비용구조를 알기 어려워 비효율성이 발생하면 민영화나 민간시장을 활용할 수 있다.
④ 니스카넨 모형에서 관료의 보수체계를 공공재 생산비용의 절감액과 연관을 지어 절감액의 일부를 지급받도록 하여 이윤동기를 부여할 수 있다.
⑤ 미그에-벨랑제모형에서 관료의 효용함수가 U=z+R(z : 관료적 생산수준, R : 직책상의 특권)일 때와 U=3z+R일 때를 비교하면 첫 번째 관료가 공공서비스를 더 많이 공급한다.

13 정부가 특정 공공재의 생산 · 공급을 계획하여 사회의 편익과 사회의 비용을 사회적 할인율로 할인한 결과 그 값이 양(+)이 나와 시행하기로 했다. 그리고 당해사업에 필요한 재원은 조세를 통해서 조달하기로 했다. 정부의 의사결정을 효율성과 공평성 측면에서 평가한 것에 대한 설명으로 옳지 않는 것은?

① 순편익의 현재가치를 극대화하므로 효율적이라고 할 수 있다.
② 조세를 통해 재원을 조달하므로 반드시 손해를 보는 자와 이익을 보는 자가 생기기 마련이다. 따라서 공평하다고 볼 수 없다.
③ 민간부문의 투자에 쓰여야 할 부분이 공공투자에 쓰인 경우, 합당한 사회적 할인율로는 민간투자의 수익률을 반영하는 사회적 기회비용 즉 자본의 사회적 기회비용을 사용할 수 있다.
④ 어떤 사업의 사회적 편익은 그 사업에서 발생하는 사회후생, 즉 소비자잉여와 생산자잉여의 증가로 평가한다.
⑤ 비용-편익분석은 사회후생의 관점에서 공평하고 효율적인 자원배분을 위한 공공투자사업의 타당성분석이라고 할 수 있다.

14 디즈니랜드의 대표적 소비자의 효용함수가 다음과 같다.

$$U=\sqrt{M}$$
단, M : 화폐소득

디즈니정부가 어떤 공공사업을 하려고 하는데 이 사업은 1/2의 확률로 100억의 순편익을 주지만, 1/2의 확률로 아무런 순편익도 주지 않는다. 디즈니정부의 공공사업에 관한 설명 중 옳지 않는 것은?

① 정부의 공공사업이 위험성문제를 가질 때 공공사업의 순편익의 기대효용과 같은 효용수준을 가져다주는 확실한 금액, 즉 확실대등액을 찾아 사용한다.
② 애로우-린드 정리에 따르면 공공사업의 편익규모가 작고 편익과 비용이 다수에게 분할되는 경우 위험도 분산되어 위험성문제가 거의 발생하지 않는다.
③ 공공사업의 기대순편익의 확실대등액은 25억원이다.
④ 디즈니정부의 공공사업의 위험할인율은 0.25이다.
⑤ 순편익을 위험할인하여 확실대등액으로 바꾸어 공공사업의 위험성에 대한 조정액을 구한다.

15 조세귀착에 대한 설명 중 옳지 않은 것은?

① 귀착분석은 조세의 분배효과를 측정하는 것이며, 조세 이외에 소득분배에 영향을 미치는 다른 요인들 중 어떤 요인을 고정된 것으로 취급하는가에 따라 여러 방법이 있다.
② 절대귀착은 모든 조세와 정부지출이 불변이라는 가정하에서 특정조세가 소득분배에 미치는 효과를 분석한다.
③ 차별귀착은 모든 조세와 정부지출이 불변이라는 가정하에서 특정조세를 다른 종류의 조세로 대체했을 경우 나타나는 분배효과를 분석한다.
④ 균형예산귀착은 다른 조세가 없다고 보고 특정조세의 부과에 따른 분배효과뿐만 아니라 이 조세수입을 통한 정부지출의 분배효과까지 함께 분석한다.
⑤ 귀착분석은 귀착의 분석방법상의 조건 이외에 부분균형분석과 일반균형분석, 장단기, 폐쇄 및 개방경제 등으로 분류해 볼 수 있다.

16 쌀과 옷이라는 두 재화 중 옷에 대한 물품세의 효과를 하버거의 일반균형모형으로 분석할 경우 옳지 않는 것은?

① 조세의 부과로 쌀산업은 조세부과 전보다 더 많은 요소를 고용하게 된다.
② 옷이 자본집약적이라면 조세부과 후에는 쌀과 옷산업 모두 조세부과 전보다 더 자본집약적이 된다.
③ 자본집약적인 산업에 조세가 부과되면 자본의 상대가격이 하락하고 노동의 상대가격이 상승하는데, 이는 각 산업이 자본을 더 많이 사용함에 따라 자본의 한계생산이 감소하기 때문이다.
④ 자본집약적인 상품에 조세가 부과되면 자본가에게 불리하게 된다.
⑤ 조세가 부과된 후 생산의 효율성은 만족되지만 소비의 효율성은 만족되지 않는다.

17 비효율성계수가 0인 경우에 관한 설명으로 옳지 않은 것은?

ㄱ. 보상수요가 완전비탄력적인 경우
ㄴ. 소득보조금을 주는 경우
ㄷ. 소득효과는 존재하지만 대체효과는 존재하지 않는 경우
ㄹ. 가격보조를 해주는 경우

① ㄱ ② ㄴ ③ ㄷ ④ ㄹ ⑤ ㄱ, ㄹ

18 노동집약적인 X상품과 자본집약적인 Y상품이 있다. X상품 생산에 고용된 자본에 대하여 부분요소세를 부과할 때 요소가격비율의 변화로 옳은 것은?

① 노동의 자본에 대한 상대가격이 상승한다.
② 노동의 자본에 대한 상대가격이 하락한다.
③ 노동의 자본에 대한 상대가격이 불변이다.
④ 노동의 자본에 대한 상대가격이 불분명하다.
⑤ 노동의 자본에 대한 상대가격이 상승하다가 하락한다.

19 '크루소'라는 나라의 조세제도는 다음과 같다.

> (가) 법인세제는 기업이 지급한 이자를 경비로 처리한다.
> (나) 법인세제는 10%의 투자세액공제를 허용한다.
> (다) 이자소득의 세율은 근로소득의 2배이다.
> (라) 주주의 자본이득과 배당소득은 이자소득과 동일한 세율이다.

크루소 정부가 법인세율을 인하하기로 했다. 기업들의 자본구조, 즉 부채-자본비율에 관한 설명 중 옳은 것은?

① 법인세의 인하는 부채비율에 영향이 없다.
② 법인세의 인하는 부채의 감세효과를 높인다.
③ 법인세의 인하는 채권보유를 유리하게 만든다.
④ 법인세의 인하는 부채비율을 낮춘다.
⑤ 법인세의 인하는 부채의 증세효과를 낮춘다.

20 '디즈니랜드'에서 사과의 한계비용은 7로 일정하며 시장에서 사과는 조세 4를 포함하여 11의 가격에 거래되고 있다. 그런데 배에 대하여는 조세가 부과되고 있지 않는 현실에 대하여 사과공급자들이 불평하며 조세부과를 요구하였다. 이에 따라 디즈니 정부는 배에 대하여도 단위당 2의 조세를 부과하기로 했다. 배의 조세로 인해 사과의 소비가 7단위 증가하였다. 단, 배의 한계비용은 10으로 일정하고 배의 수요는 다음과 같다.

$$P=30-Q$$

배에 대한 조세부과가 사회후생에 미치는 영향을 옳게 설명한 것은?

① 배에 대한 조세부과로 초과부담이 2만큼 증가하여 사회후생이 감소한다.
② 사과의 생산과 소비가 7단위 증가하지만 배의 조세로 사회후생의 증가여부는 불분명하다.
③ 배의 생산감소와 사과의 생산증가가 정확히 상쇄되어 사회후생이 불변한다.
④ 사회후생이 26만큼 증가한다.
⑤ 답이 없다.

21 정부는 담배에 대한 개별소비세의 초과부담을 추정하려고 한다. 담배인삼공사는 담배의 공급을 주어진 가격에서 무한히 공급할 수 있다고 한다. 담배의 수요곡선을 추정하여 탄력성을 계산한 결과 2를 얻었으며, 담배가격은 현재 갑당 1,000원이고 이 가격에 100갑이 판매되고 있다. 정부는 담배소비세를 100원 올리기로 했다. 다음 설명 중 옳지 않는 것은?

① 사회후생손실액은 1,000원이다.
② 담배의 과세 후 소비자가격은 1,100원이다.
③ 정부의 조세수입은 10,000원이다.
④ 과세 후 담배소비량은 80갑이다.
⑤ 초과부담액은 2,000원이다.

22 완전보완재인 X상품과 Y상품만 소비하는 경우 X상품에만 과세할 때의 물품세 효과에 관한 설명 중 옳은 것은?

① Y상품에 소득효과와 대체효과에 의해 소비가 늘어난다.
② X상품에 대한 과세는 Y상품에로의 대체효과를 발생시킨다.
③ X상품에 대체효과만 발생하여 초과부담이 발생한다.
④ X상품이 기펜재인 경우 실질소득이 줄면 오히려 Y상품의 소비가 줄어들 수도 있다.
⑤ X상품에 대한 과세는 대등변화가 조세수입과 같아서 초과부담이 없다.

23 '빵과 옷이 있는데, 빵에 물품세를 부과한 후에도 빵의 수요량에 변화가 없다. 이에 관한 설명으로 옳은 것은?

① 빵이 정상재인 경우 대체효과와 소득효과가 서로 반대로 작용하여 두 효과의 합이 0이 될 수 있다.
② 빵이 정상재인 경우 옷과 독립적이어서 아무 효과가 발생하지 않는다.
③ 빵이 정상재인 경우 대체효과는 빵의 수요를 줄이고, 소득효과는 빵의 수요를 늘인다.
④ 빵이 열등재인 경우 대체효과는 빵의 수요를 줄이고, 소득효과는 빵의 수요를 늘인다.
⑤ 빵이 열등재인 경우 옷과 독립적이어서 아무 효과가 발생하지 않는다.

24 어떤 토지에서 연간 100만원의 임대료수입이 연말마다 영구히 기대된다고 하자. 경쟁시장이자율이 10%이며, 토지세 1%가 매년 일정하게 부과될 경우 토지의 가격에 생기는 변화에 대한 설명 중 옳지 않는 것은?

① 조세의 자본화
② 공표효과
③ 극단적인 후전현상
④ 토지의 가격은 900만원이다.
⑤ 조세환원액은 10만원이다.

25 '디즈니랜드'의 법인세율은 10%이다. 그런데 법인세의 한계실효세율을 측정해보니 10%보다 낮게 나타났다. 이에 관한 설명으로 옳지 않은 것은?

① 조세쐐기를 세전투자수익률로 나눈 것을 한계실효세율이라고 한다.
② 한계실효세율이 0보다 크면 법인세가 투자를 저해한다.
③ 가속감가상각제도는 한계실효세율을 낮춘다.
④ 특정기간조세감면제도(Tax Holidays)는 한계실효세율을 낮춘다.
⑤ 준비금제도(납세시기를 늦추어주는 제도)는 한계실효세율을 높인다.

26 근로소득세의 인상으로 근로의욕이 증가한 경우에 대한 설명 중 옳지 않는 것은?

① 여가가 정상재라면 소득효과가 대체효과보다 커서 근로의욕이 증가한다.
② 여가가 열등재라면 어떤 효과도 근로의욕을 감소시키므로 열등재가 아닌 경우이다.
③ 노동공급곡선이 후방굴절되는 구간이어서 세율인상으로 근로의욕이 증가한다.
④ 동일한 세수의 정액세를 사용하면 초과부담이 없고 근로의욕이 항상 증가한다.
⑤ 근로소득세의 인상은 대등변화가 조세수입보다 크게 하므로 근로의욕이 증가한다.

27 최적물품과세에 대한 설명으로 옳은 것은?

ㄱ. 램지규칙(Ramsey rule)은 각 상품에 부과하는 조세의 한계초과부담이 같도록 한다는 것이다.
ㄴ. 콜렛-헤이그(Corlett-Hague) 규칙은 각 상품에 부과하는 물품세의 세율을 수요의 가격탄력성에 반비례하도록 정하는 것이다.
ㄷ. 모든 상품가격의 일정비율로 물품세를 부과하는 경우 초과부담의 문제는 발생하지 않는다.
ㄹ. 작업복과 같은 물품에 낮은 세율을, 골프용품과 헬스용품과 같은 물품에 높은 세율을 적용하는 것이다.
ㅁ. 쌀과 같은 물품에 높은 세율을, 밍크코트와 같은 물품에 낮은 세율을 적용하는 것이다.
ㅂ. 최적물품과세는 공평한 소득분배와 초과부담의 최소화를 조화시키는 과세체계이다.

① ㄱ, ㄴ, ㅁ　② ㄱ, ㄹ, ㅁ　③ ㄱ, ㄷ, ㄹ, ㅁ
④ ㄱ, ㄷ, ㄹ, ㅂ　⑤ ㄱ, ㄴ, ㄹ, ㅁ

28 최적소득세에 대한 설명 중 옳지 않는 것은?

① 최적소득세율은 소득-여가 혹은 노동공급의 대체탄력성를 고려하여 결정된다.
② 최적소득세율은 세수확보의 목표를 고려하여 결정된다.
③ 최적소득세율은 소득분포와 불평등혐오지수를 고려하여 결정된다.
④ 최적소득세율은 소득재분배효과와 초과부담최소화의 조화를 이루는 과세체계이다.
⑤ 최적소득세율은 소득이 증가할 때 평균세율은 한계세율보다 낮지만 최고소득계층의 경우 평균세율이 체증한다.

29 법인세와 소득세의 조정에 대한 이론적 설명으로 옳지 않은 것은?

① 부분통합방식으로 그로스업(gross-up)방식은 주주단계에서 이중과세를 조정한다.
② 자본이득방식은 완전통합방식으로 실현여부와 관계없이 주주단계에서 소득세로 과세된다.
③ 과세의 공평성은 법인보다 개인에게만 적용가능하기 때문에 이를 위해 조정이 필요하다.
④ 법인을 독립적인 조세주체로 보면 법인세와 소득세를 조정할 필요가 없다.
⑤ 과세의 수직적 공평성을 확보하기 위해 법인세와 소득세의 이중과세를 조정해야 한다.

30 법인세에 관한 설명으로 옳지 않는 것은?

① 인플레이션이 발생할 때 후입선출법은 법인세의 부담을 증가시킨다.
② 법인세는 법인부문에 투자된 자본에 대한 과세라고 볼 때 단기적으로 자본에 불리하다.
③ 법인세는 법인부문에 투자된 자본에 대한 과세라고 볼 때 장기적으로 노동자와 소비자에게 전가된다.
④ 법인세가 경제적 이윤에 대한 과세라면 주주에게 부담이 지워진다.
⑤ 법인세는 자기자본에 대한 부분요소세로서 비법인부문으로의 자본이동이 일어나 비효율성을 초래한다.

31 부가가치세는 우리나라에서 10%의 단일세율을 적용하고 있다. 다음 설명 중 옳지 않는 것은?

① 일반과세자인 구두방이 가공한 소가죽을 1억5천만원어치 구입해서 2억원의 판매액을 올렸다고 할 때 부가가치세로 납부해야 할 금액은 500만원이다.
② 생선가게에서 생선을 1억5천만원어치 구입해서 2억원의 판매액을 올렸다고 할 때 부가가치세로 납부해야 할 금액은 면세제도에 의해 0이 된다.
③ 생선가게에서 생선을 1억5천만원어치 구입해서 생선전량 2억원에 수출판매되고 있다면 부가가치세는 영세율제도에 의해 1,500만원 환급받는다.
④ 우리나라의 소비형 부가가치세는 투자를 저해하는 효과를 가진다.
⑤ 소매단계에서 영세율제도를 도입하면 각 유통단계의 부가가치세의 합은 0이 된다.

32 갑돌이는 아내 갑순이와 자녀 2명이 있는 근로소득자이다. 세법에 따라 연간 600만원의 인적 공제를 허용하고, 소득 중 300만원 이하 부분에 대해서는 전액 근로소득공제를 해 주고, 이의 초과부분에 대해서는 20%를 추가공제해 주기로 했다. 갑돌이가 세금을 내지 않는 최대소득액은? (단위 : 만원)

① 600 ② 900 ③ 920 ④ 960 ⑤ 1,200

33 '을' 나라에서는 국민연금제도를 운영하기 위해 다음과 같은 연금산출공식을 만들었다고 한다.

> 기본연금액 $= c(A+B)\times(1+0.05N/12)$
>
> A : 연금수급 전 3년간의 전체가입자의 월평균소득액
> B : 가입자 개인의 가입기간 중 월평균소득액
> N : 20년 초과가입월수
> 0.05 : 가입기간 20년 초과연수의 가산(5%) 비례상수
> c : 평균급여에 맞추기 위한 상수

다음 설명 중 옳지 않는 것은?

① A부분은 사회적 공평성의 관점에서 소득재분배가 되도록 하는 것이다.
② B부분은 가입자 개인의 평균소득에 비례해서 연금급여를 지불하는 것이므로 개인적 공평성을 반영한 부분이다.
③ A부분과 B부분을 일대일로 구성한 이유는 개인적 공평성과 사회적 공평성을 절충한 결과라고 생각할 수 있다.
④ A부분은 전체물가상승분을 반영하여 연금액이 높아지도록 조정할 수 있다
⑤ 개인이 지급받는 연금을 은퇴하기 전 평균소득으로 나눈 연금급여율과 연금기여율(B/A)이 서로 같은 방향으로 작용하면 소득재분배효과가 존재한다.

34 국민연금의 경제적 효과에 대한 설명 중 옳지 않는 것은?

① 국민연금의 적립방식에서 재산대체효과만 고려할 때 정부의 공적저축이 증가하는 한편 민간의 사적저축은 감소하므로 총저축에 변화가 없다.
② 국민연금의 부과방식에서 재산대체효과만 고려할 때 공적저축은 없는 반면 재산대체효과는 총저축을 감소시킨다.
③ 하버드대의 쿠퍼교수는 개방경제에서 사람들의 지식이 풍부하고 혁신을 이루는 생산시스템이 중요하므로 국민연금이 저축에 미치는 효과가 중요하지 않다고 주장한다.
④ 국민연금의 적립방식은 국민소득증가율이 높아지는 경우 소득재분배가 일어난다.
⑤ 국민연금의 부과방식에 따르면 인구증가율이 높아지는 경우 소득재분배가 일어난다.

35 '톰' 중앙정부는 '제리' 지방정부에게 무조건부 교부금으로 100억원을 지급한 후 지역공공재의 생산액을 살펴보니 지역공공재 생산에 40억원이 투입되었다는 사실을 알았다. 이번에는 직접 지역주민소득을 100억원 지원하여 보았다. 이때 '제리' 지방정부의 지역공공재 생산은 10억원이었다.

중앙정부의 정책수단	보조금액	지역공공재 생산액
무조건부 교부금	100	40
지역주민 소득보조	100	10

다음 설명 중 옳지 않는 것은?

① 무조건부 교부금 1원 증가가 공공서비스의 생산에 더 많이 투입된다는 것이며, 끈끈이효과라고 한다.
② 관료들이 예산극대화를 원하여 자신들에게 유리한 방향으로 예산을 지출한 결과라고 해석할 수 있다.
③ 무조건부 교부금이 조건부 교부금보다 사회후생손실이 더 크다.
④ 교부금이 증가할 때 주민들은 자신의 소득이 증가한 사실을 제대로 인식하지 못하여 공공재가 과다 생산되는데, 재정착각현상이라고 한다.
⑤ 외부효과나 규모의 경제로 인해 중앙정부가 징수한 조세를 지방정부에 나누어 주는 교부금을 통해 지방재정조정제도가 운영된다.

36 국공채 발행과 관련된 설명 중 옳은 것은?

① 국공채 발행에 의한 재원조달방법은 정부지출이 이루어지는 시기와 재정적 부담이 지워지는 시기가 일치하므로 조세에 의한 재원조달방법과 같다.
② 리카도의 대등정리에 따르면 국공채발행에 의해 이자율이 상승하고 이것이 소비와 투자를 구축하여 총수요에는 변화가 없다.
③ 통화주의자에 의하면 국공채만큼 민간소비가 감소하고 저축이 증가하므로 이자율은 변하지 않는다.
④ 전통적인 케인지안은 국공채발행을 통한 감세로 가처분소득이 늘어나 총수요가 증가한다.
⑤ 국공채의 자산효과로 인한 소비의 증가가 발생하지만 구축효과에 의해 이자율은 변하지 않는다.

37 케인지안에 따를 때 정액세 1원을 징수하여 1원의 정부지출이 이루어진 경우 국민소득의 증가액은? (단, 한계소비성향은 0.7)

① 0.3
② 0.7
③ 1
④ 1.3
⑤ 2

38 공채부담이 미래세대로 전가된다는 주장의 근거는?

① 리카도의 대등정리
② 중복세대모형
③ 승수효과
④ 구축효과
⑤ 자산효과

39 공공요금의 결정원리에 대한 설명으로 옳은 것은?

① 비용체감산업(지하철, 전력, 통신 등)에서 공공요금을 한계비용에 일치하도록 결정하면 파레토효율적이지 못하다.
② 비용체감산업(지하철, 전력, 통신 등)의 가격결정에는 정부의 개입이 반드시 필요하다.
③ 비용체감산업(지하철, 전력, 통신 등)에서 공공요금은 한계비용의 원리에 의하여 결정하고 정부는 보조금을 지원하는 것이 바람직하다.
④ 비용체감산업에서 공공요금을 평균비용에 일치하도록 결정하면 파레토 효율적이다.
⑤ 비용체감산업에서 공공요금을 평균비용에 일치하도록 결정하면 기업은 손실을 입는다.

40 '디즈니' 전력회사의 수요가 하루는 경부하기와 다른 하루는 최대부하기로 나누어지며, 전력생산에 드는 한계비용은 일정하다고 가정한다. 전력생산에 드는 비용은 전력 자체의 단기한계비용 v원(단위당 가변비용)과 전력생산에 소요되는 시설용량의 1단위 확장에 따른 추가비용 f원(단위당 고정비용)으로 구성된다. 다음 설명 중 옳은 것은?

① 최대부하기의 가격은 단기한계비용과 같다.
② 경부하기의 가격은 장기한계비용과 같다.
③ 최대부하기의 가격은 장기한계비용보다 낮고 단기한계비용보다 높아야 한다.
④ 최적시설용량은 단기한계비용이 한계편익과 일치하는 수준에서 결정된다.
⑤ 최대부하기의 가격은 일반적으로 장기한계비용보다 높아야 한다.

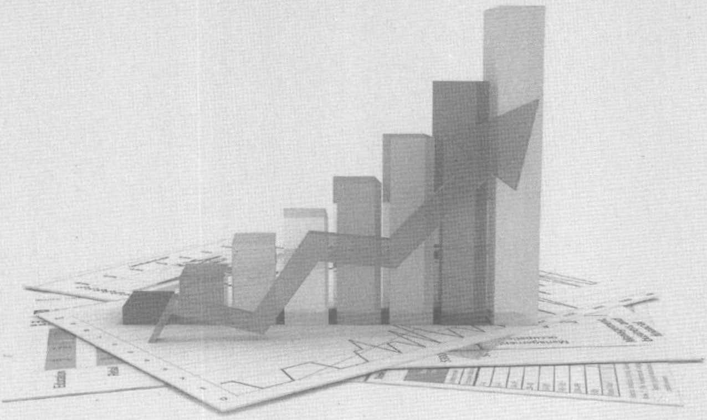

세무사 재정학 모의고사 3

01 다음은 우리나라의 현재 재정의 현황을 설명한 것이다. 관련된 것으로 틀린 것을 고르시오.

① 사회복지 차원에서 장기적으로 선진국들의 사례와 유사하게 사회개발비의 비중이 증가할 것으로 예상된다.
② 우리나라는 조세수입에서 차지하는 비중이 부가가치세, 소득세, 법인세의 순서로 그 비중이 크고, 부가가치세가 도입된 이후에 계속 이러한 경향은 유지되어 왔다.
③ 우리나라의 조세부담률은 OECD 선진국에 비해서 높은 편이지만, 조세부담률에 사회보장부담률을 포함한 국민부담률은 다른 선진국들에 비해서 낮다.
④ 우리나라는 현재 비과세와 조세감면이 너무 많아서 과세기반은 축소되고 세율은 높아지고 있기 때문에, 비과세와 조세감면 축소를 통해 세원을 넓히고 세율을 낮추어야 한다.
⑤ 국가의 총조세수입에서 차지하는 간접세 수입의 비중이 높을수록 조세부담이 역진적이 되는 측면이 있다.

02 다음은 시장의 기능이 제대로 작동하지 않는 경우에 대한 설명이다. 타당한 것이 아닌 것을 고르시오.

① 자원배분이 효율적이라고 하더라도 정부의 개입이 요구되는 경우가 있다.
② 시장이 실패하면 시장가격이 사회적 한계편익이나 사회적 한계비용과 일치하지 않는다.
③ 무임승차자가 되고자 하는 유인은 공공재를 공급하는 데 자원이 효율적인 수준보다 적게 배분되는 결과를 낳는다.
④ 정부의 강제보험을 통한 개입은 역선택을 완전히 제거할 수 있지만, 도덕적 해이는 완전히 극복할 수 없다.
⑤ 불확실성이 존재하는 경우에도 완전한 조건부 상품시장이 존재하는 현실에서 경쟁시장 균형은 파레토 효율적이 된다.

03 두 사람만으로 구성되어 있는 교환경제를 가정해 보자. 이 교환경제에서 부존자원으로 존재하는 유일한 소비재의 총량을 1이라고 정규화했을 때, 다음 중 파레토 효율성의 경제적 효율성 개념과 가장 관계가 먼 것은? (단, $0<\alpha<\frac{1}{2}$)

① 각 사람에게 소비재가 0.5씩 배분되어 있는 상태는 파레토 최적이다.
② 한 사람에게 모든 소비재가 편중되어 배분된 상태는 파레토최적이다.
③ 한 사람에게 $(\frac{1}{2}+\alpha)$, 다른 사람에게는 $(\frac{1}{2}-\alpha)$를 주는 분배는 $\alpha=0$인 분배보다 파레토 우월한 분배가 아니다.
④ 각 사람에게 0.5씩 주는 배분이 한 사람에게 0.25, 다른 사람에게 0.75를 주는 배분보다 파레토 우월하다.
⑤ 각 사람에게 소비재를 0.4씩 배분하고, 나머지는 태워버리는 분배는 파레토최적이 아니다.

04 애로우(K. Arrow)는 개인들의 선호를 사회적인 선호로 바꾸는 과정에서 충족해야 할 몇 가지 원칙들을 제시하였다. 이 원칙들과 관련한 설명으로 타당하지 않은 것을 고르시오.

① 완전성(completeness)은 두 사회상태 X와 Y중에서 어떤 상태가 더 선호되는지를 항상 판단할 수 있어야 한다는 것이고, 이행성(transitivity)은 사회상태가 선호의 일관성을 지니고 있어야 한다는 것을 말한다.
② 비제한성(universality)는 개인들이 어떤 선호를 가지고 있더라도 사회선호를 도출할 수 있어야 한다는 것으로, 개인 선호에 대한 어떤 제약을 가해서는 안 된다는 것이다.
③ 독립성(independence)은 임의의 두 상태를 비교하는 과정에서 다른 제3의 대안이 등장했을 경우의 여부와 관계없이 오직 X와 Y에 대한 개인들의 선호에 의해 결정되어야 한다는 것으로 개인 간의 효용비교가 가능해야 한다.
④ 파레토 원칙은 임의의 두 상태인 X와 Y에 대해서 사회의 모든 구성원들이 X를 Y보다 선호한다면 사회 전체적으로도 X가 Y보다 더 선호되어야 한다는 것을 말한다.
⑤ 비독재성은 어느 한 사회구성원의 선호가 사회선호 전체를 결정해서는 안 된다는 것으로 애로우는 다른 조건들이 충족될지라도 비독재성이 깨지는 경우가 생기기 때문에 이상적인 사회후생함수가 존재할 수 없고 그 결과 민주주의와 양립할 수 없다고 하였다.

05 공유지의 비극(tragedy of the commons)현상에 대한 설명으로 타당하지 않은 것은?

① 소유권이 분명하게 정의되어 있지 않은 상태에서는 자원을 아껴 쓸 유인이 없기 때문에 발생한다.
② 경합성은 없지만 배제성이 불완전한 재화의 소비에서 발생하는 현상이다.
③ 공동으로 사용하는 목초지에 너무 많은 가축이 방목되는 현상을 예로 들 수 있다.
④ 모두 함께 쓰는 자원은 쉽게 고갈된다는 의미를 담고 있다.
⑤ 이 이론은 환경오염의 문제가 발생하는 근본원인을 잘 설명할 수 있다.

06 에코마을에는 민간재와 공공재 두 재화만을 소비하는 주민들이 총100명 존재하고 있다. 이 주민들은 모두 동일한 효용함수를 가지고 있는데 그 효용함수는 다음과 같다.

$$U(X_i, Z) = X_i + 2Z - \frac{1}{20}Z^2$$

이때 민간재로 나타낸 공공재의 한계비용이 10이라고 할 때, 파레토 최적의 공공재 공급량은 얼마인가?

① 17
② 18
③ 19
④ 20
⑤ 21

07 다음은 공공재의 선호 시현기구(preference revelation mechanism)에 대한 설명이다. 이에 대한 올바른 설명이 아닌 것을 고르시오.

① 클라크조세나 그로브즈-레드야드(Groves-Ledyard) 기구는 린달 모형과 달리 개인들이 반드시 진실된 수요를 시현할 것이라고 가정하지 않는다.
② 클라크 조세는 개인의 수요시현으로 인해 다른 모든 사람들이 입는 소비자 잉여의 순손실(순이득)과 똑같은 금액의 조세를 개인에게 부과하는 것이다.
③ 클라크 조세는 자원의 효율적인 배분을 달성한다.
④ 클라크 조세에 의한 공공재 공급량은 사무엘슨 조건을 만족한다.
⑤ 클라크 조세의 경우는 균형개념이 우월전략균형인데 반해서 그로브즈-레드야드(Groves-Ledyard)의 경우는 내쉬균형 개념을 사용한다.

08 다음은 비대칭적 정보에 대한 설명이다. 옳지 않은 것을 고르시오.

① 정보에 따라서는 긍정적인 외부효과와 부정적인 외부효과가 발생하기도 한다.
② 직장의료보험 가입을 의무적으로 강제하는 경우 역선택을 해소하기 위해서이다.
③ 은행이 시중 금리보다 더 높게 이자를 지불하고자 하는 사람에게 대출신청을 거부한 것은 대출 전 역선택이 발생할 수 있기 때문이다.
④ 보험회사는 역선택 현상을 방지하기 위해서 피보험자의 사적 정보를 얻기 위한 여러 가지 선별제도를 활용한다.
⑤ 비대칭정보의 상황에서는 시장균형이 항상 존재하지만, 파레토최적을 만족하지 않을 수도 있다.

09 다음은 외부성과 관련한 내용을 설명한 것이다. 타당하지 않은 것을 고르시오.

① 한 밤중에 큰 소리로 음악을 틀어 이웃사람에게 불편을 야기하는 경우는 소비과정에서 나오는 외부성이다.
② 실질적 외부성은 효용함수나 생산함수에 영향을 주는 것으로 기술적 외부성이라고도 한다.
③ 사용재적 외부성이란 소진가능한 외부성으로 기술훈련 시킨 근로자를 다른 기업이 고용할 수 없는 경우를 말한다.
④ 소비과정에서 해로운 외부성이 발생하게 되면 사회적 한계편익이 사적 한계편익보다 크게 된다.
⑤ 외부성을 해결하는 방식으로 시장을 활용하는 것은 적절한 유인을 통해 오염배출자들의 배출 수준을 스스로 억제하도록 유도한다.

10 상품 X를 생산하는 기업 A의 비용함수는 $X^2-2Y+10$이고, 상품 Y를 생산하는 기업 B의 비용함수는 Y^2+5이다. 두 기업은 모두 완전경쟁시장에 직면하고 있고, X재의 시장가격은 10이고 Y재의 시장가격은 5이다. 새로운 진입 기업이 없다는 가정하에서 두 기업만 존재하는 경우에 사회적 최적 수준을 달성하기 위해 정부는 어떻게 해야 하는가?

① 정부는 X재 생산 기업인 A기업에 피구세 2를 부과한다.
② 정부는 X재 생산 기업인 A기업에 보조금 2를 부과한다.
③ 정부는 Y재 생산 기업인 B기업에 피구세 2를 부과한다.
④ 정부는 Y재 생산 기업인 B기업에 보조금 2를 부과한다.
⑤ 정부의 개입 여부와 상관없이 최적 수준을 달성하고 있다.

11 다음은 외부효과를 해결하기 위한 협상에 의한 해결방법이다. 그림에서 하천의 상류에 있는 기업 A는 오염물질을 배출하고 있으며, 그로 인해서 하천의 하류에 있는 기업 B는 피해를 보고 있다. 이때 기업 A가 오염을 배출하게 되어 얻는 한계편익(MB)과 그로 인한 기업 B의 피해인 한계비용(MC)은 다음과 같이 주어져 있다. (단, Q는 오염 배출량임) 그림과 관련한 외부성 해결방안에 대해서 틀리게 설명한 것을 고르시오.

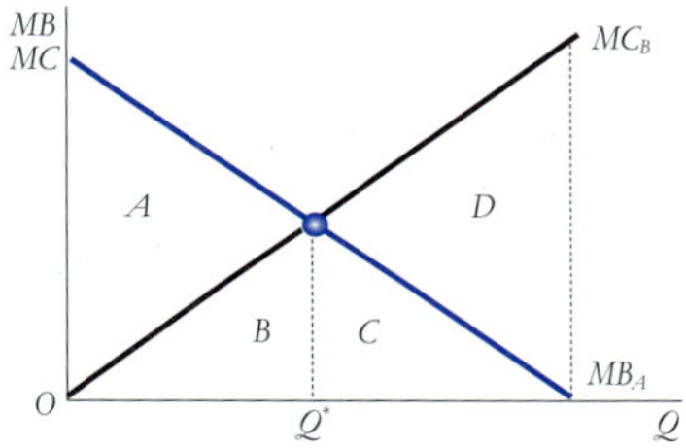

① 협상에 의한 해결방법을 주장한 코즈정리는 재산권이 적절하게 설정된다면 시장기구는 어느 주체에게 외부성에 관한 권리가 귀속되는지와는 상관없이 스스로 외부성을 해결할 수 있다고 하였다.

② 기업 A에게 하천의 재산권이 주어진 경우에 기업 A의 총편익을 극대화하는 수준은 $MB_A=0$가 되는 생산량이다.

③ 기업 B에게 하천의 재산권이 주어진 경우 협상이 이루어지기 전에 기업 B는 기업A가 전혀 오염을 배출하지 못하게 할 것이다.

④ 만일 오염 물질의 수준을 Q^*로 결정한다면, 기업 A가 요구하는 최소한의 금액은 C가 될 것이고, 기업 B가 지불하고자 하는 최대금액은 $(B+C+D)$가 될 것이다.

⑤ 만일 기업 B에게 재산권이 주어진 경우에 오염 배출 수준을 Q^*로 결정한다면 두 당사자 간 보상금액은 B와 $(A+B)$ 사이에서 결정될 것이다.

12 두 개의 기업 1과 2가 있는데 폐기물의 양이 각각 Q_1, Q_2라고 하자. 폐기물의 양을 줄이기 위해서 치르는 한계비용이 각각 $MC_1=2(20-Q_1)$과 $MC_2=3(30-Q_2)$로 주어져 있다고 하자. 이때 최적 오염 수준을 40으로 달성하기 위해서 오염배출권을 발행하는 경우에 오염배출권의 가격과 각 기업의 오염 배출양은 얼마인가?

	오염배출권 가격	기업1의 양	기업2의 양
①	10	14	26
②	12	14	26
③	12	16	24
④	14	20	20
⑤	14	26	14

13 다음은 공공선택이론에 대한 설명이다. 맞는 것을 모두 고르시오.

> 가. 정부는 공공재와 관련하여 개인들의 서로 다른 선호를 어떻게 총체화하여 사회선호로 바꿀 것인가의 문제에 직면한다.
> 나. 다수결투표제도에서는 투표의 결과가 균형에 이르지 못하고, 순환하게 되는 경우가 발생할 수 있다.
> 다. 투표의 역설이 발생하면 개인의 선호는 합리적임에도 불구하고 사회선호는 일관성을 상실한다.
> 라. 투표의 대상이 일차원적이고 투표자의 선호가 단일정점을 가진 선호라면 다수결투표 균형은 항상 존재한다.
> 마. 다봉선호는 수돗물에 대한 생수의 경우와 마찬가지로 사적 대체재가 존재하는 경우 발생할 가능성이 높다.

① 가, 나, 다　② 가, 나, 다, 마　③ 나, 다, 라
④ 가, 나, 다, 라　⑤ 가, 나, 다, 라, 마

14 다음은 관료와 정치가의 행동에 관한 모형이다. 설명으로 타당하지 않은 것은?

① 관료들은 공공재 공급에 따른 사회적 순편익의 극대화를 추구하므로 총편익이 0이 되는 수준까지 공공재 공급을 결정한다.
② 미그-빌레인저 모형에서는 예산상의 잉여를 효용함수에 반영한다.
③ 정치가는 공익보다는 득표 극대화를 추구하기 위해서 투표자에게 가장 유리한 정책을 추진한다.
④ 양당제하에서 두 정당의 정강은 서로 유사해질 가능성이 높은데 이를 '호텔링 원칙(Hotelling's principle)'이라고 한다.
⑤ 로머-로젠탈 모형에서 회복수준이란 관료가 제안한 예산안이 기각되었을 경우에 복귀해야 하는 지출을 의미한다.

15 다음은 연금보험과 관련한 내용이다. 타당하지 않은 설명으로 고르시오.

① 정부가 연금보험시장에 개입해야 하는 이유는 사적연금보험시장이 높은 거래비용, 사회적 위험, 역선택, 도덕적 해이 등으로 인해 제 기능을 못하기 때문이다.
② 국민연금은 기여금에 대한 연금비율을 고소득자보다 저소득자에게 높게 책정하여 소득재분배에 기여하고 있다.
③ 우리나라 국민연금제도는 결혼여부나 가족수에 따라 세대내에서 소득을 재분배하고 있다.
④ 세대내 재분배 효과는 재원의 조달방식이 적립방식이냐 부과방식이냐에 따라서 달라진다.
⑤ 원칙적으로 연금보험의 재원이 완전적립방식으로 조달되면 세대간 재분배 가 발생하지 않는다.

16 다음은 소득재분배와 관련한 우리나라의 사회보장제도에 대한 설명이다. 타당하지 않은 것은?

① 우리나라의 사회보장제도는 사회보험, 공적부조, 근로장려세제, 사회복지서비스의 4개 부분으로 구성되어 있다.
② 우리나라에서 현재 실시하고 있는 국민기초생활보장제도는 최저소득보장제도의 성격을 지니고 있다.
③ 최저소득보장제도가 실시될 경우 개인은 노동을 전혀 공급하지 않게 된다.
④ 모든 소득재분배제도는 근본적으로 저소득자에게 소득을 보조해 주기 때문에 소득효과가 노동공급을 줄이는 방향으로 작용하는 것을 피할 수 없다.
⑤ 근로소득세액공제(EITC)의 점증구간은 부의 소득세의 원리가 적용되고, 점감구간에서는 임금보조금의 원리가 적용된다.

17 그래프는 에코국과 매니아국의 로렌츠 곡선을 나타낸 것이다. 이에 대한 분석으로 맞는 것을 고르시오. 단, 두 국가의 국민총소득은 동일하고, 인구는 각각 100만명이다.

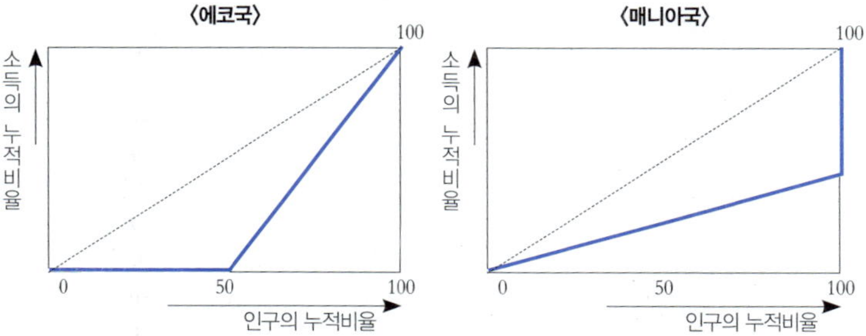

가. 에코국과 매니아국의 소득분배 상태는 동일하다. 나. 에코국과 매니아국의 지니계수는 동일하다. 다. 최고 소득자와 최저 소득자의 소득 격차는 에코국보다 매니아국이 크다. 라. 하위 50% 이내의 사람들 간의 소득격차는 에코국보다 매니아국이 크다.

① 가, 나 ② 나, 다 ③ 가, 라
④ 가, 나, 다 ⑤ 가, 다, 라

18 정부의 지출은 지속적으로 증가하고 있다. 이에 대한 설명으로 타당하지 않은 것을 고르시오.

① 바그너는 공공수요가 가격에 탄력적이므로 경비가 팽창한다고 주장하였다.
② 정부지출의 당위성은 가치재와 국방서비스, 저소득계층에 대한 생계비 지원 등에서 찾을 수 있다.
③ 피콕과 와이즈만은 사회적 혼란기에 사람들이 조세부담의 허용수준이 높아지기 때문에 경비가 팽창한다고 보았다.
④ 브라운-잭슨은 중위투표자들의 공공재 수요증가에서 경비팽창의 원인을 찾았다.
⑤ 보몰은 정부부문의 낮은 생산성이 경비팽창의 원인으로 보았다.

19 다음은 공공재의 공급과 관련한 이론이다. 이 중에서 과다공급과 관련이 있는 것은 어느 것인가?

가. 의존효과	나. 니스카넨 모형
다. 투표 거래	라. 재정착각
마. 투표자의 합리적 무지	바. 부정적인 조세 인식

① 가, 나, 다
② 나, 다, 라
③ 다, 라, 마
④ 라, 마, 바
⑤ 가, 다, 라

20 다음은 편익과 비용의 평가기준에 대한 설명이다. 타당하지 않은 것은?

① 자원의 사회적 기회비용을 계산하고, 사회적 기회비용을 반영하는 가격을 잠재가격이라고 한다.
② 공공사업의 수행을 위해 독점자가 생산한 상품을 구입하는 경우에 상품의 생산량이 공공사업에 사용한 양만큼 증가하면 시장가격을 기준으로 사용한다.
③ 물품세가 투입된 상품이 공공사업이 투입되는 경우에 그 투입량만큼 생산량이 증가하는 경우는 생산자 가격을 기준으로 삼는 것이 타당하다.
④ 심각한 불황으로 비자발적 실업이 광범위하게 존재하는 경우가 아니면 임금을 기회비용으로 사용할 수 있다.
⑤ 민간부문의 투자에 사용되었을 자금이 공공사업의 재원으로 사용되는 경우에 민간부문 투자의 세전 수익률을 사회적 할인율로 삼는 것이 타당하다.

21 다음은 정부가 공공사업에 대한 우선순위를 고려하는 문제에 대한 설명이다. 틀린 설명을 고르시오.

① 정부가 시행하는 사회적 비용편익분석은 순편익의 극대화를 추구한다.
② 사회적 비용편익 분석에서 비용을 측정하는 문제는 편익을 측정하는 문제보가 심각하지 않다.
③ 정부는 공공사업의 우선순위를 선정함에 있어서 인구를 소득계층에 따라서 몇 개의 그룹으로 나누어 분배가중치를 곱하여 각 그룹에 귀착되는 순편익을 평가한다.
④ 민간기업은 현재가치를 구할 때 시장이자율을 적용하지만, 사회적 편익분석에서는 사회적 할인율을 사용한다.
⑤ 사회적 할인율은 미래에 발생하는 편익의 가치를 개인에게보다는 정부에게 더 낮게 평가되어야 할 것이다.

22 다음은 재정적자와 국채에 대한 리카르도 대등정리와 관련한 논의이다. 설명으로 타당하지 않은 것을 고르시오.

① 리카르도의 견해에 따르면 국채 발행 이후에 이자율은 상승하지만 총수요에는 영향이 없다.
② 리카르도 대등정리에 의하면 국채는 미래의 조세부담을 의미한다.
③ 합리적인 경제주체들은 미래 세대를 위해서 더 많은 유산을 남겨준다.
④ 국채의 발행은 궁극적으로 현재세대의 부담이 된다.
⑤ 국채발행은 민간부문의 소비와 투자에 아무런 영향도 미치지 못한다.

23 다음은 공기업에서 제공되는 서비스의 가격책정 방식에 대한 설명이다. 타당하지 않은 것을 고르시오.

① 가스공사의 수요의 가격탄력성이 전화공사의 수요의 가격탄력성보다 작은 경우 가격이 한계비용과 괴리되는 상대적 비율은 가스서비스의 경우가 전화서비스의 경우보다 더욱 커야 한다.
② 공공요금을 부과하는 주된 목적은 소득재분배를 통한 효용의 증진에 있다.
③ 적정 공공요금 모형에서 단기적인 측면에서 기존시설을 이용하는 경우에는 경제적 지대를 획득할 수 있다.
④ 시설용량이 제한되어 있는 문화예술 공간의 경우 적정 공공요금의 부과 단계는 최적 시설 규모를 먼저 선택하고 한 후에 한계비용가격설정 원칙을 적용한다.
⑤ 이부가격제도(two-part tariff)는 소량의 소비자들에게 가입비가 묵시적인 장벽으로 작용하여 소비배제 결과를 초래할 수 있다.

24 다음은 지방재정과 관련한 티부가설에 대한 설명이다. 타당하지 않은 것을 고르시오.

① 티부가설은 지방공공재와 관련한 선호의 시현 문제와 관련이 있다.
② 티부가설은 지방공공재 공급시 편익이 다른 지역으로 유출되는 경우 성립하지 않을 수 있다.
③ 발에 의한 투표는 개인이 효용을 극대화하는 지방 공공재와 조세의 조합을 제공하는 지역사회를 찾아간다는 것을 의미한다.
④ 넓게 보면 티부가설이 실패하는 경우는 사적재 시장이 실패하는 경우와는 차이가 있다.
⑤ 티부가설은 지역사회 간의 자유로운 이동, 자발적인 지역사회 형성, 효율적인 공공재 공급, 최적의 지역사회들 간의 관계를 설명한다.

25 다음은 조세 부담과 관련한 공평성에 대한 논의이다. 타당하지 않은 설명을 고르시오.

① 편익의 원칙에 의할 때 공공서비스의 소득탄력성이 1보다 크면 누진세가 되고, 1보다 작으면 역진세가 된다.
② 일반적으로 편익원칙에 따라 과세하는 것은 쉽지가 않고, 정부가 공급하는 재화나 서비스 중에서 사용재의 성격을 지니고 있어 배제가 가능한 경우에 한해서 편익원칙이 가능하다.
③ 밀(J.S. Mill)의 균등희생원칙은 소득에서 발생하는 효용의 크기를 측정할 수 있다는 기수성을 가정한다.
④ 균등절대 희생설에 따르면 한계효용의 소득탄력성이 1보다 작은 경우에 한해서만 누진성이 성립한다.
⑤ 소득의 한계효용이 일정한 경우에 균등절대 희생원칙인 경우는 역진적이고, 균등비례희생원칙은 비례적, 균등한계희생원칙은 판단이 어렵다.

26 다음은 조세를 부과했을 때 귀착에 대한 설명이다. 맞게 설명한 것은 무엇인가?

① 독점기업인 경우에는 항상 조세부담을 소비자에게 모두 전가할 수 있다.
② 완전경쟁시장에서 비용감소산업 산업인 경우에 조세가 100% 이상 소비자에게 전가될 수 있다.
③ 이윤세가 부과되면 전부 소비자에게 조세부담이 귀착된다.
④ 완전경쟁시장에서 토지에 대해 과세를 하면 전부 조세부과 발표시점에 토지 구입자가 부담한다.
⑤ 수요곡선이 우하향하는 독점시장에서 한계비용곡선이 수평인 경우 소비자는 조세부과 크기의 2/3를 부담한다.

27 다음은 최적 소득세에 대한 설명이다. 타당하지 않은 것을 고르시오.

① 소득세가 최적과세가 되기 위해서는 효율성 측면에서 초과부담이 최소화되어야 하고, 공평성 측면에서 소득에 따라 적정한 차등과세가 이루어져야 한다.

② 선형누진세는 한계세율이 일정하면서 소득이 증가할수록 조세부담이 커지는 조세이다.

③ 선형누진세에서 소득분배의 공평성을 높이기 위해서 정액보조금의 크기를 인상하면 동일한 액수의 조세수입을 얻기 위해서 세율인상을 해야 한다.

④ 최적 소득세율에 대한 스턴의 연구에 의하면 여가와 소득간의 대체탄력성이 클수록 최적한계세율은 높아진다.

⑤ 비선형소득세에 대한 연구결과는 최고소득구간에 대해 0의 한계세율을 적용하면 파레토 개선이 이루어진다고 하였다.

28 노동과 자본을 투입해서 X재와 Y재를 생산하는 하버거의 일반균형모형에서 X재는 노동집약적이고, Y재는 자본집약적으로 생산되고 있다. 두 재화의 생산기술은 규모수익불변이고, 노동과 자본의 총공급량은 고정되어 있다고 하자. 두 재화를 생산하기 위한 노동과 자본의 이동은 자유롭고, 두 생산요소 모두 완전고용된 상태이다. 생산물 시장과 생산요소 시장은 완전경쟁적이고, 기업은 이윤극대화를 추구하고 있으며, 소비자는 효용극대화를 추구하고 있다. 이때 정부는 X재 생산에 투입되는 자본에 대해서만 조세를 부과하는 경우 일반균형모형하에서 발생할 것으로 예상되는 현상으로 적절하지 않은 것을 고르시오.

① X재 산업에 고용되어 있는 자본에 대해서 조세가 부과되면 X재의 가격상승으로 인해서 X재의 소비와 생산이 감소한다.

② 산출효과는 과세된 부문의 요소집약도에 의해서 결정되고, 조세가 부과된 부문에 집약적으로 사용되는 생산요소의 상대가격을 항상 낮추는 방향으로 작용한다.

③ 요소대체효과는 조세가 부과된 생산요소인 자본의 상대가격을 항상 낮추는 방향으로 작용한다. 산출효과에 의한 요소의 상대가격의 변화는 노동과 자본의 요소집약도의 차이가 클수록 크게 변화한다.

④ X재 산업의 자본에 조세가 부과되면 X재 산업에서의 요소집약도($\frac{K}{L}$)가 하락하고, Y재 산업에서는 요소집약도가 커진다.

⑤ 노동집약적인 X재 산업의 자본에 과세를 하게 되면 궁극적으로 자본의 상대가격이 하락하게 된다.

29 다음은 종량세와 초과부담과의 관계, 그리고 종량세와 조세수입과의 관계를 나타낸 것이다.

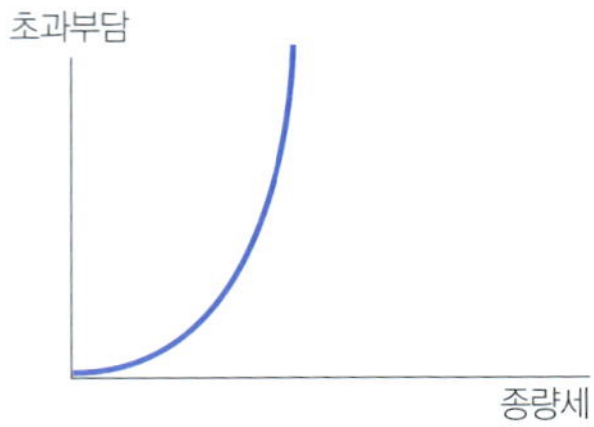

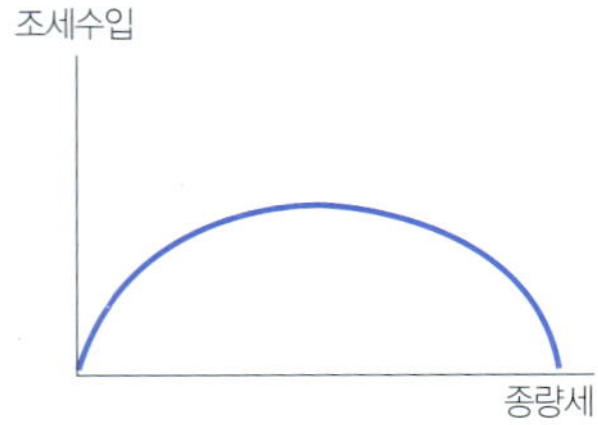

위의 두 그림을 이용하여 종량세가 높아짐에 따라서 추가적으로 조세를 거둘 때 추가로 발생하는 초과부담은 어떻게 되겠는가?

①
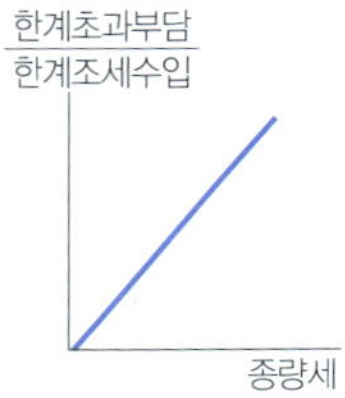

②
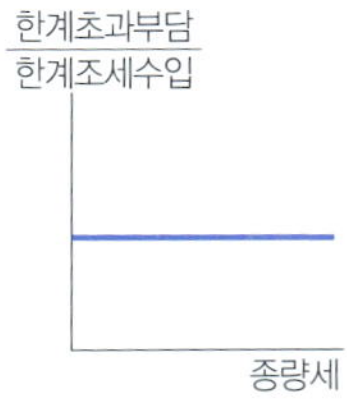

③

④
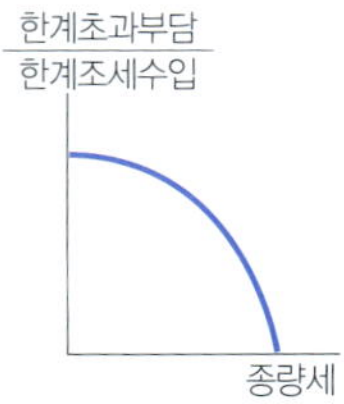

⑤
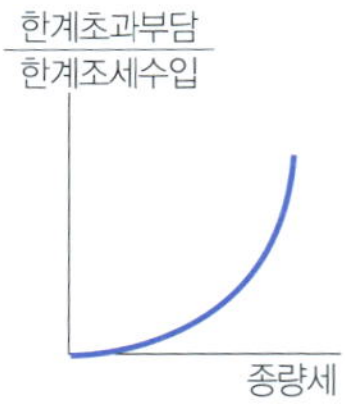

30 수요곡선은 우하향하는 직선이고 공급곡선은 수평이라고 하자. 초기균형점에서 수요의 가격탄력성이 2라고 할 때, 단위당 25%의 물품세를 부과하였다. 이때 거래량이 100단위로 감소하게 되었고, 정부의 세수는 25,000이라고 하자. 이때 초과부담은 얼마가 되는가?

① 10,000 ② 12,500 ③ 15,000 ④ 17,500 ⑤ 20,000

31 다음은 조세의 초과부담에 대한 설명이다. 틀린 것을 고르시오.

① 물품세가 부과된 이후에 구입량이 불변이면 대체효과와 소득효과가 서로 방향은 반대이고, 크기는 같은 경우로 초과부담은 발생한다.
② 세율이 높아지면 조세부과에 따른 후생손실의 크기는 세율의 제곱에 비례해서 커진다.
③ 물품세 부과시의 초과부담은 동등변화(equivalent variation)에서 조세수입을 제거한 크기로 측정할 수 있다.
④ 두 재화가 완전보완재 관계에 있는 경우에는 소득효과가 0이기 때문에 초과부담이 발생하지 않는다.
⑤ 수요의 가격탄력성이 클수록 조세부과로 인한 민간부문의 의사결정 왜곡이 크게 나타난다.

32 다음은 최적 과세론에 대한 설명이다. 타당하지 않은 것을 고르시오.

① 램지 법칙을 이용하면 노동과 보완성이 있는 재화에 대해서 여가와 보완성이 있는 재화보다 더 높은 세율로 과세하는 것이 효율을 증가시킨다고 한다.
② 램지조세는 상대적으로 저소득층이 소비하는 재화에 높은 세율을 적용함으로써 소득재분배에 오히려 역행하는 결과를 낳는다.
③ 램지조세는 효율만 고려하지만 최적 소득세는 효율과 공평을 함께 고려한다.
④ 최적 소득세는 소득이 증가함에 따라서 한계세율이 항상 증가하는 것은 아니다.
⑤ 누진적 선형소득세의 예산선은 비례적 소득세의 예산선을 보조금의 크기만큼 상방으로 평행이동시킨 것과 같다.

33 다음은 이자소득세가 저축에 미치는 영향에 대한 설명이다. 타당하지 않은 것을 고르시오.

① 이자소득세가 부과된 이후에 대출이자율이 하락한 것은 현재소비의 상대가격이 떨어진 것을 의미한다.
② 이자지급액을 공제해 주지 않은 이자소득세는 저축이자율은 떨어뜨리지만, 차입이자율에는 영향을 주지 않는다.
③ 이자소득세가 부과될 경우에 저축이 감소하지 않았다면 초과부담은 없다.
④ 이자소득세가 대출자에게만 부과되었다고 할지라도 차입자도 조세부담을 지게 된다.
⑤ 이자지급액을 소득공제해 주는 이자소득세는 대출자에게 과세하여 차입자에게 보조금을 지급하는 효과를 지니게 되어, 과세 전 차입자와 대출자가 동일한 세율의 적용을 받고 있었다면 조세수입은 0이 된다.

34 다음은 최적 과세를 위해서 고려해야 할 사항에 대한 설명이다. 틀린 것을 고르시오.

① 세제 운용에 따른 비용 중에서 세무서 방문 비용이나 각종 서류 작성비용은 납세 협력비용에 속한다.
② 절세는 법의 테두리 내에서 이루어지는 합법적인 행위이다.
③ 탈세는 조세의 회피로 조세부담을 감소시키기 위해서 경제행위를 변경하는 것을 말한다.
④ 세율이 높아질수록 탈세에 따른 한계편익이 증가해 탈세액도 증가한다.
⑤ 탈세시 적발되었을 경우 벌금액이 커질수록 탈세액은 감소한다.

35 다음은 부가가치세에 대한 설명이다. 타당하지 않은 것은 무엇인가?

① 부가가치세의 과세베이스는 소매단계에 부과되는 일반 판매세와 과세베이스는 동일하다.
② 부가가치세는 법적으로는 소비자에게 귀착된다. 그러나 실제 경제적 귀착은 부가가치세에 대해서 경제가 어떻게 반응하는가에 따라서 달라진다.
③ 전단계세액공제방식에서 영세율이 비과세효과를 가지려면 중간 소비단계에 적용되어야 한다.
④ 전단계세액공제방식에서 최종 소매단계의 세율이 소매판매세의 세율과 같으면 소비자가 내는 세액도 같아진다.
⑤ 최종 단계 이전에 면세가 적용되면 면세적용단계 이전 단계의 세액만큼 최종소비자의 납세액이 오히려 늘어난다.

36 여러 조세들 중에서 장기적으로 볼 때 그 경제적 효과가 같은 경우를 동등성이 성립한다고 한다. 다음 중에서 동등한 조세라고 보기 어려운 것은 무엇인가?

① 비례적 개인 지출세와 이자소득이나 기타 자본에 대한 보수에 과세하지 않는 비례적 소득세
② 비례적 개인 지출세와 저축에 과세하지 않는 비례적 소득세
③ 평생소득에 대한 과세와 평생소비에 대한 조세
④ 개인 지출세와 투자에 과세하는 부가가치세
⑤ 임금소득세와 이자소득에는 과세하지 않고 이자지급도 소득에서 공제해 주지 않는 소득세

37 다음은 법인세와 관련한 내용이다. 설명으로 틀린 것을 고르시오.

① 법인세는 자기자본에 의한 재원조달보다 타인자본에 의한 재원조달을 더욱 우대하는 결과를 초래하여 기업의 재무구조를 악화시키는 요인이 된다.
② 법인세는 법인부문과 비법인 기업의 자본에 대한 세제상의 차별을 초래하여 자원배분의 왜곡을 가져온다.
③ 법인세에서 이중과세를 해소하는 경우에 법인부문에 투자한 사람들은 일시적으로 자산의 가치가 하락한다.
④ 인플레이션이 발생하는 경우 선입선출법을 사용하는 기업은 세부담이 커진다.
⑤ 자기자본에 대해서 귀속이자를 비용으로 처리하는 것이 허용되고, 세법상 감가상각률과 경제적 감가상각률이 일치하는 경우 법인세는 경제적 이윤에 대한 과세가 된다.

38 다음은 법인세의 통합방식과 관련된 논의이다. 완전통합방식에 대한 설명을 고른 것으로 맞는 것은?

가. 주주를 조합원으로 간주하여 법인이윤을 전부 주주에게 귀속시킨 후 소득세를 부과한다.
나. 법인세를 폐지하고 실현여부에 관계없이 자본이득에 대해서 과세한다.
다. 납세의무가 없는 공익단체에 대한 과세문제가 발생할 수 있다.
라. 배당되는 부분에 대해서만 이중과세를 조정한다.
마. 법인 소득에 대해서 법인단계에서 일단 과세한 후에 배당된 금액이 주주단계에서 다시 과세될 때 실제 배당액뿐만 아니라 배당분에 대해서 과세된 법인세 상당액을 과세표준에 가산하여 소득세를 계산한 후 귀속소득세를 소득세 산출액에서 세액공제한다.

① 가, 나, 다
② 나, 다, 라
③ 다, 라, 마
④ 가, 다, 마
⑤ 가, 다, 라

39 조세를 부과했을 때 투자에 미치는 영향에 대한 설명이다. 틀린 설명을 고르시오.

① 가속상각을 허용하면 초기에는 납세액이 감소하고, 후기에는 납세액이 증가하지만 현재가치를 고려하면 총체적인 조세 부담액은 감소한다.
② 투자의 한계실효세율이 음(-)인 경우에는 정부가 투자소득에 대해서 보조금을 주는 것으로 조세는 투자에 긍정적인 영향을 미친다.
③ 세전수익률이 0.4이고, 세후 수익률이 0.2라고 할 때 한계실효세율로 인해 세전 투자 수익의 50%가 감소했다는 것을 의미한다.
④ 자기자본의 귀속이자를 포함한 모든 이자비용이 완전히 공제되고, 세법상 감가상각률과 경제적 감가상각률이 일치한다면 법인세는 투자를 촉진시키는 효과를 준다.
⑤ 법인세 부과로 투자가 촉진되기 위해서는 실효납세 후 자본비용이 과세전 자본의 사용자 비용보다 낮아져야 한다.

40 다음은 불확실성하에서 조세가 위험부담행위인 투자에 미치는 효과에 대한 설명이다. 다음의 표를 참고하여 물음에 답하여라.

에코매니아는 현재 100만원을 투자하여 성공하면 40만원을 받고, 실패하면 20만원을 잃게 된다. 이때 조세가 없는 경우와 다양한 세율이 존재하는 경우가 표에 나타나 있다.

	투자	성공시 보수	실패시 손실	성공시 세율	실패시 세율
상황 1	100	40	−20	0	0
상황 2	100	40	−20	50%	50%
상황 3	200	80	−40	50%	50%
상황 4	200	80	−40	50%	0
상황 5	200	80	−40	75%	50%

① 성공과 실패시 세율이 50%가 된다면 투자자는 투자금액을 100만원에서 200만원으로 높이면 조세가 부과되지 않는 상황과 동일한 수익분포를 지닌다.
② 완전손실 상계가 이루어지는 경우에는 투자자 개인의 위험부담행위가 촉진된다.
③ 손실을 상쇄해주지 않는 [상황 4]의 경우는 위험수용행위가 증가하지 않지만, 누진적으로 조세를 부과하는 [상황 5]의 경우는 위험수용이 증가하게 된다.
④ 손실상계가 허용되지 않는 경우에 기대수익은 감소하나 위험의 크기는 불변이 된다.
⑤ 스티글리츠 위험 모형에서 절대위험기피 체증 유형의 경우는 조세가 부과시 위험부담행위가 촉진되나, 상대위험기피 체감 유형의 경우는 위험부담행위가 감소한다.

세무사 시험 실전 대비용
재정학 알짜 정보 총정리

세무사 실전 재정학 기출문제 해답 및 풀이

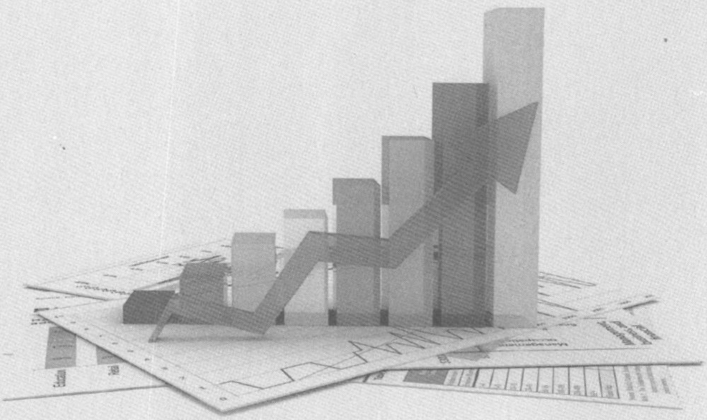

2013년 세무사 재정학 기출문제 해답 및 풀이

01	중요도	★★★★	난이도	★★
	출제 포인트	비대칭정보의 문제에 대한 역선택		

▶ **역선택(adverse selection)에 관한 사례로 옳은 것은?**

① 의료보험에 가입한 사람이 부주의하게 행동하여 부상 발생률이 증가하는 경우
② 주택의 임차인보다는 주택소유자가 집을 더 잘 관리하여 내부수리 비용이 적게 드는 경우
③ 중고차시장에서 상태가 나쁜 자동차가 주로 거래되는 경우
④ 하천에 대한 재산권이 설정되지 않아 상류와 하류 지역 간 분쟁이 발생하는 경우
⑤ 정부가 이공계 육성을 위해서 공과대학 증설을 결정하는 경우

핵심체크 **과거에는 역선택의 해결방안이 주로 출제되었음**

(1) 역선택의 개념 : 감추어진 특성에 대한 비대칭정보로 인해 계약체결 이전에 발생하는 시장실패
(2) 역선택의 사례 : 중고차시장, 보험시장, 금융시장의 신용할당
(3) 역선택의 해결 : 신호의 발송(정보를 가진 측), 선별(정보를 갖지 못한 측), 의무 가입, 평판, 표준화

미래의 불확실성으로 인해 시장실패가 발생할 수도 있다. 그러나 애로우의 주장에 의하면 모든 가능한 위험에 대비한 보험상품을 만들어 조건부시장을 만들게 되면 효율적인 자원배분이 가능하다고 한다. 문제는 현실에서 모든 상품을 포괄하는 조건부시장(contingent market)이 존재하지 않는다는 것이다. 바로 정보의 비대칭성으로 인한 역선택(adverse selection)과 도덕적 해이(moral hazard)로 자원배분의 비효율성이 생겨나고 시장실패가 발생하게 된다.

역선택이란 감추어진 특성에 대한 비대칭정보로 인해서 정보를 적게 가진 사람이 정보를 많이 가진 사람과 계약을 체결할 경우에 바람직하지 못한(부적절한) 선택을 할 가능성이 크다는 것을 말한다. 역선택이 적용되는 사례는 중고차시장, 보험시장, 금융시장에서 쉽게 찾아볼 수 있다.

중고차시장에서 발생하는 역선택의 문제는 거래되는 중고차의 품질에 대한 정보의 비대칭성으로 인해서 나쁜 중고차만 거래되는 것을 말한다. 나쁜 중고차(역선택을 연구한 애컬로프는 이를 lemon이라고 칭함)만 시장에 존재하고 좋은 중고차가 사라지는 현상을 '악화가 양화를 구축한다'는 그래샴의 법칙이라고 볼 수도 있다.

① 부주의한 행동이므로 도덕적 해이에 해당한다.
② 공유지의 비극을 응용한 개념으로 소유권이 명확하게 규정될 경우 더 아끼는 행위로 볼 수도 있고, 관리한다는 행동에 초점을 맞추어 도덕적 해이로 볼 수도 있다.
③ 역선택의 대표적인 사례이다.
④ 재산권의 불명확한 설정으로 인해 발생하는 외부성 문제이다.
⑤ 정부가 공공재와 긍정적 외부효과를 위해 시장에 개입하는 것으로 볼 수도 있고, 가치재의 문제로 생각할 수도 있다.

정답 ③

02	중요도	★★	난이도	★★★
	출제 포인트	투표의 역설과 애로우의 불가능성 정리		

▶ **후생경제학에 관한 설명으로 옳지 않은 것은?**

① 100억원, 200억원, 300억원 규모의 예산 가운데 최적예산을 선택하는 투표를 할 경우 모든 투표자들이 단일정점(single-peaked)의 선호를 갖게 되면 투표의 역설은 발생하지 않는다.

② 사회무차별곡선이 우하향하면서 원점에 볼록한 것과 공평성을 사회후생에 반영하고 있는 것과는 관련성이 있다.

③ 한 상품에 종량세가 부과된 상태에서 다른 상품에도 종량세는 부과하면 자원배분의 효율성이 항상 악화되는 것은 아니다.

④ 모든 사람들이 단일정점의 선호를 갖게 되면 애로우(K. Arrow)의 불가능성 정리는 성립한다.

⑤ 애로우의 불가능성 정리에서 비독재성의 조건을 완화한다는 것은 단조변환에 제약을 두는 것을 의미한다.

핵심체크

노벨경제학 수상자인 애로우(K. Arrow)의 불가능성 정리는 5가지 조건을 충족하는 사회적 의사결정체계를 만드는 것은 불가능하다는 점을 증명하였다.
다수결투표(이행성 위배), 점수투표(독립성 위배), 만장일치제(완비성 위배)

① 투표의 역설(voting paradox)은 다수결투표하에서 공공선택이 안정적으로 그리고 합리적으로 결정되는 것이 아니라 투표의 끝없는 순환이 되풀이될 수 있어 결국 최종적인 결정은 임의적으로 이루어질 가능성이 많다는 것을 의미한다. 투표의 순환성이 생기는가의 여부는 투표자의 선호가 일률적인가의 여부에 달려 있는데, 이것은 선호의 봉우리가 하나인 단봉선호(single-peaked preference)를 가지고 있는가에 따라 결정된다. 한편 투표자들의 선택이 단일의 사업에 관한 것이 아니라 여러 사업의 조합들 간의 선택이라면 비록 단봉선호일지라도 투표의 역설이 발생할 수 있다. 그러나 문제에서는 예산의 규모라는 하나의 안건에 대한 것이므로 단봉선호이면 투표의 역설이 발생하지 않는다.

② 사회무차별곡선에는 공평성에 대한 가치판단을 반영할 수 있다. 특히 평등주의 사고방식을 적용하게 되면 우하향하면서 원점에서 볼록한 형태의 사회무차별곡선을 나타낼 수 있고, 우하향하는 직선이면 공리주의 사고방식을 반영할 수 있다.

③ 효율성 측면에서만 살펴본 후생의 문제로 차선의 이론(second best theory)이다. 차선의 이론이란 한 상품에 종량세가 부과된 상태로 이미 파레토 효율성을 달성하기 위한 모든 조건이 충족되기 어려운 상황에서 효율성 조건을 하나 더 추가한다고 나아진다는 보장이 없다는 것이다. 하나의 시장이 망가진 경우가 두 개의 시장이 망가진 경우보다 더 우월한 보장은 없다는 의미이다.

④ 모든 사람들이 단일정점의 선호를 가지고 있다는 것은 비제한성을 위배하는 것으로 애로우의 불가능성정리의 조건을 위배하게 된다. 그러나 다른 조건이 모두 충족되어 바람직한 사회후생함수가 존재하게 된다.

⑤ 애로우의 불가능성 정리에서 비독재성은 모든 사람에게 선택의 자유가 보장되어야 한다는 것을 의미하며, 사회적 선택이 어느 한 사람의 의사에 따라서 독재적으로 결정되어서는 안 된다는 것을 나타낸다. 따라서 비독재성을 완화한다는 것은 독재성을 부여한다는 것으로 선택에 제약을 가한다는 의미이다. 여기서 중요한 것은 단조변환이란 것보다는 제약을 둔다는 데 초점을 두어야 한다.

정답 ④

03	중요도	★★	난이도	★★
	출제 포인트	시장실패와 외부성		

▶ **시장에서 자원이 최적 배분되지 못하는 시장실패가 발생하는 경우에 관한 설명으로 옳지 않은 것은?**

① 어떤 한 기업이 해당 시장에 유일한 생산자로 참여하여 이윤극대화를 추구하는 경우에 발생한다.
② 어떤 한 기업이 생산요소시장의 유일한 수요자로 행동하여 해당 요소를 구매하는 경우에 발생한다.
③ 외부경제로 인하여 사회적 최적 생산량보다 과다생산되는 경우에 발생한다.
④ 경제주체들 간의 비대칭적 정보가 존재하거나 경제현상에 대한 불확실성이 존재할 경우에 발생한다.
⑤ 보험시장이나 자본시장이 완전하게 갖추어져 있지 못한 경우에 발생한다.

핵심체크

'유일한' 공급자, 수요자는 불완전경쟁시장을 의미하고 불확실성도 시장실패의 요인이 된다.

① '유일한'이란 것은 시장에서 독점력을 행사할 수 있는 불완전경쟁시장이란 것을 의미한다. 기업이 생산자로 공급하는 경우이므로 일반적인 생산물 시장이 되고, 공급독점의 경우에 해당한다. 이때 이윤극대화를 추구하는 경우에는 MR=MC가 되어 완전경쟁시장보다는 과소공급되어 비효율성이 발생한다.
② 여기서도 '유일한'이란 말이 나온다. 생산요소시장에서 수요자는 기업이 되고, 공급자는 가계가 된다. 이때 수요자가 유일하다면 기업이 시장지배력을 가지고 있게 되어 완전경쟁시장인 경우보다 과소고용하게 되는 문제가 발생한다. 이를 수요독점이라고 하는데 '유일한'이란 점에 포인트를 맞추기 바란다.
③ 외부경제(긍정적인 외부성)가 존재하는 경우에는 사회적 최적 생산량보다 과소생산되는 경우가 발생한다. 사회적으로 긍정적인 파급효과는 "더 하라고 해도" 잘 하지 않는 경향이 있다. 경제학이나 재정학 공부 혹은 전염병 예방주사 등과 같은 양(+)의 파급효과를 야기하는 것은 그 외부성을 자신의 편익으로 내부화(internalization)하지 않기 때문에 과소공급된다. 소비에서 양의 외부성이 존재하는 경우에는 사회적 한계편익은 사적 한계편익보다 큰 경우(SMB > PMB)가 되고, 생산에서 양의 외부성이 존재하는 경우에는 사회적 한계비용이 사적한계비용보다 작게 된다(SMC < PMC).
(외부성 효과를 SMB, PMB, SMC, PMC로 그림으로 표현하는 것은 매우 중요한데 그래프를 보는 방법만 익히면 당연한 결과이다. 제발 절대 암기하지 말자)
④ 시장실패는 비대칭정보나 불확실성이 존재하는 경우에도 발생할 수 있다. 경제학에서는 미래의 위험과 불확실성을 개념적으로 구분한다. 위험은 발생 가능한 사건들과 확률을 인지할 수 있는 정도의 불확실성을 말하며, 불확실성은 발생 가능한 사건의 수와 확률조차 인지하기 어려운 경우를 말한다.
⑤ 노벨경제학 수상자인 애로우(K. Arrow)는 미래의 위험과 같은 불확실성이 존재하는 경우에도 관련된 권리와 의무를 하나의 상품으로 간주하고, 모든 상품을 포괄하는 조건부시장(contingent market)이 존재하면 효율적인 자원배분이 가능하다는 것을 증명하였다. 따라서 모든 가능한 위험에 대비한 보험상품을 만들어 조건부시장을 형성하면 애로우가 말한 효율적인 자원배분이 가능하게 된다. 그러나 현실적으로 완전한 보험상품시장을 만든다는 것 가체가 불가능하기 때문에 시장실패가 발생하게 된다. 그 대표적인 예가 역선택과 도덕적 해이 문제이다.

정답 ③

04	중요도	★★★★	난이도	★★
	출제 포인트	공공재의 비배제성과 비경합성 특성		

▶ **비배제성과 비경합성에 관한 설명으로 옳은 것은?**

① 재화가 일단 제공되면 다른 사람이 그 재화를 소비하는 데 추가비용이 발생하지 않는 경우 소비가 비배제성을 띤다고 한다.
② 어떤 사람이 그 재화를 소비하지 못하도록 배제하는 것이 불가능할 때 소비가 비경합성을 띤다고 한다.
③ 클럽재(club good)는 비경합성이 있으면서 비배제성을 띠지 않는 대표적 재화이다.
④ 일반적으로 시장은 비배제성의 원칙이 적용되는 상황에서 적절히 기능할 수 있다.
⑤ 한계비용이 0인 자연독점 재화는 비경합성을 띤다.

핵심체크

(1) 공공재의 특성=비경합성+비배제성
(2) 클럽재는 비경합성+배제성에 해당하고, 공유재는 경합성+비배제성

공공재(public goods)란 사용재(private goods)와 구별되는 말로 시장의 기능을 저해하는 요인을 가진 재화의 성격에 입각해 구분된다. 공공재의 성질을 고려해 재화를 구별하면 다음 표와 같다.

소비	배제성	비배제성
경합성	사용재	공유재
비경합성	클럽재	순수공공재

① 비경합성(non-rivalry)에 대한 설명이다. 한계비용이 0라는 것은 공공재가 생산된 후에 추가적으로 사용자를 한명 더 가입시키는 데 발생하는 비용이 전혀 없다는 것을 의미한다. 이 말은 다른 기존의 사람들의 소비를 감소시키지 않아 전혀 피해를 주지 않는다는 것이다. 이러한 공공재의 특성을 비경합성이라고 하고, 이때 양(+)의 가격을 부과하는 것은 바람직(desirable)하지 않다.
② 비배제성(non-excludability)란 특정그룹의 사람들을 공공재의 소비로부터 배제할 수 없는 것을 말한다. 시장경제가 적용되는 사용재의 경우에는 배제원칙(exclusion principle)이 적용되어 가격을 지불하지 않으면 소비의 혜택에서 배제되고 만다. 이러한 배제의 원칙이 적용되지 않는 재화가 공공재이다. 소비자가 그 재화에 대해서 가격을 지불하는가의 여부에 상관없이 소비의 혜택을 볼 수 있다.
③ 공공재의 특성인 비배제성과 비경합성을 모두 충족하는 경우를 순수(pure) 공공재라고 한다. 반면에 배제 자체는 가능하지만 비경합적인 소비가 이루어지는 경우를 클럽재(club good)이라고 한다. 교통이 혼잡하지 않은 교량이나 케이블TV 방송 같은 경우에는 일정한 수준의 소비까지는 소비의 경합성이 발생하지 않거나 발생하더라도 무시할 정도의 수준이지만, 수영장이나 공연장과 같이 소비가 일정한 수준을 넘어서게 되면 혼잡이 발생한다. 이 경우 적정한 수준을 유지하는 것이 중요하다.
④ '일반적'이라고 단서를 단 시장은 경제학에서 말하는 시장으로 배제의 원칙과 경합성이 존재하는 시장을 말한다. 따라서 배제의 원칙이 적용되지 않는(비배제성의 원칙이 적용되는) 상황에서는 시장이 적절히 기능을 할 수 없게 되고, 이를 시장실패(market failure)라고 한다.
⑤ 한계비용이 0라고 하면 비경합성이 존재한다는 것을 의미하고, 자연독점인 경우에는 평균비용(AC)곡선이 우하향하는 형태를 지닌다는 것을 뜻한다. 여기서는 공공재의 특성과 불완전경쟁의 특성으로 시장실패가 발생하는 경우인데, 출제의 포인트는 자연독점이 아닌 한계비용이 0라는 부분이다. 이것은 비경합성을 의미한다.

정답 ⑤

05	중요도	★★★★	난이도	★★
	출제 포인트	공공재의 비배제성과 무임승차문제		

▶ **공공재와 무임승차 문제에 관한 설명으로 옳지 않은 것은?**

① 공공재에서 무임승차가 발생하는 원인은 비배제성 때문이다.
② 공공재에서 무임승차 가능성은 집단의 크기와는 관련이 없다.
③ 무임승차는 산업에서 생산제한이 가격인상을 위한 담합의 형성을 어렵게 함으로써 유용한 역할을 하는 경우도 있다.
④ 공공재의 효율적 생산수준은 각 개인의 수요를 수직적으로 합한 수요곡선과 공공재 생산의 한계비용곡선이 만나는 곳에서 결정된다.
⑤ 각 개인의 수요를 수직적으로 합하여 공공재의 수요곡선을 도출하는 이유는 공공재의 비경합성 때문이다.

핵심체크

(1) 공공재는 공급주체가 아닌 공공재의 특성으로 판단
(2) 공공재의 특성=비경합성+비배제성
– 비경합성 : 공동소비 가능, 양(+)의 가격 부과 바람직하지 않음, 수요곡선의 수직 합
– 비배제성 : 무임승차자의 문제, 양(+)의 가격 부과 불가능

① 공공재의 특성 중에서 비배제성(배제불가능성)으로 인해서 발생하는 문제가 무임승차(free-ride)이다.
② 이러한 무임승차 가능성은 집단의 크기가 커져 구성원이 많을수록 다른 사람에게 의존하는 성향도 강해지고, 무임승차 해도 걸리지 않을 가능성이 높아지므로 무임승차 가능성은 높아진다. 극단적으로 한 명만 존재하는 집단의 경우에는 무임승차문제가 발생하지 않게 된다.
③ 담합이란 다수의 기업이 가격결정 혹은 수량의 결정 문제에서 하나의 독점기업처럼 행동하는 것을 말한다. 따라서 개별기업들의 이익은 높아지나 시장전체의 효율성에는 저해가 된다. 쉬운 사례로 석유수출기구인 OPEC의 경우에는 생산량을 의도적으로 줄여 원유의 가격을 끌어올리는 결과를 얻게 된다. 그러나 OPEC에 참여하는 개별국가들은 생산량을 줄이기보다 다른 국가들이 생산량을 줄일 때, 반대로 자신의 생산량을 늘리게 되면 이익이 된다. 따라서 무임승차 가능성이 존재한다는 것은 담합이 깨질 수 있는 여건을 조성하게 되어 사회 전체적으로는 담합을 억제하는 긍정적인 기능을 수행하게 된다.
④,⑤ 공공재의 특성 중에서 비경합성으로 인해서 시장전체의 수요곡선은 수직으로 합하게 되고 한계비용곡선과 만나는 점에서 효율적인 최적 생산수준이 결정된다.

정답 ②

06	중요도	★	난이도	★★★★★
	출제 포인트	준선형함수 형태 특성 활용(최근 자주 출제)		

▶ **A, B, C 3인으로 구성된 경제에서 각각의 효용함수는 준선형함수 형태로** $U^A=\sqrt{G}+X_A$**,** $U^B=2\sqrt{G}+X_B$**,** $U^C=3\sqrt{G}+X_C$**이다.** $P_G=P_X=1$**일 때, 공공재를 효율적으로 공급하기 위해서** B**가 부담하여야 하는 분담률은? (단,** G **: 공공재,** X_i**:** i**의 사적재 소비량,** P_G**: 공공재 가격,** P_X **: 사적재 가격,** i**: A, B, C)**

① $\frac{1}{3}$ ② $\frac{1}{9}$ ③ $\frac{1}{6}$ ④ $\frac{1}{2}$ ⑤ $\frac{2}{3}$

핵심체크

공공재의 최적 배분 조건
(1) 보웬 모형(부분균형 접근) : $\sum MB_G=MC_G$
(2) 새무엘슨 모형(일반균형 접근) : $\sum MRS_{GX}=MRT_{GX}$

효용함수에 공공재(G)와 사용재(X)가 동시에 있기 때문에 사무엘슨 조건을 이용하면 된다.

$\sum MRS_{GX}=MRT$에서 $MRS^A_{GX}=\left(\frac{MU_G}{MU_X}\right)^A=\frac{\frac{1}{2}G^{-\frac{1}{2}}}{1}=\frac{1}{2}G^{-\frac{1}{2}}$, $MRS^B_{GX}=\left(\frac{MU_G}{MU_X}\right)^B=\frac{G^{-\frac{1}{2}}}{1}=G^{-\frac{1}{2}}$, $MRS^C_{GX}=\left(\frac{MU_G}{MU_X}\right)^C=\frac{\frac{3}{2}G^{-\frac{1}{2}}}{1}=\frac{3}{2}G^{-\frac{1}{2}}$이므로 $\sum MRS_{GX}=\frac{6}{2}G^{-\frac{1}{2}}$이고, $MRT_{GX}=\frac{MC_G}{MC_X}=\frac{P_G}{P_X}=\frac{1}{1}=1$이 된다. 따라서 $\sum MRS_{GX}=MRT$에 대입하면 $\frac{6}{2}G^{-\frac{1}{2}}=1$이 되어 $G=9$이다. 문제에서는 비율을 물어보았으므로, A, B, C는 각각 자신이 얻게 된 편익만큼(X로 표현된 G(공공재)의 편익이 바로 MRS임) 비용을 부담하면 된다. 즉, $MRS^A_{GX}:MRS^B_{GX}:MRS^C_{GX}=\frac{1}{2}G^{-\frac{1}{2}}:G^{-\frac{1}{2}}:\frac{3}{2}G^{-\frac{1}{2}}=1:2:3$이 된다. 따라서 A, B, C가 각각 부담해야 하는 분담률은 $\frac{1}{6}:\frac{2}{6}:\frac{3}{6}$:이 된다. 따라서 B가 부담해야 하는 분담률은 $\frac{1}{3}$이다.

정답 ①

07	중요도	★★★	난이도	★★★★
	출제 포인트	공공재 공급과 공공선택이론의 접목		

▶ **3인의 유권자 a, b, c가 있는 사회이다. 공공재에 대한 유권자들의 수요함수는 각각 $D_a = 30 - P_a$, $D_b = 40 - P_b$, $D_c = 41 - P_c$로 주어져 있다. 공공재 1단위를 공급하기 위한 비용은 60이고, 이 비용은 각 유권자가 $\frac{1}{3}$씩 부담한다. 이때 공공재 규모 결정에 있어서 다수결 원칙에 의해 결정되는 수준(ㄱ)과, 사회적 최적 수준(ㄴ)은? (단, D_i : 유권자 i의 공공재 수요량, P_i : 유권자 i의 지불가격, i : a, b, c)**

① ㄱ − 17, ㄴ − 17
② ㄱ − 20, ㄴ − 17
③ ㄱ − 20, ㄴ − 20
④ ㄱ − 17, ㄴ − 20
⑤ ㄱ − 21, ㄴ − 17

핵심체크

(1) 사용재의 시장수요 : 수평합
(2) 공공재의 시장수요 : 수직합

공공재 공급의 보웬 모형을 응용하면 $\Sigma MB = MC$이다. 문제에서 개별수요곡선의 가격인 P는 한계편익(MB)라는 점을 고려하면 공공재 공급으로 인한 편익의 합인 $\Sigma MB = 111 - 3Q$가 된다.

$$MB_a = P_a = 30 - Q_a$$
$$MB_b = P_b = 40 - Q_b$$
$$MB_c = P_c = 41 - Q_c$$

$$\Sigma MB = 11 - 3Q$$

(공공재는 일단 공급되면 소비하는 양이 동일하기 때문에 $Q_a = Q_b = Q_c = Q$로 쓸 수 있음)

공공재 1단위를 공급하기 위한 비용인 $MC = 60$이므로 공공재 공급의 사회적 최적 수준은 $\Sigma MB = 111 - 3Q = MC = 60$이 되어 $Q = 17$이다.

만일 다수결로 결정된다면 어떻게 될 것인가? 공공재에 대한 총비용을 각 유권자가 동일하게 1/3씩 부담하기로 했으므로 20이 지불하는 가격이 된다. 이를 개별수요곡선에 대입하면 a는 10, b는 20, c는 21을 공급하려고 한다. 이때 중위투표자 이론을 적용하면 다수결원리에 의해 결정되는 공공재의 공급량은 중간에 위치한 b의 의견이 받아들여져 20이 된다.

정답 ②

08	중요도	★★★	난이도	★★★
	출제 포인트	린달과 공공선택이론		

▶ **민주사회에서 공공지출을 결정하기 위한 투표과정에 관한 설명으로 옳지 않은 것은?**

① 공공재 수준과 조세부담 비중을 결정하는 린달(E. Lindahl)의 모형은 시장에서의 가격결정과 같이 파레토 효율이 달성된다.

② 투표자 간 거래를 통해 각 개인이 선호하는 안건이 채택되도록 하는 전략적 행동을 투표의 거래(vote trading)라고 한다.

③ 모든 투표자가 단일정점(single-peaked) 선호라면 국방예산의 규모를 결정하는 다수결투표의 결과는 항상 중위투표자의 선호를 반영한다.

④ 다수결투표를 통하여 해당 안건에 대한 개별유권자의 선호강도를 파악할 수 있다.

⑤ 린달이 제시한 공공재 규모 및 조세부담비중 모형은 공공지출에서도 만장일치 합의가 가능함을 보여 준다.

핵심체크

(1) 린달균형 : 전원 합의도달, 새무엘슨조건 충족
(2) 중위투표자 정리 : 단일정점선호, 과반수 투표제

① 린달 모형은 공공재의 최적 수준과 조세부담비율(비중)을 결정한다. 자발적인 시장에서의 교환을 통해서 파레토 효율적이 될 수 있다.

② 투표의 거래(logrolling, 정치적 결탁)란 다수결제하에서 채택된 안건을 지지하는 다수의 편익의 합이 안건에 반대하는 소수의 비용의 합보다 작은 경우에 소수의 사람들이 채택될 가능성이 높은 안건을 방해하기 위한 목적에서 시도하는 것이다. 이는 사회적으로 효율성의 증진을 위한 목적으로 모든 투표자가 동일한 교섭력을 가지고 있는 경우에 가능하다.

③ 일정한 제약조건인 투표자의 선택대상에 대한 선호가 정규분포의 형태인 단봉형을 이루는 경우에는 다수결투표제도를 사용하면 중위투표자가 가장 선호하는 것이 선택된다. 이처럼 단봉형 선호를 가진 투표자들이 다수결제방식으로 집단적인 선택을 하게 되면 중위투표자가 선호하는 안건이 선택되는데 이를 중위투표자정리라고 한다.

④ 유권자의 선호 강도를 파악할 수 있는 것은 점수투표제이다.

⑤ 린달 모형은 자발적인 교환을 이용한 시장원리를 활용하는 것으로 파레토 효율성을 달성하게 된다. 이것은 투표이론에서 만장일치와 동일한 개념이다.

정답 ④

09	중요도	★★★	난이도	★★
	출제 포인트	부정적 외부성과 효율성		

▶ **외부성이 존재할 때 나타나는 현상에 대한 설명으로 옳지 않은 것은?**

① 외부불경제가 존재하는 경우 시장에 맡겨 두면 보편적으로 사회적 최적 생산량보다 과소 생산되는 경향이 있다.
② 외부불경제가 존재하는 경우 사회적 최적 생산량이 일반적으로 0이 되는 것은 아니다.
③ 대기오염에 의한 외부불경제의 경우 어떤 오염물질이 어느 정도 피해가 되는지 측정하기 어렵다.
④ 외부불경제가 존재하는 경우 사회적 최적 생산량은 사적 한계비용에 한계피해를 더한 사회적 한계비용과 사회적 한계편익이 일치하는 수준에서 결정된다.
⑤ 사회적 최적 산출량 수준에서는 효율성이 극대화된다.

핵심체크

외부성
(1) 외부경제 : 과소생산
(2) 외부불경제 : 과다생산

① 외부불경제가 존재하게 되면 사회적인 추가비용을 개별기업은 고려하지 않게 되므로 일반적으로 사회적 최적 수준보다 과다생산되는 문제가 발생한다.
② 외부불경제가 존재한다고 해서 사회적 최적 생산량이 일반적으로 0이 될 수 없다. 만일 0이 된다면 아예 생산을 하나도 하지 않아 오염물질이나 폐수를 발생시키지 않아야만 한다.
③ 대기오염의 경우에는 오염물질이 퍼져 나가기 때문에 정확한 피해정도를 측정하기 어렵다는 문제가 있다.
④ 외부불경제가 존재하는 경우에는 '사회적 한계비용(SMC)=사적 한계비용(PMC)+사회적 한계피해액(SMD)'에서 사회적 최적 생산량이 결정된다.
⑤ 사회적 최적 산출량 수준은 SMC=SMB에서 결정되고, 이때 사회전체적인 측면에서 볼 때 효율성이 극대화된다. 여기서 효율성은 소비자잉여와 생산자잉여의 합인 사회전체적인 후생의 극대화를 의미한다.

정답 ①

10	중요도	★★★★	난이도	★★
	출제 포인트	배출권거래제		

▶ **온실가스 배출로 인하여 발생하는 지구온난화 현상은 다양한 지구환경 문제를 야기한다. 온실가스 배출저감을 위하여 시행되는 배출권거래제 정책에 관한 설명으로 옳지 않은 것은?**

① 우리나라는 온실가스 배출권거래 관련 법안이 이미 통과되어 향후 시행할 예정이다.
② 온실가스 배출권거래제는 개별기업의 온실가스 저감에 따른 한계비용 격차가 작을수록 효과적이다.
③ 온실가스 배출권거래제는 실제 거래에 따른 거래비용이 크지 않을 경우 일반적으로 직접규제 정책에 비하여 효율적이다.
④ 무상으로 배출권을 할당하는 경우 배출권거래제에서는 과다할당에 따라 불로소득(windfall profit)이 발생할 수 있다.
⑤ 온실가스 배출권거래제는 규제대상 기업의 온실가스 저감기술 개발을 유인할 수 있다.

핵심체크

배출권거래제
(1) 배출권가격=한계정화비용
(2) 효율적 시장

① 이런 지문은 정답과 상관이 없다. 내용을 알 필요는 없고, 객관식 문제에 대한 감각적인 접근능력을 키우는 것이 중요하다. 출제자는 보기 지문 5개를 만들기 쉽지 않을 때 이런 지문을 만들기도 한다.
② 오염허가서는 개별기업의 오염물질 저감능력 차이가 클수록 시장에서 거래가 활발하게 잘 일어날 수 있으므로 효과적이라고 할 수 있다. (오염허가서는 시험을 볼 때의 컨닝쿠폰이라고 생각하면 쉽게 이해할 수 있다.)
③ 온실가스 배출권거래제를 시장에서 거래하는 데 어려움이 많다면 시장의 원리를 적용하기 어렵다. 이럴 바에야 차라리 직접적인 통제를 이용하는 방법이 더욱 나을 수도 있다. 결론적으로 거래비용이 거의 없고, 시장원리가 잘 작동되는 경우에는 오염허가서를 활용한 간접통제가 직접적 통제방식보다 더욱 효율적이라고 할 수 있다. 오우츠의 연구결과에 의하면 직접적인 통제방식이 간접적인 통제방식(시장원리)보다 비용이 10배 정도 많이 든다고 한다.
④ 무상으로 받은 배출권을 시장에 매매한다면 불로소득이 생길 수 있다.
⑤ 온실가스를 많이 배출하지 않도록 기술이 진보한다면 오염허가서가 필요 없다고 할 수 있으므로 기업은 가능하면 온실가스 저감기술을 개발하려고 노력하게 될 것이다.

정답 ②

11	중요도	★★★	난이도	★
	출제 포인트	환경세		

▶ **어떤 상품의 시장수요곡선은 $Q=20-P$이고, 한계비용은 $MC=5+Q$이며, 상품 1단위 생산 시 발생한 한계피해는 $SMD=Q$이다. 자원배분 왜곡을 치유하기 위한 최적 제품부과금 (product charge)은? (단, Q : 수량, P : 가격)**

① 2.5 ② 5 ③ 7.5 ④ 12.5 ⑤ 15

핵심체크

환경세(피구세, 배출부과금)
(1) 가격조정방식의 환경정책
(2) 최적 환경세 = 최적수준의 산출량에서의 한계피해비용

사회적 최적 생산량 수준은 $SMC(=PMC+SMD)=P$가 성립한다. $SMC=5+2Q$이므로 $P=20-Q$와 연립해서 풀면 $Q=5$가 된다. 이때 사회적 최적수준을 달성하기 위한 제품부과금인 피구세(Pigouvian tax)는 최적수준인 $Q=5$를 $SMD=Q$에 대입하면 된다. 따라서 5가 된다.

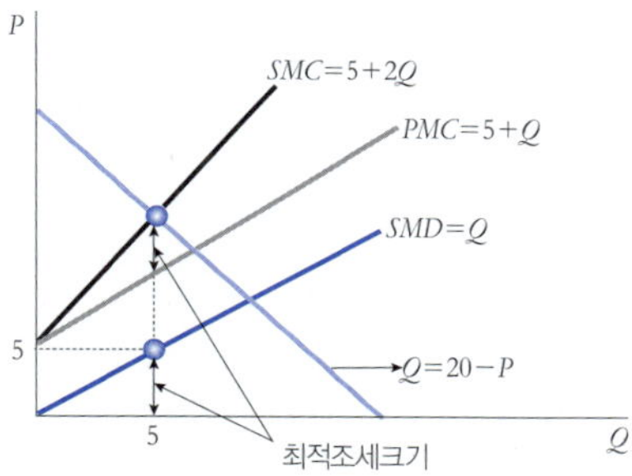

정답 ②

12	중요도	★★	난이도	★★
	출제 포인트	소득불평등지수		

▶ **A, B 두 사회는 구성원수도 같고, 전체소득도 같다고 한다. 원점에서 수평축의 중간점까지는 A의 로렌츠 곡선이 B의 로렌츠 곡선 아래에 있고, 중간점에서 마지막까지는 A의 로렌츠 곡선이 B의 로렌츠 곡선 위에 있다. 이에 관한 설명으로 옳은 것은?**

① A의 지니계수가 B의 지니계수보다 크다.
② B의 지니계수가 A의 지니계수보다 크다.
③ 두 로렌츠 곡선의 교차점에서는 A와 B의 소득점유율이 상이하다.
④ A의 로렌츠 곡선상 한 점의 좌표가 (20,10)이라면, 하위소득자 10%가 전체소득의 20%를 점유하는 것을 나타낸다.
⑤ 상대적으로 A는 B보다 중간점 이하의 소득계층에서 소득편차가 크다.

핵심체크

(1) 로렌츠곡선 : 인구비율과 소득점유비율을 연결한 선
(2) 지니계수 : 완전평등선(대각선)과 로렌츠곡선 사이 면적의 비율

①,② A와 B의 두 사회의 지니계수는 교차하는 부분을 제외하고는 달라지기 때문에 지니계수의 크기를 획일적으로 비교해 평가할 수 없다.
③ 단지 두 로렌츠 곡선이 교차하는 부분에서는 A와 B의 소득점유율이 동일하다는 것만 알 수 있다.
④ 로렌츠 곡선은 수평축이 누적인구비율을 나타내며, 수직축은 누적소득비율을 표시하기 때문에 로렌츠 곡선상 한 점의 좌표가 (20,10)이면 하위소득자 20%가 전체소득의 10%를 점유하는 것으로 해석해야 한다.
⑤ 두 로렌츠 곡선이 교차하기 이전에는 A의 로렌츠 곡선이 B의 로렌츠 곡선보다 대각선에서 멀리 떨어져 아래에 있기 때문에 소득계층에서 소득편차가 크다고 해야 한다.

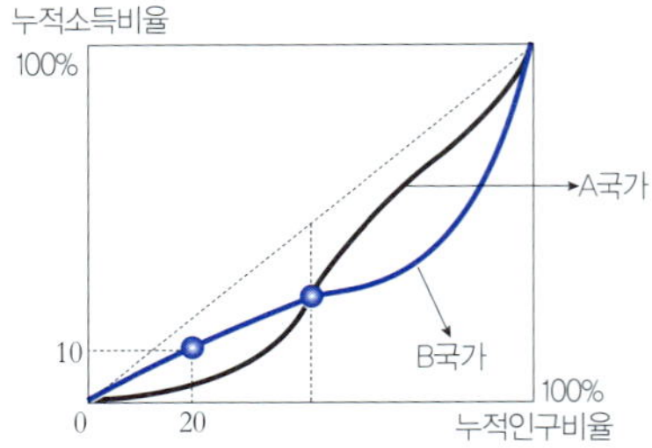

정답 ⑤

13	중요도	★★	난이도	★
	출제 포인트	부의 소득세		

▶ **부(−)의 소득세제에서 과세표준이 Y(소득)일 때 조세함수는 $T=-200+0.2Y$이다. 이때 옳지 않은 것은?**

① 평균세율이 일정하다.
② 한계세율이 일정하다.
③ Y가 800이면 납부할 세금은 없다.
④ Y가 500이면 세후에 소득은 증가한다.
⑤ Y가 2,000이면 세금은 200이다.

핵심체크

부의 소득세
(1) 선형누진세+기초수당
(2) 한계세율에 따라 보조금 축소

① 부의 소득세는 소득이 증가함에 따라서 평균세율이 증가하는 누진적인 구조이다.
② 한계세율은 조세함수의 접선의 기울기이며, 0.2로 일정하다.
③,④ 소득수준이 1,000이 되기 전까지는 부(−)의 소득세인 보조금을 지급받게 되므로 납부할 세금이 없고, 오히려 세후에는 보조금을 지급받아 소득은 증가한다.
⑤ 소득수준이 2,000이 되면 세금은 $T=-200+0.2\times 2{,}000=200$이다.

정답 ①

14	중요도	★★★★★	난이도	★★
	출제 포인트	국민연금제도		

▶ **적립방식의 국민연금제도 도입이 미치는 경제적 효과에 관한 이론적 설명으로 옳지 않은 것은?**

① 국민연금제도를 도입하면 재산대체효과(wealth substitution effect)로 국민저축이 줄어든다.
② 국민연금제도가 도입되면 은퇴효과로 자발적인 저축이 증가한다.
③ 국민연금제도가 도입되면 상속효과로 자발적인 저축이 증가한다.
④ 국민연금제도가 도입될 때 나타나는 소득효과는 노년층의 노동공급을 줄이게 된다.
⑤ 국민연금제도 도입이 초래하는 대체효과가 노동시장에 미치는 효과는 불분명하다.

핵심체크

국민연금과 저축
(1) 재산대체효과 (−)
(2) 공적저축 (+)
(3) 은퇴효과, 상속효과 (+)
국민연금과 노동(연금혜택>세금)
(1) 소득효과 : 노동공급 (−)
(2) 대체효과 : 노동공급 (+)

① 국민연금제도의 재산대체효과는 민간저축을 감소시키지만, 적립된 국민연금이 정부저축을 증가시키므로 국민저축은 일정불변이 된다.
②, ③ 재산대체효과 이외의 은퇴효과나 상속효과는 자발적인 저축을 증가시킨다.
④ 국민연금제도가 노동공급에 미치는 효과는 노년층은 연금수령으로 실질소득이 증가하게 되므로 이때 소득효과는 실질소득 증가로 여가의 공급을 증가시켜 노공공급을 감소시키게 된다. (물론 이 경우는 여가를 정상재로 간주하는 경우이다.)
⑤ 국민연금제도가 노동공급에 미치는 대체효과는 그 방향이 불분명하다. 국민연금제도의 도입으로 노동자가 추가로 얻는 소득에 대해 사회보장세의 부담을 지우게 되면 추가노동을 통해 얻게 되는 가처분소득이 줄어들게 되고, 이는 여가의 기회비용이 하락하게 된다는 것을 의미한다. 따라서 대체효과는 노동공급을 감소시킨다. 그러나 국민연금 지급을 위한 재원조달 수단으로 사회보장세가 잘 이용되어 사회보장세를 세금으로 낸 것보다 더 큰 연금의 혜택을 받게 된다면 여가의 기회비용은 상승하게 된다. 이때 대체효과는 노동을 증가시키게 된다.

정답 ①

15	중요도	★★★★	난이도	★★
	출제 포인트	현물보조와 현금보조		

▶ **정부는 저소득층에 대한 에너지복지정책으로 전력, 등유 등 특정에너지로 교환할 수 있는 바우처 정책 또는 동일한 수준의 에너지를 구입할 수 있는 현금지급 정책의 도입을 고려하고 있다. 이에 관한 설명으로 옳지 않은 것은? (단, 모든 재화는 정상재이며, 바우처 환매는 불가능함)**

① 두 정책에서 저소득층의 예산선은 서로 다르게 나타난다.
② 바우처 정책은 에너지소비뿐만 아니라 다른 재화에 대한 소비를 증가시킬 수 있다.
③ 바우처 정책은 현금지급 정책에 비하여 상대적으로 선택 가능한 재화의 조합이 적다.
④ 바우처 정책은 정부가 일종의 가부장적 역할을 하여 소비자 주권에 개입하는 사례로 볼 수 있다.
⑤ 바우처 정책의 경우 소득효과만 발생하지만 현금지급 정책의 경우 에너지가격 체계의 변화를 발생시켜 대체효과도 추가적으로 나타나게 된다.

핵심체크

(1) 현물보조 : 현물의 양만큼 예산선 평행이동
(2) 현금보조 : 소득증가와 같이 예산성 평행이동

① 정부의 저소득계층에 대한 바우처 정책은 현물보조와 유사한 형태로 예산선이 꺾인 형태로 평행이동하게 되고, 현금지급은 소득보조의 형태로 예산선이 평행하게 이동하게 된다. 따라서 두 정책의 예산선은 다른 형태를 지니게 된다.
② 바우처 정책도 다른 재화에 대한 선호가 큰 경우(무차별곡선의 기울기가 가파른 경우) 다른 재화에 대한 소비를 증가시킬 수도 있다.
③ 바우처 정책인 현물보조는 현금을 지급하는 소득보조보다 예산선의 영역이 작다.
④ 바우처 정책인 현물보조는 정부가 권장하는 에너지(전력, 등유)를 현물로 보조하는 것이므로 소비를 강제로 권장하는 측면이 있어 소비자 주권과 상충되는 온정적 가부장 역할을 정부가 담당하는 것이다.
⑤ 바우처 정책은 예산선이 굴절되는 부분에서 강력한 대체효과가 발생하므로 소득효과와 대체효과가 같이 존재한다고 할 수 있으나, 현금지급인 소득보조는 예산선이 평행으로 이동해서 소득효과만 존재한다.

정답 ⑤

16	중요도	★★★★	난이도	★★
	출제 포인트	비용-편익분석		

▶ **정부 공공사업의 비용-편익분석과 관련된 설명으로 옳지 않은 것은?**

① 정부 공공사업에 대한 할인율은 기회비용의 관점에서 희생된 민간부문 투자의 수익률을 사용할 수 있다.
② 공공사업에 대한 투입물의 가격은 경쟁시장 여부에 따라 달라진다.
③ 민간에 고용되었던 사람이 공공사업에 투입되었다면 민간에서의 임금률이 기회비용이 된다.
④ 공공사업으로 시장가격이 낮아지는 경우라면 증가된 소비자잉여가 사회적 편익에 포함되어야 한다.
⑤ 조세가 부과된 제품을 공공사업의 투입물로 사용하는 경우 투입물의 생산자가격이 아닌 소비자가격을 비용계산에 사용하여야 한다.

핵심체크

비용-편익분석
(1) 편익 : 진정한 기회비용을 반영하는 잠재가격
(2) 비용 : 재원의 기회비용

① 공공사업의 할인율은 민간투자의 수익률을 사용할 수 있는데 이것이 정확하게 기회비용을 반영하는 것이면 그대로 사용할 수 있다. 그러나 기회비용을 반영하는 잠재가격이 아니라면 어느 정도 조정된 시장가격을 이용할 수 있다.
② 공공사업에 대한 투입물의 가격은 불완전경쟁인 경우에는 시장가격(P) > 한계비용(MC)이 되므로 둘 중 어느 것을 사용할 것인지 고려해야 한다.
③ 공공사업에 투입되는 사람이 다른 민간영역에 고용되어 있었다면 민간에서 적용받던 임금률이 기회비용이 된다. 그러나 불황으로 인해 실업상태에 있었던 사람이었다면 임금률보다 기회비용이 더 낮아지게 된다.
④ 정부의 관개사업으로 쌀의 시장가격이 낮아지게 된다면 이때 소비자가 얻게 되는 사회적인 편익은 소비자잉여로 측정할 수 있다.
⑤ 공공사업의 투입물에 조세가 부과된 경우에 생산량을 증가시킨 경우에는 생산자가격을 적용하고, 생산량을 증가시키지 않은 경우에는 소비자가격을 적용해야 한다.

정답 ⑤

17	중요도	★★	난이도	★★★
	출제 포인트	재정적자와 공채발행		

▶ **재정적자의 경제적 효과에 관한 설명으로 옳은 것을 모두 고른 것은?**

ㄱ. 통화주의학파는 경제 불황기에는 호황기에 비해 구축효과가 크게 나타난다고 하였다.
ㄴ. 국채발행을 통해 재정적자를 충당하면 케인즈학파는 승수효과만큼 총수요 증가를 가져온다고 하였다.
ㄷ. 리카도(D. Ricardo) 대등정리가 성립하지 않은 경우에 재정적자를 국채로 충당하면 국제수지를 악화시킨다.

① ㄱ ② ㄱ,ㄷ ③ ㄴ ④ ㄴ,ㄷ ⑤ ㄷ

핵심체크

재정적자의 효과
(1) 통화주의 : 구축효과
(2) 케인즈 : 승수효과
(3) 리카도의 대등정리 : 효과 없음

(ㄱ) 통화주의 학파는 고전학파를 계승했으며, 불황기보다는 완전고용상태를 강조하는 호황기에 적합한 장기이론이다. 따라서 통화주의가 주장하는, 정부지출의 증가로 인한 정부영역의 확대가 민간의 영역을 밀어내는 구축효과는 호황기에 더 적합한 이론이 된다. 불황기에는 케인즈학파의 주장이 더 타당한 상황으로 실업자들이 매우 많이 존재하는 경우, 정부의 공공사업의 증대로 인한 고용확대는 민간의 투자를 줄이지 않으면서 달성할 수 있다.

정리하면, 불황기에는 민간부문의 여유자금이 충분하므로 정부가 민간에 공채를 인수시켜서 자금을 공공부문으로 이전시킨다고 하더라도 민간에서 자금부족이 초래되지 않는다. 그러나 호황기에는 공채의 발행이 민간의 자금 경색을 수반하여 이자율을 상승시키게 되고, 그 결과 민간의 투자를 떨어뜨리게 되는 구축효과가 발생하게 된다.

(ㄴ) ① IS-LM: 국채발행을 통해서 재정적자를 충당하는 경우에 케인즈학파는 이자율이 고정되어 있는 LM곡선이 수평인 유동성 함정을 상정하고 있으므로, 총수요의 증가는 승수효과만큼 효과를 보게 된다. 즉 LM곡선이 수평이고, IS곡선이 우하향하는 상황이다. 그러나 극단적인 고전학파인 경우에는 LM곡선이 수직이 되고, IS곡선이 거의 완만한 수평에 가까운 경우이므로 IS곡선의 우측이동은 이자율만 상승시킬 뿐이고 소득증가에는 아무런 효과가 없게 된다. 이러한 경우를 완전구축효과가 발생했다고 한다.

② 총수요-총공급 : 케인즈학파는 불황일 때 총공급이 무한하다고 가정한다. 따라서 재정적자를 통한 정부지출의 증가는 총수요를 승수효과만큼 증가시킨다. 이때 구축효과는 발생하지 않는다. 한편 고전학파는 총공급곡선이 수직이며, 화폐환상이 없다고 가정한다. 따라서 재정적자를 통한 정부지출의 증가는 이자율과 물가만 상승시켜서 완전구축효과가 발생한다.

(ㄷ) 리카도 대등정리가 성립하는 경우에 정부가 국채를 통해 재정지출을 증가시키면 국민소득의 증가에는 아무런 영향이 없게 된다. 그러나 리카도 대등정리가 성립하지 않는 경우에 재정적자를 국채로 충당하게 되면 국민소득의 증가로 인해 수입이 증가하여 국제수지는 악화된다.

정답 ④

18	중요도	★★	난이도	★★★
	출제 포인트	리카도 대등정리		

▶ **특정회계연도의 정부지출은 300조원, 정부수입은 270조원이어서 30조원을 국채로 조달하였다. 정부수입은 모두 조세 형태이며, 재정적자는 모두 국채로 충당한다고 가정할 경우, 리카도(D. Ricardo) 대등정리에 부합하는 것으로 옳은 것은?**

① 정부지출이 증가하면 총수요가 영향을 받는다.
② 정부지출 수준은 그대로 유지한 채 감세를 통해 정부수입을 축소시키면 경기를 부양하는 효과가 발생한다.
③ 정부지출이 증가할 때 구축효과로 인하여 총수요는 영향을 받지 않는다.
④ 경기 침체기에는 조세보다 국채로 정부지출 재원을 조달하는 것이 효과적이다.
⑤ 경기 호황기에는 조세보다 국채로 정부지출 재원을 조달하는 것이 효과적이다.

핵심체크

리카도 대등정리
① 정부가 국채를 발행해 조세부담을 줄여 줄 때, 사람들은 미래의 조세부담이 증가할 것으로 예상하여 그에 해당하는 만큼 저축을 늘린다는 것
② 발행된 국채는 추가적인 저축에 의해서 소화된다는 것 의미
③ 이자율에 아무런 변화도 없고, 구축효과도 안 나타남
④ 조세와 국채의 구성비율에 변화가 생기더라도 개인들의 경제적 선택에는 아무런 실질적 변화가 생기지 않고, 따라서 자원배분에 어떤 변화도 생기지 않는다는 것

리카도 대등정리란 합리적인 민간의 사람들은 국공채를 미래의 조세로 인식해 미리 저축을 증가시켜 대비를 하기 때문에 국공채를 활용한 정부의 지출증가는 총수요에 아무런 영향을 미치지 못한다는 것이다. 결국 정부지출의 크기가 동일한 경우에 공채든 조세든 양자의 현재가치는 동일하기 때문에 경제의 자원배분에 미치는 효과는 동일하다는 것이다. 결국 국공채와 조세는 총수요에 동일한 영향을 미친다는 것을 의미한다.

① Y=C+I+G에서 G의 증가 자체는 총수요에 영향을 주게 된다. 문제가 좀 애매한 측면도 있으나 특히 총수요의 구성요소에는 영향을 주게 된다.
② 정부지출은 그대로 유지한 채로 조세를 감면해서 정부수입을 축소시킨다면, 이는 조세감면의 크기만큼을 국채로 재원 조달한다는 것인데 이때 사람들은 국채를 미래의 조세로 인식하기 때문에 총수요에는 아무런 영향을 미치지 못하게 되고, 경기를 부양시키는 효과도 없게 된다.
③ 리카도 대등정리는 정부의 지출이 증가할 때 합리적인 사람들은 저축을 증가시키고 소비를 감소시키므로 총수요에 아무런 영향을 미치지 못하게 된다. 결국 통화주의자들이 주장하는 이자율의 상승을 통한 투자 감소와 같은 구축효과도 일어나지 않게 된다. 따라서 리카도 대등정리는 애초에 구축효과와는 무관하게 공채를 통한 정부의 지출이 총수요에 영향을 미칠 수 없게 된다는 것을 시사한다.
④,⑤ 리카도 대등정리는 경기의 침체기와 호황기와 상관없이 국채는 미래의 조세로 인식하기 때문에 단지 조세는 지금 세금을 부과하는 것이고, 국채의 발행은 미래에 세금을 부과하겠다는 징표로 인식한다는 의미이므로 둘 다 동일하게 인식한다는 것이다. 따라서 재원조달 수단을 조세로 하든 국채로 하든 두 효과는 동일하게 된다.

정답 ①

19	중요도	★★★★	난이도	★★★
	출제 포인트	공공요금		

▶ **공공서비스의 가격설정 이론에 관한 설명으로 옳지 않은 것은?**

① 규모의 경제가 존재할 때 한계비용가격설정을 할 경우 결손이 발생한다.
② 이부가격제도에서 공공요금은 독점적 생산자가 소비자잉여의 크기를 미리 예상해 이를 가입비로 받고 사용료는 한계비용과 일치하게 설정한다.
③ 자연독점일 경우 평균비용가격설정을 하면 경제적 이윤은 0이 된다.
④ 최대부하가격설정(peak-load pricing)에서 비부하기(off-peak period)의 단위당 공공요금은 한계비용수준으로 설정하는 것이 효율적이다.
⑤ 규모의 경제가 존재할 때 평균비용가격설정으로 효율적인 생산량을 도출할 수 있다.

핵심체크

공공요금
(1) 한계비용가격 : 효율적
(2) 평균비용가격 : 비효율적
(3) 최대부하가격 : 효율적 이중가격
(4) 이부가격 : 기본료+사용료

①, ③, ⑤ 규모의 경제가 존재하는 경우에는 생산량이 증가하면서 장기평균비용곡선이 우하향하게 되고, 한계비용은 평균비용곡선 아래에 위치하게 된다. 이런 경우를 자연독점(natural monopoly)이라고 한다. 이때 한계비용가격설정을 하게 되면 효율적이지만 손실을 야기하게 되고, 평균비용가격설정을 하게 되면 경제적 이윤은 0이 되어 손실의 문제는 해결할 수 있지만 비효율성이 발생하게 된다.
② 이부가격제도는 가입비와 사용료로 나누어 가격을 설정하는 가격체계이다. 가입비의 경우는 최대한 소비자잉여의 크기만큼 받을 수 있게 된다. 만일 소비자잉여보다 크게 되면 아예 소비를 하지 않게 되는 소비배제효과가 생길 수 있다. 한편 사용료는 한계비용에 일치시키므로 이부가격제도는 제1급 가격차별(first-degree price discrimination)과 같은 효과를 보게 된다.
④ 최대부하기 가격설정방식에서 비수기에 해당하는 비부하기에는 수요가 별로 없는 상황이므로 공공요금은 한계비용수준에 맞추는 것이 효율적이고, 성수기인 부하기에는 한계비용에 추가적으로 경제적 지대(rent)에 해당하는 가격을 부과하는 것이 효율적이다.

최대부하가격제(peak-lead pricing)는 전력과 같이 생산량의 저장이 곤란한 재화를 대상으로 수요가 집중되는 시기인 성수기와 그렇지 않은 비수기의 구분이 분명한 경우에 수요가 많은 성수기에는 요금을 높게 책정하고, 비수기에는 요금을 낮게 책정해서 생산설비의 이용률을 시기별로 조절하여 생산설비의 이용의 효율을 높이는 가격설정방법이다. 최대부하기는 최고부하기, 성수기, 첨두부하기라고도 하며 서비스에 대한 수요가 가장 높아 생산설비를 완전히 가동해야 하는 기간을 말하고, 비최대부하기는 비최고부하기, 비성수기, 비첨두부하기라고도 하며 서비스에 대한 수요가 작아서 생산설비의 이용에 어느 정도 여유가 있는 기간을 말한다.

문제에서 제시된 바와 같이 성수기에는 이용자들에게 생산설비에 관련된 일체의 비용과 설비운용비를 부담하도록 가격을 책정하고, 비수기에는 단기 설비운영에 필요한 비용만 부담시키는 가격설정원리이다.

정답 ⑤

20	중요도	★★★★	난이도	★★
	출제 포인트	지방재정조정제도 : 교부금		

▶ **지방재정에 있어서 교부금(grants)에 관한 설명으로 옳지 않은 것은?**

① 범주적 교부금(categorical grants)은 중앙정부가 특정한 조건을 달고 지방정부에 제공하는 교부금이다.

② 대응교부금(matching grants)은 지방정부가 어떤 사업을 수행할 경우 비용의 일정부분을 중앙정부가 부담하는 방식으로 교부금을 지급하는 방식이다.

③ 비대응교부금(non-matching grants)은 대응교부금과 달리 아무런 대응조건 없이 중앙정부가 교부하는 교부금이다.

④ 대응교부금은 가격보조에 해당하고 비대응교부금은 소득보조에 해당한다고 볼 수 있다.

⑤ 무조건 교부금(unconditional grants)은 중앙정부가 지방정부와 세입을 공유한다는 입장에서 아무런 조건 없이 제공하는 교부금을 뜻한다.

핵심체크

(1) 무조건부 교부금(현금보조)
(2) 조건부 교부금 : ① 비대응교부금(현물보조) ② 대응교부금(가격보조)

중앙정부에 의한 지방정부 보조금은 크게 무조건부 보조금(일반보조금)과 조건부 보조금(범주적 보조금, 특정보조금)으로 나눌 수 있고, 보조금의 지급형식과 관련해서 가격보조의 성격을 지니는 정률보조금과 소득보조의 성격을 지니는 정액보조금으로 구분할 수 있다.

① 범주적 교부금은 조건부 보조금과 동일한 표현이다.

② 대응교부금은 가격보조의 형식으로 지방정부가 수행하는 사업비용의 일정부분을 중앙정부가 지원해주는 것으로 정률보조금이라고도 한다. 지방정부 스스로가 자체 재원의 확보 노력에 매칭해서 보조의 크기가 결정되는 것이다. 만일 50%의 정률 보고를 하게 되면 지방정부는 중앙정부로부터 1억원의 보조금을 지원받고 싶을 때 스스로 1억의 50%인 5천만원의 재원을 조달하고 있어야 한다. 결국 정률보조는 보조금의 수혜를 원하는 지방정부가 조세를 통해 자체 재원을 늘리도록 유인하는 역할을 하게 된다.

③ 비대응교부금은 공공서비스의 추가적인 생산에만 사용해야 한다는 조건으로 조건부 보조금에 속하는 현물보조의 형태이므로, 무조건부 보조금과 같이 소득효과만 존재하는 것은 아니다. 공공서비스의 생산을 증가시키지만, 지역주민의 공공서비스수요가 현물 보조량의 크기에 미치지 못하는 특수한 경우에 무조건부 교부금과 다른 영향을 미치게 된다.

④ 대응교부금은 가격보조에 해당하여 예산선의 기울기가 완만하게 되고, 비대응교부금은 현물보조의 크기 이상이 되는 부분은 예산선이 평행하게 이동하는 소득보조에 해당한다고 할 수 있다. 그러나 지역주민이 현물보조의 크기보다 작은 소비량을 선택하는 경우는 오히려 대체효과가 극단적으로 크게 반영된다.

⑤ 무조건부 교부금은 중앙정부가 지방정부 간의 세입공유 원칙에 입각해 아무 조건 없이 재원이 넘겨진다는 원칙을 반영한 것이다. 지방자치단체는 일반재원에 포함시켜 자율적으로 그 용도를 결정할 수 있게 된다. 우리나라의 지방교부세가 여기에 해당한다.

정답 ③

21	중요도	★	난이도	★★★★★
	출제 포인트	조세		

▶ **우리나라의 현행 조세에 관한 설명으로 옳지 않은 것은?**

① 부가가치세는 국세이다.
② 지역자원시설세는 목적세이다.
③ 레저세는 광역자치단체세이다.
④ 지방소비세는 기초지방자치단체가 징수하고 있다.
⑤ 국세의 세수가 지방세의 세수보다 크다.

핵심체크

(1) 국세
- 내국세
  - 보통세(직접세, 간접세)
  - 목적세(교육세, 교통 · 에너지 · 환경세, 농어촌특별세)
- 관세

(2) 지방세
- 도세
  - 보통세(취득세, 등록면허세, 레저세, 지방소비세)
  - 목적세(지역자원시설세, 지역교육세)
- 시군세(담배소비세, 주민세, 지방소득세, 재산세, 자동차세)

① 부가세는 국가가 징세의 주체인 국세이다.
④ 지방소비세는 중앙정부가 징수해서 각 지방자치단체에 교부하는 것으로 2010년 신설된 지방세이다.
⑤ 국세의 세수가 지방세의 세수보다 당연히 크다.

정답 ④

22	중요도	★★	난이도	★★★
	출제 포인트	세율 : 누진세와 역진세		

▶ **조세에 관한 설명으로 옳지 않은 것은?**

① 역진세는 평균세율이 한계세율보다 크므로 소득이 증가할 때 평균세율은 하락하고 한계세율은 상승한다.
② 정액세는 소득이 증가할수록 평균세율이 하락한다.
③ 정액세의 한계세율은 0이다.
④ 정액세는 역진적 세부담을 초래한다.
⑤ 조세의 초과부담은 평균세율보다 한계세율과 더 밀접하게 관련되어 있다.

핵심체크

세율
(1) 평균세율 : 세금÷소득
(2) 한계세율 : 세금증가분÷소득증가분

① 누진세와 역진세는 일반적으로 평균세율이 소득이 증가함에 따라서 커지는지 작아지는지로 판명된다. 역진세의 경우는 소득이 증가함에 따라서 평균세율이 감소하는 것으로 이때는 한계세율이 평균세율보다 작기 때문에 평균세율이 감소하는 것이다. (평균과 한계의 관계를 생각하면 쉽게 알 수 있다.)
②,③,④ 정액세는 소득과 상관없이 일정한 세율이므로 소득이 증가함에 따라서 평균세율은 하락한다. 그리고 정액세는 평균세율이 하락하기 때문에 역진적이라고 할 수 있다.

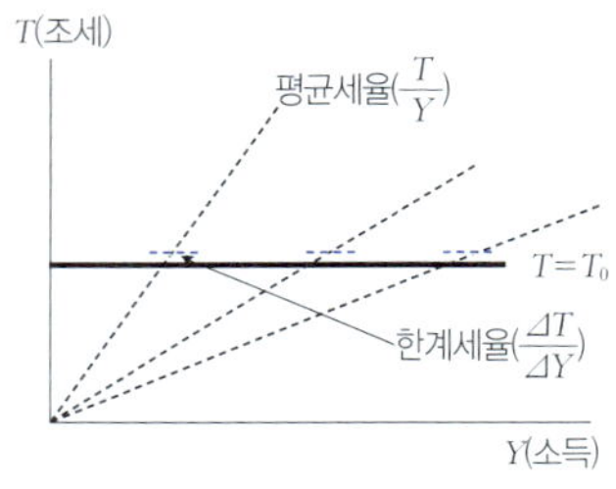

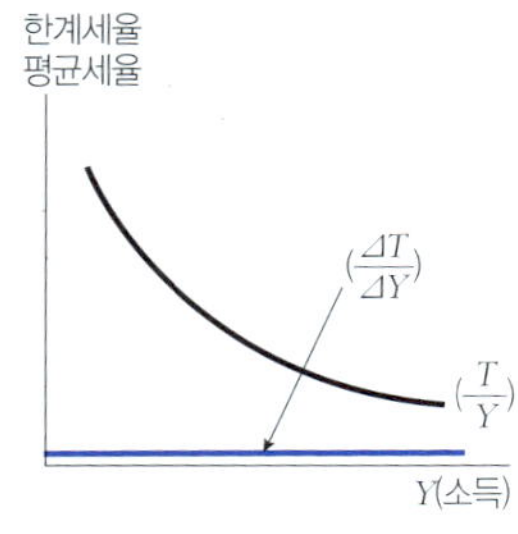

⑤ 조세의 초과부담은 조세의 부과로 인한 상대가격(선택의 기준)의 변동을 초래하여 선택행위에 왜곡을 초래해 발생하는 것인데, 상대가격의 변동은 예산선의 기울기 변동으로 나타난다. 그 결과 파레토 효율성 조건이 파괴된다. 이때 초과부담은 대체효과에 기인하고 조세부과로 기존의 가격을 추가적으로 증가시키는 것이기 때문에 한계세율과 밀접한 관련이 있다고 할 수 있다.

정답 ①

23	중요도	★★★	난이도	★★★
	출제 포인트	조세의 중립성		

▶ **조세가 갖추어야 할 중요한 요소 중의 하나인 중립성에 관한 설명으로 옳지 않은 것은?**

① 엄격한 의미에서 중립성이란 조세부과가 민간부문의 경제행위에 교란을 일으키지 않음을 의미한다.

② 조세가 부과될 때 사람들이 경제행위를 변화시키는 이유는 조세부담 회피와 관련이 있다.

③ 인두세는 장·단기적으로 경제행위에 영향을 미치지 않는 대표적인 중립세이다.

④ 완화된 개념에서 중립세란 소득효과만 있고 대체효과가 존재하지 않는 조세를 말한다.

⑤ 모든 조세가 반드시 경제행위를 왜곡시키는 것은 아니며, 오히려 민간부문의 왜곡된 경제현실을 교정하는 경우도 있다.

핵심체크

조세의 중립성
(1) 조세의 실제부담 = 조세징수액
(2) 소득효과만 있는 조세

① 엄격한 의미에서 조세의 중립성은 조세부과가 민간의 선택에 아무런 영향을 미치지 않아야 한다. 결국 조세의 부담을 어떤 행동을 통해서도 피할 수 없는 상황을 말하는데, 이런 경우는 선택에 왜곡(distortion)을 초래하지 않기 때문에 추가적인 비효율성을 야기하는 것은 아니다.

② 조세부과로 인해 초과부담이 발생하는 이유는 선택에 왜곡을 초래하기 때문인데, 이를 다른 말로 표현하면 조세를 회피하기 위해서 경제행위를 변화시키기 때문이다.

③ 현실에서 중립세(럼섬세)는 존재하지 않는다. 인두세(head or poll tax)는 말 그대로 사람의 머리에 과세를 하는 것이므로 어떤 경제적 선택행위를 통해서도 피할 수 없다는 점에서는 중립세에 가장 가깝다고 할 수 있다. 그렇지만 장기적으로는 자녀를 얼마나 더 낳을 것인가의 문제에 영향을 미치기 때문에 단기에는 몰라도 장기까지 중립세라고 보기는 어렵다.

④ 중립세는 현실적으로 존재하지 않기 때문에 차선의 차원에서 납세자의 경제적 능력이나 조세 부담능력에 관계없이 균등하게 부과되는 조세를 중립적이라고 학문적으로 합의를 보게 되었다. 따라서 차선의 차원에서 완화된 개념을 적용하여 선택의 왜곡을 초래하는 비효율적인 조세는 대체효과 때문에 발생하는 것에 초점을 두어 대체효과 없이 소득효과만 발생시키는 조세를 중립적이라고 하기도 한다.

⑤ 조세가 반드시 경제행위를 왜곡하는 것은 아니고, 현실에서 바람직하지 않은 왜곡된 상태를 교정하는 역할을 하기도 한다. 이를 교정세(corrective tax)라고 하는데 환경오염에 부과하는 피구세(Pigouvian tax) 혹은 에너지세 등이 속한다.

정답 ③

24	중요도	★★★★	난이도	★★★★
	출제 포인트	조세지출		

▶ **조세지출의 예로서 옳은 것은?**

① 남북협력기업에 대한 보조금 지급
② 기초수급자에 대한 에너지 교환권 지급
③ 법인세 특별감가상각
④ 담배소비에 대한 특별과세
⑤ 조세수입으로 확보된 자금의 지출

핵심체크

조세지출 : 조세수입의 상실분

조세지출(tax expenditure)이란 민간부분의 어떤 특별한 행동을 촉진하기 위해서 조세상의 특별한 혜택을 부과함으로써 발생하는 조세수입의 상실분을 말한다. 조세지출은 조세지원(tax aids), 조세보조(tax subsidy), 조세특혜(tax preferences), 조세유인(tax incentive)이라고도 한다.

조세지출의 유형에는 비과세(exclusion), 면세(exemption), 소득공제(deduction), 특혜적 세율(preferential tax rate), 세액공제(tax credit), 세액감면(tax deduction), 특정기간 조세감면(tax holiday), 준비금(reserves), 특별상각(special depreciation) 등을 들 수 있다.

여기서 준비금제도는 장래에 발생할 투자와 비용에 쓸 수 있도록 일정한 기준에 근거해서 계산한 금액을 미리 비용으로 인정하는 조치를 말한다.

비과세는 처음부터 조세의 채권채무관계가 성립하지 않는 것을 말하고, 면세 혹은 면제는 조세의 채권채무관계는 성립하지만 과세권자가 특별한 경우에 이 권한을 포기한 것을 말한다.

민간부문에 직접적으로 지원하는 것은 비과세, 면세, 소득공제, 특혜적 세율, 세액감면, 세액공제를 들 수 있고, 간접적으로 지원하는 것으로는 조세부담의 연기와 같은 과세이연이 있다. 이것은 무이자로 대부해주는 것과 같은 효과를 지니게 된다.

③ 특별상각에 해당하는 가속상각은 일반적인 상각비의 일정률에 해당하는 금액을 추가적으로 감가상각비로 인정하는 것이다.

조세지출의 목적은 효율성과 공평성을 높이기 위해서 시행되지만 지속적으로 계속 시행하게 되면 세수의 감소로 인한 재정규모가 줄어들고, 왜곡이 발생하여 비효율성과 불공평성을 초래할 수도 있다. 따라서 가능한 축소하는 것이 바람직하고, 대안으로 조세지출을 예산에 포함시키려는 시도를 하게 되었는데 이를 조세지출예산제도라고 한다. 현재 미국 등 선진국에서는 조세지출예산제도를 도입하고 있고, 우리나라도 비슷한 제도를 시행하고 있다.

정답 ③

25	중요도	★★★	난이도	★★★★★
	출제 포인트	조세귀착		

▶ **두 상품 X와 Y가 완전대체재일 경우 상품 Y에 조세가 부과되면 조세부담은 누구에게 귀착되는가?**

① Y재의 공급자에게 모두 귀착된다.
② X재와 Y재의 공급자에게 귀착된다.
③ X재의 공급자에게 모두 귀착된다.
④ X재의 수요자에게 모두 귀착된다.
⑤ X재와 Y재의 수요자에게 귀착된다.

핵심체크

완전대체재 : 직선형태의 무차별곡선

X재와 Y재가 완전대체재인 경우에 무차별곡선은 우하향하는 직선의 형태가 되고, 그 결과 코너해가 발생할 가능성이 크다. 만일 Y재에 조세가 부과되면 예산선의 기울기는 완만하게 될 것이고, 이때 Y재의 가격이 상승해서 소비자는 Y재 소비를 하나도 하지 않고 모두 X재를 소비하는 선택을 할 수도 있다. 따라서 소비자는 X재를 선택함으로써 조세를 회피할 수 있다. 이때 Y재에 부과되는 조세는 전부 Y재의 공급자가 부담하게 되는 것이다.

그림에서 보여 주는 바와 같이 조세부과 전의 예산선(P_0)하에서는 모두 Y재만 구입하는 E_0를 선택하고 있었는데, Y재에 조세를 부과하여 예산선이 P_1으로 변하게 되면 새로운 균형점은 E_1을 선택하게 되어 모두 X재만 구입하게 된다. 따라서 소비자는 Y재를 하나도 구입하지 않아서 조세를 피할 수 있게 된다.

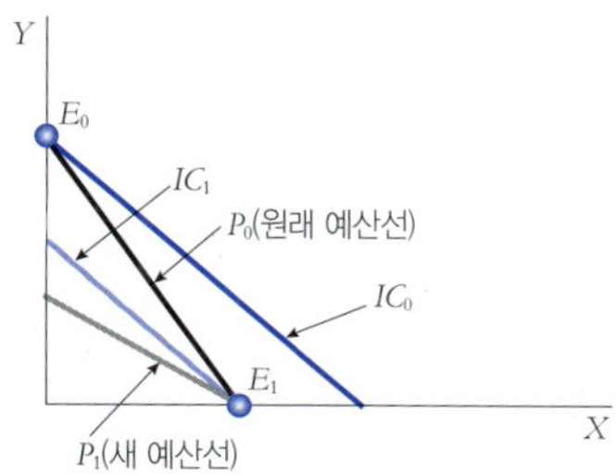

정답 ①

26	중요도	★★★★★	난이도	★★★
	출제 포인트	조세귀착		

▶ **생산요소 과세의 귀착에 관한 설명으로 옳지 않은 것은?**

① 근로소득세는 종가세의 일종으로 근로소득세가 부과되면, 근로자가 받는 순임금률은 낮아진다.

② 근로자의 임금이 근로소득세만큼 낮아지기 때문에 근로소득세 부과는 전액 근로자에게 귀착된다고 볼 수 있다.

③ 소규모 개방경제하에서는 자본 공급곡선이 수평선이 되므로 자본에 대한 과세는 조세를 포함한 자본의 수익률을 과세폭만큼 상승시킨다.

④ 소규모 개방경제하에서 자본에 과세하면 자본의 공급자가 얻는 세후수익률에는 변화가 없고 전액 자본 사용자에게 귀착된다.

⑤ 조세의 자본화란 자산의 가격이 미래에 발생될 조세부담의 현재가치만큼 하락함을 뜻하는 것으로 자산의 공급이 신축적이라면 완전한 자본화는 발생하지 않는다.

핵심체크

요소과세 : (1) 근로소득세, (2) 자본이득세, (3) 토지세(조세의 자본화)

생산요소의 과세도 생산물의 과세와 동일하게 생각하면 된다. 생산요소 중의 하나인 노동을 예로 들면 노동의 공급자(가계)와 노동의 수요자(기업)로 보고 생산물시장에서도 공급자에게 과세를 하든지 수요자에게 과세를 하든지 실질적인 귀착은 동일하게 되고 누가 더 협상력이 큰가에 따라서 귀착의 정도는 달라진다. 노동공급에 과세를 하게 되면 근로소득세는 노동공급자와 노동수요자의 임금탄력성에 따라서 노동공급자인 근로자에게 전부 부담시킬 수도, 일부만 부담시킬 수도 있다.

① 근로소득세는 종가세에 해당하므로 노동공급곡선이 근로소득세의 부과로 상방으로 이동할 때 기울기가 좀 더 가파르게 이동하게 된다. 이때 근로자가 받는 순임금률은 낮아지게 된다. 그림에서 (w_1-w_0)는 노동의 수요자가 부담하는 크기이고, (w_0-w_2)는 노동의 공급자가 부담하는 크기이다.

③, ④ 소규모 개방경제하에서는 자본의 공급곡선이 수평선이 되어 자본의 소유자(공급자)는 자본에 대한 과세에 대해서 아무런 부담을 지지 않게 된다. 그 결과 전액 자본의 사용자(수요자)가 부담하게 된다.

⑤ 조세의 자본화란 자산의 공급곡선이 수직의 형태인 경우와 자산의 가격에 대해서 완전히 비신축적인(비탄력적인) 경우에 발생하는 것이다. 따라서 자산의 공급이 신축적이라면 완전한 자본화가 일어나지 않게 된다. 그림에서 보면 자산의 공급곡선이 수직이므로 조세부담을 전부 자산 공급자가 부담하게 된다.

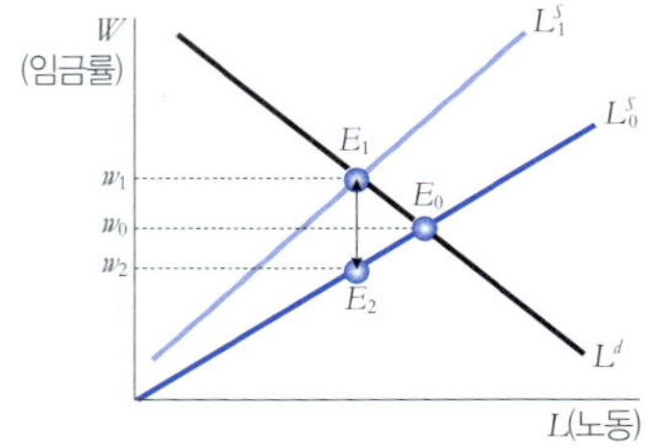

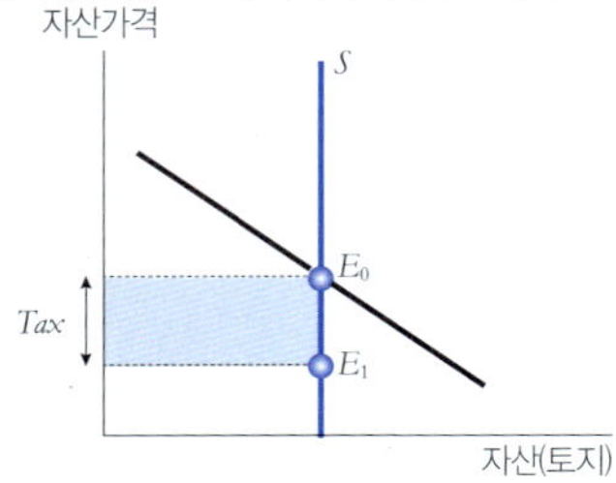

정답 ②

27	중요도	★★	난이도	★★
	출제 포인트	조세수입		

▶ 어떤 상품에 25%의 종가세율로 생산자 측에 과세한 후 판매량은 50이고, 판매가격도 50이 되었다. 이 기업의 한계비용은 40으로 일정하고, 수요곡선의 기울기는 −1이라고 할 때, 조세수입의 크기는?

① 100　② 200　③ 250　④ 500　⑤ 550

핵심체크

조세수입 : 단위당세액×판매량

종가세를 생산자측에 과세를 하게 되면 공급곡선이 상방으로 이동하게 되는데, 공급곡선이 우상향하면 기울기가 가파르게 되면서 이동해야 한다. 그런데 문제에서는 한계비용이 40으로 일정하다고 했으므로 공급곡선이 수평이라고 볼 수 있다. 따라서 주어진 가격 40에 25%의 종가세를 부과하게 되면 가격은 10만큼 증가하게 되고, 이때 공급곡선은 상방으로 10만큼 이동하게 된다. 따라서 새로운 균형점에서 가격은 50이고 수량은 50이 되므로 조세수입의 크기는 500이 된다.

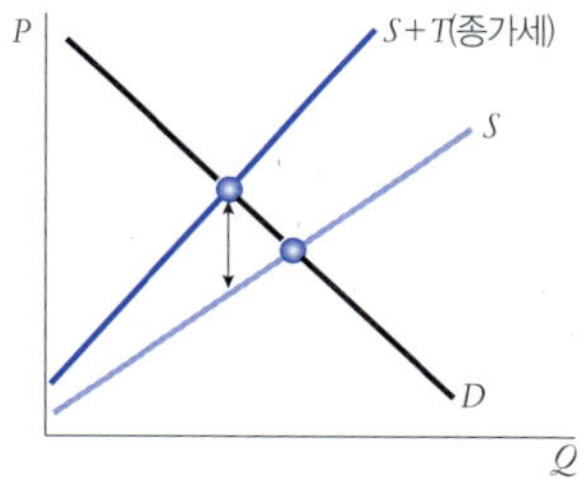

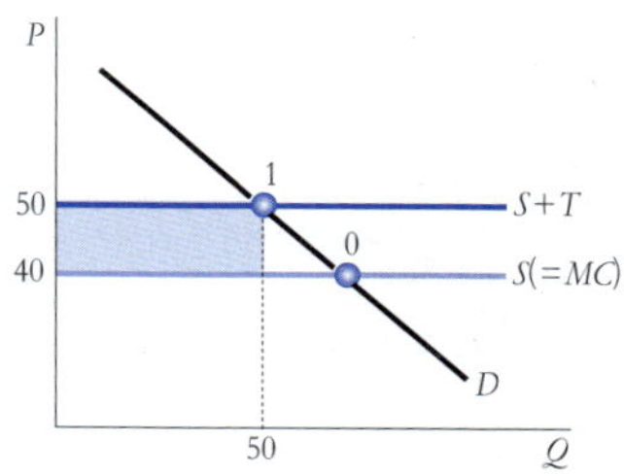

정답 ④

28	중요도	★★★★★	난이도	★★★
	출제 포인트	하버거 모형		

▶ **2생산요소-2상품인 경제(A. Harberger 모형)에서 한 상품에만 물품세를 부과하면 그 상품의 생산과정에 집약적으로 사용되는 생산요소의 상대가격을 떨어뜨리는 결과를 가져온다. 이때 상대가격의 변화 및 물품세 귀착에 관한 설명으로 옳지 않은 것은?**

① 두 산업 간 요소집약도의 차이가 클수록 상대가격비율은 더 큰 폭으로 변화한다.
② 조세부과의 대상이 된 상품에 대한 수요의 가격탄력성이 클수록 상대가격의 변화가 더 커진다.
③ 원천(source) 측면에서 보면 물품세가 부과된 산업에서 집약적으로 사용되고 있는 생산요소의 공급자에게 부담이 귀착된다.
④ 생산요소 간 대체탄력성이 작을수록 상대가격의 변화는 작아진다.
⑤ 사용(use) 측면에서 보면 과세되는 상품을 더 많이 소비하고 있는 사람일수록 더 많은 부담을 지게 된다.

핵심체크

물품세
(1) 산출효과 : 과세산업의 산출량 효과

하버거 모형은 생산요소가 노동과 자본 2개가 존재하고, 재화도 X재와 Y재 2개가 존재하는 일반균형 상황을 상정하고 있다. 단순화를 위해서 기본적으로 노동과 자본은 완전이동성을 가정하고, 시장은 완전경쟁시장을 가정한다. 소비자의 선호는 동일하고 생산함수는 1차 동차함수의 특성을 가진 것으로 본다. 이때 한 상품에만 물품세를 부과하는 경우 결론을 정리하면 다음과 같다.

어떤 한 상품에만 부과하는 물품세는 그 상품의 생산과정에서 집약적으로 사용되는 요소의 상대가격을 하락시킨다. 이때 요소의 상대가격이 변하는 정도가 큰 경우는 다음과 같다.

- 두 산업 사이에 요소집약도(factor intensity)의 차이가 클수록
- 조세부과 대상이 된 상품에 대한 수요의 가격탄력성이 클수록
- 요소 사이의 대체탄력성이 작을수록

이를 원천 측면과 사용 측면에서도 살펴볼 수 있는데, 원천측은 물품세가 부과된 산업에서 집약적으로 사용되고 있는 생산요소의 공급자에게 부담이 귀착되는 것을 말하고, 사용측은 과세되는 상품을 상대적으로 더 많이 소비하고 있는 사람일수록 더 많은 부담을 지게 된다는 것이다. 즉 수요의 소득탄력성이 큰 사치재에 물품세를 부과하게 되면 부유층이 상대적으로 더 큰 부담을 지게 된다.

이때 생산요소 투입이 가변적인 경우는 가격의 변화에 대해서 공급이 신축적으로 반응한다는 것을 의미하므로, 노동의 가격이 하락하면 노동의 공급이 감소하게 되는데 이때 노동의 상대가격 변화를 어느 정도 억제하는 효과를 가져오게 된다.

정답 ④

29	중요도	★★★★★	난이도	★★★
	출제 포인트	조세의 초과부담		

▶ **조세의 초과부담에 관한 설명으로 옳지 않은 것은?**

① 완전보완재인 두 상품 X와 Y 중에서 상품 Y에 종가세를 부과할 때 초과부담은 존재하지 않는다.
② 보상수요곡선의 탄력성이 클수록 대체효과는 크게 되고 초과부담은 커진다.
③ 수요곡선과 공급곡선이 비탄력적일수록 조세수입은 작아진다.
④ 공급곡선이 완전비탄력적이고, 수요곡선이 우하향할 경우 조세의 초과부담은 없다.
⑤ 세율이 높을수록, 상품의 거래액이 클수록 초과부담은 커진다.

핵심체크

- 비용증가산업일 경우에 종량세 부과 시 초과부담 크기

$$EB=\frac{1}{2}\frac{T^2}{P}Q\frac{1}{\frac{1}{\varepsilon}+\frac{1}{\eta}}$$

(단, ε는 수요의 가격탄력성, η는 공급의 가격탄력성)
만일 비용불변산업이라면 공급의 가격탄력성(η)은 ∞가 되므로 초과부담은 다음과 같다.

$$EB=\frac{1}{2}\frac{T^2}{P}Q\varepsilon$$

- 비용증가산업일 경우에 종가세 부과 시 초과부담 크기

$$EB=\frac{1}{2}tPQ\frac{1}{\frac{1}{\varepsilon}+\frac{1}{\eta}}$$

만일 비용불변산업이라면 다음과 같이 쓸 수 있다.

$$EB=\frac{1}{2}t^2PQ\varepsilon$$

초과부담은 수요곡선과 공급곡선의 탄력성에 영향을 받는다. ③에서 수요곡선과 공급곡선이 비탄력적일수록 초과부담은 작아지지만, 조세수입은 커진다.

초과부담은 사중손실(dead-weight loss), 자중손실, 후생비용이라고도 하며 각종 선택행위를 할 때 조세부과에 의한 상대가격의 변동으로 인한 대체효과로 발생한다. 따라서 대체효과가 있는가 없는가의 여부가 초과부담이 발생하는지에 영향을 준다.

① 완전보완재의 경우에는 대체효과가 없기 때문에 종가세를 부과할 때 초과부담은 생기지 않게 된다.
②,③ 대체효과에 초점을 맞추기 위해서 소득효과를 제거한 대체효과만 반영한 보상수요곡선을 이용할 때 초과부담을 제대로 측정할 수 있게 된다.
④ 공급이 완전비탄력적인 경우에는 공급탄력성 이 0이 되므로 초과부담은 없게 된다.
⑤ 초과부담은 세율의 제곱에, 상품의 거래액에 비례해서 커지게 된다.

정답 ③

30	중요도	★★★	난이도	★★★
	출제 포인트	최적조세		

▶ **최적 조세에 관한 설명으로 옳지 않은 것은?**

① 파레토 최적을 위반하지 않으면서 세수를 거둘 수 있는 조세는 정액세(lump-sum tax)이다.
② 역탄력성 법칙에 의하면 각 상품에 대한 최적 세율은 수요의 가격탄력성에 반비례하도록 책정되어야 한다.
③ 램지(F. Ramsey)규칙에 따르면 최적조세제도는 모든 상품의 수요를 같은 비율로 감축시키는 조세체계이다.
④ 최적소비과세는 효율성을 충족하지만 형평성을 저해할 수 있다.
⑤ 소득계층 간 소비패턴에 큰 차이가 있다면 가난한 사람이 주로 사용하는 상품에 높은 세율을 부과할 때 재분배 효과를 기대할 수 있다.

핵심체크

최적물품세
(1) 램지규칙
(2) 역탄력성 법칙

① 파레토 최적 조건을 위반하지 않는 조세를 정액세(럼프섬세)라고 한다.
② 역탄력성 법칙은 각 상품의 수요가 상호 독립적이어서 상품 간에 보완이나 대체관계가 없는 경우에 대한 최적세율을 수요의 가격탄력성에 반비례하도록 설정하는 것을 말한다. 세수 1단위마다 상실되는 후생의 크기는 탄력적인 상품에 과세를 할 때 더 크게 초래되기 때문에 각 상품부문에서 발생하는 세수 1단위당 초과부담이 동일할 때 최적소비과세가 실현되므로 상품의 수요탄력성이 크면 세율을 낮게 책정하고, 수요의 가격탄력성이 작으면 높게 책정해야 한다.
③ 램지의 조세는 과세된 각 상품부문에서 발생하는 세수 1단위당 초과부담이 동일하도록 만드는 것으로 모든 상품의 수요량이 같은 비율로 감소되도록 상품마다 다른 개별소비세율을 적용하는 것이다. 즉 상품마다 상이한 세율을 적용하여 각 상품의 상대적 수요량 감소가 똑같아지도록 세율구조를 실현하는 것을 말한다. 이러한 원리를 반영해서 램지의 법칙을 비례적 체감의 법칙이라고도 한다.
④ 바람직한 최적의 조세는 효율성과 형평성을 충족시켜야 하는데, 최적 물품세(최적소비세)는 형평성의 측면은 배제하고 효율성의 측면에 초점을 두고 논의하는 것이다. 따라서 램지의 법칙이나 역탄력성 법칙을 실행하게 되면 형평성에서 문제가 발생할 수 있다.
⑤ 소득계층 간의 소비패턴에 차이가 있다면 이를 이질적이라고 하는데, 가난한 사람이 주로 사용하는 상품 즉 필수재에 높은 세율을 부과하게 되면 재분배효과에 역행하게 된다. (문제의 내용을 몰라도 가난한 사람들이 주로 사용하는 상품에 높은 세율을 부과한다면 재분배 효과를 거둘 수 없다는 것은 당연한 것이다. 이처럼 실전에서는 상식에 의거해서 직관으로 판단할 수 있는 문제도 많이 있다.)

정답 ⑤

31	중요도	★★★★	난이도	★★★
	출제 포인트	최적소득세		

▶ **최적소득세의 누진성과 효율성에 관한 설명으로 옳지 않은 것은?**

① 소득수준의 상승에 따라 평균세율이 상승하면 누진성이 커진다.
② 조세의 소득탄력성이 클수록 누진적이다.
③ 선형누진세의 한계세율이 높을수록 초과부담이 커지고, 정액증여(lump-sum-grant)가 클수록 재분배효과가 커진다.
④ 스턴(N. Stern)에 따르면, 평등성에 대한 선호가 강할수록 최적 소득세율은 높게 설정된다.
⑤ 스턴에 따르면, 소득과 여가 간 대체탄력성이 클수록 최적 소득세율은 커진다.

핵심체크

최적소득세
(1) 누진성 : 평등성 선호
(2) 효율성 : 대채효과(소득과 여가 간 대체탄력성)

① 누진성은 소득의 증가에 따른 평균세율이 상승하는 경우를 말한다.
② 조세의 소득탄력성이 커진다는 것은 평균세율이 상승한다는 것과 동일한 말이다. 평균세율이 상승한다는 말은 한계세율이 평균세율보다 크다는 말과 동일하다.
조세의 소득탄력성은 다음과 같은 식으로 나타낼 수 있다.

$$\varepsilon_I = \frac{\frac{\Delta T}{T}}{\frac{\Delta I}{I}} = \frac{\Delta T}{\Delta I}\frac{I}{T} = \frac{\text{한계세율}}{\text{평균세율}} \quad (I: \text{소득}, T: \text{세액})$$

즉 조세의 소득탄력성이 커진다면 한계세율이 평균세율보다 크다는 말이고, 이때 평균세율은 소득의 증가에 대해서 증가하는 형태를 보인다. 따라서 누진적이 된다.
③ 선형누진세는 한계세율이 일정하다는 측면에서 선형을 의미하고, 평균세율이 증가한다는 측면에서 누진적이라고 할 수 있다. 한계세율을 증가시키면 초과부담인 비효율성이 증가하게 된다. 한편 정액증여를 크게 하면 재분배효과는 커진다. 따라서 소득재분배를 위해 정액증여를 크게 하기 위해 세율을 높이게 되면 초과부담은 더욱 커지는 것이다.
④,⑤ 스턴(Stern, 1976)은 최적 선형누진세 모형을 세우고 적절한 계수들의 값을 가정해서 실제로 그 조세부과의 효과를 계산해 보았다. 연구결과에 따르면 최적 세율은 평등성에 대한 선호가 강할수록 더 높은 세율을 적용해야 하고, 소득과 여가 간의 대체탄력성이 클수록 더 낮은 세율을 적용해야 한다고 주장하였다.

정답 ⑤

32	중요도	★★	난이도	★★★★★
	출제 포인트	탈세모형		

▶ **개인의 효용함수가 $U(Y)=Y$일 때, V만큼 소득을 축소신고하는 경우 적발되지 않으면 소득은 $W+tV$이고, 적발되면 세금 및 벌금 납부 후 소득은 $W-aV$이다(Y: 최종소득, W: 성실납세 후 소득, t: 세율, a: 적발될 경우에 추징세금을 반영한 총벌과금의 비율). 이때 $t=0.2$이고, $a=0.3$이라면 적발될 확률(p)이 얼마가 되어야 축소신고를 하지 않기 시작하는가?**

① 0.1 ② 0.4 ③ 0.5 ④ 0.6 ⑤ 1

핵심체크

탈세모형
(1) 한계비용 : 기대벌금
(2) 한계편익 : 절약된 조세액

문제는 탈세와 관련한 알링햄-샌드모 모형(기대효용 극대화 모형)을 계산문제로 만든 것이다. 간단하게 소개하면 다음과 같다.

■ **모형**

① 불확실성하의 선택 문제를 전략적으로 접근해 기대효용을 적용
② 납세자는 정직하게 소득을 신고하거나, 소득을 줄여서 신고하는 전략 중 하나를 선택
③ 납세자의 소득은 W^*로 자신은 알고 있고, 과세당국은 이를 알지 못함
④ 납세자는 소득을 V만큼 줄여 신고하고, 신고된 소득에는 세율 t가 적용됨
⑤ 과세당국은 무작위적인 감사(random audit)를 하고, 탈루가 밝혀지면 탈루소득(V)에 대해서 π의 비율로 벌금 부과 (벌금률 $\pi>$세율 t)

■ **분석**

① 탈루가 적발되지 않았을 경우 순소득(Y)
$Y=W^*-t(W^*-V)=(1-t)W^*+tV=W+tV$
② 탈루가 적발되어 벌금을 내었을 경우 순소득(Z)
$Z=(1-t)W^*+tV-\pi V=(1-t)W^*-(\pi-t)V=W-aV$
③ 기대효용 극대화 관점에서 탈루소득 V의 크기(감사받을 것이라고 기대하는 주관적 확률은 p)는 다음과 같이 구할 수 있다.

$$E(U)=(1-p)U(Y)+pU(Z)$$

모형의 결과는 문제와 관련 없어 생략하고, 문제의 내용에 적용하면 기대효용소득이 성실납세소득과 동일해야 한다. 따라서 다음과 같은 식으로 나타낼 수 있다.

기대효용은 $p(W-0.3V)+(1-p)(W+0.2V)=W+0.2V-0.5pV$이고, 성실납세 후 소득은 W이므로 $W+0.2V-0.5pV=W$이 성립하여, 이때 $p=0.4$이다.

정답 ④

33	중요도	★★★	난이도	★★★
	출제 포인트	선형누진소득세		

▶ **선형누진소득세 구조에 관한 설명으로 옳지 않은 것은?**

① 면세점 소득 이상의 구간에서 한계세율은 일정하다.
② 면세점 소득 이상의 구간에서 소득이 증가할수록 평균세율이 증가한다.
③ 면세점 소득에서는 한계세율과 평균세율이 일치한다.
④ 동일한 효용을 유지하는 경우 선형누진세의 초과부담이 비례소득세의 초과부담보다 크다.
⑤ 면세점 소득 이상의 구간에서 한계세율은 평균세율보다 언제나 크다.

핵심체크

선형누진세 : $T=-a+bY$

선형누진세의 구조는 한계세율이 일정하기 때문에 선형이고, 면세점 이하의 소득에 대해서는 일정한 보조금 주기 때문에 평균세율이 증가하여 누진적이라고 할 수 있다. 선형누진세의 형태와 평균세율 그리고 한계세율을 간단한 식과 그림으로 나타내면 다음과 같다 : $T=-a+bY$

① 면세점 소득(Y_0) 이상인 구간에서 한계세율은 접선의 기울기로 $\frac{\Delta T}{\Delta Y}=b$로 일정하다.
② 면세점 소득 이상의 구간에서 평균세율은 $\frac{T}{Y}=b-\frac{a}{Y}$이고, 기하학적으로는 원점에서 그린 기울기를 의미하므로 소득이 증가함에 따라서 상승한다.
③ 면세점 소득에서 평균세율은 0이고, 한계세율은 b가 되어 한계세율이 더 크다.
⑤ 면세점 이상의 소득구간에서는 한계세율이 평균세율보다 항상 크다고 할 수 있다.

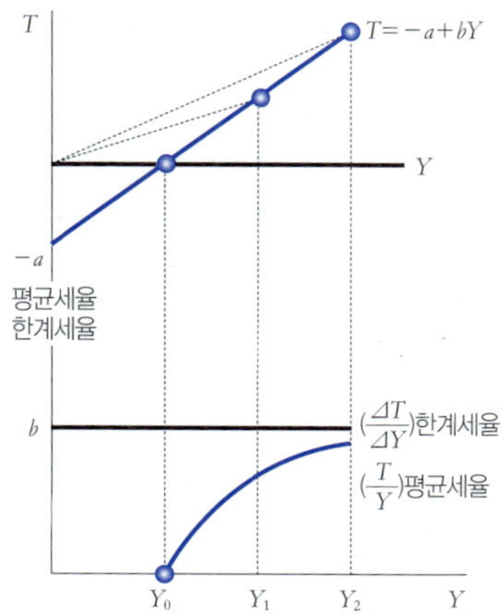

④ 동일한 효용을 유지한다는 조건하에서 선형누진세의 초과부담은 비례세의 초과부담보다 더 커진다. 한계세율을 더 높게 부과하기 때문이다.

정답 ③

34	중요도	★★★★★	난이도	★★★★★
	출제 포인트	법인세		

▶ **법인세 부과에도 불구하고 중립성이 보장되는 경우로 옳지 않은 것은?**

① 진정한 경제적 감가상각과 금융비용 전액 공제를 허용하는 경우
② 현금의 흐름 혹은 직접적 비용을 기준으로 과세하는 경우
③ 자본비용상각의 현재가치가 자본구입가격과 일치하는 경우
④ 적자가 발생할 때 손실액을 다음 해로 이월해주는 경우
⑤ 조세가 자본의 사용자 비용을 변화시키지 않는 경우

핵심체크

법인세의 중립성
(1) 경제적 이윤과세 : 차입경영, 경제적 감가상각=회계적 감가상각

법인세의 중립성 조건으로는 다음과 같은 두 가지 경우가 있다.

- 자본재 구입비용에 즉각적인 경비처리를 허용해주면서 지급이자에 대한 비용공제는 허용하지 않는 경우
- 진정한 경제적 감가상각공제를 하면서 완벽한 이자공제를 허용하는 경우

① 진정한 경제적 감가상각과 금융비용 전액 공제를 허용하는 경우는 두 번째에 속하는 중립성 조건이다.
② 현금의 흐름에 맞추어 과세한다는 것도 진정한 감각상각에 맞춘다는 것을 의미한다.
③ 자본비용상각의 현재가치가 자본구입가격과 일치한다는 것은 자본재 구입비용을 즉각 경비 처리해준다는 표현과 동일한 맥락이다.
④ 적자가 발생했을 때 손실액을 다음 해로 이월해 주는 것은 법인세를 부과하지 않는다는 말이 아니고 법인세를 연기할 뿐이므로 법인세의 중립성과 하등의 관련이 없다.
⑤ 조세가 자본의 사용자 비용을 변화시키지 않는다면 이것은 법인세가 투자행위에 아무런 영향을 미치지 않는다는 것을 의미한다. 자본의 사용자 비용은 자본재가격×(이자율+감가상각율)로 계산될 수 있는데, 법인세가 부과된 경우에 자본의 사용자 비용은 다음과 같이 나타낼 수 있다.

자본재 사용자 비용=자본재 가격×(이자율+감가상각률)×$\frac{1-tx-ty}{1-t}$ (단, x : 감가상각 공제혜택의 현재가치, y : 지급이자 공제혜택의 현재가치)

이때 $\frac{1-tx-ty}{1-t}=1$이 되면 법인세는 중립세의 성격을 지니게 된다.

정답 ④

35	중요도	★★	난이도	★★★★★
	출제 포인트	법인세와 감가상각		

▶ **회계상 감가상각이 경제적 감가상각과 같은 경우 법인세에 관한 설명으로 옳지 않은 것은?**

① 법인세의 과세대상은 법인의 자기자본에 대한 정상적인 보수와 경제적 이윤을 합한 것이다.
② 100% 차입경영인 경우에는 경제적 이윤과 세전 당기순이익은 다르다.
③ 100% 차입경영인 경우에는 법인세가 기업의 노동수요에 영향을 주지 않는다.
④ 100% 자기자본을 사용한 경우에 법인세는 법인에 사용된 자본에 대한 세금이 된다.
⑤ 100% 자기자본을 사용한 경우에 법인세는 비법인 기업에 투자되는 자본에 영향을 준다.

핵심체크

법인세의 과세대상 : 회계적 이윤(=경제적 이윤+자기자본의 기회비용)

감가상각(depreciation)이란 고정자산의 취득비용을 내용연수기간에 걸쳐 배분하여 비용으로 상각시켜 나가는 것을 말한다. 고정자산을 매년 감가상각하여 미래에 고정자산의 획득을 위한 내부자금을 미리 회수하고 확보할 수 있다. 따라서 감가상각을 많이 하게 되면 해당연도의 기업순이윤은 적어지므로 법인세액이 적어지고, 기업이 감가상각을 적게 하면 외형상의 기업이윤이 많아져 법인세액도 늘어나게 된다.

법인세의 과세베이스는 법인기업의 세전 당기순이익(회계적 이윤)으로 경제적 이윤과는 다른 개념이다.

$$\text{당기순 이익} = PQ - wL - rB - dK$$

$$\text{경제적 이윤} = PQ - wL - (r+\delta)K$$

(P는 제품의 가격으로 부가가치 가격, 즉 중간투입물 비용을 공제한 가격이고, Q는 생산량, w는 평균인건비, L은 총노동투입량, r은 이자율, B는 부채잔액, d는 세법상 감가상각률, K는 총고정자본, δ는 경제적 감가상각률을 의미한다.)

따라서 PQ는 총부가가치, wL은 인건비, rB는 지급이자, dK는 감가상각비가 된다. 부가가치의 구성인 $PQ = wL + rB + \rho B + \delta K$로 쓸 수 있다($\rho$는 자기자본수익률, $E = K - B =$자기자본을 의미함). 이를 당기순이익과 경제적 이윤에 대입하면 다음과 같이 바꿔 쓸 수 있다.

$$\text{당기순 이익} = \rho E + (\delta - d)E$$

$$\text{경제적 이윤} = (\rho - r)E$$

당기순이익에서 기업의 회계상 감가상각률이 경제적 감가상각률과 같다면 당기순이익은 ρE가 되고, 당기순이익에서 자기자본에 대한 정상적 수익(rE)을 뺀 나머지가 경제적 이윤이 된다.

② 만일 100% 차입경영($B=K$)이고, 세법상 감가상각률과 경제적 감가상각율이 같다면($d=\delta$) 당기순이익과 경제적 이윤은 완전히 일치하게 되는 것이다.
③ 이때 경쟁적인 기업이라면 장기균형에서 경제적 이윤은 0이 될 것이므로, 순수 이윤세는 세수를 가져다주지 못하고, 결국 기업의 노동수요에도 아무런 영향을 미치지 못한다.
① 법인세의 과세대상(ρE)은 법인의 자기자본에 대한 정상적인 보수(rE)와 경제적 이윤인 $(\rho - r)E$을 합한 것이기 때문이다.
④ 이와 같이 법인세의 과세베이스가 법인의 자기자본(equity capital)에 대한 수익이라는 점은 결국 법인세가 법인부문의 자기자본에 대한 부분요소세(partial factor tax)의 성격을 지닌다는 것을 의미한다.
⑤ 그 결과 부분요소세는 하버거 모형에 입각해서 비법인 부문에도 영향을 주게 된다.

정답 ②

36	중요도	★★★	난이도	★★★☆
	출제 포인트	법인세와 물가		

▶ **인플레이션이 법인세에 미치는 영향 및 교정방안에 관한 설명으로 옳지 않은 것은?**

① 인플레이션으로 감가상각의 실질가치가 떨어지는 현상이 생기면 법인세의 실질적 부담은 커지게 된다.

② 재고처리에 선입선출법을 적용할 경우, 인플레이션은 기업의 장부상 이윤을 과대평가시켜 기업의 법인세 부담이 무거워진다.

③ 법인의 투자재원을 차입으로 충당하는 경우, 인플레이션은 차입의 실질가치를 떨어뜨림으로써 기업에 이윤을 준다.

④ 인플레이션이 발생하면 각종 자본재 가격의 평균상승폭을 측정해 감가상각의 허용폭을 이에 맞춰 늘려 주는 방식으로 실질세율 상승현상을 교정할 수 있다.

⑤ 인플레이션이 발생하면 각종 자본재 가격 상승률을 감안해 법인세제에서 허용해 주는 내용연수를 늘려서 교정 해주어야 한다.

핵심체크

(1) 인플레이션이 법인세에 미치는 불리한 효과
- 감가상각의 실질가치 하락으로 기업의 실질적 조세부담 증가
- 선입선출법(FIFO)을 적용하는 경우 기업이윤 과대계상되어 법인세 실질부담 증가

(2) 인플레이션이 법인세에 미치는 유리한 효과
- 기업부채의 실질가치를 감소시켜 부채를 경감시키는 효과

인플레이션은 소득세에서처럼 여러 경로를 통해서 법인세의 실질적 부담에 영향을 미치게 된다. 그 영향은 법인세에 유리할 수도 있고 불리할 수도 있는데, 여러 실증연구의 결과는 대체로 인플레이션이 실질세율을 상승시켜서 법인에게 불리한 영향을 미치는 경우가 더 많다고 한다.

① 일반적으로 법인세에서 감가상각은 자본재의 원래 구입비용인 역사적 원가(historical cost)를 기준으로 허용하고 있다. 인플레이션이 없는 경우에는 이러한 감가상각의 기준이 아무런 문제를 야기하지 않게 된다. 그 이유는 자본재의 내구연한인 수명이 다해서 같은 자본재를 재구매할 경우에도 동일한 가격을 지불하고 구입할 수 있기 때문이다. 이러한 재구매 비용을 자본재의 대체비용(replacement cost)이라고 하는데, 자본재의 역사적 비용과 대체비용이 다른 경우에 기업의 실질적 부담에 변화가 생기게 된다.

간단한 예를 들어 수명이 5년짜리인 기계를 1천만원에 구입하고 정액감가상각에 의해서 매년 1/5씩 감가상각을 하는 경우에 연간 200만원씩 총 1천만원의 감가상각을 할 것이다. 그런데 기계를 구입한 후에 100% 인플레이션율이 발생하면 총감가상각액은 1천만원인 데 비해서 5년 후에 기계를 재구입하려고 할 때는 2천만원을 대체비용으로 지출해야 한다. 즉 인플레이션으로 인해서 감가상각의 실질가치는 대체비용의 1/2배로 하락하여 기업의 실질적 조세부담은 증가하게 된다.

정답 ⑤

37	중요도	★★★★	난이도	★★★★
	출제 포인트	법인세 통합방식		

▶ **법인세 개혁방안의 하나로 거론되는 완전통합방식에 대하여 완전통합 옹호론자들이 주장하는 효율성 개선 효과로 옳은 것을 모두 고른 것은?**

ㄱ. 재원조달에 있어서 타인자본우대로 부채 편향을 제거할 수 있다.
ㄴ. 완전통합으로 효율성이 개선되더라도 법인세 납세자 전체의 후생은 불변이다.
ㄷ. 법인과 비법인 부문 간 자원배분의 왜곡이 제거될 수 있다.
ㄹ. 조세로 인한 저축의사결정 왜곡이 감소하게 될 것이다.

① ㄱ, ㄴ ② ㄱ, ㄷ, ㄹ ③ ㄱ, ㄹ ④ ㄴ, ㄷ ⑤ ㄴ, ㄷ, ㄹ

핵심체크

법인세 통합방식
(1) 완전통합방식
(2) 부분통합방식

법인세의 완전통합방식은 법인소득에 대해서 법인세를 과세하지 않고, 법인소득이 주주인 개인의 소득이 되는 단계에서 소득세를 부과하자는 주장이다. 법인세를 소득세로 통합하는 방법으로 조합방식(partnership method)과 자본이득과세방식(capital gain method)이 있다.

(ㄱ) 일반적으로 소득세는 주주에게 귀속되는 법인의 이윤 중 배당된 소득에만 부과되고 사내유보(retained earnings)가 된 법인소득에 대해서는 부과되지 않는다. 따라서 법인이 이윤을 주주에게 배당하지 않고 사내유보를 시킨다면 주주들은 자본이득을 취하면서 조세가 실현되지 않기 때문에 개인소득세를 회피할 수 있다. 따라서 법인세를 과세함으로써 사내유보를 통해서 조세의 부담을 회피하려는 것을 막을 수 있다.

(ㄴ) 완전통합이 이루어진다고 해도 법인세 납세자의 후생은 법인세만큼 하락하게 된다.

(ㄷ) 법인세는 법인부문에만 과세하는 것인데 개인의 소득세와 통합하게 되면 비법인부분도 동일하게 취급하는 셈이 되므로 법인과 비법인부문간의 자원배분의 왜곡이 제거될 수 있다.

(ㄹ) 법인세가 저축에 대해서, 특별히 타인자본에 대해서 우대해 주는 경향이 있는데 법인세를 통합하게 되면 이러한 타인자본보다는 자기자본을 좀 더 축적하게 되어 저축에 대한 긍정적인 효과를 보이게 될 것이다.

정답 ②

38	중요도	★★★	난이도	★★★★
	출제 포인트	임금소득세와 노동공급		

▶ **노동공급곡선이 후방굴절하는 구간에서 임금소득세를 부과할 때 발생하는 현상으로 옳지 않은 것은?**

① 노동공급자가 받는 순임금률인 공급임금률은 조세보다 더 크게 하락한다.
② 기업이 지불하는 수요임금률은 조세보다 더 작게 증가한다.
③ 조세는 노동공급자에게 100% 이상 귀착된다.
④ 균형노동량은 증가한다.
⑤ 수요자는 과세로 인해 더 낮은 임금률로 더 많은 노동을 고용한다.

핵심체크

후방굴절형 노동공급곡선 : 대체효과<소득효과

노동공급곡선이 후방굴절하는 부분에서는 대체효과보다 소득효과가 커서 임금상승에 대해서 균형노동량이 오히려 감소하게 된다.

그림에서 보는 바와 같이 임금소득세를 부과하여 노동공급곡선이 상방으로 이동하게 되면 오히려 임금은 하락하게 되고, 노동고용량은 증가하게 된다.

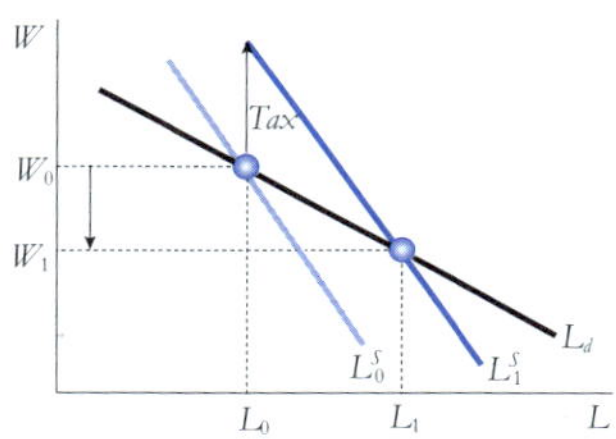

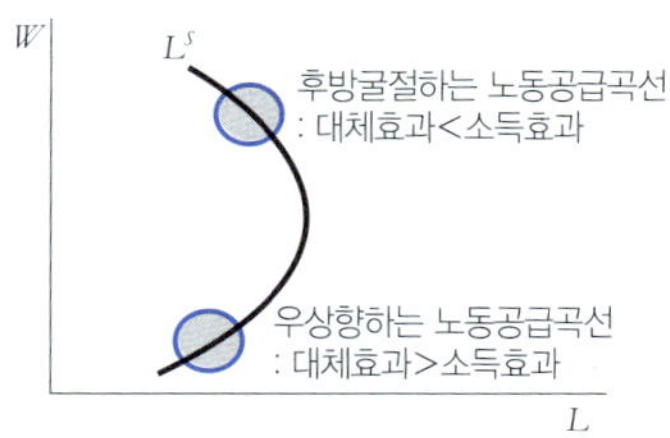

① 노동자가 받는 순임금률인 공급임금률은 조세보다 더 크게 하락하게 된다.
② 그 결과 기업이 지불하는 수요임금률은 조세보다 더 크게 감소하게 된다.
③ 이 말은 노동공급자가 조세보다 더 많이 부담한다는 것으로 100% 이상 귀착된다고 표현할 수 있다.
④ 균형노동량은 증가하고, 균형임금은 하락하게 되며
⑤ 과세로 인해서 수요자는 더 낮은 임금률로 더 많은 고용을 하게 된다.

정답 ②

39	중요도	★★★★★	난이도	★★
	출제 포인트	이자소득세의 경제적 효과		

▶ **단순 2기간 생애주기모형에서 이자소득세만 부과하는 경우 개인의 저축에 미치는 영향으로 옳지 않은 것은? (단, 현재소비와 미래소비는 정상재, 무차별곡선은 원점에 대해 볼록, 이자율은 양(+)으로 주어져 있음)**

① 이자소득세는 초과부담을 초래하지 않는다.
② 이자소득세 부과에 따른 소득효과는 일정수준의 미래소비를 유지하기 위하여 저축을 증가시키는 것을 말한다.
③ 소득효과가 대체효과를 압도하는 경우 저축이 증가한다.
④ 대체효과는 현재소비를 증가시킨다.
⑤ 납세 후 이자율이 인하되어 현재소비의 상대가격을 하락시킨다.

핵심체크

이자소득세(여가 : 정상재) : (1) 대체효과 : 현재 소비↑, (2) 소득효과 : 현재 소비↓

이자소득에 t의 세율을 부과하면 순이자율이 $-(1+r_1)$에서 $-[1+(1-t)r_1]=-(1+r_2)$로 하락하게 된다. 예산선은 그림에서 보는 바와 같이 초기부존점(w)을 중심으로 회전이동하게 된다. 이때 현재소비의 가격은 하락하게 되며 실질소득은 저축자의 경우 감소하게 된다.

대체효과는 가격이 하락한 것을 더 많이 소비하는 방향으로 작용하므로 현재소비의 가격이 하락했기 때문에 현재소비는 증가하게 된다. 반면에 소득효과는 이자소득이 줄어들어서 생애의 실질소득이 감소하므로 현재소비가 정상재 성격을 갖는다면 현재소비도 감소하게 된다. 결국 대체효과와 소득효과의 상대적인 크기에 따라서 저축이 줄어들 수도 있고 늘어날 수도 있다.

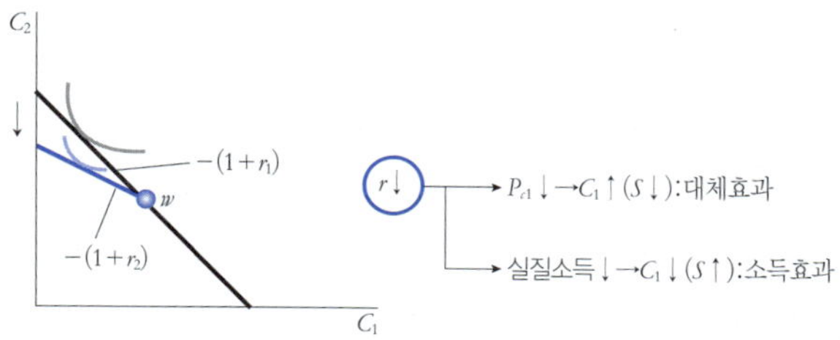

① 이자소득세도 예산선의 기울기를 변화시키기 때문에 초과부담이 존재한다고 할 수 있다.
② 이자소득세 부과로 인한 실질소득의 변화로 인한 것을 소득효과라고 한다. 여기서는 일정수준의 미래소득을 유지하기 위해서 저축(실질소득)이 얼마나 변하는가로 나타낼 수 있다.
③, ④ 대체효과는 우리의 직관과 일치하는 것이다. 이자소득세를 부과하면 이자수익이 작아지기 때문에 저축을 할 유인이 작아진다. 이것이 바로 대체효과이다. 따라서 직관에 부합하는 이자수익의 하락으로 인해서 저축은 감소할 유인이 작동하게 되는데 이것은 현재소비를 증가시킨다.
⑤ 이자율 하락으로 인해 예산선이 완만하게 회전이동하게 되므로 수평축에 있는 현재소비의 가격은 하락하게 된다.

정답 ①

40	중요도	★★	난이도	★★
	출제 포인트	법인세		

▶ **신재생에너지 설비의 증대를 위하여 시행되는 투자세액공제(invest tax credit)가 기업의 신재생에너지 설비비중을 증대시키는 이유로 옳은 것은?**

① 기업이 신재생에너지 설비 구입에 대하여 지불하는 이자를 직접적으로 감소시키기 때문이다.
② 신재생에너지 설비의 한계생산물이 증가하기 때문이다.
③ 신재생에너지 설비의 실질구매가격이 하락하기 때문이다.
④ 투자세액공제는 일반적으로 과거자료를 근거로 산정되어 공제액이 과대계상되기 때문이다.
⑤ 투자세액공제로 인하여 실질적으로 해당 설비의 감가상각률이 하락하기 때문이다.

핵심체크

가속상각제도는 장기적으로 투자에 유리한 반면에, 투자세액공제는 기업이 단기간 자주 투자하면 공제혜택도 그만큼 커지므로 단기적인 투자에 유리한 방식이다.

투자세액공제는 자본재를 구입한 연도에 자본재 구입비의 일정비율을 법인세액으로부터 공제해 주어 투자촉진을 유도하는 방법이다. 감가상각의 경우에는 감가상각공제액에 법인세의 비율을 곱한 액수만큼 세금이 절약되지만, 투자세액공제는 최종산출세액에서 직접 공제되기 때문에 투자세액공제액이 바로 세금에서 절약되는 금액이 된다.

조세가 투자에 미치는 영향은 자본의 기회비용을 살펴보면 알 수 있다. 이러한 자본의 기회비용을 파악하는 모형으로 대표적인 것이 신고전파 투자모형이다.

조세가 자본의 기회비용인 자본의 사용자비용을 높여서 투자를 줄이게 된다. 그러나 가속상각, 투자세액공제 등과 같은 공제제도는 자본의 사용자 비용을 낮추어 투자를 촉진하게 된다.

정답 ③

2012년 세무사 재정학 기출문제 해답 및 풀이

01	중요도	★★	난이도	★★
	출제 포인트	파레토효율성과 완전경쟁시장		

▶ 다음 중 파레토 효율 상태에서 항상 달성되는 조건이 아닌 것은?

① 완전경쟁시장에서 평균수입과 한계비용이 일치한다.
② 완전경쟁시장에서 시장가격이 한계비용과 일치한다.
③ 두 재화의 상대가격이 두 재화의 한계대체율과 일치한다.
④ 시장가격이 평균비용과 일치한다.
⑤ 두 재화 간의 한계대체율과 한계변환율이 일치한다.

핵심체크

문제에서 '항상'이란 말이 나오면 주의 깊게 살펴볼 것

완전경쟁시장에서는 시장에서 결정된 가격을 수용하는 가격수용자(price-taker)로서 행동하기 때문에 개별기업의 공급곡선은 수평선의 형태가 되고, 그 결과 시장의 가격(P)=평균수입(AR)=한계수입(MR)이 된다. 따라서 완전경쟁시장에서 달성되는 효율성 조건은 언제나 $MR=MC$에서 이루어진다는 점을 고려하면 $MR=AR=P=MC$의 조건이 성립한다.

〈시장전체〉 〈개별기업〉

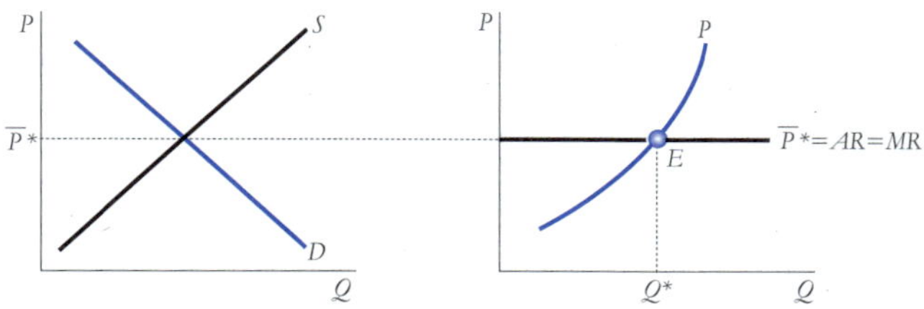

①, ②는 완전경쟁시장에서는 $P=AR=MR=MC$가 되어 맞는 설명이다.

③ 완전경쟁시장에서 두 재화를 X재와 Y재라고 할 때 상대가격은 $\frac{P_X}{P_Y}$로 예산선의 기울기이다. 소비자의 효용극대화 조건은 두 재화에 대한 객관적 교환비율인 예산선의 기울기와 주관적 교환비율인 한계대체율(MRS_{XY})이 같은 경우이다.

④ 시장의 가격(P)은 평균비용과 일치할 수도 있고, 그렇지 않을 수도 있다. $P=AR$이므로 P가 평균비용과 같아진다면 $AR=AC$가 되는 것이고, 양변에 Q를 곱하면 $TR=TC$가 성립하고 이윤은 0이 된다. 그러나 $AR>AC$가 된다면 $TR>TC$가 성립하므로 이 경우는 양의 이윤을 얻게 된다. 만일 $AR<AC$가 되면 $TR<TC$가 성립하므로 음의 이윤이 발생하게 된다.

⑤ 두 재화 간의 한계대체율인 MRS와 한계변환율인 MRT가 일치하는 경우에는 종합적 효율성이 달성된다고 할 수 있다.

정답 ④

02	중요도	★★	난이도	★★★★
	출제 포인트	효율성 조건		

▶ **두 상품 X, Y 중 한 상품 X에 대해서만 세율 t_X의 물품세가 부과될 때 소비자가 효용극대화를 추구하면 성립하는 조건으로 옳은 것은? (단, MRS는 한계대체율, MRT는 한계변환율을 의미한다.)**

① $MRS_{XY}=(1+t_X)MRT_{XY}$
② $MRS_{XY}=(1-t_X)MRT_{XY}$
③ $(1+t_X)MRS_{XY}=MRT_{XY}$
④ $(1-t_X)MRS_{XY}=MRT_{XY}$
⑤ $(1+t_X)MRS_{XY}=(1-t_X)MRT_{XY}$

핵심체크

경제의 효율성 : 한계대체율 = 한계변환율

효율성이란 낭비가 없는 상황으로 $MB=MC$인 경우라고 할 수 있다. 두 재화가 존재하는 경우로 확대하면 $MRS_{XY}=MRT_{XY}$로 쓸 수 있다. $MRS_{XY}=\frac{MU_X}{MU_Y}$라고 할 수 있고, $MRT_{XY}=\frac{MC_X}{MC_Y}$라고 할 수 있다. 소비자의 효용극대화가 성립하는 경우라면 무차별곡선이 예산선과 접해야 한다. X재에 조세 부과로 X재의 가격은 상승하게 되어 두 재화에 대한 예산선의 기울기는 보기와 같이 가팔라진다. 소비자가 효용을 극대화하는 경우에는 c에서 d로 이동하게 되고 $MRS_{XY}=\frac{P_X+t_XP_X}{P_Y}=\frac{(1+t_X)P_X}{P_Y}$가 성립한다. $\frac{P_X}{P_Y}=\frac{MC_X}{MC_Y}=MRT_{XY}$이므로 $MRS_{XY}=(1+t_X)MRT_{XY}$가 된다.

생산가능곡선과 무차별곡선이 접하는 경우가 바로 효율적인 상황이라고 할 수 있다. 이때 X재에 대해서만 세율을 부과하는 경우 생산가능곡선상에서 다음과 같이 a점에서 b점으로 이동하게 된다.

b에서는 효율성 조건이 깨지게 되고, 무차별곡선의 접선의 기울기인 MRS_{XY}는 생산가능곡선의 접선의 기울기인 MRT_{XY}보다 크게 된다.

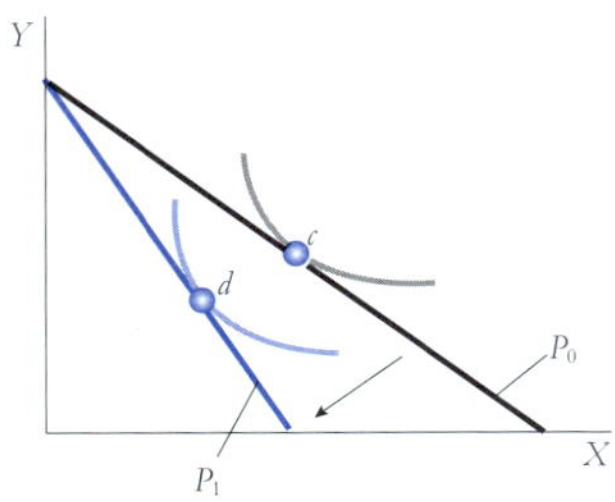

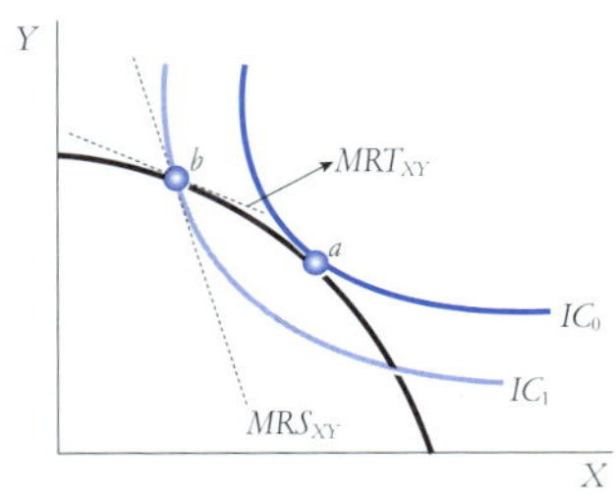

정답 ①

03	중요도	★★★★	난이도	★★
	출제 포인트	사회후생함수		

▶ **사회후생함수에 관한 설명으로 옳지 않은 것은?**

① 공리주의적 가치관에 따르면, 사회후생함수는 개인의 효용을 더한 것으로 정의된다.
② 평등주의적 가치관에 따르면, 사회후생을 결정할 때 효용수준이 높은 사람이나 낮은 사람이나 동일한 가중치를 적용해야 한다.
③ 롤스(J. Rawls)의 사회후생함수는 사회구성원들 중에서 효용수준이 가장 낮은 사람의 효용이 그 사회의 후생수준이라고 본다.
④ 애로우(K. Arrow)는 불가능성정리에서 어떤 사회의 여러 가지 상태를 비교, 평가할 수 있는 합리적 기준이 존재하지 않음을 입증하였다.
⑤ 차선이론은 하나 이상의 효율성 조건이 이미 달성되지 않은 상태에서는, 만족되는 효율성의 조건의 수가 많아진다고 해서 사회적 후생이 더 커진다는 보장이 없다는 이론이다.

핵심체크

사회후생함수가 존재하면 사회상태를 비교할 수 있다.

사회후생함수란 사회구성원의 효용수준이 사회전체의 효용수준과 어떤 함수관계를 가지고 있는가를 나타내는 함수이다. 간단하게 식으로 나타내면 다음과 같다 : $SW=f(U_A, U_B)$
여기서 SW는 사회전체의 효용수준을 나타내고, U_A, U_B는 사회구성원 각자의 효용함수를 나타낸다. 사회구성원들의 각자 효용수준이 변화하게 되면 이것이 사회전체의 효용수준에 어떤 영향을 주는가를 알 수 있다. 따라서 사회후생함수를 알면 어떤 정부의 공공정책이 바람직한가를 알 수 있게 된다.

① 공리주의 사회후생함수는 벤담(J. Bentham)으로 대표되는 공리주의자(utilitarian)들의 최대의 관심이 사회전체의 후생을 어떻게 하면 극대화하는가에 있는데 단순히 개인들의 효용의 합에 의해서만 결정되고, 개인들 간에 효용이 어떻게 배분되어 있는가는 사회후생과 아무런 관련이 없다고 보았다. 이를 식으로 나타내면 다음과 같이 나타낼 수 있다 : $SW(\text{공리})=U_A+U_B$
② 평등주의 사회후생함수는 모든 사람들의 효용을 동일한 가중치로 평가하는 데 사회정의상 문제가 있다고 생각한다. 소득이 낮은 사람들이 갖는 한 단위 효용의 가치는 부자들이 갖는 한 단위의 효용의 가치보다 크다고 보아야 한다는 것이 평등주의적(egalitarian)인 사고방식이다.
③ 평등주의적 사고방식의 극단적인 경우가 롤스적 사회후생함수이다. 롤스(J. Rawls)는 한 사회에서 가장 최저의 수준에 있는 극빈자들의 효용을 극대화하는 것이 사회전체의 효용을 극대화하는 것이라고 본다. 이를 최소극대화원리(maximin principle)라고 하는데, 사회의 최저빈민그룹의 후생은 다른 그룹의 후생과 서로 상충관계에 직면하지 않는다고 보았다. 롤스의 사회후생함수를 식으로 나타내면 다음과 같다 : $SW(\text{롤스})=min(U_A, U_B)$
④ 애로우(K. Arrow)는 개개인들이 갖는 선호 및 가치판단과 이를 하나로 모아 만들어지는 사회적 선택 간에는 괴리가 있다는 것을 수학적으로 증명하였다. 다시 말해 개인의 후생함수를 바탕으로 사회후생함수를 도출하려고 시도했는데 그런 집합적 결정(collective decision)은 불가능하다고 주장하였다.
⑤ 차선의 이론은 하나 이상의 효율성 조건이 이미 달성되지 않은 상태를 전제로 하고 있다는 점에 유의해야 한다. 이때 최선을 선택할 수 없는 상황에서 차선이라고 생각한 것이 과연 차선일까 하는 의문을 던지는 이론이다.

정답 ②

04	중요도	★★★★	난이도	★★
	출제 포인트	보상의 원칙		

▶ **보상의 원칙에 관한 설명으로 옳은 것은?**

① 개인 간의 효용을 직접 비교하여 어떤 변화가 사회후생의 개선인지 여부를 평가한다.
② 보상의 원칙은 개인 간의 효용비교 문제를 잠재적 보상이라는 개념을 통해 우회한다.
③ 어떤 변화를 통해 이득을 얻는 사람에 의해 평가된 이득의 가치가 손해를 보는 사람에 의해 평가된 손해의 가치와 일치할 때 그 변화는 사회후생의 개선이다.
④ 보상의 원칙은 당사자 간 실제 보상이 이루어지는 것을 전제로 한다.
⑤ 파레토 개선의 경우에만 보상의 원칙이 충족된다.

핵심체크

보상의 원칙은 실제 보상이 아닌 잠재적 보상을 전제로 한 것이다.

보상의 원칙(compensation principle) 혹은 칼도-힉스 기준(Kaldo-Hicks criterion)이란 어떤 공공정책에 의해서 이득을 본 사람과 피해를 본 사람이 같이 존재하는 경우에, 그 이득의 크기가 피해의 크기보다 커서 이득을 본 사람이 피해자를 보상해 줄 수 있다면 이 정책은 바람직하고, 개선이라고 보는 것을 말한다.

보상의 원칙을 좀 더 분명하게 나타내기 위해서는 칼도-힉스 기준을 이중으로 적용해 볼 필요가 생기는데, 이러한 방법을 스키토브스키 기준(Skitovsky criterion)이라고 한다. 이 기준은 어떤 정책에 대해서 칼도-힉스 기준을 적용해서 그것이 바람직하다는 판명이 나고 동시에 그 반대의 경우에도 칼도-힉스 기준에 의해서 바람직하다는 것이 아니다라는 것이 확인이 되었을 때 비로소 그 정책을 바람직한 것으로 판단하는 것이다.

① 보상의 원칙은 개인 간의 효용을 직접적으로 비교하는 것이 아닌 간접적으로 우회한다는 측면에서 비판을 받기도 한다.
② 보상의 원칙에서는 실제적인 보상이 이루어지는 경우를 상정하는 것이 아니고 이득이 피해보다 더 크게 되어 사회에 순이득이 발생할 때 사회적 잉여가 존재하므로 잠재적으로 보상해 줄 수 있다는 가상적인 상황을 전제로 하고 있다.
③ 보상의 원칙에 입각할 때 판단기준에 대한 설명이다. 사회후생이 개선되는 경우는 어떤 변화로 인해서 이득을 얻은 사람에 의해 평가된 이득의 가치가 손해를 보는 사람에 의해서 평가된 손해의 가치보다 큰 경우에 개선이라고 판단한다.
④ 칼도-힉스 기준에 의할 때 실제로 이득자가 피해자를 금전적으로 보상해 주는 것은 아니고, 정부가 조세정책이나 여러 수단을 통해서 보상의 원칙이 적용될 수 있다는 잠재성을 보여 주는 것이다.
⑤ 파레토 개선은 보상의 원칙보다 좀 더 좁은 개념이다. 따라서 파레토 개선이 성립하면 항상 보상의 원리는 성립하게 된다. 현실에서는 파레토 개선이 되는 경우를 찾아보기 힘들기 때문에 보상의 원칙을 도입하게 된 것이다.

정답 ②

05	중요도	★★★	난이도	★★
	출제 포인트	외부효과		

▶ **외부효과에 관한 설명으로 옳지 않은 것은?**

① 과수원의 이웃에 양봉업자가 이주해 옴으로써 사과 수확량이 증가하였다.
② 기업이 생산과정에서 제3자에게 끼친 손해를 전액 보상하더라도 생산측면에서 외부효과는 여전히 존재한다.
③ 사회적비용이 사적비용보다 큰 경우 이 기업의 균형생산량은 최적생산량보다 많은 상태이다.
④ 섬진강 상류에서 돼지를 키우는 사람이 축산폐수를 방류한 결과, 하류의 고기잡이에 부정적인 영향이 발생하였다.
⑤ 긍정적인 의미의 외부성이 존재한다는 것은 사회적 편익이 사적 편익보다 크다는 것을 의미한다.

핵심체크

외부효과=비가격효과=파급효과=인근효과

외부효과(externalities)란 어떤 한 경제주체의 소비나 생산 혹은 분배 등의 경제활동으로 인해서 시장의 테두리 밖에서 일어나는, 즉 시장교환과정에서 참여하지 않은 제3자에게 의도하지 않게 끼치게 되는 유리한 혹은 불리한 효과를 말한다.

외부효과의 특징은 바로 가격기준 내에서는 해명될 수 없는 비가격효과(nonprice effects)라고 할 수 있으며 파급효과(spillover effects) 혹은 인근효과(neighborhood effect)라고 한다.

① 과수원의 이웃에 양봉업자가 이주해 옴에 따라서 사과의 수확량이 증가했다고 하면 사과의 수확량을 증가시키기 위한 의도에서 이사 온 것이 아니므로 생산측면에서 발생한 긍정적인 외부성이라고 할 수 있다.
② 제3자에게 끼친 손해를 전액 보상했다고 하면 전부 외부성을 내부화(internalization)했다는 것을 의미하기 때문에 외부효과는 전부 해결되었다고 보아야 한다.
③ 사회적 비용이 사적 비용보다 큰 경우에는 $SMC>PMC$가 성립하는 경우로 이 기업의 생산측면에서 부정적인 외부성이 발생했다고 할 수 있고, 균형생산량은 최적생산량보다 과잉생산된 상태가 된다.
④ 축산폐수를 방류한 것이 의도하지 않은 경우라고 보아야 하고, 폐수이므로 하류의 고기잡이에 부정적인 외부성을 야기했다고 볼 수 있다.
⑤ 긍정적인 외부성이 존재한다고 하면 사회적 편익이 사적 편익보다 크다는 것을 의미한다. 구체적으로 설명하면 긍정적인 양(+)의 외부성이 발생했을 경우에 생산측면에서 본다면 PMC>SMC가 되어 사회적인 한계비용을 낮추는 효과가 있게 되고, 소비측면에서는 PMB<SMB가 되어 사회적 한계편익을 높이는 효과가 있게 된다.

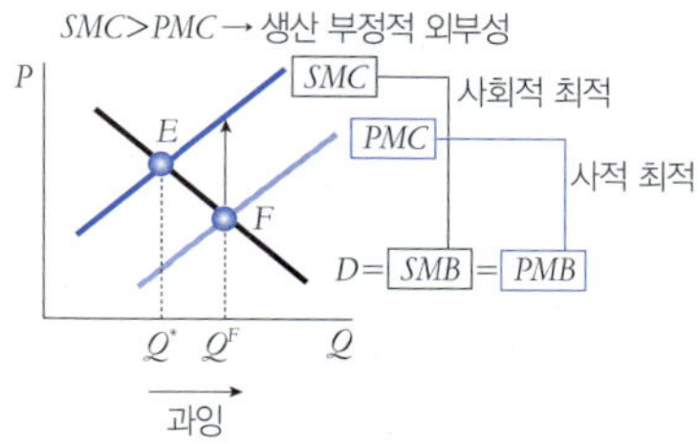

정답 ②

06	중요도	★★	난이도	★★
	출제 포인트	비가치재		

▶ **비가치재(demerit goods)에 관한 설명으로 옳지 않은 것은?**

① 비가치재는 정부에 의해 생산과 소비가 제약될 수 있다.
② 마약의 사용금지 조치는 비가치재에 대한 법적 규제의 예이다.
③ 주류에 대한 중과세는 직접규제의 예이다
④ 비가치재에 대해서는 정부가 개인의 선호에 간섭하며 소비자주권을 제약한다.
⑤ 죄악세(sin tax) 부과는 가격기구를 활용한 비가치재 대책에 해당한다.

핵심체크

가치재 : 사용재이지만 온정적 가부장주의로 정부가 공급

비가치재란 가치재에 대한 반대의 개념이다. 가치재(merit goods)란 소비가 경합적이고 배제의 원칙도 적용되는 민간의 사용재이지만 시장기능의 결함을 보완하기 위해서 정부가 관여하는 것이 바람직한 재화를 말한다. 예를 들어 교육, 주택 등은 민간부분에서 생산해서 공급할 수 있으나 좀 더 적절한 수준을 유지하기 위해서 정부로부터 생산해서 행정적 급부가 요구되는 재화를 말한다. 이와 반대되는 개념이 비가치재이다.

① 가치가 있는지 아니면 가치가 없는지를 판단하는 주체는 정부이다. 따라서 정부가 보았을 때 비가치적이라고 판단되면 생산이나 소비가 제약될 수 있다.

②, ③ 비가치재의 대표적인 것으로 마약이나 주류를 들 수 있는데, 마약과 같이 아예 사용금지 조치를 취하는 경우는 직접적인 규제라고 할 수 있고, 주류에 중과세를 통해서 가격을 올려 사용을 억제하려는 규제를 간접규제라고 할 수 있다. 간접규제란 시장의 가격기구를 이용해서 선택에 왜곡을 초래하는 방법을 말한다.

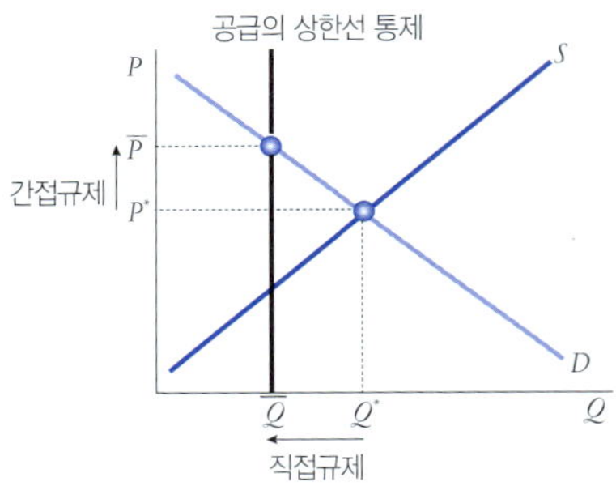

④ 비가치재는 가치재의 경우와 마찬가지로 정부가 개인의 선호에 대해서 간섭하여 소비자의 자유로운 선택을 제약하게 되는데 이를 소비자 주권에 상충된다고 표현한다.

⑤ 최근에 사회적으로 부정적인 가치를 지닌 담배, 술 등에 대해 세금을 부과해서 소비를 억제하는 것을 많이 볼 수 있는데 이러한 비가치재 대책을 죄악세(sin tax)라고 한다. (죄악세라는 용어는 요즘 교과서에서 추가적으로 많이 사용되는 용어이므로 익숙해지도록 하자.)

정답 ③

07	중요도	★★★★★	난이도	★★
	출제 포인트	피구세		

▶ **플라스틱을 생산하는 과정에서 오염물질을 배출해 주민들에게 피해를 입히는 공장이 있다. 이 공장의 플라스틱 제품에 대한 주민들의 수요곡선 한계비용 그리고 오염의 한계피해는 다음과 같다.**

- $Q_d = 900 - P$ (Q_d는 수요량, P는 가격)
- $MC = \frac{2}{5}Q_s$ (MC는 사적한계비용, Q_s는 생산량)
- $MD = \frac{1}{10}Q_s$ (MD는 오염의 한계피해)

이 경우 피구세(Pigouvian tax) 부과에 따른 정부 조세수입의 크기는?

① 3,600 ② 9,000 ③ 18,000 ④ 36,000 ⑤ 72,000

핵심체크

환경세 = 피구세 = 최적 산출량에서의 한계피해액

부의 외부성이 존재하는 경우 일반적으로 다음 그림과 같이 나타낼 수 있으며, 문제에 적용하면 조세수입의 크기는 36,000이다.

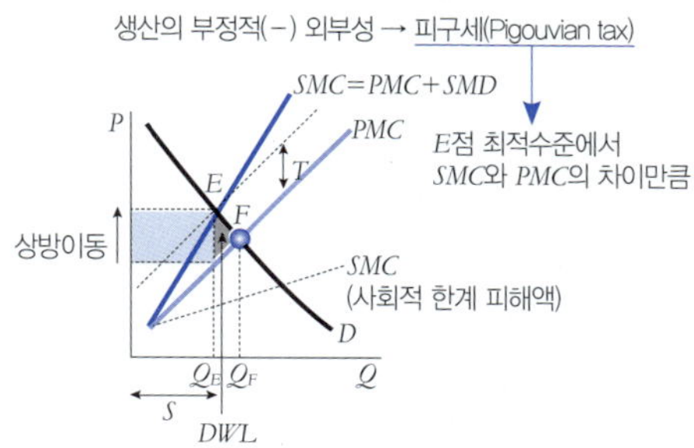

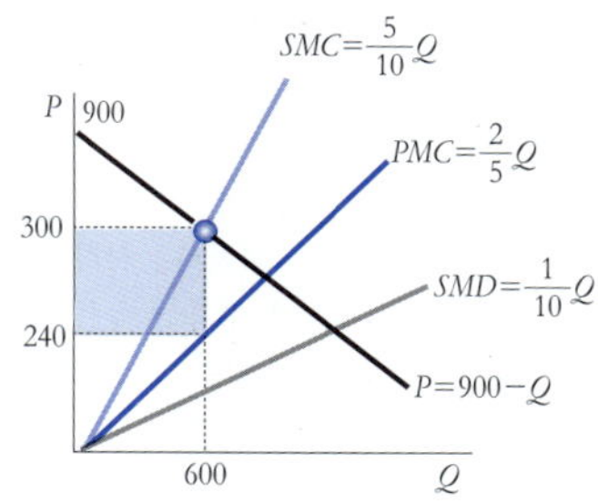

∴ $600 \times 60 = 36,000$

정답 ④

08	중요도	★★★★	난이도	★★★
	출제 포인트	린달균형		

▶ **린달(E. Lindahl)의 공공재 최적공급 모형에 관한 설명으로 옳지 않은 것은?**

① 공공재 생산량과 비용부담비율이 동시에 결정되는 모형이다.
② 공공재 공급규모 결정과정에 참여하는 사회구성원들은 자신의 진정한 선호를 드러낸다고 가정한다.
③ 비용부담비율이 시장에서의 가격과 동일한 역할을 수행하게 된다.
④ 균형점에서 결정되는 조세부담 비율은 누진성을 보장한다.
⑤ 공공재 비용부담비율 결정은 편익원칙에 근거를 두고 있다.

핵심체크

린달균형＝편익세, 새무엘슨조건충족

린달은 공공재의 최적배분이 어떤 조건에서는 아무런 의무 없이 자발적으로 협상과 교환을 통해서 이루어질 수 있음을 보여 주었다. 린달 모형은 다음의 2가지 요소를 전제로 한다. 첫째로 협상은 동등한 교섭력을 가지고 행하며, 둘째로 자신이 손해를 보지 않으면 다른 사람이 이득을 얻을 수 없다.

린달 균형은 파레토 효율조건을 달성하는 공공재의 배분이 이루어진다. 그러나 그 이면의 비현실성이 한계로 지적되고 있다. 현실에서 조세가격을 결정하는 개개인들의 공공재에 대한 선호가 진실할 것인가의 문제가 있다. 만일 손해를 보고 있다고 느끼는 사람들은 공공재에 대한 진정한 지불용의액인 한계편익(수요)를 낮추어서 표출할 유인을 가지게 되고, 이익을 보고 있다고 생각하는 사람들은 그 반대의 유인이 존재한다는 것이다. 또한 협상 당사자들이 동일한 협상력을 가진다는 것도 현실에서는 너무 받아들이기 어렵고 많은 사람들이 동시에 협상을 한다면 협상과 관련한 거래비용이 매우 커질 것이다.

린달의 자발적 교환모형에서는 공공재의 최적생산량과 비용부담비율이 동시에 결정된다. 린달모형과 동일한 부분균형모형인 보웬의 모형에서는 비용부담액이라는 점에 주의해야 한다.

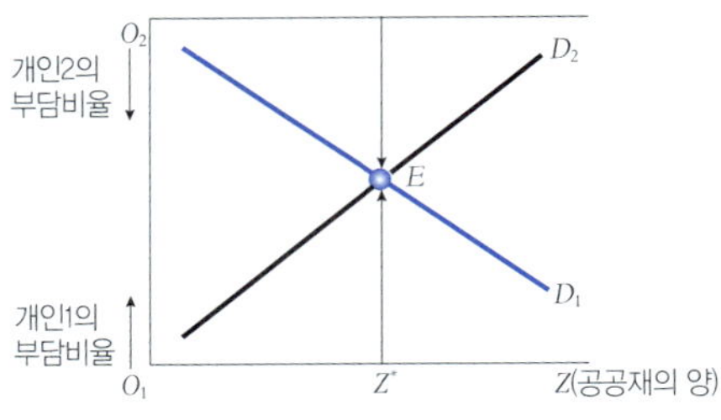

② 린달의 모형에서는 참여하는 사회구성원들이 자신의 진정한 선호를 드러낸다는 가정을 하고 있다. 선호를 왜곡해서 표출하거나 무임승차하려는 전략적인 행위를 배제하는 착한(?) 사람들로 이루어져 있는 경우를 가정한다.
③ 비용의 부담비율은 시장에서 두 사람만 존재하는 경우에 두 사람의 수요곡선에 의해서 결정되므로 이때 비용부담비율인 조세부담비율은 가격과 동일한 역할을 수행하게 된다.
④, ⑤ 균형점에서 결정되는 조세부담비율은 편익의 크기에 의해서 달라지기 때문에 편익이 큰 사람은 더 많은 비용을 내게 되는 편익의 원칙에 근거를 두고 있다. 따라서 린달의 조세는 각자의 편익에 따라서 조세부담을 지게 되므로 편익의 원칙에 입각한 편익세라고 할 수 있다. 그러므로 소득을 기준으로 하는 누진성을 보장한다고 할 수 없다.

정답 ④

09	중요도	★★★★	난이도	★★★
	출제 포인트	과반수 투표제		

▶ 투표의 역설에 관한 설명으로 옳지 않은 것은?

① 투표의 순서에 따라 그 결과가 달라지는 현상을 말한다.
② 중위투표자 정리가 성립하지 않는다.
③ 두 안건 가운데 하나를 선택하는 경우에는 발생하지 않는다.
④ 안건이 셋 이상인 경우에 발생할 수 있다.
⑤ 2차원 이상의 선택인 경우에도 모든 사람이 단봉선호를 갖고 있다면 발생하지 않는다.

핵심체크

투표의 역설은 이행성과 선호의 비제한성의 공리를 위반한다.

① 투표 대결에서 순서에 따라서 상이한 결과를 가져올 수 있는 현상을 투표의 역설(voting paradox) 또는 투표의 순환(cycling of voting)이라고 한다. 이는 사회적 선호가 이행성을 충족하지 못하기 때문에 발생하는 것으로 의사진행조작이 가능하게 된다.
② 일차원적인 성격의 안건에 대해서 대부분의 사람들은 단봉형 선호를 가지나 다봉형 선호를 가진 사람이 섞여 있으면 투표의 역설이 발생하게 된다. 중위투표자의 정리(median voter theorem)란 비용부담의 몫을 미리 설정해 놓고 다수결투표에 붙일 경우에 중간 수준의 공공재를 원하는 중위투표자의 선호가 채택되는 것을 말한다. 투표의 역설은 최종적인 결정이 아주 임의적으로 이루어질 가능성이 많다는 것을 의미하므로 중위투표자의 정리가 성립하지 않는다.
③ 만일 두 개의 안건 중에서 하나를 선택하는 경우는 모두 단봉선호를 가지고 있는 것이지 다봉선호가 나타날 수 없기 때문에 투표의 역설이 발생하지 않는다.
④ 따라서 안건이 셋 이상인 경우에 투표의 역설이 발생할 수 있다.
⑤ 2차원 이상의 선택인 경우에는 비록 모든 사람들이 단봉선호를 가지고 있더라도 투표의 역설은 발생할 수 있다.

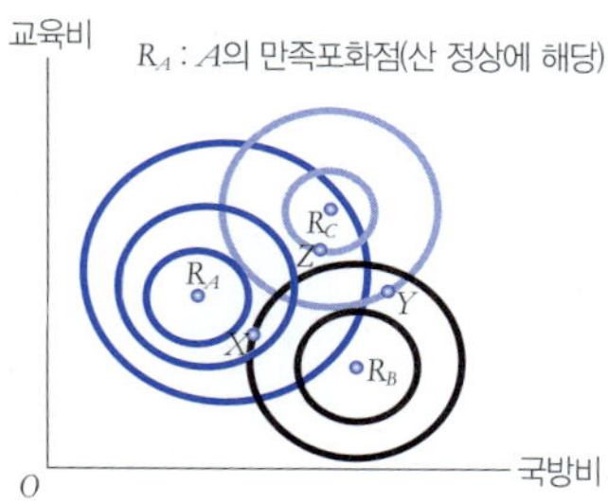

그림은 선호체계가 단봉선호의 특징을 가지고 있다. 산 모양의 무차별지도는 단봉선호의 전형적인 모습을 보여준다. 이렇게 각 A, B, C의 투표자의 선호가 주어진 상태에서 X, Y, Z의 세 의안이 제시된 경우를 생각해 보자. 안건이 국방비와 교육비라는 2차원의 선택에서 그림을 보면 의안 X와 Y를 표결에 붙일 때 B와 C는 Y에 표를 던져 A만이 지지한 X를 누르게 된다. 다음으로 Y와 Z를 비교해보면 Z가 A, C 두 사람의 지지를 얻어 이기게 되므로 결국에는 Z가 꽁도세 승자가 된다. 그러나 이번에는 맨 처음에 X와 Y가 아니라 X와 Z를 비교하는 것으로부터 시작해 보기로 한다. 그렇게 되면 우선 이 비교에서 X가 이기고, 다음에 X를 Y와 비교하면 Y가 이겨 남게 된다. 즉, 이번에는 Y가 꽁도세 승자가 되는 결과가 나온다. 이와 같이 모든 사람의 선호가 단봉선호의 특징을 갖는다고 하더라도 2차원 이상에 걸친 선택의 문제를 고려하게 되면 투표의 역설 현상이 나타난다.

정답 ⑤

10	중요도	★★★★	난이도	★★
	출제 포인트	관료모형		

▶ **니스카넨(W. Niskanen)이 제기한 관료들의 예산결정 행태에 관한 설명으로 옳지 않은 것은?**

① 관료가 목표로 하는 생산수준은 총편익곡선이 총비용곡선과 교차할 때 달성된다.
② 관료가 목표로 하는 생산수준에서는 사회적 잉여가 완전히 소멸되어 사회적 순편익이 이 된다.
③ 관료들의 특권, 명성, 영향력은 자신이 집행하는 예산의 규모에 비례한다.
④ 관료들은 제1급 가격차별 독점자와 같은 독점력을 갖게 된다.
⑤ 관료들은 정치인의 득표수를 극대화하는 예산을 선택한다.

핵심체크

니스카넨모형 : 관료의 예산극대화 모형

⑤ 정치가의 절대적인 관심은 재선에 있기 때문에 유권자투표수의 극대화(vote maximization)가 목표의 기준이 된다. 반면에 관료의 목표는 예산의 극대화가 된다. 자신의 이익을 추구하는 이기적인 관료는 자신의 권력이나 예산을 극대화하기 위해서 자신이 속한 관료조직을 가능한 확대하려는 노력을 한다.

①, ③ 니스카넨(Niskanen) 모형은 관료가 자신의 권력 극대화를 위해서 예산규모의 극대화를 추구하고 있다는 것을 수리적으로 설명하였다. 관료들의 선호는 예산산출함수(budget output function)라고 하는 형태로 나타난다고 보았다. 즉,

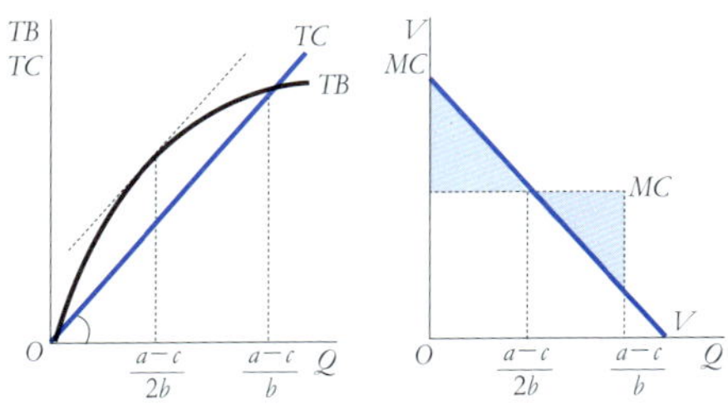

$$TB = aQ - bQ^2 \left(0 \le Q \le \frac{a}{2b}\right)$$

(단, Q는 공공서비스의 산출량, TB는 해당 공공서비스 산출을 위해 지출하는 최대예산으로 a, b는 양의 계수를 의미)

한편 공공서비스의 산출을 위해서 정치가들이 승인하려고 하는 예산액과 이 공공서비스를 공급하기 위해서 지출되어야 하는 비용액과의 구별을 분명히 하고 있는데 공공생산의 한계비용이 일정하다고 가정하면 총비용은 다음과 같이 나타낼 수 있다.

$$TC = cQ \left(Q \ge 0,\ c > \frac{a}{2}\right)$$

사회후생을 극대화하는 공공서비스의 산출수준은 총편익과 총비용의 차이인 순편익이 극대가 되는 점인 $Q = \frac{(a-c)}{2b}$에서 결정된다. 이때는 한계편익과 한계비용이 일치하는 수준이다.

② 한편 관료적 최적 수준은 예산산출곡선인 총편익과 총비용이 교차하는 수준에서 결정된다. 관료적 최적은 예산과 비용의 차이가 0이 될 때이다. 니스카넨 모형에서 관료적 적정량이 정치적 적정량의 2배가 된다는 것은 정치적 잉여가 완전히 소멸되는 경우가 된다. 그림에서 2개의 빗금 친 삼각형의 면적이 일치하기 때문에 한계편익(V)이 한계비용(MC)보다 작지만 편익이 손실에 의해서 정확하게 상쇄된다.

④ 결국 관료들은 정치적 최저수준을 넘어서 정치적 잉여가 완전히 소멸될 때까지 산출량을 증가시키려고 노력한다.

정답 ⑤

11	중요도	★★★★★	난이도	★★★
	출제 포인트	바그너의 법칙		

▶ **정부지출 증가의 원인에 관한 설명으로 옳은 것을 모두 고른 것은?**

ㄱ. 1인당 국인소득이 증가할 때 국민경제에서 차지하는 정부지출 규모의 상대적 크기가 커지는 현상은 바그너(Wagner)법칙에 부합한다.
ㄴ. 브라운–잭슨(Brown–Jackson)은 위기상황이 몇 차례 반복됨에 따라 정부지출은 점차 더 증가하나, 혼란기가 지난 후에도 정부지출의 상대적 비중은 이전 수준으로 복귀하지 못하고 일단 높아진 수준에서 지속적으로 증가하는 현상이 나타난다고 설명하였다.
ㄷ. 피콕–와이즈만(Peacock–Wiseman)은 바그너법칙을 중위투표자 선택과 결부시켜 설명하며, 공공서비스에 대한 수요의 소득탄력성이 충분히 크면 정부지출의 상대적 비중이 커진다고 보았다.
ㄹ. 보몰(W. Baumol)은 정부부문의 규모가 확대되는 이유로 정부부문의 생산성이 향상됨에 따라 확대정책을 추구하려는 욕구가 강하기 때문으로 보았다.
ㅁ. 뷰캐넌(J. Buchanan)은 대의민주주의체제가 본질적으로 정부부문의 과도한 팽창을 유발하는 속성을 갖고 있다는 리바이던 가설(Leviathan hypothesis)을 제시하였다.

① ㄱ, ㄹ ② ㄱ, ㅁ ③ ㄴ, ㄷ ④ ㄷ, ㄹ ⑤ ㄷ, ㅁ

핵심체크

바그너의 법칙 : 소득증가에 따라 정부지출이 더 빠르게 증가

(ㄱ) 바그너의 법칙은 1인당 국민소득이 증가할 때 국민경제에서 차지하는 공공부문의 상대적 크기가 증대하는 현상을 말한다.
(ㄴ) 피콕-와이즈만의 주장이다. 정부지출 결정의 정치학적 이론을 바탕으로 거시적인 접근법을 사용했다. 정부는 더 많은 돈을 쓰기를 원하는 반면에 국민은 더 많은 세금을 내려고 하지 않는다는 기본적인 전제에서 출발하는 이론이다. 여기서 국민이 인내할 수 있는 세금부담의 수준을 고려하게 된다. 피콕-와이즈만의 설명에서는 전위효과, 점검효과 등이 등장한다.
(ㄷ) 브라운-잭슨의 주장이다. 미시적인 접근방법으로 중위투표자의 효용극대화과정을 분석했다. 경제 전체의 소득수준이 상승하여 중위투표자의 소득도 올라갔다고 할 때 중위투표자의 수요의 소득탄력성이 매우 크다면 소득이 증가함에 따라서 그가 원하는 공공서비스의 양은 증가하게 된다. 중위투표자의 이론에 따르면 공공선택과정을 거쳐 선택된 정부지출의 크기는 바로 그가 원하는 지출의 크기와 일치하게 된다. 이 경우 정부지출의 지속적인 증가현상을 부정적으로 볼 필요는 없게 된다.
(ㄹ) 보몰은 정부부문은 생산성이 낮기 때문에 비용이 상대적으로 더 들어간다고 보았다. 이를 보몰의 비용병(cost disease)이라고 한다.
(ㅁ) 리바어던은 성경에 나오는 전설적인 수중동물로 몸집이 매우 크고 힘이 세다고 한다. 17세기의 영국의 철학자 홉스(Hobbes)는 군주의 절대권력을 상징하는 것으로 표현했다. 대의민주체제에서는 정부지출에 따른 비용을 궁극적으로 부담해야 할 일반대중은 이 사실을 제대로 인식하지 못하거나, 설사 인식한다고 해도 제동을 걸 능력이 없다는 점을 이용해서 대의민주체제가 본질적으로 정부부분의 과도한 팽창을 유발하는 속성을 가지고 있다고 하였다.

정답 ②

12	중요도	★★	난이도	★★
	출제 포인트	소득불평등도		

▶ **불평등 발생의 원인과 대책에 관한 설명으로 옳지 않은 것은?**

① 불평등을 발생시키는 원인들은 크게 개인적 요인과 사회적 요인으로 구분될 수 있다.
② 불평등의 원인으로 유전적 요인, 교육적 환경 차이, 경제적 환경 차이 등이 있다.
③ 앳킨슨(A. Atkinson)지수에서 소득분배가 불균등할수록 균등분배대등소득과 평균소득과의 격차가 커진다.
④ 블라인더(A. Blinder)는 실업문제의 우선해결에 중점을 두는 경제안정화정책은 빈곤층보다 중산층 이상의 고소득층에 유리하다고 보았다.
⑤ 불평등 현상을 완화하기 위하여 정부는 누진과세와 각종 사회보장제도를 시행한다.

핵심체크

소득불평등도 : 지니계수, 앳킨슨지수

①, ②, ⑤ 경제적 지위상의 불평등이 어떻게 생기게 되는지에 대한 철저한 이해를 수반해야 그에 대한 적절한 대책을 세울 수 있다. 불평등을 발생시키는 원인들은 크게 보아서 개인적인 요인과 사회적인 요인으로 나눌 수 있다. 개인적인 요인으로는 원초적 단계에서 발생하는 유전적인 요인, 교육적인 환경, 경제적인 환경으로 나눌 수 있고, 중간적 단계에서 발생하는 인지적 능력, 비인지적 능력, 개인적인 특성을 들 수 있다. 한편 사회적인 요인으로는 체제 내적인 요인으로 누진세제, 부의 소득세제, 사회복지제도 등을 들 수 있다. 또한 체제자체의 성격에서 나오는 자본주의와 혼합경제체제 등에 의해서 영향을 받을 수도 있다. 이를 그림으로 나타내면 다음과 같다.

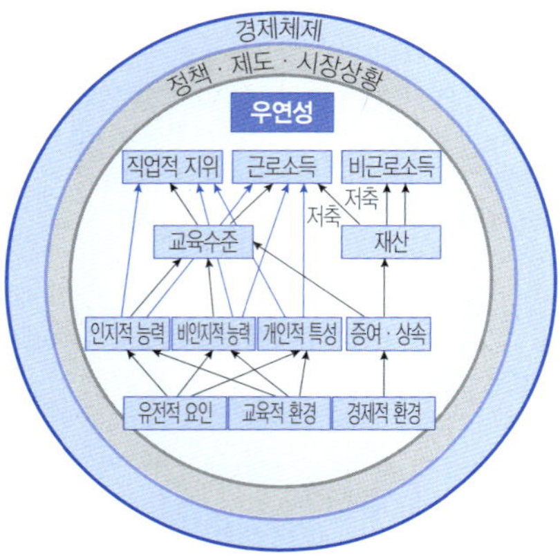

③ 앳킨슨 지수에서 균등분배대등소득(equally distributed equivalent income)이란 1인당 평균소득이 주어진 사회에서 소득이 어떤 특정한 상태로 사람들 사이에 분배된 결과 달성된 사회후생수준을 모든 사람에게 균등하게 분배해 주었을 경우에 달성해 줄 수 있는 소득을 말한다. 불균등한 분배가 사회후생을 떨어뜨리기 때문에 균등분배대등소득은 1인당 평균소득보다 더 작은 값을 가지게 된다. 따라서 불균등한 분배가 사회후생을 떨어뜨리는 정도가 클수록 균등분배대등소득과 1인당 평균소득 사이의 격차는 더욱 커지게 된다.

④ 실업문제 해결에 초점을 둔 정책을 실시하게 되면 당연히 빈곤층이 중산층 이상의 고소득층보다 유리하다고 할 수 있다. 왜냐하면 빈곤층이 실업에 빠질 가능성이 높기 때문이다. 프린스턴대학의 블라인더(Alan Blinder) 교수는 뉴욕대의 보몰(W. Baumol) 교수와 유명한 경제원론을 저술한 명성 있는 분이다. 교수님 이름을 처음 본다고 당황하지 말고 (전혀 새로운 문제가 아니니) 상식선에서 접근하면 좋을 것이다.

정답 ④

13	중요도	★★★	난이도	★★★
	출제 포인트	부의 소득세		

▶ **정부가 재분배정책의 일환으로 저소득자에 대한 사회복지 정액보조금을 늘리면서, 한편으로는 고소득자의 한계세율을 높였을 때 나타날 수 있는 현상으로 옳지 않은 것은? (단, 여가는 정상재이다.)**

① 저소득자 후생 증가
② 고소득자 후생 감소
③ 저소득자 노동공급 증가
④ 대체효과로 인한 고소득자 노동공급 감소
⑤ 초과부담 증가

핵심체크

선형누진세 : $T=-a+bY$

선형누진세 문제이다. 소득이 증가할수록 평균세율이 높아지는 형태로 누진적인 특성을 지니는데, 한계세율이 일정한 선형(linear)의 형태를 지니고 있다. 재분배정책의 효과를 높이기 위해서는 저소득자에 대한 정액보조금을 늘리면서 고소득자들에게 한계세율을 높이는 방법을 사용할 수 있다.

선형누진세를 일반적인 조세의 형태로 쓰면 다음과 같이 나타낼 수 있다 : $T=-a+bY(a>0,\ b>0)$

여기서 a는 소득이 0일 때 음의 조세가 되므로 보조금의 크기라고 할 수 있고, b는 직선의 기울기로 한계세율($\frac{\Delta T}{\Delta Y}$)이 된다. 평균세율은 $\frac{T}{Y}=b-\frac{a}{Y}$가 되어 소득이 증가할 때 높아져 누진적이 된다. 이때 정부가 정액보조금(a)을 늘리고, 한계세율(b)을 높게 하는 경우를 묻고 있다.

⑤ 한계세율을 높이게 되면 초과부담은 제곱으로 증가하게 된다.

①, ② 직관적으로도 저소득자는 보조금의 혜택이 커지므로 후생이 증가하게 되고, 고소득자는 더 높은 세율을 적용받기 때문에 후생은 감소하게 된다.

노공공급에 미치는 효과를 살펴보기 위해서는 노동과 여가의 선택모형을 이용하면 편리하다. 소득이 일정수준 미만인 경우 보조금(음의 조세)을 준다고 하면 다음(왼쪽)과 같이 나타낼 수 있다. 이때 정액보조의 크기를 높이면 저소득자의 후생이 높아지는 것을 알 수 있다.

③, ④ 보조금을 높이고 한계세율을 올리면 예산선의 기울기는 더욱 완만해지고, 여가의 상대가격은 낮아지게 된다. 따라서 싸진 여가의 소비를 늘리고 노동을 줄이는 것이 대체효과이다. 한편 소득효과에 의해 저소득층은 실질소득이 증가하고, 고소득층은 실질소득이 낮아져 저소득자는 여가를 늘리고(노동을 줄이고), 고소득자는 여가를 줄이게(노동을 늘리게) 된다.

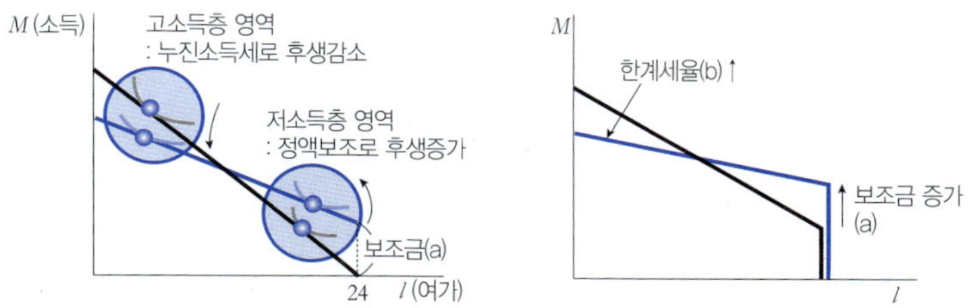

정답 ③

14	중요도	★★★	난이도	★★★
	출제 포인트	사회후생함수와 롤스의 철학		

▶ **어떤 사회가 롤스(J, Rawls)의 사회후생함수를 선택한 경우에 관한 설명으로 옳지 않은 것은?**

① 원초적 위치(original position)라는 가상적 상황에서 출발하고 있다.
② 부자와 가난한 사람의 소득을 전부 합친 후 절반씩 나누어 가지면 사회후생은 증가한다.
③ 이 사회는 소득재분배 정책을 위험에 대비하는 보험정책으로 간주한다.
④ 이 사회에서는 소득 중간계층에 개한 감세정책으로 사회후생이 증가하지 않는다.
⑤ 복권 당첨으로 부자의 소득이 증가하면 사회후생은 감소한다.

핵심체크

롤스 : 최소극대화의 원칙

미국의 정치철학자 롤스(Rawls)는 한 사회의 가장 가난한 자의 후생을 극대화하는 분배가 공평하고 정의로운 분배라고 한다. 이를 최소극대화원칙(maximin principle)이라고도 한다.

① 그는『정의론』에서 정의를 고민하는 올바른 방법은 원초적으로 평등한 상황인 무지의 장막(veil of ignorance) 뒤에서 어떤 원칙에 동의해야 하는가를 묻는 것이고, 이때 다음 두 가지 원칙에 사람들은 동의할 것이라고 보았다. 첫째는 공리주의를 거부하고, 모든 시민이 양심의 자유와 사상의 자유를 포함한 기본권을 누려야 한다는 원칙에 동의할 것이라고 보았다. 둘째는 사회적, 경제적 불평등을 해소하기 위해서 '차등의 원칙(difference principle)'을 수용할 것이라고 보았다. 이것은 사회에서 가장 약자에 속하는 사람에게 이익이 돌아가는 경우에만 사회적, 경제적 불평등을 인정하는 원칙이다. 그 방법으로는 재능 있는 사람인 부자, 탤런트를 격려해서 그 재능을 개발하고 이용하되, 그 재능으로 시장에서 거두어들인 대가는 공동체 전체에게 돌아가게 하는 것이다. 왜냐하면 그 재능이라는 것이 전적으로 노력의 결과는 아니고, 포상 역시 수요와 공급이라는 우연에 의해서 좌우된다고 보았기 때문이다. 따라서 차등원칙만이 우연에 좌우되지 않고 소득과 부를 정의롭게 분배하는 것이라고 주장하였다.
③ 결론적으로 원초적 상태에서는 누구든지 가장 열악한 위치에 있을 수 있다는 가능성이 존재하므로(불확실성에 직면) 최저소득집단인 극빈자의 후생을 최대한으로 올려 줄 수 있는 소득분배정책에 대해서 사회구성원들은 하나의 보험정책으로 간주하고 동의하게 될 것이라고 본 것이다.
② 부자와 가난한 사람의 소득을 모두 합친 다음에 절반씩 나누게 되면 가난한 사람의 소득 수준이 높아지므로 사회적 후생은 증가하게 된다.
④ 롤스의 사회후생함수에서는 소득 중간계층이 정부의 감세정책 등으로 소득이 증가하더라도 가장 가난한 사람의 소득 수준을 끌어올리지 않는다면 사회후생은 증가하지 않는다.
⑤ 마찬가지로 복권 당첨으로 인해서 부자의 소득이 증가하게 되면 사회후생은 전혀 영향을 받지 않는다.

정답 ⑤

15	중요도	★★★★★	난이도	★★★★★
	출제 포인트	비용-편익분석		

▶ **환경정책에 있어서 비용과 편익의 측정 및 평가방법에 관한 설명으로 옳지 않은 것은?**

① 조건부가치평가법은 잘 보존된 환경이 갖는 사용가치를 시장가격으로 측정하는 방법이다.
② 위험을 회피하기 위해 어느 정도의 지출을 감수할 용의가 있는지를 파악하는 편익산출법을 회피행위접근법이라고 한다.
③ 회피행위접근법에 따라 환경정책으로 인한 편익을 산출하면 편익이 과소평가될 수 있다.
④ 헤도닉(hedonic)가격접근법은 주택가격이 환경의 질을 포함하여 주택이 가지는 여러 가지 특성에 의해 결정된다고 설명한다.
⑤ 지불의사접근법은 환경의 질 악화로 인해 손해는 본다고 느끼는 사람들이 환경개선을 위해 지불할 용의가 있는 금액을 파악하는 방법이다.

핵심체크

환경의 편익측정 : 조건부 가치평가법, 회피행위 접근법, 헤도닉가격 접근법

①, ⑤ 조건부가치평가법(Contingent Valuation Method, CVM)이란 시장에서 선호된 행동을 관찰해 간접적으로 편익을 추정하는 것이 아닌 직접적으로 사람들이 환경재에 부여하는 가치를 도출해 내는 방법이다. 실제로 시장이 존재하는 것처럼 가상의 시장을 설정하고 설문조사를 통해서 소비자들에게 지불용의액을 직접 물어서 얻은 자료를 바탕으로 소비자의 후생을 산출하고 가치를 구하는 방법이다.

②, ③ 회피행위접근법은 회피비용법(averting or defensive expenditure method)이라고도 하는데, 사람들이 환경오염을 회피하기 위해 구입하는 재화의 가치를 환경의 가치로 평가하는 방법을 말한다. 예를 들어 오존에 의해 콩 생산량이 감소한다면 농부가 이를 회피하기 위해서 사적으로 지출하는 여러 방어비용으로 환경의 가치를 평가한다. 또 다른 예로 대기오염으로 눈물과 콧물이 나는 증상을 피하기 위해서 구입한 약품들의 지출비용으로 환경의 가치를 파악할 수도 있다. 회피비용법은 공해와 대체관계에 있는 재화나 서비스를 구입할 수 있는 경우에만 유용하게 적용할 수 있다. 따라서 이 접근법의 한계로는 구입한 재화가 결합생산효과를 가지는 경우이다. 대기오염으로 실내에서 에어컨을 가동하는 경우, 대기오염을 정화하는 기능도 있으나 시원한 공기로 땀을 식히는 기능도 있다. 에어컨의 가동비용 중에서 어디까지 회피비용인지를 알기 어렵다는 것이다. 따라서 편익이 과소평가될 수도 있다.

④ 헤도닉가격접근법은 속성가격법이라고 번역하기도 한다. 헤도닉가격접근법에는 속성자산가치법과 속성임금법이 있다. 속성자산가치법은 자산가치의 여러 속성을 분해하여 환경이라는 속성의 가치를 찾으려는 접근법이고, 속성임금법은 임금의 구성요소 중에서 건강과 안정을 위협하는 환경이라는 속성을 고려하는 접근법이다. 일례로 소비자가 차를 구입할 때는 단순히 교통수단만을 위해서가 아니라 승차감, 안전성, 사회적 지위 등의 복합적인 속성들에 대해서 가치를 매겨 가격에 비해 가치가 가장 높은 차종을 선택하게 된다. 다른 예로 어느 지역이 근린공원과 수질오염 개선 프로그램으로 토지가격이 상승했다고 할 경우에 먼저 주택가격에 대한 여러 속성을 분리해 낸다. 주택가격이 대지의 크기, 시장과의 거리, 대기오염의 정도나 조망의 범위와 같은 환경의 질에 의해서 결정된다고 하면, 주택가격을 분리한 속성들에 대해서 회귀분석하여 환경의 질이 주택가격에 미치는 한계효과인 속성가격을 파악할 수 있게 된다.

정답 ①

16	중요도	★★★★★	난이도	★★★
	출제 포인트	지방재정		

▶ **중앙정부와 지방정부의 재정기능에 관한 설명으로 옳지 않은 것은?**

① 티부(C. Tiebout)는 주민이 자유롭게 거주지를 선택할 수 있다면 지방 공공재가 효율적으로 공급될 수 있다고 하였다.
② 공공재로부터 편익의 귀속지역이 전국적인 경우에는 중앙정부가, 지방단위에 그치는 경우에는 지방정부가 공급하는 것이 바람직하다.
③ 지역 간 공공재에 대한 선호가 이질적인 경우 중앙정부가 일률적으로 공급하는 것이 효율적이다.
④ 공공재 공급에 있어서 규모의 경제가 발생하는 경우 중앙정부가 공급하는 것이 바람직하다.
⑤ 소득재분배 기능은 전국적인 수준에서 시행되어야 하므로 중앙정부가 맡는 것이 바람직하다.

핵심체크

티부의 발에 의한 투표는 새무엘슨의 중앙집권에 대한 반론으로 지역공공재의 경우에는 분권화된 배분체계가 효율적이라는 것을 보여 주었다는 데 의의가 있음

① 티부는 지역주민들이 자유롭게 이주할 수 있다면 자신들의 선호에 가장 합치되는 지역공공재의 수준을 공급하는 지역을 선택하여 효율적인 배분이 이루어질 수 있다고 주장하였다. 이것은 지역주민들이 소리 없이 발에 의한 투표(voting with the fee)를 이용하여 개인들이 가장 선호하는 지역에 정착하게 되어 다른 지역으로 이주할 유인이 없는 파레토효율적인 균형에 이른다는 것이다. 발에 의한 투표는 허쉬만(A. Hirshman, 1970)의 『퇴장, 항의, 그리고 충성(Exit, Voice, and Loyalty)』에서 처음 등장한 개념으로, 사람들이 자신의 선호를 표시하는 과정에는 진입과 퇴장(이탈)을 통한 과정과 서명, 대화, 항의라는 의사표시를 통한 과정이 있다고 소개하였다.

② 공공재의 편익이 미치는 영역이 전국적인 경우에는 중앙정부가 담당하는 것이 바람직하고, 지방단위까지만 편익이 미치는 경우에는 지방정부가 담당하는 것이 바람직하다. 이처럼 각 공공재를 소비하는 사람들이 분포한 지역의 지방정부가 공급하는 것이 가장 효율적이고, 이렇게 역할분담이 이루어진 상태를 완전일치(perfect correspondence)상태라고 한다. 현실적으로 불가능하지만 완전일치상태에서는 외부효과가 발생하지 않는다. 왜냐하면 외부효과를 전부 내부화시키기 때문이다.

③ 지역 간 공공재에 대한 선호가 이질적인 경우에는 각 지방정부가 자발적으로 적절한 양을 결정해서 공급하는 것이 중앙정부가 모든 지역에 지역공공재를 공급하는 것보다 효율적이다. 이를 오우츠(Oates)의 분권화정리(decentralization theorem)라고 한다.

④ 공공재 공급에 규모의 경제가 존재하는 경우에는 지역규모가 커짐에 따라서 공공재의 단위당 생산비용이 하락하게 되므로 다수의 지역사회보다 소수의 지역사회가 기술적으로 더 효율적이게 된다.

⑤ 소득재분배의 문제는 전국적인 외부효과를 가지고 있기 때문에 국가공공재라고 할 수 있고, 중앙정부가 담당하는 것이 바람직하다.

정답 ③

17	중요도	★★	난이도	★★
	출제 포인트	소비자잉여		

▶ **시장수요곡선이 $Q=160-P$, 독점자의 평균비용곡선이 $AC=40+Q$라고 할 때 독점이윤을 극대화하는 산출량(Q^*), 가격(P^*), 소비자잉여(S^*)는 얼마인가?**

① $Q^*=30$, $P^*=130$, $S^*=400$
② $Q^*=30$, $P^*=130$, $S^*=450$
③ $Q^*=40$, $P^*=150$, $S^*=450$
④ $Q^*=40$, $P^*=120$, $S^*=800$
⑤ $Q^*=60$, $P^*=100$, $S^*=1{,}800$

핵심체크

소비자잉여 : 지불용의액－실제 지불액

독점기업의 이윤극대화 문제이다. 시장수요곡선은 독점기업이 모두 차지하므로 독점기업이 직면한 수요곡선이라고 생각할 수 있다. 따라서 독점기업의 총수입(TR)은 $TR=PQ=(160-Q)Q=160Q-Q^2$이 된다. 독점기업의 총비용은 $AC=\frac{TC}{Q}$에서 $TC=AC\times Q=(40+Q)Q=40Q+Q^2$이 된다.

독점기업의 이윤극대화를 위한 산출량은 $MR=MC$에서 결정된다.

$$MR=\frac{\Delta TR}{\Delta Q}=160-2Q$$

$$MC=\frac{\Delta TC}{\Delta Q}=40-2Q$$

이윤극대화 생산량은 $Q=30$이 되고, 이윤극대가격은 이윤극대생산량을 수요함수에 대입하여 $P=130$이 된다. 문제에서 소비자잉여를 구하라고 했는데 그림에서 빗금 친 부분이 소비자잉여의 크기가 된다.

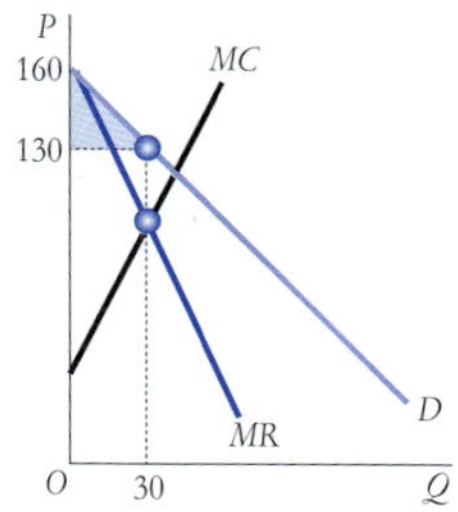

정답 ③

18	중요도	★★	난이도	★★★
	출제 포인트	소득불평등도		

▶ **한 나라의 소득분포가 제1오분위 8%, 제2오분위 10%, 제3오분위 20%, 제4오분위 26%, 제5오분위 36%로 주어졌을 때 십분위분배율은?**

① 0.25 ② 0.30 ③ 0.50 ④ 1.00 ⑤ 2.00

핵심체크

십분위분배율 = 하위 40% 소득비율 ÷ 상위 20% 소득비율

십분위분배율(decile distribution ratio)은 하위 40% 계층의 소득점유율을 분자로 하고 상위 20% 계층의 소득점유율을 분모로 하여 나눈 비율로 계산한다. 한편 오분위분배율은 상위 20% 계층의 소득점유율을 하위 20% 계층의 소득점유율로 나눈 비율로 계산한다. 이들 지표들은 단순하면서도 소득분포를 쉽게 보여 준다는 점에서 널리 사용되고 있다. (십분위분배율은 하위가 분자에 있으나 오분위분배율은 상위가 분자에 있다는 점에 주의한다.)

$$\text{십분위분배율} = \frac{\text{하위 40\% 계층의 소득점유율}}{\text{상위 20\% 계층의 소득점유율}}$$

$$\text{오분위분배율} = \frac{\text{상위 20\% 계층의 소득점유율}}{\text{하위 20\% 계층의 소득점유율}}$$

문제에서 제1오분위와 제2오분위의 소득을 합한 하위 40%의 소득계층의 소득이 전체소득에서 차지하는 비중은 18%이고, 최상위 20%인 제5오분위 계층이 전체소득에서 차지하는 소득비중은 36%이다. 따라서 십분위분배율은 $\frac{18\%}{36\%}$이므로 0.5가 된다.

tips 문제에서 전체소득을 계층별로 나누었을 경우에 최상위층을 제1오분위로 해야 하는지 아니면 제5오분위로 해야 하는지 잘 모를 수 있다. 하지만 상식적으로 생각해 보자. 전체소득에서 최상위층 20%가 차지하는 소득비 비중이라면 8%와 36% 중 어느 것이겠는가? 재정학 시험문제에서는 상식으로 접근할 수 있는 것도 많이 있으므로 무조건 암기하기보다 열린사고도 많이 필요하다. 특히 정책적인 학문이므로 미시경제학처럼 정확하게 떨어지는 표현보다 중의적이고 애매한 주관적 표현도 많다.

정답 ②

19	중요도	★★★★★	난이도	★★★
	출제 포인트	리카도 대등정리		

▶ **리카도(D. Richardo)의 대등정리에 관한 설명으로 옳지 않은 것은?**

① 국채발행의 부담이 미래세대로 전가되지 않는다.
② 국채발행이 국민저축과 투자에 영향을 미치지 않는다.
③ 개인들은 공공부문의 부채를 정확하게 파악하여 의사결정을 한다.
④ 개인들은 원하는 차입을 아무런 제한 없이 조달할 수 있다는 자본시장의 완전성을 전제로 한다.
⑤ 재정적자가 증가하면 민간저축이 감소한다.

핵심체크

리카도 대등정리 : 조세=공채

리카도 대등정리(Ricardian equivalence theorem) 혹은 리카도 등가정리란 정부지출의 양이 정해져 있으면 조세에 의한 재원조달방법이나 공채발행을 통한 재원조달방법이 동일하다는 것이다.

리카도는 원래 개인의 생애가 유한한 경우에 공채 상환의 과세 일부가 미래세대로 전가될 수 있기 때문에 공채는 자산가치를 가질 수 있다고 본다. 그런데 리카도 대등정리를 주장한 배로(Barro)는 개인의 생애가 유한하여 현재세대에 공채 매입이 이루어지고 공채상환을 위한 과세의 일부가 미래세대에 이루어질 때에도 리카도 대등정리가 성립할 수 있다고 주장하였다. 배로는 「공채는 자산인가?」라는 논문에서 현재세대가 그들 자손인 미래세대의 조세부담의 증가를 우려하여 그만큼 더 많은 유산을 남긴다고 가정하면 공채는 여전히 중립적이라고 주장한다. 현재세대의 경우를 보면 정부의 공채수입에 의해서 정부지출이 늘어나서 소비가 증가하게 되는데, 만일 미래세대를 고려하여 더 많은 유산을 남기기 위해서 소비를 줄이고 저축을 늘리게 되면 현재세대의 실질적인 소비수준에는 전혀 영향이 없게 된다. 마찬가지로 미래세대의 경우에도 공채상환을 위해서 조세부담이 증가하여 소비가 감소하지만 더 많은 유산을 받아 소비를 늘리게 되므로 실질적인 소비수준에는 변화가 없게 된다. 이와 같이 미래세대의 부담증가를 고려하여 현재세대가 행동할 경우에는 세대 간 공채의 부담전가현상은 발생하지 않게 된다. 이러한 내용을 문제에 적용하면 다음과 같다.

① 국채발행은 현재세대가 유산을 축적하기 위해 소비를 줄인다는 점에서 현재세대가 전적으로 부담하게 되어 미래세대로 전가되지 않는다.
② 국채발행으로 정부지출이 증가하는 대신에 민간의 저축이 증가해서 국민저축은 그대로 유지되고 그 결과 이자율도 변함없어 투자에 아무런 영향을 미치지 못한다.
③, ④ 리카도 대등정리가 성립하기 위해서는 사람들이 매우 합리적이어야 한다. 즉, 정부의 재정적자로 인한 자손들의 추가적 조세부담을 정확하게 예상할 수 있기 때문에 정부의 예산제약성을 정확히 인식하고 있으며, 정부의 공채발행으로 인한 정부지출 패턴의 변화를 예측할 수 있어야 한다. 또한 미래세대부담액과 저축액이 같기 때문에 자본시장에 대한 예측이 가능해야 한다. 그리고 자본시장의 완전성을 가정하여 차입제약에 걸리지 않아야 한다. (따라서 유동성 제약에 직면하여 차입을 하기 어렵다면 리카도 대등정리가 성립하지 않게 된다.)
⑤ 재정적자가 일어나면 민간은 유산을 남기게 되고 민간저축은 증가하게 된다. 그러나 정부저축이 감소하는 대신에 민간저축이 정확하게 재정적자 크기만큼 증가하여 국민저축은 일정하게 된다.

정답 ⑤

20	중요도	★★★★	난이도	★★★
	출제 포인트	사회보험제도와 역선택		

▶ 사회보험제도에 관한 설명으로 옳지 않은 것은?

① 고용보험, 건강보험 등이 대표적인 예이다.
② 소득재분배의 기능도 있다.
③ 소비평탄화(consumption smoothing) 효과가 있다.
④ 국민연금제도의 재산대체효과는 저축을 줄이는 방향으로 작용한다.
⑤ 사적 보험제도와는 달리 도덕적 해이는 발생하지 않는다.

핵심체크

사회보험 : 위험, 빈곤을 대비한 강제보험

사회보장제도 혹은 사회복지제도는 사회의 모든 구성원이 인간다운 삶을 살아갈 수 있도록 경제적 빈곤으로부터 보호하는 제도이다. 경제적 빈곤으로부터 보호하는 방법은 정부가 소득이전을 통해서 빈곤한 소득층을 직접 도와줄 수도 있고, 일정한 금액을 거두어 경제적 빈곤에 빠지는 경우를 대비하도록 할 수도 있다.

사회보장제도는 사회보험, 공공부조(사회부조), 사회복지서비스로 나눌 수 있다.

사회보험은 보험금의 형태로 일정한 금액을 거두어 경제적 빈곤에 빠지는 경우를 대비하는 기여적 급여의 성격을 가진다.

공공부조는 정부가 보험금과 같이 일정한 금액을 거두지 않고 소득이전을 통해서 빈곤한 소득계층을 직접 도와주는 비기여적 급여의 성격을 가지는 제도이다.

사회복지 서비스는 노약자와 장애인과 같은 취약계층을 대상으로 사회복지시설과 각종 경비의 부조를 제공하는 사회복지제도이다.

사회보험은 보험방식을 이용해서 위험을 예방하는 사회보장제도이다. 우발적인 사고나 일시적으로 경제적 능력을 상실해서 경제적 빈곤에 빠지는 경우에 대비하는 강제보험이다. 장래에 닥칠 위험이나 빈곤을 예방하기 위해서 모든 국민에게 보편적으로 적용된다는 의미에서 보편적 복지제도의 하나라고 할 수 있다.

② 사회보험은 강제적으로 가입해야 하는 보험이다. 개인의 선택에 맡기지 않고 강제적으로 보험을 적용하는 것은 위험을 분산하고 고소득계층에서 저소득계층으로 소득을 재분배하기 위해서이다. 수직적 공평성에 따라서 소득계층별 보험 납부액을 달리 책정하여 소득재분배의 효과를 거둘 수 있다.

⑤ 사적인 보험시장에서와 마찬가지로 보험시장에서는 도덕적 해이와 역선택의 문제로 시장이 실패하므로 정부가 이 문제를 강제보험을 통해서 해결하게 된다.

① 사회보험은 위험의 종류에 따라서 퇴직에 대비하는 연금보험, 실업의 위험에 대비하는 실업보험(고용보험), 질병의 위험에 대비하는 의료보험(건강보험), 산업재해에 대비하는 산재보험 등이 있다. 나라마다 제도의 형태는 차이가 있지만 대부분 4가지의 사회적 위험에 대해서 사회보험 방식으로 다루고 있다. 영국은 국민보험제도를 통해서 실업, 질병, 퇴직에 대한 급여를 제공한다.

③ 보험제도는 기본적으로 현재의 소비를 미래의 소비로 일부 이전하여 개인의 평생 후생의 크기를 극대화하는 방법 중의 하나이다.

④ 국민연금제도의 저축에 미치는 효과로 자산대체효과만 저축을 감소시키고 다른 효과는 모두 저축을 증가시키는 작용을 한다.

정답 ⑤

21	중요도	★★★	난이도	★★★
	출제 포인트	분배적 정의		

▶ **분배의 정의 및 이론에 관한 설명으로 옳지 않은 것은?**

① 평등주의적 정의관의 문제점 중 하나는 개인의 정당한 권리가 침해될 가능성이 있다는 것이다.

② 에지워드(F. Edgeworth)의 최적분배이론에서 전제된 가정 중 심각한 문제는 소득의 한계효용이 일정하다는 것이다.

③ 에지워드는 사회후생이 극대화되기 위해서는 완전히 균등한 분배가 이루어져야 한다고 주장하였다.

④ 러너(A. Lerner)는 사람들의 효용함수가 다르다 해도 모든 사람이 특정 효용함수를 가질 확률이 같다는 가정하에서 균등한 분배가 최적임을 주장하였다.

⑤ 러너는 기대효용 관점에서 균등한 분배상태와 불균등한 분배상태를 비교할 때 균등한 분배상태에서의 기대효용이 더 크다는 것을 입증하였다.

핵심체크

분배적 정의 : 공리주의, 롤스주의, 평등주의, 자유주의

① 평등주의적 정의관은 기본적으로 인간은 평등하게 태어났기 때문에 평등한 대우를 받아야 한다는 것이다. 그 결과 소득분배에 있어서도 평등이 이루어져야 한다는 것이다. 구체적으로 무엇을 어떻게 평등하게 균등하게 할 것인가에 대해서는 여러 논의들이 이루어질 수 있다. 그러나 평등하게 소득을 재분배하는 과정에서 개인의 정당한 권리가 침해될 가능성이 있다는 지적을 받고 있다.

② 에지워드의 최적분배이론은 다음의 3가지 가정에 기반을 두고 있다. 사회전체의 총소득은 고정되어 있으며, 모든 사람들은 동일한 효용함수를 가지고 있다. 이 효용함수는 오직 각자의 소득수준에 의해서 영향을 받는데, 소득의 한계효용이 체감한다고 한다. 그리고 공리주의 사회후생함수를 상정하여 모든 개인들의 효용수준을 아무런 가중치 없이 단순 합계한 사회후생을 극대화하려는 노력을 한다.

③ 에지워드는 사회후생을 극대화하기 위해서는 사회구성원들 각자의 소득의 한계효용을 일치시켜야 한다는 것이다. 모든 사람들의 효용함수가 모두 동일하기 때문에 소득의 한계효용이 일치될 때의 소득수준도 모두 동일하게 된다. 이것은 소득분배가 완전한 평등이 되는 상황을 의미하고 조세체계는 세후 소득이 균등하도록 설정되어야 한다는 정책적 함의를 지닌다.

④ 러너는 에지워드 모형의 가정이 모든 사람들의 효용함수가 동일하다는 점이 한계로 지적받자, 사람들의 효용함수가 다르다고 해도 특정 효용함수를 가질 확률이 같다는 가정을 적용하면 에지워드의 최적분배이론인 균등한 분배가 최적이라는 주장은 계속 유효하다고 보았다.

⑤ 러너는 불확실성하에서 기대효용을 극대화하려는 경우에 균등한 분배상태에서 효용크기가 불균등한 분배상태에서의 효용보다 크다는 것을 보여 주었다.

정답 ②

22	중요도	★★★★★	난이도	★★★
	출제 포인트	공공요금		

▶ **공공요금 결정원리에 관한 설명으로 옳지 않은 것은?**

① 공기업이 동일한 서비스 공급에 대해 차별가격을 적용하여, 수요의 가격탄력성이 높은 그룹에는 낮은 가격을, 낮은 그룹에는 높은 가격을 적용함으로써 효율성 상실을 최소화할 수 있다.

② 이부요금제는 서비스 이용기회 제공에 대해 부과하는 고정요금과 실제 소비량에 대해 부과하는 종량요금으로 구성된다.

③ 이부요금제는 전화, 전기, 가스처럼 관로나 선을 통해 서비스를 공급하는 경우에 주로 적용된다.

④ 최대부하가격 결정원리는 성수기와 비수기에 따라 요금을 달리함으로써 수요의 변동폭을 줄여, 설비의 최적이용을 실현하기 위한 것이다.

⑤ 이부요금제에서 관로나 선을 통해 공급된 서비스는 수요의 가격탄력성이 높기 때문에 기업이 고정요금 인상을 통해 부담을 이용자에게 전가시킬 수 있다.

핵심체크

공공요금 : 한계비용가격, 평균비용가격, 이부요금, 최대부하가격

① 공공요금의 역탄력성 법칙은 동일한 서비스에 대해서 가격차별을 실시하여, 수요의 가격탄력성에 반비례하여 가격을 부과하는 것을 말한다. 수요의 가격탄력성이 높다는 것은 대체 가능한 수단이 많이 있다는 의미로 공급자보다 소비자들이 더 큰 협상력을 지니고 있다는 것을 의미한다.

② 이부요금제(two-part tariff)는 가입비와 사용요금을 따로 분리해서 요금을 징수한다는 것으로 가입비는 어떤 서비스를 이용할 수 있는 권리를 부여한다는 의미를 가지고 있고, 가입한 이후에 실제로 사용량에 따라서 부과하는 요금을 사용요금이라고 할 수 있다. 가입비는 사용량과 관계없이 부과되는 일정한 금액으로 고정비용과 같은 개념이다. 한편 사용료는 사용량에 따라서 부과되는 가변비용과 같은 개념으로 이해할 수 있다.

③ 전화, 전기, 가스처럼 관로나 선을 이용하는 네트워크 관련 산업은 규모의 경제가 존재하는 자연독점인 경우가 많다. 이때 한계비용가격설정방식을 적용하게 되면 손실이 발생할 수 있는데, 이러한 손실을 어느 정도 제거하기 위한 방법 중의 하나가 이부요금제가 될 수도 있다.

④ 최대부하 가격설정(peak-load pricing)은 차별적인 가격설정방식의 하나로 소비자와 시기에 따라서 서로 다른 요율을 적용하여 공기업의 손실을 메울 수 있다는 것이다. 그리고 계절과 요일, 시간대에 따른 성수기의 수요자들의 수요를 비성수기로 유인하여 주어진 설비를 최대한 효율적으로 이용하자는데 그 기본취지가 있다. 성수기에 넘치는 수요를 비수기로 일부 이동시켜 설비를 가능한 최대한 가동하려는 목적으로 사용되기도 한다.

⑤ 관로나 선을 통해서 공급되는 서비스는 철도, 전력, 전기, 가스 등과 같은 네트워크와 관련된 장치산업이 대부분이므로 이러한 서비스는 필수재에 속하기 때문에 수요의 가격탄력성이 낮은 것이 특징이다. 수요의 가격탄력성이 높으면 가격에 대하여 사용하는 소비자들이 대체 가능한 대안을 많이 가지고 있다는 의미로 협상력(bargaining power)이 크다고 볼 수 있다. 따라서 수요의 가격탄력성이 작기 때문에 기업은 네트워크 장치를 마련하는 데 필요한 엄청난 고정비용을 전가시킬 수 있게 된다.

정답 ⑤

23	중요도	★★★★★	난이도	★★★
	출제 포인트	조세귀착		

▶ **조세부담의 전가와 귀착에 관한 설명으로 옳지 않은 것은?**

① 조세부담의 전가란 법적으로 조세부담의 의무를 지고 있는 사람이 다른 사람에게 그 부담을 강제로 떠넘기는 것은 아니다.
② 기능별 소득분배 관점에서는 어떤 생산요소를 공급하느냐에 따라 사람들을 구분하고 각 그룹별로 세부담의 귀착을 분석한다.
③ 부가가치세를 동일한 세수의 법인세로 대체할 때 어떤 분배적 효과가 생기는지를 분석하는 것이 차별귀착(differential incidence)의 한 예이다.
④ 다른 조세나 지출에 아무런 변화가 없다는 전제하에서 특정 조세의 분배적 효과를 분석하는 것을 절대귀착(absolute incidence)이라고 한다.
⑤ 법인세는 부과하면 소비자에게도 세부담이 전가될 수 있는데, 이를 후방 전가라고 한다.

핵심체크

조세귀착은 조세전가로 인해 발생

① 조세부담의 전가(shifting)란 법적 납세자로부터 실질적 담세자에게로 조세부담이 이전되는 현상을 말한다. 현실적으로 법적 귀착과 경제적 귀착이 일치하지 않는 경우가 대부분인데, 이러한 경우가 발생하는 이유로 법적 납세자가 다른 사람에게 실질적으로 조세부담을 떠넘길 수 있기 때문이다.
② 기능별 소득분배는 어떤 생산물을 만드는 과정에서 사람들은 어떤 생산요소(노동, 자본, 토지 등)를 제공했는지에 따라서 구분하고 분석하는 방법이다.
③ 차별귀착은 모든 조세와 정부지출이 불변이라는 가정하에서 특정조세를 다른 종류의 조세로 대체했을 경우에 나타나는 분배적 효과를 분석하는 것이다. 다른 예를 하나 추가로 들면 소득세를 부과했을 때와 소비세를 부과했을 때를 비교해 보면 소득분배 측면에서 어느 조세가 더 공평한지를 알 수 있다. 귀착의 소득분배효과를 살펴보는 데 가장 많이 사용되는 개념이다.
④ 절대귀착이란 다른 조세와 정부지출이 불변이라는 가정하에서 특정조세가 소득분배에 미치는 효과를 분석하는 것이다. 예를 들어 소득세가 부과되면 개인의 가처분소득이 줄어들고, 가처분소득의 감소는 수요를 감소시켜 다시 국민소득의 감소와 실업의 증가로 이어지게 된다. 절대귀착은 이처럼 거시적 변화까지 고려해야 한다는 점에서 너무 복잡해 거의 사용되지 않는다.
⑤ 조세의 전가 형태에는 크게 전전(forward shifting)과 후전(backward shifting)이 있다. 전전이란 상품의 유통과정과 조세의 전가방향이 같은 경우로, 판매자로부터 소비자에게 조세부담이 이전되는 현상이다. 반면에 후전은 상품의 유통과정과 반대로 조세의 부담이 이전되는 경우를 말한다. 구두를 생산하는 기업에게 판매세를 부과하면 원료인 가죽가격이 하락하여 가죽 생산기업에게 조세부담이 전가되는데 이를 후전이라고 한다.

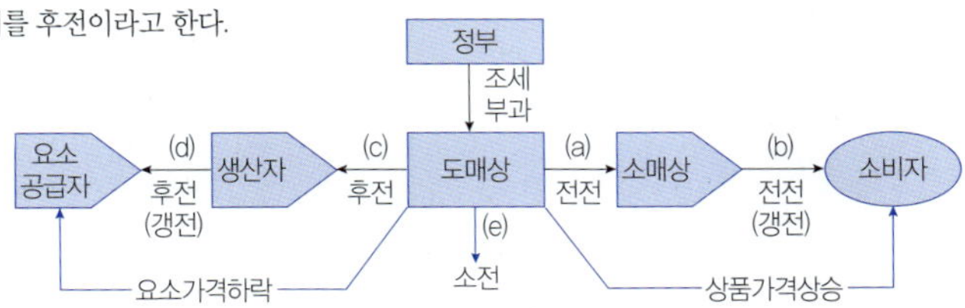

정답 ⑤

24	중요도	★★	난이도	★★
	출제 포인트	초과부담		

▶ **누진적인 근로소득세 부과가 초과부담을 초래하는 이유로 옳은 것은?**

① 납세자의 경제능력에 관계없이 차등 과세하기 때문이다.
② 세부담의 영향으로 납세자의 소득수준이 증가하기 때문이다.
③ 평균세율이 소득증가에 따라 하락하기 때문이다.
④ 여가를 과세대상에 포함시키는 것이 현실적으로 불가능하기 때문이다.
⑤ 소득 불평등도를 약화시키기 때문이다.

핵심체크

초과부담은 대체효과에 의해 발생

초과부담(excess burden)이란 조세의 실제부담에서 조세징수액을 뺀 것으로 조세부과로 인해 발생하는 자중손실 또는 후생비용이라고 한다. 조세가 비효율적이게 되는 이유는 초과부담이 발생하기 때문이다. 초과부담이 발생하는 이유는 경제의 상대가격체계를 인위적으로 교란시키기 때문이다. 즉 상대가격체계의 왜곡으로 인해서 발생한다. 이러한 상대가격의 왜곡은 가격변화에 따른 대체효과를 야기하고, 소비자의 선택을 바꾸어 놓는다. 따라서 효율적인 자원배분의 조건을 깨뜨리게 된다.

근로소득세를 부과하면 개인적인 관점에서 조세가 부과되지 않을 때 시간당 임금(w)에 세율 t인 근로소득세가 부과되어 시간당 임금률은 $(1-t)w$로 하락하고 여가와 소득 사이의 평면에서의 예산선의 기울기가 변하게 되어 근로자의 여가와 노동의 선택을 왜곡시키게 된다.

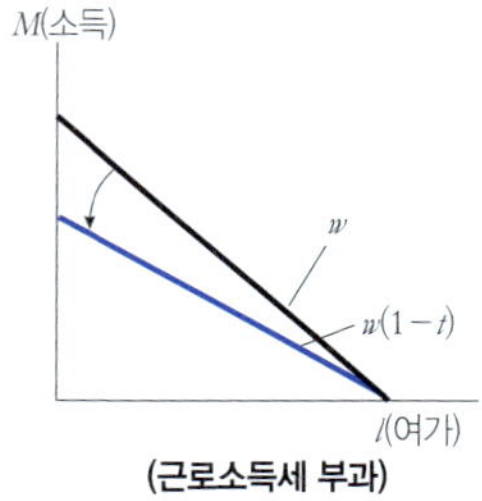

(근로소득세 부과)

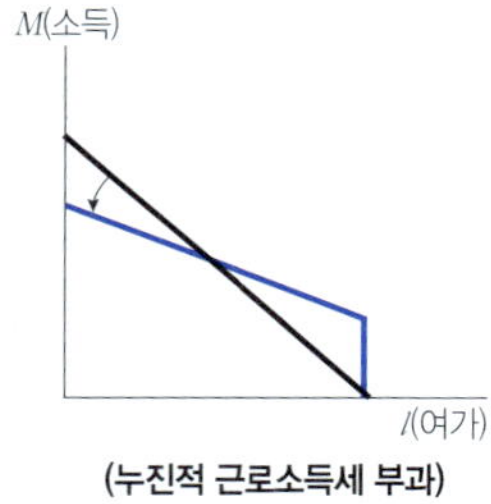

(누진적 근로소득세 부과)

여기서 초과부담이 발생하는 이유는 여가의 상대가격이 하락하는 임금률의 변화에 기인한다고 보아야 한다. 그런데 소득뿐만 아니라 여가에도 과세를 하게 된다면 초과부담이 생기지 않을 것인가? 그렇다. 그렇지만 현실에서는 여가에 과세를 할 수 없기 때문에 어쩔 수 없이 초과부담이 생기게 되는 것이다.

그래서 차선책으로 콜렛-헤이그는 여가에 간접적으로나마 과세를 시도하게 된다.

정답 ④

25	중요도	★★★	난이도	★★
	출제 포인트	이윤세		

▶ **이윤세에 관한 설명으로 옳지 않은 것은?**

① 이윤세 부과는 독점기업의 균형생산량을 감소시킨다.
② 이윤세 부과는 완전경쟁기업의 단기 균형생산량에는 영향을 미치지 않는다.
③ 이윤세 부과는 완전경쟁기업의 단기 균형가격에는 영향을 미치지 않는다.
④ 이윤세 부과는 완전경쟁기업의 장기 균형생산량에는 영향을 미치지 않는다.
⑤ 이윤세는 경제적 이윤에 부과되는 것이다.

핵심체크

경제적 이윤에 대한 과세는 생산자의 이윤극대화 생산량의 결정에 아무런 영향을 미치지 못함
→ 이윤세의 부담은 생산자에게 전액 귀착

⑤ 경제학적으로 이윤이라고 하면 생산자의 총수입에서 생산의 기회비용을 뺀 경제적 이윤을 말한다. 만일 경제적 이윤에 과세를 하게 되면 누가 조세부담을 지게 될 것인가? 우리가 체크해야 할 것은 이윤세는 생산자의 선택행위에 아무런 영향을 미치지 못한다는 것이다. 생산자는 이윤세가 부과된 이후에 이윤을 극대화하려면 이윤세 부과 이전에도 이윤을 극대화해야 하기 때문이다.

이윤세는 이윤(π)의 몇 %를 내도록 하는 종가세의 방식으로 이때 세율이 t라고 하자. 생산자가 생산활동을 하려면 생산자의 경제적 이윤에 대해서 다음 조건을 만족하여야 한다.

$$\pi = TR - TC$$
$$(1-t)\pi = (1-t)[TR - TC]$$

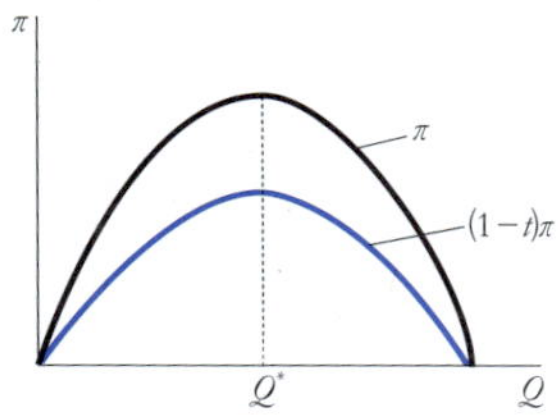

위의 식에서 알 수 있듯이 t의 값에 관계없이 생산자는 이윤을 극대화한다.

① 따라서 이윤세는 생산자의 생산량의 선택을 바꾸지 않게 되므로
②, ④ 단기 균형생산량과 장기 균형생산량에 아무런 영향을 미치지 않게 되고
③ 단기 균형생산량에 아무런 영향을 미치지 못하기 때문에 단기 균형가격에도 아무런 영향을 미치지 못하게 된다.

정답 ①

26	중요도	★★★★	난이도	★★★☆
	출제 포인트	초과부담		

▶ **맥주의 보상수요곡선이 $Q_d = 200 - P$이고 공급곡선(Q_S)은 $P = 100$일 때, 정부가 생산자에게 맥주 한 단위당 20의 물품세를 부과한다고 가정하자. 이 경우 나타나는 비효율성계수(coefficient of efficiency)는? (단, 모든 가격의 단위는 원이다.)**

① $\frac{1}{8}$ ② $\frac{1}{4}$ ③ $\frac{1}{2}$ ④ 1 ⑤ 2

핵심체크

비효율성 계수 : 초과부담÷조세수입

비효율성 계수란 조세수입에서 초과부담이 차지하는 비율을 말한다. 어떤 조세가 부과되었을 때 목표로 정해진 조세수입을 얻는 과정에서 초과부담이 크게 발생할 수 있는데, 그 조세는 비효율적이라고 할 수 있다. 비효율성 계수를 구하는 방법은 다음과 같다.

$$\text{비효율성 계수} = \frac{\text{초과부담}}{\text{조세수입}} = \frac{\frac{1}{2}t^2\varepsilon PQ}{tPQ} = \frac{1}{2}\varepsilon t$$

이 식에 의하면 비효율성 계수는 수요의 가격탄력성과 세율에 의존하며, 수요의 가격탄력성이 클수록 그리고 세율이 높을수록 비효율성은 커진다고 할 수 있다.

문제에서는 직접 식을 대입해서 조세수입과 초과부담을 구해야 한다. 조세수입의 크기는 1,600이 되고, 초과부담의 크기는 200이 되므로 비효율성 계수는 1/8이다.

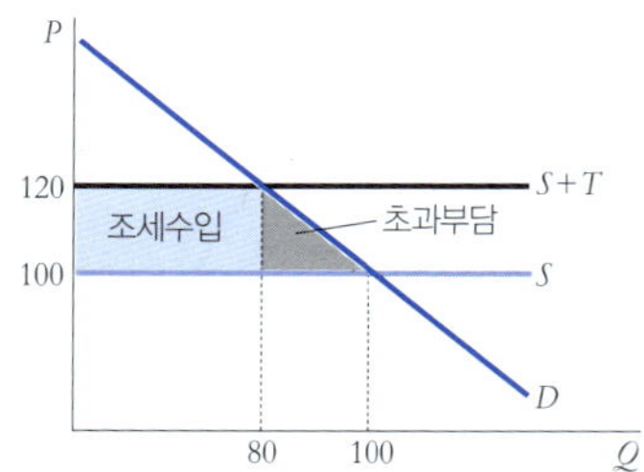

정답 ①

27	중요도	★★★★	난이도	★★★
	출제 포인트	근로소득세 원리		

▶ **하루 24시간 중 노동과 여가의 선택에 직면한 근로자의 시간당 임금은 w이다. 이때 세율 t_w의 근로소득세가 부과될 경우 다음 설명 중 옳지 않은 것은? (단, M은 소득, H는 여가를 나타낸다.)**

① 세후 순임금률은 $(1-t_w)w$이다.
② 세금 부과 전의 예산선은 $M=-wH+24w$이다.
③ 세금 부과 후의 예산선은 $M=-(1-t_w)wH-24w(1-t_w)$이다.
④ 세금 부과 전 예산선의 소득축 절편은 $24w$이다.
⑤ 세금 부과 후 예산선의 여가축 절편은 24이다.

핵심체크

근로소득세는 노동과 여가의 선택을 왜곡

노동과 여가의 선택의 문제에 직면한 모형은 다음과 같이 목적식과 제약식으로 나누어 설계할 수 있다.
(목적식) $MaxU(M, H)$
(제약식) $M=w(24-H)$

목적식의 효용함수에서는 소득과 여가가 모두 효용을 증가시키기 때문에 무차별곡선이 우하향하는 원점에 대한 볼록한 형태로 나타낼 수 있다. 제약식에서는 하루에 노동과 여가시간의 선택을 24시간 이내에서 정할 수 있다고 보면 임금률이 여가의 기회비용으로 우하향하는 직선의 형태로 나타낼 수 있다.

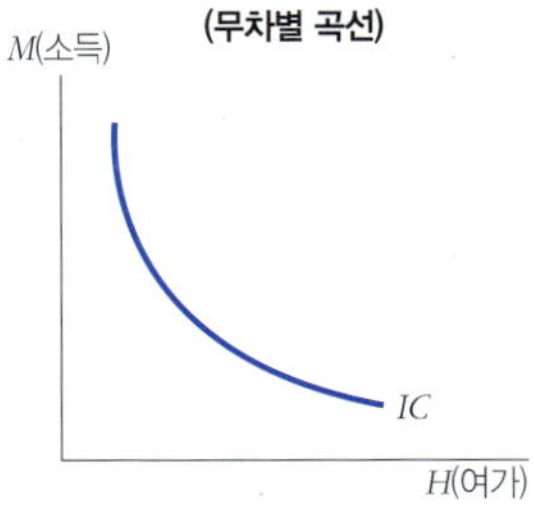

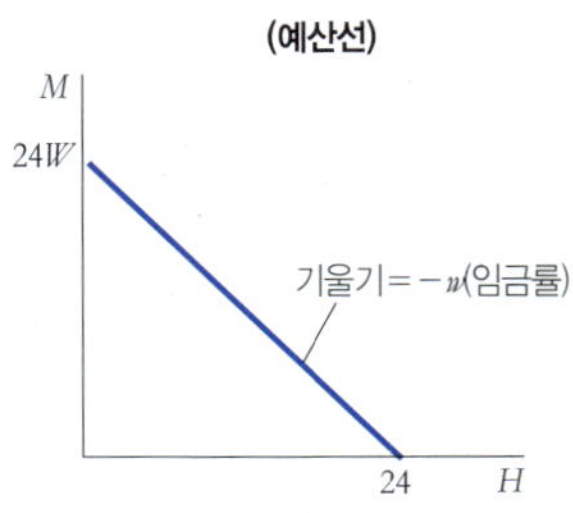

③ 세금 부과 후의 예산선은 $M=-(1-t_w)wH+24w(1-t_w)$가 되어야 한다.

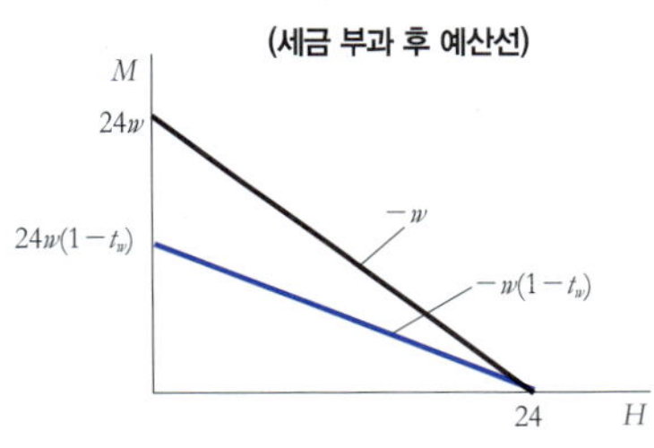

정답 ③

28	중요도	★★★	난이도	★★
	출제 포인트	선형누진세		

▶ **어떤 사람의 소득이 2,000만원, 소득세율은 30%, 정액증여(lump-sum grant)가 500만원이라고 하자. 이때 선형누진세에 의한 조세부담액은?**

① 100만원 ② 200만원 ③ 450만원 ④ 600만원 ⑤ 750만원

핵심체크

선형누진세 $=-a+bY$

선형누진세의 문제이다. 일반적으로 $T=-a+bY$인 경우가 해당하는 형태이다. 선형이라는 것은 한계세율인 $\frac{\Delta T}{\Delta Y}$가 일정한 경우를 말하고, 접선의 기울기가 일정한 경우를 말한다. 한편, 누진적이란 것은 평균세율인 $\frac{T}{Y}$가 증가하는 것을 말한다. 다시 말해서 소득이 증가함에 따라서 평균세율이 증가하는 것을 말한다.

문제에서 제시된 것을 대입해 보면 다음과 같은 형태로 나타낼 수 있다. 정액증여란 소득이 0인 경우에 제공하는 보조금(subsidy)를 의미한다. 소득이 2,000만원인 경우에 조세부담액은 식에 대입하면 100이 된다는 것을 쉽게 알 수 있다.

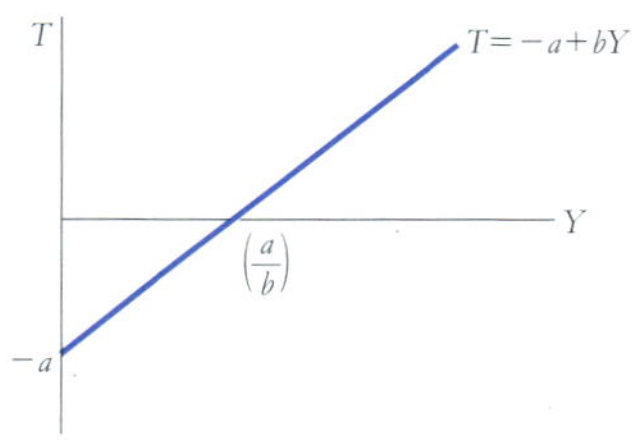

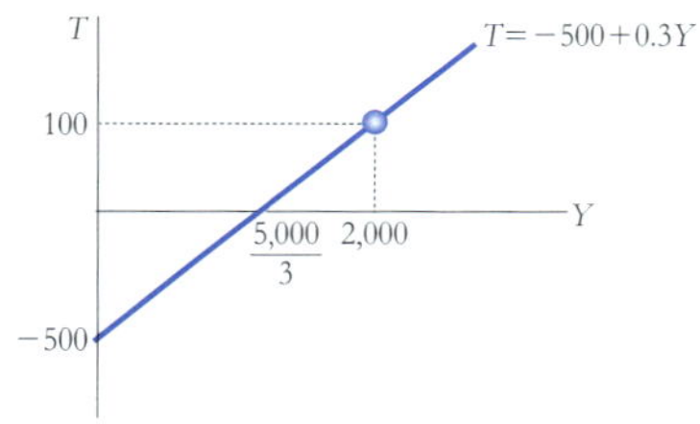

정답 ①

29	중요도	★★	난이도	★★★
	출제 포인트	근로소득세		

▶ **우리나라는 근로소득세 최고세율을 35%에서 38%로 인상하였다. 이때 발생할 수 있는 변화에 관한 설명으로 옳지 않은 것은? (단, 여기서 여가는 정상재이다.)**

① 소득효과와 대체효과가 정확하게 상쇄되면 노동공급은 불변이다.
② 세율 인상으로 인한 소득효과가 대체효과보다 크면 고소득층의 노동공급이 감소한다.
③ 노동공급곡선이 후방굴절되는 구간에서는 세율 인상으로 노동공급이 증가한다.
④ 세율인상으로 초과부담이 증가한다.
⑤ 세율인상에도 불구하고, 고소득층의 노동공급량 감소에 따라 세수증대가 이루어지지 않을 수 있다.

핵심체크

근로소득세율의 인상 : 대체효과+소득효과

근로소득세율이 인상되면 세후임금률이 하락하여 여가의 가격은 하락하게 된다. 따라서 대체효과에 의해서는 여가를 증대시키게 된다. 한편 세후임금률의 하락은 실질소득의 감소를 의미하므로 정상재인 여가의 소비량은 감소하게 된다. 따라서 대체효과와 소득효과는 반대로 작용하게 되고 그 결과 어느 효과가 큰가에 따라서 결과는 달라질 것이다. (우리의 직관에 부합하는 효과가 대체효과라는 점을 항상 명심한다.)

① 대체효과와 소득효과는 서로 반대방향으로 작용하게 되는데 이 둘의 힘이 같아지면 효과가 정확하게 상쇄되어 여가의 소비는 불변이고, 주어진 시간(24시간)에서 여가의 시간이 불변이면 노동공급 시간도 불변이 된다.
② 만일 세율인상으로 인해 소득효과가 대체효과보다 커지면 노동의 공급 증가효과는 더욱 증가하게 되고 특히 최고세율에 적용을 받는 고소득층의 노동공급곡선은 감소하게 된다.
③ 노동공급곡선이 후방굴절하는 구간(대체효과<소득효과)인 구간에서 세율인상으로 우하향하는 노동공급곡선이 상방으로 이동하게 되면 노동공급은 증가하게 된다. 이를 간단히 그림으로 나타내면 다음과 같다.

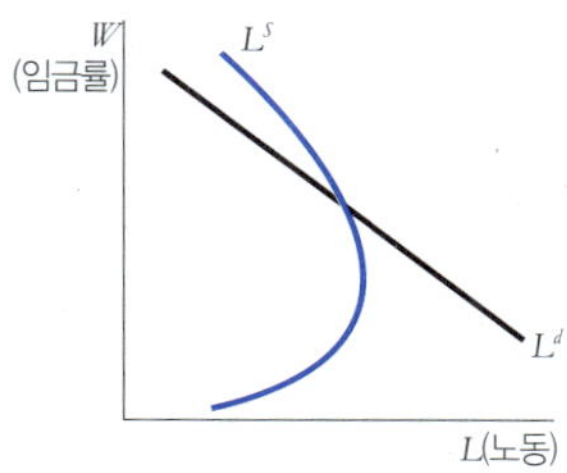

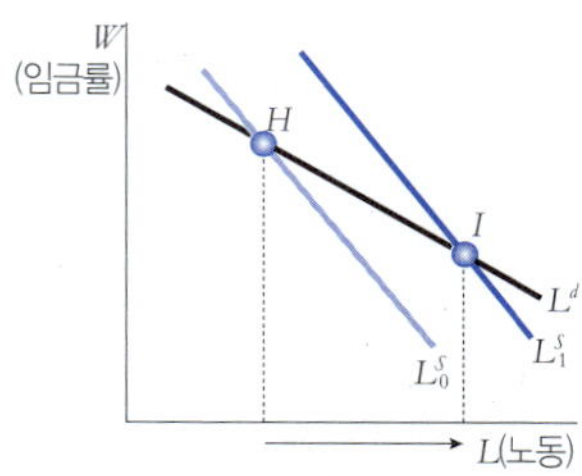

④ 세율인상으로 인해서 대체효과가 존재하게 되면 초과부담은 증가하게 된다. 특히 세율의 제곱으로 초과부담에 영향을 미치게 된다.
⑤ 세율인상으로 인해 영향을 받는 고소득층이 노동공급량에 매우 민감하게 영향을 받는 세율의 탄력성이 큰 경우에는 오히려 세수가 감소할 수도 있다.

정답 ②

30	중요도	★★★★★	난이도	★★
	출제 포인트	최적조세		

▶ **최적조세제도에 관한 설명으로 옳지 않은 것은?**

① 콜렛-헤이그(Corlett-Hague) 규칙은 각 상품에 적용되는 물품세의 세율을 수요의 가격탄력성에 반비례하도록 정하는 것이다.
② 지출세(expenditure tax)는 누진과세 가능하다.
③ 일반적으로 소득세와 지출세는 저축이 과세대상이 되느냐의 여부에서 차이가 있다.
④ 칼도(N. Kaldor)는 임금소득에 대해 과세하는 것보다 소비행위에 과세하는 것이 더 바람직하다고 주장하였다.
⑤ 최적물품세이론은 공평성보다는 효율성 관점에서 접근하고 있다.

핵심체크

최적조세 : 최적물품세 + 최적소득세
(효율성) (효율성+공평성)

① 콜렛-헤이그 규칙은 여가를 제외한 다른 모든 상품에만 물품세를 동일한 세율로 부과할 경우 여가와 관련된 상품들의 상대가격체계에 교란이 발생하여 초과부담이 발생한다고 주장하였다. 따라서 어떤 조세구조든지 불가피하게 대체효과에 의한 교란을 야기한다고 할 수 있다. 이러한 관점에서 초과부담을 줄이기 위해서 여가에 과세하는 방법으로 어떤 상품(예를 들어 스키나 골프용품과 헬스용품)이 여가와 보완적이면 높은 세율을 적용하고 작업구두나 작업복처럼 여가와 보완성이 낮은(대체성이 큰) 상품에는 낮은 세율을 부과하여 여가에 간접적으로 과세하는 효과를 가져올 수 있다고 주장한다.
 한편 수요탄력성이 큰 상품에는 낮은 세율을 적용하고, 수요탄력성이 작은 상품에는 높은 세율을 적용하는 것이 총초과부담을 최소화한다는 것을 역탄력성 법칙(inverse elasticiry rule)이라고 한다.
② 지출세는 인세이므로 누진과세가 가능하다.
③ 일반적으로 지출세(소비세)와 비교되는 소득세는 이자소득세라고 보면 간단하다. 즉, 이자소득세는 저축으로 인한 이자소득에 과세를 하는 것이므로 현재소비에는 과세를 하지 않고, 저축을 통한 미래소비의 증대에 과세를 하는 셈이므로 미래소비에만 과세를 한다. 그러나 지출세(소비세)는 현재소비와 미래소비에 모두 과세를 하게 되므로, 저축이 과세대상이 되는가의 여부가 소득세와 지출세의 차이가 된다.
④ 칼도(N. Kaldor, 1956)는 소득은 사회에 기여한 행위이고, 소비는 사회의 자원을 소모하는 행위이므로 소비행위에 과세하는 것이 바람직하다고 주장하는 포괄적 소비론을 주장하였다. 여기서 포괄적 소비는 소득의 구성요소를 소비와 저축으로 나누어 볼 때 저축을 제외한 모든 소비지출을 의미한다.
⑤ 최적이란 말에는 효율성과 공평성의 개념이 모두 내포되어 있다. 그러나 최적이 물품세를 수식하게 되는 최적물품세의 경우에는 효율성만 의미하는 것이고, 최적이 소득세를 수식하는 최적소득세의 경우에는 효율성과 공평성을 모두 의미하는 것이다.

정답 ①

31	중요도	★★	난이도	★★★★
	출제 포인트	목적세		

▶ **목적세에 관한 설명으로 옳은 것을 모두 고른 것은?**

ㄱ. 세원과 지출이 연계되어 있어 재정운용의 경직성이 초래될 수 있다.
ㄴ. 장기간 지속되는 특정 분야 또는 사업에 대한 예산을 안정적으로 확보하는데 유리하다.
ㄷ. 현행 우리나라 지방세체계 하에서 레저세는 목적세로 분류된다.
ㄹ. 목적세는 과세의 능력원칙을 구현하기 위한 조세이다.
ㅁ. 현행 우리나라 국세체계 하에서 교통 · 에너지 · 환경세는 목적세로 분류된다.

① ㄱ, ㄴ, ㄷ ② ㄱ, ㄴ, ㄹ ③ ㄱ, ㄴ, ㅁ ④ ㄴ, ㄹ, ㅁ ⑤ ㄷ, ㄹ, ㅁ

핵심체크

목적세는 정부의 다른 사업목적을 위해 징수하는 조세

목적세(earmarked tax)란 기본적으로 그 재원을 특정한 지출과 연계시켜 징수하는 조세를 말한다. 조세부과 대상이 그 사용처와 직접 관련이 없을 수도 있지만 대부분 지출용도와 연계된 세원을 통해서 조달하게 함으로써 수혜자의 직접 부담에서 오는 효율성과 공평성을 달성할 수 있다.

(ㄱ) 목적세의 단점으로는 지출의 사용처를 사전에 정해 놓고 있기 때문에 재정운용상의 경직성을 야기한다는 비판을 받고 있다.

(ㄴ) 목적세는 지원이 필요한 특정 분야에 대해서 일정기간 안정적으로 재원을 확보할 수 있다는 점에서 해당분야가 집중적으로 발전할 수 있도록 기여한다는 정책적인 장점이 있다.

(ㄷ) 레저세는 지방세 중에서 도세의 보통세에 속한다.

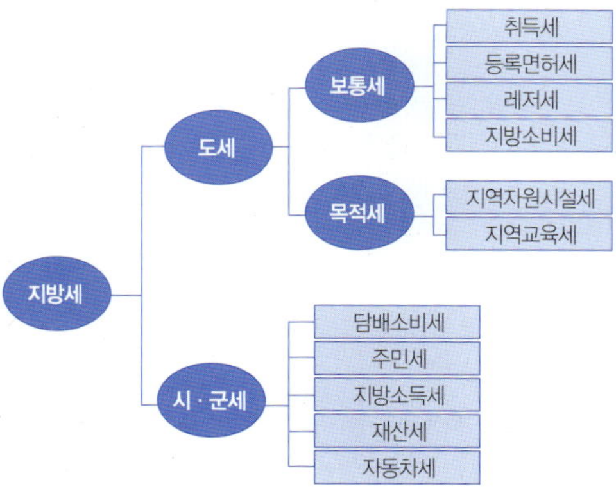

(ㄹ) 목적세는 과세의 능력원칙이라기 보다는 사용자 가격의 대체수단(proxy)의 성격을 지닌다고 할 수 있다. 고속도로를 건설하고 유지·관리하는 데 발생하는 비용을 충당하기 위해 휘발유세(gasoline tax)를 재원으로 삼는 경우는 휘발유의 소비가 고속도로의 사용과 직접 관련이 있다고 보기 때문이다.

(ㅁ) 교통·에너지·환경세는 도시·도시철도 등 교통시설을 확충하고 대중교통육성을 위한 사업, 에너지 및 자원관련 사업, 환경의 보전과 개선을 위한 사업에 필요한 재원을 확보하기 위해서 휘발유와 경유에 부과하는 세목이다. 처음 1994년 도입 당시에는 교통세로서 출발하여 교통시설의 확보에 그 재원이 사용되었는데 2007년부터 현재와 같이 개편되어 대상사업이 확대되었다.

정답 ③

32	중요도	★★★	난이도	★★★
	출제 포인트	공평과세		

▶ **공평과세 관한 설명으로 옳은 것은?**

① 조세부담이 누진적이면 자원배분이 효율적이라고 할 수 있다.
② 우리나라의 부가가치세는 조세부담이 누진적인 경향을 갖는다.
③ 우리나라의 근로소득세는 이익설에 기초한 조세이다.
④ 모든 사람이 소득의 한계효용이 일정하다면 비례세가 비례희생균등의 원칙에 부합된다.
⑤ 한계희생균등의 원칙은 과세로 인해 희생된 효용의 비율이 모든 사람에게 동일해야 함을 의미한다.

핵심체크

공평과세 : 균등(동등)희생의 원칙

① 조세부담이 누진적이면 소득수준이 증가할수록 세율이 증가하게 되므로 대체효과를 야기하게 되고 그 결과 비효율성이란 초과부담을 발생시킨다.
② 부가가치세는 부자나 빈자 모두에게 10% 단일세율로 과세되어 소득대비로 볼 때 역진적이라고 할 수 있다.
③ 근로소득세는 소득에 따라서 납세액이 결정되므로 능력원칙에 기반을 두고 있다.
④ 모든 사람의 소득에 대한 한계효용이 체감하지 않고 일정하다면 (소득의) 한계효용곡선이 수평이 되고 그 결과 비례세는 비례희생균등의 원칙에 부합하게 된다.
  비례희생균등의 원칙이란 각 개인들이 조세부담으로 인해서 희생하는 효용이 전체 효용에서 차지하는 비율이 균등해야 한다는 것이다. 갑의 조세부담액을 AA'라고 할 때, 이로 인해 희생되는 효용의 총효용에 대한 희생비율은 $\frac{AA'DE}{AOCE}$가 된다. 만일 을의 경우 B''점에서 계산한 효용의 희생비율인 $\frac{BB''HJ}{BOFJ}$가 위의 갑의 비율과 같게 되면 BB''가 비례희생균등의 원칙에 의한 을의 조세부담이 된다. 이 때 평균세율은 갑과 을의 경우에 있어서 각각 $\frac{AA'}{OA}$와 $\frac{BB''}{OB}$가 된다.

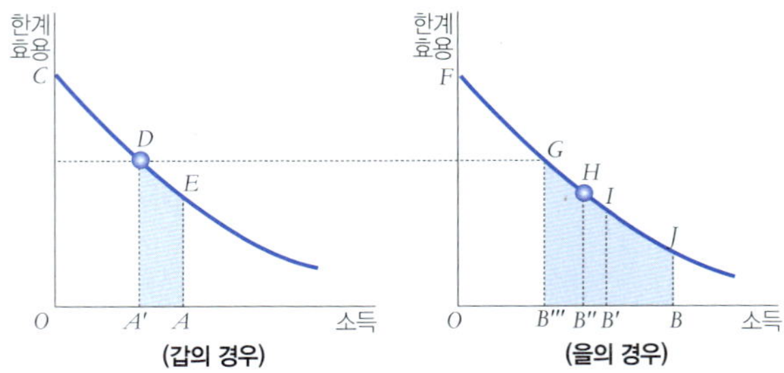

⑤ 균등희생의 원리에 입각할 때 과세로 인해 희생된 효용의 비율이 모두 동일해야 한다는 것은 비례희생균등원칙을 말한다.

정답 ④

33	중요도	★★★★★	난이도	★★★
	출제 포인트	조세의 원칙		

▶ **조세부담 원칙에 관한 설명으로 옳지 않은 것은?**

① 납세자가 공공서비스로부터 받은 편익에 비례하도록 조세를 부담하는 것이 공평하다고 보는 원칙이 있다.
② 공공서비스의 혜택이 어떻게 분배되고 있는지와 관계없이 납세자의 담세능력에 따라 조세부담이 분배되어야 공평하다고 보는 원칙이 있다.
③ 피구세(Pigouvian tax)는 능력원칙에 부합하는 조세이다.
④ 밀(J.S. Mill)은 공평한 과세의 원칙으로 동등희생의 원칙을 제시하였다.
⑤ 수평적 공평성과 수직적 공평성은 편익원칙보다는 능력원칙과 밀접하게 관련된다.

핵심체크

조세의 원칙 : 공평성, 효율성, 행정적 단순성, 신축성, 정치적 책임성, 확실성

조세를 부과하게 되면 사회의 누군가가 부담을 해야 하는데 그 부담을 누구에게 어떻게 분배할 것인가 하는 공평성의 문제는 조세부담원칙의 핵심이 된다. 일반적으로 조세의 공평성을 편익의 원칙과 능력의 원칙으로 나눌 수 있다.

① 편익의 원칙(benefit principle)은 각 납세자가 정부로부터 받는 편익에 비례하도록 조세부담을 분배하는 것이 공평하다는 접근법이다. 조세를 정부가 제공하는 공공서비스의 대가로 여겨 각 개인이 편익에 비례하여 조세를 부담하는 것으로, 이 원칙에 입각하게 되면 조세수입 측면뿐만 아니라 공공지출까지 고려하여 조세를 부과해야 한다. 이때 조세는 공공서비스에 대해 각자가 지불하는 가격이 된다. 빅셀(K. Wicksell)과 린달(E. Lindahl)이 제시한 자발적 교환모형에서 조세가격(린달가격, 린달조세)은 조세납부자가 받는 편익에 따라 부과되고 조세 납부자는 납세에 거부감을 갖지 않게 된다는 이론에 그 뿌리를 두고 있다. 현실에서는 정부의 공공서비스가 소비의 경합성과 같은 사용재의 성격을 가지면 혜택을 받는 사람이 비용을 부담하는 것이 공평하게 된다. 현실적으로 공공요금이나 고속도로건설기금을 위한 자동차세 등과 같은 목적세에 한해서 적용이 가능하다.
② 능력의 원칙(ability-to-pay principle)은 각 납세자의 경제적 능력에 비례해서 조세의 부담을 분배하는 것이 공평하다고 보는 접근법이다. 능력의 원칙은 편익의 원칙과 달리 정부지출에 의해서 제공되는 서비스와 아무런 상관없이 조세수입 측면만 고려하여 개인의 지불능력에 따라 조세를 부과하는 것이 가장 공평하다고 보는 접근법이다.
③ 피구세는 환경오염과 같은 부정적인 외부성을 야기한 경제주체에게 부과하는 조세이므로 능력의 원칙이라기보다는 편익의 원칙에 가깝다고 할 수 있다.
④ 밀(J.S. Mill, 1921)은 『정치경제학원리』에서 동등희생의 원칙 또는 균등희생의 원칙(equal sacrifice rule)을 주장하였다.
⑤ 경제적 능력에 따라서 조세부담을 분배하는 경우 경제적 능력과 조세부담의 크기를 연결하는 구체적인 조세부담의 분배원칙이 필요하다. 이때 필요한 공평성 기준으로 수평적 공평성과 수직적 공평성이 있다. 이 두 기준은 모두 능력의 원칙에 기반을 두고 있다. 수평적 공평성은 동일한 경제적 능력을 지닌 사람은 동일한 조세부담을 져야 한다는 것이고, 수직적 공평성은 서로 다른 경제적 능력을 지닌 사람은 서로 다른 조세부담을 져야 공평하다는 것이다.

정답 ③

34	중요도	★★★	난이도	★★★
	출제 포인트	조세제도 개혁		

▶ **조세제도 개혁에 관한 설명으로 옳은 것을 모두 고른 것은?**

ㄱ. 서레이(S. Surrey)는 조세지출(tax expenditure) 요소가 많이 포함되어 있을수록 재정이 효율적으로 운영된다고 주장했다.
ㄴ. 파레토 개선의 성격을 갖는 조세제도 개혁은 현실적으로 어렵다.
ㄷ. 인플레이션하에서 종가세는 조세부담액을 감소시키므로 종가세율을 높이는 방향으로 조세제도를 개혁하는 것이 바람직하다.
ㄹ. 소득세의 세원을 넓히기 위한 방법 중 하나인 포괄적 소득세 제도는 헤이그-사이먼즈(Haig-Simons)의 소득 정의에 근거를 두고 있다.
ㅁ. 소득세 과세범위를 줄이는 대신 세율을 올리는 방향으로 조세제도를 개혁하는 것이 바람직하다.

① ㄱ, ㄴ ② ㄱ, ㅁ ③ ㄴ, ㄷ ④ ㄴ, ㄹ ⑤ ㄹ, ㅁ

핵심체크

재정학 시험에서 '현실적'으로라는 말이 나오면 주의해서 본다.

(ㄱ) 조세지출은 조세수입에 반대되는 것으로 비과세, 감세 등의 세제상의 각종 유인을 통해서 포기된 조세수입을 말한다. 저소득층에 소득세를 감면해 주는 조세지출은 같은 금액의 보조금을 지급하는 정부지출과 같게 된다. 지속적인 조세지출은 해당부문과 해당되지 않는 부문 간에 차별을 통해서 비효율성과 불공평성을 야기한다. 따라서 조세지출을 예산에 산입하는 조세지출예산제도를 통해서 재정규모의 왜곡을 시정하고, 자원배분상의 비효율과 소득분배상의 불공평을 완화하려고 한다.

(ㄴ) '현실적'이라는 말에 포인트를 두자. 재정학은 실천적인 학문이므로 이론적인 측면과 현실적인 측면을 구분해야 한다. 파레토 개선을 가져다주는 조세제도의 개혁은 이론상으로는 가능할지 모르지만 현실적으로는 쉬운 일이 아니다.

(ㄷ) 인플레이션이 발생하게 되면 조세부담은 증가하게 되기 때문에 오히려 세율을 낮추어 주는 방향으로 조세를 개혁하는 것이 바람직하다.

(ㄹ) 헤이그-사이먼즈의 소득세는 소득을 대리변수로 하여 납세자의 경제적 능력을 파악하는데, 발생된 소득은 소비되거나 재산의 증감에 영향을 준다고 보고, 일정기간 동안 소비와 순재산가치의 증감으로 파악한다. 포괄주의와 발생주의 원칙에 입각하여 일정기간 동안 창출된 모든 수입을 합해 소득으로 파악하기 때문에 소득원천별로 다른 차별로 인해서 발생하는 문제를 제거할 수 있다.

(ㅁ) 조세의 개혁은 헤이그-사이먼즈의 포괄적 소득세와 마찬가지로 모든 종류의 소득을 동등하게 취급하여 과세범위를 넓히는 대신에 세율을 낮추는 것이 바람직하다. 세율이 높아질수록 초과부담은 제곱으로 커지기 때문이다.

정답 ④

35	중요도	★★★★★	난이도	★★★★
	출제 포인트	하버거 모형		

▶ **생산요소 공급이 가변적일 경우, 노동집약적인 산업에 물품세를 부과할 때 나타나는 효과로 옳지 않은 것은?**

① 생산요소 공급이 고정되었을 때보다 자본의 상대가격 변동에 미치는 효과가 줄어든다.
② 노동공급은 감소된다.
③ 노동과 자본의 대체탄력성이 작을수록 요소의 상대가격 변화가 크다
④ 생산요소 공급이 고정되었을 때보다 노동의 상대가격은 더 크게 하락한다.
⑤ 산업 간 요소집약도의 차이가 클수록 요소의 상대가격변화가 크다.

핵심체크

하버거 모형에서 생산요소의 가격변화가 크게 되는 경우
- 요소 간 대체탄력성이 작거나
- 산업간 요소집약도의 차이가 큰 경우

생산요소인 노동과 자본이 가변적인 경우에 노동집약적인 산업에 물품세를 부과하게 되었을 경우의 하버거 모형에 대한 문제이다. 노동집약적인 산업을 X재라고 가정한다면 다음과 같은 상황이라고 할 수 있다. X재 산업에 과세를 하게 되면 먼저 X재 산업에 비용이 증가하여 X재 생산량이 감소하게 된다. 그렇게 되면 X재를 생산하는 노동과 자본의 사용이 줄어들게 되는데, 이때 X재가 노동집약적이므로 노동이 더 큰 피해를 보게 된다. 여기서 노동이 피해를 본다는 것은 노동의 가격인 임금이 자본의 가격인 이자보다 더 크게 하락한다는 의미가 된다. (이것이 기본적인 내용이다.)

① 생산요소의 공급이 고정된 경우보다 가변적인 경우는 탄력성이 크게 되므로 상대가격의 변동에 미치는 영향은 당연히 작아지게 된다.
② 노동공급은 줄어들고 자본의 감소보다도 더 크게 줄어들게 된다.
③ 노동과 자본의 대체탄력성과 대체가능성이 작다면 조세의 충격을 흡수할 수 있는 여력이 작다는 것으로 해석되므로 그 충격은 크게 되고, 그 결과 (생산)요소의 상대가격의 변화가 더 크게 된다.
④번 지문은 ①번 지문과 같은 것 맥락으로 해석할 수 있다. 따라서 틀린 지문이 된다.
⑤ 산업간 요소집약도의 차이가 클수록 생산요소의 상대가격 변화는 더 크게 된다.

정답 ④

36	중요도	★★★★	난이도	★★
	출제 포인트	조세의 자본화		

▶ **A씨는 1㎡당 1,000,000원 하는 토지를 1,000㎡ 가지고 있다. 1㎡당 10,000원의 재산세가 영구적으로 부과되는 경우 조세의 자본화(tax capitalization) 크기는? (단, 할인율은 10%, 토지공급은 완전 비탄력적이라고 가정한다.)**

① 1㎡당 1,000원
② 1㎡당 5,000원
③ 1㎡당 10,000원
④ 1㎡당 50,000원
⑤ 1㎡당 100,000원

핵심체크

조세의 자본화＝조세환원＝조세공표효과

조세의 자본화란 조세환원이라고도 하며, 미래에 발생할 조세부담이 현재가치화된다는 의미이다. 토지나 주택과 같이 공급이 고정되어 있거나 내구적인 성격을 가진 상품에 과세를 하게 되면 조세부담이 자본화되어 즉시 상품가격에 그만큼 반영되어 하락하게 된다. 이것을 과세의 발표만으로도 즉시 효과가 발생한다고 해서 공표효과(announcement effect)라고도 한다.

어떤 토지에 연간 R의 임대료 수입이 연말마다 영구히 기대된다고 하자. 이때 할인율은 r이고 토지세 t가 매년 일정하게 부과되는 경우 토지의 가치 P가 어떻게 변화할지 살펴본다. 토지의 가격이 매기의 순임대료 수입의 현재가치가 되므로 연초의 토지가격은 다음과 같게 된다.

$$P=\frac{R-t}{(1+r)}+\frac{R-t}{(1+r)^2}+\cdots=\frac{R-t}{r}$$

이 식에서 조세자본화 금액인 T는 다음과 같이 된다.

$$T=\frac{t}{(1+r)}+\frac{t}{(1+r)^2}+\cdots=\frac{t}{r}$$

결국 매년 부과하는 토지세의 현재가치인 조세환원액만큼 즉시 토지의 가격이 하락하게 된다. 주의해야 할 점은 이때 실제로 세금을 내는 사람은 미래의 그 시점에서 토지를 소유하는 사람이지만 조세의 실질적인 귀착은 현재 토지를 소유한 사람이 이미 낮은 가격으로 매매를 해야 하기 때문에 미래의 조세부담은 현재의 토지 소유자에게 귀착된다.

이러한 내용을 문제의 사안에 적용해 보면 다음과 같다.

토지의 공급이 완전비탄력적이고, 할인율이 10%이므로, 1㎡당 10,000원의 조세가 부과되는 경우 조세의 자본화 크기를 구하면 납세액의 현재가치와 같아진다.

$$PV=\frac{10,000}{(1+0.1)}+\frac{10,000}{(1+0.1)^2}+\frac{10,000}{(1+0.1)^3}+\cdots=\frac{10,000}{0.1}=100,000$$

정답 ⑤

37	중요도	★★★	난이도	★★★★
	출제 포인트	자본이득과세		

▶ **자본이득을 실현기준으로 과세할 때 나타나는 동결효과(lock-in effect)로 인해 발생되는 문제점이 아닌 것은?**

① 부동산의 장기보유 경향이 감소된다.
② 자본재의 생산성이 떨어진다.
③ 새로운 투자가 제약되고 자산의 효율적 배분이 저해된다.
④ 가계의 자산선택이 왜곡된다.
⑤ 자산이동이 억제됨으로써 자산시장의 공급이 위축된다.

핵심체크

실현주의 과세의 문제점
- 집중효과
- 동결효과
- 인플레이션 효과

자산의 가치상승으로 인한 자본이득을 인식하는 방법에는 크게 두 가지가 있는데, 발생(accrual)기준과세와 실현(realization)기준과세이다. 발생기준과세란 자산의 가격이 상승한 시점에서 바로 자본이득이 발생한 것으로 보고 과세를 하는 것이고, 실현기준과세란 실제로 자산을 양도함으로써 발생한 이익을 실현하는 시점에서 자본이득을 인식하고 거기에 과세하는 것이다. 만일 자산의 회전이 매우 빠른 경우에는 두 가지 과세방법에는 차이가 별로 없다. 그러나 토지나 건물처럼 장기간 보유할 수 있는 자산의 경우에는 자본이득을 실현기준으로 과세하는 경우 몇 가지 문제가 발생할 수 있다.

동결효과는 실현기준으로 과세를 하는 경우 자본이득세에서 흔히 나타나는 현상이다. 다른 조건이 동일하다면 실현기준 과세로 인해 세금의 납부를 뒤로 미루는 효과를 동결효과라고 한다.

① 자산의 양도시점을 될 수 있는 대로 뒤로 미루는 것이 유리하기 때문에 발생하는 현상이다. 따라서 부동산의 장기보유경향은 증가한다고 해야 한다.

이러한 현상으로 ⑤자산시장은 매도물량이 줄어들게 되고, 가격은 더 오르는 경향을 보이게 되고,

③, ④ 그 결과 자산시장은 왜곡되는 문제가 발생한다. 즉, 새로운 투자를 하고 싶어도 물량이 감소해서 투자를 할 수 없는 비효율성이 발생된다.

② 이것은 자본재의 생산성이 하락한다는 것과 같은 의미가 된다.

참고로 실현기준과세가 야기하는 문제를 몇 가지 살펴보면 다음과 같다.

첫째, 집중효과(bunching effect)가 발생한다. 장기간에 발생한 소득이 어떤 특정시점에 한꺼번에 실현되기 때문에 소득이 특정연도에 집중되는 것을 말한다. 우리나라는 양도소득세의 경우 분류과세를 하여 다른 소득까지 종합합산해서 누진율을 적용할 때 생기는 왜곡을 막아주고 있으나, 분류과세를 한다고 해도 누진과세를 하고 있기 때문에 장기간 누적된 양도소득을 실현하는 사람은 부당하게 더 많은 세금을 내야 한다.

둘째, 동결효과(lock-in effect)가 발생한다.

셋째, 인플레이션 효과(inflation effect)가 발생한다. 인플레이션이 있는 경우에는 자산의 보유기간이 길수록 인플레요인을 감안한 실질자본이득을 파악하기는 어렵다. 인플레이션만큼만 자산가치가 상승했다면 거기서 현금으로 양도소득이 발생했다고 할 때 실제 소비능력이 증가한 것은 아니다. 즉 세금을 부담할 소득이 없다는 것이다.

정답 ①

38	중요도	★★★	난이도	★★
	출제 포인트	물품세 부과 후 예산선의 형태 변화		

▶ **두 재화 X, Y 중 X재에만 물품세를 부과하는 대신, 동일한 조세수입을 가져다주는 소득세로 대체할 경우 다음 중 옳지 않은 것은? (단, M은 소득, P_X와 P_Y는 각각 X재와 Y재의 가격, t_X는 물품세율, t는 소득세율이다.)**

① 물품세에 부과 이전의 예산선은 $M=P_XX+P_YY$이다.
② X재에만 물품세를 부과한 후 예산선은 $M=(1+t_X)P_XX+P_YY$이다.
③ 물품세 부과와 동일한 조세수입을 가져다주는 소득세로 대체한 후의 예산선은 $(1+t)M=P_XX+P_YY$이다.
④ 오직 두 재화 사이에서의 소비자 선택이 문제되고 있는 상황에서는 소득세가 물품세보다 효율적이다.
⑤ 효율성 측면에서 여가까지 고려한 일반적인 상황에서는 소득세가 더 우월하다고 할 수 없다.

핵심체크

물품세를 정액세와 비교하면 초과부담의 크기를 알 수 있다.

수식을 이용한 미시경제학에 기반을 둔 접근문제이다.

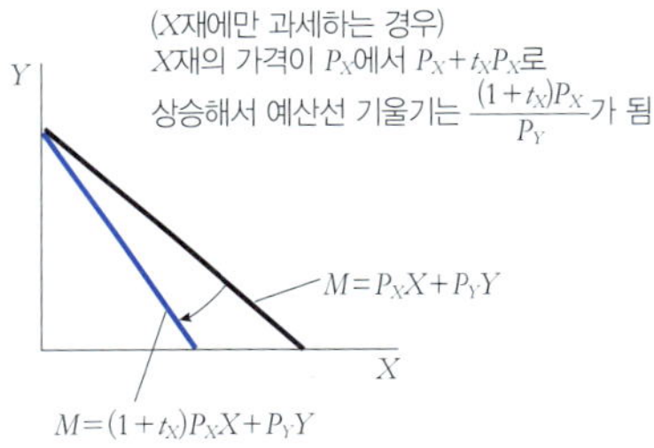

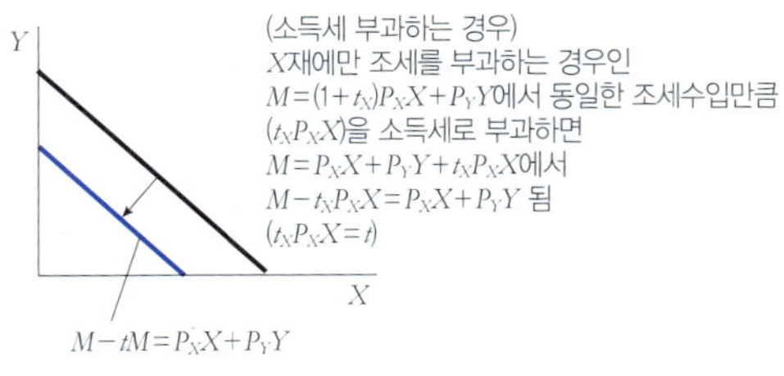

④, ⑤는 굉장히 중요한 지문이다. '오직 두 재화 사이에서'는 소득세가 위의 그림에서 보여 주듯이 예산선의 기울기에 영향을 주지 않기 때문에 X재에만 과세하는 물품세보다 효율적이라고 할 수 있으나, '여가까지 고려한 일반적인 상황'에서는 소득세가 반드시 물품세보다 우월하다고 할 수 없다. 이 지문 속에 차선의 원리(second-best principle)의 내용이 숨겨져 있다.

정답 ③

39	중요도	★★★★	난이도	★★★
	출제 포인트	단일단계세와 다단계세의 비교		

▶ **상품의 거래단계마다 일정세율을 부과하는 다단계거래세(multi-stage turnover tax)와 부가가치세의 차이에 관한 설명으로 옳은 것을 모두 고른 것은?**

ㄱ. 다단계거래세는 부가가치세에 비해 수평적 통합을 부추긴다.
ㄴ. 부가가치세는 다단계거래세에 비해 탈세의 유인을 줄인다.
ㄷ. 소비형 부가가치세는 자본재를 과세대상에서 제외시킨다.
ㄹ. 다단계거래세는 역진적이나, 부가가치세는 누진적이다.
ㅁ. 다단계거래세는 부가가치세와 달리 수출상품에 대한 환급세액을 정확히 파악하기 어렵게 만든다.

① ㄱ, ㄴ, ㄷ ② ㄱ, ㄴ, ㄹ ③ ㄴ, ㄷ, ㅁ ④ ㄴ, ㄹ, ㅁ ⑤ ㄷ, ㄹ, ㅁ

핵심체크

부가가치세는 다단계의 문제점들인 누적효과(징수된 소비세 이상으로 재화의 가격이 상승하는 효과), 수직적 통합의 촉진, 수출 시 소비세 환급의 어려움 등을 해결하기 위해서 도입된 일반소비세이다.

단일단계세는 제조업자, 도매업자, 소매업자 등으로 구분되는 생산이나 유통과정의 한 단계에 대해서만 과세하는 소비세를 말한다. 이러한 조세의 예로는 일반판매세(general sales tax)와 물품세(excise tax)를 들 수 있다. 다단계세는 생산 및 유통과정의 모든 단계에 걸쳐 과세하는 소비세를 말한다. 대표적으로는 부가가치세(value-added tax)와 다단계거래세(multi-stage turnover tax)가 있다.

(ㄱ) 부가가치세는 다단계거래세와 비교해 볼 때 인위적인 수직적 통합(vertical integration)을 할 유인을 없앤다. 한 기업이 제조, 도매, 소매과정을 모두 통합하여 거래단계의 수를 줄이면 소비세의 부담을 대폭 줄일 수 있다.

(ㄴ) 부가가치세 과세방법 중에서 매입세액공제방식(invoice method)은 기업의 총매출액에 세율을 곱해서 세액을 결정한 다음 전 단계 생산자가 납부한 세액을 공제해 최종세액을 결정하는 방식으로 각 기업은 총매출액에 대해서 부가가치세를 납부할 의무를 가지는 한편 전 단계 생산자가 이미 납부한 부가가치세를 세액공제로 되돌려 받기 때문에 간접적 공제방식이라고도 한다. 매입세액공제방식은 행정적 절차가 단순할 뿐만 아니라, 납세자간 상호견제를 할 수 있어 탈세를 어느 정도 방지하는 효과가 있다.

(ㄷ) 자본재는 생산과정에서 사용되므로 구입한 시점에서 소비가 이루어지는 것이 아니다. 부가가치세는 자본재를 과세대상에서 어떻게 포함시키는가에 따라서 소비형, 순소득형, 총소득형 부가가치세로 나눈다. 소비형 부가가치세 = 총매출액 − 자본재(투자재) 구입비용 − 중간재 구입비용으로 계산할 수 있다.

(ㄹ) 다단계거래세나 부가가치세는 모두 역진적인 성격을 지녔다고 할 수 있다.

(ㅁ) 다단계거래세는 수출과 수입에 대한 과세에서 형평성을 상실할 수 있다. 국가 간 교역에 대한 조세정책은 수입품에 대해서 국내생산 제품과 동일한 과세를 하고 수출품에 대해서 과세하지 않는 목적지원칙(destination principle)을 적용한다. 그러나 다단계거래세는 거래단계의 수가 상대적으로 적은 수입품에 낮은 소비세를 부과하므로 국내생산 재화와 비교할 때 차별대우를 받는 것이 된다. 또한 수출품에 소비세가 부과되면 WTO의 규정에 따라 수출품에 부과된 소비세는 환급을 받을 수 있는데, 각 생산단계에서 부과된 거래세의 총계를 파악하기 어려우므로 환급액 결정 문제가 생긴다.

정답 ③

40	중요도	★★★★★	난이도	★★★★
	출제 포인트	법인세 통합 논쟁		

▶ **법인세의 성격과 존립 논쟁에 관한 설명으로 옳지 않은 것은?**

① 통합주의 견해는 법인세를 폐지하자는 것이다.
② 절대주의 견해에 따르면 법인세 폐지는 기업의 사내유보에 대한 과세를 강화한다.
③ 법인세를 소득세와 완전 통합하는 방식 중 자본이득방식은 법인세를 철폐하고 실현되지 않은 부분을 포함한 모든 자본이득에 소득세를 부과하는 것이다.
④ 우리나라에서는 법인세의 이중과세 문제를 완화하기 위하여 배당세액공제제도를 시행하고 있다.
⑤ 법인세 반대론자들은 법인세는 이중과세 문제가 발생한다고 주장한다.

핵심체크 법인세 통합논쟁

- 법인세 통합주의 : 법인의제설, 이중과세의 문제 → 조합방식, 자본이득방식
- 법인세 절대주의 : 법인실제설 → 귀속제도(그로스업 방식)

법인세는 개인소득세가 존재하는 상황에서 법인의 이윤에 대해 별도의 조세를 부과하는 것이므로 이중과세(double taxation)의 문제가 존재한다. 법인에서 발생한 이윤은 주주에게 배당되므로 법인차원에서 법인세가 부과된 후 다시 개인차원에서 배당금에 대해 개인소득세가 부과되므로 이중의 조세부담이 발생하게 되는 것이다.

법인소득에 대한 이중과세는 공평성의 측면 이외에 효율성의 측면에서도 문제를 일으킬 수 있는데, 법인과 비법인부문 간 자원배분의 왜곡 문제가 발생할 수 있고, 자본의 수익에 해당 과세가 높아지면 저축과 투자에도 교란을 야기할 수 있다. 따라서 법인세의 이중과세의 문제에 대해서 법인세가 소득세에 통합되어야 한다는 통합주의와 법인은 스스로 존재하는 법적실체로 보아 별도로 법인세를 과세해야 한다는 절대주의의 견해가 엇갈리고 있다.

① 법인세 절대주의는 법인을 실체로 인정하고 법인에 독립적인 조세를 부과하자는 것이고, 통합주의는 법인세를 소득세에 통합해서 과세하자는 것이다.
② 부분통합방식 중에서 대부분의 유럽에서는 귀속제도를 채택하고 있고, 우리나라는 이와 유사한 배당세액공제제도를 운용하고 있다. 이 제도는 법인의 이윤에 부과되는 법인세를 사내유보이윤에 대한 과세와 배당이윤에 대한 과세로 분리하여 그 중에서 배당이윤에 대한 과세는 주주가 이미 납부한 것으로 간주하고 세액공제를 해 주는 방식이다.
③ 법인세의 통합방식으로 완전통합방식은 조합방식과 자본이득방식이 있다. 조합방식은 주주를 조합원으로 간주하여 법인의 이윤을 주주에게 모두 귀속시킨 후에 소득세를 부과하는 것이고, 자본이득방식은 법인의 이윤 중에서 배당된 부분은 주주의 소득으로 간주해 소득세를 부과하고, 배당되지 않고 사내 유보된 부분은 주가상승으로 실현되므로 주가상승으로 인한 자본이득까지 소득세의 과세대상으로 삼자는 것이다.
④ 우리나라는 부분통합방안을 채택해서 배당세액공제제도를 운용하고 있고, 대부분의 유럽은 귀속제도를 채택하고 있다.
⑤ 법인세 반대론자인 통합론자들은 기업의 이윤 중에서 배당된 부분은 법인단계에서 과세되고, 다시 개인 소득세로 과세되므로 이중과세의 문제가 생긴다고 주장한다.

정답 ②

2011년 세무사 재정학 기출문제 해답 및 풀이

01	중요도	★★★	난이도	★★
	출제 포인트	시장실패 요인		

▶ **시장실패에 관한 설명으로 옳지 않은 것은?**

① 소수의 기업이 참여하는 시장에서 이윤극대화를 추구할 때 발생한다.
② A기업의 생산이 B기업 생산에 미치는 영향이 A기업에서 생산한 재화의 시장가격에 반영되지 않는 경우에 발생한다.
③ 사회적 비용이 사적 비용보다 클 경우, 기업의 사적 생산량은 사회적으로 효율적인 생산량보다 적다.
④ 경제 주체들 간에 비대칭적 정보가 존재할 경우에 발생한다.
⑤ 무임승차문제가 나타날 경우에 발생한다.

---

① 소수의 기업이 참여하는 시장은 불완전경쟁시장으로 시장구조가 왜곡된 경우를 말한다.
② 의도하지 않게 다른 기업의 편익이나 비용에 영향을 미치게 되었으나 아무런 대가를 주고받지 않은 경우를 외부성(externalities)이 발생하였다고 볼 수 있다.
③ 사회적 비용이 사적 비용보다 큰 경우(SMC > PMC)는 부정적인 외부성이 생산 측면에서 발생한 경우라고 할 수 있다. 간단하게 그림을 통해서 확인해 볼 수 있는데, 부정적인 외부성이 존재하는 경우는 사회적인 최적수준인 효율적 생산량(Q_1)보다 외부성을 고려하지 않은 사적 생산량(Q_0)이 더 커지는 과잉생산의 문제가 발생한다.

- 사회적인 최적 수준(Q_1) : $SMB = SMC$
- 사적 최적 수준(Q_0) : $PMB = PMC$

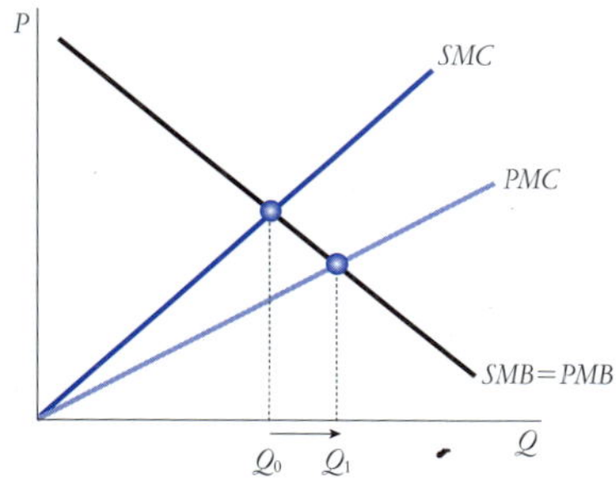

④ 경제주체들 간의 비대칭정보(asymmetric information)로 인해서 역선택과 도덕적 해이 문제가 발생한다.
⑤ 공공재와 같이 비경합성(non-rivalry)과 비배제성(non-excludability)이 존재하는 경우에 시장실패가 존재할 수 있다. 특히 비배제성으로 인해서 무임승차의 문제가 생길 수도 있다.

정답 ③

02	중요도	★★★★	난이도	★★
	출제 포인트	시장실패와 비대칭정보		

▶ **비대칭적 정보가 존재할 때 의료보험시장에서 발생하는 역선택을 감소시키는 방안으로 옳지 않은 것은?**

① 의료보험 가입시 정밀신체검사를 요구한다.
② 보험회사가 의료보험 가입희망자의 과거 병력을 조회한다.
③ 의료보험 가입희망자의 건강상태를 반영하여 보험료를 차등 부과한다.
④ 단체의료보험상품을 개발하여 해당단체 소속원 모두 강제가입하게 한다.
⑤ 의료보험에 기초공제제도를 도입한다.

핵심체크

역선택 문제를 해결하기 위한 방법 : 선별(정보 적은 측), 신호 발송(정보 많은 측)

비대칭적 정보의 문제는 거래 당사자들 간에 정보의 분포가 달라 정보를 적게 가진 사람이 정보를 많이 가진 사람과 협상이나 거래를 할 때 불리한 선택을 하게 되는 경우를 말한다. 비대칭적 정보는 감추어진 특성(hidden characteristic)과 감추어진 행동(hidden action)으로 크게 나눌 수 있는데, 감추어진 특성으로 발생하는 문제를 역선택(adverse selection)이라고 하고, 감추어진 행동으로 인해 발생하는 문제를 도덕적 해이(moral hazard)라고 한다. 도덕적 해이 문제는 주인대리인 문제(principal agent problem)가 내재되어 있다.

역선택은 감추어진 특성으로 인해서 정보를 적게 가진 측이 정보를 많이 가진 측과 거래를 할 때 부적절한 선택을 하는 것을 말한다. 현실에서 중고차시장, 보험시장, 금융시장 등에서 쉽게 살펴볼 수 있다. 역선택 문제를 해결하는 방법으로는 선별(screening), 신호발송(signaling), 가입 의무화, 평판(reputation) 활용 등이 있다.

선별이란 정보를 갖지 못한 측에서 실시하는 것이고, 신호 발송은 정보를 많이 가진 측에서 실시하는 것이다.

①, ②, ③ 의료보험 가입시 정밀신체검사를 하거나, 과거의 병력을 조회하는 경우는 선별에 해당한다. 이를 통해서 가입희망자들의 건강상태를 체크하고 확인하여 보험료를 차등해서 부과하게 된다. 역선택의 발생 원인인 비대칭정보로 인해서 보험회사는 평균 보험료를 획일적으로 부과하게 됨으로써 사고위험이 높은 사람들이 주로 보험에 가입하고, 사고위험이 낮은 사람들은 가입하지 않게 되어 보험시장이 위축되거나 붕괴되는 결과를 초래하게 된다.

④ 정부는 의료보험, 국민연금, 자동차보험 등과 같은 경우 모든 관련 당사자들을 강제로 가입하도록 의무화하여 역선택의 문제를 해결하게 된다. 그러나 사회에 꼭 필요한 보험시장은 존재하지만 사고위험이 높은 사람들에게 사고위험이 낮은 사람들이 보조금을 주는 꼴이 된다.

⑤ 의료보험에서 기초공제제도는 역선택을 감소시키는 것이 아니라 도덕적 해이 문제를 감소시키는 방안이다.

정답 ⑤

03	중요도	★★★	난이도	★★★☆
	출제 포인트			

▶ **A와 B 두 사람과 커피(C)와 햄(H) 두 재화가 존재하는 교환경제를 상정한다. 수평축을 햄, 수직축을 커피로 하는 에지워드 상자(Edgeworth box)에서 A의 원점을 좌측 하단의 꼭지점, B의 원점을 우측 상단의 꼭지점이라고 하자. A의 효용함수는 $U(H_A, C_A)=H_A+\sqrt{C_A}$이고, B의 효용함수는 $U(H_B, C_B)=H_B+\sqrt{C_B}$이다. 이때 계약곡선(contract curve)의 모양은? (단, 초기 부존자원이 A는 $H=8$, $C=10$이고, B는 $H=8$, $C=2$이다.)**

① 수직선
② 수평선
③ 대각선
④ A의 원점에서 시작되는 기울기가 1/4인 직선
⑤ B의 원점에서 시작되는 기울기가 1/4인 직선

계약곡선이란 두 사람의 무차별곡선의 접선의 기울기가 일치하는 점들을 연결한 것으로, 무차별곡선이 접하는 점인 한계대체율이 같아지는 점들을 연결한 선이다.

■ **효용함수에서 한계대체율 구하기**

주어진 형태의 효용함수는 준선형효용함수(quasi-linear utility function)로 한계대체율은 어느 한 재화에만 의존하게 된다.

$$U(H_A,C_A)=H_A+4\sqrt{C_A} \rightarrow MRS^A_{HC}=\left(\frac{MU_H}{MU_C}\right)^A=\frac{1}{2C_A^{-\frac{1}{2}}}=\frac{1}{2}\sqrt{C_A}$$

$$U(H_B,C_B)=H_B+2\sqrt{C_B} \rightarrow MRS^B_{HC}=\left(\frac{MU_H}{MU_C}\right)^B=\frac{1}{C_B^{-\frac{1}{2}}}=\sqrt{C_B}$$

■ **에지워드 상자의 크기(제약조건)**

시장에서 주어진 햄(H)은 16이고, 커피(C)는 12라는 것을 알 수 있다. 왜냐하면 초기부존점(α)이 $(H_A, C_A)=(8, 10)$과 $(H_B, C_B)=(8, 2)$이므로 $\overline{H}=H_A+H_B=8+8=16$, $\overline{C}=C_A+C_B=10+2=12$

■ **계약곡선 구하기**

(1) 한계대체율이 일치하는 조건을 이용하면 $MRS^A_{HC}=MRS^B_{HC}$에서 $\frac{1}{2}\sqrt{C_A}=\sqrt{C_B}$을 도출하게 되고, $C_A=4C_B$를 얻는다.

(2) 에지워드 상자의 크기 조건 $\overline{C}=C_A+C_B=12$와 위에서 얻은 식 $C_A=4C_B$을 연립해서 풀면 $C_A=\frac{48}{5}$, $C_B=\frac{12}{5}$를 얻게 된다.

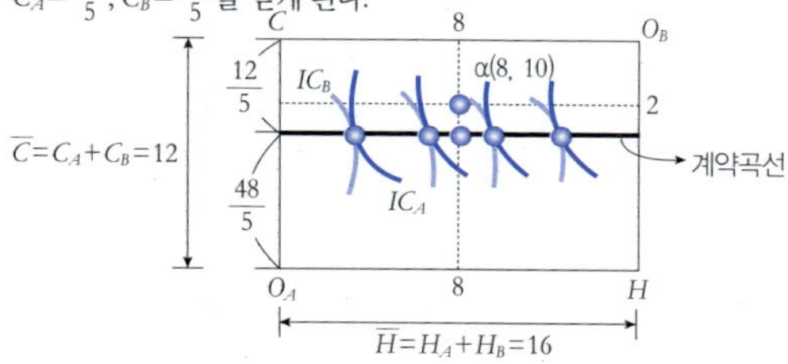

정답 ②

04	중요도	★★★★	난이도	★★★
	출제 포인트	후생경제학		

▶ **후생경제학에 관한 설명으로 옳은 것은?**

① 모든 사람들의 한계대체율이 같을 때 소비 및 생산의 파레토 최적이 달성된다.
② 후생경제학의 제1정리는 완전경쟁균형이 항상 존재하는 것을 의미한다.
③ 두 사람이 동일한 동조적(homothetic) 선호체계를 갖고 그들의 한계대체율이 체감한다면, 에지워드 상자(Edgeworth box)에서 그들 간의 파레토 최적 배분점의 궤적은 대각선으로 표시된다.
④ 후생경제학의 제2정리는 초기 부존자원을 적절하게 재분배함으로써 효율성은 저해하지만 공평성은 추구할 수 있다는 것을 보여 준다.
⑤ 칼도(N. Kaldor) 보상기준에 따르면, 어떤 정책이 사회후생을 증대시키기 위해서는 그 정책 시행으로 공평성이 개선되어야 한다.

---

① 한계대체율이 같은 경우에는 소비의 파레토 최적이 달성된다. 생산의 파레토 최적은 한계대체율이 아닌 한계기술대체율이 같은 경우에 달성된다.
② 후생경제학 제1정리란 모든 소비자의 선호체계가 강단조성(다다익선)을 가지고 외부성이 존재하지 않는 경우에 일반경쟁균형을 충족하는 배분은 파레토 효율성을 달성한다는 것이다. 완전경쟁시장에서는 시장의 가격이 보이지 않는 손의 역할을 하게 되어 낭비가 없는 상태에 도달할 수 있다는 것이다. 한편 후생경제학 제2정리란 제1정리의 역으로 모든 소비자의 선호체계가 볼록성(무차별곡선 원점볼록)을 띠게 되면 파레토 효율적인 배분은 일반경쟁균형이 된다는 것이다. 결국 어떤 효율적인 배분상태가 존재한다고 할 때, 이를 달성해 주는 가격체계로 인해 일반경쟁균형이 존재한다는 것이다. 따라서 이 지문은 제2정리에 가깝다고 보아야 한다.
③ 동조적인 선호체계를 가지고 있으면 원점에서 나온 방사선과 무차별곡선들이 교차하는 점에서의 무차별곡선의 접선의 기울기(한계대체율)는 동일하게 된다. 따라서 에지워드 상자에 그림으로 나타내면 파레토 최적 배분점은 대각선이 될 수밖에 없다.

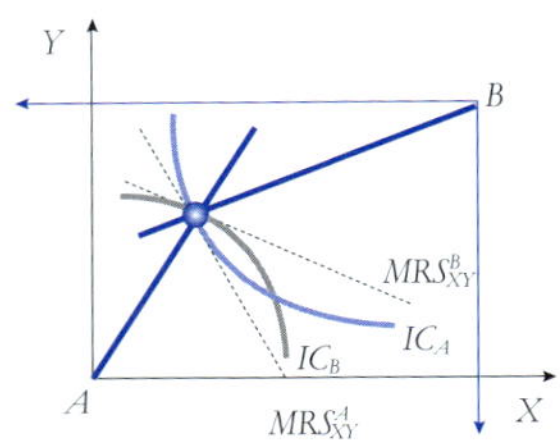

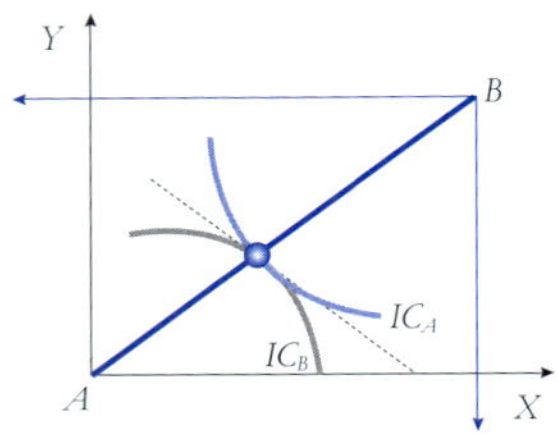

④ 후생경제학 제2정리는 적절하게 효율적으로 배분된 초기상태를 좀 더 공평한 소득분배를 위해서 정부가 개입을 하여 계약곡선 이외의 한 점으로 옮겼을 경우에 시장의 가격체계를 통해서 다시 효율적인 계약곡선상으로 이동한다는 것이다. 여기에는 정부의 개입이 시장기구를 망치는 상대가격왜곡을 초래해서는 안 된다는 전제가 깔려 있다. 이때 효율성을 저해시키지 않으면서 공평성을 추구할 수 있게 된다.
⑤ 칼도 기준으로 대표되는 보상기준은 어떤 경제상태의 변경으로 전체적으로 이득이 발생한다면 상태변경을 허용한다는 것으로, 공평성을 배제한 효율성에만 국한을 둔 기준이다. 변경된 상태로 인해서 이득을 본 사람의 이득의 크기가 손해를 본 사람의 손해의 크기보다 큰 경우 개선되었다고 판단하기 때문에, 사회구성원들 중에서 누가 이득을 보았는지 혹은 손해를 보았는지의 분배적인 측면에는 관심이 없다.

정답 ③

05	중요도	★★	난이도	★★
	출제 포인트	독점균형 계산		

▶ **완전경쟁시장의 시장수요함수는 $Q=240-10P$이고, 개별기업들의 비용을 합한 총비용함수는 $TC=8Q$이다(단, Q : 수요량, P : 가격). 모든 기업이 하나의 카르텔(cartel)을 형성하여 독점이윤을 극대화했을 때, 독점이윤의 크기와 그에 따른 초과부담은?**

① 160, 80　② 320, 160　③ 320 , 320　④ 640, 160　⑤ 640, 320

핵심체크

수요와 비용함수가 주어진 경우 : 수요를 가격에 관해 재정돈

그림을 이용해서 간단히 문제를 접근하기 위해서 시장수요함수는 P로 정리한 역시장수요함수로 나타내야 한다. 따라서 완전경쟁시장의 시장수요함수는 $P=24-\frac{1}{10}Q$이 된다. 이 시장에서 공급곡선은 한계비용곡선을 의미하므로 $MC=\frac{\Delta TC}{\Delta Q}=8$이 된다. 그리고 $AC=\frac{C}{Q}=\frac{8Q}{Q}=8$이 되어 $MC=AC$이다.

문제는 카르텔을 형성하여 독점기업과 같이 행동했을 경우 그때 이윤의 크기와 초과부담을 구하는 것이다. 독점의 균형생산량은 $MR=MC$이므로 $AR=24-\frac{1}{5}Q$가 되어 수요곡선과 비교해서 수직축 절편은 같고, 기울기가 2배 가팔라진다. 그림을 통해 나타내면 다음과 같은 결과를 얻을 수 있다.

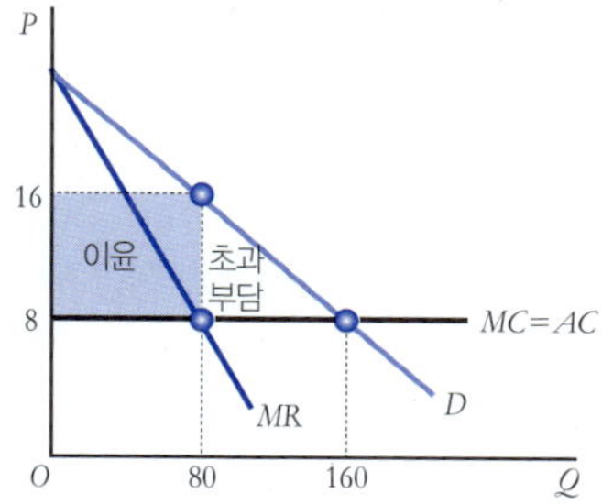

정답 ⑤

06	중요도	★★★	난이도	★★
	출제 포인트	공공재 성격과 유형		

▶ **공공재의 성격에 관한 설명으로 옳은 것은?**

① 해안가 작은 마을에 울린 지진해일 경보 사이렌은 공공재이다.
② 클럽재의 경우, 회원수 증가에 따른 편익변화만 제대로 도출할 수 있다면, 이론적으로는 적정회원수의 산정이 가능하다.
③ 공공부문이 어떤 재화를 공급한다면 그것은 공공재가 되기 위한 충분조건이 된다.
④ 무임승차문제는 소비의 경합성으로 인해 발생하며 정부가 그 재화를 공급해야 하는 이유가 된다.
⑤ 어떤 재화의 소비가 배제 불가능하더라도 비경합적이면 시장을 통해 그 재화를 공급할 수 있다.

---

① 지진해일 경보 사이렌은 해안가의 '작은'마을에서는 마을 사람들이 모두 들을 수 있고, 배제할 수도 없기 때문에 공공재라고 할 수 있다. 만일 마을 규모가 아주 커서 사이렌 소리가 들리지 않으면 공동소비가 어렵기 때문에 배제성이 성립되어 (순수)공공재가 되지 않는다.
② 클럽재의 경우는 규모가 고정되어 있을 때 적정회원수를 찾는 경우와 회원수(N)가 고정되어 있을 때 적정규모를 찾는 경우로 나눌 수 있다. 문제에서와 같이 규모가 주어진 경우 적정회원수를 찾을 경우에는 회원수 변화에 따른 편익의 변화뿐만 아니라 비용의 변화까지 알고 있어야 적정회원수를 산정할 수 있다. 그 결론만 간단히 나타내면 다음과 같다. 여기서 $(-MB)N$은 회원수 한 명이 추가로 증가할 때 기존 이용자들이 겪는 혼잡으로 인한 비용을 말하고, $\frac{TC}{N}$은 회원수 한 명이 추가로 증가할 때 기존 이용자들 전체가 부담하게 되는 비용감소분을 말한다.

$$(-MB)N=\frac{TC}{N}$$

③ 공공재의 구분 기준은 주체가 아닌 공공재의 특성인 비경합성과 비배제성을 지니고 있어야 한다. 공공부문(정부)이 공공재를 공급할 수 있으나, 사적재를 공급할 수도 있고, 민간이 공공재를 공급할 수도 있기 때문이다.
④ 무임승차문제(free rider problem)는 비용을 부담하지 않으면서 소비혜택을 보는 경우를 말한다. 이것은 공공재의 비배제성(배제불가능성)으로 인해서 발생하는 문제이다.
⑤ 어떤 재화가 배제가 불가능하면서 비경합적이면 순수한 공공재가 되고, 이때는 시장을 통해서 그 재화를 공급할 수 없는 시장실패가 발생하게 된다. 따라서 정부가 공급하게 된다.

정답 ①

07	중요도	★★★★★	난이도	★★★
	출제 포인트	공공재 최적 공급		

▶ **공공재의 공급에 관한 설명으로 옳지 않은 것은?**

① 부분균형분석에 의하면, 소비자들의 한계편익의 합과 합계비용이 일치할 때 효율적인 공급이 이루어진다.

② 보웬(H. Bowen)에 따르면, 개별적이고 자발적인 교섭에 의해 공공재의 적정공급이 실현된다.

③ 린달(E. Lindahl)은 시장의 분권화된 의사결정으로는 효율적인 자원배분이 달성 될 수 없음을 보였다.

④ 클라크-그로브즈(Clarke-Groves)조세를 부과할 경우, 우월전략은 공공재 소비자가 자신의 진정한 선호를 표출하는 것이다.

⑤ 사무엘슨(P. Samuelson)은 모든 소비자들이 공공재와 사적재간 한계대체율의 합이 두 재화의 한계변환율과 일치하는 것이 효율적인 공공재 공급의 필요조건이라고 하였다.

---

① 부분균형분석은 사적재를 고려하지 않고 공공재만 분석 대상으로 하는 것이고, 일반균형분석은 사적재와 공공재를 동시에 고려하는 것이다. 부분균형분석 모형에는 보웬모형과 린달모형이 있다. 보웬모형에서는 $\Sigma MB = MC$에서 공공재의 적정공급이 결정된다.

② 보웬모형에서는 공공재의 수요곡선은 각 개인들이 진정으로 표출된 공공재에 대한 선호를 의미한다고 가정한다. 이러한 수요곡선을 가상수요곡선(pseudo-demand curve)라고 한다.

③ 린달모형은 공공재에 대한 수요를 자발적으로 드러낸다면 공공재의 적정생산수준과 비용부담비율이 결정된다. 이때 당사자들의 자발적인 합의와 선호를 표출하는 착한 사람(?)들로 이루어져 있다는 점에서 시장의 분권화 원리와 비슷하다고 해서 준(準, quasi)시장적 방법이라고 한다.

④ 수요표출 메커니즘의 하나인 클라크-그로브즈 조세는 개인이 부담하는 조세가 자신이 드러낸 공공재의 선호와 무관하게 결정된다. 따라서 각 개인의 우월전략(dominant strategy)은 공공재에 대한 진정한 선호를 표출하는 것이다.

⑤ 공공재 공급의 일반균형 모형으로 사무엘슨 모형이 대표적인데, 공공재와 사적재를 모두 고려하여 한계대체율의 합이 한계변환율과 일치하는 $\Sigma MRS_{GX} = MRT_{GX}$일 때 효율적인 공공재 공급이 이루어진다.

정답 ③

08	중요도	★★★	난이도	★★
	출제 포인트	공공재 최적 공급량 계산		

▶ **A국에는 100명의 주민이 거주한다. 공공재인 구축함 보유에 따른 개별 주민의 한계편익은 $MB=10-Q$이고, 구축함 한 척당 공급가격은 100억원이다(단, Q : 구축함의 수). 이때 A국의 최적 구축함의 수는?**

① 0척 ② 1척 ③ 5척 ④ 9척 ⑤ 10척

핵심체크

공공재의 최적공급조건 : 한계편익의 합=한계비용

구축함 보유로 인한 개인의 한계편익이 $MB=10-Q$이므로, 100명의 주민을 모은 사회전체의 한계편익은 $\Sigma MB=100\times MB=100\times(10-Q)$이고, 한 척당 공급가격은 100억원이므로 $MC=100$이 된다. 따라서 최적 공공재 공급량은 $\Sigma MB=MC$로 $Q=9$가 된다.

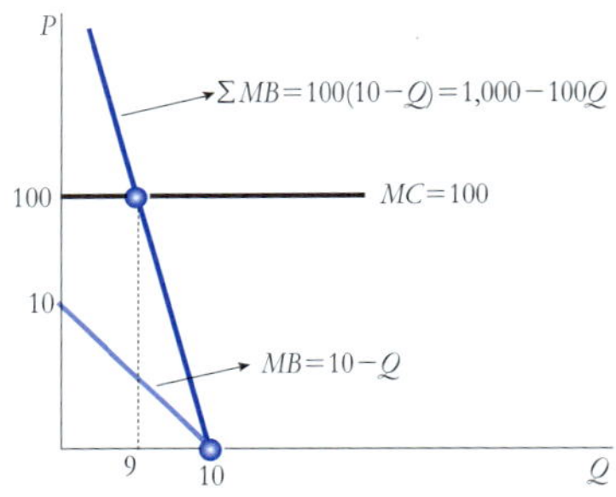

정답 ④

09	중요도	★★★★★	난이도	★★
	출제 포인트	외부성 특성		

▶ **외부성에 관한 설명으로 옳은 것은?**

① 외부성을 내부화시키기 위해서는 항상 당사자 간의 자발적인 협상을 통해야 한다.
② 공공재적 외부성(joint externalities)은 사적재적 외부성(appropriable externalities)에 비해 당사자 간 직접적 협상에 의한 해결가능성이 높다.
③ 환경오염유발 재화에 최적 피구세(optimal Pigouvian tax)를 부과하면 환경오염이 발생하지 않는다.
④ 금전적 외부성(pecuniary externalities)이 자원배분의 비효율성을 유발시킬 수 있다.
⑤ 오염배출허가서 제도를 통하여 외부불경제를 교정하는 방법은 점차 시장 경쟁성을 떨어뜨릴 수 있다.

---

① '항상'이란 표현에 주의해야 한다. 외부성을 해결한다는 내부화시키는 방법에는 당사자들 간의 자발적인 협상에 의한 사적인 해결방법으로 합병, 코즈 정리가 있다. 공적인 해결방식으로는 수량을 직접적으로 규제하는 것과 피구세, 보조금, 오염배출허가서 등이 있다.
② 공공재적 외부성은 공공재의 성격과 마찬가지로 많은 사람들에게 편익과 피해를 주는 외부성을 말하고, 사용재적 외부성은 인근의 몇몇 사람들에게만 영향을 주는 외부성을 말한다. 외부성의 파급효과 범위가 큰지 작은지의 여부로 판단하면 된다. 외부성 당사자들 간의 직접적인 협상에 의한 해결가능성이 높은 경우는 사적재적 외부성이라고 할 수 있다.
③ 피구세를 부과하더라도 환경오염물질 배출이 0이 되는 것은 아니다. 만일 오염물질 배출을 0으로 한다면 모든 공장과 자동차 등 산업화와 관련된 것을 포기하고 원시시대로 돌아가야 한다. 여기서 최적이란 소비자와 생산자 잉여인 사회적 잉여가 극대화된다는 것으로 사회적 후생손실(DWL)이 0이 되는 상황을 말한다.
④ 금전적인 외부성은 외부성이 상대가격의 변화를 유발하여 경제주체 간에 이득과 손해를 입는 사람이 달라진다는 것이다. 정부의 공공투자사업 촉진으로 노동수요가 크게 증가하여 노동자들의 임금이 상승하게 되면 노동자들은 좋으나, 기업의 입장에서는 오히려 불리해지는 것을 말한다. 전세값이 내리면 집을 사려는 사람들은 상대적으로 이득을 얻지만, 집을 세놓고자 하는 사람은 상대적으로 손해를 보게 된다. 이처럼 금전적 외부성은 사회 구성원들 간의 소득분배에만 영향을 미칠 뿐 자원배분에는 아무런 영향을 주지 않는다. 따라서 비용편익분석에서도 이를 고려하지 않는다.
⑤ 오염배출허가서를 이용하여 환경오염 문제 같은 외부성을 치유하는 경우에는 시장의 자발적인 교환원리를 활용하는 것이다. 기업마다 오염물질을 정화하는 데 비용이 다를 경우, 정화비용이 많이 드는 기업은 오염배출허가서가 많이 필요하고, 공장이 신기술을 가지고 있어 정화비용이 적게 드는 기업은 오염배출허가서가 많이 필요 없다. 오염배출허가서의 단점 중의 하나는 오염배출허가서를 가지고 있지 않은 기업은 아예 생산을 할 수 없다는 것인데, 기존기업이 이를 이용해 싹쓸이하게 되면 신규기업이 시장에 진입하는 것이 어렵게 될 수 있다. 이러한 행동을 시장봉쇄(market foreclosure)라고 한다.

정답 ⑤

10	중요도	★★★★★	난이도	★★
	출제 포인트	피구세 계산		

▶ **하천 상류의 화학공장은 총수입 $10Q_C$, 총비용은 $\frac{1}{4}Q_C^2$이고, 하천 하류의 양식업자 총수입은 $10Q_F$, 총비용은 $\frac{1}{4}Q_F^2+\frac{1}{4}Q_CQ_F$이다(단, Q_C : 화학공장의 생산량, Q_F : 양식업자의 생산량). 화학물과 양식생산물의 가격은 10이고 두 기업의 합병이 불가능할 때, 파레토 최적을 위해서 화학공장에 부과해야 할 단위당 피구세(Pigouvian tax)는?**

① $\frac{20}{3}$ ② $\frac{30}{3}$ ③ $\frac{5}{3}$ ④ $\frac{15}{3}$ ⑤ $\frac{10}{3}$

■ **화학공장 최적 수준 결정**

화학공장의 수요함수(한계수입함수)는 $TR_C=10Q$를 미분한 $MR_C=10$이다.

화학공장의 사적한계비용은 $PMC_C=\frac{1}{2}Q_C$이다. 외부비용을 고려하지 않은 생산량은 $MR_C=PMC_C$에서 20이 된다.

■ **화학공장이 양식업자에 미치는 외부비용 구하기**

화학공장이 양식장에게 미치는 외부비용을 구하기 위해서는 다음 두 단계를 거쳐야 한다.
[제1단계] 양식업자의 사적 한계비용 구하기
[제2단계] 양식업자에 미치는 외부비용(Social Marginal Damage, SMD) 구하기
먼저 양식업자의 한계비용을 구하면 양식업자의 총비용을 $TC_F=\frac{1}{4}Q_F^2+\frac{1}{4}Q_CQ_F$로 Q_F로 미분해야 한다.

따라서 $PMC_F=\frac{\Delta TC_F}{\Delta Q_F}=\frac{1}{2}Q_F+\frac{1}{4}Q_C$이 된다. 다음 단계로 양식업자에 화학공장이 미치는 외부비용을 구하면 $SMD=\frac{1}{4}Q_C$가 된다.

■ **화학공장의 외부비용을 고려한 최적 수준 구하기**

화학공장의 외부비용을 고려한 사회적 한계비용은 $SMC_C=PMC_C+SMD=\frac{3}{4}Q_C$이다. 따라서 외부성을 고려한 최적 수준은 $MR_C=SMC_C$가 되어

$10=\frac{3}{4}Q_C$로 $Q_C=\frac{40}{3}$이 된다.

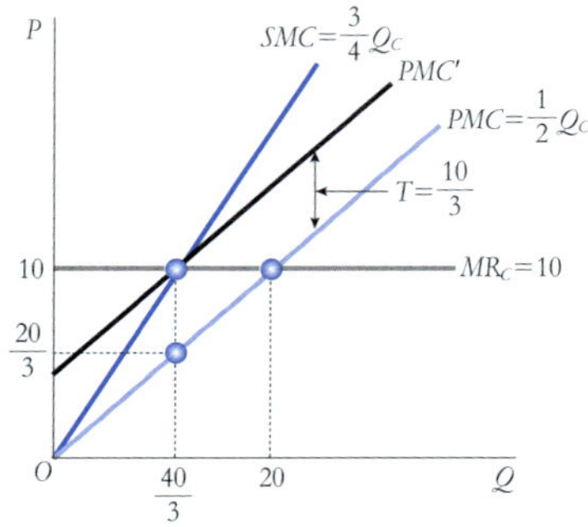

■ **피구세 크기**

최적 수준 $Q_C=\frac{40}{3}$에서 SMC_C와 PMC_C의 차이를 이용하거나, 최적 수준을 SMD에 대입하면 구할 수 있다. 그림을 통해 보면 $\frac{10}{3}$으로 쉽게 구할 수 있다.

정답 ⑤

11	중요도	★★★	난이도	★★★★
	출제 포인트	에로우 불가능성정리와 투표제도		

▶ **보다투표제(de Borda rule)는 애로우(K. Arrow)가 제시한 집합적 선택조건 중에서 어떤 조건을 충족시키지 못하는가?**

① 완전성 ② 이행성
③ 비제한성 ④ 파레토 효율성
⑤ 무관한 선택대안으로부터의 독립성

애로우는 집합적 결정에 다수결원칙을 적용하는 경우, 투표과정에 참여하는 개별적인 선호들이 얼마나 정확하게 표현될 수 있는가를 분석하였다. 개별적 선호가 여러 부문에서 정확하게 반영되는 데 필요한 조건은 완전성, 이행성, 파레토 원리, 독립성, 선호의 비제약성, 비독재성이다.

① 완전성이란 개인들의 선호를 비교 가능할 수 있어야 한다는 것이다.
② 이행성은 일관성 있는 선호를 표출해야 한다는 것이다. 완전성과 이행성을 묶어 집단적 합리성이라고도 한다.
③ 비제한성은 집합적 선택과정에서 참여하는 각 부분은 모든 선택 가능한 대안들에서 선호의 제약이 없이 자유로운 선택이 보장되어야 한다는 것으로 선호의 표현에 제약이 있어서는 안 된다는 것이다.
④ 파레토 효율성은 파레토 원칙을 용어를 헷갈리게 만들기 위해서 출제한 것으로 보인다. 파레토 원칙(Pareto principle, 파레토 원리)이란 사회적 평가가 개인적 평가에 정(+)의 관계를 가져야 한다는 것이다. 모든 개별 사회구성원이 X보다 Y를 선호하게 되면 사회적 선호도 X보다 Y를 더 선호해야 한다는 것이다. 사회적 선호순서는 어떤 한 개인의 순위가 변화하게 되면 부(−)방향이 아닌 정(+)의 방향이 되어야 한다는 것인데, 정책순위가 X>Y>Z인 상황에서 X가 Y보다 열등한 위치로 변하게 되면 정책순위는 Y>X>Z가 되어야 한다는 것이다.
⑤ 무관한 선택대상으로부터의 독립성(Independece of Irrelevaant Alternatives, IIA) 혹은 제3의 선택으로부터의 독립성은 선택대상에 대한 선호는 서수적으로 표현되어야 한다는 것이다. 두 선택 대안을 두고 우선순위를 정할 때 관련이 없는 다른 선택대상이 영향을 미쳐서는 안 된다는 것이다.

보다(de Borda) 투표제는 5개의 대안이 있다면 가장 선호하는 것부터 순서대로 5, 4, 3, 2, 1의 점수를 부여하고, 가장 높은 점수를 받은 대안을 선택하는 방식이다. 점수투표제와는 달리 순서에 의해서만 선호강도를 표시하는 것이다. 이 방식도 첨수투표제와 마찬가지로 서수성이 아닌 기수성의 의미를 담고 있고, 전략적인 행동이 가능하다는 점에서 독립성 조건을 위배한다.

정답 ⑤

12	중요도	★★★★	난이도	★★★
	출제 포인트	소득분배 철학		

▶ **소득분배에 관한 설명으로 옳지 않은 것은?**

① 공리주의적인 관점에서는 노동공급이 비탄력적인 경우, 소득재분배로 인한 왜곡이 크기 때문에 소득재분배를 원하지 않는다.

② 롤스(J. Rawls)의 최소극대화 기준을 나타내는 사회무차별곡선의 모양은 L자형이다.

③ 노직(R. Nozick)은 개인들의 경제활동으로 창출된 소득분배상태를 교정하는 것보다 그 분배상태가 형성되는 과정을 중시한다.

④ 평등주의적인 사회후생함수에서 도출된 사회무차별곡선은 평등주의적 성향이 강할수록 원점에 대해 더욱 볼록한 모양을 갖는다.

⑤ 쿠즈네츠(S. Kuznets)의 U자 가설은 세로축에 소득분배의 균등도를, 가로축에 경제발전단계 또는 1인당 국민소득을 표시한 평면에서 설명된다.

---

① 공리주의 관점에서는 개인의 효용수준을 아무런 가중치를 두지 않고 단순히 더하는 방식이다. 그러나 문제에서는 이와는 관련 없이 노동공급이 (임금에 대해서) 비탄력적이라면, (근로소득세의 부과로) 소득재분배를 실시했을 경우 노동시간에 큰 영향을 주지 않게 되고 그 결과 소득재분배의 효과는 별로 없게 된다.

② 롤즈의 사회무차별곡선은 가장 가난한 사람의 효용수준을 극대화하는 것으로 L자 형태를 지닌다.

③ 철학자 노직은 자유론적 정의관에 입각하여 모든 사람이 정당하게 가질 권리가 있는 것만을 소유하는 분배의 상태가 정의롭다고 보았다. 그가 1974년에 쓴『무정부, 정부, 그리고 유토피아(Anarchy, State and Utopia)』는 자유론적 정의관의 고전으로 널리 인정받고 있다. 노직은 사람이 단순히 수단으로 사용되어서는 안 되고 목적 그 자체여야 한다는 칸트(I. Kant)의 원칙으로부터 출발하고 있다. 이 원칙은 개인의 권리는 어떤 경우에도 침해될 수 없고, 어느 누구도 사회 전체를 위한다는 명분 아래에서 다른 사람을 이용할 권리를 갖지 못한다는 것이다. 이런 그의 철학은 '최소한의 정부'가 정당하다는 생각을 심어주었다. 노직의 정의관은 '정당한 권리의 원칙(entitlement principle)'이라고 압축 설명할 수 있다. 어떤 사람이 정의로운 방법을 통해서 특정한 물건을 취득해 가질 때 과연 '정당하게 가질 권리가 있다'고 보았다. 어떤 물건을 정당하게 가질 권리가 있는 사람으로부터 올바른 방법을 통해 소유권을 이전 받는 경우에도 역시 정당하게 가질 권리를 인정해 준다. 결론적으로 노직이 생각하는 정의로운 분배는 모든 사람이 정당하게 가질 권리가 있는 것만 소유한 상태를 말한다. 즉 결과의 정의보다는 절차상의 정의를 더욱 소중히 생각하는 태도이다.

④ 평등주의적 사회후생함수를 반영한 사회무차별곡선은 개별 효용수준에 다른 가중치를 두게 되어 원점에서 볼록한 형태를 지니게 된다. 이때 평등주의적 성향이 강할수록 원점에 대한 볼록성의 정도는 더욱 커지고, 극단적인 경우 롤즈의 사회무차별곡선인 L자 형태를 지니게 된다.

⑤ 쿠즈네츠는 소득분배 상황을 경제발전 단계에 따라 어떻게 달라지는지 실증적으로 연구한 사람이다. 경제발전단계가 낮은 경우에는 다 같이 못살아 균등한 상태를 보이다가 경제가 발전할수록 점차 소득분배의 불균등도가 높아지고, 가장 높은 경제발전단계에 이르면 다시 균등한 상태가 된다고 보았다. 따라서 세로축에 균등도를 표시하면 U자 형태가 되고, 불균등도를 표시하면 '역U자' 형태가 된다.

정답 ①

13	중요도	★★★★★	난이도	★★★
	출제 포인트	소득 불평등지수		

▶ **소득불평등 지수에 관한 설명으로 옳지 않은 것은?**

① 앳킨슨(A. Atkinson)지수 값은 불평등성에 대한 그 사회의 가치판단을 전제로 하여 계산한다.
② 5분위분배율은 상위 20%에 속하는 사람들의 소득 점유율을 하위 20%의 소득점유율로 나누 값으로 그 값이 클수록 소득분배가 불평등함을 의미한다.
③ 지니(Gini)계수는 0에서 1 사이의 값을 가지며 소득분배가 평등할수록 0에 가까워진다.
④ 달튼(H. Dalton)의 평등지수는 0에서 1 사이의 값을 가지며 소득분배가 평등할수록 1에 가까워진다.
⑤ 십분위분배율은 하위 20%에 속하는 사람들의 소득점유율을 상위 40%에 속하는 사람들의 소득점유비율로 나눈 값으로 그 값이 클수록 소득분배가 평등하다고 할 수 있다.

---

① 앳킨슨지수는 사회후생함수를 명시적으로 고려한 불평등도 지수가 가장 바람직하다고 주장하였다. 사회의 불평등에 대한 태도를 반영하는 명시적인 매개변수(ε)를 도입한 척도를 제안하였다. 이 매개변수는 사회가 분배의 불평등을 얼마나 회피하려고 하는가를 나타내는 것으로 0에서부터 ∞까지 갖는다. 어떤 사회가 분배의 불평등에 대해 전혀 무관심하다면 0을 가지고, 불평등에 큰 관심을 가지면 무한대의 값이 된다. 결국 ε이 커질수록 그 사회는 분배의 평등을 더욱 중시 여기게 된다.

② 오분위분배율은 상위 20% 계층의 소득점유율을 하위 20% 계층의 소득점유율로 나눈 비율로 계산한다. 즉 오분위분배율$=\dfrac{\text{상위 20\% 계층의 소득점유율}}{\text{하위 20\% 계층의 소득점유율}}$로 십분위분배율과 상하가 바뀌어 있다는 점에 유의해야 한다.

③ 지니계수는 로렌츠 곡선을 이용해서 쉽게 구할 수도 있다. 로렌츠 곡선에서 절대평등을 의미하는 대각선과 로렌츠 곡선 사이의 면적을 α라고 하고, 로렌츠 곡선 아래의 면적을 β라고 할 때 지니계수는 $G=\dfrac{\alpha}{\alpha+\beta}$로 구할 수 있다. 지니계수의 값은 0에서 1 사이의 값을 가지며 소득분포가 평등할수록 0에 가까워지고, 불평등할수록 1에 가까워진다.

④ 달튼지수는 공리주의적 사회후생함수를 고려한 다음에 달성 가능한 사회후생의 최대값에 대한 실제 사회후생의 비율을 평등의 지수로 설정하였다. 결론은 모든 사람들의 소득이 동일하게 배분되는 경우 사회후생이 극대화된다고 하였다. 달튼 지수는 다음과 같이 구한다.

$$D=\frac{\sum_{i=1}^{n}U(y_i)}{nU(\mu)}$$

모든 사람이 동일한 효용함수 U를 가지고 있고, 소득의 평균을 μ라고 가정한다면, 소득이 완전히 평등하게 배분되었을 경우의 사회후생에 대한 실제 사회후생의 비율로 구한다. 달튼의 평등지수는 0에서 1 사이의 값을 가지고 소득분배가 평등할수록 1에 가까워진다.

⑤ 십분위분배율(decile distribution ratio)은 $\dfrac{\text{하위 40\% 소득점유비율}}{\text{상위 20\% 소득점유비율}}$로 구하고, 범위(range)는 2가 된다. 불평등할 때 0이고, 완전평등할 때 2가 된다. 따라서 십분위분배율은 그 값이 클수록 소득분배가 평등하다는 것을 의미한다.

정답 ⑤

14	중요도	★★★★★	난이도	★★★
	출제 포인트	부의 소득세		

▶ **음(陰)의 소득세(negative income tax)가 $T=t_X(B-Y)$와 같이 설정(단, T : 음의 소득세, t : 한계세율, B : 소득보장액, Y : 개인소득)되어 있다고 할 때, 옳지 않은 것은?**

① 소득보장액은 50만원, 개인소득은 25만원, 한계세율은 0.5일 때, 음의 소득세액은 12.5만원이다.

② 소득보장액은 높게, 한계세율은 낮게 설정하면 비효율성을 줄이면서 재분배효과를 높일 수 있다.

③ 소득보장액은 100만원, 개인소득은 25만원, 한계세율은 0.5일 때, 최종소득은 62.5만원이다.

④ 음의 소득세제의 재분배효과는 소득보장액이 클수록 작아진다.

⑤ 선형의 한계세율구조를 가정할 경우, 한계세율이 인상되면 음의 소득세액은 증가한다.

부의(음의) 소득세는 일정수준의 소득을 보장하고자 하는 소득이전프로그램(income transfer program)의 일종이다. 신고한 소득액이 일정기준 이하인 경우에는 그 부족분을 기준으로 일정한 공식을 적용하여 계산한 금액을 세액공제 등의 형식을 빌려서 조세의 환급과 같은 방식으로 되돌려주는 제도이다.

부의 소득세제도는 소득보장액, 한계세율, 분기점소득(break-even income : 이전소득이 "0"이 되는 소득수준)의 3가지 변수에 의해서 결정된다. 간단하게 함수관계로 나타내면 문제에 제시된 바와 같이 다음과 같다.

$$T=t_X(B-Y)$$

여기서 T는 정부로부터 이전되는 소득액이다.(표현이 자칫 조세(Tax)로 오해될 수 있으니 주의하자!) 소득보장액에 한계세율을 곱한 t_XB는 정부가 최소한으로 보장하는 소득으로 기본수당의 의미를 지닌다고 할 수 있다. 문제는 3가지 정책변수들 간에 상충관계가 발생할 수 있기 때문에 정부의 선택 문제를 어렵게 한다는 점이다.

- 소득보장액은 높을수록 좋다. 왜냐하면 가난한 사람들의 생활수준을 높이는 효과를 가져오기 때문이다.
- 한계세율은 낮을수록 좋다. 왜냐하면 한계세율이 너무 높으면 가처분소득을 줄일 뿐만 아니라 이것은 근로의욕에도 좋지 않은 영향을 미치기 때문이다.
- 분기점 소득은 높을수록 좋다. 왜냐하면 분기점소득이 높으면 가난한 사람들에게 좀 더 많은 혜택을 집중적으로 줄 수 있기 때문이다.

① 소득보장액(B)=50만원, 개인소득(Y)=25만원, 한계세율(t)=0.5일 때 음(−)의 소득세를 구하면 12.5만원이 된다. 따라서 최종소득은 원래 개인소득 25만원에 음의 소득세로 받는 보조금의 크기인 12.5만원을 더한 37.5만원이 된다.

② 소득보장액을 높이고, 한계세율을 낮추는 즉 분기점 소득을 높이게 되면 이전소득의 혜택규모가 크게 되므로 바람직한 소득이전이라고 할 수 있다.

③ 소득보장액(B)을 50만원에서 100만원으로 높이면 음의 소득세는 $T=0.5(100-25)=37.5$만원이 된다. 따라서 최종소득은 원래 개인소득인 25만원에 37.5만원을 더한 62.5만원이 된다.

④ 앞의 간단한 계산에서 살펴본 바와 같이 소득보장액이 클수록 저소득층의 가처분소득은 크게 증가하여 소득재분배가 커지게 된다.

⑤ 앞의 ① 지문에서 소득보장액은 50만원, 개인소득은 25만원일 때 한계세율이 0.5에서 1로 상승한다고 하면 음의 소득세액은 25만원이 되므로 더 높아지게 된다.

정답 ④

15	중요도	★★★★★	난이도	★★★★
	출제 포인트	국민연금제도와 저축		

▶ 국민연금제도의 경제적 효과에 관한 설명으로 옳지 않은 것은? (단, 다른 조건은 일정하다고 가정한다.)

① 재산대체효과는 자발적인 저축을 줄이도록 영향을 미친다.
② 은퇴효과는 자발적인 저축을 줄이도록 영향을 미친다.
③ 상속효과는 자발적인 저축을 증가시키도록 영향을 미친다.
④ 국민연금제도는 은퇴 후 개인의 실질소득을 증가시킴으로써 은퇴 후 노동공급을 줄이는 효과를 발생시킨다.
⑤ 국민연금제도가 국민연금에 가입한 근로자들의 노동공급에 미치는 효과는 불분명하다.

핵심체크

국민연금제도에서 재산대체효과는 저축을 감소시키나, 기타(은퇴, 상속, 인식)효과는 저축을 증가시킨다.

국민연금제도의 도입으로 인한 저축에 미치는 경제적 효과에는 재산대체효과만 저축을 줄이는 결과를 초래하고, 다른 기타효과들(은퇴효과, 상속효과 등)은 저축을 증가시키는 영향을 미친다.

① 재산대체효과(wealth substitution effect)

국민연금은 노후의 소득이 일정하게 유지될 수 있도록 한다면 퇴직 후에 필요한 자산(재산)을 대체해 주는 셈이 되므로 노후에 대비한 저축 동기는 그만큼 감소하게 되고, 자발적 저축은 줄어들게 된다. 경제주체들은 평생 동안의 소비의 현재가치가 평생 동안 소득의 현재가치와 같다는 예산제약 가정하에서 효용극대화를 추구한다. 따라서 전체 생애의 기대소득의 일정비율로서 자신의 소비를 평생에 걸쳐 균등하게 유지하려고 한다.

② 은퇴효과(retirement effect)

국민연금에 강제로 가입하게 되면 연금의 재산대체효과로 인해서 조기은퇴가 조장될 수도 있다. 퇴직 후에 일정수준의 소득이 보장된다면 애써 일하려는 근로의욕은 감소하게 된다. 그러나 조기 은퇴로 인해서 길어진 노후를 대비하기 위해서 자발적인 저축은 더 증가시키려고 할 것이므로 조기은퇴로 인한 저축효과가 얼마나 강력할 것인가는 불분명하다.

③ 상속효과(bequest effect)

국민연금제도의 도입으로 세대 간 재분배효과가 일어나 미래세대로부터 현재세대로 소득이 이전된다면 현재세대는 미래세대인 자녀의 소득이 감소할 것이라고 걱정을 하게 되고 그 결과 더 많은 유산을 물려주려고 시도할 것이다. 따라서 자녀를 걱정하는 마음 때문에 자발적인 저축은 증가하게 된다.

④ 국민연금제도의 도입으로 은퇴 후의 실질소득은 증가하기 때문에, 여가소비가 증가하게 되고, 노동공급은 감소한다.

⑤ 국민연금제도는 은퇴이전에는 국민연금보험료를 근로소득세로 인식해서 여가의 상대가격이 하락한 것으로 인식하고 그 결과 여가의 소비를 늘리고, 노동공급을 감소시키게 된다. 이를 대체효과라고 한다. 그러나 은퇴이후에 연금혜택을 받게 되므로 실질소득이 증가하게 되고 그 결과 여가의 소비는 증가하고, 노동공급은 감소하게 된다. 이것은 소득효과이다. 여기서 대체효과와 소득효과가 반대방향으로 작동하므로 두 효과 중에서 어느 것이 더 큰가에 따라서 최종효과는 달라진다.

정답 ②

16	중요도	★★★★	난이도	★★
	출제 포인트	가치재		

▶ **가치재(merit goods)와 비가치재(demerit goods)에 관한 설명으로 옳지 않은 것은?**

① 정부의 가치재 공급은 소비자 주권과 충돌 할 수 있다.
② 정부가 보건소를 통해 어린이들에게 무료예방접종을 제공하는 것은 가치재의 사례에 해당한다.
③ 담배와 같이 사회적 비용을 유발하는 재화에 과세하는 것은 비가치재 소비를 억제하는 데 목적이 있다.
④ 정부가 국방서비스를 생산하고 공급하는 것은 그것이 가치재이기 때문이다.
⑤ 가치재 공급은 정부가 개인들의 의사결정이 적절하지 않다고 판단하는 경우에 이루어진다.

핵심체크

가치재는 사적재에 속한다.

가치재는 소비가 경합적이고 배제의 원칙도 적용되는 사적재에 속한다. 그러나 정부가 시장기능의 결함을 보완하기 위해서 정부가 관여하는 것이 바람직하다고 생각해서 생산 공급하는 것이다.

가치재의 예로는 교육, 주택 등을 들 수 있다. 교육과 주택은 민간부문에서 생산하고 공급할 수 있으나, 좀 더 적절한 수준을 유지하기 위해서 정부가 제공하는 것이다. 최근에는 가치재의 중요성과 차지하는 비중이 증가한다는 점은 복지국가의 특징을 반영한다고도 할 수 있다.

재정학의 기틀을 마련한 머스그레이브(R.A. Mustrave)가 준공공재라는 표현 대신에 가치재라는 용어를 사용하면서 주택공급의 예를 제시하였다.

① 가치재는 정부가 온정적 간섭주의에 입각하여 소비자의 선호를 제약하는 것으로 소비자 주권과 충돌할 수 있다.
② 질병에 대한 예방접종은 가치재의 대표적인 사례이다. 예방접종을 하면 긍정적인 외부효과가 있음에도 불구하고 비용을 지불하지 않으면 접종을 할 수 없고(배제가능성), 예방접종 주사는 수량이 한정되어 있어 경합성이 존재한다.
③ 가치재의 반대가 비가치재로 담배와 같은 것을 들 수 있다.
④ 국방서비스는 비배제성과 비경합성을 특징으로 하는 공공재에 속한다.
⑤ 가치재의 공급에서 가치가 있다고 판단하는 주체는 개인(소비자)이 아닌 바로 정부가 된다. 따라서 소비자 주권과 상충될 수 있다.

정답 ④

17	중요도	★★★★	난이도	★★★
	출제 포인트	비용 편익 분석		

▶ **기후변화와 같은 매우 장기적인 현상과 관련된 사업의 비용편익분석에서 일정한 기간 단위로 점차 감소하는 양(陽)의 사회적 할인율을 적용하자는 주장이 있다. 이러한 주장의 근거로 옳은 것은?**

① 미래에 발생하는 비용과 편익을 더 높은 비중으로 반영하기 위한 것이다.
② 현재 시점에서 미래세대에 대한 고려는 무의미하기 때문이다.
③ 비용편익분석에서 나타나는 장기적인 편익의 불확실성과 위험을 반영하기 위한 것이다.
④ 미래에 발생하는 비용과 편익이 서로 다르기 때문이다.
⑤ 현재에 발생하는 비용과 편익을 더 높은 비중으로 반영하기 위한 것이다.

핵심체크

사회적 할인율은 시장할인율보다 낮다.

공공사업의 편익과 비용은 수년에 걸쳐서 발생하므로 현재시점에서 평가하기 위해서 미래에 발생하는 편익과 비용을 모두 현재가치로 환산해 비교해야 한다. 미래의 소비는 현재의 소비보다 그 가치가 낮다고 할 수 있다. 1년 후의 1만원은 현재의 1만원과 동일하지 않다. 만일 10%로 할인하는 경우 1년 후의 1만원은 현재의 9,100원과 동일한 가치를 가지게 된다.

미래의 편익과 비용을 현재가치로 환산할 때 현재가치로 할인한다는 것을 의미하는데, 이때 적용되는 이자율을 바로 할인율(discount rate)이라고 할 수 있다. 할인율은 시간에 대한 선호를 반영하는 이자율이 된다.

기후변화와 공공사업과 같이 후세의 복지에 영향을 줄 뿐만 아니라 공공사업이 창출하는 여러 가지 외부효과를 반영하기 위해서는 시장이자율보다 낮은 할인율을 적용하는 것이 일반적이다. 여기서 사회적 할인율은 바로 사회적 시간선호율(social rate of time preference)을 의미하는 것이다.

어떤 공공사업에 상대적으로 낮은 할인율을 적용하자는 의미는 미래에 발생하는 편익과 비용에 좀 더 큰 가중치를 부여한다는 것을 의미한다.

③ 미래의 장기적인 불확실성과 위험부담이 존재한다면 위험프리미엄(risk premium)이 형성되어 더 높은 할인율을 적용해야 한다.

정답 ①

18	중요도	★	난이도	★
	출제 포인트	현재가치법 계산		

▶ **어떤 투자 사업은 초기 투자비용이 500억원이고, 투자 다음해부터 20년간 매년 20억원의 편익과 2억원의 비용이 발생한다고 한다. 사회적 할인율이 0%일 때, 이 사업에서 발생하는 순편익의 현재가치는? (단, 사업의 잔존가치는 0원이다.)**

① −100억원 ② −140억원 ③ 0원 ④ 100억원 ⑤ 140억원

순편익의 현재가치는 사회적 할인율이 0일 때 다음과 같은 식으로 계산할 수 있다.

핵심체크

순편익 = 총편익(B) − 총비용(C)

순편익의 현재가치 = 매기 발생하는 순편익을 기간 길이(n)로 가중한 할인율[$(1+r)^n$]로 나눈 값의 합. 즉

$$NPV = B - C + \frac{B-C}{1+r} + \cdots + \frac{B-C}{(1+r)^n}$$

$$
\begin{aligned}
NPV &= \sum_{i=1}^{20} \frac{B_i - C_i}{(1+r)^i} \\
&= -500 + \frac{20-2}{(1+0)} + \frac{20-2}{(1+0)^2} + \cdots + \frac{20-2}{(1+0)^{20}} \\
&= -500 + 18 + 18 + \cdots\cdots + 18 \\
&= -500 + 360 \\
&= -140
\end{aligned}
$$

정답 ②

19	중요도	★★★★★	난이도	★★★★
	출제 포인트	공채 부담		

▶ 공채에 관한 설명으로 옳지 않은 것은? (단, 다른 조건은 일정하다고 가정한다.)

① 리카르도(D. Ricardo)의 대등정리(equivalence theorem)에 따르면, 재정지출 재원을 공채발행으로 조달하는 경우와 조세로 조달하는 경우의 경제적 효과는 동일하다.

② 러너(A. Lerner)에 따르면, 외부채무(external debt)는 정부지출재원을 민간부문에서 조달하기 때문에 미래세대의 부담이 늘어나지 않는다.

③ 공채발행에 따른 재정지출의 증가가 민간투자를 감소시키는 현상을 구축효과라고 한다.

④ 이자율에 영향을 주지 않을 만큼 민간부문에 여유자금이 충분할 경우, 정부의 공채발행을 통한 재원조달로 인하여 구축효과가 발생하지 않는다.

⑤ 공채발행의 증가는 이자율의 상승을 초래하여 무역수지를 악화시킬 수 있다.

핵심체크

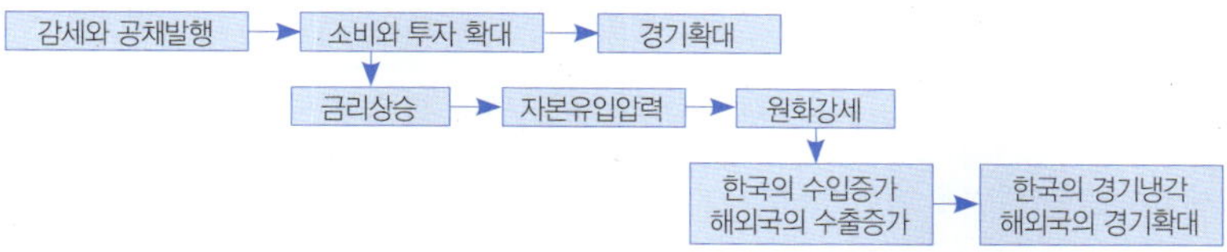

① 배로(R.Barro)가 주장한 리카도의 대등정리(RET)란 정부지출의 양이 정해져 있으면 조세에 의한 재원조달방법이나 공채발행을 통한 재원조달방법이 동일하다고 한다. 배로는 공채발행이 후손들의 추가적인 조세부담이라는 사실을 알고 이에 맞추어 유산을 더 많이 남겨주려고 하기 때문에 리카도의 대등정리가 성립한다는 것이다.

② 신정통파의 대표적인 학자인 러너(A.P.Lerner)에 의하면 정부가 내국채 발행을 통해서 내국인으로부터 차입을 한 경우에는 부채를 상환하는 시점에서 일반 납세자로부터 채권자에게로 소득의 이전이 발생하지만 미래세대의 소비수준은 전혀 감소하지 않는다고 본다. 다시 말해서 세대 간 부담의 전가가 아니라, 미래세대내 구매력의 이전에 불과하다는 것이다.

반면에 외국채의 경우 외국의 채권자에게 원금을 상환하기 위하여 미래세대의 세부담이 늘어날 수밖에 없으며 미래세대의 소비수준은 감소하게 된다고 주장하였다. 즉, 내국채와 달리 외국채의 경우는 미래세대의 부담이 전가될 수 있다. 이러한 내국채와 외국채에 대한 견해를 일반적으로 '러너의 견해'라고 부른다.

③, ④ 정부가 공채발행을 통해서 재원을 조달하게 되면 공채의 가격이 하락하고, 이자율이 상승하게 된다. 그 결과 이자율의 상승으로 인해 민간의 투자를 감소(구축)시킬 수 있는데 이를 통화주의자들은 구축효과(crowding-out effect)라고 한다. 이러한 구축효과는 민간의 이자율을 상승시키기 때문이라는 점에 주의해야 한다. ④에서 제시한 바와 같이 민간부문에 여유자금이 매우 충분해서 이자율이 상승하지 않는다면 구축효과는 발생하지 않게 된다.

⑤ 공채발행을 통한 이자율의 상승은 해외의 자본유입을 통해 금융자본수지에는 긍정적이지만, 달러의 유입으로 인해 환율이 하락(자국화폐의 평가절상)으로 수출에 부정적이다. 따라서 무역수지는 악화된다.

정답 ②

20	중요도	★★★★★	난이도	★★
	출제 포인트	공공요금 가격 결정		

▶ **공공부문이 공급하는 재화나 서비스에 대한 공공요금의 부과와 관련된 설명으로 옳지 않은 것은?**

① 공공요금 부과의 정당성은 공공요금이 가격기능을 수행하게 하여 자원배분의 효율성을 높이는 데 있다.

② 비용체감산업의 경우, 한계비용가격설정방식을 적용하면 효율성을 달성하지만 손실이 발생한다.

③ 비용체감산업의 경우, 평균비용가격설정방식을 적용하면 손실은 발생하지 않지만 과소생산으로 인한 비효율이 발생한다.

④ 램지가격설정원칙에 따르면, 비효율성을 최소화시키기 위해서는 수요의 가격탄력성이 클수록 가격과 한계비용의 격차는 상대적으로 더 크게 설정되어야 한다.

⑤ 공공요금부과를 통해서 소득재분배 목표를 달성하려는 정책은 효율성을 저해시킬 뿐만 아니라 손실보전 문제를 발생시킬 우려가 있다.

일반적으로 시장경제에서는 생산규모가 증가함에 따라서 생산량이 증가한다. 그런데 기업의 시설규모에 비해서 시장이 협소하거나, 수확체증의 생산기술을 가진 기업이 존재하는 경우에는 생산규모가 증가해도 오히려 평균비용과 한계비용이 감소하는 경우가 있다.

①, ⑤ 공공요금을 부과하는 목적에는 정부의 재정수입확보, 공평성과 같은 소득재분배 효과보다도 자원배분의 효율성을 높이는 것이 주된 것이다. 따라서 소득재분배 목표를 달성하려는 목적으로 전기, 수도, 철도, 버스 요금 인상 등에 대해서 언론이나 신문에서는 비중을 많이 두지만 이점은 주의해야 한다고 서울대 이준구 교수님께서는 재정학 교과서에서 강하게 비판하고 있다.

②, ③ 비용체감산업인 경우에는 규모의 경제가 존재하여 자연독점(natural monopoly) 현상이 발생하게 된다. 평균비용곡선이 체감하는 형태로 한계비용곡선은 평균비용곡선보다 아래에 위치하게 된다. 이때 한계비용가격설정인 P=MC인 경우에는 효율성은 유지되지만 손실(loss)이 발생하여 문제가 된다. 한편, 평균비용가격설정인 P=AC인 경우에는 P=AR(평균수입)을 의미하기 때문에 손실은 제거된다는 점이 있으나 한계비용가격설정 수준보다 낮은 과소생산으로 인해 비효율성이 발생한다.

④ 램지가격설정방식(Ramsey pricing rule)이란 영국의 경제학자 램지(F. Ramsy, 1927)가 제시한 것으로 여러 재화가 존재하는 경우에 재정수입을 확보하면서 사회후생을 극대화하는 가격체계를 말한다. 기본적으로 자생적인 생존을 제약조건으로 하기 때문에 한계비용가격설정방식이 불가능한 경우에 적용하는 차선의 이론이다. 예를 들어 전기와 전화서비스가 존재하는 경우에 램지가격설정방식은 전기-전화서비스의 요금마진율의 비율이 전화-전기서비스 수요의 가격탄력성의 비율과 같도록 두 서비스의 가격을 결정하는 것이다. 이렇게 각 서비스의 요금마진율이 각 서비스 수요의 가격탄력성의 역에 비례하는 경우를 램지의 역탄력성 법칙(inverse elasticity rule)이라고 한다. 이 법칙은 램지법칙의 특수한 경우인데, 독립적인 재화들 사이에서만 성립하기 때문이다.

램지법칙에 의하면 수요의 가격탄력성이 큰 재화는 요금마진율을 낮게 잡고, 수요의 가격탄력성이 작은 재화는 요금마진율을 높게 잡아야 한다.

정답 ④

21	중요도	★★★★★	난이도	★★★
	출제 포인트	지방재정과 분권화 정리		

▶ **지방재정과 관련한 설명으로 옳지 않은 것은?**

① 오우츠(W. Oates)의 분권화 정리에 다르면, 지방정부에 의한 지방공공재 공급이 주민들의 선호를 더 잘 반영할 수 있다.

② 공공재가 공간적 파급효과(spillover effect)를 발생시킬 경우, 지방정부가 공급하는 것이 효율적이다.

③ 티부(C. Tiebout) 모형에 따르면, 지방공공재의 경우 분권적인 배분체계에서 효율적인 자원배분을 실현할 수 있다.

④ 경제정책의 세 가지 목표인 경제안정, 소득재분배, 자원배분 중 지방정부에서는 자원배분의 역할이 강조된다.

⑤ 지방재정조정제도의 주요 목적은 수평적 재정형평성 및 수직적 재정형평성의 제고에 있다.

---

① 오우츠(W.E.Oates, 1972)는 중앙정부와 지방정부가 경제적 역할을 적절히 분담하는 것이 효율적이라고 보았다. 그가 주장한 분권화정리(decentralization theorem)에 따르면 지역공공재의 생산에서 동일한 비용이 든다면 각 지방정부가 자발적으로 적절한 양을 결정하여 공급하는 것이 중앙정부가 모든 지역에 지역공공재를 공급하는 것보다 효율적이라고 하였다.

② 공공재의 외부효과(파급효과)가 큰 경우에는 이를 국가공공재라고 하고, 중앙정부가 담당하는 것이 바람직하다. 그렇지만 그 파급효과가 크지 않고 어느 지역 내로 한정되는 경우에는 지방공공재라고 하고 이는 지방정부가 담당하는 것이 바람직하다. 문제에서는 공공재의 공간적 파급효과가 있다고 했는데, 문맥상 크다고 보아 중앙정부가 담당하는 것이 타당하다고 보아야 한다.

③ 티부(C. Tiebout, 1956)는 지역주민들이 자유롭게 이주할 수 있다면 자신들의 선호에 가장 합치되는 지역공공재의 수준을 공급하는 지역을 선택하여 효율적인 배분이 이루어질 수 있다고 주장하였다. 지역주민은 소리 없이 '발에 의한 투표(voting with the feet)'을 함으로써 개인들이 가장 선호하는 지역에 정착하게 되어 다른 지역으로 이주할 유인이 없는 파레토 효율적인 균형에 이른다고 보았다. 따라서 사무엘슨의 중앙집권에 의한 공공재 공급에 반대되는 견해라고 할 수 있다.

④ 머스그레이브는 재정의 3대 기능을 제시했는데, 정부가 존재하는 이유는 효율적인 자원배분의 달성, 공평한 소득재분배의 실현, 경제의 안정화 및 성장이라고 했다. 이러한 기능 중에서 중앙정부와 지방정부 중에서 어느 부문이 담당해야 유리한지 살펴보면, 효율적인 자원배분은 지방정부가 선호를 잘 반영할 수 있다는 점에서 우월하고, 중앙정부는 소득재분배와 경제의 안정화를 위한 금융재정정책에 우위에 있다.

⑤ 개인 간 불평등이 존재하듯이 중앙과 지역 간(수직적) 혹은 지역 간(수평적) 재정능력의 격차가 존재하는 경우에 이를 줄여 주고, 지역 간 외부효과가 있을 때 이를 교정하기 위해서 피구의 보조금을 지급하고, 어떤 공공사업이 지역주민의 선호를 반영하는 것이 좋다고 판단되면 지방정부에게 보조금을 지원하게 된다.

교부금은 기본적으로 재정연방체제의 문제점이라고 볼 수 있는 중앙정부와 지방정부 사이의 수직적 불균형과 지방정부간의 재정력 격차에 의한 수평적 불균형을 시정하기 위해서 중앙정부가 지방정부들에게 나누어주는 보조금을 말한다. 이러한 교부금을 통해서 중앙정부는 지방재정을 조정할 수 있고, 이와 같이 지방재정조정을 제도화한 것을 지방재정조정제도라고 한다.

정답 ②

22	중요도	★★★★	난이도	★★
	출제 포인트	조세이론 개요		

▶ **조세에 관한 설명으로 옳은 것은?**

① 소비자들이 쉽게 대체재를 구할 수 있는 상품의 공급자들이 생산량을 조절하기 어려울 경우, 그 상품에 부과되는 조세는 소비자에게 더 많이 귀착된다.

② 수요와 공급 중 하나가 탄력적이거나 모두 탄력적인 재화에 조세를 부과하면, 상대적으로 거래량은 적게 감소하고 사중손실(deadweight loss)은 커진다.

③ 수요에 비해 공급이 상대적으로 비탄력적일 때 조세를 부과하면, 공급량이 가격하락에 덜 민감하기 때문에 소비자들이 더 큰 조세부담을 지게 된다.

④ 정액세(lump-sum tax)는 모든 사람이 동일한 세액을 납부하므로 비례세 성격을 띠고 소득에 역진적이다.

⑤ 세율이 누진적으로 증가하는 소득세제는 납세자의 노동, 저축 및 투자유인을 왜곡시킬 수 있다.

핵심체크

수요의 가격탄력성이 클수록 조세부담이 커짐

① 조세부과로 인한 가격상승에 대해서 얼마나 민감하게 반응하는가의 정도를 탄력성이라고 한다. 탄력성이 클수록 조세부과로 인한 귀착은 작아지게 된다. 즉 탄력성이 크다는 것은 협상력(bargaining power)이 크다고 볼 수 있다.
문제에서 소비자들은 대체재를 쉽게 구할 수 있으므로 수요의 가격탄력성은 크게 되고, 반면에 공급자들은 생산량을 조절하기 어렵기 때문에 공급의 가격탄력성은 작게 된다. 따라서 탄력성이 큰 소비자들은 부담이 작고, 탄력성이 작은 공급자들의 부담은 커진다.

② 조세부과로 인한 사중손실(초과부담)은 일반적으로 수요곡선이 우하향하고, 공급곡선이 우상향하는 경우 다음과 같은 식으로 도출할 수 있다.

$EB(DWL) = \frac{1}{2}\frac{\eta\varepsilon}{\eta+\varepsilon}t^2PQ$(단, η는 공급탄력성, ε는 수요탄력성을 의미한다.)

③ 수요에 비해서 공급이 상대적으로 비탄력적이라고 하면, 수요자에 비해서 공급자가 상대적으로 협상력이 더 작다고 생각하면 쉽게 문제를 풀 수 있다.

④ 비례세라고 하면 평균세율($\frac{T}{Y}$)과 한계세율($\frac{\Delta T}{\Delta Y}$)이 모두 일정해야 한다. 그런데 정액세의 경우는 평균세율이 하락하기 때문에 비례세가 아니고 역진적이다.

⑤ 조세부과로 인한 왜곡(distortion)을 통한 초과부담은 대체효과 때문에 발생한다. 세율이 누진적으로 증가하게 되면 대체효과도 더 커지게 되고, 초과부담도 더 커진다. 이러한 현상이 발생하는 이유는 노동과 저축, 투자 등의 선택에 왜곡을 가져다주기 때문이다.

정답 ⑤

23	중요도	★★★★★	난이도	★★★
	출제 포인트	조세의 사중손실(초과부담)		

▶ **사중손실(deadweight loss)에 관한 설명으로 옳지 않은 것은?**

① 사중손실은 수요의 가격탄력성과 공급의 가격탄력성이 클수록 증가한다.
② 대체제가 많은 재화일수록 그 재화에 대한 과세로 인해 초래되는 사중손실은 더 커진다.
③ 사중손실의 크기를 계산하기 위해서는 소득효과와 대체효과를 모두 반영한 수요의 가격탄력성이 필요하다.
④ 사중손실의 크기는 세율의 제곱에 비례한다.
⑤ 세율이 증가하면 비효율성계수는 커진다.

핵심체크

사중손실 = 초과부담 = 후생손실 = 자중손실

① 사중손실은 외부적인 충격(정부개입, 조세 등)으로 인해 발생한 가격의 변화에 대해서 수요와 공급이 크게 변하는 경우, 즉 가격탄력성이 큰 경우 커지게 된다. (조세부분에서 초과부담의 크기는 수요와 공급의 가격탄력성에 비례한다는 점을 상기할 것)
② 어떤 재화에 대체재가 많이 존재한다는 것은 바로 가격에 대한 민감성(탄력성)이 크다는 것을 의미한다.
③ 조세를 부과할 경우에 발생하는 후생손실을 사중손실 혹은 초과부담(excess burden)이라고 한다. 사중손실이 발생하는 이유는 조세 부과로 인한 상대가격의 변화가 선택의 왜곡(distortion)인 대체효과를 야기하기 때문이다. 따라서 사중손실을 계산하기 위해서는 소득효과가 배제된 대체효과만을 반영한 보상수요곡선을 이용해야 한다.
④ 사중손실(초과부담)의 크기는 $\frac{1}{2}t^2\varepsilon PQ$로 계산되므로 세율의 제곱에 비례한다.
⑤ 비효율성 계수는 $\frac{\text{초과부담}}{\text{조세수입}} = \frac{\frac{1}{2}t^2\varepsilon PQ}{tPQ} = \frac{1}{2}t\varepsilon$이 되어 세율과 탄력성에 비례한다($t$는 세율, ε는 탄력성).

정답 ③

24	중요도	★★★★★	난이도	★★★
	출제 포인트	공평한 조세부담 원칙		

▶ **공평한 조세부담 원칙에 관한 설명으로 옳지 않은 것은?**

① 납세자들이 무임승차 성향은 편익원칙의 실현을 어렵게 하는 원인이 될 수 있다.
② 동등희생(equal sacrifice)원칙은 편익원칙에 근거한 조세부담의 이론적 기초를 제공한다.
③ 편익원칙은 능력원칙에 비해 조세부담에 있어 납세자의 자발적 협조를 유도하기가 용이하다.
④ 능력원칙에 따르면, 똑같은 경제적 능력을 가진 사람들에게 동일한 금액의 조세를 부담시켜야 한다.
⑤ 능력원칙에 따르면, 서로 다른 경제적 능력을 가진 사람들에게 차등적인 금액의 조세를 부담시켜야 한다.

핵심체크

공평한 조세부담의 원칙에는 편익원칙과 능력원칙이 있다.
(1) 편익원칙(benefit principle)
① 각 납세자가 정부로부터 받는 편익에 비례하도록 조세부담을 분배하는 것이 공평하다는 접근법
② 조세를 정부가 제공하는 공공서비스의 대가로 여겨 각 개인이 얻는 편익에 비례해서 조세를 부담하는 것이 가장 공평하다고 봄
③ 납세자가 조세부담을 줄이기 위해 자신의 편익을 줄여 선호를 표출하는 무임승차 전략을 택하면 이 원칙은 비현실적일수 밖에 없게 됨
④ 시장경제의 대표적인 문제점 중의 하나인 소득분배의 불공평성을 시정할 수 없음
⑤ 현실에서는 고속도로건설기금을 위한 자동차세 등과 같은 목적세에 한해서 적용가능
(2) 능력원칙(ability-to-pay principle)
① 각 납세자의 경제적 능력에 비례해서 조세의 부담을 분배하는 것이 공평하다는 접근법
② 밀(J.S. Mill, 1921)의 동등희생의 원칙(균등희생의 원칙, equal sacrifice rule)에서 연원을 찾을 수 있음
③ 수평적 공평성과 수직적 공평성으로 나눌 수 있음
④ 수평적 공평성이란 동일한 경제적 능력을 가진 사람은 동일한 조세부담
⑤ 수직적 공평성이란 서로 다른 경제적 능력이면 서로 다른 조세부담

① 무임승차 경향은 선호를 제대로 표출하지 않아 조세의 편익원칙을 적용하기 어렵다.
② 등등희생원칙은 밀이 제기한 능력의 원칙에 입각한다.
③ 편익원칙은 조세가 정부가 제공한 서비스의 대가로 인식해 자발성을 유도하기 쉽다.
④ 능력원칙 중에서 수평적 공평성을 말한다.
⑤ 능력원칙 중에서 수직적 공평성을 말한다.

정답 ②

25	중요도	★★★	난이도	★★
	출제 포인트	정액세와 효율성		

▶ **정액세(lump-sum tax)에 관한 설명으로 옳은 것은?**

① 정액세의 부과는 상대가격을 변경시킨다.
② 정액세는 대체효과와 소득효과는 발생시킨다.
③ 정액세는 효율성과 공평성을 동시에 충족시키는 조세이다.
④ 정액세는 납세자의 경제적 의사결정에 교란을 초래하지 않는다.
⑤ 소득이 1,000만원인 납세자에게는 200만원을, 소득이 100만원인 납세자에게는 20만원을 정액으로 부과하는 소득세는 정액세의 일종이다.

핵심체크

럼섬세 = 대체효과 없음 = 소득효과만 존재

이상적인 조세는 조세부담으로 경제주체의 정상적인 경제행위인 선택에 교란을 야기해서는 안 된다. 이를 조세의 중립성원칙이라고 하는데, 이러한 성질을 지닌 이상적인 중립적 조세를 럼섬세(lump-sum-tax)라고 한다. 럼섬세는 중립세, 일괄세 혹은 정액세라고도 한다.

교란(distortion)이란 민간부문의 경제행위에 영향을 주어 그 결과를 바꾸는 것을 말한다. 현실에서는 어떤 교란도 발생하지 않는 완벽한 중립세는 존재하지 않는다. 이러한 현실적인 이유 때문에 어떤 조세행위가 경제행위에 영향을 주더라도 소득효과를 제외한 대체효과의 교란만을 상정하는 것이 보통이다.

결국 현실에서는 소득효과만 있고, 대체효과가 없는 조세를 중립세(럼섬세)로 정의한다.

흔히 문제에서는 정액세를 대체효과가 없는 럼섬세로 표현한다.

① 정액세는 상대가격을 변경시키지 않는다. 즉 대체효과가 없는 중립세이다.
② 정액세는 소득효과만 있다. 대체효과는 없다.
③ 정액세는 효율성 측면에서만 논의하는 개념이다.
④ 정액세는 대체효과가 없는 선택에 교란을 야기하지 않는 조세이다.
⑤ 소득의 10%를 조세로 부과하기 때문에 비례세라고 해야 한다.

정답 ④

26	중요도	★★★★	난이도	★★
	출제 포인트	조세의 자본화		

▶ **완전경쟁시장에서 토지가격은 그 토지로부터 발생하는 임대료 수입 흐름의 현대가치와 같아진다. 이때 정부가 임대료 수입에 대해 과세하면 토지가격은 미래조세 부담흐름의 현재가치만큼 하락하게 된다. 이와 같은 현상과 조세의 실질적 부담자를 옳게 연결한 것은?**

① 환원(tax capitalization) - 현재의 토지 소유자
② 소전(tax transformation) - 현재의 토지 소유자
③ 환원(tax capitalization) - 미래의 토지 구매자
④ 소전(tax transformation) - 미래의 토지 구매자
⑤ 전전(tax shifting) - 현재의 토지 소유자

핵심체크

① 조세의 자본화(환원) : 공급이 고정된 재화(토지, 주택)에 과세할 때 미래에 발생될 조세부담이 현재가치화되는 현상
② 공표효과(announcement effect) : 과세의 발표만으로 즉시 효과가 발생

법적 납세자로부터 실질적 담세자에게로 조세부담이 이전되는 현상을 조세의 전가라고 한다. 그 형태로는 판매자로부터 소비자에게로 조세부담이 이전되는 것을 전전, 그 반대로 이전되는 것을 후전, 조세부담이 재전가되는 것을 갱전(onward shifting), 경영합리화 등의 효율적인 생산을 통해 조세부담이 실질적으로 사라지는 것을 소전(tansformation), 증권이나 토지처럼 미래에 부담할 조세가 현재의 소유자에게 부담되는 것을 조세환원 혹은 자본화(capitalization)라고 한다.

조세의 자본화는 토지나 주택과 같이 공급이 고정되어 있거나 내구적인 성격을 지닌 상품에 과세할 경우에 발생한다.

정답 ①

27	중요도	★★★★★	난이도	★★★★
	출제 포인트	조세 귀착과 전가		

▶ **조세의 귀착에 관한 설명으로 옳은 것은?**

① 개방경제에서 국가 간 자본이동이 완전한 경우, 자본에 대한 과세는 전적으로 자본수요자에게 귀착된다.

② 생산요소의 공급이 완전비탄력적인 경우, 그 생산요소에 대한 조세는 수요자와 공급자 모두에게 귀착된다.

③ 완전경쟁시장 상품에 과세할 때 공급곡선이 불변이면 수요곡선이 탄력적일수록 소비자의 조세부담이 증가한다.

④ 물품세가 부과될 때, 독점기업일지라도 부과된 세금 이상을 소비자에게 전가시킬 수 없다.

⑤ 램지(Ramsey)규칙은 조세부담을 최소화하기 위한 정책기준이다.

---

① 개방경제에서 자본이동이 완전한 경우는 자본의 이자율탄력성이 무한대라는 것을 의미하고, 자본의 공급곡선이 수평이라는 것을 의미한다. 이것은 자본을 가지고 있는 공급자의 힘이 크다는 것이다. 따라서 자본에 대한 과세는 자본의 공급자가 수요자에게 떠넘기는데 힘이 매우 크기 때문에 100% 자본의 수요자에게 귀착된다.

② 생산요소의 공급이 완전비탄력적인 경우는 생산요소의 공급의 가격탄력성이 0이라는 것을 의미하고 공급자가 완전 힘이 없다는 것을 뜻한다. 따라서 생산요소에 조세를 부과하면 공급자에게 모두 귀착된다.

③ 완전경쟁시장에서 공급곡선이 불변이라는 것은 공급곡선이 수직이라는 것을 의미한다. 따라서 공급자는 완전히 힘이 없다는 것을 의미하고, 이때 수요곡선이 탄력적이라면 수요자가 힘이 상대적으로 세다는 것을 의미하므로 공급자에게 조세가 모두 전가되어 전적으로 공급자가 조세를 부담하게 된다.

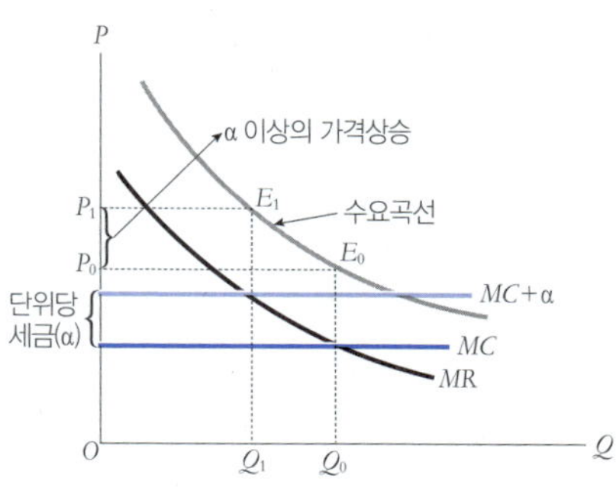

④ 독점시장에서 물품세가 부과될 경우에 부과된 세금 이상을 소비자에게 전가시킬 수 있다. 노벨경제학상을 수상한 스티글리츠(J. Stiglitz, 1988)가 제기한 특수한 경우로 수요곡선이 어느 점에서나 탄력성이 일정한 우하향하는 곡선일 경우에 소비자 가격이 세액의 100% 이상 오를 수 있다. 그림을 보면 쉽게 이해할 수 있을 것이다.

⑤ 램지규칙은 조세부담의 비효율성(초과부담)을 0로 하는 것은 현실적으로 불가능하므로 조세의 초과부담을 최소화하는 것이다. (문제에서 조세부담이 아닌 조세의 초과부담이라고 하면 맞는 지문이 된다.)

정답 ①

28	중요도	★★★★★	난이도	★★★★★
	출제 포인트	조세의 전가와 귀착		

▶ **조세의 귀착과 초과부담에 관한 설명으로 옳지 않은 것은?**

① 두 상품 X와 Y가 완전대체재인 경우, 상품 X에 조세가 부과되면 이 조세는 모두 상품 X의 수요자에게 귀착된다.
② 두 상품 X와 Y가 완전보완재인 경우, 상품 Y에 종가세가 부과되면 그로 인해 초과부담은 발생하지 않는다.
③ 완전경쟁시장에서 공급곡선은 완전비탄력적이고 수요곡선이 우하향하는 경우, 그 상품에 대한 조세는 초과부담을 발생시키지 않는다.
④ 다른 조건이 일정할 때, 시간이 흐를수록 공급곡선의 탄력성이 커지면 상대적으로 소비자에게 조세가 더 많이 귀착된다.
⑤ 이자소득세는 대체효과를 통해 비효율성을 유발한다.

핵심체크

대체효과의 크기 ≈ 초과부담의 크기
탄력성의 크기 ≈ 조세회피능력의 크기

① 두 상품이 완전대체재 관계에 있는 X재와 Y재에서 상품 X재에 조세가 부과되면 소비자들은 가격이 약간이라고 비싸진 X재 대신에 이를 완전히 대체할 수 있는 Y재로 이동하게 된다. 그 결과 X재는 하나도 팔리지 않게 되므로 X재의 공급자가 모두 피해를 보게 된다.
② 두 상품 X와 Y가 완전보완재 관계에 있다면, X재에 물품세가 부과될 때 대체효과가 0이기 때문에 초과부담은 전혀 발생하지 않는다.
③ 완전경쟁시장에서 공급곡선이 완전비탄력적인 경우, 공급자는 완전 힘이 없다는 의미가 된다. 이때 그 상품에 조세를 부과하게 되면 초과부담은 발생하지 않고 전적으로 공급자가 조세를 부담하게 된다.
④ 탄력성이 크다는 말은 조세의 부과에 대해서 회피할 수 있는 힘이 크다는 의미이다. 장기에는 단기보다 탄력성이 크다. 문제에서 시간이 흐를수록(장기) 공급곡선의 탄력성이 커지면(공급곡선의 기울기가 완만해지면), 상대적으로 공급자의 힘이 커진다는 것을 의미하므로 조세부과로 인해 소비자가 더 많은 부담을 지게 된다. 따라서 공급곡선의 탄력성이 크다면 공급자의 힘(조세회피능력)이 크다는 것을 의미하기 때문에 수요자(소비자)에게 조세가 더 많이 귀착된다.
⑤ 이자소득세는 현재소비와 미래소비 간의 상대가격(예산선의 기울기)을 변화시키기 때문에 대체효과가 발생하고, 그 결과 초과부담이라는 비효율성을 야기하게 된다.

정답 ①

29	중요도	★★★★	난이도	★★★★★
	출제 포인트	조세부담 효과 계산		

▶ **이윤극대화를 추구하는 어떤 독점기업의 비용함수는 $C=16+Q^2$이고, 수요함수는 $P=20-Q$이다(단, Q : 수요량, P : 가격). 정부가 재화 한 단위당 4원씩의 조세를 이 기업 또는 소비자에게 부과한다고 가정할 때, 옳은 것을 모두 고른 것은?**

ㄱ. 조세가 부과되기 전, 독점기업은 재화 한 단위당 15원의 가격에 5단위를 판매한다.
ㄴ. 조세가 독점기업에 부과되는 경우, 이 기업은 재화 한 단위당 16원의 가격에 4단위를 판매하므로 조세의 3/4을 부담한다.
ㄷ. 조세가 소비자에게 부과되는 경우, 소비자는 재화 한 단위당 12원의 가격에 4단위를 구매한다.
ㄹ. 조세가 독점기업에 부과될 때, 소비자는 자신에게 부과되는 경우에 비해 부담을 덜 지게 된다.

① ㄱ, ㄴ　② ㄷ, ㄹ　③ ㄱ, ㄴ, ㄷ　④ ㄴ, ㄷ, ㄹ　⑤ ㄱ, ㄴ, ㄷ, ㄹ

독점기업이므로 한계비용(MC)은 $MC=2Q$이고, 한계수입(MR)은 $MR=20-2Q$이다.

■ **조세부과 이전에 이윤극대화 수량과 가격**

$MR=MC$에서 $20-2Q=2Q$가 되어 $Q=5$, $P=15$

■ **조세(T=4)를 부과시 이윤극대화 수량과 가격**

$MR=MC+T$에서 $20-2Q=2Q+4$가 되어 $Q=4$, $P=16$

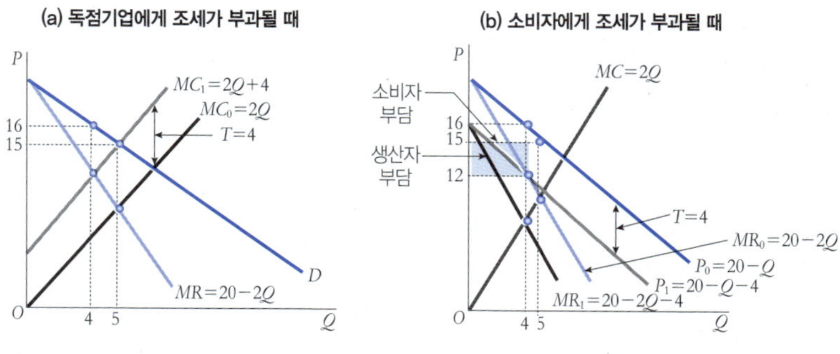

(ㄱ) 조세부과 이전에 가격은 15원, 수량은 5이다.

(ㄴ) 조세 부과 후 소비자는 조세부담 4원 중에서 1원 부담(이전 가격이 15인데, 조세부담 후 가격이 16원임)

(ㄷ), (ㄹ) 조세를 기업에 부과하나 생산자에게 부과하나 그 효과는 동일하다. 따라서 소비자는 16원의 가격에 4단위를 구입한다.

정답 ①

30	중요도	★★★★★	난이도	★★★★★
	출제 포인트	근로소득세와 노동공급		

▶ **근로소득세 부과가 노동시장에 미치는 영향으로 옳지 않은 것은?**

① 동일한 조세수입을 징수하고자 할 때, 비례소득세보다 선형누진소득세가 근로의욕을 더 떨어뜨린다.
② 여가가 열등재일 때, 비례소득세를 부과하면 노동공급은 감소한다.
③ 여가가 정상재일 때, 비례소득세 부과가 노동시장에 미치는 영향은 소득효과와 대체효과의 상대적 크기에 따라 다르다.
④ 선형누진소득세제에서 면세점을 인하할 경우, 여가가 열등재라면 노동공급은 증가한다.
⑤ 선형누진소득세제에서 면세점을 인상할 경우, 여가가 정상재라면 노동공급은 감소한다.

근로소득세를 부과하는 경우에 노동공급에 미치는 효과는 대체효과와 소득효과로 나누어 살펴보아야 한다. 근로소득세의 부과는 (여가, 소득)의 평면상에서 여가의 상대가격을 하락시키고(예산선이 완만해지는 것을 생각하면 됨), 실질소득은 감소(예산선이 안으로 이동)한다.

■ **대체효과**

근로소득세의 부과 → $P_{여가}$↓ → 여가↑ (노동↓)

■ **소득효과**

근로소득세 부과 → 실질소득↓ → (여가 정상재) 여가↓ (노동↑)
→ (여가 열등재) 여가↑ (노동↓)

① 동일한 조세수입을 징수한다고 할 때, 비례소득세보다 선형누진소득세가 근로의욕을 더 떨어뜨린다. 그 이유는 그림(31번 문제 해설 참조)에서 보이듯이 예산선의 기울기가 크게 변화하기 때문이다. (그림을 통해서 보여 줄 수도 있지만 직관적으로 당연하므로 굳이 그렇게 할 필요는 없는 것으로 보인다.)
② 여가가 열등재인 경우에 비례소득세 부과시 대체효과는 노동↓, 소득효과는 노동↓로 총효과도 노동↓가 된다.
③ 여가가 정상재인 경우에는 비례소득세 부과시 대체효과와 소득효과가 반대방향으로 작동하므로 총효과는 불분명하다.

<선형누진세 면세점 인하>

④ 선형누진세하에서 면세점을 인하하는 경우 (반드시 그림을 그려서 판단해야 한다. 암기를 하면 절대 안 되는 부분이다.)
- 대체효과 : $P_{여가}$↑ → 여가↓ (노동↑)
- 소득효과 : 실질소득↓ → (여가 정상재) 여가↓ (노동↑) → (여가 열등재) 여가↑ (노동↓)

⑤ 선형누진세하에서 면세점을 인상하는 경우
- 대체효과 : $P_{여가}$↓ → 여가↑ (노동↓)
- 소득효과 : 실질소득↑ → (여가 정상재) 여가↑ (노동↓) → (여가 열등재) 여가↓ (노동↑)

정답 ④

31	중요도	★★★★★	난이도	★★★★★
	출제 포인트	근로소득세와 노동공급		

▶ **여가-소득간의 선택 모형에서 조세가 개인의 노동공급 의사결정에 미치는 영향에 관한 설명으로 옳은 것은? (단, 여가는 정상재이다.)**

① 비례적 근로소득세율 인상은 여가의 가격을 상승시킨다.
② 근로소득세를 인상하면 소득효과는 노동공급을 증가시키는 반면, 대체효과는 노동공급을 감소시킨다.
③ 누진적 소득세의 경우, 여가의 가격을 나타내는 예산선의 기울기가 일정하다.
④ 일반적으로 근로소득세율이 낮을 때, 세율인상은 노동공급을 감소시키지만 근로소득세율이 높을 때 세율인상은 노동공급을 증가시킨다.
⑤ 세율인상의 효과는 임금률 상승의 효과와 동일하다.

① 비례적 근로소득세율을 부과한 경우에는 예산선의 기울기가 완만해진다($w \rightarrow w(1-t_0)$). 이때 세율을 더욱 인상(t_0-t_1)하게 되면 예산선의 기울기는 더욱 완만해진다.
② 근로소득세를 인상하면 대체효과와 소득효과가 발생한다. 그림을 보면 쉽게 그 효과를 파악할 수 있다.

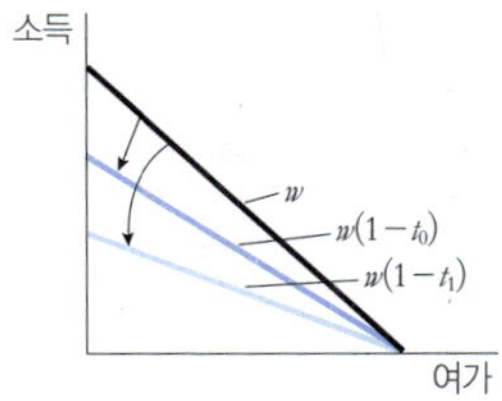

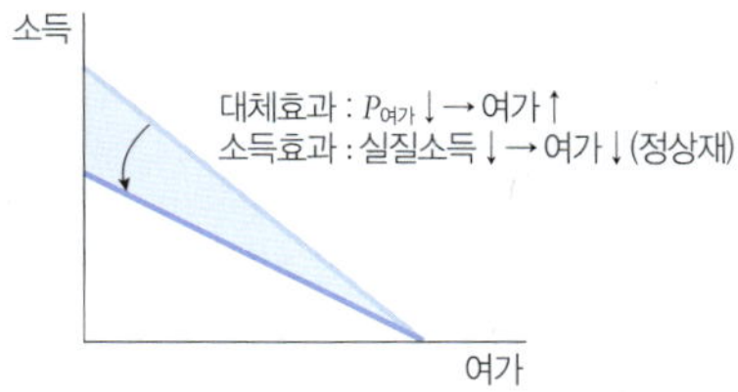

③ 누진적 소득세의 경우 소득구간이 높아지면서 더 높은 세율이 적용되므로 예산선의 기울기는 소득구간마다 완만한 기울기로 꺾이는 형태를 지니게 된다.

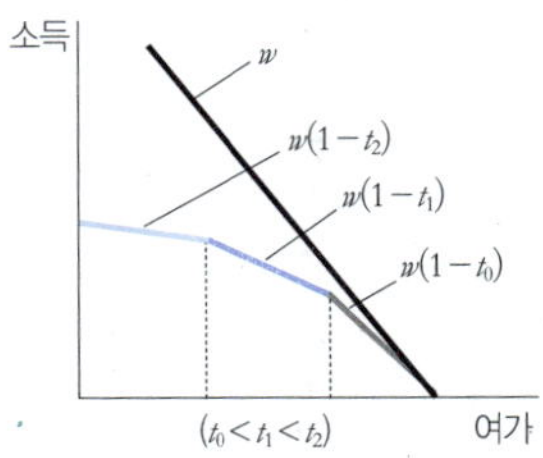

④ 노동공급곡선은 후방굴절하는 형태를 보일 때, 우상향구간에서 근로소득세율이 낮은 경우에는 세율인상이 노동공급을 감소시키지만 그리 큰 영향을 미치지 않게 되고(∵대체효과가 작기 때문에), 그러나 근로소득세율이 높은 경우에는 세율인상으로 인한 대체효과가 크게 영향을 미치게 되므로 노동공급은 더욱 크게 감소한다.
⑤ 세율인상의 효과는 임금률 하락의 효과와 동일하다.

정답 ②

32	중요도	★★★★★	난이도	★★★★
	출제 포인트	조세와 효율성		

▶ **조세의 효율성에 관한 설명으로 옳은 것을 모두 고른 것은?**

ㄱ. 여가를 포함한 모든 상품에 동일한 세율로 조세를 부과하면 정액세(lump-sum tax)와 동등해진다.
ㄴ. 여가를 포함한 모든 상품에 동일한 세율로 조세를 부과하면 초과부담이 발생하지 않는다.
ㄷ. 콜렛-헤이그(Corlett-Hague)법칙에 따르면, 세율은 그 상품의 소득탄력성에 반비례하여야 한다.
ㄹ. 독점시장에서 평균비용과 한계비용이 동일하고 수요곡선이 우하향하는 직선일 경우, 단위당 종량세 를 부과하면 가격은 $\frac{1}{2}t$만큼 상승한다.

① ㄱ, ㄴ ② ㄷ, ㄹ ③ ㄱ, ㄴ, ㄷ ④ ㄱ, ㄴ, ㄹ ⑤ ㄴ, ㄷ, ㄹ

모든 상품에 동일한 세율을 부과하는 물품세를 부과한다면 초과부담이 발생하지 않게 된다. 그리고 정액세 형태의 소득세를 부과할 때도 모든 상품의 상대가격체계를 교란시키지 않게 되므로 초과부담이 생기지 않는다. 이 말은 동일한 세율의 물품세는 정액세와 동등하다. 그러나 여가라는 상품을 여기에 고려하지 못한다면 문제가 발생한다.

(ㄱ) 과세대상에는 (X재, Y재), (현재소비, 미래소비), (여가, 노동소득) 등이 있다고 할 수 있다. 이때 여가를 포함한 모든 상품에 동일하게 조세를 부과하게 되면 과세대상 간에 차별적인 대체효과가 발생하지 않게 되므로 정액세(럼섬세)와 같아지게 된다.

(ㄴ) 어떤 조세가 정액세(럼섬세)라는 것은 초과부담이 발생하지 않는다는 것이다.

(ㄷ) 현실에서는 여가에 과세를 하기 어렵기 때문에 간접적인 방법으로 여가에 과세를 하려고 한다. 여가를 제외한 다른 모든 상품에만 물품세를 동일한 세율로 부과할 경우에 여가와 관련된 상품들의 상대가격체계에 교란이 생기기 때문에 초과부담이 발생한다. 따라서 초과부담을 줄이기 위해서는 여가에 과세하는 방법으로 어떤 상품이 여가에 대체적이면 낮은 세율을, 여가와 보완적이면 높은 세율을 적용하여 여가에 간접적인 과세를 할 수 있게 된다. 이것을 콜렛-헤이그 규칙이라고 한다.

(ㄹ) 선형수요곡선과 일정한 한계비용곡선의 경우 독점조세귀착에 대한 지문이다.
종량세가 독점생산자에게 부과되는 경우, 수요곡선이 우하향하는 직선이고, 한계비용이 일정한 경우 조세귀착을 살펴보는 것이다. 단위당 세금이 α만큼 부과하면 한계비용곡선은 그만큼 상방으로 이동하게 되고, 한계비용곡선이 한계수입곡선을 따라서 α만큼 위로 이동하면 조세부과 후에 이윤극대화 생산량이 결정된다. 한계수입곡선(MR)의 기울기가 수요곡선(D)의 기울기보다 2배 가파르다는 점을 고려하면 한계수입곡선을 따라서 α만큼 위로 이동하는 대신 수요곡선을 따라서 이동하게 되면 한계비용곡선은 $\frac{1}{2}$α만큼 높아지는 것과 같게 된다. 그 결과 단위당 세금이 α만큼 부과되면 소비자가격(상품가격)은 $\frac{1}{2}$α만큼 높아지는 것이다. 이 경우 조세부담은 소비자와 생산자 사이에 반반씩 귀착된다.

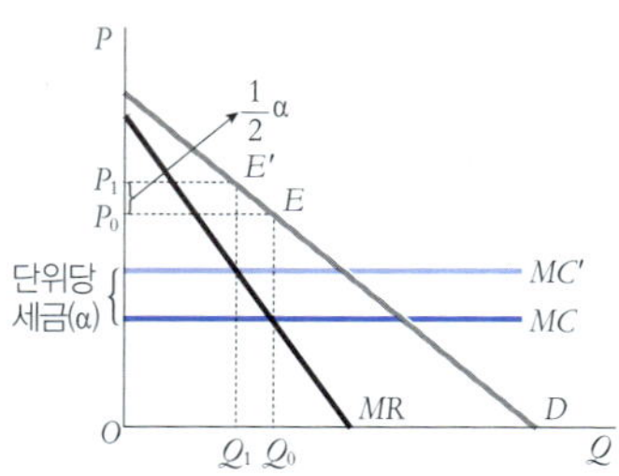

정답 ④

33	중요도	★★★★★	난이도	★★★★★
	출제 포인트	최적 물품세		

▶ **최적 물품세에 관한 설명으로 옳지 않은 것은?**

① 동질적 소비자를 가정할 때, 수요의 가격탄력성에 반비례하도록 종량세를 부과하면 초과부담이 최소화된다.
② 동질적 소비자를 가정할 때, 최적 물품세는 모든 재화에 대해 수요량이 동일한 비율로 감소되도록 조세를 부과해야 한다.
③ 이질적 소비자를 가정할 때, 소득의 사회적 한계가치를 반영하여 소득이 낮은 사람들이 많이 사용하는 재화에는 낮은 세율을, 소득이 높은 사람들이 많이 사용하는 재화에는 높은 세율을 부과하는 것이 바람직하다.
④ 여가가 정상재일 때, 여가와 보완관계에 있는 재화에는 더 낮은 세율은, 여가와 대체관계에 있는 재화에 대해서는 더 높은 세율을 부과해야 한다.
⑤ 동질적 소비자를 가정할 때, 수요의 가격탄력성에 반비례하는 물품세는 공평성을 저해할 수 있다.

핵심체크

동질적 소비자와 이질적 소비자의 개념을 잘 파악

굉장히 중요한 경제학적 분석 과정 중의 하나인데 간과하는 것이 있다. 동질적인 소비자를 가정한다고 하면 모든 소비자들은 동일하게 되므로 대표적인 개인의 효용함수로 사회후생을 나타내어 소득분배의 문제를 고려할 수 없게 된다. 즉 소득 분배의 문제를 고정된 것으로 간주하는 방법을 사용할 때는 동질적인 소비자를 가정하면 된다.

한편 소득분배의 문제까지 고려한 최적 물품세를 고안하기 위해서는 다이아몬드-멀리스(1971)가 제시한 바와 같이 모든 소비자들이 동일하지 않은 이질적인 소비자 경제를 상정해야 한다. 이질적 소비자 경제에서 램지조세는 동질적 소비자경제에서 논의하는 램지 조세와 달리 소득분배에 대한 사회적 선호를 반영하는 소득의 사회적 한계가치(social marginal valuation of income)가 포함된다. 따라서 이질적 소비자 경제에서 도출된 최적 물품세는 탄력성뿐만 아니라 소득의 사회적 한계가치까지도 고려해야 하므로 반드시 탄력성이 낮다고 해서 높은 세금을 부과하도록 요구해서는 안 된다.

①, ②, ⑤에서 동질적 소비자경제를 상정하면 모든 소비자들이 동일하므로 사회후생을 극대화하기 위해서는 정부는 대표적인 개인의 효용을 극대화하는 세율을 결정해야 한다. 따라서 공평성을 저해하는 문제가 발생할 수 있다.

③ 이질적인 소비자를 가정하게 되면 사회적 선호를 반영하는 사회적 한계가치를 이용한다. 소득이 낮은 사람은 소득의 사회적 한계가치가 높게 나타나고, 소득이 높은 사람은 소득의 사회적 한계가치가 낮게 나타난다. 따라서 소득의 사회적 한계가치만을 고려하게 되면 소득이 낮은 사람이 더 많이 사용하는 재화에는 낮은 세금을 부과해야 하고, 소득이 높은 사람이 더 많이 사용하는 재화에는 높은 세금을 부과해야 한다. 대표적인 최적물품세로 램지조세(역탄력성 법칙)와 콜렛-헤이그 법칙이 있다.

④ 콜렛-헤이그 규칙은 여가에 간접 과세하는 방법으로 여가에 보완적인 재화에 더 높은 세율을 부과한다.

정답 ④

34	중요도	★★★★★	난이도	★★★
	출제 포인트	헤이그-사이먼즈의 포괄적 소득세		

▶ 헤이그-사이먼즈(Haig-Simons)의 포괄적 소득에 관한 설명으로 옳지 않은 것은?

① 소득은 일정기간 동안 발생한 개인의 경제적 능력의 순증가분을 말한다.
② 납세자의 경제적 능력을 증가시키더라도 실현되지 않은 부분은 소득에 포함시키지 않는다.
③ 과거에 축적된 부는 소득에서 제외한다.
④ 각종 공제제도는 포괄적 소득세를 제도화하는 과정에서 나타나는 문제점을 보완하기 위해 도입된 것이다.
⑤ 발생원천과 사용용도가 다른 소득이라도 동일하게 취급한다.

핵심체크

포괄소득 vs 포괄소비

헤이그-사이먼즈의 포괄적 소득 : 포괄적 소득은 "주어진 과세기간 동안의 소비의 시장가치와 자산가치의 순변화의 합"이라고 정의한다. 이를 다시 표현하면 포괄적 소득개념은 다음과 같은 특징이 있다.

- 일정기간 동안 이루어진 개인 소비능력의 순증가의 화폐가치
- 미실현자본이득(예로 주식가격이 오를 경우 보유한 주식의 상승한 주식가치), 귀속소득(예로 토지를 임대하는 대신 자신의 토지를 사용하는 경우의 토지서비스의 현금가치) 등도 과세대상에 포함
- 모든 소득을 동등하게 대우하므로 공평하고 이로 인해 교란이 없어 효율적

칼도의 포괄적 소비 : 칼도는 소득은 사회에 기여한 행위이고, 소비는 사회의 자원을 소모하는 행위이므로 소비행위에 과세하는 것이 바람직하다고 주장하였다. 칼도의 포괄적 소비는 소득의 구성요소를 소비와 저축으로 구분할 때 저축을 제외한 모든 소비지출을 의미한다. 포괄소비의 특징으로 주의해야 할 점은 다음과 같다.

- 포괄적 소비에는 소득의 구성요소를 소비와 저축으로 구분할 때 저축을 제외한 모든 소비지출을 의미
- 일반적으로 소비세의 과세대상이 되는 소비와 다름에 주의
  → 저축이 없는 경우에는 포괄적 소비는 포괄적 소득과 동일한 개념
  → 저축이 있다면 포괄적 소득과 포괄적 소비는 저축에 과세하는지의 여부에 따라 차이가 생김
  (칼도는 저축은 소비를 억제하고 사회에 기여한 것이므로 과세해서는 안 된다고 주장)
- 효율성 측면에서 저축에 과세하는 소득세보다 소비행위에 대한 과세가 교란이 없기 때문에 우월하다고 주장
- 공평성 측면에서 저축성향이 높은 사람이 세금을 더 많이 내는 소득세제보다 소비세제가 더 공평하다고 주장

정답 ②

35	중요도	★★★★★	난이도	★★★★
	출제 포인트	부가가치세 특성		

▶ **부가가치세에 관한 설명으로 옳은 것을 모두 고른 것은?**

> ㄱ. 부가가치세의 주요 도입배경으로는 다단계거래세제에서 나타날 수 있는 수직적 통합을 이용한 조세회피 방지와 수출품에 대한 소비세 환급을 통한 수출촉진 등을 들 수 있다.
> ㄴ. 부가가치세는 모든 소비재에 대해 단일세율을 적용함으로써 저소득층의 조세부담을 상대적으로 낮추게 된다.
> ㄷ. 어떤 상품이 부가가치세 면세 대상인 경우, 중간단계에서 이미 납부한 부가가치세는 환급해준다.
> ㄹ. 어떤 상품에 영세율이 적용되는 경우, 그 이전 단계에서 납부한 부가가치세는 전액 환급해준다.

① ㄱ, ㄴ ② ㄱ, ㄷ ③ ㄱ, ㄹ ④ ㄴ, ㄷ ⑤ ㄷ, ㄹ

핵심체크 과세단계에 의한 소비세의 분류

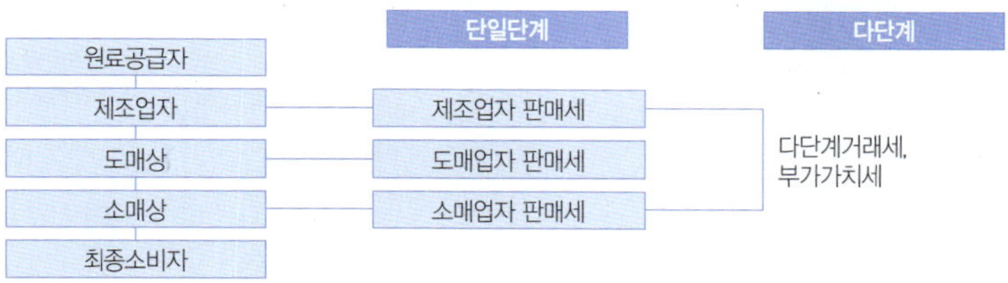

(ㄱ) 부가가치세는 다단계거래세의 문제점들인 누적효과(징수된 소비세 이상으로 재화의 가격이 상승하는 효과), 수직적 통합의 촉진, 수출시 소비세 환급의 어려움 등을 해결하기 위해서 도입된 일반소비세이다.

(ㄴ) 부가가치세는 모든 소비재에 대해서 동일한 세율을 적용하고 있다. 동일한 세율을 부과하게 되면 소비자선택의 왜곡문제를 최소화한다는 점에서 긍정적이지만, 전체 소득 중 소비지출 비중이 높은 저소득층에 대해 불리하게 작용할 수 있게 된다. 이런 연유로 생활필수품에 낮은 세율을 적용하고 있으며, 국가 간 교역에서 수출품은 조세를 부과하지 않는 것이 원칙이다. 즉 생활필수품과 수출품에 대해서 면세제도와 영세율제도가 적용되고 있다.

(ㄷ) 면세는 부가가치세가 단일세율인 관계로 발생한 수직적 공평성의 문제를 부분적으로 해소하기 위해서 사치성 상품에 대해서 고세율의 개별소비세를 부과하거나, 식료품이나 의약품 등과 같은 생활필수품에 대해서 부가가치세를 면세하는 것이다. 의료나 교육과 같은 공익성이 높은 재화나 서비스, 우표와 복권 등과 같은 공익단체가 제공하는 재화나 서비스, 부가가치의 측정이 어려운 금융과 보험서비스 등도 면세의 대상이 된다. 어떤 상품이 면세대상이 되면 그 상품의 최종소비단계에서만 부가가치세가 면제되고 중간단계에서 납부된 부가가치세는 환급되지 않는다.

(ㄹ) 영세율제도란 대부분의 나라에서 수출품의 가격경쟁력을 높이기 위해서 운용하는 완벽한 면세제도를 말한다. 면세제도는 중단단계에서 납부된 부가가치세가 환급되지 않지만, 영세율의 적용을 받으면 전 단계의 부가가치세도 환급받을 수 있다. 따라서 영세율 제도는 완벽한 면세제도이다.

정답 ③

36	중요도	★★★★	난이도	★★★
	출제 포인트	지출세와 부가가치세		

▶ **지출세(expenditure tax)에 관한 설명으로 옳지 않은 것은?**

① 호황기에 소비지출을 억제시키는 자동안정화 기능을 한다.
② 일반소비세인 부가가치세와 마찬가지로 물세이다.
③ 소득파악이 쉽지 않은 고소득층의 소득에도 실질적으로 과세할 수 있다.
④ 개인의 총소비액에서 인적공제 또는 비인적공제 등을 적용할 수 있어 실질적으로 소득세와 유사하게 설계할 수 있다.
⑤ 소득세와 달리 과세대상기간에 적립한 저축에 대한 이중과세문제가 발생하지 않는다.

소비세는 개인의 부담능력을 고려하여 개인에게 부과하는(사람을 중심으로 파악하는) 개인소비세(지출세)와 재화에 대해서 부과하는(소비행위를 중심으로 파악하는) 간접소비세로 크게 나눌 수 있다. 인적소비세는 소비를 과세대상으로 하되 그것을 개인단위 또는 가계단위로 파악하여 과세함으로써 보다 직접적으로 담세능력에 따른 부담의 원칙을 실현할 수 있도록 고안된 세금이다. 이 세금을 지출세 또는 직접소비세 등의 이름으로 부르기도 한다.

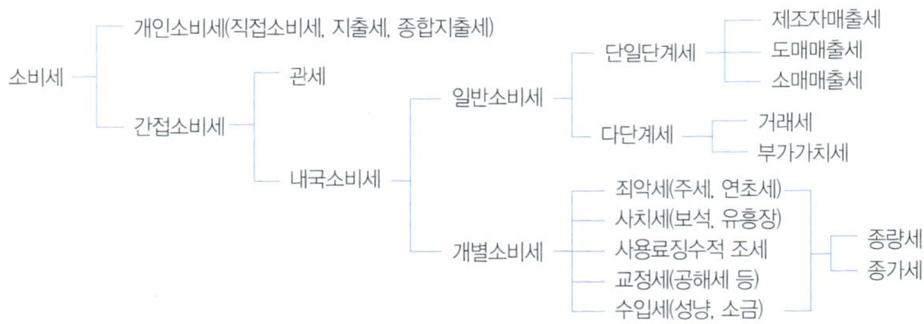

① 지출세는 개인의 총소비지출액에 과세하는 것으로 경기가 호황이 되면 소비지출액이 증가하게 되는데, 이때 지출세 부담으로 인해 소비지출이 억제되는 효과가 나타날 수 있다. 반대로 경기가 불황인 경우에는 지출세가 줄어들어 소비의 부담이 감소하게 되어 경기를 진작시키는 효과가 나타날 수 있다. 이처럼 경기 상황에 따라서 자동으로 호황과 불황의 진폭이 감소하는 것을 자동안정화(auto-stabilization)기능 이라고 한다.
② 지출세는 직접세이며 인세이다.
③ 고소득층의 소득은 파악하기 어렵더라도 언젠가는 소비를 할 테니 실질적인 과세의 효과를 거둘 수 있다.
④ 소득세의 일종으로 소비지출(consumption expenditure)에 대한 조세인 지출세(expenditure tax)는 간접세로서 소비에 대한 조세와는 차이가 있다. 개인지출세는 개별공제가 있을 수 있고, 누진세율로 부과될 수 있기 때문이다.
⑤ 자본이득에 대한 과세의 경우 소득세는 현시점에서 발생한 자본이득에 과세를 하고 난 후에 미래에 소득이 발생했을 경우 또 다시 과세하면 이중과세가 발생할 수 있다.

정답 ②

37	중요도	★★★★★	난이도	★★★★★
	출제 포인트	법인세 특성		

▶ **법인세에 관한 설명으로 옳지 않은 것은?**

① 법인세는 과세의 공평성과 자원배분의 효율성을 달성하기 위해 소득세와의 통합이 논의된다.
② 인플레이션은 감가상각의 실질가치를 떨어뜨림으로써 법인의 실질적 조세부담을 크게 한다.
③ 정부는 법인세제 상의 감가상각이 정상적인 속도보다 빠르게 진행되는 것을 허용함으로써 법인세의 탈세 유인을 축소시키고자 한다.
④ 법인세는 법인에 부과되는 조세로서 귀착자가 누구인지 불분명하다.
⑤ 법인세의 성격에는 법인부문에 투자된 자본에 대한 과세, 경제적 이윤에 대한 과세 등의 견해가 있다.

① 법인세는 통합주의 견해(integrationist view, 법인의제설)와 절대주의 견해(absolute view, 법인실제설)로 크게 나눌 수 있다. 개인소득세가 존재하는 상황에서 법인의 순이윤에 대해 별도의 조세를 부과할 필요가 있는가의 이중과세(double taxation)의 문제가 쟁점이다. 궁극적으로 조세부담을 지는 것은 오직 개인일 뿐, 법적으로만 존재하는 법인에 대해서 과세하는 것은 공평한 과세라는 원칙에도 어긋난다는 것이다.

② 법인세법에서 감가상각은 자본재의 원래 구입비용인 역사적 비용(historical cost)을 기준으로 허용하고 있다. 인플레이션이 없는 경우는 감가상각의 기준이 아무런 문제가 없으나 인플레이션(100%)이 생기면 감가상각의 실질가치가 대체비용의 1/2로 하락하여 기업의 실질적 조세부담은 증가하게 된다.

③ 법인세에서 감가상각을 인정하는 방법은 두 가지가 있다. 정액상각(straight-line depreciation)과 가속상각제도(accelerated depreciation)이다. 가속상각은 자본재의 구입초기에 감가상각공제를 크게 하여 조세부담을 많이 경감시키는 방법이다. 가속상각을 하는 방법 중의 하나는 자본재의 수명을 실제보다 짧게 잡는 것이다.

사례

법인세율이 10%인 제도하에서 어떤 기업이 5년간 사용할 수 있는 자본재를 1억원의 가격에 구입했다고 하자.

정액상각제도의 경우를 보면 자본재의 수명에 기초하여 1년에 1/5씩 감가상각을 하도록 하면 5년간 1년에 2,000만원씩 과세대상소득에서 비용으로 공제받게 되어 5년간 1년마다 200만원씩(감가상각공제액×법인세율) 세금을 절약할 수 있다. 한편 정부는 투자촉진을 위해 즉시상각(즉시경비처리)이 되도록 극단적인 가속상각제도를 허용한다면 법인세율이 10%인 경우 즉시 1,000만원의 세금을 절약할 수 있다.

결국 즉시감가상각제도의 절세액의 현재가치가 더 크게 되므로 기업에게 훨씬 더 유리한 방식이 된다. 그러나 가속상각제도는 기업이 세금절감을 받은 후 되파는 등의 세금회피수단으로도 사용할 수 있다는 문제점이 있다. (문제에서는 이 점을 출제 포인트로 삼아서 가속강각제도는 법인세의 탈세유인을 촉진하는 측면이 있다고 해야 한다.)

④, ⑤ 법인세의 성격과 실질적인 부담은 법인세의 성질과 관련이 있는데 법인세를 하버거 모형처럼 자본에 대한 과세로 볼 것인지, 신고전파의 견해처럼 이윤에 대한 과세로 볼 것인지에 따라서 법인세 부담의 귀착에 대한 결과와 해석이 달라진다.

정답 ③

38	중요도	★★★★★	난이도	★★★
	출제 포인트	법인세 효과		

▶ **법인세액 결정에 관한 설명으로 옳지 않은 것은?**

① 법인세는 자기자본보다 타인자본을 우대한다.
② 투자세액공제는 설비투자금액의 일정비율을 공제하는 방식으로 이루어진다.
③ 물가가 상승하면 차입금의 실질이자부담이 줄어 절세효과가 나타난다.
④ 감가상각액이 늘어나면 법인세액이 줄어든다.
⑤ 법인소득을 주주에게 배당하면 법인세액이 줄어든다.

---

① 법인세는 이자공제, 감가상각 등 기업의 투자재원조달비용에 영향을 미치게 되고, 자본의 사용자비용(투자의 한계비용)에 영향을 미치게 되므로 투자결정에 중립적이지 않게 된다.
기업이 차입을 통해서 자금을 조달했을 경우 이자부담은 비용으로 인정되어 법인세의 과세표준에서 공제해주고 있다. 그러나 사내유보 혹은 신규주식발행을 통해서 자금을 조달하는 경우 자기자본의 귀속이자를 비용으로 인정해 주지 않아 공제받지 못한다. 이러한 항목이 존재한다면 기업이 법인세부담을 줄이기 위해서 지나치게 차입에 의존하는 문제를 야기하게 된다.

② 투자세액공제제도는 자본재를 구입한 연도에 자본재 구입비의 일정비율을 법인세액으로 부터 공제해 주어 투자촉진을 유도하는 방법이다. 감가상각의 경우에는 감가상각공제액에 법인세율을 곱한 액수만큼 세금이 절약되지만, 투자세액공제는 최종산출세액에서 직접 공제되기 때문에 투자세액공제액이 바로 세금에서 절약되는 금액이다.

③ 일반적으로 인플레이션은 채권자와 화폐소유자에게 불리하고 채무자와 재화 소유자에게 유리하다. 개인이 아닌 기업의 경우 투자비용을 차입에 의존하는 경우가 많다. 따라서 인플레이션은 기업의 부채의 실질가치를 감소시키는 데 유리하다. 즉 인플레이션은 기업이 부담하는 이자비용의 실질가치를 하락시켜 부채를 경감시켜 준다.

④ 감가상각(depreciation)이란 자본재의 하락한 가치를 말한다. 법인이 생산활동을 위해서 구입하는 중간재의 구입비용은 법인의 비용으로 인정하여 과세표준에서 공제해 준다. 현실적으로 기업이 구입하는 비내구적 재화는 비용의 계산에 문제가 없지만, 기계나 건물 등과 같은 내구적 재화의 경우에는 비용의 계산에 어려움이 많다. 이러한 자본재의 경우 기업의 생산활동과정에서 매년 소모되는 만큼을 자본재의 비용으로 간주하게 되고 이 감가상각액이 커지면 법인세액은 줄어들게 된다.

⑤ 법인세 통합주의 견해에 따르면 법인(legal person)은 법적으로만 그 실체가 인정되기 때문에 조세부담은 궁극적으로 기업이 아닌 기업의 주주(shareholders)가 된다. 개인의 소득에 부과되는 개인소득세가 존재하는 상황에서 법인의 소득에 별도의 조세를 부과하게 되면 이중과세(double taxation)의 문제가 발생할 수 있다. 그러나 절대주의에 따르면 법인은 독자적인 납세능력을 가지고 있으므로 법인에 대해서 독립적이고 절대적인 조세가 존재해야 한다고 주장한다. 그 이유 중의 하나로 일반적으로 소득세는 주주에게 귀속되는 법인의 이윤 중 배당된 소득에만 부과되고 사내유보(retained earnings)가 된 법인소득에 대해서는 부과되지 않는다. 그 결과 법인이 이윤을 주주에게 배당하지 않고 사내유보한다면 주주들은 자본이득을 취하면서 조세가 실현되지 않음으로써 개인소득세를 회피할 수 있게 된다. 따라서 법인세를 과세함으로써 사내유보를 통한 조세 부담의 회피를 방지할 수 있게 된다. 이 말을 뒤집으면 법인소득을 주주에게 배당하면 법인세액은 증가하게 된다.

정답 ⑤

39	중요도	★★★★★	난이도	★★★★★
	출제 포인트	이자소득세 효과		

▶ **두 기간을 사는 어떤 개인의 기간선택모형(inter-temporal choice model)을 이용하여 조세가 저축에 미치는 영향을 파악하고자 한다. 1기는 일을 하는 기간으로서 소득이 발생하며, 2기는 은퇴 후 기간으로서 소득이 없다고 가정한다. 이 개인이 1기에 발생한 소득 가운데 일부는 소비하며, 나머지 일부를 2기에 사용하기 위하여 저축한다고 할 때, 관련된 설명으로 옳지 않은 것은? (단, 두 기간 간 이자율은 r이고, 차입은 없다.)**

① 어떤 개인이 2기의 소비수준을 과세 전과 동일하게 유지하고자 한다면 이자소득세율을 인상할 경우 현재소비를 줄이고 저축을 늘리게 된다.
② 이자소득세 t의 세율로 과세하면 저축의 수익률은 $r\times(1-t)$가 된다.
③ 이자소득과세는 1기 소비를 늘리고 저축을 줄인다.
④ 저축에 대한 조세가 부과되기 이전에는 1기 소비의 가격은 $(1+r)$이 된다.
⑤ 이자소득세율 인상과 이자율 인하는 이론적으로 저축에 미치는 효과가 동일하다.

저축을 분석하는 가장 기초적인 모형은 피셔(I.Fisher)의 시점간 자원배분모형이다. 이 모형을 사용하여 조세가 저축에 미치는 영향을 살펴보면 다음과 같다.

어떤 대표적인 개인이 두 기간을 살아가는데 1기(현재)에 노동을 공급하여 소득을 얻고 일부를 저축하며, 2기(미래)에 은퇴하여 1기의 저축으로 생활한다고 가정한다. 이를 2기간 생애주기 모형이라고 한다.

이자소득에 t의 세율로 소득세가 부과된다고 가정하면 순이자율이 $(1-t)r$로 하락하게 된다. 이때 현재소비의 가격이 하락하였으므로 대체효과와 소득효과가 발생하게 된다.

- 대체효과 : 상대가격이 하락한 것을 더 많이 소비하는 방향으로 작용하여 현재소비가 증가함
- 소득효과 : 이자소득이 줄어들어 생애의 실질소득 감소로 정상재 성격을 지닌 현재소비가 감소

(a) 대체효과>소득효과

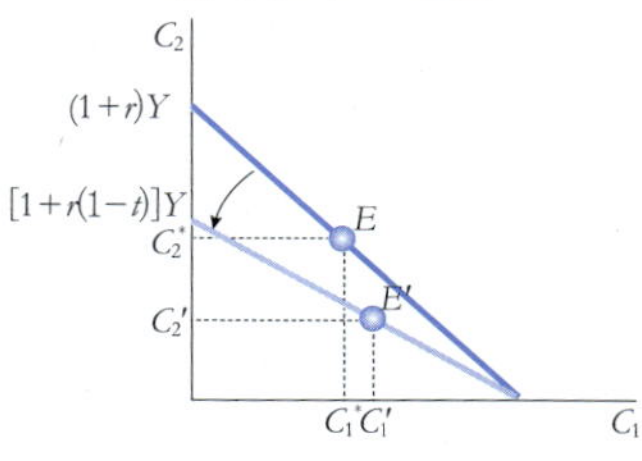

(b) 대체효과<소득효과

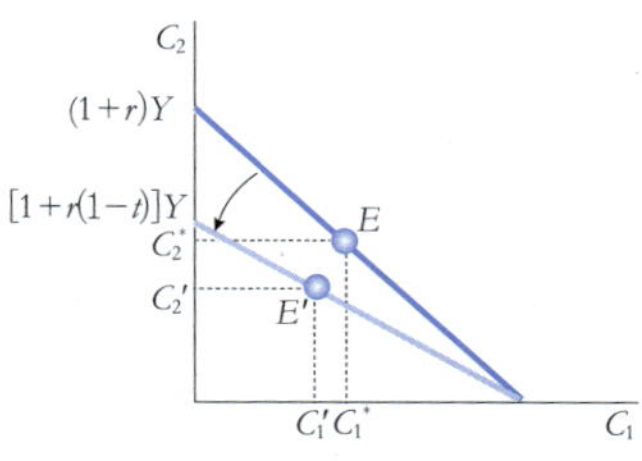

① 2기의 미래소비수준을 그대로 유지하려고 할 때, 이자소득세율이 인상되면 현재소비를 줄여 저축을 늘려야 가능하게 된다.
② 이자소득에 t의 세율로 과세하게 되면 저축에 대한 이자수익률은 $r-rt$가 된다.
③ 결국 대체효과와 소득효과의 상대적 크기에 따라서 저축이 줄어들 수도 있고 증가할 수도 있다.
④ 저축에 과세하기 전 1기(현재)소비의 가격인 기회비용은 미래에 포기해야 하는 소비이므로 1원이 가져다주는 미래소비 $(1+r)$이 된다. (암기하지 말고 직관적으로 이해를 하자.)
⑤ 이자소득세율 인상과 이자율 인하는 예산선상에서 동일한 효과를 가져다준다.

정답 ③

40	중요도	★★★	난이도	★★★★
	출제 포인트	자본의 사용자비용과 신고전학파 투자이론		

▶ **신고전학파의 기업투자결정모형에서 자본의 사용자비용에 직접적으로 영향을 미치지 않는 것은?**

① 이자율 ② 투자세액공제율 ③ 사내유보비율
④ 법인세율 ⑤ 경제적 감가상각률

핵심체크

$$C=(1-k)\times\frac{r+\delta-tr-t\alpha}{1-t}$$

(k : 투자세액공제율, r : 이자율, δ : 감가상각률, α : 세법 감가상각률)

조세가 투자에 미치는 영향은 자본의 기회비용을 살펴보면 알 수 있다. 조겐슨(D.Jorgenson, 1963)은 이것을 모형화했고, 이를 신고전파 투자모형이라고 한다. 이 모형은 자본재를 구입할 때 자본재의 구입비용이 무엇인가를 살펴보는 것이다. 조세부과가 자본재의 기회비용을 높이면 기업은 자본재의 구입, 즉 투자를 줄이는 것이다. 이러한 투자의 축소는 경제의 효율성을 낮추게 된다.

어떤 기업이 자본재(K)를 구입하고, 노동(L)을 투입해서 생산활동을 한다고 가정한다. 분석의 편의를 위해서 자본재 1단위의 구입가격은 1원이고, 생산한 재화의 가격은 P원이라고 가정한다. 이때 기업은 자본구입에 따르는 이자비용과 경제적 감가상각비용을 고려하면 다음과 같은 이윤극대화 조건을 얻을 수 있다.

$$\pi=PF(L, K)-wL-rK-\delta K$$

(단, w는 임금률, r은 이자율, δ는 경제적 감가상각, F는 생산함수)

여기서 rK는 이자비용, δK는 감가상각비용을 나타내며, 둘을 합한 것이 자본재구입의 기회비용이 된다. 왜냐하면 차입을 통해 자본재를 구입하게 되면 매기 차입이자를 지불해야 하고, 자본재를 보유하면 매기 경제적으로 그 가치가 줄어들기 때문이다.

기업이 자본에 대한 이윤을 극대화하는 조건은 자본의 한계수입과 한계비용이 같아지는 경우이다.

$$P\times MP_K=r+\delta$$

(단, MP_K는 자본의 한계생산성)

왼쪽은 자본의 한계생산물 가치로 기계 1단위가 신발 2켤레를 생산하고 시장에서 켤레당 2만원에 판매된다면 한계생산물가치는 4만원이 된다. 오른쪽은 자본재 1단위 구입에 따르는 기회비용을 의미한다. 이 자본의 기회비용을 자본의 사용자 비용(user cost)이라고 한다.

자본의 사용자 비용에 이자비용(tr)과 법인세상의 감가상각비용($t\alpha$)을 경비처리해 주고, 투자세액공제율(k)을 고려하면 자본의 사용자 비용은 다음과 같이 쓸 수 있다.

$$C=(1-k)\times\frac{r+\delta-tr-t\alpha}{1-t}$$

여기서 법인세상의 감가상각이 경제적 감가상각과 다른데, 그 감가상각률을 α라고 한다.

결론적으로 법인세에 영향을 주는 것은 ①이자율(r), ②투자세액공제율(k), ④법인세율(t), ⑤ 경제적 감가상각률(δ)이 있다.

정답 ③

세무사 시험 실전 대비용
재정학 알짜 정보 총정리

세무사 실전 재정학 모의고사 해답 및 풀이

세무사 재정학 모의고사 1 해답 및 풀이

01	중요도	★★	난이도	★★
	출제 포인트	후생경제학		

▶ **후생경제학의 제1정리에 대한 설명 중 옳지 않는 것은?**

① 시장경제에 외부성이 존재하지 않아야 한다.
② 시장의 가격기구가 가장 저렴한 비용으로 생산할 수 있는 자가 생산하도록 한다.
③ 재화들로부터 가장 큰 효용을 느끼는 사람이 사용하도록 유도하는 유인체계를 증명하는 논리이다.
④ 효율적이면서 동시에 공평한 자원배분이 경쟁시장을 통해 달성될 수 있다.
⑤ 경쟁시장은 파레토 효율적인 자원배분을 달성할 수 있다.

핵심체크

후생경제학의 제1정리
외부성이 존재하지 않으며, 각 소비자들의 소비증대가 효용수준을 증가시킨다면(즉 선호체계가 강단조성을 갖는다면), 경쟁시장균형은 파레토 효율적임

핵심 학습

1. 파레토 효율성의 개념 : 하나의 자원배분상태에서 다른 사람에게 손해가 가지 않으면서 어떤 사람에게 이득이 되는 변화를 만들어 낼 수 없는 배분상태
2. 후생경제학의 제1정리
   - 모든 소비자의 선호체계가 강단조성을 갖고 또한 외부성이 존재하지 않는다면 일반경쟁균형의 배분은 Pareto 효율적이다.
   - 경쟁적인 경제에서는 정부의 개입이 없어도 자원배분이 효율적으로 이루어질 수 있다는 것이다.

→ 즉 보이지 않는 손(invisible hand)의 명제 정당화

(1) 효율적인 자원배분을 위한 세 가지 한계조건
① 생산의 효율성 : 노동과 자본의 한계기술대체율이 동일
② 교환의 효율성 : 재화 간 한계대체율이 동일
③ 종합적 효율성 : 재화 간 한계대체율=한계변환율
(2) 완전경쟁과 자원배분의 효율성
   - 위 세 조건이 완전경쟁시장에서 자동적으로 만족되는 것을 보일 수 있다.
   - 완전경쟁시장에서 모든 경제주체가 동일한 가격(혹은 가격비율)에 직면하고, 모든 경제주체가 각자 추구하는 바를 극대화하려 한다.

예시문 학습

① 후생경제학의 제1정리의 가정에 해당한다.
② 완전경쟁시장에서 생산의 효율성 조건을 말한다.
③ 완전경쟁시장에서 교환(소비)의 효율성 조건을 말한다.
④ 후생경제학의 제1정리는 효율성에 대한 설명이므로 공평성과 무관하다.
⑤ 자유시장경제를 옹호하는 후생경제학의 제1정리 그 자체이다.

정답 ④

02	중요도	★★★★	난이도	★★
	출제 포인트	보상의 원리		

▶ **현실적으로 정부개입이 모든 사람의 후생을 증가시키는 경우보다, 일부는 이익을 보게 하고 일부는 손해를 보게 하는 경우가 거의 대부분이다. 이러한 경우 정부개입이 정당화될 수 있는 근거에 대한 설명 중 후생경제학적 관점에서 옳지 않은 것은?**

① 파레토 기준에서는 모든 사람의 후생이 증가하거나 다른 사람에게 피해를 주지 않으면서 어떤 사람의 후생이 증가할 때에만 정당화될 수 있다.
② 정부의 개입으로 이익을 본 사람의 이익이 손해를 본 사람의 손해를 보상하고도 남음이 있다면 보상의 원칙에 따라 바람직하다.
③ 칼도-힉스 기준은 모든 사람에게 화폐 1원의 사회적 의미가 동일하다는 가정을 바탕으로 한다.
④ 스키토브스키 기준에 따르면 정부의 개입으로 새로운 상태가 바람직할 때 그 반대의 경우에도 바람직해야 한다.
⑤ 보상의 원칙은 이익이 손해보다 더 크면 사회적 잉여로 남아 전체 이익을 높일 것이라는 가상적 보상을 바탕으로 한다.

핵심체크

(1) 파레토기준 : 정부의 시장개입으로 모든 사람의 후생이 개선되거나 어떤 사람의 후생이 증가하면 정당화됨
(2) 보상원칙 : 칼도–힉스 기준 ; 스키토브스키 기준

핵심 학습

1. 보상원칙(compensation principle) : 후생증가의 실증적 평가기준
2. 파레토 기준(Pareto criterion)
새로운 상태에서 어떤 사람의 효용수준도 예전보다 더 낮아지지 않았고 최소한 한 사람 이상의 효용수준이 예전보다 더 높아졌다면 이를 '개선'이라고 평가한다.
3. 칼도-힉스 기준(Kaldor-Hicks criterion)
이득을 얻는 사람이 손해를 보는 사람에게 그 손해에 해당하는 보상을 해 주고도 남는 것이 있을 때 그 변화를 '개선'으로 판단한다.
4. 스키토브스키 기준(Scitovsky criterion)
어떤 변화가 칼도-힉스 기준으로 바람직하다고 판명되는 동시에 그 반대의 변화는 칼도-힉스 기준에 의해 바람직하지 않다고 확인되어야 그 변화가 바람직하다는 것(개선으로 판단)이다.

예시문 학습

① 파레토 기준을 말한다.
② 보상의 원칙을 말한다.
③ 칼도-힉스 기준은 모든 사람의 1원을 동일시한다.
④ 스키토브스키 기준은 개선의 경우 그 역은 개선이 아니어야 한다.
⑤ 보상의 원칙은 가상적 보상이지 실제 보상을 말하지 않는다.

정답 ④

03	중요도	★★	난이도	★★
	출제 포인트	시장실패		

▶ **시장에서 자원이 효율적으로 배분되지 못하는 시장실패가 발생하는 경우에 관한 설명으로 옳지 않은 것은?**

① 어떤 소수 기업들이 해당 시장에서 서로 전략적인 행위를 할 때 발생한다.
② 기업의 시설규모에 비해 시장이 협소하거나 수확체증의 기술을 가진 경우 생산을 증가시킴에 따라 평균비용과 한계비용이 모두 감소할 때 발생한다.
③ 외부경제로 인하여 경쟁시장의 최적 생산량과 사회적 최적 생산량이 달라져서 발생한다.
④ 중고차시장에서 복숭아(좋은 차)는 없고 레몬(나쁜 차)만 거래되는 경우 발생한다.
⑤ 공용도로, 공원, 등대는 누구나 사용하고 즐길 수 있기 때문에 시장이 효율적으로 공급할 수 있다.

핵심체크

(1) 시장실패의 개념
(2) 시장실패의 원인 : 불완전경쟁, 규모의 경제, 외부성, 공공재, 불확실성, 불완전정보

핵심 학습

1. 시장실패의 개념 : 시장이 효율적인 자원배분을 하지 못하는 것
2. 시장실패의 원인
(1) 불완전경쟁 : 독과점 등으로 가격이 한계비용보다 높아 자원배분이 비효율적으로 된다.
(2) 공공재
① 특성 : 소비의 비경합성(non-rivalry)과 배제불가능성(non-excludability)
② 무임승차자(free rider problem)의 문제: 공공재의 특성 때문에 무임승차자가 발생하여 효율적으로 공급되기 어렵다.
(3) 외부성 : 거래당사자가 아닌 제3자에게 미치는 혜택이나 손해로서 재화의 가격에 이를 반영하지 못하여 자원배분이 비효율적으로 된다.
(4) 불확실성 : 완벽한 보험을 제공하는 것은 역선택과 도덕적 해이 때문에 불가능하여서 자원배분이 비효율적으로 된다.
(5) 불완전정보 : 정보가 거래당사자 간 비대칭적이어서 자원배분이 비효율적으로 된다.
(6) 비용체감산업 : 생산이 증가함에 따라 평균비용이 하락하고 한계비용도 하락하는데, 가격을 한계비용으로 설정하면 적자가 되어 자원배분이 비효율적으로 된다.

예시문 학습

① 과점시장을 말한다.
② 비용체감산업의 경우를 말한다.
③ 외부성을 말한다.
④ 불완전정보의 경우에 해당한다.
⑤ 공공재의 경우 무임승차자의 문제로 시장의 자원배분은 비효율적으로 된다.

정답 ⑤

04	중요도	★★★★★	난이도	★★★★
	출제 포인트	공공재의 비배제성과 비경합성 특성		

▶ **무임승차자의 문제와 수요표출 메커니즘에 대한 설명으로 옳지 않는 것은?**

① 무임승차자의 문제를 해결하기 위해 클라크-그로브즈 조세체계를 만들 수 있는데, 중추적이지 않은 사람들만 세금을 내게 하는 방식이다.

② 무임승차자의 문제는 어떤 사람이 그 재화를 소비하지 못하도록 배제하는 것이 불가능하기 때문에 발생한다.

③ 무임승차자의 문제는 죄수의 딜레마 게임과 마찬가지로 전략적 행위로 효율적인 균형을 어렵게 한다.

④ 무임승차자의 문제를 해결하기 위한 클라크-그로브즈 조세체계는 추가세금의 형태이므로 민간부문의 소비를 구축하여 비효율성을 초래할 수 있다.

⑤ 각 개인이 자신의 수요를 표명함으로써 다른 사람에게 끼치는 순손실액의 합을 세금으로 내게 하면 무임승차자의 문제를 해결할 수 있다.

핵심체크

(1) 공공재의 특성=비경합성과 비배제성
(2) 수요표출 메커니즘 : 공공재의 무임승차자의 문제를 해결하려는 의도에서 자신의 진정한 선호를 표출하는 것이 우월전략이 되도록 하는 메커니즘(클라크-그로브즈 조세)

핵심 학습

1. 무임승차자의 문제 : 공공재의 비배제성 때문에 발생하는 것으로 이와 같이 재화나 서비스에 대해 온전한 가격을 지불하는 것을 회피하면서 소비하려는 문제
   - 죄수의 딜레마 : 상대방의 행동에 관계없이 자신의 최선전략은 공공재의 비용을 부담하지 않는 것

2. 무임승차자의 문제해결 : 수요표출 메커니즘
(1) 수요표출 메커니즘 : 진정한 선호를 표출하도록 유도하는 메커니즘
(2) 클라크-그로브즈 조세
① 어떤 사람이 부담해야 할 세금의 크기는 남들이 표출한 선호에만 의존하고 자신이 표출한 선호와는 무관하도록 고안한 조세체계이다.
③ 공공재의 공급결정을 바꿀 수 있는 사람을 중추적 사람(pivotal person)이라고 하는데, 이 사람만 클라크세를 낸다. 이때 클라크세는 다른 사람에게 입힌 순손실액이 된다.

예시문 학습

① 중추적 사람만 클라크세를 낸다.
② 무임승차자의 문제는 누구나 대가 없이 소비할 수 있는 공공재의 비배제성의 특성에서 발생한다.
③ 죄수의 딜레마 게임은 서로 전략적으로 행동하여 공공재 부담을 하지 않게 된다는 것이다.
④ 클라크세의 문제점은 거두어들이는 과정에서 클라크세수는 일종의 잉여로서 균형재정이 아닌 흑자재정을 유발하게 된다. 흑자재정을 주민에게 돌려줄 수 없다면 이러한 잉여만큼 민간부문의 소비가 구축될 가능성이 높다
⑤ 클라크세는 다른 사람에게 입힌 순손실액만큼 내도록 고안하여 진정한 선호를 표출한다.

정답 ①

05	중요도	★★★	난이도	★★★★★
	출제 포인트	린달균형		

▶ **3인(갑, 을, 병)의 린달경제에서 공공재인 가로등의 수요가 다음과 같을 때 가로등의 최적공급량과 각 개인이 부담하는 린달조세액을 옳게 설명한 것은? (단, 가로등 단위당 한계비용은 6원)**

단위가격	수요량		
	갑	을	병
1	10	9	8
2	9	8	7
3	8	7	6
4	7	6	5

① 가로등의 최적공급량은 6단위이며, 병이 부담하는 린달조세액은 3원이다.
② 가로등의 최적공급량은 7단위이며, 을이 부담하는 린달조세액은 3원이다.
③ 가로등의 최적공급량은 8단위이며, 병이 부담하는 린달조세액은 1원이다.
④ 가로등의 최적공급량은 9단위이며, 갑이 부담하는 린달조세액은 2원이다.
⑤ 가로등의 최적공급량은 10단위이며, 을이 부담하는 린달조세액은 0원이다.

핵심체크

(1) 린달의 자발적 교환모형
(2) 린달 균형의 조건 : 개인들의 린달 가격의 합=한계비용

핵심 학습

1. 린달의 자발적 교환모형
① 자발적 교환(voluntary exchange)원리로 공공재의 최적공급을 준시장적으로 해결하는 모형
② 린달 균형에서 공공재의 최적공급수준과 개인의 비용부담비율이 동시에 결정된다.
③ 개인들이 진정한 선호를 표출한다는 비현실적 가정에 기반한다.
④ 새무엘슨 모형과 본질적으로 동일한 의미를 가진다.
예 A군과 B양이 살고 있는 경제에 공원벤치(Z)와 햄버거(X)라는 재화가 있다고 가정한다. 그리고 t_A와 t_B는 A군과 B양의 공공재(공원벤치) 비용부담비율, P_Z는 공원벤치의 단위당 가격, P_X는 햄버거(사용재)의 가격을 말한다. 또한 $t_A+t_B=1$이다. 린달 균형에서는 $MRS^A_{ZX}=\frac{t_AP_Z}{P_X}$, $MRS^B_{ZX}=\frac{t_BP_Z}{P_X}$이다. 따라서 $MRS^A_{ZX}+MRS^B_{ZX}=(t_A+t_B)\frac{P_Z}{P_X}=\frac{P_Z}{P_X}$이다. 린달 균형은 새무엘슨 조건을 만족시키며, 파레토 효율적이다.
⑤ 린달의 기본적인 사고가 시장 메카니즘을 재정에 도입하고 조세를 공공서비스의 가격으로 인식하는 데 있음을 생각하면 린달 균형이 파레토 효율적이라는 사실은 우연이 아니다.

예시문 학습

가로등의 공급량이 8단위일 때, 가로등의 가격 또는 조세의 합(A의 가격+B의 가격+C의 가격=3+2+1)이 1단위당 한계생산비용 6원과 일치한다. 따라서 답은 ③이다.

정답 ③

06	중요도	★★	난이도	★★★★★
	출제 포인트	새무엘슨 조건		

▶ 톰과 제리 2인으로 구성된 경제에서 각각의 효용함수는 다음과 같다.

$$U^{톰}=2\sqrt{G}+X_{톰},\ U^{제리}=\sqrt{G}+X_{제리}$$

$P_G=P_X=1$일 때, 공공재를 효율적으로 공급하기 위해서 제리가 부담하여야 하는 분담률은? (단, G : 공공재, X_i : i의 사용재 소비량, P_G : 공공재 가격, P_X : 사용재 가격, i : 톰, 제리)

① $\frac{1}{3}$ ② $\frac{1}{9}$ ③ $\frac{1}{6}$ ④ $\frac{1}{2}$ ⑤ $\frac{2}{3}$

핵심체크

새무엘슨 조건 : $MRS^B_{ZX}=MRT_{ZX}-MRS^A_{ZX}$

핵심 학습

1. 새무엘슨 모형
① 빵과 같은 사용재(X)와 국방, 경찰과 같은 공공재(Z)가 있는 경제에 두 사람(개인 1, 개인 2)이 살고 있다고 가정하자.
② 경제의 생산가능곡선 내에서 개인 1과 개인 2의 효용합을 극대화하는 상품조합을 찾는 것이다. 이때 개인 2의 효용을 어느 일정수준에 고정시키고 개인 1의 효용을 극대화해도 똑같은 해를 구할 수 있다.
③ 공공재의 비경합성으로 인해 개인 1과 개인 2는 동일한 양의 공공재를 소비하지만 서로 다른 양의 사용재를 소비한다. 이러한 사실 때문에 각 개인의 소비량을 수직으로 더하여 사용재의 총량을 구하는 것이다.

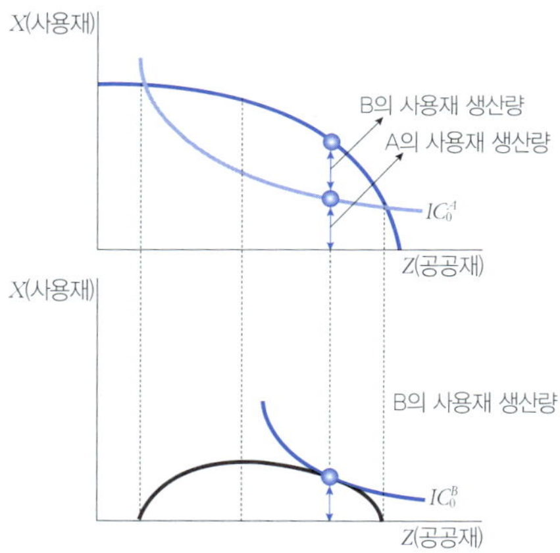

2. 새무엘슨 조건 : $MRS^1_{ZX}+MRS^2_{ZX}=MRT_{ZX}$

예시문 학습

(1) 공공재를 최적공급하는 일반균형조건은 $\frac{1}{\sqrt{G}}+\frac{1}{2\sqrt{G}}=1$이다.

(2) 그리고 톰의 한계대체율은 $\frac{1}{\sqrt{G}}$, 제리의 한계대체율은 $\frac{1}{2\sqrt{G}}$이다.

(3) 따라서 톰과 제리의 분담률은 1:1/2 혹은 2:1이다.

(4) 총공급비용 1을 이 비율로 나누면 제리의 분담률은 1/3이다.
따라서 답은 ①이다.

정답 ①

07	중요도	★★★	난이도	★★★★
	출제 포인트	외부성의 내부화		

▶ **어떤 양봉장 옆에 사과를 재배하는 과수원이 들어섰다. 과수원에서 사과를 a단위 생산할 때 양봉업자는 b단위의 꿀을 생산한다. 사과의 생산비용과 꿀의 생산비용이 다음과 같다고 한다.**

사과 생산비용 : $c=a^2$

꿀 생산비용 : $c=b^2-a$

사과와 꿀은 완전경쟁시장이며, 사과의 가격은 1원이고 꿀의 가격은 2원이라고 가정한다. 이윤을 극대화하는 사과의 생산량(ㄱ)과 꿀의 생산량(ㄴ)을 구하고, 과수원 주인과 양봉업자가 결혼하여 주인이 같아질 때 이윤을 극대화하는 사과의 생산량(ㄷ)과 꿀의 생산량(ㄹ)을 옳게 구한 것은?

① (ㄱ) 1, (ㄴ) 1, (ㄷ) 1, (ㄹ) 1
② (ㄱ) 1/2, (ㄴ) 1, (ㄷ) 1, (ㄹ) 1
③ (ㄱ) 1/2, (ㄴ) 1, (ㄷ) 1/2, (ㄹ) 1
④ (ㄱ) 1, (ㄴ) 1/2, (ㄷ) 1, (ㄹ) 1
⑤ (ㄱ) 1, (ㄴ) 1/2, (ㄷ) 1, (ㄹ) 1/2

핵심체크

외부성 : 제3자효과

핵심 학습

1. 외부성과 내부화

어떤 행위가 제3자에게 의도하지 않은 혜택이나 손해를 가져다주는데, 이에 대해 대가를 받지도 지불하지도 않을 때 외부성이 발생한다고 한다.

■ 어떤 계약관계(합병포함)에 의해 과수원주인이 꿀벌 소유자에게 요금을 지급한다면 외부성이 내부화(internalize)된 것(미국 워싱턴 주에서 실제 관찰)

2. 외부성과 자원배분

① 완전경쟁시장의 경우, 개인들이 경제적 결정을 내릴 때 사회적 관점이 아닌 사적인 효용극대화 혹은 이윤극대화를 위해 단지 사적 편익과 비용에만 관심을 가진다.

② 사회적인 관점에서 평가한 자원배분 효율성 : 사회적 한계편익 = 사회적 한계비용

③ 소비과정에서 해로운 외부성 발생 : 사회적 한계편익 < 사적 한계편익

④ 생산과정에서 해로운 외부성 발생 : 사회적 한계비용 > 사적 한계비용

예시문 학습

(1) 사과의 한계생산비용은 $2a$, 꿀의 한계생산비용은 $2b$이므로, $p=mc$를 이용하면, 즉 $1=2a$, $2=2b$이다. 따라서 $a=1/2$, $b=1$이다.

(2) 사과와 꿀의 생산비용을 합하여 이윤극대화의 생산량을 결정한다. 이때 사과의 한계생산비용은 $2a-1$, 꿀의 한계생산비용은 $2b$이다. $p=mc$를 이용하면, $1=2a-1$, $2=2b$이다. 따라서 $a=1$, $b=1$이다. 그러므로 답은 ②이다.

정답 ②

08	중요도	★★★★	난이도	★★
	출제 포인트	공공선택이론		

▶ **민주사회에서 공공지출을 결정하기 위한 공공선택이론에 관한 설명으로 옳지 않은 것은?**

① 관료모형에서는 관료의 예산극대화 행태에서 자원배분문제를 제시하고 있다.
② 정치가모형에서는 정치가의 득표극대화 행태에서 자원배분문제를 제시하고 있다.
③ 개인의 투표를 통한 의사결정방법은 공공선택의 가장 합리적인 의사결정방식이다.
④ 공공선택이론은 공공재의 효율적인 배분을 위하여 제시되는 이론이다.
⑤ 모든 투표자가 단일정점(single-peaked) 선호를 가지면 다수결투표의 결과는 항상 중위투표자가 가장 선호하는 안건이 채택된다.

핵심체크

(1) 공공선택 : 정부부문의 의사결정이 국민, 정치인, 관료, 로비집단 등 다양한 집단이 관여하여 각자 자신의 효용을 극대화하려는 노력을 한다는 것
(2) 공공선택의 결과 : 공공선택과정은 자연히 정치적 성격을 가지며, 그 결과로 정해진 의사결정이 사회적으로 바람직한지 알 수 없음. 정부실패의 한 가지 원인일 수 있음

핵심 학습

1. 공공선택이론 : 정부의 재화와 서비스 결정과정은 개인들이 사용재에 대해 내리는 의사결정의 과정과 매우 다른 집단의사결정과정이다. 집단의사결정과정에서 가장 합리적인 방식이 개인의 직접투표방식(직접민주제)이다.
2. 과반수제하의 정치적 균형 : 과반수제의 적용시 궁극적으로 선택되는 대안은 중위투표자(median voter)가 선호하는 대안
3. 대의제하의 공공선택

① 정치가(다운즈의 득표극대화모형)
② 관료(니스카넨의 예산극대화모형, 미그-빌레인저 모형, 지대추구이론)
③ 이익집단(철의 삼각형, 포획이론, 합리적 무시)

예시문 학습

① 니스카넨의 관료모형을 말한다.
② 다운즈의 득표극대화모형을 말한다.
③ 직접민주제하의 공공선택으로 개인의 투표방식이 가장 바람직하다.
④ 공공선택이론은 각 집단이 자신의 이익을 추구하므로 정부실패의 한 원인이다.
⑤ 과반수제하에 단일정점 선호의 중위투표자정리를 말한다.

정답 ④

09	중요도	★★★★	난이도	★★
	출제 포인트	환경세 : 외부성 해결방법		

▶ **어떤 상품의 시장수요곡선은 $Q=10-P$이고, 한계비용은 $MC=2+Q$이며, 상품 1단위 생산 시 발생한 공해의 한계피해는 $MD=2Q$이다. 자원배분 왜곡을 치유하기 위한 최적 환경세(피구세)는? (단, Q : 수량, P : 가격)**

① 2 ② 3 ③ 4 ④ 5 ⑤ 10

핵심체크

(1) 외부성의 해결방법 : 피구세(환경세), 오염허가서(배출권거래제), 코즈 정리에 따른 소유권의 확립
(2) 피구세(환경세)

핵심 학습

1. 외부성의 해결방법
(1) 환경세 부과
① 배출세(effluent charge), 피구세(Pigouvian tax)라고도 한다.
② 최적 생산수준에서의 한계피해액을 세율로 하는 환경세부과는 이윤극대화를 추구하는 생산자들이 자발적으로 최적생산수준을 선택하게 한다.

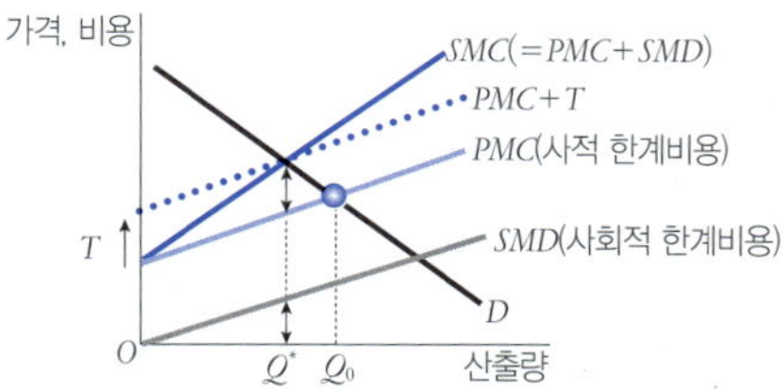

③ 환경세의 이중배당가설 : 환경오염을 줄여서 환경을 개선시키는 사회적 이익을 환경배당이라고 하며, 총조세수입을 일정하게 유지하기 위해 환경세를 부과하고 다른 조세를 감면하면 다른 조세로 인한 시장왜곡을 줄이는 동시에 자원을 보다 효율적으로 이용하게 함으로써 사회복지가 향상되는 사회적 이익을 효율배당이라고 한다. 환경세는 이러한 두 가지 배당을 국민에게 준다.
(2) 오염허가서 발급
(3) 코즈 정리에 따른 소유권 확립

예시문 학습

(1) 피구세는 현재의 공해방출이 아닌 최적 수준의 산출량하에서 공해의 한계피해비용을 구해야 한다.
(2) 따라서 사회적 관점의 최적 산출량은 $10-Q=(2+Q)+2Q$에서 $Q=2$이고, 이때의 한계피해비용은 $SMD=2Q=2\times2=4$이다.

정답 ③

10	중요도	★★★★	난이도	★★★★
	출제 포인트	분배적 정의		

▶ **허리케인이 지나간 지역에서 얼음, 생수, 모텔방의 값에 폭리를 취하는 상인을 볼 수 있다. 우리는 이러한 상인들을 처벌하여야 하는지 자유주의와 공리주의, 롤스주의에 입각해서 볼 때 논리적으로 옳지 않게 설명한 것은?**

① 자유주의는 개인의 자유존중이라는 관점에서 처벌에 반대한다. 시장은 자신의 의지에 부합한다면 어떠한 개인의 자유도 존중해야 하기 때문이다.
② 자유주의는 행복극대화라는 관점에서 처벌에 반대한다. 공급자의 사기를 높여 필요한 물건을 공급하게 해서 사회전체의 행복을 크게 하기 때문이다.
③ 롤스주의는 어려운 사람의 행복을 감소시키므로 사회전체의 후생이 감소한다고 볼 것이다. 따라서 상인이 공급을 늘려 이를 보상하도록 하여야 하므로 처벌에 반대한다.
④ 롤스주의는 현재의 상황에서 자유시장이 자유롭지 못하다고 보는데, 강요받은 자유는 자유가 아니라고 보기 때문에 처벌에 찬성할 것이다.
⑤ 공리주의는 주민의 고통과 상인의 이익의 합계를 구하여 이익이 더 크다면 공리가 극대화되므로 처벌에 반대할 것이다.

핵심체크

가치관에 따른 분배적 정의관 : 자유주의, 공리주의, 롤스주의

핵심 학습

1. 분배적 정의 : 넓게 해석하면 자유와 평등을 포함하여 개인들 사이에 분배되는 모든 것과 관련된 정의이고, 좁게 해석하면 유형의 재화(부와 소득 등)와 같이 개인들 사이 분배되는 경제적 자원과 관련된 정의라고 할 수 있다.
2. 분배적 정의관

(1) 자유주의적 정의관
- 철학자 노직 : 자유시장의 분배는 그 결과가 평등하든 불평등하든 정당하다는 것
- 칸트적 원칙 : 사람이 단순히 수단으로서 사용되어서는 안 되고 목적 그 자체여야만 함

(2) 공리주의적 정의관
- 공리의 원칙 : 정의의 최고 원칙은 행복을 극대화하는 것. 따라서 바람직한 분배란 그 사회의 총체적 후생을 극대화할 수 있는 분배임

(3) 롤스의 정의관
- 차등의 원칙 : 가장 약자에 속하는 사람에게 이익이 돌아가는 경우에만 사회적, 경제적 불평등을 인정한다는 원칙
- 최소극대화의 원칙 : 한 사회의 가장 못사는 사람에게 가장 큰 이득이 돌아가도록 해야 함

예시문 학습

①, ② 자유주의자는 개인의 자유와 행복이라는 관점에서 처벌에 반대한다.
③ 롤스주의는 어려운 사람의 행복을 극대화해야 하므로 처벌에 찬성한다.
④ 롤스주의는 현재의 시장이 완전한 자유시장이라고 보지 않으므로 처벌에 찬성한다.
⑤ 공리주의는 공리(이익-고통)를 극대화하면 모두 옳은 것이므로 처벌에 반대한다.

정답 ③

11	중요도	★★★	난이도	★★★★
	출제 포인트	사회적 할인율		

▶ **정부가 사회적 할인율을 선택할 때 균형상태에서 동일한 값이라고 판단할 수 있는 것은?**

(가) 주관적인 시간선호율	(다) 세후 투자수익률
(나) 소비자 이자율	(라) 세전 투자수익률

① 가, 라 ②가, 나 ③ 가, 다, ④ 가, 나, 다 ⑤ 가, 나, 다, 라

핵심체크

(1) 소비자의 시점간 자원배분모형의 이해
(2) 비용–편익분석의 사회적 할인율선택

핵심 학습

1. 소비자의 시점간 자원배분(피셔 모형)
① 소비자는 현재와 미래의 평생을 걸쳐 효용을 극대화한다.
② 현재소득(Y_1), 미래소득(Y_2), 현재소비(C_1), 미래소비(C_2)

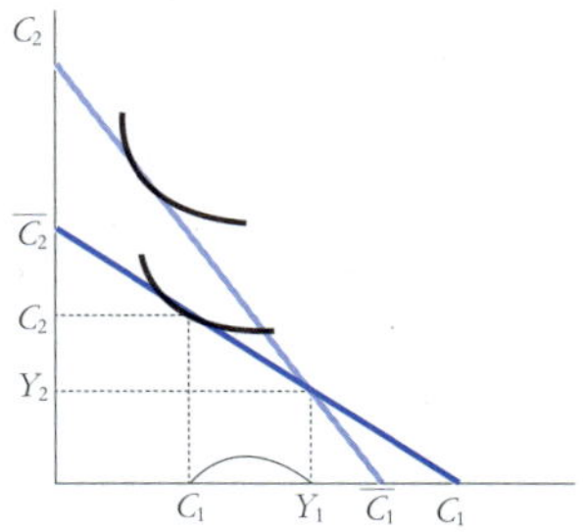

$$\overline{C_1}=Y_1+\frac{Y_2}{(1+r)}$$
$$\overline{C_2}=Y_2+Y_1(1+r)$$
$$C_2=Y_2+(Y_1-C_1)(1+r)$$
$$\Rightarrow C_2=-(1+r)C_1+\overline{C_2}$$

예산제약선 기울기 : $-(1+r)$

무차별곡선의 기울기 : $-\frac{\Delta C_2}{\Delta C_1}=MRS=-(1+\rho)$

균형조건 : $-(1+r)=-(1+\rho)$

2. 사회적 할인율
공공사업의 올바른 평가를 위해서는 사회적 할인율의 적절한 선택이 매우 중요하다.
① 민간부문의 투자에 쓰일 자금이 공공사업에 투입된 경우 : 공공사업이 정당화되기 위해서는 최소한 민간의 세전수익률 이상은 되어야 함
② 민간부문의 소비에 쓰일 자금이 공공사업에 투입된 경우 : 공공사업이 정당화되기 위해서는 최소한 민간의 세후수익률 이상은 되어야 함

예시문 학습

소비자의 시점간 자원배분모형에서 소비자의 주관적 시간선호율은 소비자의 무차별곡선의 기울기이다. 균형하에서는 무차별곡선이 예산선과 접하므로 예산선의 기울기와 같고, 예산선의 기울기는 소비자 이자율을 의미한다. 이것은 다시 세금을 공제한 투자수익률 즉 세후 투자수익률과 같다.

정답 ④

12	중요도	★★★★★	난이도	★★
	출제 포인트	비용—편익분석		

▶ **비용—편익분석에 관한 설명으로 옳지 않은 것은?**

① 비용-편익분석은 정부의 경제행위의 타당성을 분석할 때 그 행위로부터 초래되는 비용과 편익을 비교함으로써 이루어진다.
② 한정된 자원을 공공부문이 효율적으로 사용할 수 있는가 하는 경제성의 평가는 공공투자사업들이 사회후생의 증가를 가져오는지의 여부에 따라 정해질 수 있다
③ 공공투자사업은 사회후생의 증가여부에 따라 경제성을 분석하므로 사회후생함수의 설정과 평가를 통해 구체적으로 파악되어야 한다.
④ 정부가 시장에 거래되지 않는 많은 재화와 서비스를 생산할 때 그 가치를 평가하는 문제는 과학인지 예술인지 구분하기 어려울 때도 있다.
⑤ 대규모 투자사업의 정부지출의 효과는 국민들에게 미치는 영향이 매우 크므로 정부가 수행하는 공공투자사업을 선정할 때에는 그 타당성을 충분히 분석하여야 한다.

핵심체크

(1) 비용—편익분석의 개념
(2) 사회후생함수의 존재와 설정

핵심 학습

1. 비용-편익분석의 개념
① 개인의 행동에서와 마찬가지로 공공사업의 바람직한 정도도 사회적 이익(편익)과 사회적 손실(비용)을 비교해서 판단하게 된다.
② 한정된 자원을 사용한다는 점에서 항상 경합관계에 있는 민간부문을 고려하여야 한다.
③ 한정된 자원을 공공부문이 효율적으로 사용할 수 있는가 하는 경제성의 평가는 공공투자사업들이 사회후생의 증가를 가져오는지의 여부에 따라 결정될 수 있다.
④ 정부가 시장에 거래되지 않는 많은 재화와 서비스(시간, 생명, 공공재, 환경 등)를 생산할 때 그 가치를 평가하는 문제는 과학인지 예술인지 구분하기 어려울 때도 있다.

2. 사회후생함수의 존재와 설정
① 애로우의 불가능성정리에 따르면, 민주적이고 합리적인 규칙을 만족하는 사회후생함수는 존재하지 않는다.
② 이론적으로는 사회후생의 증가가 사회후생함수의 평가를 통해 파악될 수 있지만, 그 개념의 비현실성으로 인해 비용-편익분석이 현실적으로 사용되는 것이다.

예시문 학습

사회후생함수의 존재와 설정 모두에 어려운 문제점을 가진다. 애로우의 불가능성정리는 모든 민주적이고 합리적 공리를 만족하는 사회후생함수는 존재하지 않는다고 하며, 사회후생함수를 설정한다 해도 어떤 방식으로 설정하는가에 대하여 주관적 가치판단이 개입할 수 있다. 따라서 사회후생함수는 관념적으로 유용하지만 실용적인 면에서 별로 쓸모가 없다.

정답 ③

13	중요도	★★★★	난이도	★★★★★
	출제 포인트	비용–편익분석의 환경 편익추정		

▶ **환경정책을 실행하는 경우 환경의 편익을 추정하는 일이 중요한 과제이다. 대기나 수질 등 환경의 질이 개선될 때 소비자가 얼마만큼 지불할 의사를 가졌는지 알아볼 수 있는 여러 방법들에 대한 설명으로 옳지 않는 것은?**

① 환경과 대체관계에 있는 재화시장을 이용하는 방법으로 회피비용법을 사용할 수 있다.
② 환경과 약보완관계에 있는 재화시장을 이용하는 방법으로 여행비용법을 사용할 수 있다.
③ 환경을 속성으로 가지고 있는 재화시장을 이용하는 방법으로 속성가격법을 사용할 수 있다.
④ 환경에 대한 가상시장을 만들어 설문을 통해 지불용의액을 구하는 방법으로 조건부 가치평가법이 있다.
⑤ 지불용의액 접근법은 여행비용법처럼 일반적으로 환경재와 대체관계에 있는 시장재화를 관찰함으로써 편익을 추정하는 소비자잉여에 이론적 기반을 두고 있다.

핵심체크

(1) 환경의 잠재가격
(2) 환경의 가치 추정

핵심 학습

1. 환경의 잠재가격 도출방법

방법	행위관찰	가상
직접	시장가격	조건부 가치평가법
간접	회피(방어)비용법 여행비용법 속성가격법	–

(1) 회피비용법(회피행동접근법) : 사람들이 환경오염을 회피하기 위해 구입하는 재화의 가치를 환경의 가치로 평가하는 방법. 즉 공해와 구입재화 간의 대체관계를 이용하는 것
(2) 여행비용법 : 공해라는 환경재의 감소와 레저활동의 소비지출 사이에 존재하는 약보완관계(weak complementarity)를 이용하는 방식
(3) 속성가격법 : 환경과 보완관계에 있는 시장자료를 이용하여 환경의 가치를 평가하는 방법
(4) 조건부 가치평가법 : 가치가 관찰될 수 없는 가상적인 경우, 사람들이 얼마나 지불할 용의가 있는 지를 직접 물어서 가치를 평가하는 방법

예시문 학습

여행비용법처럼 일반적으로 환경재와 보완관계에 있는 시장재화를 관찰함으로써 편익을 추정하는 것은 마샬(A. Marshall)의 소비자잉여에 이론적 배경을 두고 있다. 그러나 조건부 가치평가법은 환경재의 질적 개선에 대한 가치인 지불용의액(Willingness-To-Pay, WTP)이나 수취용의액(Willingness-To-Accept, WTA)을 직접 면담을 통해 얻는 것이다. 두 개념은 소비자의 후생변화를 측정하는 도구인 힉스(J.R. Hicks)의 보상변화와 대등변화에 이론적 기초를 두고 있다. 예시 ⑤에서 조건부 가치평가법과 같은 지불용의액 접근법은 관련 시장재화를 관찰하지 못할 때 사용된다.

정답 ⑤

14	중요도	★★★	난이도	★★
	출제 포인트	누진세제		

▶ **누진세제가 경제적 능력이 큰 사람이 조세부담도 많이 진다는 수직적 공평성의 원칙을 잘 충족시키는가에 대한 여러 견해들이 있다. 누진세제가 필요하며 당연한 것이라고 모두 믿을지 모르지만 누진세제의 여러 문제점을 지적하는 학자들도 있다. 그러한 주장의 근거들 중 옳은 지적만 고른다면?**

(가) 세율구조가 매우 복잡하여 탈세할 수 있다.
(나) 누진세의 영향은 주로 소수의 고소득층만 받으므로 다수에 의한 횡포다.
(다) 누진세율이 클수록 노동의욕이 떨어지고 효율성이 낮아진다.
(라) 개인들의 가처분소득을 어느 정도 평준화할 수 있다.
(마) 누진세는 편익의 원칙에 부합하지 않는다.
(바) 누진세는 동등희생의 원칙에 부합하지 않는다.
(사) 롤스의 원초적 상황에서 모두 누진세를 선택할 것이다.

① 가, 나 ② 가, 나, 다 ③ 가, 나, 다, 라 ④ 라, 마, 사 ⑤ 라, 마, 바

핵심체크

(1) 누진세제의 반대근거
(2) 누진세제의 찬성근거

핵심 학습

1. 누진세제의 반대근거
(1) 복잡한 조세 제도 : 조세제도가 복잡해서 탈세가능성이 높아짐
(2) 정치적 책임성 : 누진세는 소수의 부유층이 큰 영향을 받는 것에 불과함
(3) 효율성에 대한 부정적 영향 : 누진과세가 경제의 활력을 떨어뜨리는 원인이 됨
2. 누진세제의 찬성근거
(1) 경제적 불평등의 감소 : 가처분 소득의 평준화
(2) 편익의 원칙에 입각한 주장 : 납세자의 소득의 증가에 따라 얻게 되는 편익이 더 커짐
(3) 사회계약론적 근거 : 롤스적 정의관처럼 가난한 사람의 행복을 높이는 것이 정의로움
(4) 동등희생의 원칙 : 모든 납세자가 조세부담으로 인한 희생이 똑같도록 만들어야 공평함

예시문 학습

(라)는 문제점이 아니라 찬성론이며, (마)는 고소득층이 공공서비스의 혜택도 많이 받으므로 누진세가 편익의 원칙에 부합한다. (바)는 공평성의 관점에서 동등희생의 원칙에 부합한다. (사)는 누진세의 찬성의견이다.

정답 ②

15	중요도	★★★★	난이도	★★
	출제 포인트	조세귀착		

▶ **정부는 생수를 파는 독점시장에 단위당 세금을 100원 부과하였다. 이 생수회사의 수요곡선은 우하향하는 선형수요곡선이며, 한계비용은 일정하다고 가정한다. 소비자와 생산자가 부담하는 조세귀착에 대한 설명 중 옳은 것은?**

① 소비자가 전적으로 부담하게 된다.
② 소비자와 생산자가 나누어 부담하게 되며, 그 크기는 수요의 가격탄력성에 따라 달라진다.
③ 소비자와 생산자가 각각 반씩 나누어 부담하게 된다.
④ 소비자가 생산자보다 더 많이 부담하게 된다.
⑤ 소비자가 생산자보다 더 적게 부담하게 된다.

핵심체크

독점과 조세귀착

핵심 학습

1. 독점시장과 물품세의 귀착

우리는 독점시장의 경우 독점생산자가 조세를 소비자에게 쉽게 전가할 수 있을 것으로 생각하기 쉽다. 그러나 독점생산자라도 그의 목표는 조세전가에 있지 않고 이윤극대화에 있으며, 조세를 완전히 전가하는 것이 항상 이윤극대화를 가져오지는 않는다. 따라서 독점기업이라 하더라도 조세부담을 소비자에게 완전히 전가시킬 수는 없으며, 어느 정도의 조세부담을 질 수밖에 없다.

그러나 스티글리츠(J. Stiglitz, 1988)가 밝힌 특수한 경우로서 선형수요곡선과 일정한 한계비용이라는 조건하에서 조세가 부과되면 세액의 50%를 부담한다고 한다. 그리고 어느 점에서나 수요탄력성이 일정한 우하향하는 시장수요곡선일 때 조세가 부과되면 그 시장수요곡선위에서 소비자가격은 세액의 100% 이상 오를 수도 있다. 또 다른 가능성으로서 오히려 독점기업 입장에서 조세가 과중하지 않아서 이윤이 줄어들긴 하지만 수익은 여전히 충분하다고 여긴다면 생산량과 시장가격이 변하지 않을 수도 있다.

2. 선형수요곡선과 일정한 한계비용

비용곡선이 한계수입곡선을 따라 α만큼 위로 이동하면 조세부과 후 이윤극대화 생산량이 결정된다. 그런데 우리는 한계수입곡선(MR)의 기울기는 수요곡선(D)의 기울기의 2배라는 사실을 알고 있다. 이 사실을 생각하면 한계수입곡선을 따라 α만큼 위로 이동하는 대신 수요곡선을 따라 이동한다면, 한계비용곡선은 (1/2)α만큼 높아지는 것과 같다. 따라서 단위당 세금이 α만큼 부과될 때 소비자가격 혹은 상품가격은 (1/2)α만큼 높아지는 것이다.

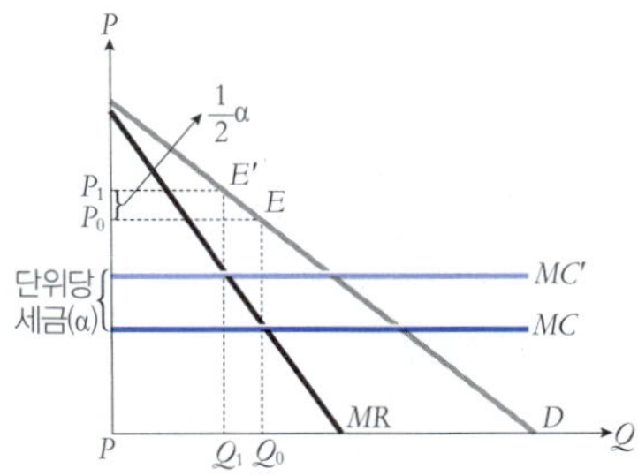

예시문 학습

스티글리츠의 특수한 경우로서 단위당 세금의 1/2만큼 소비자가격을 상승시킨다.

정답 ③

16	중요도	★★★★★	난이도	★★★
	출제 포인트	생산요소 과세		

▶ **생산요소 과세의 귀착에 관한 설명으로 옳지 않은 것은?**

① 근로소득세는 근로자가 받는 임금률과 시장임금률 간의 쐐기 역할을 하여 근로소득을 감소시킨다.

② 근로자의 임금이 근로소득세만큼 순임금률이 낮아지기 때문에 이러한 임금률의 하락은 전액 근로자에게 귀착된다고 볼 수 있다.

③ 소규모 개방경제 하에서는 자본이 일정한 이자율에 무한히 공급될 수 있으므로 자본에 대한 과세는 조세를 포함한 자본의 수익률을 과세폭만큼 상승시킨다.

④ 소규모 개방경제하에서 자본에 과세하면 자본의 공급자가 얻는 세후수익률에는 변화가 없고 자본소유자는 아무런 부담을 지지 않고 전액 자본사용자에게 귀착된다.

⑤ 조세의 자본화란 자산의 가격이 미래에 발생될 조세부담의 현재가치만큼 하락함을 뜻하는 것으로 과세의 발표만으로도 즉시 효과가 발생하는 공표효과가 작용한다.

핵심체크

생산요소과세와 조세귀착

핵심 학습

1. 근로소득세
① 종가세 일종(근로소득의 일정비율을 세금)
② 근로소득세 부과로 세금을 제외한 순임금율 하락 → 근로자의 부담, 고용주의 일부 부담
2. 자본과세
① 경제의 개방성(openness) 정도에 좌우
② 완전개방적인 경우
→ 공급탄력성은 ∞(국제적으로 정해진 이자율에서 무수히 많은 자본이 국내 자본시장으로 공급 가능)
→ 자본 공급곡선은 수평선 → 자본의 과세부담은 전적으로 자본사용자에게 귀착
3. 조세의 자본화
① 토지와 같이 공급이 고정되어 있는 경우(완전 비탄력적)
→ 조세 부과시 조세부담이 자본화하여 가격이 하락하는 현상
② 자산의 가격이 미래에 발생될 조세부담의 현재가치에 해당하는 부분만큼 하락
→ 앞으로 세금부담이 미리 예측되어 가격에 반영되는 현상(공표효과)

예시문 학습

① 종가세인 근로소득세는 기업의 노동수요가격인 시장임금률에서 일정비율로 감액되는 것을 의미하며, 감액을 고려한 나머지가 근로자가 받는 임금률이다.
② 근로자와 고용주가 나누어 부담하며 수요와 공급의 탄력성에 따라 부담의 상대몫이 결정된다.
③, ④ 개방경제에서 자본공급곡선이 수평이므로 자본에 대한 과세는 자본사용자에게 귀착된다.
⑤ 토지와 같은 내구성을 가진 재화에 과세를 할 때 공표만으로도 미래의 세금부담이 미리 가격에 반영되어 하락한다.

정답 ②

17	중요도	★★★★★	난이도	★★★
	출제 포인트	일반균형의 물품세 귀착		

▶ **2생산요소-2상품인 경제(A. Harberger 모형)에서 노동집약적으로 생산되는 쌀과 자본집약적으로 생산되는 옷이 있다고 가정한다. 자본집약재인 옷에 물품세를 부과하는 경우 상대가격의 변화 및 물품세 귀착에 관한 설명으로 옳지 않은 것은?**

① 두 산업 간 요소집약도의 차이가 클수록 상대가격은 더 큰 폭으로 변화하고 자본소유자의 부담이 커진다.

② 조세부과의 대상이 된 상품에 대한 수요의 가격탄력성이 클수록 상대가격의 변화가 더 커지고 자본소유자의 부담이 커진다.

③ 원천(source) 측면에서 어떤 생산요소의 공급자에게 부담이 귀착된다는 사실은 모든 사람의 선호가 동일하기 때문에 나온 결과이다.

④ 두 생산요소 간 대체탄력성이 작을수록 상대가격의 변화는 작아지고 자본소유자의 부담이 작아진다.

⑤ 사용(use) 측면에서 소비자들의 선호가 다르다면 옷을 더 많이 소비하고 있는 사람일수록 더 많은 부담을 지게 된다.

핵심체크

(1) 하버거 모형
(2) 물품세의 귀착 : 산출효과

핵심 학습

1. 일반균형의 물품세의 귀착

① 어떤 한 상품에만 부과되는 물품세는 그 상품의 생산과정에서 집약적으로 사용되는 요소의 상대가격을 하락시킨다. 이것을 산출효과라고 한다.

② 요소의 상대가격이 변화하는 정도(변화가 클수록 과세산업에 집약된 요소부담이 커짐)

- 두 산업 사이에 요소집약도(factor intensity)의 차이가 클수록
- 과세상품에 대한 수요의 가격탄력성이 클수록
- 과세산업의 요소 사이의 대체탄력성이 작을수록(등량곡선이 L자형)

③ 원천측 : 물품세가 부과된 산업에서 집약적으로 사용되고 있는 생산요소의 공급자에게 부담 귀착

④ 사용측 : 과세되는 상품을 상대적으로 더 많이 소비하고 있는 사람일수록 더 많은 부담

→ 수요의 소득탄력성이 큰 사치재에만 물품세부과시 부유층이 상대적으로 더 큰 부담

예시문 학습

① 요소집약도의 차이가 크므로 과세상품에 집약된 요소에게 불리하게 작용한다.

② 수요탄력성이 크므로 과세상품에 집약된 요소에게 불리하게 작용한다.

③, ⑤ 과세되는 산업의 집약된 요소를 소득의 원천으로 삼는 자본소유자에게 불리하다는 사실은 모든 사람의 선호가 동일하기 때문에 나오는 결과이다(원천측). 만약 소비자들의 선호가 다르다면 과세상품의 소비에 많은 지출을 하는 사용자에게 높은 조세부담이 돌아간다(사용측).

④ 요소 간 대체탄력성이 작을수록 요소 간 상대가격이 크게 변하고 과세상품에 집약된 요소부담이 커진다.

정답 ④

18	중요도	★★★★★	난이도	★★★★
	출제 포인트	부분요소세		

▶ **노동집약적으로 생산되는 쌀과 자본집약적으로 생산되는 옷이 있다고 가정한다. 쌀의 생산에 고용된 자본에 대하여만 과세할 때 조세의 귀착에 관한 설명 중 옳지 않는 것은?**

① 산출효과에 의해 노동의 상대가격이 하락하여 노동자의 부담이 커진다.
② 요소대체효과에 의해 노동의 상대가격이 상승하여 노동자의 부담이 작아진다.
③ 쌀의 수요탄력성이 클수록 산출효과가 커진다.
④ 쌀과 옷의 요소집약도의 차이가 작을수록 산출효과가 더욱 커진다.
⑤ 쌀과 옷의 요소대체탄력성이 클수록 산출효과가 더욱 커진다.

핵심체크

(1) 부분요소세　　(2) 산출효과와 요소대체효과

핵심 학습

1. 일반균형의 부분요소세의 귀착

(1) 부분요소세 : 특정부문의 요소에만 과세한 조세로서 다음 두 효과가 작용한다.
- 산출효과 : 과세된 산업이 위축되어 그 산업에 집약된 요소에 불리하게 작용하는 효과
- 요소대체효과 : 과세된 요소에 불리하게 작용하는 효과

(2) X산업의 자본(K)에 과세할 경우

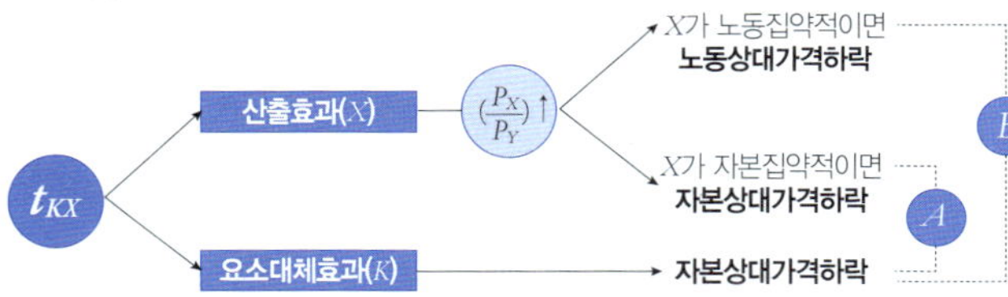

2. 부분요소세의 귀착에 영향을 미치는 요인

(1) 요소의 상대가격의 변화가 커지는 경우 산출효과가 커진다.
- 두 산업 사이에 요소집약도(factor intensity)의 차이가 클수록
- 과세상품에 대한 수요의 가격탄력성이 클수록
- 과세산업의 요소 사이의 대체탄력성이 작을수록(등량곡선이 L자형)

(2) 과세산업의 요소 사이의 대체탄력성이 작을수록 요소대체효과는 작아진다.

예시문 학습

① 산출효과(생산효과)에 의하면 쌀산업이 위축되므로 쌀산업에 집약된 요소에 불리하게 작용한다. 따라서 쌀의 자본비용이 인상되므로 쌀의 상대가격이 올라가고, 노동의 상대가격이 하락한다.

② 요소대체효과에 의하면 자본에 과세되므로 자본에게 불리하게 작용할 것이다. 따라서 쌀의 자본이 옷생산으로 이동하게 되어 옷의 자본-노동비율이 올라가고, 자본의 상대가격이 하락한다.

③, ④, ⑤ 수요탄력성이 클수록, 두 산업 간의 요소집약도의 차이가 클수록, 두 산업 간의 요소의 대체탄력성이 작을수록 산출효과가 더욱 커진다.

정답 ④

19	중요도	★★★★★	난이도	★★★
	출제 포인트	이자소득세와 저축행위		

▶ 단순 2기간 생애주기모형에서 이자소득세만 부과하는 경우 개인의 저축에 미치는 영향으로 옳지 않은 것은? (단, 현재소비와 미래소비는 정상재, 무차별곡선은 원점에 대해 볼록, 이자율은 양(+)으로 주어져 있음)

① 이자소득세의 부과는 현재소비와 미래소비의 상대가격을 변화시켜서 대체효과와 소득효과를 모두 발생시킨다.
② 이자소득세 부과에 따른 소득효과는 일정수준의 미래소비를 유지하기 위하여 저축을 증가시키는 것을 말한다.
③ 소득효과가 대체효과를 압도하는 경우 저축이 증가한다.
④ 이자소득세 부과에 따른 대체효과는 현재소비의 기회비용을 낮추어 저축을 감소시키는 것을 말한다.
⑤ 이자소득세는 일반적으로 저축을 감소시키지만 초과부담이 발생하지 않는다.

핵심체크

이자소득세 : 소득효과+대체효과

핵심 학습

1. 이자소득세와 저축
(1) 기본모형 : 시점간자원배분

(a) 시점간자원배분모형

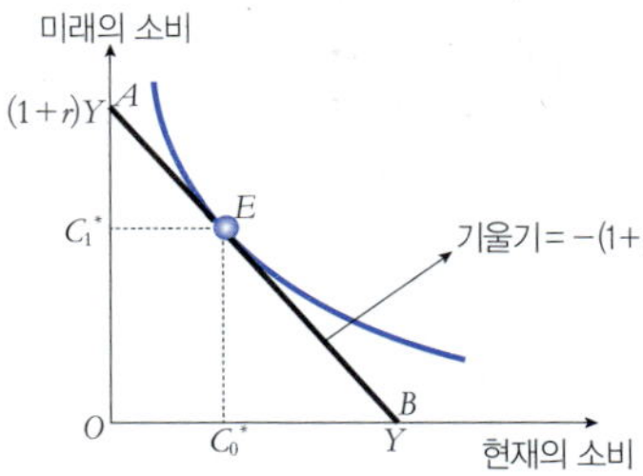

(b) 소득효과가 대체효과보다 큰 경우

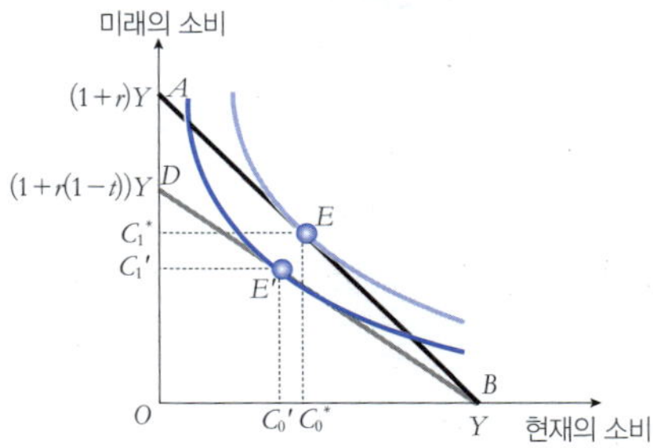

2. 이자소득세의 영향(저축자의 경우)
- 대체효과 : 실질이자율↓ → 현재소비의 상대가격↓ → 현재소비↑, 저축↓
- 소득효과 : 실질이자율↓ → 실질소득↓ → 현재소비↓, 저축↑

예시문 학습

①, ②, ③ 대체효과는 가격이 하락한 것을 더 많이 소비하는 방향으로 작용하므로 현재소비가 증가하게 된다(저축 감소). 한편 소득효과는 이자소득이 줄어들어 생애의 실질소득이 감소하므로 정상재의 성격을 갖는 현재소비도 감소하게 된다(저축 증가). 따라서 대체효과와 소득효과의 상대적 크기에 따라 저축이 줄 수도 있고 늘 수도 있는데, 소득효과가 더 크면 저축이 증가한다.
④, ⑤ 대체효과는 현재소비의 기회비용을 낮추어 저축을 감소시키고, 이 효과로 초과부담이 발생한다.

정답 ⑤

20	중요도	★★	난이도	★★★★★
	출제 포인트	조세와 위험부담행위		

▶ **정부가 투자자의 위험부담행위에 대해 보상을 해 주지 않고 투자수익에 과세를 하는 경우 투자자의 위험부담행위와 사회후생에 관한 설명으로 옳지 않는 것은? (단, 위험부담행위의 소득탄력성은 양수)**

① 어떤 투자자의 입장에서 동일한 위험률에서 수익률이 낮아진다.
② 위험부담행위의 상대가격이 하락하여 대체효과와 소득효과가 발생한다.
③ 대체효과와 소득효과가 같은 방향으로 작용하여 위험부담행위가 감소한다.
④ 대체효과와 소득효과가 같은 방향으로 작용하여 위험부담행위가 증가한다.
⑤ 투자수익의 과세는 투자를 저해하여 사회후생을 감소시킨다고 볼 수 있다

핵심체크

조세와 위험부담행위의 분석은 평균-분산모형을 사용

핵심 학습

1. 평균-분산모형
(1) 기본모형 : 투자가의 효용수준은 어떤 특정한 자산구성에서 나오는 수익률과 위험률의 함수이다.

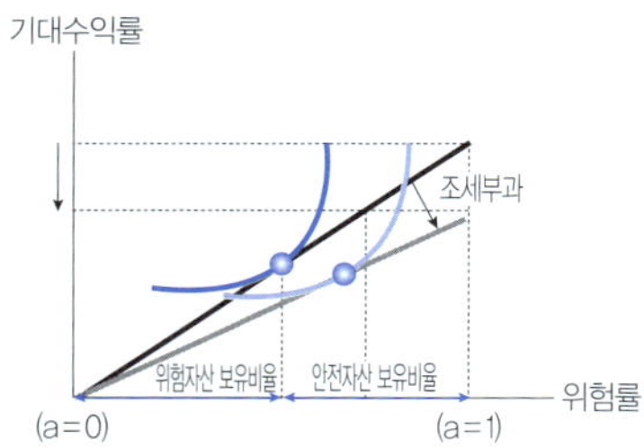

(2) 손실비보상 : 손실분에 해당하는 세액 전부를 전혀 보상해 주지 않는 경우
2. 손실비보상 : 동일한 위험률에서 수익률만 감소한 기회선으로 이동하게 된다.

- 대체효과 : 수익률이 떨어진 위험자산에서 안전자산으로 대체하려 하기 때문에 위험부담행위를 감소시키는 방향으로 작용함
- 소득효과 : 수익률하락으로 실질소득이 감소하며, 위험부담의 소득탄력성(상대적 위험기피의 정도)에 따라서 달라짐

예시문 학습

① 어떤 투자자의 입장에서 동일한 위험률에서 수익률이 낮아진다.
② 따라서 위험부담행위의 상대가격이 하락하여 대체효과와 소득효과가 발생한다.
③ 문제가정에 의해 실질소득이 감소하면 위험부담행위도 감소한다(소득효과). 따라서 대체효과와 소득효과가 같은 방향으로 작용하여 위험부담행위가 감소한다. 이 경우 과세는 투자를 저해한다.
⑤ 위험부담행위(투자)의 감소로 사회후생이 감소한다고 볼 수 있다.

정답 ④

21	중요도	★★	난이도	★★
	출제 포인트	초과부담 계산문제		

▶ **어떤 재화에 대한 수요곡선과 공급곡선이 각각 다음과 같이 주어졌다고 한다.**

> 수요 : $P=10-Q$
> 공급 : $P=2$

정부가 이 상품에 대하여 단위당 2원의 물품세를 부과하는 경우 초과부담액은?

① 1
② 2
③ 3
④ 6
⑤ 8

핵심체크

(1) 부분균형분석을 통한 초과부담의 측정
(2) 초과부담(excess burden) = 조세의 실제부담 − 조세징수액

핵심 학습

1. 부분균형에서 초과부담
 초과부담(excess burden) = 조세의 실제부담 − 조세징수액
 조세가 민간부문의 의사결정(선택의 기준인 상대가격)을 교란해 발생하는 효율성의 상실
2. 초과부담의 측정
(1) 물품세 부과가 소비자에게 가져오는 실제부담이 소비자 잉여의 감소분으로 측정
(2) 소득효과가 제거된 보상수요곡선을 이용한다. 왜냐하면 초과부담은 소득효과와 관련이 없고, 대체효과만 관련 있기 때문이다.
3. 그림을 통한 측정

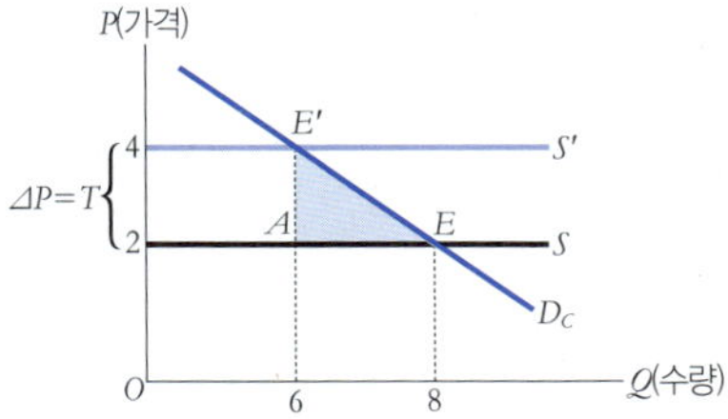

예시문 학습

(1) 수요 = 공급으로 놓으면 최초의 $Q=8$을 구할 수 있다.
(2) 이제 물품세 2원만큼 공급곡선을 상향 이동시키면 새로운 $Q=6$을 구할 수 있다.
(3) 따라서 초과부담은 $(1/2)\Delta P\Delta Q=(1/2)\times 2\times 2=2$이다.

정답 ②

22	중요도	★★★	난이도	★★
	출제 포인트	보조금의 초과부담		

▶ **어떤 빵의 수요가 다음과 같다.**

$$P=25-Q$$

빵의 생산에 드는 한계비용은 5로 일정하다. 정부는 빵의 소비촉진을 위해 단위당 2의 보조금을 지급하기로 했다. 이 경우의 설명 중 옳지 않은 것은?

① 원래의 균형에서 Q=20인데 보조금만큼 한계비용을 낮추어 생각하면 Q=22가 된다. 즉, 빵의 수요가 2단위 증가한다.
② 빵의 가치가 변한 것이 아닌데 빵의 수요가 늘어난 것은 보조금이 실질적으로 빵생산자의 단위당 비용을 보조해 주어 인위적으로 한계비용을 낮춘 결과이다.
③ 보조금에 의해 증가한 수요에 대한 빵의 한계편익이 한계비용을 초과하므로 이 부분이 사회가 부담할 초과부담이다.
④ 빵에 대한 보조금의 초과부담액은 2이다.
⑤ 조세는 어떤 행위를 규제하므로 초과부담이 발생하지만 보조금은 그렇지 않다.

핵심체크

보조금의 초과부담

핵심 학습

1. 보조금의 초과부담
초과부담(excess burden) = 보조금액 − 보조금의 실제편익
2. 초과부담의 측정
(1) 보조금의 경우는 인위적으로 가격을 낮추어 초과부담이 발생한다.
(2) 인위적 가격하락은 과다생산으로 대체효과를 발생시키는 한편 보조금이 과다지급된다.
(3) 이러한 보조금이 다른 부문의 조세로 충당된다면 그림의 색칠한 부분만큼 후생손실이 발생한다. 즉 다른 부문의 조세로 공급자에게 보조금을 준다는 의미이다.

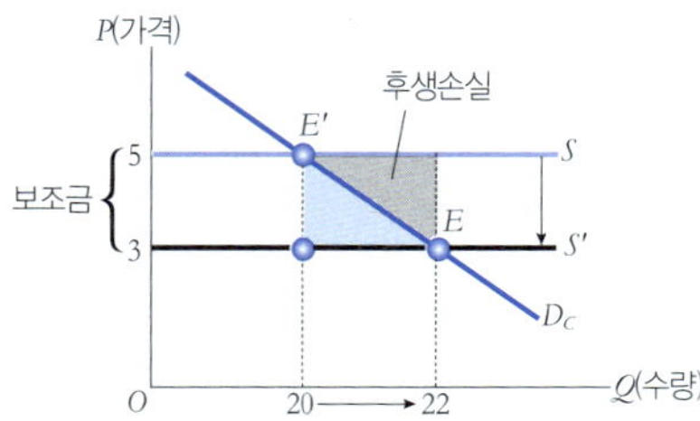

예시문 학습

원래의 균형에서 Q=20인데 보조금만큼 한계비용을 낮추어 생각하면 Q=22가 된다. 즉, 빵의 수요가 2단위 증가한다. 빵의 가치가 변한 것이 아닌데 빵의 수요가 늘어난 것은 보조금이 실질적으로 빵생산자의 단위당 비용을 보조해 주어 인위적으로 한계비용을 낮춘 결과이다. 따라서 2단위 증가한 수요에 대해서 빵의 한계비용이 한계편익을 초과한다. 이 부분이 사회가 부담할 초과부담이다.

정답 ⑤

23	중요도	★★★	난이도	★★★
	출제 포인트	배당금의 수수께끼		

▶ **'배당금의 수수께끼'에 관한 설명으로 옳지 않은 것은?**

① 기업경영자가 배당세율이 자본이득세율보다 낮다는 이유로 사내유보를 통한 투자확대보다 높은 배당금을 지급하는 현상을 말한다.
② 주인-대리인 간의 이익이 달라 발생하는 전형적인 문제로서 '주인-대리인문제(principal-agent problem)'로 설명 가능하다.
③ 소액주주의 필요성을 수용하여 배당금을 지급한다는 것으로 설명 가능하다.
④ 경영자가 미래의 수익성과 성장가능성에 대해 주주에게 신호(signal)를 발송하기 위해 배당금을 증가시킨다는 것으로 설명 가능하다.
⑤ 투자실패에 따른 자본손실을 피하고 배당금이라도 챙기자는 투자자의 심리적 특성으로 설명 가능하다.

핵심체크

(1) 배당금의 수수께끼 : 배당>사내유보
(2) 발생이유 : 주인–대리인문제, 소액주주의 필요성, 소유와 경영의 분리, 투자자의 심리

핵심 학습

1. 배당금의 수수께끼
이론상 배당세율이 높아서 사내유보가 더 나은데도 불구하고 실증적으로 조세상의 불이익을 감수하면서 상당히 높은 배당률을 유지하는 현상이 나타남
2. 이유
① 주인-대리인문제 : 대리인인 경영자가 주인인 주주와 다른 개인적인 목표를 갖게 되어 주인의 뜻대로 일을 수행하지 않는 문제를 가리킨다. 경영자는 주주에게 배당할 투자수익을 낭비하지 않는다는 것을 보여 주기 위해 앞으로 몇 년간 투자수익의 일정비율을 배당할 것을 약속한다.
② 소액투자가나 비영리단체가 주주일 경우 안정된 배당금의 흐름을 선호한다.
→ 소액투자가는 생활비의 충당을 위해서, 비영리단체는 정상적인 소득배당금에 한해 사용이 가능한 정관규정 때문. 그러나 사내유보도 보유주식의 가치상승으로 연결될 수 있다는 점을 들어 반박하기도 함
③ 기업의 소유와 경영의 분리 : 경영진은 적절한 배당을 선택해 기업활동에서 나온 수익의 수준이나 성장가능성에 대한 정보를 주주에게 전달한다.
④ 투자자의 심리적 특성 : 미래의 불확실한 배당금보다 당장 지급되는 배당금을 상대적으로 높이 평가한다.
→ 배당금지급시는 주주의 소득이 바로 그 폭으로 확실히 증가하지만 사내유보시 어느 정도의 자본이득이 발생할 것인지 정확히 예측할 수 없음

예시문 학습

예시문의 ①은 이론상 배당보다 사내유보가 주주에게 유리하다는 설명을 거꾸로 하고 있다.

정답 ①

24	중요도	★★★★★	난이도	★★★
	출제 포인트	최적조세		

▶ **최적 조세에 관한 설명으로 옳지 않은 것은?**

① 콜렛-헤이그(Corlett and Hague) 규칙은 정액세 형태의 소득세처럼 모든 상품에 동일한 세율의 물품세를 부과하면 효율적이지만 여가에 과세할 수 없기 때문에 초과부담이 발생하므로 차등세율을 하여야 한다는 것이다.

② 램지(F. Ramsey) 규칙에 따르면 최적 조세제도는 모든 상품에 대하여 조세수입의 한계초과부담이 같아지는 조세제도이다.

③ 역탄력성 법칙에 의하면 각 상품에 대한 최적 세율은 수요의 가격탄력성에 반비례하도록 책정되어야 한다.

④ 램지 조세(Ramsey tax)는 주어진 세수목표와 소득분배목표에서 초과부담을 최소화하는 최적물품세를 말한다.

⑤ 소득계층 간 소비패턴에 차이가 있다면 부유한 사람이 주로 사용하는 상품에 높은 세율을 부과할 때 효율성과 공평성을 달성할 수 있다.

핵심체크

(1) 최적물품세의 의의
(2) 램지 규칙, 역탄력성 법칙
(3) 콜렛–헤이그 규칙

핵심 학습

1. 램지 규칙
조세부과에 의해 모든 상품의 수요량이 똑같은 비율로 감소되도록(각 상품의 조세수입 1원의 초과부담이 같도록) 세율구조를 정하면 총초과부담이 최소화된다. 이것을 램지 규칙이라고 한다.

3. 역탄력성 법칙
수요탄력성이 큰 상품에는 낮은 세율을 적용하고, 수요탄력성이 작은 상품에는 높은 세율을 적용하는 것이 총초과부담을 최소화한다. 이것을 역탄력성의 법칙이라고 한다.

4. 콜렛-헤이그 규칙
여가를 제외한 다른 모든 상품에만 물품세를 동일한 세율로 부과할 경우 여가와 관련된 상품들의 상대가격체계에 교란이 발생하여 초과부담이 발생한다. 초과부담을 줄이기 위해 여가에 과세하는 방법으로 어떤 상품이 여가에 대체적이면 낮은 세율을, 여가와 보완적이면 높은 세율을 적용함으로써 여가에 대해 간접적으로 과세하는 효과를 기대할 수 있다. 이것을 콜렛-헤이그 규칙이라고 한다.

5. 최적 물품세와 공평성
램지 규칙이나 역탄력성의 법칙을 현실에 적용하는 데 매우 곤란한 문제가 있다. 왜냐하면 비탄력적인 수요를 갖는 상품은 일반적으로 생활필수품이며, 탄력적인 수요를 갖는 상품은 보통 사치성 상품이기 때문이다. 결국 램지 규칙에 의하면 필수품에는 높은 세율을 적용해야 하므로 세부담에 있어서 불공평한 문제가 발생한다. 여기에 최적 소득과세의 필요성이 있는 것이다.

예시문 학습

예시문의 ⑤에서 공평성은 달성되나 효율성은 달성되지 않는다.

정답 ⑤

25	중요도	★★★★★	난이도	★★★
	출제 포인트	최적소득세		

▶ **최적 소득세의 누진성과 효율성에 관한 설명으로 옳지 않은 것은?**

① 비선형소득세의 경우 최적 세율은 낮은 소득에서 0으로 시작해서 소득이 높아짐에 따라 세율이 증가하다가 어느 소득수준부터는 감소해서 0이 되는 세율구조이다

② 스턴의 최적 선형누진세율에 영향을 미치는 요인은 두 가지이다. 하나는 평등에 대한 선호이고, 다른 하나는 소득-여가 사이의 대체탄력성이다.

③ 스턴(N. Stern)에 따르면, 정부의 세수목표가 클수록 최적 한계세율은 높지 않아야 노동의욕을 떨어뜨리지 않는 최적 세율구조가 된다는 것을 암시한다.

④ 스턴에 따르면, 평등성에 대한 선호가 강할수록 최적 소득세율은 높게 설정된다.

⑤ 스턴에 따르면, 소득-여가 사이의 대체탄력성이 높을수록 대체효과에 의한 초과부담이 발생할 가능성이 크므로 최적 세율은 낮아야 한다.

핵심체크

(1) 스턴의 최적 선형누진소득세
(2) 시드의 최적 비선형소득세

핵심 학습

1. 스턴의 최적 선형누진소득세
   스턴(Stern, 1976)은 최적 선형누진세 모형을 세우고 적절할 계수들의 값을 가정해 대입하여 실제로 계산함
2. 가정 : 모든 사람들이 똑같은 소득과 여가 간의 선호를 채택하고 소득-여가의 대체탄력성이 불변으로 유지된다는 가정을 한다.
3. 결론
   최적 세율은 대체탄력성의 크기와 배경인 사회후생함수의 성격에 민감하게 반응한다.
① 평등성에 대한 선호가 강할수록 더 높은 세율이 요구
② 소득과 여가 간의 대체탄력성이 클수록 더 낮은 세율이 요구
   (∵ 대체탄력성이 크면 세율을 조금만 올려도 초과부담이 큰 폭으로 증가해 최적 세율은 더 낮아짐)
③ 정부의 세수목표가 클수록 더 높은 세율이 요구
2. 시드의 최적 비선형소득세
   소득수준이 높은 구간에 적용할 한계세율과 소득수준이 낮은 구간에 적용할 한계세율을 0으로 하면 사회후생수준을 증가시키는 파레토 개선이 가능하다.

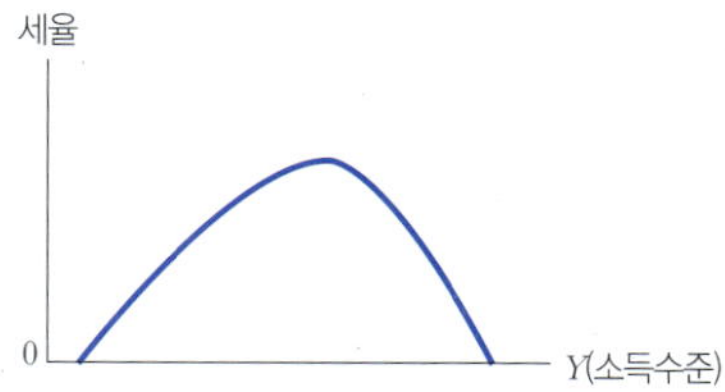

예시문 학습

예시문의 ③에서 정부의 세수목표가 클수록 더 높은 세율이 요구된다.

정답 ③

26	중요도	★★★	난이도	★★
	출제 포인트	부의 소득세		

▶ **부(−)의 소득세제에서 과세표준이 Y(소득)일 때 조세함수는 $T=-100+0.2Y$이다. 이때 설명 중 옳지 않는 것은?**

① Y가 500이면 납부할 세금은 없다.
② Y가 400이면 20의 보조금을 받는다.
③ 동일한 세수목표 아래 세율이 2배로 인상되면 정액보조금은 200으로 되어야 한다.
④ 세율과 함께 정액보조금이 상승하면 초과부담이 커진다.
⑤ 평균세율과 한계세율이 일정하다.

핵심체크

부의 소득세 : 일정소득이전에는 보조금을 받고 그 이후 선형누진세가 부과됨

핵심 학습

1. 선형누진소득세와 부의 소득세
납세자의 소득수준이 증가함에 따라 직면하게 되는 평균세율이 상승하는 성격의 조세제도를 '누진적(progressive)'이라고 함
2. 정의 : $T=-S+tY$
① 한계세율이 일정한 수준으로 유지
② 평균세율은 소득수준이 높아짐에 따라 증가
③ 소득이 일정부분(S/t)을 초과하는 납세자만 세금부과

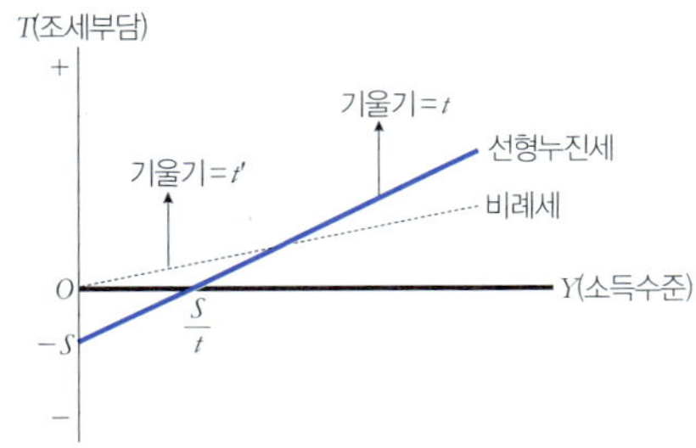

예시문 학습

①, ② 면세점은 조세부담이 없어지는 소득수준이므로 T=0일 때 Y=500이다. 소득이 400일 때 20의 보조금을 받는다.
③ 세율이 0.2에서 0.4로 2배가 되었다면 동일한 세수 아래에서 정액보조금도 2배가 되어야 한다. 이것은 정액보조금의 인상으로 공평에 의한 재분배효과는 증가하지만 세율이 높아져서 효율성을 낮추는 결과를 가져온다.
④ 세율이 높아지면 초과부담이 커진다. 그러므로 세율과 함께 정액보조금이 상승하면 재분배효과가 높아지지만 초과부담도 커진다. 만약 (한계)세율이 너무 높아서 고소득층이 노동공급을 줄이면 세수가 오히려 감소하므로 누진세율의 과세한계가 존재한다. 따라서 그 한계 내에서 정액보조금의 재분배효과와 세율의 초과부담 사이의 적절한 타협 혹은 균형을 찾아야 한다.
⑤ 한계세율은 일정하지만 평균세율은 점점 높아지면서 한계세율에 접근한다.

정답 ⑤

27	중요도	★★★★★	난이도	★★★
	출제 포인트	법인세통합의 문제		

▶ **법인세의 이중과세논쟁의 핵심은 고전적 제도를 완전통합제도와 비교하면 그 차이를 설명할 수 있다. 법인세 납부 전 법인소득이 100만원, 법인세율이 50%, 주주단계에서 70%의 개인소득세율로 과세된다고 가정하자. 이때 고전적 제도와 완전통합제도 아래서 법인세와 소득세 납부액을 올바르게 서술한 것은?**

ㄱ. 고전적 제도는 개인소득세와 법인세를 분리해서 이중과세하는 것이다.
ㄴ. 완전통합제도에서는 법인소득이 개인의 배당소득이 되어 과세된다.
ㄷ. 고전적 제도에서 법인세액은 50만원, 개인소득세액은 35만원이다.
ㄹ. 완전통합제도에서 법인세액은 50만원, 개인소득세액은 70만원이 된다.

① ㄱ, ㄴ ② ㄱ, ㄷ, ㄹ ③ ㄱ, ㄴ, ㄹ ④ ㄱ, ㄴ, ㄷ ⑤ ㄴ, ㄷ, ㄹ

핵심체크

(1) 완전통합방식 : 개인소득세
(2) 고전적 제도 : 법인세+개인소득세

핵심 학습

1. 완전통합방식

① 조합방식(자본이득 방식보다 더 우월) : 법인의 주주를 조합원처럼 생각하여 법인의 이윤을 주주에게 완전히 귀속시킨 후 소득세를 부과하는 방식이다.

② 자본이득방식 : 실현여부와 관계없이 모든 자본이득에 대하여 소득세를 부과하는 방식이다

2. 고전적 제도

법인에서 발생한 이윤은 주주들에게 배당되므로 법인차원에서 법인세가 부과된 후 다시 개인차원에서 배당금에 대해 개인소득세가 부과되므로 이중의 조세부담이 발생하게 되는 제도이다.

통합과세방식	법인의 세율	주주의 세율	총납세액
고전적 제도	c	m	c×법인소득+m×배당이윤
완전통합제도	–	m	m×법인소득

주 m : 개인소득세율, c : 법인세율

예시문 학습

고전적 제도는 개인소득세와 법인세를 분리해서 이중과세하는 것이므로, 법인세액=100만×0.5=50만원과 개인소득세액=50만원(배당소득)×0.7=35만원의 합인 85만원이다. 완전통합제도에서는 법인세가 없고 법인소득이 개인의 배당소득이므로 개인소득세액=100만원×0.7=70만원이 된다.

정답 ④

28	중요도	★★★★★	난이도	★★★★★
	출제 포인트	부가가치세		

▶ **부가가치세에 대한 설명 중 옳지 않는 것은?**

① 영세율제도에 해당되는 상품이면 거래액을 환급받을 수 있는데, 이는 수출산업을 지원하고 육성하며, 국제적인 이중과세를 방지할 수 있는 효과가 있다.
② 면세대상 사업자가 생산하는 재화를 중간투입물로 사용하는 다른 과세대상 사업자가 있는 경우 면세제도는 원래의 목적과 달리 부가가치세의 수입을 증가시킨다.
③ 모든 상품에 일률적으로 과세되므로 서민들이 많이 구입하는 생활필수품 등의 소비에 역진적이다.
④ 우리나라의 부가가치세액을 결정하는 방식은 우선 총판매액에서 중간투입물의 구입비용과 자본재의 구입비용을 공제하는 소비형 과세방식을 택하고 있다.
⑤ 면세제도는 부가가치세가 생활필수품 등에 매우 역진적이므로 서민들의 세부담을 완화하여 소비지출을 증가시키는 효과가 있다.

핵심체크

(1) 부가가치세의 유형, 과세방법
(2) 부가가치세의 세율구조 : 면세, 영세율

핵심 학습

1. 부가가치세의 유형 : 소비형(자본재 제외), 순소득형(감가상각비 감안), 총소득형(자본재 포함)
2. 부가가치세의 산정방식
(1) 합산방식(addition method) : 부가가치가 임금, 이자, 지대, 이윤 등의 요소소득으로 구성된다는 점에 착안하여 합산과세
(2) 공제방식(subtraction method) : 총판매액에서 중간투입에 사용된 상품의 총구입액을 빼서 계산
- 직접공제방식(=거래액 공세방식) : 기업의 총판매액에서 앞생산단계에서 총구입액을 뺀 후 기업의 부가가치를 구한 후 세율을 곱해서 세액 결정
- 간접세액공제방식(=매입세액공제방식) : 총판매액에 10%의 세율을 곱해서 산출한 세액에서 앞생산단계의 기업들이 이미 납부한 부가가치세를 뺀 나머지를 부담
3. 면세와 영세율
(1) 면세 : 생필품 성격의 상품에 대해 예외적으로 영의 세율 적용
(2) 영세율 : 수출 및 외화획득 상품에 대해 예외적으로 전단계 납부세액을 환급해 주는 영세율 적용

예시문 학습

① 영세율제도는 면세에 더해서 전단계 납부세액을 환급해 주는 것이지 거래액을 환급해 주는 것은 아니다. 면세제도는 중간단계에서 납부된 부가가치세가 환급되지 않지만, 영세율의 적용을 받으면 전 단계의 부가가치세도 환급받을 수 있다.
② 면세제도는 반드시 최종단계의 상품에 부과되어야 효과가 있다.
③, ⑤ 모든 상품에 일률적으로 과세되므로 서민들이 많이 구입하는 생활필수품 등의 소비에 역진적이다. 그리고 고소득계층의 저축성향이 높을수록 소비지출비중이 서민에 비해 낮아져서 역진성이 더욱 커진다. 이러한 이유로 생활필수품 등에 면세제도를 적용하고 있다.
④ 우리나라에서는 소비형 부가가치세, 전 단계 매입세액공제방법에 의하여 계산하고 있다.

정답 ①

29	중요도	★★★★★	난이도	★★★
	출제 포인트	국민연금제도의 경제적 효과		

▶ **부과방식의 국민연금제도 도입이 미치는 경제적 효과에 관한 이론적 설명으로 옳지 않은 것은?**

① 국민연금제도를 도입하면 공적저축은 없고 재산대체효과(wealth substitution effect)로 국민저축이 줄어든다.
② 국민연금제도가 도입되면 은퇴효과만 고려하면 저축이 증가한다.
③ 국민연금제도가 도입되면 상속효과만 고려하면 저축이 증가한다.
④ 국민연금제도가 도입되면 소득재분배효과를 가진다.
⑤ 국민연금제도 도입될 때 개인들이 은퇴 후 일하면서 추가로 번 소득에 일정한 삭감된 연금이 지급된다면 소득효과와 대체효과에 의해 노동공급에 미치는 영향이 불분명하다.

핵심체크

(1) 국민연금제도의 방식
(2) 국민연금제도의 경제적효과, 저축효과, 노동공급효과

핵심 학습

1. 국민연금제도
(1) 적립방식 : 사람들이 낸 보험료를 적립해 기금을 만들고 이 기금에서 나온 수익으로 연금 지급
(2) 부과방식 : 현재 일하고 있는 사람들에게서 거둔 세금으로 은퇴해 있는 사람에게 연금 지급
2. 국민연금제도의 경제적 효과
(1) 저축효과
① 재산대체효과(wealth substitution effect) : 정부의 강제저축으로 자발적 저축 감소
② 은퇴효과 : 종전보다 더 빨리 은퇴하고, 은퇴대비 자발적 저축 증가
③ 상속효과 : 자식들의 소득감소를 예상하여 더 많은 재산을 상속해주려고 하므로 저축 증가
(2) 노동공급효과
소득효과(실질소득증가)는 비교적 명백하게 노동공급을 줄이는 역할을 하는데 비해서, 대체효과('연금혜택>조세'인 경우 실질임금률 증가로 노동공급 증가)는 그 방향이나 크기를 분명히 알기 어려움

예시문 학습

① 부과방식에서는 공적저축은 없고, 재산대체효과가 다른 효과보다 클 때 총저축이 감소할 수 있다.
②, ③ 은퇴, 상속효과는 저축을 증가시킨다.
④ 국민연금제도는 은퇴 후에도 직업을 가질 가능성이 높은 고소득계층에 연금혜택이 상대적으로 적게 돌아간다. 또한 기여금에 대한 저소득계층의 연금급여의 비율을 더 높게 함으로써 소득재분배효과를 가진다. 시간이 감에 따라 인구증가율, 일인당 국민소득증가율, 소득에서 기여금이 차지하는 비중이 점점 더 높아지는 경우에 노령세대에게로 소득재분배효과가 발생한다.
⑤ 연금혜택은 개인들의 실질소득을 증가시키는 소득효과가 발생한다. 소득효과에 의해 여가소비가 증가하고 노동공급이 감소한다. 연금혜택이 조세보다 더 크다면 여가의 기회비용이 증가하여 대체효과가 발생하는데, 이 효과에 의해 여가소비가 감소하고 노동공급이 증가한다. 따라서 노동공급효과가 불분명하다. 그러나 예시문처럼 '연금혜택<조세'인 경우 노동공급이 감소한다.

정답 ⑤

30	중요도	★★★★★	난이도	★★★★★
	출제 포인트	근로장려세제(EITC)		

▶ **'갑' 나라에서는 사회복지와 노동을 결합한 생산적 복지를 위해 '근로빈곤층'에게 근로유인과 함께 최저생활을 보장해 주자는 취지의 근로장려세제를 도입하기로 했다. 이 나라에 살고 있는 근로빈곤층인 갑돌이는 일을 하여 낮은 소득을 벌고 있지만 공공부조의 혜택은 못 받고 있다고 한다. 갑돌이는 여가를 정상재로 여긴다. '갑' 나라에서 현금으로 지원하는 근로장려세제는 근로소득이 매우 낮은 경우 근로소득이 증가함에 따라 근로장려금이 증가하는 점증구간, 근로소득이 어느 수준을 초과하면 근로소득이 증가함에 따라 근로장려금이 감소하는 점감구간, 그리고 두 구간 사이의 어떤 소득범위에 대해서는 근로장려금이 일정한 평탄구간을 두고 운영된다. 이 경우 근로장려세의 경제적 효과에 관한 설명으로 옳지 않는 것은?**

① 점감구간에서는 소득효과와 대체효과가 모두 발생하는데, 두 효과 모두 노동공급을 감소시킨다.
② 점증구간에서도 소득효과와 대체효과가 모두 발생하는데, 두 효과가 서로 상반되게 작용한다.
③ 평탄구간에서는 일정한 액수의 근로장려금이 지급되므로 소득효과만 발생한다.
④ 갑돌이는 현재 일을 하지 않고 있으므로 여가-소득의 선택에서 점증구간의 어디에서 선택할 것으로 예상된다.
⑤ 점감구간에서는 노동공급을 증가시키는 방향으로 작용한다.

핵심체크

(1) 근로장려세제의 특징과 노동공급효과

핵심 학습

1. 근로장려세제
(1) '근로빈곤층'에게 근로유인과 함께 최저생활을 보장해 주는 조세환급제도이다.
(2) 소득을 세 구간(점증구간, 평탄구간, 점감구간)으로 나누고, 점증구간에서는 음의 한계세율이 적용되어 근로소득보다 가처분소득이 더 늘어나고, 평탄구간에서는 근로소득에 비례해서 가처분소득이 늘어나고, 점감구간에서는 양의 암묵적 세율이 적용되어 근로소득보다 가처분소득이 적게 늘어난다.
2. 근로장려세제의 운영방식과 효과

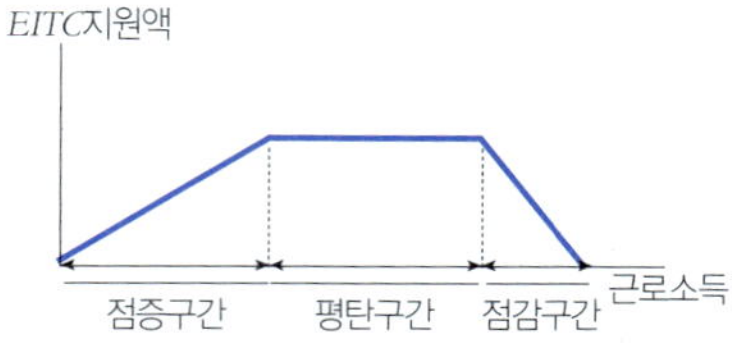

	점증구간	평탄구간	점감구간
대체효과	(+)	0	(−)
소득효과	(−)	(−)	(−)
전체효과	?	(−)	(−)

예시문 학습

① 점감구간에서는 소득효과와 대체효과가 모두 발생한다. 소득효과로 노동공급이 감소하고, 여가의 기회비용이 낮아져서(왜? 임금률이 한계세율만큼 삭감된다는 것을 기억할 것) 여가의 소비가 증가하는 대체효과로 노동공급이 감소한다. 두 효과 모두 노동공급을 감소시킨다. 그러나 노동공급이 0이 되지는 않는다. (따라서 ⑤는 타당하지 않다.) ② 점증구간에서도 소득효과와 대체효과가 모두 발생한다. 소득효과로 노동공급이 감소하고, 여가의 기회비용이 높아져서(왜? 임금률이 음의 한계세율만큼 높아진다는 것을 기억할 것) 여가의 소비가 감소하는 대체효과로 노동공급이 증가한다. 두 효과가 서로 상반되게 작용한다. 따라서 이 경우에는 노동공급이 증가하는지 감소하는지 알 수 없다.

③ 평탄구간에서는 일정한 액수의 근로장려금이 지급되므로 소득효과만 발생한다. 소득효과에 의해 여가의 소비가 증가하고 노동공급이 감소한다.

④ 갑돌이는 현재 일을 하지 않고 있으므로 여가-소득의 선택에서 여가만을 소비하는 모서리해를 선택하고 있다. 그러므로 이 경우 근로장려세제에 의해 여가의 기회비용이 높아지면 여가소비를 줄이고 노동공급을 증가시킬 것이다. 따라서 점증구간의 어디에서 선택할 것으로 예상된다.

정답 ⑤

31	중요도	★★★★★	난이도	★★
	출제 포인트	지방재정조정제도		

▶ **지방재정조정제도에 관한 설명으로 옳지 않은 것은?**

① 지방교부세와 국고보조금을 통해 중앙정부는 지방재정을 조정할 수 있으며, 이와 같은 지방재정조정을 제도화한 것을 지방재정조정제도라고 하는데, 지방정부의 재원에서 일반재원에 해당한다.

② 조건부 교부금(conditional grant)은 중앙정부가 사용목적에 대해 특정한 조건을 달아 지급하는 범주적 교부금이다.

③ 비대응교부금(non-matching grants)은 지방정부에 의한 사업비의 재원조달과 상관없이 공공사업을 하는 조건을 달아 지급하는 교부금으로서 소득 혹은 현물보조의 지급방식이다.

④ 대응교부금(matching grant)은 특정사업비의 일정비율만 지급하는 교부금으로서 가격보조의 지급방식이다.

⑤ 무조건부 교부금(unconditional grant)은 지방정부와 세입을 공유(세입분여)한다는 의미로 아무 조건 없이 지급하는 교부금이다.

핵심체크

(1) 지방재정조정제도 (2) 교부금의 유형

핵심 학습

1. 지방재정조정제도 : 지방정부와 중앙정부의 역할분담체계
① 지역 간 외부성의 문제, ② 재정능력의 불균형, ③ 지방정부로의 역할 위임
2. 교부금의 유형
(1) 무조건부 교부금
(2) 조건교부금(= 범주적 교부금) : ① 대응교부금, ② 비대응교부금

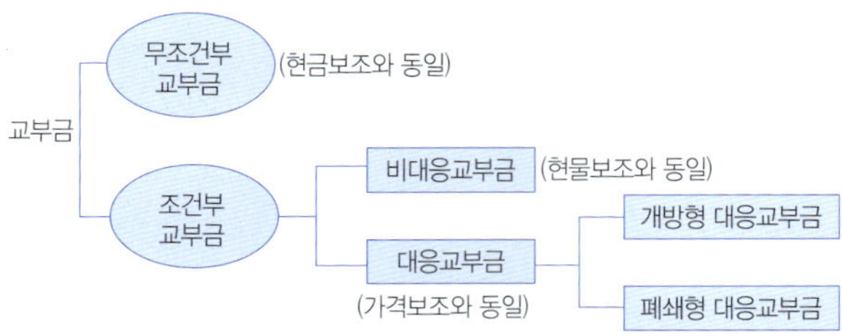

예시문 학습

① 교부금(지방교부세와 국고보조금)을 통한 지방재정조정제도는 각 지역 간 재정력의 차이를 완화하고, 지역 간 외부성에 대한 피구적 보조금의 지급이 필요하고, 조세징수상 규모의 경제로 인해 중앙정부가 징수한 후 지방정부에 분배하는 것이 효율적이라는 경제적 근거를 가진다. 지방정부의 재원은 지방세와 (지방)세외수입으로 구성된 자체수입과, 지방재정조정제도의 중요한 수단인 교부금(지방교부세와 국고보조금)으로 구성된 의존수입으로 구분된다. 지방정부의 일반재원은 자체수입과 지방교부세의 합을 말한다. 따라서 의존수입이 맞다.

② 지방재정조정제도는 교부금을 통해 이루어진다. 교부금에는 사용조건을 붙이는 조건부 교부금과 아무 조건 없는 무조건부 교부금이 있다. 조건부 교부금은 다시 정액보조금형태(현물보조)의 비대응교부금과 정률보조금형태(가격보조)의 대응교부금으로 나뉜다.

정답 ①

32	중요도	★★★	난이도	★★★
	출제 포인트	바그너의 법칙		

▶ **정부지출에 관한 바그너의 법칙에 대한 원인으로 가장 옳지 않는 것은?**

① 사회적 혼란기에 민간지출을 대신(전위)하는 정부지출이 급증해도 쉽게 용인되며, 혼란이 수습되어도 한동안 높은 수준으로 지속되다가 다른 혼란이 오면 톱니처럼 다시 더 높은 수준으로 증가하기 때문이다.

② 소득이 전반적으로 상승할 때 중위투표자의 공공재수요의 소득탄력성이 매우 크다면 공공선택의 과정에서 중위투표자가 원하는 만큼 정부지출이 크게 증가하기 때문이다.

③ 기술혁신과 생산성의 증가가 잘 이루어지지 않는 공공부문에서 공공재의 생산비용이 상대적으로 빨리 상승하여 정부지출이 증가하기 때문이다.

④ 정부가 여러 조세형태로 쪼개어 조세수입을 올리고, 또한 공채발행이나 화폐증발에 의해 재원을 조달해서 공공재에 대한 국민의 '인식가격'이 인하되는 효과가 발생하기 때문이다.

⑤ 사람들은 합리적 무지에 의해, 공공서비스의 편익과 조세가격을 과소평가하지만 편익을 더욱 과소평가하여 공공서비스가 과다공급되기 때문이다.

핵심체크

바그너의 법칙 : 소득 증가에 따라 지속적으로 정부지출이 증가하는 현상

핵심 학습

1. 바그너의 법칙

1인당 국민소득이 증가할 때 국민경제에서 차지하는 공공부문의 상대적 크기가 증대하는 현상

2. 정부지출 증가의 원인

(1) 피콕-와이즈만의 설명 : 전위효과(사회적 혼란기에 갑작스런 정부지출의 증가를 용인하려는 분위기 생김)와 톱니효과(위기의 상황이 일단 넘어갔다 하더라도 옛 수준으로 복귀하지 않고, 전위되어 높아진 수준에서 지속적으로 증가하는 현상을 보임)

(2) 브라운-잭슨의 설명 : 공공서비스에 대한 중위투표자 수요의 소득탄력성이 매우 크다면 소득 증가시 원하는 공공서비스의 양은 급격히 증가하여 정부지출의 상대적 비중 증가

(3) 보몰효과(Baumol effect) : 기술혁신과 생산성의 증가가 잘 이루어지지 않는 공공부문에서 공공재의 생산비용이 상대적으로 빨리 상승하여 정부지출이 증가한다.

(4) 뷰캐넌의 재정착각 : 조세제도의 복잡성과 공채가 미래의 조세라는 인식부족 등으로 정부지출이 증가한다.

예시문 학습

① 피콕-와이즈만의 설명이다.

② 브라운-잭슨의 설명이다.

③ 보몰효과를 말한다.

④ 뷰캐넌의 재정착각(재정환상, 조세환상)을 설명한다.

⑤ 다운즈의 합리적 무지는 사람들이 합리적 무지에 의해, 공공서비스의 편익과 조세가격을 과소평가하지만 편익을 더욱 과소평가하여 공공서비스의 공급이 축소된다는 것을 설명한다.

정답 ⑤

33	중요도	★★★★	난이도	★★★★
	출제 포인트	국공채와 재정적자		

▶ **국공채 발행에 의한 재정적자에 관한 설명으로 옳은 것을 고른다면?**

ㄱ. 국공채 발행을 통해 재정적자를 충당하면 케인즈학파는 승수효과만큼 총수요 증가를 가져오지만 개방경제에서는 총수요의 증가로 금리가 상승하여 민간투자를 억제하는 구축효과가 발생한다.
ㄴ. 개방경제에서는 재정적자에 의한 정부지출의 확대로 금리가 상승하면 해외금리가 상대적으로 낮아져서 원화약세가 되면 수출은 늘고 수입은 감소하여 경상수지가 흑자로 되는 경향이 있다.
ㄷ. 새고전학파의 배로(R. Barro)는 합리적인 사람이라면 국공채의 자산효과가 있더라도 구축효과에 의해 상쇄된다고 본다.
ㄹ. 통화주의자들은 공채의 러너효과 때문에 개인들이 공채를 자산으로 보고 더 부유하게 되었다고 생각하여 화폐수요와 소비지출을 증가시키고, 이에 따라 공채발행에 따른 금리상승요인은 민간투자의 일부를 억제하는 구축효과를 발생시킨다.

① ㄱ ② ㄱ,ㄷ ③ ㄱ, ㄴ ④ ㄴ,ㄷ ⑤ ㄱ, ㄹ

핵심체크

국공채발행을 통한 재정적자의 경제적 효과

핵심 학습

1. 국공채발행을 통한 재정적자의 경제적 효과
(1) 케인즈 경제학자 : 국채 발행을 통한 조세부담 경감은 승수효과를 통해 총수요가 증가
(2) 통화주의자 : 국채 발행은 자산효과(러너 효과)로 총수요가 증가하지만 구축효과(총수요 팽창은 금리를 상승시켜 민간부문의 투자를 감소시키는 효과)로 총수요에 변화 거의 없음
(3) 리카도 등가정리(Ricardian Equivalence Theorem, RET)
① 적자재정이 총수요에 아무런 영향을 미치지 못함
② 합리적인 경제주체는 국채와 미래의 조세부담 간에 존재하는 대등관계를 알고 있기 때문에, 정부가 조세로 거둬들이던 부분을 국채로 대체를 한다 해도 경제적 선택을 변경할 유인이 없음
③ 새고전학파의 배로(R. Barro) : 합리적인 사람이라면 공채의 자산효과도 생기지 않으며 따라서 구축효과도 없다고 주장한다.

예시문 학습

(ㄱ)은 케인즈학파 설명에 개방경제의 새로운 구축효과가 발생한다.
(ㄴ)은 총수요 패창으로 금리가 상승하면 원화강세가 되어 경상수지적자로 국내경기가 냉각된다.
(ㄷ)은 새고전학파의 배로(R. Barro)의 주장으로 합리적인 사람이라면 공채의 자산효과도 생기지 않으며 따라서 구축효과도 없다는 것에 어긋난다.
(ㄹ)은 통화주의자의 주장과 일치한다.

정답 ⑤

34	중요도	★★★★★	난이도	★★★
	출제 포인트	국공채부담		

▶ **공채부담에 대한 설명 중 옳지 않는 것은?**

① 러너의 견해는 "공채는 자기 자신에 대한 채무"라는 말을 하면서 공채의 현재세대부담설을 주장한다.
② 뷰캐넌은 공채에 의한 재원조달은 과세를 미래로 연기하는 것이므로 공채부담을 미래세대에 전가한다고 주장한다.
③ 새무엘슨의 중복세대모형(Overlapping Generation Model, OG모형)은 공채가 내국인에 의한 차입(내국채)이라고 하더라도 미래세대로 공채부담이 전가된다는 것이다.
④ 미래세대의 부담증가를 고려하여 현재세대가 행동할 경우 세대 간 공채의 부담전가현상은 발생하지 않는다.
⑤ 리카도의 대등정리는 사람들이 합리적이라는 가정을 하기 때문에 현실성이 높다.

핵심체크

국공채의 세대부담설

핵심 학습

1. 전통적 견해 : 현재세대의 부담
① 러너(Lerner)는 내부채무와 외부채무로 구분 : 내부채무의 경우 미래세대의 부담 전가는 이유 없음
② 내부채무는 그 나라 국민에게 돈을 빌리는 것이고, 외부채무는 정부지출을 위해 해외에서 빌리는 것
2. 미래세대로 부담이 전가된다는 견해
(1) 세대 간 효과
① 뷰캐넌의 명제 : 개인의 입장에서 공채의 매입은 효용극대화를 위한 현재소비와 머래소비의 시점 간 대체일 뿐이며, 공채의 부담은 상환시점에서 조세부담의 형태로 미래세대에게 전가된다.
② 새무엘슨의 중복세대모형
전통적 견해는 내부채무의 경우, 미래세대에게 부담이 전가되지 않는다고 하지만, 나이에 의해서 세대를 구분하게 되면 내부채무라고 하더라도 미래세대로 부담이 전가되는 결과 발생
(2) 장기적 자본형성의 측면
국채발행이 구축효과로 민간부문의 투자위축으로 자본축적에 저해
3. 리카도의 대등정리
① 국채발행이 미래의 조세로 인식하여 저축을 늘려 미래세대에 부담을 안겨 주는 일은 없음
② 국채발행이 국민저축과 투자에 전혀 영향을 미치지 않기 때문에, 자본축적에도 변화 없음 ⇨ 장기적인 성장의 측면에서도 미래세대의 부담은 없음

예시문 학습

①은 전통적 견해를 설명한다. ②는 뷰캐넌의 명제를 설명한다.
③은 새무엘슨의 중복세대모형을 설명한다. ④는 리카도의 대등정리를 설명한다.
⑤에서 리카도의 대등정리처럼 사람들이 합리적으로 행동하지 못하는 것이 현실이다. 따라서 이것이 틀린 설명이다.

정답 ⑤

35	중요도	★★★★★	난이도	★★
	출제 포인트	공공요금		

▶ **공공서비스의 가격설정이론에 관한 설명으로 옳지 않은 것은?**

① 공공요금은 한계비용의 원리에 의하여 결정하고 정부가 보조금을 지원하는 것은 바람직하다.
② 램지가격설정방식은 수요탄력성이 작은 시장에 요금마진율을 낮추고 수요탄력성이 큰 시장에 요금마진율을 높이는 것이 사회후생 손실을 최소화한다는 가격체계이다.
③ 이부가격으로 사회후생손실을 최소화한다는 것은 소비자잉여와 생산자잉여가 크도록 한다는 것이다.
④ 최대부하가격은 비수기와 성수기의 수요조절로 시설의 효율적인 이용을 도모하는 요금체계이다.
⑤ 비용체감산업에서 공공요금을 평균비용에 일치하도록 결정하면 파레토효율적이지 못하다.

핵심체크

공공요금의 설정원리
(1) 한계비용가격
(2) 평균비용가격
(3) 이부가격
(4) 최대부하가격
(5) 램지가격

핵심 학습

1. 공공요금을 부과하는 주목적이 소득 재분배가 아닌 효율적 자원이용에 있다.
2. 규모수익체증과 한계비용 가격설정(marginal cost pricing) : 결손 발생
3. 규모수익체증의 경우 대처방안
   - 이부가격제도(two-part tariff) : 가입비(entry fee)+사용료(usage fee)
   → 소비자로 하여금 일정금액을 지불하고 특정상품을 사용할 권리를 사게 한 다음, 그것을 사는 양에 비례해 추가적인 가격을 지불하게 하는 방법
   - 최대부하가격제(peak-load pricing) : 이부가격의 일종으로 경부하기에 '가격=단기한계비용', 최대부하기에 '가격=장기한계비용'을 설정하면 전체적으로 손실 없이 사회후생을 극대화
4. 램지가격설정방식(Ramsey pricing rule)
   - $\dfrac{\dfrac{(P_X-MC_X)}{P_X}}{\dfrac{(P_Y-MC_Y)}{P_Y}}=\dfrac{\varepsilon_Y}{\varepsilon_X}$
   - 수요의 가격탄력성이 큰 서비스일수록 가격을 한계비용에 가깝게 설정

예시문 학습

①은 한계비용가격설정을 맞게 설명하고 있다.
②는 램지가격설정방식을 거꾸로 설명하고 있다.
③은 이부가격에 대한 설명이다. ④는 최대부하가격을 설명하고 있다.
⑤는 평균비용가격설정을 설명하고 있다.

정답 ②

36	중요도	★★★★	난이도	★★★★★
	출제 포인트	램지가격		

▶ **정부가 전화와 전기의 두 공공서비스를 제공하고 있다. 전화에 대한 수요의 탄력성이 2, 전기에 대한 수요탄력성이 1이다. 램지가격설정방식에 의해 전화서비스요금을 한계비용보다 20% 더 높게 책정했다. 전기의 가격은 한계비용보다 얼마나 높게 정해야 하는지 옳게 설명한 것은?**

① 정부는 전기의 한계비용보다 10% 더 높게 매긴다.
② 정부는 전기의 한계비용보다 20% 더 높게 매긴다.
③ 정부는 전기의 한계비용보다 30% 더 높게 매긴다.
④ 정부는 전기의 한계비용보다 40% 더 높게 매긴다.
⑤ 정부는 전기의 한계비용보다 50% 더 높게 매긴다.

핵심체크

(1) 램지가격설정
(2) 역탄력성법칙 : 수요의 가격탄력성과 요금마진율이 반비례하도록 가격설정

핵심 학습

1. 램지가격설정방식(Ramsey pricing rule)
(1) 가정
① 공공부문에서 두 서비스는 일정한 재정수입을 달성해야 함
② 두 재화 간의 수요의 교차탄력성 0(=독립적 관계)
(2) 내용
① 가격과 한계비용 사이의 격차 비율이 수요의 가격탄력성 비율과 같도록 가격 설정

$$\frac{\frac{(P_X-MC_X)}{P_X}}{\frac{(P_Y-MC_Y)}{P_Y}}=\frac{\varepsilon_Y}{\varepsilon_X}$$

② 램지의 역탄력성 법칙(inverse elasticity rule)과 동일 맥락
③ 한계비용가격설정 원칙 포기(∵ 재정수입 요구)
④ 차선으로 효율성의 상실 극소화 추구
⇨ 수요의 가격탄력성이 큰 서비스일수록 마진율을 0에 가깝게 설정
(최적 조세이론에서 수요의 가격탄력성이 작은 상품일수록 더 높은 물품세율 적용과 같은 맥락)

예시문 학습

역탄력성의 법칙에 따라 전화의 요금마진율/전기의 요금마진율 = 1/2이다. 전화의 요금마진율 = (1.2−1)/1.2 = 1/6이다. 따라서 전기의 요금마진율 = 1/3이고, $\frac{P-MC}{P}$ = 1/3에 의해 $P=(3/2)\times MC$이다. 따라서 정부는 전기의 한계비용보다 50% 더 높게 매긴다.

정답 ⑤

37	중요도	★★★	난이도	★★★★★
	출제 포인트	법인세의 성격		

▶ **법인세에 관한 설명 중 옳지 않는 것을 모두 고른 것은?**

ㄱ. 법인세는 원칙적으로 회계적 이윤과 자기자본의 기회비용으로 구성되는 경제적 이윤에 대하여 과세한다.
ㄴ. 법인의 추가적 한계투자가 차입자금으로 조달되고, 세제상의 감가상각률이 경제적 감가상각률과 일치할 때 법인세는 경제적 이윤에 대한 과세로 볼 수 있다.
ㄷ. 자기자본에 대한 이자는 비용으로 공제하지 않고 있으므로 법인세는 자본에 대한 과세로 볼 수 있다.
ㄹ. 법인세의 이중과세는 효율성은 달성하지만 공평성의 측면에서 법인과 비법인 부문을 달리 취급하는 문제를 가진다.

① ㄱ, ㄴ ② ㄱ, ㄷ, ㄹ ③ ㄱ, ㄹ ④ ㄴ, ㄷ ⑤ ㄱ, ㄴ, ㄷ, ㄹ

핵심체크

법인세의 성격 : 이윤과세(신고전파) vs 자본과세(하버거)

1. 법인세의 성질
(1) 과세대상 : 총수입 = 임금 + 지대 + 이자 + 회계적 이윤 + 감가상각 + 중간재구입비용

↓

경제적 이윤 + 자기자본의 기회비용

(법인세 과세대상)

(2) 경제적 이윤에 대한 과세라는 관점(신고전파 모형)
① 한계투자가 차입자금으로 조달되고(100% 차입경영)
② 회계적 감가상각 = 경제적 감가상각
③ 법인세부담은 주주에게 귀착 (초과부담 없음, 즉 투자 저해하지 않음)
(3) 자본에 대한 과세라는 관점(하버거 모형)
① 자기자본의 기회비용을 공제하지 않음
② 단기 : 자본소유자에게 부담귀착 ; 장기 : 노동자, 소비자에게 전가
(한계비용상승으로 초과부담 발생, 또한 법인-비법인 간의 자원배분 왜곡)

예시문 학습

(ㄱ)은 법인세는 회계적 이윤에 과세한다.
(ㄴ)은 경제적 이윤에 대한 과세라는 관점이다.
(ㄷ)은 자본에 대한 과세라는 관점이다.
(ㄹ)은 법인세의 부과가 경제적 이윤에 대한 과세일 때에만 초과부담을 가져오지 않으므로 효율적이다. 또한 법인차원에서 일차과세를 통해 사내유보를 통한 소득세부담을 줄이려는 기도를 미연에 방지할 수 있다. 그러나 법인부문에만 과세하므로 형평성에 문제가 된다.

정답 ③

38	중요도	★★★★	난이도	★★★
	출제 포인트	부가가치세		

▶ **부가가치세에 관한 설명 중 옳지 않는 것은?**

① 부가가치세는 소비재를 과세대상에 어떻게 포함시키는가에 따라 몇 가지 유형으로 구분된다.

② 일정기간의 총매출액에서 모든 중간투입물의 구입비용과 함께 자본재의 구입비용을 빼는 방식의 부가가치세를 소비형 부가가치세라고 한다.

③ 일정기간의 총매출액에서 모든 중간투입물의 구입비용을 뺀 후 추가로 자본재의 감가상각비용을 뺀 것을 과세대상으로 삼는 유형의 부가가치세를 순소득형 부가가치세라고 한다.

④ 일정기간의 총매출액에서 중간투입물의 구입비용만 공제하고, 자본재와 관련한 비용(구입비용과 감가상각비용)을 공제해주지 않는 유형의 부가가치세를 총소득형부가가치세라고 한다.

⑤ 가장 포괄적인 유형의 부가가치세는 총소득형 부가가치세이라고 할 수 있다.

핵심체크

부가가치세의 유형 : 소비형, 순소득형, 총소득형

1. 부가가치세의 유형

부가가치세는 자본재를 부가가치세의 과세대상에 어떻게 포함시키는가에 따라 몇 가지 유형으로 구분된다.

(1) 소비형 부가가치세

① 자본재를 과세대상에서 제외

② 자본재 구입에 든 비용(투자비용)을 중간투입에 사용되는 상품의 구입비용과 마찬가지로 과세대상에서 제외

③ 소비형 부가가치세＝총매출액－자본재(투자재)구입비용－중간재구입비용

(2) 순소득형 부가가치(＝NDP형 : Net Domestic Product)

① 자본재의 감가상각비용만 고려하는 방법

② 순소득형 부가가치세＝총매출액－감가상각비용－중간재구입비용

(3) 총소득형 부가가치세(＝GDP형)

① 자본재를 소비재와 동일하게 취급해 자본재 구입비용, 감가상각에 대해 공제를 허용하지 않음

② 국내총생산(GDP)를 과세대상으로 함

③ 총소득형 부가가치세＝총매출액－중간재구입비용

예시문 학습

① 부가가치세는 자본재를 과세대상에 포함시키는지에 따라 세 가지 유형으로 구분된다.

②는 소비형 부가가치세를 설명한다.

③은 순소득형 부가가치세를 설명한다.

④ 총소득형 부가가치세를 설명한다.

⑤에서 총소득형 부가가치세가 가장 포괄적이다.

정답 ①

39	중요도	★★★	난이도	★★★
	출제 포인트	자산세		

▶ **자산세의 근거로 옳지 않는 것은?**

① 경제전체의 효율성과 공평성을 높인다.
② 편익의 원칙에 부합한다.
③ 지불능력의 원칙에 부합한다.
④ 조세회피 및 세원이전이 어렵다.
⑤ 세수확보가 용이하다.

핵심체크

자산세의 근거

1. 자산세의 근거
(1) 자산세는 부의 불공평한 분배를 시정하는 역할을 할 수 있다는 것이다.
(2) 자산을 많이 가진 사람이 국방행정서비스나 경찰행정서비스 등과 같은 편익을 더 많이 받으므로 편익의 원칙에 입각하여 자산세가 과세되어야 한다는 것이다.
(3) 조세의 공평성 측면에서 자산세가 지불능력의 원칙에 부합한다는 것이다. 개인의 재산이 많을수록 조세를 지불할 능력이 더 크므로 그에 따라 자산세를 부과하는 것은 개인의 지불능력의 원칙에 따르는 것으로 본다.
(4) 자산은 이동성이 없기 때문에 조세회피 및 세원이전이 어려워 조세부담이 직접 자산소유자에게 돌아간다는 것이다.

2. 자산세의 문제점
자산은 저축을 통해 증식되므로 자산세가 저축할 동기를 상실하게 할 수 있으며, 자산도 수많은 형태가 있기 때문에 자산의 가치를 평가하는 것 자체가 쉽지 않다는 점이 문제된다.

3. 자산세와 소득세
자산보유로 인한 지불능력은 소득획득능력이라고 볼 수 있는데, 자산세 혹은 재산세를 비례소득세와 같다고 볼 수 있다.

예시문 학습

① 소득세의 분배기능을 보완하는 성격으로서 자산세가 부의 불공평한 분배를 시정하는 역할을 할 수 있다. 자산세는 효율성을 목표로 하지 않는다.
② 국가가 개인의 재산을 보호하고 그 가치를 유지시키는 대가로 보는 편익의 원칙에 부합한다.
③ 개인의 자산이 많을수록 지불능력이 증가하므로 이에 대해 부과해야 한다는 지불능력의 원칙에 부합한다.
④, ⑤ 자산의 이동성이 없으므로 조세회피도 어렵고 세수확보도 용이하다.

정답 ①

40	중요도	★★★★★	난이도	★★★★★
	출제 포인트	헤이그–사이먼즈 소득		

▶ 헤이그–사이먼즈의 소득에 대한 설명 중 옳지 않는 것은?

① 헤이그-사이먼즈의 소득은 주어진 과세기간 동안의 소비의 시장가치와 자산가치의 순변화의 합으로 정의된다.

② 미실현 자본이득도 소득에 포함시켜야 하는데, 전혀 거래되지 않고 있을 경우 자산가치의 변화를 정확히 측정한다는 것은 쉬운 일이 아니다.

③ 귀속임대료(imputed rent)도 측정하여 소득에 포함시켜야 하지만 측정 자체가 쉽지 않다.

④ 소득을 측정하는 것도 문제이지만 소득을 얻는 데 소요되는 비용을 어떻게 측정할 것인가 하는 문제도 있다.

⑤ 헤이그-사이먼즈의 소득은 인적자본(human capital)과 물적자본(physical capital)이 모두 포함되어 있어서 조세의 공평성원칙에 부합된다.

핵심체크

헤이그–사이먼즈의 포괄적 소득개념

1. 헤이그-사이먼즈의 소득 정의
   두 시점 사이에서 발생하는 경제적 능력 순증가의 화폐가치 = 소비 + 순가치의 변화

① 납세자의 경제적 능력인 소비할 수 있는 능력을 증가시키면 실현여부에 관계없이 모두 소득으로 봄

② 미실현 자본이득(capital gains)라고 할지라도 납세자의 소비능력이 분명히 더 커지는 한 소득이 발생한 것으로 보아야 마땅함

2. 장점

① 공평성 측면에서의 장점 : 능력 원칙의 정신에 더욱 충실한 과세 가능

② 효율성 측면에서의 장점 : 모든 종류의 소득이 동등한 대우를 받기 때문에 본질적으로 같은 소득인데 서로 다른 대우를 할 때 생겨나는 교란을 피할 수 있음

③ 배당률 결정에 중립성 유지 : 배당금과 자본이득을 똑같이 취급

3. 문제점

① 납세자의 경제적 능력에 생긴 순증가를 정확히 파악한다는 것이 거의 불가능한 문제점(자산에 따라 가격 증감)

② 미실현 자본이득을 과세대상에 포함시키는 것은 이중과세의 위험성(실현과 미실현 각각 과세)

③ 귀속소득 산정문제(가사노동, 여가, 내구성자산의 평가)

예시문 학습

① 헤이그-사이먼즈의 소득개념이다.

② 미실현자본이득을 포함하므로 측정상 문제가 된다.

③ 귀속소득을 포함하므로 측정상 문제가 된다. ④ 헤이그-사이먼즈의 소득개념이 순가치의 증가를 파악하는 것이므로 소득을 얻는 데 지출된 비용은 당연히 소득에서 공제되어야 한다. 그러나 비용을 측정하는 것도 어렵다.

⑤ 헤이그-사이먼즈의 소득정의에는 자본 중 인적자본(human capital)이 누락되고 물적자본(physical capital)만 포함되어 있다.

정답 ⑤

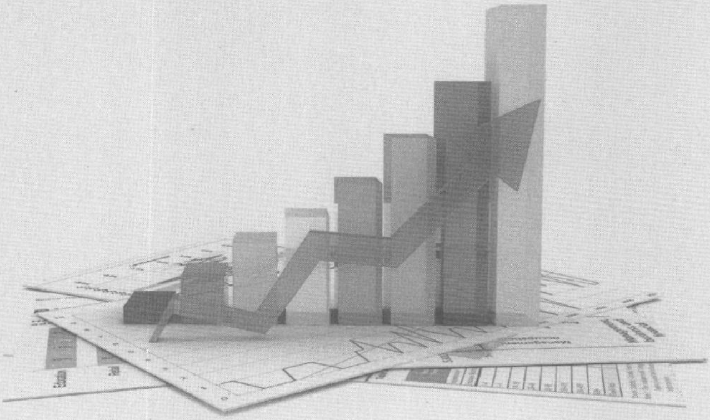

세무사 재정학
모의고사 2 해답 및 풀이

01	중요도	★★	난이도	★★
	출제 포인트	비대칭정보의 문제에 대한 역선택		

▶ 공공부문의 경제행위가 갖는 특징에 대한 설명 중 옳지 않는 것은?

① 경제주체가 대리인이라는 점이다.
② 합법적으로 강제력을 가지는 강제성의 원리가 적용된다.
③ 누구에게나 적용되는 보편성을 가진다.
④ 비시장배분의 방법에 의해서만 재화와 서비스가 배분된다.
⑤ 일반보상의 원리에 의해 집합적 욕구를 충족시킨다.

핵심체크

공공경제 : 정치적으로 정해진 예산원리, 일반보상의 원리, 비시장적 배분에 의해 공공욕구 충족

핵심 학습

1. 공공경제와 시장경제의 차이 : 공공경제는 정치적으로 정해진 예산원리, 일반보상의 원리, 비시장적 배분에 의해 공공욕구를 충족시킨다.

	민간경제	공공경제
보상관계	개별적 보상	일반적 보상
회계원칙	수입근거로 지출 결정	지출근거로 수입 결정

2. 공공경제의 특징
경제주체가 국민들이 선출한 사람(또는 대리인)이라는 점, 합법적으로 강제력을 가진다는 점, 강제력이 누구에게나 적용되는 보편성을 가진다는 점, 무료교육서비스와 같이 비시장배분의 방법에 의해 재화와 서비스가 배분된다는 점이다. 때때로 주택처럼 정부가 직접 생산·공급할 경우 시장을 통해 배분을 할 수도 있다.

예시문 학습

① 공공부문의 경제주체가 국민들이 선출한 사람(또는 대리인)이라는 점이다.
② 강제성(민간은 자발적 교환원리) → 강제적 조세징수 : 세금, 토지수용
③ 정부의 강제력이 누구에게나 적용되는 보편성을 가진다.
④ 때때로 주택처럼 정부가 직접 생산·공급할 경우 시장을 통해 배분을 할 수도 있다. 따라서 공공경제는 시장경제와 상호 보완적이며, 시장경제와 중첩될 수도 있다.
⑤ 공공경제의 경우에는 개인이 조세로 부담한 희생과 동등한 이익으로 보상받는다고 보기 어렵고 모든 국민이 골고루 혜택(이익)을 받는다고 보아야 할 것이다.

정답 ④

02	중요도	★★★	난이도	★
	출제 포인트	파레토효율		

▶ **파레토효율에 대한 설명 중 옳지 않은 것은?**

① 파레토개선이 불가능한 상태를 말한다.
② 효율성과 공평성을 모두 고려한 가장 이상적인 상태를 말한다.
③ 소비자들의 효용이 극대화되는 상태이다.
④ 생산자들의 이윤이 극대화되는 상태이다.
⑤ 시장경제와 상관없는 자원배분상태이다.

핵심체크 파레토 효율 개념으로 과거 유사문제 출제되었음

자원의 파레토 효율적인 배분은 다른 사람의 효용을 감소시키지 않고서는 어떤 사람의 효용을 증가시키지 못하는 자원배분상태를 의미함. 따라서 적어도 한 사람이 이익을 보면서도 다른 모든 사람이 손해를 보지 않는 자원배분의 상태를 파레토 개선이라고 하면, 파레토 효율성은 파레토개선이 불가능한 상태를 의미함

핵심 학습

1. Pareto 효율성
① 하나의 자원배분상태에서 다른 사람에게 손해가 가지 않으면서 어떤 사람에게 이득이 되는 변화를 만들어낼 수 없는 경우 지칭
② 파레토 개선이 불가능한 상태
2. 완전경쟁과 자원배분의 효율성 : 효율적인 자원배분을 위한 세 가지 한계조건
① 생산의 효율성 : 이윤극대화
② 교환의 효율성 : 효용극대화
③ 종합적 효율성 : 이윤극대화+효용극대화

예시문 학습

① 파레토 효율 개념이다.
② 효율성만 설명한다.
③ 교환의 효율성을 말한다.
④ 생산의 효율성을 말한다.
⑤ 파레토 효율성은 시장경제와 상관없는 자원배분의 효율성조건이다. 사회주의경제도 이것을 추구한다.

정답 ②

03	중요도	★★	난이도	★★
	출제 포인트	소비자잉여, 생산자잉여		

▶ **어느 경쟁산업의 대표적 소비자의 수요곡선이 $D=8-2P$이며, 대표적 생산자는 고정비용이 1이고 가변비용이 생산량에 비례한다. 이때 소비자잉여와 생산자잉여의 합계는?**

① 1
② 3
③ 5
④ 6
⑤ 8

핵심체크

소비자잉여, 생산자잉여

핵심 학습

1. 소비자잉여
소비자가 그 재화를 얻기 위해 기꺼이 지불할 용의가 있는 가격과 그가 실제로 지불하는 가격의 차이
2. 생산자잉여
기업이 이윤을 극대화하는 생산수준에서 생산할 때, 상품을 팔아 얻는 총수입에서 총비용을 뺀 후 남는 화폐액(이윤)

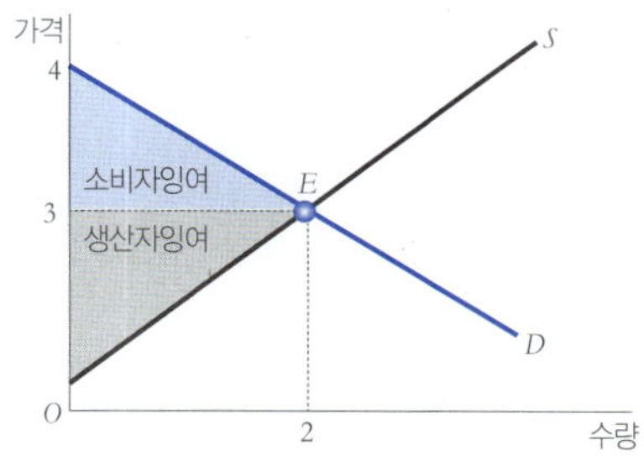

예시문 학습

(1) 공급곡선 : $P=1+Q$
(2) 수요=공급 : $1+Q=\frac{8-Q}{2}$에서 Q=2이다.
(3) 따라서 균형가격=3이며,
(4) 소비자잉여+생산자잉여$=\frac{3\times2}{2}=3$

정답 ②

04	중요도	★★	난이도	★
	출제 포인트	정부개입의 근거		

▶ **정부의 개입에 대한 근거로서 옳지 않는 것은?**

> A. 공공재의 존재
> B. 외부성의 존재
> C. 경기변동
> D. 공공선택
> E. 정보의 비대칭성

① A
② B
③ C
④ D
⑤ E

핵심체크

(1) 시장실패의 원인
(2) 정부실패의 원인

핵심 학습

1. 시장실패
(1) 시장실패 : 시장이 효율적인 자원배분을 하지 못하는 것을 시장의 실패라고 한다.
(2) 시장실패 원인 : 시장가격이 진정한 기회비용을 반영하지 못하기 때문에 시장실패가 발생한다.
구체적인 원인으로 불완전경쟁, 규모의 경제, 외부성, 공공재, 불확실성, 불완전정보(정보의 비대칭성)를 들 수 있다.
이외에 시장실패의 거시적 측면은 불공평한 소득분배, 실업, 물가상승, 경기변동, 국제수지불균형을 포함하고 있다.
2. 정부실패
시장의 실패는 정부개입의 필요조건을 제공할 뿐 충분조건을 제공하는 것은 아니라는 점에 주의
(1) 정부실패 : 정부가 시장에 개입해서 자원배분을 더 왜곡시키는 것을 정부의 실패라고 한다.
정부도 개인들이 모인 집합체라고 보면 항상 전지전능한 사회의 수호신이라고 보기 어렵기 때문에 정부의 실패가 발생한다.
(2) 정부실패 원인 : 정부실패의 구체적 원인으로 불완전정보, 관료조직의 비효율성, 공공선택의 문제, 민간부문반응의 통제불가능성을 들 수 있다.

예시문 학습

D는 정부실패의 원인이므로 D를 제외한 다른 것들은 시장실패의 원인이다.

정답 ④

05	중요도	★★★	난이도	★★★
	출제 포인트	사회후생함수		

▶ 사회후생함수에 관한 설명으로 옳지 않는 것은?

① 사회구성원들 각자의 효용을 모두 고려하여 그 사회전체의 총후생수준을 하나의 함수값으로 나타내는 과정을 사회후생함수라고 한다.
② 한 사회의 구성원들의 공평성에 대한 가치관을 반영한다.
③ 개인들의 효용을 사회효용으로 완전히 변화시키는 것은 불가능하다.
④ 사회후생함수의 현실적 선택장치가 각종 투표제도들이다.
⑤ 공리주의적 사회후생함수에서는 소득재분배가 사회후생을 감소시킬 수 있다.

핵심체크

사회후생함수 : 사회구성원들 각자의 효용을 모두 고려하여 그 사회전체의 총후생수준을 하나의 함수값으로 나타내는 과정

핵심 학습

1. 사회후생함수
(1) 사회구성원들 각자의 효용을 모두 고려하여 그 사회전체의 총후생수준을 하나의 함수값으로 나타내는 과정
(2) $SW=f(U_A, U_B)$
- 보상의 원칙이 개인 간 효용비교의 문제를 우회하려는 데 비해 사회후생함수에 의한 평가는 주관적인 가치판단을 도입해 개인 간 효용비교문제 해결

2. 분배적 정의관
(1) 공리주의적 가치판단
- 두 사람 간의 효용이 어떻게 분배되는지 관계없이 단지 개인 효용의 합으로 사회후생 결정
- 가난한 사람에 가중치 없음

(2) 평등주의적 가치판단
- 어떤 사람의 효용수준이 더 높을수록 더 작은 가중치 부여 : 가난한 사람들에게 소득을 재분배해야 한다는 근거
- 원점에서 볼록한 사회무차별곡선(어떤 사람의 한계효용체감은 그의 상대적 중요성이 점점 작아짐)

(3) 롤스적 가치판단
- $SW=min(U_A, U_B)$ 최소극대화원칙 : 가장 가난한 사람이 효용수준에 의해 사회후생 결정
- 한 사회에서 가장 못사는 사람의 생활수준을 가능한 가장 크게 개선시키는 것이 최우선과제

예시문 학습

① 사회후생함수의 개념을 설명한다.
② 사회후생함수의 의미를 설명한다.
③ 애로우의 불가능성정리에 따르면 민주적이고 합리적인 규칙을 만족시키는 사회후생함수는 존재하지 않는다.
④ 공공선택이론을 말하며, 현실적 사회후생함수라면 투표제를 말할 수 있다.
⑤ 공리주의는 부자의 1원을 빈자에게 주면 그 한계효용이 더 높아지므로 효용이 증가하고 후생이 증가한다(애지워드의 최적분배).

정답 ⑤

06	중요도	★★★★	난이도	★★★★★
	출제 포인트	불평등지수		

▶ **GNP=12인 경제에서 다음처럼 세 사람(A, B, C)에게 소득이 나뉜다.**

소득	분배상태 1	분배상태 2	분배상태 3
A	2	1	1
B	2	3	5
C	8	8	6

다음 설명 중 옳지 않은 것은?

① 소득의 분배상태 1에서는 지니계수가 1/2이다.
② 지니계수로 볼 때 분배상태 3이 가장 평등하다.
③ 롤스에 따르면 분배상태 1에서 사회후생이 가장 높다.
④ 공리주의에 따르면 어느 분배상태에서나 사회후생이 동일하다.
⑤ 답이 없다.

핵심체크

(1) 지니계수 (2) 롤스주의와 공리주의의 차이

핵심 학습

1. 로렌츠 곡선
(1) 개념 : 한 사회에서 소득이 낮은 계층부터 높은 계층의 순서대로 배열하여 하위 몇 %가 차지하는 전체 소득 중의 비율을 나타내는 점들을 이어놓은 곡선
(2) 판단 : 대각선에서 멀수록 불평등
2. 지니계수
① G=α/(α+β)
② G=평균적인 소득격차/(2×평균소득)

$$G=\frac{1}{2\mu}\frac{1}{n(n-1)}\sum_{i=1}^{n}\sum_{j=1}^{n}|y_i-y_j|$$

단, μ : 소득의 평균
y_i : i번째 사람의 소득
③ G가 클수록 불평등(불평등지수)

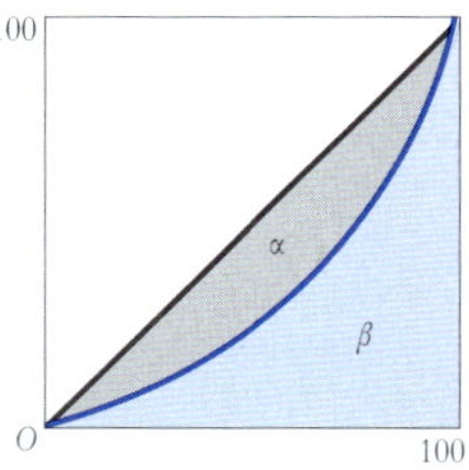

예시문 학습

분배상태 3이 가장 작은 지니계수를 가진다$\left(\frac{20}{6}\times\frac{1}{8}\right)$. 사회후생함수가 $W=y_A\cdot y_B\cdot y_C$(여기서 y는 소득수준)처럼 명시되지 않으면 지니계수를 구한다. 예를 들어 분배상태 1의 지니계수를 다음처럼 구한다.

(1) Δy의 평균=1/6×[|2−2|+|2−8|+|2−2|+|2−8|+|8−2|+|8−2|]=24/6

(2) 지니계수=1/2×[(Δy의 평균)/(y의 평균)]=$\frac{24}{6}$×1/(2×4)=1/2

③ 롤스에 따르면 가장 가난한 사람의 소득이 가장 높은 분배상태 1이 가장 바람직하다.
④ 각 상태에서 소득(효용과 비례)의 합이 동일하므로 공리주의 가치관에서 사회후생이 동일하다.

정답 ⑤

07	중요도	★★★★	난이도	★★★★
	출제 포인트	공공재의 특성		

▶ **다음은 어떤 재화에 대한 수요함수이다. 다음 설명 중 옳지 않은 것은?**

$$Q=\left(\frac{X}{N}\right)^a$$

단, Q : 개인의 소비수준, X : 재화량, N : 인원수

① a=1인 재화는 소비가 경합적이고 다른 사람을 소비에서 완벽히 배제할 수 있다.
② a=0인 재화는 어떤 사람의 소비가 다른 사람의 소비를 줄이지 않고, 다른 사람을 소비에서 완벽히 배제할 수 있다.
③ 0<a<1인 재화에는 혼잡한 도로나 거리가 있으며, 이 재화는 비경합적이고 배제적이다.
④ a=1인 재화의 수요곡선은 각 개인의 수요곡선을 수평으로 합하여 구한 것이다.
⑤ a=0인 재화의 수요곡선은 각 개인의 수요곡선을 수직으로 합하여 구한 것이다.

핵심체크

(1) 공공재의 특성=비경합성과 비배제성
(2) 클럽재는 비경합성+배제성에 해당하고, 혼잡공공재는 경합성+비배제성

핵심 학습

1. 공공재의 특성
(1) 소비의 비경합성(non-rivalry)
① 다른 사람의 소비 가능성이 줄어들지 않음 ② 추가적 소비의 한계비용=0
(2) 배제불가능성(non-excludability)
① 대가를 지불하지 않는 사람도 소비할 수 있음 ② 양(+)의 가격을 부과하려고 해도 불가능하다는 의미
2. 불완전한(impure) 공공재
① 비경합성과 배제불가능성 중 어느 하나가 충족되지 못한 경우
② 불완전한 비경합성 ⇨ 혼잡공공재(congestion goods)
③ 비경합성은 있지만 배제가능성 ⇨ 헬스클럽, 골프클럽(클럽재)
3. 시장수요의 도출
(1) 사용재의 경우 ⇨ 수평방향의 합 (2) 공공재의 경우 ⇨ 수직방향의 합

예시문 학습

(1) 공공재의 특성=비경합성과 비배제성
→ 비경합성 : 양의 가격을 부과하는 것이 바람직하지 않음
→ 비배제성 : 양의 가격을 부과하는 것이 불가능
(2) 클럽재는 비경합성+배제성에 해당하고, 혼잡공공재는 경합성+비배제성
a=1인 재화는 순수사용재로서 경합성과 배제성을 가진다(①, ④).
a=0인 재화는 순수공공재로서 비경합성과 비배제성을 가진다(②, ⑤).
0<a<1인 재화에는 혼잡한 도로나 거리가 이에 속하며, 경합적이고 비배제적이다(따라서 ③은 틀림).

정답 ③

08	중요도	★★★★	난이도	★★
	출제 포인트	공공재의 최적수준		

▶ **무인도에 살고 있는 로빈슨 크루소와 프라이데이는 낚시를 하고 돌아올 때 방향을 안내할 수 있는 등대(Z)를 설치하려고 한다. 이 등대를 설치하는 데 드는 한계비용은 100원이라고 한다. 등대의 가격이 P원이라고 할 때 두 사람의 등대에 대한 수요함수는 다음과 같다.**

> $Z^C = -P + 100$
>
> $Z^F = -\frac{1}{2}P + 75$
>
> 단, Z^C는 크루소의 공공재수요, Z^F는 프라이데이의 공공재수요

다음 설명 중 옳지 않는 것은?

① 등대에 대한 (가상적) 시장수요곡선은 $-\frac{3}{2}P + 175$이다

② 등대에 대한 시장공급곡선은 $P = 100$이다

③ 공공재의 효율적 공급량은 50이 된다.

④ 크루소와 프라이데이의 한계편익은 각각 50, 50이다.

⑤ 무인도의 세계에서 각자가 편익의 원칙에 따라 조세를 납부하므로 효율적이지만 무임승차자의 문제가 있을 수 있다.

핵심체크

공공재의 효율적 공급 : 공공재 수요의 한계편익의 합 = 공공재 공급의 한계비용

핵심 학습

1. 공공재의 시장수요
   공공재의 경우 ⇨ 수직방향의 합

① 모든 사람이 동일한 양을 소비　　② (조세)사용자 가격은 다름

③ 가상수요곡선(pseudo-demand curve) : 각 사람이 진정한 수요를 표출한다는 가정 상정

2. 적정수준의 도출 : 보웬 모형
   $MB_A + MB_B = MC$

예시문 학습

무인도에서 등대는 공공재의 역할을 한다. 공공재의 수요곡선은 각 개인의 지불용의액 또는 한계편익(P)을 더하여 구한다. 따라서

$P = -Z^C + 100$

$P = -2Z^F + 150$

두 식을 합하면 $P = -3Z + 250$이다. 이것이 공공재 공급의 한계비용과 같아야 효율적 공급이 이루어지므로 $100 = -3Z + 250$, $Z = 50$이 된다. 이로부터 크루소와 프라이데이의 한계편익은 각각 50, 50이다. 각자가 한계편익에 따라 조세를 납부하므로 새무엘슨 조건을 충족하며 효율적이지만 정직한 사람만 모여 사는 세계에서 성립한다.

정답 ①

09	중요도	★★★★	난이도	★★★★★
	출제 포인트	수요표출메커니즘		

▶ **디즈니마을에 미키와 미니, 구피가 살고 있다. 이 마을의 길에 가로수를 설치하려고 하며 가로수의 총설치비용이 9만원이라고 한다. 미키와 미니, 구피의 편익은 각각 5, 3, 2(만원)이다. 그런데 구피는 가로수가 필요 없다며 가로수설치를 반대한다. 다음 설명 중 옳지 않는 것은?**

① 미키는 중추적 사람이며 클라크세를 3만원 내게 하면 정직하게 가로수 수요를 표출하게 된다.
② 미니는 중추적 사람이 아니며, 클라크세를 내지 않으면 정직하게 가로수 수요를 표출하게 된다.
③ 구피는 중추적 사람이며, 클라크세를 내지 않으면 정직하게 가로수 수요를 표출하게 된다.
④ 클라크세는 추가적으로 납부하는 세금이므로 민간소비를 구축하여 비효율적이다.
⑤ 미키가 자신의 선호를 속여 0.5(만원)라고 말하면 클라크세를 내지 않아도 되지만 손해를 본다.

핵심체크

(1) 수요표출 메커니즘
(2) 클라크세
(3) 중추적 사람

핵심 학습

1. 무임승차자의 문제
① 배제불가능성 때문에 발생(비경합성 아님)
② 공공재를 별로 원하지 않는다고 말해 비용을 회피하기 위한 전략
③ 재화나 서비스에 대해 온전한 가격을 지불하는 것을 회피하면서 소비하려는 문제
2. 수요표출 메커니즘(demand revelation mechanism)
① 진정한 선호를 표출하려 유도
② 클라크세(Clarke tax) : 어떤 사람이 부담해야할 세금의 크기는 남들이 표출한 선호에만 의존하고 자신이 표출한 선호와는 무관해야 함

예시문 학습

중추적 사람은 가로수의 설치결정을 바꿀 수 있는 사람이다. 미키, 미니, 구피 각 개인의 순편익을 보면 +2, 0, −1이다. 따라서 중추적 사람은 미키뿐이다. 각자가 납부하는 클라크세는 1, 0, 0이다. 미키가 자신의 선호를 속여 +0.5로 보고하면 가로수가 공급되지 않아, 클라크세를 납부하지는 않지만 자신의 편익 5를 잃게 된다. 클라크세는 비용분담액에 추가세금의 형태로 내는 유인세금이므로 조세수입의 잉여금이 된다. 이 잉여금만큼 민간부문의 소비를 구축한다고 보아야 하므로 비효율적이다.

정답 ③

10	중요도	★★★★	난이도	★★★★★
	출제 포인트	배출부과금과 배출거래권		

▶ **어떤 지역에 있는 철강업자 A사와 B사가 생산과정에서 발생하는 폐수를 깨끗이 정화처리하는데 비용이 들어간다. 예를 들어 폐수방출량이 s톤일 때 각사의 정화처리비용은 다음과 같다.**

A사의 정화처리비용 : $c=10s-\frac{1}{2}s^2$　　B사의 정화처리비용 : $c=15s-\frac{1}{2}s^2$

상수도관리본부는 A사와 B사의 한계정화처리비용을 다음과 같이 구한 후,

A사 한계정화처리비용 : $mc_a=10-s$　　B사 한계정화처리비용 : $mc_b=15-s$

다음 설명 중 옳지 않은 것은?

① 폐수 1톤당 5원의 배출부과금을 부과하면 A사의 최적배출량은 5톤이다.
② 폐수 1톤당 5원의 배출부과금을 부과하면 B사의 최적배출량은 10톤이다.
③ 폐수배출총량을 10톤으로 규제하고, 각사에 5톤의 폐수배출거래권을 나누어 주면 A사의 최적폐수배출량은 2.5톤이다.
④ 폐수배출총량을 10톤으로 규제하고, 각사에 5톤의 폐수배출거래권을 나누어 주면 B사의 최적폐수배출량은 2.5톤이다.
⑤ 폐수배출총량을 10톤으로 규제하고, 각사에 5톤의 폐수배출거래권을 나누어 주면 균형배출권가격은 7.5원이다.

핵심체크

(1) 배출부과금제와 배출권거래제의 비교

핵심 학습

1. 배출부과금제
① 배출부과금이라는 일종의 가격을 통해서 총배출량과 각 기업의 배출량을 조정하는 제도
② 기업의 지불액은 단위당 부과금에 오염배출단위를 곱하여 산출된다.
2. 배출권거래제
① 정부가 사회적 한계편익과 사회적 한계비용을 통해 바람직한 오염배출수준을 설정
② 각 기업의 배출량은 배출권거래시장에서 결정된 배출권가격에 의해서 정해진다.

예시문 학습

단위당 배출부과금을 p라고 하면 각사에 대하여 $p=mc$를 이용하여 최적배출량을 구할 수 있다. 즉, $mc_a=10-s=5$, $mc_b=15-s=5$. 따라서 $s_a=5$, $s_b=10$이다. 배출권시장에서 배출권의 가격이 p로 형성된다면 각사는 $p=mc_a=mc_b$가 성립하는 단위만큼의 배출권을 가지고 배출한다. 그런데 폐수배출총량이 $s_a+s_b=10$이다. 이 두 식을 연립으로 풀면 최적폐수배출량을 구할 수 있다. 즉, (1) $p=mc_a=mc_b=10-s_a=15-s_b$, (2) $s_a+s_b=10$이다. 따라서 $s_a=2.5$, $s_b=7.5$, $p=7.5$이다. A사의 배출권에 대한 초과수요는 $2.5-5=-2.5$이다. 음수의 의미는 배출권을 판매해서 이윤을 얻는다는 것이다.

정답 ④

11	중요도	★★★★★	난이도	★★★
	출제 포인트	투표연합		

▶ **다음 표는 현재의 상태에서 도서관 건립(X)과 체육관 건립(Y) 안건이 채택되었을 때 세 명의 투표자들의 효용(만족도)의 변화를 나타낸다.**

투표자	안건	
	도서관	체육관
A	−5	−5
B	12	−5
C	−5	12

다음 설명 중 옳지 않는 것은?

① 각 안건별로 다수결에 의해 결정을 한다면 모든 안건이 부결된다.
② 만약 투표자의 연합이 만들어진다면 투표자 B는 X안, 투표자 C는 Y안이 채택될 때 이익이 매우 크기 때문에 서로 표 교환행위를 한다.
③ 다수결이 투표연합보다 사회후생을 높인다.
④ 투표연합이 다수결보다 사회후생을 높인다.
⑤ 투표연합에 의한 승리연합이 표를 주고받는 투표거래를 하는 것이 정치적 결탁이다.

핵심체크

투표연합과 정치적 결탁

핵심 학습

1. 투표연합
① 과반수투표제에서 순환이 발생하려면 안건을 순차적으로 상정해서 대결시켜야 한다. 이 과정에서 연합(coalition)을 통한 정치적 결탁(logrolling)이 가능하다. 과반수투표제는 모든 안건에 대해서 선호강도가 동등하다는 가정을 한다.
② 그러나 현실적으로 모든 안건에 대하여 선호강도가 다르며, 이로 인해 연합과 정치적 결탁이 가능하다. 연합은 서로 다른 안건에 선호강도가 높은 두 투표자가 투표거래 혹은 표 교환행위(vote trading)를 위해 결성한 집단이라고 할 수 있다. 이렇게 결성된 승리연합이 표를 주고받는 투표거래를 행할 때 이것을 정치적 결탁이라고 할 수 있다.
2. 관련학습 : 점수투표제
① 각 안건에 대한 선호강도를 나타내는 투표제이다.
② 투표거래를 통한 과반수투표제처럼 사회후생수준이 최대로 달성될 수 있다.
③ 애로우의 공리 중 다른 선택대안으로부터의 독립성을 만족시키지 못한다.

예시문 학습

선호강도가 높은 소수가 낮은 선호강도를 가진 다수에 의해 모든 안건이 부결된다. 투표자 B는 X안, 투표자 C는 Y안이 채택될 때 이익이 매우 크기 때문에 서로 표 교환행위를 한다. 투표연합의 결과는 사회전체의 후생수준을 향상시킨다. 왜냐하면 X안 혹은 Y안에 대한 세 사람의 효용변화의 합(12−5−5)이 2로서 양수이기 때문이다.

정답 ③

12	중요도	★★★★★	난이도	★★★
	출제 포인트	관료모형		

▶ **관료모형에 관한 설명 중 옳지 않는 것은?**

① 공공선택론이 주로 수요자중심으로 공공재 공급수준을 설명하는데, 관료모형은 공급자중심으로 공공재 공급수준을 설명한다.

② 니스카넨 모형에서 기관 간 경쟁을 통하여 공급가격에 대한 정보독점을 줄여서 정부규모의 확대를 방지할 수 있다.

③ 니스카넨 모형에서 공공기관의 편익과 비용구조를 알기 어려워 비효율성이 발생하면 민영화나 민간시장을 활용할 수 있다.

④ 니스카넨 모형에서 관료의 보수체계를 공공재 생산비용의 절감액과 연관을 지어 절감액의 일부를 지급받도록 하여 이윤동기를 부여할 수 있다.

⑤ 미그에-벨랑제 모형에서 관료의 효용함수가 $U=z+R$(z : 관료적 생산수준, R : 직책상의 특권)일 때와 $U=3z+R$일 때를 비교하면 첫 번째 관료가 공공서비스를 더 많이 공급한다.

핵심체크

(1) 니스카넨의 예산극대화 모형　　(2) 미그–빌레인저(미그에–벨랑제) 관료효용극대화 모형

핵심 학습

1. 니스카넨 모형

① 예산극대화 모형 ⇨ 예산과 비례해서 직책상 특권, 사회적 명성, 권한, 영향력이 증대

② 대처방안

- 관료들의 봉급을 예산절감 노력에 상응하게 조정 ⇨ 탄력적인 급여체계 운용
- 생산과 공급활동을 민간기업에 맡기고 정부는 경비만 부담하는 방법

2. 미그-빌레인저(미그에-벨랑제) 모형

① 관료들의 효용극대화 가정 ⇨ 효용은 예산의 크기 이외에 예산상 잉여에도 영향 받음

② 관료들의 과다생산 설명(니스카넨보다는 작음)

예시문 학습

(1) 니스카넨 모형은 매우 단순한 모형이지만 관료의 핵심적 행태를 잘 설명한다. 또한 공공선택론이 주로 수요자중심으로 공공재 공급수준을 설명하는데, 니스카넨 모형은 공급자중심으로 공공재 공급수준을 설명한다. 니스카넨의 세계에서 관료제를 개선시킬 수 있는 몇 가지 방안은 다음과 같다. 기관간 경쟁을 통하여 공급가격에 대한 정보독점을 줄여서 정부규모의 확대를 방지할 수 있다. 또 공공기관의 편익과 비용구조를 알기 어려워 비효율성이 발생하면 민영화나 민간시장을 활용할 수 있다. 그리고 관료의 보수체계를 공공재 생산비용의 절감액과 연관을 지어 절감액의 일부를 지급받도록 하여 이윤동기를 부여할 수 있다.

(2) ⑤번에서 각 관료의 한계대체율을 구해 보면 $MRS_{zR}=MU_z/MU_R=1$, $MRS_{zR}=MU_z/MU_R=3$이다. 두 번째 관료에게 예산상 잉여에 대한 관료적 생산수준의 상대가치가 더 크다. 따라서 두 번째 관료의 생산수준이 더 높을 것이다. 그림을 그릴 때 주의할 점은 관료효용함수가 음의 기울기를 가진 직선이다.

정답 ⑤

13	중요도	★★★★★	난이도	★★★
	출제 포인트	비용-편익분석		

▶ **정부가 특정 공공재의 생산 · 공급을 계획하여 사회의 편익과 사회의 비용을 사회적 할인율로 할인한 결과 그 값이 양(+)이 나와 시행하기로 했다. 그리고 당해사업에 필요한 재원은 조세를 통해서 조달하기로 했다. 정부의 의사결정을 효율성과 공평성 측면에서 평가한 것에 대한 설명으로 옳지 않는 것은?**

① 순편익의 현재가치를 극대화하므로 효율적이라고 할 수 있다.
② 조세를 통해 재원을 조달하므로 반드시 손해를 보는 자와 이익을 보는 자가 생기기 마련이다. 따라서 공평하다고 볼 수 없다.
③ 민간부문의 투자에 쓰여야 할 부분이 공공투자에 쓰인 경우, 합당한 사회적 할인율로는 민간투자의 수익률을 반영하는 사회적 기회비용 즉 자본의 사회적 기회비용을 사용할 수 있다.
④ 어떤 사업의 사회적 편익은 그 사업에서 발생하는 사회후생, 즉 소비자잉여와 생산자잉여의 증가로 평가한다.
⑤ 비용-편익분석은 사회후생의 관점에서 공평하고 효율적인 자원배분을 위한 공공투자사업의 타당성분석이라고 할 수 있다.

핵심체크

(1) 비용-편익분석　　(2) 사회적 할인율

핵심 학습

1. 비용-편익분석
① 어떤 공공사업을 수행하려고 할 때 그 사업에 소요되는 비용과 그 사업에서 얻는 편익을 모두 객관적인 화폐단위로 표시하여 비교함으로써 그 사업의 타당성을 분석하는 것이다.
② 사회후생의 관점에서, 즉 시장이 공공재생산과 배분에 비효율적이라는 가정하에서 효율적인 자원배분을 위한 공공투자사업의 경제성분석
2. 사회적 할인율
① 민간부문의 소비에 쓰일 자금이 공공부문에 투입된 것이라면, 민간투자의 세후수익률(소비자이자율)
② 민간부문의 투자에 쓰일 자금이 공공사업에 투입된 경우 민간투자의 세전수익률

예시문 학습

①, ② 순편익의 현재가치를 극대화하므로 효율적이라고 할 수 있지만 조세를 통해 재원을 조달하므로 반드시 손해를 보는 자와 이익을 보는 자가 생기기 마련이다. 따라서 공평하다고 볼 수 없다.
③ 비용-편익분석에서 민간부문의 투자에 쓰여야 할 부분이 공공투자에 쓰인 경우 합당한 사회적 할인율로는 민간투자의 수익률을 반영하는 사회적 기회비용 즉 자본의 사회적 기회비용을 사용할 수 있다.
④ 사회적 편익은 사회후생의 증가로 평가한다.
⑤ 비용-편익분석은 사회후생의 관점에서, 즉 시장이 공공재생산과 배분에 비효율적이라는 가정하에서 효율적인 자원배분을 위한 공공투자사업의 경제성분석이라고 할 수 있다. 따라서 비용-편익분석은 특별한 경우가 아니면 주로 효율성을 분석한다.

정답 ⑤

14	중요도	★★★★	난이도	★★★★
	출제 포인트	공공사업의 위험성문제		

▶ **디즈니랜드의 대표적 소비자의 효용함수가 다음과 같다.**

$U=\sqrt{M}$ 단, M : 화폐소득

디즈니정부가 어떤 공공사업을 하려고 하는데 이 사업은 1/2의 확률로 100억의 순편익을 주지만, 1/2의 확률로 아무런 순편익도 주지 않는다. 디즈니정부의 공공사업에 관한 설명 중 옳지 않는 것은?

① 정부의 공공사업이 위험성문제를 가질 때 공공사업의 순편익의 기대효용과 같은 효용수준을 가져다주는 확실한 금액, 즉 확실대등액을 찾아 사용한다.
② 애로우-린드 정리에 따르면 공공사업의 편익규모가 작고 편익과 비용이 다수에게 분할되는 경우 위험도 분산되어 위험성문제가 거의 발생하지 않는다.
③ 공공사업의 기대순편익의 확실대등액은 25억원이다.
④ 디즈니정부의 공공사업의 위험할인율은 0.25이다.
⑤ 순편익을 위험할인하여 확실대등액으로 바꾸어 공공사업의 위험성에 대한 조정액을 구한다.

핵심체크

(1) 공공사업의 위험성문제 (2) 확실대등액

핵심 학습

1. 할인율을 통한 조정
① 위험성이 포함된 공공사업 평가시 ⇨ 위험성이 전혀 없는 사업보다 더 높은 할인율 적용해야 함 ② 공공사업의 비용이 주로 초기에 발생하고, 편익은 장기간에 걸쳐 비교적 고른 흐름으로 발생한다는 암묵적 전제
2. 확실대등액을 통한 조정
① 확실대등액 : 상황에 따라 달라질 수 있는 수익(위험성이 내재된 편익)이 확실한 금액으로는 얼마에 해당하는가를 나타내기 위해 사용하는 개념 ② 불확실한 편익을 위험할인(risk discount)한 것

예시문 학습

①, ② 정부의 공공사업이 위험성문제를 가질 때 공공사업의 순편익의 기대효용과 같은 효용수준을 가져다주는 확실한 금액, 즉 확실대등액을 찾아 사용한다. 애로우-린드 정리에 따르면 공공사업의 편익규모가 작고 편익과 비용이 다수에게 분할되는 경우 위험도 분산되어 위험성문제가 거의 발생하지 않는다.
③, ④ 공공사업의 순편익의 기대치는 50억원이 된다. 그러나 이 기대치는 불확실한 금액이며, 이 금액보다 작지만 확실한 금액 25억원과 같은 효용을 느낀다고 하자. 이때 바로 25억원을 확실대등액이라고 하며, 25/50=1/2만큼 위험할인을 한 것과 같다.
⑤ 이처럼 순편익을 위험할인하여 확실대등액으로 바꾸어 공공사업의 위험성에 대한 조정액을 구하는 것이다. 이 조정액을 순편익으로 사용하여 일반적인 편익-비용분석의 절차를 따르면 된다.

정답 ④

15	중요도	★★★★★	난이도	★★
	출제 포인트	조세귀착		

▶ 조세귀착에 대한 설명 중 옳지 않은 것은?

① 귀착분석은 조세의 분배효과를 측정하는 것이며, 조세 이외에 소득분배에 영향을 미치는 다른 요인들 중 어떤 요인을 고정된 것으로 취급하는가에 따라 여러 방법이 있다.

② 절대귀착은 모든 조세와 정부지출이 불변이라는 가정하에서 특정조세가 소득분배에 미치는 효과를 분석한다.

③ 차별귀착은 모든 조세와 정부지출이 불변이라는 가정하에서 특정조세를 다른 종류의 조세로 대체했을 경우 나타나는 분배효과를 분석한다.

④ 균형예산귀착은 다른 조세가 없다고 보고 특정조세의 부과에 따른 분배효과뿐만 아니라 이 조세수입을 통한 정부지출의 분배효과까지 함께 분석한다.

⑤ 귀착분석은 귀착의 분석방법상의 조건 이외에 부분균형분석과 일반균형분석, 장단기, 폐쇄 및 개방경제 등으로 분류해 볼 수 있다.

핵심체크

(1) 조세귀착의 분석 : 조세의 분배효과를 측정(절대귀착, 차별귀착, 균형예산귀착)
(2) 다른 기준의 귀착 : 부분균형분석과 일반균형분석, 장단기, 폐쇄 및 개방경제

핵심 학습

1. 조세귀착

(1) 조세귀착(incidence)은 궁극적으로 조세부담이 누구에게 돌아가는가를 의미

(2) 조세귀착의 분석 : 조세의 분배효과를 측정하는 것

① 절대(적)귀착 : 다른 조세와 정부지출이 불변이라는 가정하에서 특정조세의 분배효과를 측정

② 차별(적)귀착 : 모든 조세와 정부지출이 불변이라는 가정하에서 특정조세를 다른 종류의 조세로 대체했을 경우 나타나는 분배효과를 측정한다.

③ 균형예산귀착 : 다른 조세가 없다는 가정하에서 특정조세의 분배효과와 그 조세수입에 의한 정부지출의 분배효과를 함께 측정한다.

2. 다른 기준

① 부분균형분석과 일반균형분석에 의한 귀착

② 단기와 장기에서의 귀착

③ 개방경제와 폐쇄경제의 귀착

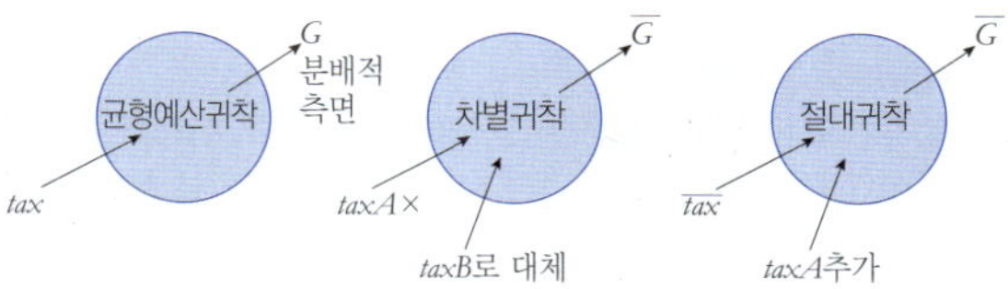

예시문 학습

① 조세귀착의 분석은 조세의 분배효과를 측정하는 것이다.

② 모든 조세가 아니라 다른 조세가 불변이다.

③, ④, ⑤는 모두 옳은 설명이다.

정답 ②

16	중요도	★★★★★	난이도	★★★★★
	출제 포인트	하버거모형의 물품세		

▶ **쌀과 옷이라는 두 재화 중 옷에 대한 물품세의 효과를 하버거의 일반균형모형으로 분석할 경우 옳지 않는 것은?**

① 조세의 부과로 쌀산업은 조세부과 전보다 더 많은 요소를 고용하게 된다.
② 옷이 자본집약적이라면 조세부과 후에는 쌀과 옷산업 모두 조세부과 전보다 더 자본집약적이 된다.
③ 자본집약적인 산업에 조세가 부과되면 자본의 상대가격이 하락하고 노동의 상대가격이 상승하는데, 이는 각 산업이 자본을 더 많이 사용함에 따라 자본의 한계생산이 감소하기 때문이다.
④ 자본집약적인 상품에 조세가 부과되면 자본가에게 불리하게 된다.
⑤ 조세가 부과된 후 생산의 효율성은 만족되지만 소비의 효율성은 만족되지 않는다.

핵심체크

(1) 하버거 모형의 산출효과
(2) 조세로 인해 생산과 소비의 동시적 효율성(종합적 효율성) 미충족

핵심 학습

1. 하버거 모형
(1) 산출효과 : 어떤 한 상품에만 부과되는 물품세는 그 상품의 생산과정에서 집약적으로 사용되는 요소의 상대가격을 하락시킨다.
(2) 과세산업의 집약된 요소부담 증가
① 두 산업 사이에 요소집약도(factor intensity)의 차이가 클수록
② 과세상품에 대한 수요의 가격탄력성이 클수록
③ 과세산업의 요소 사이의 대체탄력성이 작을수록(등량곡선이 L자형)
(3) 원천측 : 물품세가 부과된 산업에서 집약적으로 사용되고 있는 생산요소의 공급자에게 부담 귀착
(4) 사용측 : 과세되는 상품을 상대적으로 더 많이 소비하고 있는 사람일수록 더 많은 부담

예시문 학습

① 물품세가 부과되지 않은 다른 산업의 수요가 증가하여 모든 요소를 더 고용한다.
② 물품세가 부과된 산업에 집약적으로 사용되는 요소의 상대가격이 하락하면 그 산업과 다른 산업 모두 자본을 더 고용하게 되어 자본집약적으로 전환한다.
③, ④ 자본집약재산업인 옷산업이 위축되므로 옷산업에 집약된 요소인 자본이 상대적으로 더 많이 방출되어 그 요소의 상대가격이 하락할 것이다. 따라서 자본의 소유자에게 물품세의 부담이 지워진다. 또한 옷을 상대적으로 많이 소비하는 사람에게 물품세의 부담이 귀착된다. 또한 모든 산업이 자본을 더 많이 고용함에 따라 자본의 한계생산이 하락하고 그 가격도 하락하는 것이다.
⑤ 모든 소비자가 동일한 가격에 직면하므로 소비의 효율성이 충족되고, 모든 생산자가 동일한 요소가격에 직면하므로 생산의 효율성도 충족된다. 그러나 조세로 인해 생산과 소비의 동시적 효율성, 즉 종합적 효율성은 충족되지 않는다.

정답 ⑤

17	중요도	★★★	난이도	★★★
	출제 포인트	비효율성계수		

▶ **비효율성계수가 0인 경우에 관한 설명으로 옳지 않은 것은?**

ㄱ. 보상수요가 완전비탄력적인 경우
ㄴ. 소득보조금을 주는 경우
ㄷ. 소득효과는 존재하지만 대체효과는 존재하지 않는 경우
ㄹ. 가격보조를 해주는 경우

① ㄱ ② ㄴ ③ ㄷ ④ ㄹ ⑤ ㄱ, ㄹ

핵심체크

(1) 비효율성계수(coefficient of inefficiency)

비효율성계수=초과부담/조세수입$=\frac{1}{2}\varepsilon \cdot t$

(2) 초과부담 : 대체효과에 의해 발생

핵심 학습

1. 초과부담의 정의

초과부담(excess burden)=조세의 실제부담−조세징수액

조세가 민간부문의 의사결정(선택의 기준인 상대가격)을 교란해 발생하는 효율성의 상실

2. 초과부담의 측정

(1) 물품세 부과가 소비자에게 가져오는 실제부담이 소비자 잉여의 감소분으로 측정

(2) 소득효과가 제거된 보상수요곡선을 이용한다. 왜냐하면 초과부담은 소득효과와 관련이 없고, 대체효과만 관련 있기 때문이다.

3. 비효율성 계수(coefficient of inefficiency) : 효율성 상실률

$$=\frac{\text{초과부담}}{\text{조세수입}}=\frac{\frac{1}{2}t^2\varepsilon PQ}{tPQ}=\frac{1}{2}t\varepsilon$$

비효율성 계수는 세율과 보상수요의 가격탄력성에 비례한다.

예시문 학습

①, ② 조세수입에서 초과부담이 차지하는 비율을 구하고, 이것을 비효율성계수(coefficient of inefficiency)라고 한다. 비효율성계수는 다음과 같이 나타낼 수 있다.

비효율성계수=초과부담/조세수입$=\frac{1}{2}\varepsilon \cdot t$

이 식에 따르면 비효율성계수는 보상수요의 가격탄력성과 세율에 의존하며, 보상수요의 가격탄력성이 클수록 그리고 세율이 높을수록 비효율성은 커진다는 것을 알 수 있다.

③ 소득보조는 소득효과만 있어 초과부담이 없고, ④ 가격보조는 상대가격의 변화로 초과부담이 발생한다.

정답 ④

18	중요도	★★★★★	난이도	★★★
	출제 포인트	부분요소세		

▶ **노동집약적인 X상품과 자본집약적인 Y상품이 있다. X상품 생산에 고용된 자본에 대하여 부분요소세를 부과할 때 요소가격비율의 변화로 옳은 것은?**

① 노동의 자본에 대한 상대가격이 상승한다.
② 노동의 자본에 대한 상대가격이 하락한다.
③ 노동의 자본에 대한 상대가격이 불변이다.
④ 노동의 자본에 대한 상대가격이 불분명하다.
⑤ 노동의 자본에 대한 상대가격이 상승하다가 하락한다.

핵심체크

(1) 부분요소세
(2) 부분요소세의 귀착 : 산출효과+요소대체효과

핵심 학습

1. 부분요소세 : 특정부문의 요소에만 과세한 조세
   - 산출효과 : 과세된 산업이 위축되어 그 산업에 집약된 요소에 불리하게 작용하는 효과
   - 요소대체효과 : 과세된 요소에 불리하게 작용하는 효과

2. 부분요소세의 귀착에 영향을 미치는 요인
(1) 수요탄력성이 클수록 산출효과가 커진다.
(2) 두 산업 간의 요소집약도의 차이가 클수록 산출효과가 더욱 커진다.
(3) 두 산업 간의 요소의 대체탄력성이 작을수록 산출효과가 더욱 커진다.
(4) 과세산업의 생산비에 자본이 차지하는 비중이 클수록 산출효과가 더욱 커진다.
(5) 과세산업의 요소의 대체탄력성이 클수록 요소대체효과는 더욱 커진다.

예시문 학습

산출효과(생산효과)에 의하면 X산업이 위축되어 노동에게 불리하게 작용하며, 요소대체효과는 과세된 요소인 자본에 불리하게 작용한다. 따라서 노동의 자본에 대한 상대가격은 불분명하다. 다시 말해서 X산업이 위축되므로 X산업에 집약된 요소에 불리하게 작용한다. 따라서 X생산의 자본비용이 인상되므로 X의 상대가격이 올라가고, 노동의 상대가격이 하락한다.
한편 요소대체효과에 의하면 자본에 과세되므로 자본에게 불리하게 작용할 것이다. 따라서 X의 자본이 Y 생산으로 이동하게 되어 Y의 자본－노동비율이 올라가고, 노동의 상대가격이 상승한다. 두 효과에 의해서는 노동의 상대가격이 하락할지 상승할지를 알 수 없다. 따라서 답은 ④이다.

정답 ④

19	중요도	★★★★	난이도	★★★★★
	출제 포인트	법인세와 기업의 자본구조		

▶ **'크루소'라는 나라의 조세제도는 다음과 같다.**

(가) 법인세제는 기업이 지급한 이자를 경비로 처리한다.
(나) 법인세제는 10%의 투자세액공제를 허용한다.
(다) 이자소득의 세율은 근로소득의 2배이다.
(라) 주주의 자본이득과 배당소득은 이자소득과 동일한 세율이다.

크루소 정부가 법인세율을 인하하기로 했다. 기업들의 자본구조, 즉 부채-자본비율에 관한 설명 중 옳은 것은?

① 법인세의 인하는 부채비율에 영향이 없다.
② 법인세의 인하는 부채의 감세효과를 높인다.
③ 법인세의 인하는 채권보유를 유리하게 만든다.
④ 법인세의 인하는 부채비율을 낮춘다.
⑤ 법인세의 인하는 부채의 증세효과를 낮춘다.

핵심체크

(1) 법인세의 부채감세효과　　(2) 소득세의 주식과 채권에의 영향

핵심 학습

1. 법인세부과 : 부채의 감세효과(tax shield)
타인자본을 이용하는 부채가 많을수록 법인세의 부담이 작아져서 납세액도 줄어든다. 즉, 기업부채 b원, 이자율 r, 법인세율 t이면, trb원만큼 부담 감소
2. 소득세부과
기업의 소득에 대한 법인세율을 t, 기업이 발행하는 채권에 대한 이자소득세율을 s라고 하고, 주주에게 지급되는 소득의 세율을 m이라고 하자. 단순화하기 위해 기업의 투자수익이 1원이라고 가정한다.
(1) 채권보유자에게 지불되는 소득세 납부 후 이자순소득
법인세가 부과되지 않아서 $(1-s)$원
(2) 주주에게 지급되는 법인세(세율 t)와 소득세(세율 m) 납부 후 순소득
법인세가 부과되어서 $(1-t)(1-m)$원
소득세의 경우 배당소득세가 무거워지면 채권으로 자금조달을 하여 기업의 부채-자본비율을 높이고, 이자소득세가 무거워지면 주식으로 자금조달을 하여 기업의 부채-자본비율을 낮추는 효과가 있다.

예시문 학습

채권을 보유하는 경우의 이자소득과 주식을 보유하는 경우의 배당소득을 비교하면,

$$[(1-s)-(1-t)(1-m)]rb$$

이 식이 어떤 방향으로 변하는지 보면 파악할 수 있다. 조건에서 $s=m$이므로 이 식은 $t(1-m)rb$가 된다. 따라서 법인세율 t의 인하는 부채비율을 낮추게 된다. 또한 법인세율의 인하는 부채의 감세효과를 낮추므로 부채비율을 낮추는 자본구조를 갖게 된다. 따라서 답은 ④이다.

정답 ④

20	중요도	★★★★★	난이도	★★★★★
	출제 포인트	물품세의 차선이론		

▶ **'디즈니랜드'에서 사과의 한계비용은 7로 일정하며 시장에서 사과는 조세 4를 포함하여 11의 가격에 거래되고 있다. 그런데 배에 대하여는 조세가 부과되고 있지 않는 현실에 대하여 사과공급자들이 불평하며 조세부과를 요구하였다. 이에 따라 디즈니 정부는 배에 대하여도 단위당 2의 조세를 부과하기로 했다. 배의 조세로 인해 사과의 소비가 7단위 증가하였다. 단, 배의 한계비용은 10으로 일정하고 배의 수요는 다음과 같다.**

$$P=30-Q$$

배에 대한 조세부과가 사회후생에 미치는 영향을 옳게 설명한 것은?

① 배에 대한 조세부과로 초과부담이 2만큼 증가하여 사회후생이 감소한다.
② 사과의 생산과 소비가 7단위 증가하지만 배의 조세로 사회후생의 증가여부는 불분명하다.
③ 배의 생산감소와 사과의 생산증가가 정확히 상쇄되어 사회후생이 불변한다.
④ 사회후생이 26만큼 증가한다.
⑤ 답이 없다.

핵심체크

(1) 일반균형의 물품세 (2) 물품세의 차선이론

핵심 학습

1. 일반균형의 물품세
서로 대체관계에 있는 두 상품시장에서 다른 상품시장에 이미 조세가 존재하는 경우
(1) 새로운 조세에 의한 초과부담이 발생 : 사회후생감소
(2) 정부의 세수증대효과 : 다른 상품시장의 정부세수의 증대효과로 사회후생이 증가
2. 물품세의 차선이론
물품세 하나 더 도입되어 효율성 조건을 만족하는 개수가 줄어들어도 오히려 더 바람직할 수 있다.

예시문 학습

새로이 배에 대한 조세부과로 초과부담이 2(=1/2×2×2)만큼 증가한다. 그러나 사과의 생산과 소비가 7단위 증가하므로 사회후생은 28단위(=4×7) 증가한다. 왜냐하면 사과를 추가 1단위 생산할 때 4만큼의 조세수입증가로 사회후생이 증가하기 때문이다. 따라서 사회후생은 $(B-A)$인 26(=28-2)만큼 증가한다. 따라서 답은 ④이다.

(a) 배시장

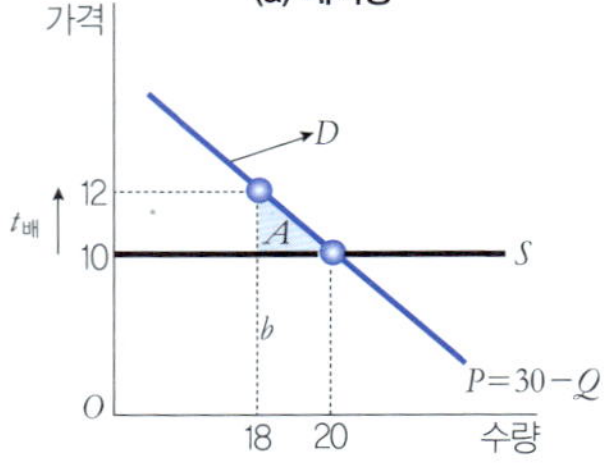

(b) 사과시장

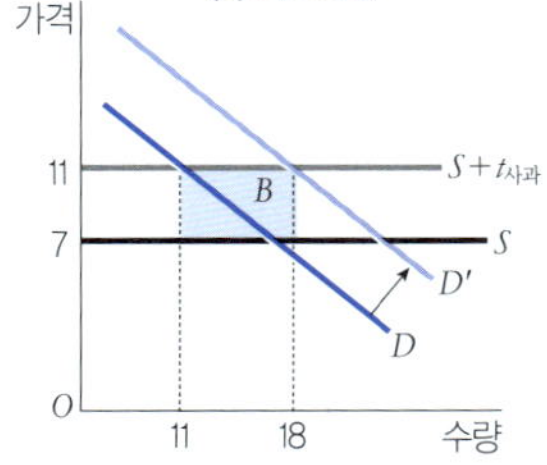

정답 ④

21	중요도	★★★★★	난이도	★★★
	출제 포인트	초과부담의 측정		

▶ **정부는 담배에 대한 개별소비세의 초과부담을 추정하려고 한다. 담배인삼공사는 담배의 공급을 주어진 가격에서 무한히 공급할 수 있다고 한다. 담배의 수요곡선을 추정하여 탄력성을 계산한 결과 2를 얻었으며, 담배가격은 현재 갑당 1,000원이고 이 가격에 100갑이 판매되고 있다. 정부는 담배소비세를 100원 올리기로 했다. 다음 설명 중 옳지 않는 것은?**

① 사회후생손실액은 1,000원이다.
② 담배의 과세 후 소비자가격은 1,100원이다.
③ 정부의 조세수입은 10,000원이다.
④ 과세 후 담배소비량은 80갑이다.
⑤ 초과부담액은 2,000원이다.

핵심체크

(1) 초과부담의 측정
(2) 정부의 세수

핵심 학습

1. 초과부담
① 초과부담(excess burden) = 조세의 실제부담 − 조세징수액
② 물품세 부과가 소비자에게 가져오는 실제부담이 소비자 잉여의 감소분으로 측정
2. 초과부담의 측정

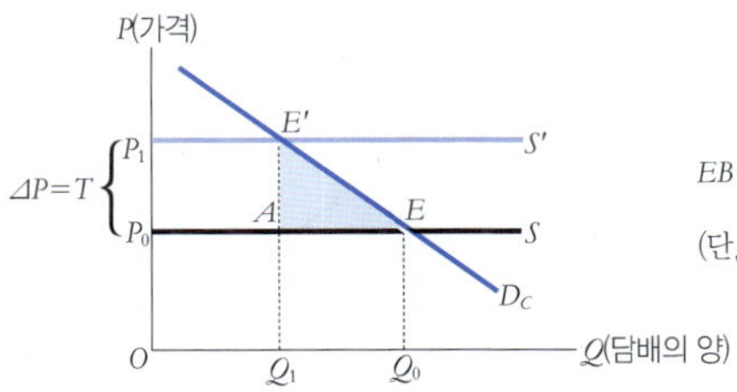

$$EB = -\frac{1}{2}tP\Delta Q = \frac{1}{2}t\left(-\frac{\Delta Q}{\Delta P}\cdot\frac{P}{Q}\right)Q\Delta P\frac{P}{P} = \frac{1}{2}t^2\varepsilon S$$

(단, $S=PQ$, $t=\frac{\Delta P}{P}$)

초과부담은 ❶ 세율, ❷ 수요의 가격탄력성, ❸ 상품거래액이 커질수록 더욱 커진다.

예시문 학습

① 사회후생손실액은 $1/2 \times 2 \times (0.1)^2 \times 1,000 \times 100 = 1,000$원이다.
② 담배의 과세 후 소비자가격은 1,100원이다.
③ 정부의 조세수입은 $0.1 \times 1,000 \times 100 = 10,000$원이다.
④ 과세 후 담배소비량은 $\Delta Q/Q = 2 \times 0.1 = 0.2$이므로 20% 감소한 80갑이다.
따라서 틀린 것은 ⑤이다.

정답 ⑤

22	중요도	★★★★★	난이도	★★★
	출제 포인트	개인관점의 물품세 효과		

▶ **완전보완재인 X상품과 Y상품만 소비하는 경우 X상품에만 과세할 때의 물품세 효과에 관한 설명 중 옳은 것은?**

① Y상품에 소득효과와 대체효과에 의해 소비가 늘어난다.
② X상품에 대한 과세는 Y상품에로의 대체효과를 발생시킨다.
③ X상품에 대체효과만 발생하여 초과부담이 발생한다.
④ X상품이 기펜재인 경우 실질소득이 줄면 오히려 Y상품의 소비가 줄어들 수도 있다.
⑤ X상품에 대한 과세는 대등변화가 조세수입과 같아서 초과부담이 없다.

핵심체크

완전보완재의 초과부담=0

핵심 학습

1. 개인 차원에서 발생하는 초과부담
① 대등변화 : 선분 FG=선분 EK(이것은 사실 두 효용수준 i와 i'의 차이를 옷의 단위로 표시한 것이다)
② 소비자가 실제 지불하는 세금의 크기 : 선분 FE'
③ 초과부담=대등변화－실제부담액(세금의 크기)=$E'G$

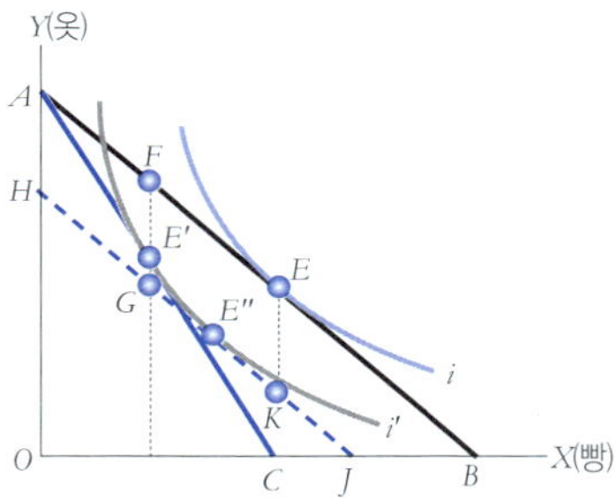

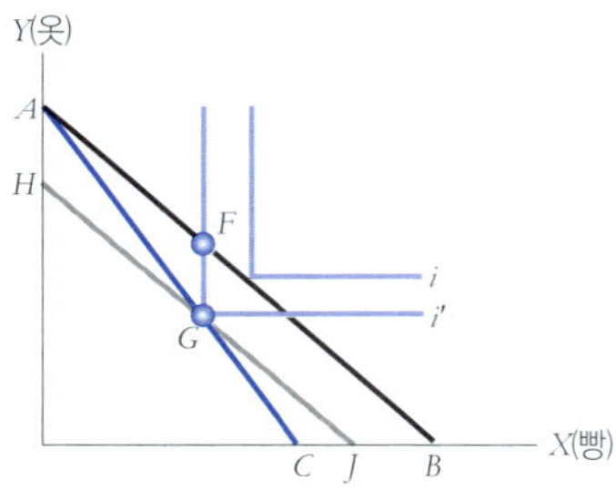

2. 완전보완재 : L자형 무차별곡선
초과부담은 대체효과에 의해서만 발생한다는 사실에 주의($AH=FG$가 조세수입 크기)

예시문 학습

완전보완재는 왼쪽구두와 오른쪽구두 같이 하나의 상품으로 간주할 수 있다. 왼쪽구두에 물품세가 부과되면 구두전체에 과세된 것과 같다. 구체적으로 무차별곡선이 L자형이며 대체효과가 발생하지 않고 소득효과만 발생하며, 초과부담이 0이다.
① 소득효과만 발생한다.
② 하나의 상품으로 보아야 하므로 수요대체가 발생하지 않는다.
③ 대체효과가 발생하지 않는다.
④ 기펜재(열등재 중의 열등재)이면 소득이 줄 때 수요가 증가하는 효과가 강한 재화이다.
⑤ 타당한 설명이다.

정답 ⑤

23	중요도	★★★★★	난이도	★★★
	출제 포인트	물품세 효과		

▶ **'빵과 옷이 있는데, 빵에 물품세를 부과한 후에도 빵의 수요량에 변화가 없다. 이에 관한 설명으로 옳은 것은?**

① 빵이 정상재인 경우 대체효과와 소득효과가 서로 반대로 작용하여 두 효과의 합이 0이 될 수 있다.
② 빵이 정상재인 경우 옷과 독립적이어서 아무 효과가 발생하지 않는다.
③ 빵이 정상재인 경우 대체효과는 빵의 수요를 줄이고, 소득효과는 빵의 수요를 늘인다,
④ 빵이 열등재인 경우 대체효과는 빵의 수요를 줄이고, 소득효과는 빵의 수요를 늘인다,
⑤ 빵이 열등재인 경우 옷과 독립적이어서 아무 효과가 발생하지 않는다.

핵심체크

(1) 물품세의 소득효과와 대체효과
(2) 정상재와 열등재

핵심 학습

1. 개인 차원에서 발생하는 초과부담
① 대등변화 : 하나는 대등변화나 보상변화를 측정하는 것이다. 그림에서 대등변화는 선분 $EG(=AH)$이다. 다른 방식은 물품세를 럼섬세로 대체할 때 잃게 되는 효용의 수준을 옷의 단위로 측정하는 방법이다.
② 소비자가 실제 지불하는 세금의 크기 : 새로운 예산선 AC 위의 그의 선택점인 E'에서 수직으로 올려 원래의 예산선과 만나는 점(그림에서는 우연히 점 E가 된다)까지의 거리가 세금의 크기가 된다. 즉, 선분 EE'가 옷의 단위로 표시한 세금의 크기이다.
③ 초과부담 = 대등변화 − 실제부담액(세금의 크기) : 대등변화에서 개인이 납부한 세금의 크기를 빼면 되므로 선분 $E'G$가 초과부담이다.

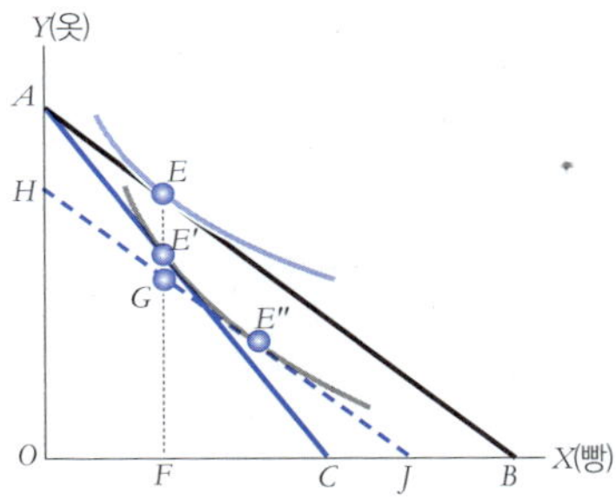

예시문 학습

물품세의 부과로 빵의 상대가격이 변하면 대체효과와 소득효과가 모두 발생한다. 대체효과는 상대적으로 비싸진 빵의 수요를 줄인다. 소득효과는 실질소득의 감소로 정상재일 때 빵의 수요를 줄이고, 열등재일 때 빵의 수요를 늘린다. 만약 빵이 열등재이면 대체효과와 소득효과가 서로 반대로 작용하고 두 효과의 합이 0이 될 수 있다. 주의할 점은 수요의 변화가 없더라도 대체효과에 의해 초과부담은 발생한다는 점이다.
① 빵이 열등재일 때 두 효과의 합이 0이므로 수요변화가 없다.
②, ⑤ 두 상품만 존재하는 경우 독립적일 수 없다.
③ 빵이 정상재이면 두 효과 모두 수요를 줄인다.
④ 타당한 설명이다.

정답 ④

24	중요도	★★★★	난이도	★★
	출제 포인트	조세환원		

▶ **어떤 토지에서 연간 100만원의 임대료수입이 연말마다 영구히 기대된다고 하자. 경쟁시장이자율이 10%이며, 토지세 1%가 매년 일정하게 부과될 경우 토지의 가격에 생기는 변화에 대한 설명 중 옳지 않는 것은?**

① 조세의 자본화
② 공표효과
③ 극단적인 후전현상
④ 토지의 가격은 900만원이다.
⑤ 조세환원액은 10만원이다.

핵심체크

(1) 조세의 자본화 : 자산의 가격이 미래에 발생될 조세부담의 현재가치에 해당하는 부분만큼 자본화=조세부과액/이자율

핵심 학습

1. 조세의 자본화(tax capitalization) : 조세환원
① 토지와 같이 공급이 고정되어 있는 경우(완전 비탄력적)
② 내구성을 가진 상품
→ 조세 부과시 조세부담이 자본화하여 가격이 하락하는 현상
③ 자산의 가격이 미래에 발생될 조세부담의 현재가치에 해당하는 부분만큼 자본화되어 하락
④ 과세의 발표만으로 즉시 효과가 발생한다고 해서 공표효과(announcement effect)라고도 한다.

2. 조세환원액

어떤 토지에서 연간 R의 임대료수입이 기대된다고 하자. 그리고 할인율은 시장이자율로서 r이라고 하자. 그러면 토지의 가치(P)는 임대료수입이 영구히 번다고 가정할 때 다음과 같다.

$P=R/r$

이제 토지세 t가 매년 일정하게 부과될 경우 토지의 가치(P^*)에 어떤 변화가 발생하는지 보도록 하자. 이 때의 토지의 가치는 다음과 같이 나타낼 수 있다.

$P^*=[R-t]/r$

이상에서 P와 P^*를 비교해보면 다음의 값만큼 하락함을 알 수 있다.

$P-P^*=t/r$

따라서 매년 부과하는 토지세의 현재가치만큼 토지의 가격이 하락하는 것을 알 수 있다.

예시문 학습

조세환원 혹은 조세자본화는 토지와 같이 공급이 고정된 재화에 과세하면 미래의 세부담이 모두 현재의 토지소유자에게 귀착되는 현상이다. 미래의 재산소유자가 부담할 조세를 현재의 소유자가 부담하는 극단적인 후전이라고 할 수 있다.

①, ②, ③은 앞서 설명한 것과 일치하며, ④, ⑤ 토지의 가격이 t/r(=1만원/0.1)만큼 하락하므로 조세환원액은 1만원/0.1=10만원이며, 토지의 가격은 (100만원−1만원)/0.1=990만원이다. 따라서 ④는 틀린 것이다.

정답 ④

25	중요도	★★★★	난이도	★★★★
	출제 포인트	한계실효세율		

▶ **'디즈니랜드'의 법인세율은 10%이다. 그런데 법인세의 한계실효세율을 측정해보니 10%보다 낮게 나타났다. 이에 관한 설명으로 옳지 않은 것은?**

① 조세쐐기를 세전투자수익률로 나눈 것을 한계실효세율이라고 한다.
② 한계실효세율이 0보다 크면 법인세가 투자를 저해한다.
③ 가속감가상각제도는 한계실효세율을 낮춘다.
④ 특정기간조세감면제도(Tax Holidays)는 한계실효세율을 낮춘다.
⑤ 준비금제도(납세시기를 늦추어주는 제도)는 한계실효세율을 높인다.

핵심체크

(1) 킹과 풀러톤의 한계실효세율(t)=(세전수익률－세후수익률)/세전수익률
① t↑ ⇨ 투자계획에 불리
② t<0 ⇨ 조세가 투자촉진

핵심 학습

1. 조겐슨의 신고전파 투자모형 모형 : 자본의 사용자비용 모형
(1) 자본의 사용자비용(user cost of capital) : 자본재 사용의 암묵적 임대가격 기회비용
(2) 법인세부과 → 자본의 사용자비용 상승 → 투자 감소
2. 킹과 풀러톤의 한계실효세율(marginal effective tax rate) 모형
① 조세부과 → 저축자(자금공급자) 세후 투자수익률 감소 : 순수익률≠투자계획수익률(세전투자수익률)
② 한계실효세율=(투자계획수익률－세후수익률)/투자계획수익률
③ 한계실효세율 증가 ⇨ 투자위축
④ 이 세율은 투자의 수익 중 몇 %를 조세수입으로 가져가는지를 보여 주는 비율이다.
⑤ 한계실효세율이 0보다 크면 조세가 투자를 저해하는 것이고, 이것이 0보다 작으면 조세가 투자를 촉진한다는 의미이다.

예시문 학습

조세가 부과되면 저축자의 세후수익률과 투자자의 세전수익률 사이의 조세쐐기가 생기고 이것을 세전투자수익률로 나눈 것을 실효세율 혹은 한계실효세율이라고 한다. 이것이 낮게 나오는 이유는 법인세상 투자를 촉진하는 다양한 제도들로 인해 세후수취이자율이 높아서이다. 예를 들어 가속감가상각(자본재 구입비용 즉시경비처리 허용), 지급이자공제, 투자세액공제(투자금액 즉 자본재 구입금액의 일부를 세금에서 직접공제), 각종 준비금제도(납세시기를 늦추어주는 제도), 특정기간조세감면제도(Tax Holidays, 일정기간 동안 특정산업에 속한 기업에게 조세감면의 혜택을 주는 제도) 등이 있다.
①, ②, ③, ④는 앞서 설명한 것과 일치하며, ⑤는 한계실효세율을 낮추는 것이므로 틀린 설명이다.

정답 ⑤

26	중요도	★★★★★	난이도	★★★
	출제 포인트	근로소득세		

▶ **근로소득세의 인상으로 근로의욕이 증가한 경우에 대한 설명 중 옳지 않는 것은?**

① 여가가 정상재라면 소득효과가 대체효과보다 커서 근로의욕이 증가한다.
② 여가가 열등재라면 어떤 효과도 근로의욕을 감소시키므로 열등재가 아닌 경우이다.
③ 노동공급곡선이 후방굴절되는 구간이어서 세율인상으로 근로의욕이 증가한다.
④ 동일한 세수의 정액세를 사용하면 초과부담이 없고 근로의욕이 항상 증가한다.
⑤ 근로소득세의 인상은 대등변화가 조세수입보다 크게 하므로 근로의욕이 증가한다.

핵심체크

비례소득세와 노동공급 : 소득효과+대체효과

핵심 학습

1. 비례소득세와 노동공급
① 세율 t인 비례소득세 부과 → 세후 순임금률(여가가격) 하락 → 대체효과, 소득효과 발생
② 대체효과 : 여가가격↓ → 여가(L)↑, 노동(H)↓
③ 소득효과 : 실질소득↓ → 여가(L)↓, 노동(H)↑
→ 소득효과와 대체효과 반대방향 발생 → 비례소득세로 노동공급에 미치는 효과는 불분명
2. 개인적 관점에서 본 근로소득세의 초과부담 : 선분 $E'F$(초과부담) = 선분 GF(대등변화) − 선분 GE'(세액)

(a) 초과부담

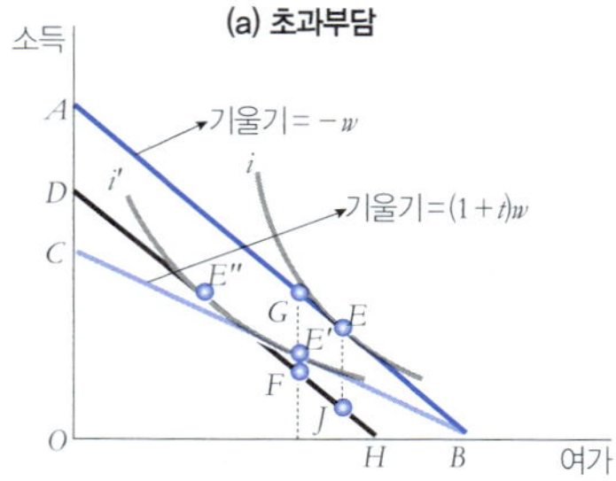

(b) 소득효과가 큰 경우

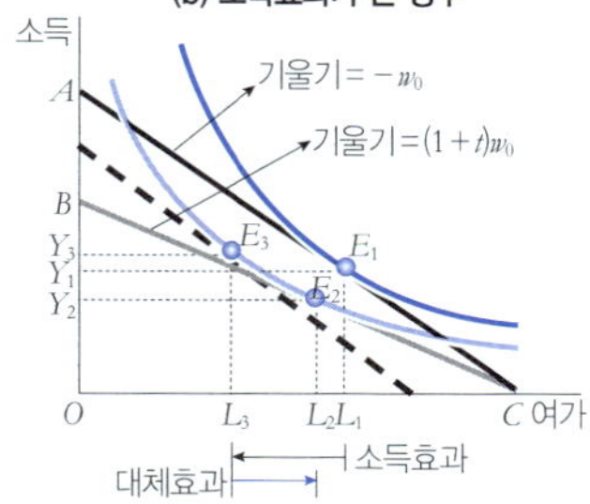

예시문 학습

① 여가가 정상재라면 대체효과는 여가소비를 늘리고, 소득효과는 여가소비를 줄인다. 따라서 이 경우 소득효과가 더 강하게 작용하여야 여가소비를 줄이고 노동공급을 증가시킨다.
② 여가가 열등재인 경우 소득효과가 여가소비를 늘리므로 모든 효과가 노동공급을 감소시킨다.
③ 노동공급곡선이 후방굴절하는 경우 근로소득세 한계세율의 인상이 오히려 노동공급을 증가시킬 수 있음을 의미한다.
④ 동일한 세수의 럼섬세는 대체효과가 없고 소득효과만 작용하므로 초과부담도 발생하지 않으며 항상 노동공급이 증가한다.
⑤ 근로소득세의 인상은 초과부담을 크게 하지만 노동공급이 증가하는지는 알 수 없다.

정답 ⑤

27	중요도	★★★★★	난이도	★★★
	출제 포인트	최적물품세		

▶ **최적물품과세에 대한 설명으로 옳은 것은?**

ㄱ. 램지규칙(Ramsey rule)은 각 상품에 부과하는 조세의 한계초과부담이 같도록 한다는 것이다.
ㄴ. 콜렛-헤이그(Corlett-Hague) 규칙은 각 상품에 부과하는 물품세의 세율을 수요의 가격탄력성에 반비례하도록 정하는 것이다.
ㄷ. 모든 상품가격의 일정비율로 물품세를 부과하는 경우 초과부담의 문제는 발생하지 않는다.
ㄹ. 작업복과 같은 물품에 낮은 세율을, 골프용품과 헬스용품과 같은 물품에 높은 세율을 적용하는 것이다.
ㅁ. 쌀과 같은 물품에 높은 세율을, 밍크코트와 같은 물품에 낮은 세율을 적용하는 것이다.
ㅂ. 최적물품과세는 공평한 소득분배와 초과부담의 최소화를 조화시키는 과세체계이다.

① ㄱ, ㄴ, ㅁ ② ㄱ, ㄹ, ㅁ ③ ㄱ, ㄷ, ㄹ, ㅁ ④ ㄱ, ㄷ, ㄹ, ㅂ ⑤ ㄱ, ㄴ, ㄹ, ㅁ

핵심체크

(1) 램지 규칙 (2) 콜렛-헤이그 규칙

핵심 학습

1. 램지 규칙
① 램지(Ramsey)는 주어진 조세수입 목표를 달성하면서 초과부담을 최소화시키는 물품세에 초점
② 각 상품에서 거둬들이는 조세수입의 한계초과부담(Marginal Excess Burden, MEB)이 서로 같아지도록 세율 결정
③ 각 상품에 적용되는 물품세의 세율을 수요의 가격탄력성에 반비례하도록 정해야 함(역탄력성 법칙)
2. 콜렛-헤이그(Corlett and Hague, 1953) 규칙
① 물품세가 초과부담을 가져오는 주요한 이유는 여가에 대한 직접 과세가 불가능하기 때문
② 여가와 보완적인 상품에는 더 높은 세율을 적용하고, 대체적인 상품에는 더 낮은 세율을 적용
③ 소득세 대신에 동일한 세수를 가져다주는 간접세를 부과하면 사회후생이 늘어날 수 있다는 의미

예시문 학습

(ㄱ) 램지 규칙이란 초과부담이 최소화되기 위해서는 각 상품의 수요감소율이 동일하여야 한다는 것이다. 또는 조세 1원 증가시킬 때 발생하는 초과부담이 한계초과부담인데, 모든 물품에 부과하는 조세의 한계초과부담이 동일하도록 하는 과세체계가 램지 규칙이다.
(ㄴ) 콜렛-헤이그 규칙은 수요탄력성과 무관하다.
(ㄷ) 여가에 과세할 수 없으므로 초과부담이 발생한다.
(ㄹ) 작업복처럼 여가에 대체적이면 낮은 세율을, 스키나 골프용품과 헬스용품처럼 여가와 보완적이면 높은 세율을 적용함으로써 여가에 대해 간접적으로 과세하는 효과를 기대할 수 있다.
(ㅁ) 수요의 가격탄력성이 낮은 상품은 대개 필수품인데, 여기에 높은 세율을 부과하는 역탄력성 법칙을 말한다.
(ㅂ) 최적물품세는 효율성만 고려하는 조세체계를 말한다.

정답 ②

28	중요도	★★★★★	난이도	★★★★
	출제 포인트	최적소득세		

▶ **최적소득세에 대한 설명 중 옳지 않는 것은?**

① 최적소득세율은 소득–여가 혹은 노동공급의 대체탄력성를 고려하여 결정된다.
② 최적소득세율은 세수확보의 목표를 고려하여 결정된다.
③ 최적소득세율은 소득분포와 불평등혐오지수를 고려하여 결정된다.
④ 최적소득세율은 소득재분배효과와 초과부담최소화의 조화를 이루는 과세체계이다.
⑤ 최적소득세율은 소득이 증가할 때 평균세율은 한계세율보다 낮지만 최고소득계층의 경우 평균세율이 체증한다.

핵심체크

(1) 스턴의 최적 선형누진세
(2) 시드의 최적 비선형소득세

핵심 학습

1. 스턴의 최적 선형누진세
최적 세율은 대체탄력성의 크기와 배경인 사회후생함수의 성격에 민감하게 반응
① 평등성에 대한 선호가 강할수록 더 높은 세율이 요구
② 소득과 여가간의 대체탄력성이 클수록 대체효과에 의해 초과부담이 발생할 가능성이 크므로 더 낮은 세율 요구
③ 정부의 세수목표가 클수록 최적한계세율은 높아야 한다.
2. 시드의 최적 비선형소득세
① 소득수준이 높은 구간에 적용할 한계세율과 소득수준이 낮은 구간에 적용할 한계세율을 0으로 하면 사회후생수준을 증가시키는 파레토 개선이 가능하다.
② 따라서 최적세율은 낮은 소득에서 0으로 시작해서 소득이 높아짐에 따라 세율이 증가하다가(이때 평균세율은 한계세율보다 낮다) 어느 소득수준부터는 감소해서(이때 평균세율은 한계세율보다 높다) 0이 되는 세율구조이다.

예시문 학습

① 최적 선형세율은 대체탄력성의 크기에 좌우된다.
②, ③, ④ 세수확보, 공평성(소득분포), 효율성(초과부담)을 고려하여 최적 세율을 결정한다.
⑤ 최고소득계층에는 최적 세율이 0이 된다.

정답 ⑤

29	중요도	★★★★	난이도	★★★
	출제 포인트	법인세의 통합방식		

▶ **법인세와 소득세의 조정에 대한 이론적 설명으로 옳지 않은 것은?**

① 부분통합방식으로 그로스업(gross-up)방식은 주주단계에서 이중과세를 조정한다.
② 자본이득방식은 완전통합방식으로 실현여부와 관계없이 주주단계에서 소득세로 과세된다.
③ 과세의 공평성은 법인보다 개인에게만 적용가능하기 때문에 이를 위해 조정이 필요하다.
④ 법인을 독립적인 조세주체로 보면 법인세와 소득세를 조정할 필요가 없다.
⑤ 과세의 수직적 공평성을 확보하기 위해 법인세와 소득세의 이중과세를 조정해야 한다.

핵심체크

(1) 법인세의 이중과세　　(2) 법인세의 통합방식

핵심 학습

1. 법인세 존립에 관한 찬반 의견
(1) 반대의견
① 통합주의 견해 : 법인세와 소득세를 통합해 한꺼번에 과세
② 법인세는 결국 개인이 조세부담을 지므로 종합적으로 과세되는 것이 바람직
③ 법인세는 법인부문과 비법인부문간 자원 배분의 왜곡을 초래한다.
④ 법인세는 자본과 노동간 요소배합의 왜곡을 초래한다.
⑤ 동일한 소득에 대해서 이중과세가 이루어진다(수평적 공평성 위배).
⑥ 공평과세의 개념은 개인에 대해서만 적용할 수 있다.
(2) 찬성 의견
① 절대주의 견해 : 법인에 적용하는 독립적이고 절대적인 조세 인정
② 법인은 스스로 존재하는 법적 실체이므로 독자성과 전문 경영진의 독립성을 지님
2. 통합방식
(1) 완전통합
① 조합방식(법인의 주주를 조합원처럼 생각하여 법인의 이윤을 주주에게 완전히 귀속시킨 후 소득세를 부과하는 방식 ; 자본이득 방식보다 더 우월)
② 자본이득방식(실현여부와 관계없이 모든 자본이득에 대하여 소득세를 부과하는 방식)
(2) 부분통합방식
① 배당에 대한 이중과세 요소만 제거 : 배당이윤에 대해서 미리 법인세의 형태로 원천과세되므로 주주가 배당이윤에 대한 소득세를 이미 납부한 것으로 간주해 주는 방식(예 : 귀속제도 혹은 그로스업방식)

예시문 학습

① 그로스업은 주주단계에서 배당이윤에 대한 소득세를 공제해 주는 방식이다.
② 완전통합방식은 주주단계에서만 소득세를 부과한다.
③ 공평과세는 개인에게 적용된다.
④ 법인을 독립적으로 보면 이중과세를 조정할 필요가 없다.
⑤ 배당소득에 대한 이중과세는 이자소득 등의 다른 소득과 수평적 공평성을 확보하기 위해 조정을 한다.

정답 ⑤

30	중요도	★★★★	난이도	★★★
	출제 포인트	법인세		

▶ **법인세에 관한 설명으로 옳지 않는 것은?**

① 인플레이션이 발생할 때 후입선출법은 법인세의 부담을 증가시킨다.
② 법인세는 법인부문에 투자된 자본에 대한 과세라고 볼 때 단기적으로 자본에 불리하다.
③ 법인세는 법인부문에 투자된 자본에 대한 과세라고 볼 때 장기적으로 노동자와 소비자에게 전가된다.
④ 법인세가 경제적 이윤에 대한 과세라면 주주에게 부담이 지워진다.
⑤ 법인세는 자기자본에 대한 부분요소세로서 비법인부문으로의 자본이동이 일어나 비효율성을 초래한다.

핵심체크

(1) 인플레이션과 법인세
(2) 법인세의 성격

핵심 학습

1. 인플레이션과 법인세
(1) 부정적 측면
인플레이션 발생시
① 감가상각 공제의 실질가치가 하락하고
② 선입선출법을 사용하는 기업의 장부상 이윤이 높아져 기업의 법인세 부담이 무거워짐
(2) 긍정적 측면
법인은 자본재 취득 비용인 투자비용을 타인으로부터 차입에 의존하는 경우가 많기 때문에 ⇨ 차입의존 투자비용↓
2. 법인세의 성격
① 법인세가 이윤에 대한 과세라면 ⇨ 법인의 소유주(주주)에게 전적으로 귀착 ⇨ 부담전가 불가
② 자본에 대한 과세라면 ⇨ 경제의 상황에 따라 노동공급자나 상품 소비자에게 부담전가 가능(하버거 모형의 부분요소세를 생각하면 자본과세는 비법인부문으로의 자본이동이 일어난다)

예시문 학습

① 선입선출법이 채택되는 경우 인플레이션 상황에서는 후입선출법에 비해 법인세 부담이 무거워진다. 따라서 틀린 설명이다.
② 법인세를 자본과세로 보면 자본에게 불리하다.
③ 자본과세로 볼 때 장기적으로는 사용자뿐만 아니라 근로자에게도 부담이 돌아간다(장기적으로는 해외부문 등을 통해 자본이 무한히 공급되어 자본수익률에 변화가 없고 법인세의 부담이 노동공급자와 상품소비자에게 전가된다).
④ 경제적 이윤의 과세로 보면 부담이 그대로 주주에게 돌아간다.
⑤ 자본과세는 하버거모형의 부분요소세와 동일하며 비법인부문과의 차별과세로 비효율성이 발생한다.

정답 ①

31	중요도	★★★★★	난이도	★★★
	출제 포인트	부가가치세		

▶ **부가가치세는 우리나라에서 10%의 단일세율을 적용하고 있다. 다음 설명 중 옳지 않는 것은?**

① 일반과세자인 구두방이 가공한 소가죽을 1억5천만원어치 구입해서 2억원의 판매액을 올렸다고 할 때 부가가치세로 납부해야 할 금액은 500만원이다.
② 생선가게에서 생선을 1억5천만원어치 구입해서 2억원의 판매액을 올렸다고 할 때 부가가치세로 납부해야 할 금액은 면세제도에 의해 0이 된다.
③ 생선가게에서 생선을 1억5천만원어치 구입해서 생선전량 2억원에 수출판매되고 있다면 부가가치세는 영세율제도에 의해 1,500만원 환급받는다.
④ 우리나라의 소비형 부가가치세는 투자를 저해하는 효과를 가진다.
⑤ 소매단계에서 영세율제도를 도입하면 각 유통단계의 부가가치세의 합은 0이 된다.

핵심체크

(1) 부가가치세액 결정　　　(2) 면세와 영세율

핵심 학습

1. 부가가치의 의미와 부가가치세
부가가치 : 각 생산단계에서 생산된 상품의 가치로부터 중간투입물로 사용된 상품의 가치를 뺀 것
① 다단계거래세(multi-stage turnover tax)와 달리 부가가치세는 수직통합을 부추기지 않는다.
② 부가가치세는 간접세로서 조세저항이 낮아 조세수입확보에 유리하다.
③ 우리나라의 부가가치세제는 전단계세액공제법을 채택하고 있다.
2. 부가가치세의 유형
(1) 소비형 부가가치세 : 자본재를 과세대상에서 제외 → 기업의 투자가 촉진된다.
(2) 순소득형 부가가치(=NDP형 : Net Domestic Product) : 자본재의 감가상각비용만 제외
(3) 총소득형 부가가치세(=GDP형) : 자본재를 소비재와 동일하게 취급
3. 면세와 영세율
(1) 면세(기초생활필수품의 공급자)
① 부가가치세 면제대상 선정시 최종소비단계에서만 부과되지 않음
(2) 영세율(수출 등 외화획득사업자)
① 이전단계에서 낸 부가가치세까지 면제되어 환급을 요구할 수 있음

예시문 학습

① 부가가치세의 매입세액공제방식을 설명한다.
② 면세제도를 설명한다.
③ 영세율제도를 설명한다.
④ 우리나라의 소비형 부가가치세(총판매액에서 중간투입물의 구입비용과 자본재의 구입비용을 공제) : 자본재를 과세대상에서 제외하므로 기업의 투자가 촉진된다.
⑤ 소매단계에서 영세율제도가 적용되면 제조단계, 도매단계에서 납부한 부가가치세액이 전액 환급되므로 부가가치세의 합은 0이 된다.

정답 ④

32	중요도	★★★	난이도	★★★★
	출제 포인트	면세점		

▶ **갑돌이는 아내 갑순이와 자녀 2명이 있는 근로소득자이다. 세법에 따라 연간 600만원의 인적 공제를 허용하고, 소득 중 300만원 이하 부분에 대해서는 전액 근로소득공제를 해 주고, 이의 초과부분에 대해서는 20%를 추가공제해 주기로 했다. 갑돌이가 세금을 내지 않는 최대 소득액은? (단위 : 만원)**

① 600 ② 900 ③ 920 ④ 960 ⑤ 1,200

핵심체크

(1) 면세점

핵심 학습

1. 소득공제제도
(1) 똑같은 종류의 소득을 똑같은 크기로 벌고 있는 A와 B에게 소득의 크기만 고려해 똑같은 소득세 부과 시 공평한가?
⇨ 소득을 얻기 위해서 소요된 비용을 차감하고 난 나머지 부분을 납세자 능력으로 간주해야 보다 타당
(2) 소득 취득과 관계없이 납세자가 어쩔 수 없이 지출할 수밖에 없는 비용으로 공제를 허용
① 인적 공제(personal exemption) : 납세자 본인과 그 가족이 생계를 유지하는 데 드는 비용
→ 납세자 가족 한 사람당 일정액을 공제
② 근로소득공제 : 사업자를 제외하고 근로자에게만 특별히 공제 적용
→ 대부분 중하위 소득계층에 속하기 때문
③ 소득공제(deduction) : 소득에서 공제허용크기를 뺀 부분이 과세대상
→ 높은 한계세율의 적용을 받는 납세자일수록 같은 크기의 소득공제에서 받는 실질적 혜택이 더 커짐
④ 세액공제(tax credit) : 세금을 직접 깎아 주는 형식
→ 한계세율과 관계없이 세액 공제액 그 자체가 바로 세금 절감 폭이 되어 한계세율이 낮은 사람이 상대적으로 더 유리
2. 면세점
① 면세점은 소득세 납부의무가 없는 소득을 말하며, 일정한 소득 이하에서는 각종 공제제도로 인하여 세 부담이 없을 수 있다.
② 면세점이 너무 높은 경우 소수의 사람들만이 소득세를 납부하므로 조세수입이 줄어들게 된다. 한편 면세점이 너무 낮으면 가난한 가족의 생계유지가 어려워진다.

예시문 학습

면세점을 y라고 하면, 이 소득이 공제소득액과 같다. 따라서 공제소득 = 인적 공제 + 근로소득공제 = 600 + [300 + (y − 300) × 0.2] = y이다. 이것을 만족하는 y값은 y = 1,200만원이다.

정답 ⑤

33	중요도	★★★★★	난이도	★★★★
	출제 포인트	국민연금제도		

▶ **'을' 나라에서는 국민연금제도를 운영하기 위해 다음과 같은 연금산출공식을 만들었다고 한다.**

> 기본연금액 $= c(A+B)\times(1+0.05N/12)$
> A : 연금수급 전 3년간의 전체가입자의 월평균소득액
> B : 가입자 개인의 가입기간 중 월평균소득액
> N : 20년 초과가입월수
> 0.05 : 가입기간 20년 초과연수의 가산(5%) 비례상수
> c : 평균급여에 맞추기 위한 상수

다음 설명 중 옳지 않는 것은?

① A부분은 사회적 공평성의 관점에서 소득재분배가 되도록 하는 것이다.
② B부분은 가입자 개인의 평균소득에 비례해서 연금급여를 지불하는 것이므로 개인적 공평성을 반영한 부분이다.
③ A부분과 B부분을 일대일로 구성한 이유는 개인적 공평성과 사회적 공평성을 절충한 결과라고 생각할 수 있다.
④ A부분은 전체물가상승분을 반영하여 연금액이 높아지도록 조정할 수 있다
⑤ 개인이 지급받는 연금을 은퇴하기 전 평균소득으로 나눈 연금급여율과 연금기여율(B/A)이 서로 같은 방향으로 작용하면 소득재분배효과가 존재한다.

핵심체크

국민연금액 산출액 산출공식의 이해

핵심 학습

1. 국민연금제도
(1) 산출공식의 구성 : 노령연금의 기본연금액은 모든 가입자전체의 평균소득을 기초로 산출되는 '소득균등부분(A)'과 가입자 본인의 가입기간 동안의 평균소득으로 재환산한 '소득비례부분(B)'으로 구성되어 산출된다.
(2) 소득비례부분(B)은 가입자의 소득이 높을수록 더 많은 연금혜택이 돌아가도록 정해진 부분이다. 따라서 이 부분은 각자가 기여한 만큼 혜택도 받아야 한다는 개인적 공평성을 반영한 부분이기도 하다.
(3) 소득균등부분(A)은 모든 가입자가 동일하게 받는 부분이다. 따라서 소득이 낮은 사람에게 상대적으로 더 많은 연금혜택이 돌아가도록 정해진 부분이다. 이 부분은 개인이 아닌 사회전체의 공평성을 만족시키는 데 목적이 있다.
2. 소득대체율과 소득비례부분, 소득균등부분 사이의 관계
소득비례부분을 소득균등부분으로 나눈 것을 연금기여율이라고 한다면, 저소득계층일수록 이 비율이 낮고 소득대체율 혹은 연금급여율(연금을 은퇴하기 전 평균소득으로 나눈 연금급여율)이 높다면 소득재분배효과가 더 커진다.

예시문 학습

① A부분은 소득균등부분으로서 사회전체의 공평성을 만족시키는 목적이다.
② B부분은 소득비례부분으로서 개인적 공평성을 반영한다.
③ 소득균등부분과 소득비례부분의 비율이 일대일로 구성되어 있는 것은 개인과 사회의 양쪽 관점에서 공평성을 만족시키려는 타협의 산물이다.
④ 인플레이션이 발생할 경우 A부분을 통해 전체 물가상승분을 반영하여 연금액이 높아지도록 조정할 수 있다.
⑤ 개인이 지급받는 연금을 은퇴하기 전 평균소득으로 나눈 연금급여율(소득대체율)은 저소득층일수록 높고, 소득비례부분(B)을 소득균등부분(A)으로 나눈 비율인 '연금기여율'은 저소득층일수록 낮다. 따라서 두 가지가 서로 반대방향으로 작용하면 소득재분배효과가 존재한다는 의미이다.

정답 ⑤

34	중요도	★★★★★	난이도	★★★★★
	출제 포인트	국민연금의 경제적 효과		

▶ **국민연금의 경제적 효과에 대한 설명 중 옳지 않는 것은?**

① 국민연금의 적립방식에서 재산대체효과만 고려할 때 정부의 공적저축이 증가하는 한편 민간의 사적저축은 감소하므로 총저축에 변화가 없다.
② 국민연금의 부과방식에서 재산대체효과만 고려할 때 공적저축은 없는 반면 재산대체효과는 총저축을 감소시킨다.
③ 하버드대의 쿠퍼교수는 개방경제에서 사람들의 지식이 풍부하고 혁신을 이루는 생산시스템이 중요하므로 국민연금이 저축에 미치는 효과가 중요하지 않다고 주장한다.
④ 국민연금의 적립방식은 국민소득증가율이 높아지는 경우 소득재분배가 일어난다.
⑤ 국민연금의 부과방식에 따르면 인구증가율이 높아지는 경우 소득재분배가 일어난다.

핵심체크

국민연금의 경제적 효과

핵심 학습

1. 국민연금제의 적립방식과 부과방식
(1) 적립방식 : ① 사람들이 낸 보험료 혹은 사회보장세를 적립해 기금을 만들고, 이 기금에서 나온 수익으로 연금 지급하므로 연금의 지불능력(solvency)에 문제가 생기지 않음(사회심리학적 측면에서 우월), ② 보험회사의 보험료 지급과 유사
(2) 부과방식 : ① 현재 일하고 있는 사람들에게서 거둔 세금으로 은퇴해 있는 사람에게 연금 지급, ② 세대간 계약을 통한 부양의무 합의
2. 연금보험의 재정위기
(1) 근본원인 : 인구증가율 감소, 경제성장률 하락, 은퇴연령의 단축, 평균수명의 연장
(2) 대책
① 지출억제 방안 : 연금수급연령 연장, 은퇴 당시의 경제적 능력에 따른 연금지급액 조절(사회보험 성격에 맞지 않지만 경제적 능력이 많은 은퇴자에게는 연금지급액 삭감)
② 수입증대 방안 : 보험료율 인상, 연금수급액에 과세
3. 국민연금제도의 경제적 효과
(1) 저축 : 재산대체효과는 저축을 줄이는 효과를 가져온다. 그러나 은퇴효과와 상속효과, 인식효과는 저축을 늘린다.
(2) 노동공급 : 소득효과(연금혜택으로 실질소득증가)는 비교적 명백하게 노동공급을 줄이는 역할을 하는데 비해서, 대체효과(노동의 추가조세 > 연금혜택 : 여가가격상승으로 노동공급증가)는 그 방향이나 크기를 분명히 알기 어려움

예시문 학습

① 적립방식의 재산대체효과는 개인저축을 줄이지만 공적저축을 늘인다.
② 부과방식에서는 재산대체효과가 개인저축만 줄인다.
③ 쿠퍼의 주장이다.

④ 적립방식은 개인보험료의 성격이므로 소득재분배효과가 없다.

⑤ 부과방식에 따르면 인구증가율이 높아지는 경우 청·장년세대의 인구가 더 많아서 기여금이 더 많이 모아지고 노령세대가 그 기여금의 혜택을 보게 된다. 따라서 청·장년세대로부터 노령세대에게로 소득재분배가 일어난다. 그런데 시간이 감에 따라 인구증가율뿐만 아니라 일인당 국민소득증가율도 커질 가능성이 높다. 이 경우에도 더 많은 소득을 얻는 청·장년세대가 더 많은 기여금을 모아서 노령세대를 부양하므로 노령세대에게로 소득재분배가 발생한다. 또한 시간이 감에 따라 소득에서 기여금이 차지하는 비중이 점점 더 높아지는 경우에도 노령세대에게로 소득재분배효과가 발생한다.

정답 ④

35	중요도	★★★★★	난이도	★★★
	출제 포인트	무조건부 교부금과 끈끈이효과		

▶ **'톰' 중앙정부는 '제리' 지방정부에게 무조건부 교부금으로 100억원을 지급한 후 지역공공재의 생산액을 살펴보니 지역공공재 생산에 40억원이 투입되었다는 사실을 알았다. 이번에는 직접 지역주민소득을 100억원 지원하여 보았다. 이때 '제리' 지방정부의 지역공공재 생산은 10억원이었다.**

중앙정부의 정책수단	보조금액	지역공공재 생산액
무조건부 교부금	100	40
지역주민 소득보조	100	10

다음 설명 중 옳지 않은 것은?

① 무조건부 교부금 1원 증가가 공공서비스의 생산에 더 많이 투입된다는 것이며, 끈끈이효과라고 한다.
② 관료들이 예산극대화를 원하여 자신들에게 유리한 방향으로 예산을 지출한 결과라고 해석할 수 있다.
③ 무조건부 교부금이 조건부 교부금보다 사회후생손실이 더 크다.
④ 교부금이 증가할 때 주민들은 자신의 소득이 증가한 사실을 제대로 인식하지 못하여 공공재가 과다 생산되는데, 재정착각현상이라고 한다.
⑤ 외부효과나 규모의 경제로 인해 중앙정부가 징수한 조세를 지방정부에 나누어주는 교부금을 통해 지방재정조정제도가 운영된다.

핵심체크

(1) 무조건부 교부금(세입공유, 현금보조)
(2) 끈끈이효과(무조건부 교부금이 지역공공재 공급증가에 사용)

핵심 학습

1. 지방재정조정제도
① 각 지역 간 경제력의 차이를 완화하고, 지역 간 외부성에 대한 피구적 보조금을 지급하고, 규모의 경제로 인해 중앙정부가 징수한 후 지방정부에 분배하는 효율적 역할분담체제
② 교부금 : 무조건부 교부금(현금보조), 조건교부금(= 범주적 교부금 ; ① 대응(가격보조) ② 비대응(현물보조))
2. 무조건부 교부금의 실증연구(끈끈이 효과)
① 이론 : 무조건부 교부금 1원의 증가 = 지역주민소득 1원의 증가 = 지방정부의 지출수준 1원의 증가
② 실증 : 무조건부 교부금 1원의 증가시 지역공공재 생산에 40%투입 ; 반면에 지역주민소득 1원의 증가시 지역공공재 생산에 10%만 투입

예시문 학습

① 끈끈이효과는 이론적으로 무조건부 교부금 1원의 증가나 지역주민소득의 1원 증가나 지방정부의 지출수준 증가는 동일해야 하는데, 실제로는 무조건부 교부금 1원 증가가 공공서비스의 생산에 더 많이 투입된다는 것이다.
② 관료들이 예산극대화를 원하여 자신들에게 유리한 방향으로 예산을 지출한 결과라고 해석할 수 있다.

④ 또한 교부금이 증가할 때 주민들은 자신의 소득이 증가한 사실을 제대로 인식하지 못하여 공공재가 과다 생산되는 재정착각현상으로도 해석 가능하다.

③ 무조건부 교부금보다 조건부 교부금이 지방정부로 하여금 더 많은 공공재를 공급하도록 유인한다. 그러나 조건부 교부금은 더 많은 공공재의 공급으로 인해 무조건부 교부금보다 사회후생손실이 더 크다.

⑤ 교부금을 통해 중앙정부가 지방정부의 재정을 조정할 수 있다는 의미에서 중앙정부가 보조금을 지원하는 행위를 지방재정조정이라고 한다. 따라서 지방재정조정제도는 각 지역 간 경제력의 차이를 완화하고, 지역 간 외부성에 대한 피구적 보조금을 지급하고, 규모의 경제로 인해 중앙정부가 징수한 후 지방정부에 분배하는 효율적 역할분담체제라고 할 수 있다.

정답 ③

36	중요도	★★★★★	난이도	★★★
	출제 포인트	공채와 조세의 차이		

▶ **국공채 발행과 관련된 설명 중 옳은 것은?**

① 국공채 발행에 의한 재원조달방법은 정부지출이 이루어지는 시기와 재정적 부담이 지워지는 시기가 일치하므로 조세에 의한 재원조달방법과 같다.
② 리카도의 대등정리에 따르면 국공채발행에 의해 이자율이 상승하고 이것이 소비와 투자를 구축하여 총수요에는 변화가 없다.
③ 통화주의자에 의하면 국공채만큼 민간소비가 감소하고 저축이 증가하므로 이자율은 변하지 않는다.
④ 전통적인 케인지안은 국공채발행을 통한 감세로 가처분소득이 늘어나 총수요가 증가한다.
⑤ 국공채의 자산효과로 인한 소비의 증가가 발생하지만 구축효과에 의해 이자율은 변하지 않는다.

핵심체크

(1) 공채와 조세의 차이　　(2) 공채를 통한 재정적자의 효과

핵심 학습

1. 공채와 조세
(1) 공채 : ① 국가 또는 공공기관이 재정상 필요한 자금을 조달하기 위하여 민간부문으로부터 자금을 빌려 쓸 때 발생하는 채무 ② 정부지출이 이루어지는 시기와 재정적 부담이 지워지는 시기가 일치하지 않는다.
(2) 조세 : 정부지출이 이루어지는 그 시점에서 재정적 부담이 지워진다.
(3) 공채의 특징
① 공채의 자산효과에 의해 화폐수요의 증가를 통한 금리상승으로 민간투자를 위축시킬 수 있다(통화주의자, 신고전학파).
② 공채가 미래의 조세부담으로 인식되어 공채와 조세는 아무런 차이가 없으며 공채매입자에게 사실상 이익을 주지 못할 수 있다. 즉 공채만큼 민간소비가 감소하고 저축이 증가하므로 금리는 변하지 않는다(새고전학파, 리카도의 대등정리).
③ 조세로 재원을 조달하는 경우 세금을 한꺼번에 부과하지만, 공채는 그 만기일이 다른 여러 공채가 존재하기 때문에 사실상 조세를 쪼개어 거두는 것과 같다.(공채의 세율평탄화로 더 효율적)
④ 공채발행은 현재세대와 미래세대의 세대 간 공평성의 문제를 야기할 수 있다.

예시문 학습

① 공채발행에 의한 재원조달방법은 정부지출이 이루어지는 시기와 재정적 부담이 지워지는 시기가 일치하지 않는다는 점이 조세에 의한 재원조달방법과 다르다. 조세에 의한 재원조달방법은 정부지출이 이루어지는 그 시점에서 재정적 부담이 지워지기 때문이다.
② 리카도의 대등정리는 구축효과, 금리변화, 총수요변화 등이 발생하지 않는다.
③ 통화주의자는 공채의 자산효과로 금리상승에 의한 구축효과가 발생한다.
④ 케인즈는 총수요증가의 승수효과가 발행하지만 구축효과는 발생하지 않는다.
⑤ 공채의 자산효과는 금리를 상승시키는 구축효과를 발생시킨다.

정답 ④

37	중요도	★★★	난이도	★★★
	출제 포인트	승수효과		

▶ **케인지안에 따를 때 정액세 1원을 징수하여 1원의 정부지출이 이루어진 경우 국민소득의 증가액은? (단, 한계소비성향은 0.7)**

① 0.3 ② 0.7 ③ 1 ④ 1.3 ⑤ 2

핵심체크

케인즈의 조세승수와 정부지출승수

핵심 학습

1. 케인즈 : 재정적자의 경제적 효과

(1) 독립적 정부지출의 증가

소비자들의 한계소비성향이 c일 때, 제1기에는 정부지출분(ΔG)만큼 소비자들의 소득이 늘어난다. 제2기에는 정부지출분만큼 늘어난 소득을 소비자들이 소비하면 누군가 소득으로 벌 것이므로 경제전체로 보아 제1기의 정부지출분에 한계소비성향을 곱한 만큼 추가로 소득이 증가하게 된다. 이러한 연쇄적 과정을 국민소득 균형식에서 구할 수 있다.

$$총소득 = c \times (총소득) + 투자 + 정부지출 + 수출 - 수입$$

이 균형식을 총소득에 관해 정리하면 다음과 같은 식을 얻는다.

$$총소득 = \frac{1}{1-c}[정부지출 + 투자 + 수출 - 수입]$$

(2) 정액세에 의한 정부지출의 증가

정액세가 부과되면 총소득은 정액세만큼 줄어들고, 소비는 줄어든 총소득(가처분소득)의 한계소비성향(c)만큼 이루어질 것이다. 이때 국민소득의 균형식에서 승수효과를 기계적으로 구할 수 있다. 즉,

$$총소득 = c \times (총소득 - 정액세) + 투자 + 정부지출 + 수출 - 수입$$

이 균형식을 총소득에 관해 정리하면 다음과 같은 식을 얻는다.

$$총소득 = \frac{1}{1-c}[-c \times 정액세 + 정부지출 + 투자 + 수출 - 수입]$$

예시문 학습

따라서 정부지출이 1원 증가하면 승수효과에 의해 $1/(1-c)$원만큼 총소득이 증가한다. 그러나 동시에 정액세도 1원 증가하므로 총소득은 $-c/(1-c)$원만큼 감소하여 결국 1원 증가하는 셈이 된다. 다시 말해서 정부지출승수와 조세승수를 더하면 $1/(1-c) + -c/(1-c) = 1$이므로 국민소득은 정확히 1배 즉, 1원 증가한다.

정답 ③

38	중요도	★★★★	난이도	★★
	출제 포인트	공채의 미래부담설		

▶ **공채부담이 미래세대로 전가된다는 주장의 근거는?**

① 리카도의 대등정리
② 중복세대모형
③ 승수효과
④ 구축효과
⑤ 자산효과

핵심체크

(1) 뷰캐넌의 명제 (2) 새무엘슨의 중복세대모형

핵심 학습

1. 미래세대로 부담이 전가된다는 견해
(1) 세대 간 효과
① 뷰캐넌의 명제 : 개인의 입장에서 공채의 매입은 효용극대화를 위한 현재소비와 미래소비의 시점 간 대체일 뿐이며, 공채의 부담은 상환시점에서 조세부담의 형태로 미래세대에게 전가된다.
② 새무엘슨의 중복세대모형
전통적 견해는 내부채무의 경우, 미래세대에게 부담이 전가되지 않는다고 하지만, 나이에 의해서 세대를 구분하게 되면 내부채무라고 하더라도 미래세대로 부담이 전가되는 결과 발생
(2) 장기적 자본형성의 측면
국채발행이 구축효과로 민간부문의 투자 위축으로 자본축적에 저해 ⇨ 내부채무의 경우 미래세대의 부담 전가
2. 국공채발행을 통한 재정적자의 경제적 효과
(1) 케인즈 경제학자
국채발행을 통한 조세부담 경감은 승수효과를 통해 총수요가 증가
(2) 통화주의자
국채발행은 자산효과(러너효과)로 총수요가 증가하지만 구축효과(총수요팽창은 금리를 상승시켜 민간부문의 투자를 감소시키는 효과)로 총수요에 변화 거의 없음
(3) 리카도 등가정리(Ricardian Equivalence Theorem, RET)
① 합리적인 경제주체는 국채와 미래의 조세부담 간에 존재하는 대등관계를 알고 있기 때문에, 정부가 조세로 거둬들이던 부분을 국채로 대체를 한다 해도 경제적 선택을 변경할 유인이 없음
② 새고전학파의 배로(R. Barro) : 합리적인 사람이라면 공채의 자산효과도 생기지 않으며 따라서 구축효과도 없다고 주장한다.

예시문 학습

① 국채발행이 미래의 조세로 인식하여 저축을 늘려 미래세대에 부담을 안겨 주는 일은 없다.
② 나이에 의해서 세대를 구분하게 되면 내부채무라고 하더라도 미래세대로 부담이 전가된다.
③ 케인즈의 승수효과는 현재세대의 이익이므로 미래세대에게 부담을 전가하지 않는다.
④, ⑤ 공채의 자산효과로 수요를 늘려서 금리가 상승하여 구축효과를 발생시킨다.

정답 ②

39	중요도	★★★★★	난이도	★★★
	출제 포인트	공공요금결정원리		

▶ **공공요금의 결정원리에 대한 설명으로 옳은 것은?**

① 비용체감산업(지하철, 전력, 통신 등)에서 공공요금을 한계비용에 일치하도록 결정하면 파레토효율적이지 못하다.
② 비용체감산업(지하철, 전력, 통신 등)의 가격결정에는 정부의 개입이 반드시 필요하다.
③ 비용체감산업(지하철, 전력, 통신 등)에서 공공요금은 한계비용의 원리에 의하여 결정하고 정부는 보조금을 지원하는 것이 바람직하다.
④ 비용체감산업에서 공공요금을 평균비용에 일치하도록 결정하면 파레토 효율적이다.
⑤ 비용체감산업에서 공공요금을 평균비용에 일치하도록 결정하면 기업은 손실을 입는다.

핵심체크

비용체감산업의 공공요금결정원리

핵심 학습

1. 한계비용가격설정방식 : 가격을 한계비용에 일치시킨다는 것은 소비자가 재화의 한 단위 획득을 위해 지불하려는 희생의 크기가 그 재화 한 단위로부터 얻는 편익과 같게 함으로써 사회후생을 극대화한다는 의미이다.

2. 비용체감산업

① 전기통신, 전력, 가스와 같이 주로 대규모의 시설을 필요로 하는 산업에서는 평균비용이 체감하는 경우(규모의 경제)
② 한계비용 가격설정방식 : 수요곡선 D와 한계비용곡선 MC가 만나는 C점에서 가격을 설정하고 생산량을 결정한다.
③ 가격보다 평균비용이 더 높아서 빗금 친 부분 $(AC-P)\times Q_C$만큼 손실을 입게 되어 자생적 생존이 어려워진다.

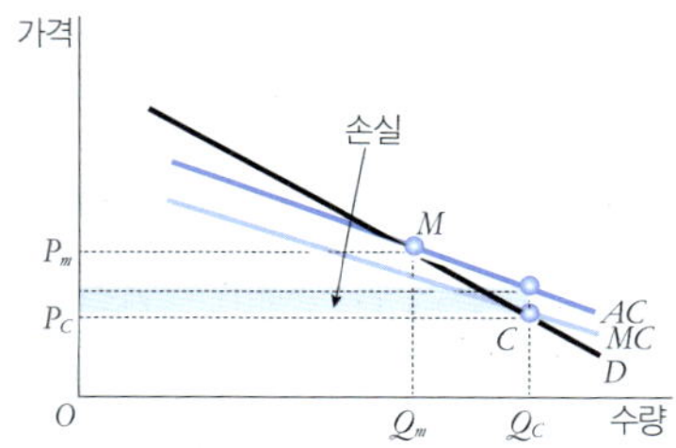

3. 대처방안

자생적 생존이 가능하도록 평균비용에 맞추어 가격설정을 하거나, 사용량이 적을 때 높은 요율을 적용하고 사용량이 많을 때 낮은 요율을 적용하는 가격차별제(price discrimination) 혹은 최대부하 가격설정방식을 사용하거나, 사용량에 상관없는 기본료에 사용량에 따라 지불하는 사용료를 추가하는 이부가격제(two-part tariff)를 사용할 수도 있다.

예시문 학습

① 언제나 한계비용가격설정방식은 파레토 효율적이다.
② 규모의 경제가 있더라도 정부가 반드시 개입할 필요는 없다. 정부개입은 필요조건이지 필요충분조건은 아니다.
③ 한계비용가격설정방식으로 효율성을 달성하고 적자는 보조금으로 채우는 것이 바람직하다.
④ 평균비용가격설정은 적자발생이 없지만 효율적이지는 않다.
⑤ 평균비용가격설정은 적자가 발생하지 않는다.

정답 ③

40	중요도	★★★	난이도	★★★★★
	출제 포인트	최대부하가격설정		

▶ **'디즈니' 전력회사의 수요가 하루는 경부하기와 다른 하루는 최대부하기로 나누어지며, 전력생산에 드는 한계비용은 일정하다고 가정한다. 전력생산에 드는 비용은 전력자체의 단기한계비용 v원(단위당 가변비용)과 전력생산에 소요되는 시설용량의 1단위 확장에 따른 추가비용 f원(단위당 고정비용)으로 구성된다. 다음 설명 중 옳은 것은?**

① 최대부하기의 가격은 단기한계비용과 같다.
② 경부하기의 가격은 장기한계비용과 같다.
③ 최대부하기의 가격은 장기한계비용보다 낮고 단기한계비용보다 높아야 한다.
④ 최적시설용량은 단기한계비용이 한계편익과 일치하는 수준에서 결정된다.
⑤ 최대부하기의 가격은 일반적으로 장기한계비용보다 높아야 한다.

핵심체크

최대부하가격설정방식

핵심 학습

1. 최대부하가격설정(peak-load pricing)방식
(1) 차별적 가격설정방식의 하나
(2) 그림에서 최대부하기의 전력수요곡선 D_H와 장기한계비용곡선(LMC)이 교차하는 A점이 의미하는 생산량 Q^*가 최적시설용량이 된다.

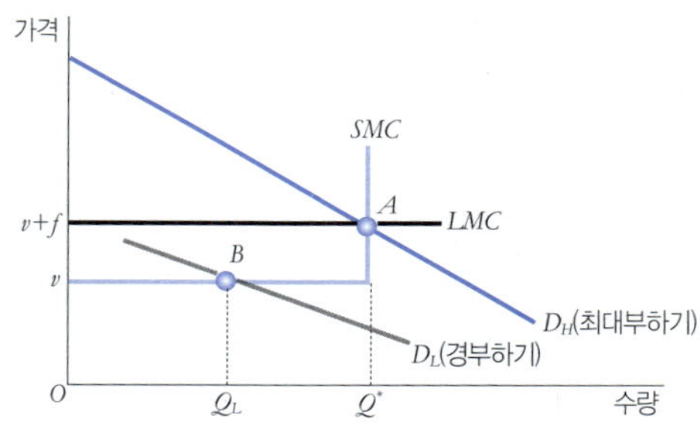

① 최대부하가격

$v+f=LMC=MB$

단, MB : 수요곡선의 높이로서 소비자의 한계편익

② 경부하가격

$P_L=v$

③ 경부하기에 '가격=단기한계비용(v)', 최대부하기에 '가격=장기한계비용($v+f$)'을 설정하면 전체적으로 손실 없이 사회후생을 극대화할 수 있다. 그러나 하루를 지나 최대부하기의 일수가 늘어나면 '최대부하기의 가격>장기한계비용'

예시문 학습

하루는 경부하기이고, 다른 하루는 최대부하기라면 최대부하가격$=v+2f$이다. 왜냐하면 최대부하기의 하루 동안 소요되는 단위당 비용이 $v+f$(=장기한계비용)인데, 여기에 경부하기의 하루 동안 발생하는 고정비용 f를 최대부하기 때 회수해야 손실이 없기 때문이다. 이것을 공식으로 만들어 보면, 최대부하기의 일수를 n, 경부하기의 일수를 m이라고 하면 최대부하기의 일수비율(a)은 $a=n/(n+m)$이다. 이때 최대부하가격$=v+f/a$이 된다.

정답 ⑤

세무사 재정학
모의고사 3 해답 및 풀이

01	중요도	★★	난이도	★★★
	출제 포인트	재정현황		

▶ **다음은 우리나라의 현재 재정의 현황을 설명한 것이다. 관련된 것으로 틀린 것을 고르시오.**

① 사회복지 차원에서 장기적으로 선진국들의 사례와 유사하게 사회개발비의 비중이 증가할 것으로 예상된다.
② 우리나라는 조세수입에서 차지하는 비중이 부가가치세, 소득세, 법인세의 순서로 그 비중이 크고, 부가가치세가 도입된 이후에 계속 이러한 경향은 유지되어 왔다.
③ 우리나라의 조세부담률은 OECD 선진국에 비해서 높은 편이지만, 조세부담률에 사회보장부담률을 포함한 국민부담률은 다른 선진국들에 비해서 낮다.
④ 우리나라는 현재 비과세와 조세감면이 너무 많아서 과세기반은 축소되고 세율은 높아지고 있기 때문에, 비과세와 조세감면 축소를 통해 세원을 넓히고 세율을 낮추어야 한다.
⑤ 국가의 총조세수입에서 차지하는 간접세 수입의 비중이 높을수록 조세부담이 역진적이 되는 측면이 있다.

핵심체크

조세부담률과 국민부담률

핵심 학습

우리나라의 조세부담률은 선진국(OECD)에 비해서 상당히 낮은 편이다. 그러나 경제가 성장함에 따라서 점점 높아지는 경향이 있다. 경제 수준이 낮을 때는 개인이 소비생활을 하기도 매우 빠듯하지만 경제수준이 높아지면서 환경 등 정부가 관여해야 할 부분도 증가하기 때문이다.

국민부담률은 조세부담률에 사회보장부담률을 더한 것으로 국민부담률도 다른 선진국(OECD)에 비교해 보면 매우 낮은 수준에 머물러 있다. 그 이유는 우리나라가 사회보장을 본격적으로 시작한지가 얼마 되지 않기 때문으로 보인다.

국민연금제도만 해도 역사가 매우 짧은 편에 속하지만, 앞으로 평균수명이 늘어나면서 고령화가 진행되면 적정수준의 사회보장 혜택을 보장하려고 하기 때문에 국민 부담률은 점점 올라갈 것으로 예상된다.

(2007년, 단위 : %)

구분	한국	미국	일본	프랑스	독일	이태리	영국	OECD평균
조세부담률	20.2	20.6	17.3	27.8	20.9	28.4	29.6	26.8
국민부담률	25.5	27.3	27.4	44.1	34.8	41.0	36.5	36.1

예시문 학습

③ 우리나라의 조세부담률은 선진국에 비해서 매우 낮기 때문에 틀린 설명이다.

정답 ③

02	중요도	★★★★★	난이도	★★★
	출제 포인트	시장실패		

▶ **다음은 시장의 기능이 제대로 작동하지 않는 경우에 대한 설명이다. 타당한 것이 아닌 것을 고르시오.**

① 자원배분이 효율적이라고 하더라도 정부의 개입이 요구되는 경우가 있다.
② 시장이 실패하면 시장가격이 사회적 한계편익이나 사회적 한계비용과 일치하지 않는다.
③ 무임승차자가 되고자 하는 유인은 공공재를 공급하는 데 자원이 효율적인 수준보다 적게 배분되는 결과를 낳는다.
④ 정부의 강제보험을 통한 개입은 역선택을 완전히 제거할 수 있지만, 도덕적 해이는 완전히 극복할 수 없다.
⑤ 불확실성이 존재하는 경우에도 완전한 조건부 상품시장이 존재하는 현실에서 경쟁시장 균형은 파레토 효율적이 된다.

핵심체크

시장실패는 정부 개입의 필요조건을 제공할 뿐이지 충분조건을 제공하는 것은 아니라는 점에 주의

1. 시장실패
(1) 개념
자원의 효율적인 배분에 실패(사회적 한계편익≠사회적 한계비용)
(2) 발생원인
① 불완전 경쟁
② 외부효과 : 외부효과가 존재하는 경우 어떤 기업이나 개인의 경제행위가 다른 기업이나 개인에게 영향을 미치지만 이러한 영향이 시장가격에 반영되지 않는 경우 발생
③ 공공재 : 비경합성과 비배제성
⇨ 비경합성으로 인해 양(+)의 가격을 부과하는 것이 바람직하지 않고, 비배제성으로 인해서 양(+)의 가격을 부과하는 것이 불가능
④ 불확실성 : 불확실성하에서도 완전한 조건부 상품시장이 존재하면 경쟁시장균형은 파레토 효율적임
⑤ 비대칭 정보 : 역선택과 도덕적 해이
2. 비대칭정보와 불확실성
완전한 보험시장은 현실에서는 찾아볼 수 없는데, 보험시장에서는 근본적으로 정보가 비대칭적이기 때문
(주의!) 불확실성으로 인한 시장실패와 정보의 비대칭성으로 인한 시장실패는 서로 연관되어 있다는 점에 유의할 것
3. 정부실패의 요인
① 제한된 정보 ② 민간부문의 반응 통제 어려움 ③ 정치적 과정에서 제약 ④ 관료조직에 대한 불완전한 통제

예시문 학습

⑤ 그러나 현실적으로는 완전한 조건부상품시장은 존재하지 않기 때문에 그 결과 불확실성하에서는 시장이 실패함

정답 ⑤

03	중요도	★★★	난이도	★★★★★
	출제 포인트	효율성과 공평성		

▶ **두 사람만으로 구성되어 있는 교환경제를 가정해 보자. 이 교환경제에서 부존자원으로 존재하는 유일한 소비재의 총량을 1이라고 정규화했을 때, 다음 중 파레토 효율성의 경제적 효율성 개념과 가장 관계가 먼 것은? (단, $0<\alpha<\frac{1}{2}$)**

① 각 사람에게 소비재가 0.5씩 배분되어 있는 상태는 파레토 최적이다.
② 한 사람에게 모든 소비재가 편중되어 배분된 상태는 파레토최적이다.
③ 한 사람에게 $(\frac{1}{2}+\alpha)$, 다른 사람에게는 $(\frac{1}{2}-\alpha)$를 주는 분배는 $\alpha=0$인 분배보다 파레토 우월한 분배가 아니다.
④ 각 사람에게 0.5씩 주는 배분이 한 사람에게 0.25, 다른 사람에게 0.75를 주는 배분보다 파레토 우월하다.
⑤ 각 사람에게 소비재를 0.4씩 배분하고, 나머지는 태워버리는 분배는 파레토최적이 아니다.

핵심체크

파레토효율성과 공평성

핵심 학습

1. 파레토 효율성(최적)
파레토 효율성은 더 이상의 파레토 개선이 불가능한 배분상태를 의미
⇨ 이때 자원배분이 가장 효율적인 상태가 되고, 개인 A의 효용을 감소시키지 않으면서, 개인 B의 효용을 증가시킬 수 없는 상태임
2. 파레토 효율성과 공평성
파레토 효율성 즉, 효율성의 개념에는 공평성의 가치판단 개념과는 무관함
효율적이라는 것이 희소한 자원을 낭비하지 않았다는 것을 의미하기 때문에 주어진 문제에서 주어진 소비재 총량 1을 어떻게 분배하더라도 두 사람이 지니고 있는 자원의 양이 1이 된다면 그것은 파레토 효율적이라고 할 수 있음
3. 후생경제학 제1정리와 제2정리
(1) 후생경제학 제1정리
분권화된 시장경제체제하에서 자발적인 교환(보이지 않는 손)을 통해서 자원배분은 효율성을 달성 할 수 있음(선호체계의 강단조성과 외부성이 존재하지 않아야 함)
→ 사회적으로 가장 바람직한 배분상태는 보장하지 못함
(2) 후생경제학 제2정리
개인들의 선호가 연속성, 강단조성, 볼록성을 충족하면 정부의 적절한 초기 부존점을 재분배하여 파레토 효율적인 자원배분을 일반경쟁균형이 달성 가능함(정부의 개입 여지 옹호)

예시문 학습

파레토 효율성이란 보기 지문에 나와 있는 것처럼 각 사람에게 0.5씩 배분되어 있거나, 0.25와 0.75로 분배되어 있거나, 어느 한 사람이 승자독식처럼 다 가진다고 할지라도 모두 파레토 효율적인 상태가 성립한다고 볼 수 있다. 이러한 다수의 파레토 효율적인 분배 상태들은 모두 효율성 측면에서는 만족하고 있으므로 우월성 측면에서는 동일하다고 보아야 한다. 단지 추가적인 판단기준인 공평성 등이 가미되면 어느 것이 우월한지를 판단할 수 있다. 따라서 사회적인 후생을 논의할 경우, 여기서 후생(welfare)에는 효율성과 공평성의 개념이 모두 담겨 있다.(주의)

정답 ④

04	중요도	★★★★★	난이도	★★★
	출제 포인트	파레토 원칙		

▶ **애로우(K. Arrow)는 개인들의 선호를 사회적인 선호로 바꾸는 과정에서 충족해야 할 몇 가지 원칙들을 제시하였다. 이 원칙들과 관련한 설명으로 타당하지 않은 것을 고르시오.**

① 완전성(completeness)은 두 사회상태 X와 Y중에서 어떤 상태가 더 선호되는지를 항상 판단할 수 있어야 한다는 것이고, 이행성(transitivity)은 사회상태가 선호의 일관성을 지니고 있어야 한다는 것을 말한다.

② 비제한성(universality)는 개인들이 어떤 선호를 가지고 있더라도 사회선호를 도출할 수 있어야 한다는 것으로, 개인 선호에 대한 어떤 제약을 가해서는 안 된다는 것이다.

③ 독립성(independence)은 임의의 두 상태를 비교하는 과정에서 다른 제3의 대안이 등장했을 경우의 여부와 관계없이 오직 X와 Y에 대한 개인들의 선호에 의해 결정되어야 한다는 것으로 개인 간의 효용비교가 가능해야 한다.

④ 파레토 원칙은 임의의 두 상태인 X와 Y에 대해서 사회의 모든 구성원들이 X를 Y보다 선호한다면 사회 전체적으로도 X가 Y보다 더 선호되어야 한다는 것을 말한다.

⑤ 비독재성은 어느 한 사회구성원의 선호가 사회선호 전체를 결정해서는 안 된다는 것으로 애로우는 다른 조건들이 충족될지라도 비독재성이 깨지는 경우가 생기기 때문에 이상적인 사회후생함수가 존재할 수 없고 그 결과 민주주의와 양립할 수 없다고 하였다.

핵심체크

파레토 원칙(Pareto Principle)
시험문제에서는 파레토 원칙을 파레토 효율로 자주 묻고 있습니다. 긴장하다 보면 잘 보이지 않으니 주의할 것

핵심 학습

1. 불가능성 정리

(1) 의미

애로우는 개인들의 선호를 사회선호로 바꾸는 과정에서 충족해야할 조건을 5가지 제시하였으며, 이러한 조건들을 모두 충족하는 이상적인 사회후생함수는 존재하지 않는다는 것을 증명하였는데 이를 불가능성 정리(Impossibility Theorem)라고 한다.

⇨ 애로우의 불가능성 정리는 개인들의 의사를 집약하여 사회적 선호로 만드는데 있어서 합리적이고 민주적인 의사결정 방법이 존재하지 않을 수 있음을 보여준다. 그러나 많은 학자들은 이 가정들이 너무 엄격하다고 해서, 현실에 적용할 때는 좀더 완화하여 애로우가 제기한 문제를 피해갔으며, 역설적으로 "가능성 정리"라고 부르기도 한다.

(2) 조건

① 완전성과 이행성 ② 비제한성 ③ 파레토 원칙
④ 독립성 ⑤ 비독재성

예시문 학습

독립성은 기수적인 선호가 아닌 서수적인 선호를 기본 가정
→ 개인간의 효용비교는 불가능하다고 본다.

정답 ③

05	중요도	★★★★★	난이도	★★★
	출제 포인트	공유지 비극		

▶ **공유지의 비극(tragedy of the commons)현상에 대한 설명으로 타당하지 않은 것은?**

① 소유권이 분명하게 정의되어 있지 않은 상태에서는 자원을 아껴 쓸 유인이 없기 때문에 발생한다.
② 경합성은 없지만 배제성이 불완전한 재화의 소비에서 발생하는 현상이다.
③ 공동으로 사용하는 목초지에 너무 많은 가축이 방목되는 현상을 예로 들 수 있다.
④ 모두 함께 쓰는 자원은 쉽게 고갈된다는 의미를 담고 있다.
⑤ 이 이론은 환경오염의 문제가 발생하는 근본원인을 잘 설명할 수 있다.

핵심 학습

1. 공공재의 분류

	배제가능	배제불가능
경합성	① 사적재	② 공유자원
비경합성	③ 자연독점	④ 공공재

① 사적재 : 배제성이 있고, 소진적인 특성을 지닌 재화
② 공유자원 : 지하수와 같이 누구나 개발이 가능해 비배제성이 있으나, 사용자가 늘면서 그 양이 점차 감소하는 재화로 공유자원은 사용을 제한하지 않으면 남용되어 고갈될 우려가 있음
[예] 지하수, 지구의 오존층, 하천환경, 공해상의 어족, 놀이터의 그네, 혼잡한 도로
③ 자연독점 : 영종도 신공항으로 가는 고속도로처럼 배제적이나, 소진성이 거의 없는 재화로 초기의 투자비용이 매우 큰(고정비용, 매몰비용) 규모의 경제가 존재하는 경우임
④ 공공재 : 비배제성 + 비경합성

2. 공유자원(공유지)의 비극이 발생하는 이유

(1) 외부효과 무시 : 공유지의 비극은 방목하는 소의 수를 늘릴 경우 자신에게 돌아오는 비용만 고려하고 다른 사람들에게 전가되는 외부불경제효과를 무시하는 의사결정에서 비롯됨
⇨ 외부효과를 내부화시킬 수만 있다면 공유지의 비극은 막을 수 있음
(2) 재산권의 부재 : 공유지에 재산권을 부여하면 배제성을 지니게 되어, 공유지의 풀이 줄어드는 것을 막을 수 있음(코즈 정리와 유사)
① 겨울에 사냥허가지역을 설정하여, 사냥한 짐승의 수에 비례하여 돈을 지불하도록 하면, 야생동물을 보호하는 기능을 함
② 석유나 지하자원은 공유자원이므로, 한쪽에서 채굴량을 늘리면 다른 쪽에서는 채굴비용이 같이 상승하게 됨

예시문 학습

공유지는 공동으로 소유하고 있는 자원으로 비배제성과 경합성(소진가능성)을 지니고 있다. 따라서 ②의 지문은 많이 틀리게 출제하는 포인트이다.

공공재 중에서는 정체된 도로와 같이 공유자원으로 변하는 경우가 있는데, 이를 정체 공공재 혹은 혼잡재라고도 한다. 공유지의 비극 이론은 소유권이 명확하지 않기 때문에 공동 소유의 재산은 비극을 맞게 되고, 소유권이 명확하게 되면 배제성이 성립되어 사용을 통제할 수 있으므로 이러한 비극을 극복할 수 있게 된다.

정답 ②

06	중요도	★★★★★	난이도	★★★★★
	출제 포인트	공공재의 최적 수준		

▶ **에코마을에는 민간재와 공공재 두 재화만을 소비하는 주민들이 총100명 존재하고 있다. 이 주민들은 모두 동일한 효용함수를 가지고 있는데 그 효용함수는 다음과 같다.**

$$U(X_i,\ Z)=X_i+2Z-\frac{1}{20}Z^2$$

이때 민간재로 나타낸 공공재의 한계비용이 10이라고 할 때, 파레토 최적의 공공재 공급량은 얼마인가?

① 17　② 18　③ 19　④ 20　⑤ 21

핵심체크

공공재의 최적 수준 결정은 다음과 같은 공식을 이해하시면 됩니다. (반드시 그림으로도)

① 부분균형 : 공공재 하나만 논의할 때

$$\Sigma MB=MC$$

② 일반균형 : 공공재와 사용재가 같이 있을 때

$$\Sigma MRS_{ZX}=MRT_{ZX}\text{(단, }Z\text{는 공공재, }X\text{는 사용재)}$$

핵심 학습

효용함수에서 먼저 공공재와 민간재가 어떤 것인가를 구분하는 것이 중요하다. 문제의 경우에는 Z재가 공공재가 되고, X재가 민간재(사용재)가 된다. (왜 그렇게 되는지는 기본적인 질문이므로 따로 자세히는 설명하지 않겠으나 공공재는 공동으로 소비한다는 의미에서 소비량이 같다는 점을 기억하고, 민간재와 공공재의 특징을 잘 생각하시면 된다.)

이때 공공재와 민간재의 한계대체율이 한계변환율과 같아지는 수준에서 최적 공공재의 공급량이 결정된다. (한계대체율과 한계변환율은 경제학에서의 기본원리인 한계편익(MB)과 한계비용(MC)라는 점을 잘 인식해야 한다. 경제학의 모든 원리는 $MB=MC$에서 최적 수준이 결정된다.)

예시문 학습

공공재의 최적 수준 : Z가 공공재라는 점을 파악하고 분자에 기록

(1) 편익측면 : 한계대체율의 합을 구하기 위해서 먼저 $MRS_{ZX_i}=\dfrac{MU_Z}{MU_{X_i}}=\dfrac{2-\frac{1}{10}Z}{1}=2-\dfrac{1}{10}Z$

에코마을에 100명이 거주하고 있기 때문에, $\Sigma MRS_{ZX_i}=100\times(2-\frac{1}{10}Z)=200-10Z$

(2) 비용측면 : 한계대체율은 $MRT_{ZX_i}=\dfrac{MC_Z}{MC_{X_i}}=\dfrac{10}{1}=10$

(3) 균형 : $\Sigma MRS=MRT$에서

$Z=19$

정답 ③

07	중요도	★★★★★	난이도	★★★★
	출제 포인트	클라크 조세		

▶ **다음은 공공재의 선호 시현기구(preference revelation mechanism)에 대한 설명이다. 이에 대한 올바른 설명이 아닌 것을 고르시오.**

① 클라크조세나 그로브즈-레드야드 기구는 린달 모형과 달리 개인들이 반드시 진실된 수요를 시현할 것이라고 가정하지 않는다.
② 클라크 조세는 개인의 수요시현으로 인해 다른 모든 사람들이 입는 소비자 잉여의 순손실(순이득)과 똑같은 금액의 조세를 개인에게 부과하는 것이다.
③ 클라크 조세는 자원의 효율적인 배분을 달성한다.
④ 클라크 조세에 의한 공공재 공급량은 사무엘슨 조건을 만족한다.
⑤ 클라크 조세의 경우는 균형개념이 우월전략균형인데 반해서 그로브즈-레드야드의 경우는 내쉬균형 개념을 사용한다.

핵심 학습

수요표출 메커니즘은 '선호시현기구(preference revelation mechanism)'이라고도 한다. 수요가 선호를 의미하는 것이기 때문이다. 이 메커니즘은 개인들은 자신들의 진실된 수요를 표출하는 것만이 자신에게도 최선이 되도록 설계하는 것이다. 그러나 이러한 클라크 조세는 많은 한계와 문제점을 가지고 있다. 대표적인 것으로는

첫째, 개인들이 진실을 시현하도록 유인하기 위해서는 각 개인은 자신이 공공재의 공급량에 분명 영향을 미칠 수 있어야 한다. 그렇지 않다고 생각하면 합리적 무지에 빠질 수 있다.

둘째, 관련 참가자가 많을 경우 행정비용이 어마어마하게 드는 현실적인 문제가 발생한다.

셋째, 개인들이 서로 담합을 하게 되면 거짓된 선호표출이 상호 이득을 볼 수 있게 된다.

넷째, ③ 클라크 조세는 자원의 효율적인 배분을 달성하지 못한다. 공공재의 공급량은 사무엘슨 조건을 만족시키지만, 사적재도 효율적으로 배분해야 하는데, 일부 산출물이 소비되지 않기 때문에 파레토효율적인 자원배분은 안 된다. (균형예산이 보장 안 된다는 표현과 같음)

다섯째, 클라크조세가 제대로 작동하기 위해서는 공공재에 대한 수요에 소득효과가 없어야 한다. 소득효과가 있다면 개인의 클라크 조세 납부액이 변함에 따라서 수요곡선이 이동할 수 있기 때문이다.

이러한 한계를 보완하기 위해서 그로브즈-레드야드 조세가 등장했는데, 클라크의 우월전략균형을 내쉬균형으로 약화시키는 대가로 파레토효율성을 확보하려는 대안이다.

예시문 학습

① 린달 모형에서는 개인들이 착한 사람들만 모여서 반드시 진실된 수요를 시현할 것이라고 가정하지만, 여기서는 그런 가정을 하지 않고, 오히려 그 선호를 알아내는데 초점을 둔다. 클라크조세가 가장 대표적인 방법인데, 특정 개인 A에게 부과되는 조세의 크기는 개인 A의 수요시현으로 인해서 다른 모든 사람들이 입는 소비자 잉여의 순손실(순이득)과 똑같은 금액을 부과하는 것이다. 자신이 허위로 수요를 과장되게 말하는 경우에도 개인에게는 이득이 되지 못한다. 결국 개인 A가 효용을 극대화하는 방법은 다른 사람들이 어떻게 하는가와는 전혀 무관하게 자신의 진실된 수요를 표출하는 것이다.

④ 이러한 논리는 다른 모든 사람들에게도 적용되기 때문에, 모든 개인들은 자신의 수요를 진실되게 말해주게 되고, 공공재의 총공급량은 모든 개인들이 진실된 수요곡선을 수직으로 합해서 얻은 수요곡선과 한계비용곡선의 교점에서 이루어지기 때문에 '사무엘슨 조건'이 만족된다. (증명은 별로 어렵지 않지만 추천하지 않습니다. 직관적으로 이해하세요.)

정답 ③

08	중요도	★★★★★	난이도	★★★
	출제 포인트	정보의 비대칭성		

▶ **다음은 비대칭적 정보에 대한 설명이다. 옳지 않은 것을 고르시오.**

① 정보에 따라서는 긍정적인 외부효과와 부정적인 외부효과가 발생하기도 한다.
② 직장의료보험 가입을 의무적으로 강제하는 경우 역선택을 해소하기 위해서이다.
③ 은행이 시중 금리보다 더 높게 이자를 지불하고자 하는 사람에게 대출신청을 거부한 것은 대출 전 역선택이 발생할 수 있기 때문이다.
④ 보험회사는 역선택 현상을 방지하기 위해서 피보험자의 사적 정보를 얻기 위한 여러 가지 선별제도를 활용한다.
⑤ 비대칭정보의 상황에서는 시장균형이 항상 존재하지만, 파레토최적을 만족하지 않을 수도 있다.

핵심체크

역선택(신호, 선별)+도덕적 해이(유인)

핵심 학습

1. 비대칭정보 문제

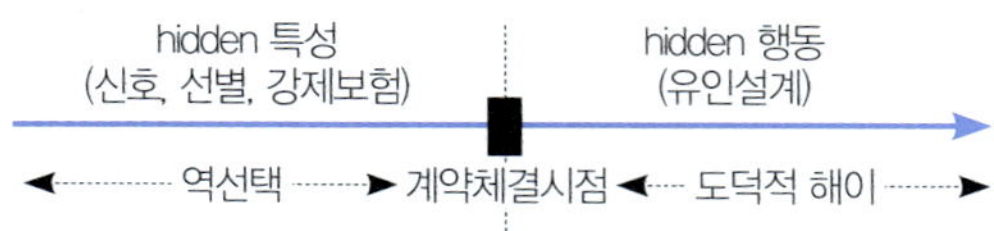

2. 역선택
(1) 개념 : 정보의 비대칭성으로 인해서 바람직하지 못한 선택을 하는 경우
(2) 발생원인 : 감추어진 특성, 자기 선택(self-selection)문제
(3) 문제점과 해결책: bad재의 부정적인 외부성(시장실패)로 바람직한 자원배분 깨짐
⇨ 신호발송(정보 많은 측), 선별(정보 적은 측), 강제보험, 조건부계약체결, 평판, 표준화(프랜차이즈)
① 상품시장 : 보증, 광고, 평판　　② 금융시장 : 신용할당
③ 노동시장 : 교육은 신호역할
④ 보험시장 : 신체검사, 강제보험(국민연금, 건강보험), 탄력 보험제, 차별화된 보험 상품
3. 도덕적 해이
(1) 개념 : 상대방의 행동을 관찰하기 어려운 경우, 바람직하지 않은 행동을 하는 현상
(2) 발생원인 : 유인구조 불일치(본인-대리인 문제), 감추어진 행동
(3) 해결책 : 적절한 유인 구조(incentive design)
① 공동보험제도(co-insurance) : 손실액의 일부만 보상해 주는 방식
② 기초공제(deduction)제도 : 비용의 일정액 이하는 본인 부담, 일정액 초과하는 부분만 보상해 줌

예시문 학습

비대칭정보하에서는 시장에서 불안정한 균형이 발생하게 되고, 균형의 이탈은 시장의 붕괴까지 초래할 수 있다.

정답 ⑤

09	중요도	★★★★★	난이도	★★★
	출제 포인트	외부성		

▶ **다음은 외부성과 관련한 내용을 설명한 것이다. 타당하지 않은 것을 고르시오.**

① 한 밤중에 큰 소리로 음악을 틀어 이웃사람에게 불편을 야기하는 경우는 소비과정에서 나오는 외부성이다.

② 실질적 외부성은 효용함수나 생산함수에 영향을 주는 것으로 기술적 외부성이라고도 한다.

③ 사용재적 외부성이란 소진가능한 외부성으로 기술훈련 시킨 근로자를 다른 기업이 고용할 수 없는 경우를 말한다.

④ 소비과정에서 해로운 외부성이 발생하게 되면 사회적 한계편익이 사적 한계편익보다 크게 된다.

⑤ 외부성을 해결하는 방식으로 시장을 활용하는 것은 적절한 유인을 통해 오염배출자들의 배출 수준을 스스로 억제하도록 유도한다.

핵심 학습

1. 실질적인 외부성과 금전적인 외부성

(1) 실질적인 외부성 : 효용함수나 생산함수에 영향을 주는 경우

⇨ 기술적인 외부성이라고 하며, 자원배분의 효율성에 문제를 발생시키고, 경제분석의 관심 대상임

(2) 금전적인 외부성 : 어떤 행동이 상대가격구조의 변동을 가져와 이득을 보는 사람과 손해를 보는 사람으로 구분되는 것으로, 건설회사가 전국 각지에 대규모 토목공사를 하여 건축자재의 가격이 폭등하는 경우

2. 사용재적 외부성과 공공재적 외부성

(1) 사용재적 외부성 : 소진가능한 외부성이라고 하며, 한 사람이 소비하면, 다른 사람이 소비할 수 있는 양이 감소하게 됨

(2) 공공재적 외부성 : 소진불가능한 외부성이라고 하며, 오염물질의 경우 비경합성을 내포하는 경우임

예시문 학습

외부성이 존재하게 되면 완전경쟁시장의 효율성 조건인 $P=SMB=PMB=SMC=PMC$가 깨지게 된다. 구체적으로 볼 때 사회적인 관점에서 자원배분의 효율성은 $SMB=SMC$가 되는데, 소비과정에서 해로운 외부성이 발생하면 $SMB<PMB$가 되고, 생산과정에서 해로운 외부성이 발생하면, $SMC>PMC$가 된다. 그림을 통해서 설명하면, 만일 오염이 발생하게 되었을 경우에 공급곡선(한계비용) 측면에서 보면 상방으로 이동하고, 수요곡선(한계편익) 측면에서 보면 하방으로 이동하게 된다.

(a) 생산측면 부정적 외부성 발생효과

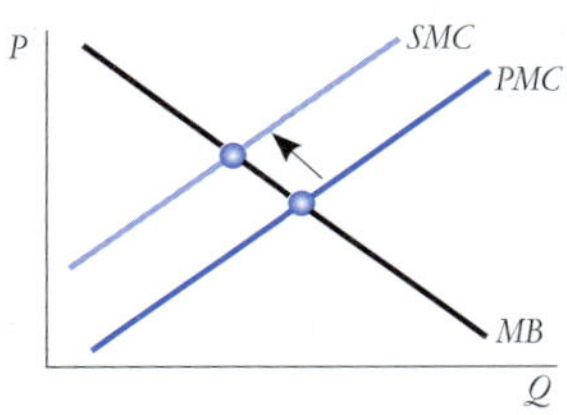

(b) 소비측면 부정적 외부성 발생효과

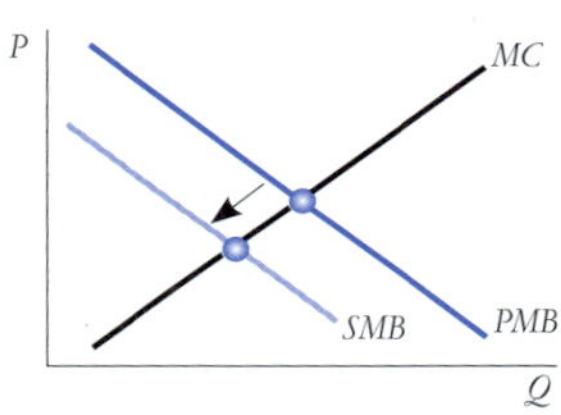

정답 ④

10	중요도	★★★★★	난이도	★★★
	출제 포인트	피구세와 피구보조금		

▶ **상품 X를 생산하는 기업 A의 비용함수는 $X^2-2Y+10$이고, 상품 Y를 생산하는 기업 B의 비용함수는 Y^2+5이다. 두 기업은 모두 완전경쟁시장에 직면하고 있고, X재의 시장가격은 10이고 Y재의 시장가격은 5이다. 새로운 진입 기업이 없다는 가정하에서 두 기업만 존재하는 경우에 사회적 최적 수준을 달성하기 위해 정부는 어떻게 해야 하는가?**

① 정부는 X재 생산 기업인 A기업에 피구세 2를 부과한다.
② 정부는 X재 생산 기업인 A기업에 보조금 2를 부과한다.
③ 정부는 Y재 생산 기업인 B기업에 피구세 2를 부과한다.
④ 정부는 Y재 생산 기업인 B기업에 보조금 2를 부과한다.
⑤ 정부의 개입 여부와 상관없이 최적 수준을 달성하고 있다.

핵심체크

피구세와 보조금의 크기는 외부성을 고려한 사회적 최적 수준에서 결정됨

예시문 학습

두 기업이 비용함수(그냥 비용함수라고 하면 반드시 총비용함수라고 생각해야 함)를 나타내면 다음과 같다.

$TC_A(X)=X^2-2Y+10$

$TC_B(Y)=Y^2+5$

여기서 알 수 있는 것은 기업 B의 Y재 생산량에 따라서 A기업의 총비용이 감소한다는 것입니다. 다시 말하면 기업 B는 긍정적인 외부성을 창출했다는 의미이고, 사회적 최적 수준과 사적 최적 수준이 괴리되는 비효율성이 발생한 상태이다. 이를 치유하기 위해서는 긍정적인 양(+)의 외부성을 야기했기에 기업 B에 정부는 보조금을 지급해야 한다.

이 식을 미분해보면

$MC_A(X)=2X,\ MC_A(Y)=-2$

$MC_B(Y)=2Y$

따라서 Y재 시장을 기준으로 보면 다음과 같은 간단한 그림으로 나타낼 수 있다. 이때 B기업이 생산한 Y는 A기업의 한계비용을 -2만큼 줄여주기 때문에, 그만큼 보조금을 B기업에게 주는 것이 사회적 최적수준에 부합하는 것이다.

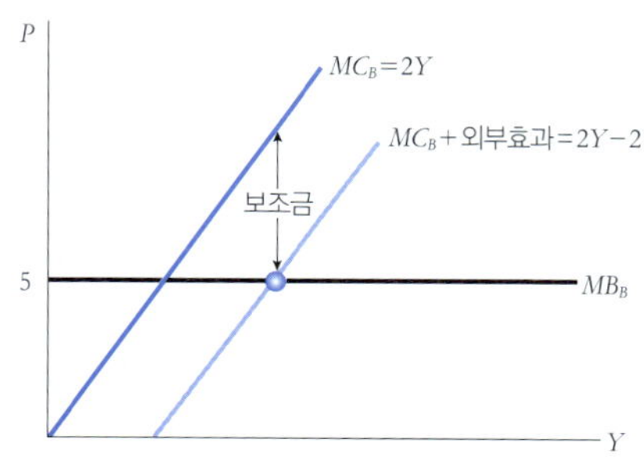

정답 ④

11	중요도	★★★	난이도	★★★★★
	출제 포인트	코즈의 정리		

▶ **다음은 외부효과를 해결하기 위한 협상에 의한 해결방법이다. 그림에서 하천의 상류에 있는 기업 A는 오염물질을 배출하고 있으며, 그로 인해서 하천의 하류에 있는 기업 B는 피해를 보고 있다. 이때 기업 A가 오염을 배출하게 되어 얻는 한계편익(MB)과 그로 인한 기업 B의 피해인 한계비용(MC)은 다음과 같이 주어져 있다. (단, Q는 오염배출량임) 그림과 관련한 외부성 해결방안에 대해서 틀리게 설명한 것을 고르시오.**

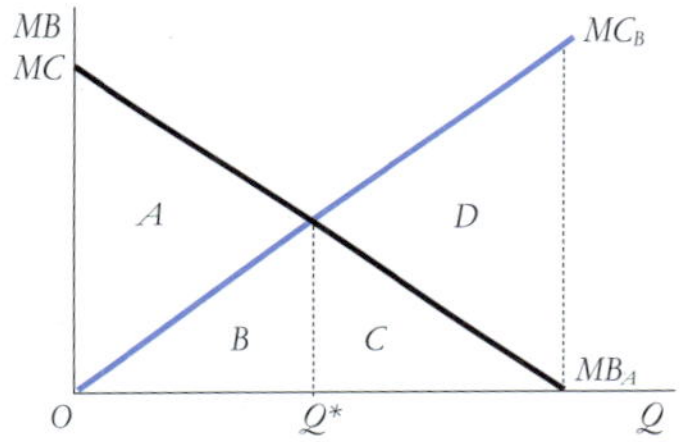

① 협상에 의한 해결방법을 주장한 코즈정리는 재산권이 적절하게 설정된다면 시장기구는 어느 주체에게 외부성에 관한 권리가 귀속되는지와는 상관없이 스스로 외부성을 해결할 수 있다고 하였다.
② 기업 A에게 하천의 재산권이 주어진 경우에 기업 A의 총편익을 극대화하는 수준은 $MB_A=0$이 되는 생산량이다.
③ 기업 B에게 하천의 재산권이 주어진 경우 협상이 이루어지기 전에 기업 B는 기업A가 전혀 오염을 배출하지 못하게 할 것이다.
④ 만일 오염 물질의 수준을 Q^*로 결정한다면, 기업 A가 요구하는 최소한의 금액은 C가 될 것이고, 기업 B가 지불하고자 하는 최대금액은 $(B+C+D)$가 될 것이다.
⑤ 만일 기업 B에게 재산권이 주어진 경우에 오염 배출 수준을 Q^*로 결정한다면 두 당사자 간 보상금액은 B와 $(A+B)$ 사이에서 결정될 것이다.

예시문 학습

협상에 의한 코즈 정리를 나타낸 그림을 살펴보면 다음과 같다.

■ **기업 A에게 재산권이 주어진 경우**

재산권이 기업 A에게 주어진 경우에 오염 배출에 의한 총편익이 극대화되는 수준은 한계편익이 0가 되는 산출량 수준에서 총편익이 극대화된다. 이때 오염을 Q^*로 주어진 경우에 기업A가 잃게 되는 편익의 감소분은 C가 되고, 기업 B의 경우는 오염 배출 수준이 Q^*로 주어진 경우에 최대한 지불하려는 금액의 크기는 $(C+D)$가 된다. 따라서 두 당사자 간에 협상을 하게 되면 합의되는 금액의 범위는 C와 $(C+D)$가 된다.

■ **기업 B에게 재산권이 주어진 경우**

기업 B는 기업 A가 전혀 오염을 배출하지 않도록 할 것이다. 그런데 오염 배출 수준을 Q^*로 하게 되면, 기업 B의 경우 발생하는 비용은 B가 된다. 한편, 기업A의 경우 오염 배출 수준이 Q^*가 되면 $(A+B)$만큼 편익이 증가하기 때문에 최대한 지불하려는 금액의 크기는 $(A+B)$가 된다. 따라서 두 당사자 간에 협상을 하게 되면, 합의되는 금액의 범위는 B와 $(A+B)$가 된다.

정답 ④

12	중요도	★★★★	난이도	★★★
	출제 포인트	오염배출권		

▶ **두 개의 기업 1과 2가 있는데 폐기물의 양이 각각 Q_1, Q_2라고 하자. 폐기물의 양을 줄이기 위해서 치르는 한계비용이 각각 $MC_1=2(20-Q_1)$과 $MC_2=3(30-Q_2)$로 주어져 있다고 하자. 이때 최적 오염 수준을 40으로 달성하기 위해서 오염배출권을 발행하는 경우에 오염배출권의 가격과 각 기업의 오염 배출양은 얼마인가?**

	오염배출권 가격	기업1의 양	기업2의 양
①	10	14	26
②	12	14	26
③	12	16	24
④	14	20	20
⑤	14	26	14

핵심체크

오염배출권가격 : $MC_1=MC_2$

핵심 학습

오염허가서 제도

① 정부는 오염 배출 허용량을 설정하고, 그 기준 내에서만 개별 기업들이 오염 배출권을 부여하고 오염을 배출할 수 있도록 허용하는 방법

② 오염허가서의 자유로운 거래를 허용하는 것은 시장에서 상품이 가격에 따라서 교환되는 것과 같은 맥락임

⇨ 시장 유인을 활용하기 때문에 상대적으로 적은 비용이 들어간다는 장점이 있음

(일부 선진국에서 이미 시행하고 있음)

(※ 오염허가서와 환경세는 꼭 비교해서 살펴볼 필요가 있음. 하단에 정리 참고)

예시문 학습

만일 오염물질에 대한 규제가 없는 경우에는 한계비용이 0나 마찬가지이므로 $Q_1=20$, $Q_2=30$이 된다. 그런데 오염배출권을 발행하는 경우 최적 오염수준이 40이므로 우리는 하나의 정보를 얻어낼 수 있다.

$$Q_1+Q_2=40$$

다음으로 두 기업의 한계비용이 동일해 지는 수준에서 최적 수준이 결정되므로 또 하나의 식을 얻어낼 수 있다.

$$MC_1=2(20-Q_1)=MC_2=3(30-Q_2)$$

따라서 이 두식을 연립해서 풀면 $Q_1^*=14$, $Q_1^*=26$이고, 오염배출권의 가격은 12가 된다.

정답 ②

13	중요도	★★★★★	난이도	★★★★
	출제 포인트	공공선택이론		

▶ **다음은 공공선택이론에 대한 설명이다. 맞는 것을 모두 고르시오.**

가. 정부는 공공재와 관련하여 개인들의 서로 다른 선호를 어떻게 총체화하여 사회선호로 바꿀 것인가의 문제에 직면한다.
나. 다수결투표제도에서는 투표의 결과가 균형에 이르지 못하고, 순환하게 되는 경우가 발생할 수 있다.
다. 투표의 역설이 발생하면 개인의 선호는 합리적임에도 불구하고 사회선호는 일관성을 상실한다.
라. 투표의 대상이 일차원적이고 투표자의 선호가 단일정점을 가진 선호라면 다수결투표 균형은 항상 존재한다.
마. 다봉선호는 수돗물에 대한 생수의 경우와 마찬가지로 사적 대체재가 존재하는 경우 발생할 가능성이 높다.

① 가, 나, 다
② 가, 나, 다, 마
③ 나, 다, 라,
④ 가, 나, 다, 라
⑤ 가, 나, 다, 라, 마

예시문 학습

(가) 일반적으로 공공재는 시장실패로 인해서 시장에서 공급되기 어렵다. 따라서 정부가 공급하는 경우가 많은데(공공재 판단 기준은 주체가 아니라는 점 주의!), 이때 정부는 2가지 문제에 직면하게 된다.

① 개인들이 서로 다른 선호를 어떻게 사회적 선호(social preference)로 전환하는가의 문제와 ② 비배제성을 지닌 공공재로 인해 개인들은 자신들의 선호를 진실되게 드러내지 않는다는 선호시현 문제(preference revelation problem)이다. 이때 가능한 개인들의 선호를 정확하게 반영하는 정치적 기구를 찾아 의사결정하는 것이 공공선택이론의 핵심이다.

(나) 다수결투표제하에서는 균형이 존재하지 않을 수 있다는 점이 투표의 역설(paradox of voting)이라고 한다.

(다) 이때 투표의 역설이 발생하면 개인들의 선호가 비록 합리적이라고 할지라도 사회적 선호는 일관성을 상실할 가능성이 생긴다.

(라) 다수결제도에서 투표의 역설이 발생하는 이유는 투표자들의 선호가 특이하기 때문인데, 투표의 대상이 일차원적(one dimensional)이고, 투표자의 선호가 단일 정점을 지닌 선호(single-peaked preference)라면 다수결투표는 균형이 항상 존재하게 된다. 그러나 현실에 적용할 때는 다수의 정책들이 일차원적이 아니기 때문에 이러한 결론은 한계를 지닌다. 예를 들어 댐의 건설에 대한 투표에서 댐의 건설 규모만 논의하는 것이 아니고, 위치와 환경에 대한 평가까지 고려한 다차원의 성격을 지닌 여러 정책대안들에 대해서는 균형이 항상 존재한다고 볼 수 없다.

(마) 다봉선호(multiple-peak preference)를 지닌 선호(이런 표현을 두 개 이상의 국지적 효용극대점을 지닌 선호라고도 함)가 존재할 가능성이 높은 경우는 대체재가 존재하는 경우이다.

정답 ⑤

14	중요도	★★★★	난이도	★★★
	출제 포인트	관료와 정치가 모형		

▶ **다음은 관료와 정치가의 행동에 관한 모형이다. 설명으로 타당하지 않은 것은?**

① 관료들은 공공재 공급에 따른 사회적 순편익의 극대화를 추구하므로 총편익이 0이 되는 수준까지 공공재 공급을 결정한다.

② 미그-빌레인저 모형에서는 예산상의 잉여를 효용함수에 반영한다.

③ 정치가는 공익보다는 득표 극대화를 추구하기 위해서 투표자에게 가장 유리한 정책을 추진한다.

④ 양당제하에서 두 정당의 정강은 서로 유사해질 가능성이 높은데 이를 '호텔링 원칙(Hotelling's principle)'이라고 한다.

⑤ 로머-로젠탈 모형에서 회복수준이란 관료가 제안한 예산안이 기각되었을 경우에 복귀해야 하는 지출을 의미한다.

핵심체크

관료제 모형과 다운즈 모형

핵심 학습

1. 니스카넨 모형
① 관료들은 예산규모가 커질수록 직책상의 특권과 영향력, 권한이 커짐
② 예산 규모의 극대화를 추구 (사회적 순편익이 0이 되는 수준)
③ 예산의 비효율적인 집행 가능성과 현실에서 관료들이 예산확보 노력 이유 설명
④ 제1급 가격차별 성격
⑤ 주인-대리인 모형의 일종

2. 미그-빌레인저 모형
① 관료들의 목적함수는 효용극대화로 효용에는 예산 및 기타 직책상의 특권이 포함
② 효용극대화를 추구하는 관료는 공공재 공급양이 사회적 최적 수준을 초과하지만, 니스카넨 모형보다는 적은 수준

3. 로머-로젠탈 모형
① 예산안이 기각되면 공공지출은 회복수준(reversion level)로 결정됨
② 예산 극대화 경향 반영

예시문 학습

관료들은 자신이 속한 부서의 예산 규모가 커질수록 직책상의 특권이나 권한, 영향력 들이 커지므로 예산규모의 극대화를 추구하게 된다. 따라서 공공재 공급에 따른 사회적 순편익의 극대화가 아닌 자기가 속한 부서의 예산 극대화를 추구하기 때문에, 관료가 선택하는 생산 수준은 사회적 최적 수준보다 크게 되고, 과잉 생산이 이루어진다.

⇨ 이 수준에서는 사회적인 순편익은 0이 된다. 그러나 순편익이 0이가 되는 수준 이상으로 공공재의 공급을 늘릴 수는 없다. 왜냐하면 입법부의 예산심의를 통과하기 위해서는 최소한의 순편익이 0보다는 커야 하기 때문이다.

정답 ①

15	중요도	★★★★★	난이도	★★★★
	출제 포인트	국민연금제도		

▶ **다음은 연금보험과 관련한 내용이다. 타당하지 않은 설명으로 고르시오.**

① 정부가 연금보험시장에 개입해야 하는 이유는 사적연금보험시장이 높은 거래 비용, 사회적 위험, 역선택, 도덕적 해이 등으로 인해 제 기능을 못하기 때문이다.
② 국민연금은 기여금에 대한 연금비율을 고소득자보다 저소득자에게 높게 책정하여 소득재분배에 기여하고 있다.
③ 우리나라 국민연금제도는 결혼여부나 가족수에 따라 세대내에서 소득을 재분배하고 있다.
④ 세대내 재분배 효과는 재원의 조달방식이 적립방식이냐 부과방식이냐에 따라서 달라진다.
⑤ 원칙적으로 연금보험의 재원이 완전적립방식으로 조달되면 세대간 재분배 가 발생하지 않는다.

핵심체크

국민연금의 이유와 효과

핵심 학습

1. 연금보험의 재정위기
(1) 근본원인
• 인구 증가율의 감소 • 경제성장률의 하락 • 은퇴연령의 단축
• 평균수명의 연장
(2) 대처방안
① 지출억제 방안
• 연금수급연령 연장
• 은퇴 당시의 경제적 능력에 따라 연금 지급액 조절; 경제적 능력이 많은 은퇴자에게는 연금지급액을 삭감할 것을 요구하는 것(사회보험의 성격에 맞지 않다는 지적 제기)
② 수입증대 방안
• 보험료율 인상 • 연금수급액 과세
2. 적립방식과 부과방식
3. 국민연금이 저축에 미치는 효과
4. 국민연금이 노동공급에 미치는 효과

예시문 학습

최근에 연금보험과 관련해서는 공적연금보험의 구조와 관련한 구조적 재분배가 논의의 관심사가 되고 있다. 구체적으로 말하면 기여금에 대한 연금의 상대적 구조에서 비롯되는 세대내 재분배(intra-generation redistribution)와 연금보험의 재원이 부과방식으로 조달될 경우에 발생하는 세대간 재분배(inter-generational redistribution)이 있다. 꼭 알아야 할 결론을 정리하면 다음과 같다.

① 세대 내의 재분배는 재원조달방식이 적립방식이냐 또는 부과방식이냐와는 무관
→ 단지, 보험료에 대한 연금의 상대적 구조에 따라서 달라짐
② 원칙적으로 연금보험의 재원이 완전적립방식으로 조달되면 세대 간 재분배는 발생하지 않음

정답 ④

16	중요도	★★★★★	난이도	★★★★
	출제 포인트	사회보장제도		

▶ **다음은 소득재분배와 관련한 우리나라의 사회보장제도에 대한 설명이다. 타당하지 않은 것은?**

① 우리나라의 사회보장제도는 사회보험, 공적부조, 근로장려세제, 사회복지서비스의 4개 부분으로 구성되어 있다.

② 우리나라에서 현재 실시하고 있는 국민기초생활보장제도는 최저소득보장제도의 성격을 지니고 있다.

③ 최저소득보장제도가 실시될 경우 개인은 노동을 전혀 공급하지 않게 된다.

④ 모든 소득재분배제도는 근본적으로 저소득자에게 소득을 보조해 주기 때문에 소득효과가 노동공급을 줄이는 방향으로 작용하는 것을 피할 수 없다.

⑤ 근로소득세액공제(EITC)의 점증구간은 부의 소득세의 원리가 적용되고, 점감구간에서는 임금보조금의 원리가 적용된다.

핵심 학습

우리나라의 사회보장제도는 사회보험, 공적부조(국민기초생활 보장), 사회복지서비스를 기본으로 근로장려세제를 운영하고 있다. 우리나라의 근로장려세제와 유사한 근로소득세액공제(earned income tax credit: EITC)는 임금보조금제도의 원리를 적용한 것으로 미국에서 처음 도입당시는 근로보조금(work bonus)으로 불렸다. 이후 1975년 현재의 EITC로 바뀌어 노동공급 유인을 제공하면서 저소득자에게 소득을 보조해 주자는 취지로 현재 미국에서는 소득재분배의 가장 큰 비중을 차지한다. (우리나라에서는 근로장려세제라는 이름으로 도입하고 있는데, 학술적으로는 그냥 EITC를 그대로 사용하는 경우가 많기에 시험에서도 EITC로 그대로 나올 가능성이 높으니 같이 알아두어야 한다.)

예시문 학습

EITC와 관련해서는 노동공급에 미치는 효과를 중시해야 한다. 물론 점증구간과 평탄구간, 점감구간에 대한 대략적인 형태와 연결시켜서 이해해야 한다.

(1) 점증구간 : 노동공급에 따라서 임금률이 높아진다. 임금보조금의 원리를 적용하여 대체효과가 노동공급을 증가시키는 방향으로 작용하는데 그 크기는 소득효과보다 커서 노동공급이 증가할 가능성이 높다.

(2) 평단구간 : 임금률이 제도 시행 이전과 동일하여, 대체효과에는 아무런 영향이 없고, 소득효과는 보조금을 지급받기 때문에 정상재인 여가를 늘려 노동공급을 감소시키게 된다. (모든 소득재분배제도는 저소득층에 대해서 근본적으로 소득효과가 노동공급을 줄이는 방향으로 작용하게 된다는 점을 명심!)

(3) 점감구간 : 소득이 증가함에 따라서 보조금이 줄어든다. 이때는 부의 소득세 원리가 작용하고 이 구간에서는 개인의 임금률을 낮추는 것과 같은 효과가 나온다.

정답 ⑤

17	중요도	★★★	난이도	★★★
	출제 포인트	소득분배 : 로렌츠 곡선		

▶ **그래프는 에코국과 매니아국의 로렌츠 곡선을 나타낸 것이다. 이에 대한 분석으로 맞는 것을 고르시오. 단, 두 국가의 국민총소득은 동일하고, 인구는 각각 100만명이다.**

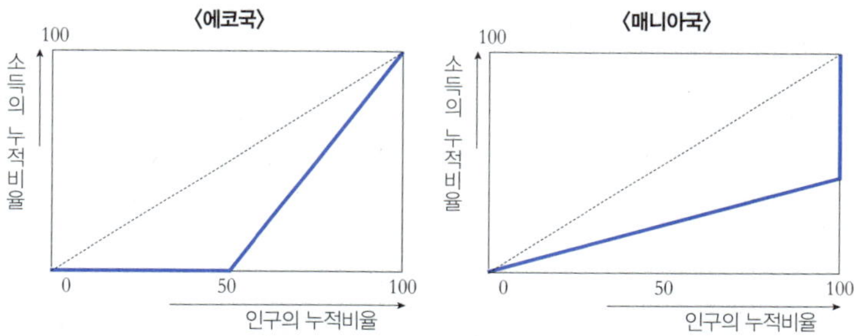

가. 에코국과 매니아국의 소득분배 상태는 동일하다.
나. 에코국과 매니아국의 지니계수는 동일하다.
다. 최고 소득자와 최저 소득자의 소득 격차는 에코국보다 매니아국이 크다.
라. 하위 50% 이내의 사람들 간의 소득격차는 에코국보다 매니아국이 크다.

① 가, 나
② 나, 다
③ 가, 라
④ 가, 나, 다
⑤ 가, 다, 라

예시문 학습

에코국과 매니아국의 로렌츠 곡선을 보면, 두 국가 모두 지니계수는 동일하다. 그러나 지니계수가 동일하다고 해서 반드시 두 국가의 소득분배의 상태가 동일한 것은 아니다. 에코국은 국민의 하위 50%가 전혀 소득이 없는 상태이고, 나머지 국민 50%가 전체 소득을 균등하게 나누어 분배된 상태이며, 매니아국은 한 사람이 전체 소득의 50%를 보유하고 있다. 이때 그 한 사람만 제외하고는 국민 전체가 50%의 소득을 균등하게 나누어 가지고 있는 상태이다.

문제에서 에코국과 매니아국 중에서 매니아국의 하위계층이 에코국의 하위계층보다 소득점유율은 높은 편이라고 할 수 있다. 주의할 점은 에코국과 매니아국 모두 하위 50%의 이내에 있는 사람들의 소득격차는 동일하다는 점이다. 에코국의 경우는 국민의 하위 50%는 소득이 전혀 없고, 나머지 국민 50%가 전체 소득을 동일하게 나누어 가지고 있고, 매니아국의 경우는 한 사람이 전체 소득의 50%를 보유하고 있고, 그 한사람을 제외하고 나머지 사람들이 50%의 소득을 균등하게 나누어 가진 경우라고 할 수 있다. 다시 말하면 하위 50% 내에서의 소득격차는 두 국가의 경우 모두 같게 된다.

정답 ②

18	중요도	★★★★★	난이도	★★★
	출제 포인트	바그너의 법칙		

▶ **정부의 지출은 지속적으로 증가하고 있다. 이에 대한 설명으로 타당하지 않은 것을 고르시오.**

① 바그너는 공공수요가 가격에 탄력적이므로 경비가 팽창한다고 주장하였다.
② 정부지출의 당위성은 가치재와 국방서비스, 저소득계층에 대한 생계비 지원 등에서 찾을 수 있다.
③ 피콕과 와이즈만은 사회적 혼란기에 사람들이 조세부담의 허용수준이 높아지기 때문에 경비가 팽창한다고 보았다.
④ 브라운-잭슨은 중위투표자들의 공공재 수요증가에서 경비팽창의 원인을 찾았다.
⑤ 보몰은 정부부문의 낮은 생산성이 경비팽창의 원인으로 보았다.

핵심체크

바그너의 법칙과 그 원인들

핵심 학습

1. 바그너의 법칙
국민소득이 증가함에 따라서 1인당 정부지출의 크기는 상대적으로 뿐만 아니라 절대적으로도 증가함
2. 피콕 와이즈만의 전위효과론
(1) 평상시 :국민들이 납부할 용의가 있는 조세의 허용수준에 맞추어 안정적으로 증가
(2) 위기시
① 시발효과(문턱효과) : 전쟁, 지진, 기근 등 사회격변으로 조세허용수준이 상승
② 전위효과 : 사회격변기 동안 정부지출 추세선 자체가 상승하여 사회적 혼란이 종료 후에도 정부지출은 높은 수준 유지
③ 점검효과 : 사회격변기가 지난 후에 국민들의 인식이 전환
3. 브라운 잭슨의 중위투표자 이론
중위투표자가 가장 선호하는 수준의 공공서비스 공급
⇨ 공공서비스에 대한 수요의 소득탄력성이 1보다 큰 경우
4. 보몰 효과
정부부문의 생산성이 낮아 공공 서비스의 가격이 지속적으로 상승(비용병)
5. 재정착각 가설
간접세의 경우와 누진세율 구조하의 인플레이션이 존재하는 경우에
⇨ 인식 결여
※ 갈브레이드의 의존효과 : 사용재는 광고에 의존 많이 하지만, 공공재는 광고에 별로 영향을 받지 않아 과소공급(공공경비 덜 증가)

예시문 학습

바그너는 공공수요가 소득에 탄력적인 경우에 경비가 팽창한다고 보았다. 소득이 증가할수록 당연히 공공재에 대한 수요가 크게 증가한다는 것이고, 정부는 증가하는 공공수요에 부응하기 위해서 경비가 자연스럽게 증가하는 것은 어쩔 수 없는 것이다.

정답 ①

19	중요도	★★★	난이도	★★★
	출제 포인트	공공재의 과다공급		

▶ **다음은 공공재의 공급과 관련한 이론이다. 이 중에서 과다공급과 관련이 있는 것은 어느 것인가?**

가. 의존효과	나. 니스카넨 모형
다. 투표 거래	라. 재정착각
마. 투표자의 합리적 무지	바. 부정적인 조세 인식

① 가, 나, 다 ② 나, 다, 라 ③ 다, 라, 마 ④ 라, 마, 바 ⑤ 가, 다, 라

핵심체크

리바이어던 가설(뷰캐넌)
민주체제의 맹점으로 특히 대의민주주의의 본질적인 속성에 기인하여 비용을 궁극적으로 부담해야 할 일반 대중들은 정부지출의 증가에 따른 비용을 제대로 인식하지 못해서 정부지출의 팽창에 적극적으로 대응하지 않게 된다는 주장

핵심 학습

1. 공공재의 과다 공급설

(1) 관료제 모형

니스카넨 모형 등은 관료들이 개인의 직책상의 특권과 영향력을 증대시키기 위해서 예산극대화(효용극대화)를 추구한다. (→ 개인의 편익을 극대화하여 사회적 최적 수준을 상회)

(2) 투표 거래

투표자들은 자신들이 선호하지 않더라도 서로 상대방이 원하는 바를 고려하여 투표를 거래하고, 그 결과 공공재 공급이 증가하는 경향이 발생한다.

(3) 재정착각

재정착각이란 재정환상(fiscal illusion)이라고도 하며, 각종 소비세 등 간접세는 사람들의 체감 부담이 작아 실제로 부담하는 것보다 조세부담을 작게 느끼기 때문에 공공재 공급에 대한 저항이 작아 과다공급이 된다.

2. 공공재의 과소 공급설

(1) 갈브레이드의 의존효과

여기서 말하는 의존은 광고에 의존한다는 것으로 공공재 보다는 사용재가 광고에 의존하는 경우가 많이 있다. 따라서 사용재를 과도하게 선호하는 현상을 보이게 된다.

(2) 부정적 조세인식

공공재는 조세와 편익이 직접 매칭되지 않아서, 조세를 납부해도 자신에게 혜택이 돌아오지 않는다고 인식하게 되어 조세를 납부하지 않으려는 경향을 보인다.

(3) 다운즈의 투표자의 합리적 무지

투표자들이 "나 하나쯤이야!"하는 생각으로 전체를 위해서 노력하지 않는 것이 합리적이라고 생각하지만, 그로 인해 정보에 무지(과소평가)해지고 그 결과 정치가들은 득표극대화를 위해 낮은 수준의 공공재와 낮은 수준의 조세를 부과하게 된다. (다운즈라는 사람이름에서도 down이 들어 있음)

정답 ②

20	중요도	★★★★★	난이도	★★★
	출제 포인트	비용-편익분석		

▶ **다음은 편익과 비용의 평가기준에 대한 설명이다. 타당하지 않은 것은?**

① 자원의 사회적 기회비용을 계산하고, 사회적 기회비용을 반영하는 가격을 잠재가격이라고 한다.
② 공공사업의 수행을 위해 독점자가 생산한 상품을 구입하는 경우에 상품의 생산량이 공공사업에 사용한 양만큼 증가하면 시장가격을 기준으로 사용한다.
③ 물품세가 투입된 상품이 공공사업이 투입되는 경우에 그 투입량만큼 생산량이 증가하는 경우는 생산자 가격을 기준으로 삼는 것이 타당하다.
④ 심각한 불황으로 비자발적 실업이 광범위하게 존재하는 경우가 아니면 임금을 기회비용으로 사용할 수 있다.
⑤ 민간부문의 투자에 사용되었을 자금이 공공사업의 재원으로 사용되는 경우에 민간부문 투자의 세전 수익률을 사회적 할인율로 삼는 것이 타당하다.

핵심 학습

1. 조정된 가격의 판단 기준

좋은 것(생산량 증가, 투자)	나쁜 것(생산량 감소, 소비)
한계비용	시장가격
생산자 가격	소비자 가격
세전 수익률	세후 수익률

① 한계비용(MC) < 시장가격(P)
⇨ 독점의 경우 생산량을 증가시키면 낮은 가격을 기준으로 하고, 생산량이 불변이면 시장가격을 기준으로 함
② 생산자 가격 < 소비자 가격
⇨ 물품세가 투입된 상품이 공공사업에 투입된 경우, 투입량만큼 생산량이 증가시는 생산자 가격, 생산량이 예전 수준 그대로이면 소비자 가격
③ 세전 수익률 VS 세후 수익률
민간 부문의 투자에 사용되었을 자금이면 투자의 세전 수익률이 기준이고, 소비에 쓰일 자금이었으면 세후 수익률이 기준
2. 특수한 상황인 경우
(1) 시장 가격이 변화하는 경우 : 소비자 잉여의 변화 기준
(2) 시장에서 거래되지 않는 것 평가
① 시간의 가치
② 생명의 가치 : 인적자본 접근법에 의한 평가가치보다 지불의사 접근법에 의한 평가가 더 높음

예시문 학습

공공사업의 경우 시장가격이 언제나 적절한 평가기준이 되지 못한다. 이 경우 시장의 불완전성과 정부의 개입으로 인해서 기회비용을 적절하게 반영하지 못하게 된다. 따라서 조정된 가격을 많이 사용하게 되는데, 독점의 경우 공공사업의 수행시 상품의 생산량이 공공사업에 사용한 만큼 증가하면 한계비용을 기준으로 삼고, 생산량이 예전 수준 그대로이면 소비자에게 갈 상품이 공공사업에 쓰인 것이므로, 가격이 사회적 기회비용의 적절한 수준이 된다.

정답 ②

21	중요도	★★★★	난이도	★★★
	출제 포인트	사회적 할인율		

▶ **다음은 정부가 공공사업에 대한 우선순위를 고려하는 문제에 대한 설명이다. 틀린 설명을 고르시오.**

① 정부가 시행하는 사회적 비용편익분석은 순편익의 극대화를 추구한다.
② 사회적 비용편익 분석에서 비용을 측정하는 문제는 편익을 측정하는 문제보가 심각하지 않다.
③ 정부는 공공사업의 우선순위를 선정함에 있어서 인구를 소득계층에 따라서 몇 개의 그룹으로 나누어 분배가중치를 곱하여 각 그룹에 귀착되는 순편익을 평가한다.
④ 민간기업은 현재가치를 구할 때 시장이자율을 적용하지만, 사회적 편익분석에서는 사회적 할인율을 사용한다.
⑤ 사회적 할인율은 미래에 발생하는 편익의 가치를 개인에게보다는 정부에게 더 낮게 평가되어야 할 것이다.

핵심 학습

1. 사적 비용편익분석과 사회적 비용편익분석 비교

	사적 비용편익분석	사회적 비용편익분석
목표	이윤극대화	순편익 극대화
미래이윤 할인	시장이자율 사용	사회적 할인율 사용
인플레이션 고려	고려	고려
불확실성	주식시장, 보험시장 활용	위험평가
측정문제	없음	직면
분배문제	고려 안함	고려
환경, 생태계문제	고려 안함	고려

2. 사회적 할인율 적용

※ 공공사업에 투입될 자금이 민간부문의 소비에 쓰일 것이었다면, 민간 부문의 투입의 세후 수익률 또는 소비자이자율을 사회적 이자율로 선택해야 함

3. 사회적 할인율이 민간의 할인율보다 낮아야 하는 이유

① 미래 세대에 끼치는 영향 ② 근시안적 태도(정보부족) ③ 공공사업의 이로운 효과

예시문 학습

사회적 할인율은 시장이자율과 다를 수 있는데 그 이유는 다음과 같다.

① 미래에 발생하는 편익의 현재가치는 개인에게보다는 정부에게 더 높게 평가되어야 한다. 즉, 정부에게는 미래 사업의 중요성이 보다 강조되어야 하기 때문이다. 결국 공공사업의 미래순편익은 민간기업의 이윤에 비해서 적게 할인되어야 하기 때문에 사회적 할인율은 시장이자율 보다 낮아야 한다.
② 정부가 시장이자율보다 낮은 사회적 할인율을 적용하게 되면 시장이자율을 사용했을 경우에 시행되지 않았을 사업이 추진될 가능성이 높고, 편익이 상대적으로 먼 미래에 발생하는 사업이 채택될 가능성도 높아진다.

정답 ⑤

22	중요도	★★★★★	난이도	★★★
	출제 포인트	재정적자와 국채		

▶ **다음은 재정적자와 국채에 대한 리카르도 대등정리와 관련한 논의이다. 설명으로 타당하지 않은 것을 고르시오.**

① 리카르도의 견해에 따르면 국채 발행 이후에 이자율은 상승하지만 총수요에는 영향이 없다.
② 리카르도 대등정리에 의하면 국채는 미래의 조세부담을 의미한다.
③ 합리적인 경제주체들은 미래 세대를 위해서 더 많은 유산을 남겨준다.
④ 국채의 발행은 궁극적으로 현재세대의 부담이 된다.
⑤ 국채발행은 민간부문의 소비와 투자에 아무런 영향도 미치지 못한다.

핵심체크 리카르도 대등정리 관련 주요 지문

리카르도의 대등정리(RET) : 국채에 의한 적자재정무력성

핵심 학습

리카르도 대등정리

① 국채발행으로 미래세대는 원리금을 상환하기 위해서 조세를 납부하지만 부모로부터 같은 액수의 유산을 받기 때문에 그 부담이 정확하게 상쇄된다.
② 개인들이 합리적으로 예측을 할 경우에 정부지출의 재원을 조세로 조달하든 국채로 조달하든 그 경제적 영향은 동일하다.
(→ 조세와 국채의 구성 비율에 변화가 생기더라도 개인들의 경제적 선택에는 아무런 실질적 변화가 생기지 않고, 자원배분에 어떤 변화도 생기지 않음)
③ 실증적으로 리카르도 등가정리가 성립하기 위해서는 재정적자가 증가할 경우 자식들에게 넘겨주기 위한 저축도 증가해야 한다. (but, 현실은 상쇄할 만큼 저축 증가 아님)
④ 리카르도 등가정리는 모딜리아니-밀러(MM) 정리와 유사한 맥락
→ MM정리는 법인세가 없을 경우 기업의 재무정책은 기업의 가치에 영향을 미치지 않는다는 것
⑤ RET가 성립시 현재세대가 부담(미래세대의 부담은 없음)
⑥ 이자율에 아무런 변화가 없고, 구축효과도 안 나타남

예시문 학습

리카르도 대등정리는 다음과 같은 문장으로 정리할 수 있다.

"국채는 미래세대의 조세부담을 의미한다. 합리적인 경제주체들은 미래의 조세부담을 정확하게 예상하여 미래세대를 위해서 그만큼 더 많은 유산을 남겨준다. 따라서 현재 그들의 소비는 그만큼 감소하게 되고, 그 결과 미래세대의 사람들은 유산의 증가와 조세부담의 증가가 정확히 일치하게 된다. 그렇다면 공채 발행은 총수요에 어떠한 영향도 미치지 않게 되고, 민간부문의 경제활동에도 아무런 영향이 없게 된다."

리카르도 대등정리의 문제를 풀 때는 "아무 영향이 없다"고 생각하면 된다. 이자율도 오르지 않고, 총수요도 변화가 없게 된다. (단, 하나 변하는 것이 있으면 현재소비는 줄고, 미래소비를 증가하는 식으로 전체 총수요의 내역은 변한다.)

정답 ①

23	중요도	★★★★★	난이도	★★★
	출제 포인트	공공요금		

▶ **다음은 공기업에서 제공되는 서비스의 가격책정 방식에 대한 설명이다. 타당하지 않은 것을 고르시오.**

① 가스공사의 수요의 가격탄력성이 전화공사의 수요의 가격탄력성보다 작은 경우 가격이 한계비용과 괴리되는 상대적 비율은 가스서비스의 경우가 전화서비스의 경우보다 더욱 커야 한다.
② 공공요금을 부과하는 주된 목적은 소득재분배를 통한 효용의 증진에 있다.
③ 적정 공공요금 모형에서 단기적인 측면에서 기존시설을 이용하는 경우에는 경제적 지대를 획득할 수 있다.
④ 시설용량이 제한되어 있는 문화예술 공간의 경우 적정 공공요금의 부과 단계는 최적 시설규모를 먼저 선택하고 한 후에 한계비용가격설정 원칙을 적용한다.
⑤ 이부가격제도(two-part tariff)는 소량의 소비자들에게 가입비가 묵시적인 장벽으로 작용하여 소비배제 결과를 초래할 수 있다.

핵심 학습

1. 공공요금 부과의 목적
(1) 효율성(주목적)
(2) 공평성 : 주목적이 아님
(3) 재정수입의 획득 : 아주 제한된 경우에만 추구
2. 시설부하에 따른 적정 공공요금이론
(1) 단기 : 기존시설 효율적 이용
① 시설 용량이 제한되어 한계비용곡선이 어느 정도 지나면 수직
② 경제적 지대 존재 : 가격이 한계비용을 초과하는 부분
(2) 장기 : 최적시설규모의 선택
① 규모수익불변(CRS) 전제 ⇨ $LAC=LMC$ 의미 　② 장기적인 관점에서는 $D=LMC$에서 가장 효율적
③ 최적 시설 규모를 먼저 선택하고, 최적 생산량을 결정하는 2단계 구조
3. 한계비용가격설정방식의 문제점(★★★)
(1) $MC = P$ (한계비용가격설정) : 효율적이지만, 적자(손실) 발생
(2) 대처방안
① 조세에 의한 충당 　② 평균비용 가격설정
③ 가격차별 이용(제2급 가격차별)
④ 이부가격제도 : 가입비 + 사용료
⇨ 가입비가 너무 비싼 경우 묵시적 진입 장벽으로 작용할 가능성 내포
4. 램지가격설정
① 일정한 재정 수입 + 효율성 상실 최소화
② 역탄력성 법칙 : 수요의 가격탄력성이 클수록 P를 MC에 가깝게 설정(∵ 가격탄력성이 작은 경우(필수품)는 더 높은 가격 부과)
③ 한계비용가격설정 원칙 포기

정답 ②

24	중요도	★★★★	난이도	★★
	출제 포인트	티부 모형		

▶ **다음은 지방재정과 관련한 티부가설에 대한 설명이다. 타당하지 않은 것을 고르시오.**

① 티부가설은 지방공공재와 관련한 선호의 시현 문제와 관련이 있다.
② 티부가설은 지방공공재 공급시 편익이 다른 지역으로 유출되는 경우 성립하지 않을 수 있다.
③ 발에 의한 투표는 개인이 효용을 극대화하는 지방 공공재와 조세의 조합을 제공하는 지역사회를 찾아간다는 것을 의미한다.
④ 넓게 보면 티부가설이 실패하는 경우는 사적재 시장이 실패하는 경우와는 차이가 있다.
⑤ 티부가설은 지역사회 간의 자유로운 이동, 자발적인 지역사회 형성, 효율적인 공공재 공급, 최적의 지역사회들 간의 관계를 설명한다.

핵심체크

티부가설 : 발에 의한 투표

핵심 학습

1. 분권화 정리(decenralization theorem)
지방공공재를 어느 단계의 정부가 생산하든 똑같은 비용이 든다면, 중앙정부가 모든 지역에 대해 일정한 양을 공급하는 것보다 각 지방정부가 스스로 판단에 따라 적절한 양을 공급하는 것이 더욱 효율적임
2. 완전일치상태
① 국가공공재의 성격을 갖는 경우에는 중앙정부가 공급의 책임을 지고, 지방공공재의 성격을 갖는 것은 지방정부가 맡는 방식으로 역할이 분담이 이루어져야 하는 원칙
② 각 공공재를 소비하는 사람들이 살고 있는 지역을 대표하는 정부가 그 공급의 책임을 맡도록 완벽하게 임무의 분담을 이룬 상태
3. 티부모형의 가정
다수의 지역사회가 존재/ 완전한 정보/ 완전한 이동성/ 규모수익불변/ 외부성 없음

예시문 학습

티부가설은 모든 사람들이 자신의 효용을 극대화하는 지방공공재와 조세의 적절한 조합을 제공하는 지역사회를 발로 선택한다는 것으로 선택의 과정에서 공공재의 공급량과 조세에 대한 자신의 선호를 표출한다는 의미를 함축하고 있다.

결국 경쟁시장은 파레토 효율적이라는 후생경제학의 제1정리와 매우 유사한 의미를 담고 있네요. 즉 보이지 않는 손에 의해서 사적재 시장의 효율성이 달성되는 것과 유사한 맥락으로 개별 지역사회는 경쟁을 통해서 개별소비자가 선호하는 지방공공재를 효율적으로 공급한다는 것이다.

따라서 티부가설이 실패하는 경우는 넓은 측면에서 볼 때 사적재 시장이 실패하는 원인과 유사합니다. 예를 들면 소수의 지역사회만이 존재하거나(독점), 규모에 대한 보수가 증가하는 경우(자연독점), 지방공공재의 공급이 외부효과를 창출하는 경우, 정부가 불완전하거나 불확실한 경우를 들 수 있다.

정답 ④

25	중요도	★★★★★	난이도	★★
	출제 포인트	조세의 공평성		

▶ **다음은 조세 부담과 관련한 공평성에 대한 논의이다. 타당하지 않은 설명을 고르시오.**

① 편익의 원칙에 의할 때 공공서비스의 소득탄력성이 1보다 크면 누진세가 되고, 1보다 작으면 역진세가 된다.

② 일반적으로 편익원칙에 따라 과세하는 것은 쉽지가 않고, 정부가 공급하는 재화나 서비스 중에서 사용재의 성격을 지니고 있어 배제가 가능한 경우에 한해서 편익원칙이 가능하다.

③ 밀(J.S. Mill)의 균등희생원칙은 소득에서 발생하는 효용의 크기를 측정할 수 있다는 기수성을 가정한다.

④ 균등절대 희생설에 따르면 한계효용의 소득탄력성이 1보다 작은 경우에 한해서만 누진성이 성립한다.

⑤ 소득의 한계효용이 일정한 경우에 균등절대 희생원칙인 경우는 역진적이고, 균등비례희생원칙은 비례적, 균등한계희생원칙은 판단이 어렵다.

핵심체크

누진성이 성립하는 경우
① 균등절대 희생설 : 한계효용의 소득탄력성이 1보다 큰 경우
② 균등비례 희생설 : 한계효용곡선이 우하향의 직선
③ 균등한계 희생설 : 한계효용 체감

핵심 학습

밀(J.S.Mill)의 균등희생의 원칙은 조세부담의 공평성 중에서 능력의 원칙과 관련이 있다. 특히 수직적 공평성과 관련해서 좀 더 큰 경제적 능력을 지닌 사람은 좀 더 많은 조세를 부담해야 한다는 기본 철학에 기반을 두고 있다.

이러한 철학에는 많은 사람들이 어느 정도 동의하고 있지만, 얼마나 조세부담이 누진적이어야 하는가에 대해서는 다양한 의견이 있을 수 있는데. 이때 대표적인 논의가 밀의 균등희생원칙이다. 바로 조세 부과로 인해 부담하는 희생의 크기(기수성 가정)가 동일해야 한다는 것이다.

예시문 학습

④ 균등절대 희생설에 입각하는 경우에는 한계효용의 소득탄력성이 1보다 큰 경우에 한해서 누진성이 성립한다. 이때 한계효용의 소득탄력성이 1보다 크다는 말을 그림으로 나타내면 소득이 증가함에 따라서 한계효용이 급격하게 감소해야 한다는 것이다.

→ 참고로 한계효용의 소득탄력성이 1보다 작은 경우 (예를 들어 수평인 경우) 절대적인 희생의 크기가 동일해지기 위해서는 모든 개인의 납세액이 동일해야 하므로, 역진적인 조세부담이 발생하게 된다.

정답 ④

26	중요도	★★★★	난이도	★★★
	출제 포인트	조세의 전가와 귀착		

▶ 다음은 조세를 부과했을 때 귀착에 대한 설명이다. 맞게 설명한 것은 무엇인가?

① 독점기업인 경우에는 항상 조세부담을 소비자에게 모두 전가할 수 있다.
② 완전경쟁시장에서 비용감소산업 산업인 경우에 조세가 100% 이상 소비자에게 전가될 수 있다.
③ 이윤세가 부과되면 전부 소비자에게 조세부담이 귀착된다.
④ 완전경쟁시장에서 토지에 대해 과세를 하면 전부 조세부과 발표시점에 토지 구입자가 부담한다.
⑤ 수요곡선이 우하향하는 독점시장에서 한계비용곡선이 수평인 경우 소비자는 조세부과 크기의 2/3를 부담한다.

예시문 학습

① 독점기업이라고 해도 항상 조세부담을 모두 소비자에게 전가시킬 수 있는 것은 아니다. 왜냐하면 수요곡선이 수직인 경우가 아니면 수요자(소비자)들도 어느 정도 협상력을 지닐 수 있기 때문이다.
② 비용체감산업인 경우에는 산업전체의 생산량이 증가할 때 생산비가 하락하게 되고, 그 결과 공급곡선은 우하향하는 형태를 지니게 된다. 이때는 조세의 부과로 인해서 가격상승 폭이 조세액보다 더 크게 증가할 수 있기에 소비자는 100% 이상 부담할 수 있다.
(※주의해야 할 점은 만일 공급곡선이 우하향하는데 너무 크게 우하향해서 수요곡선보다 기울기가 더 가파르게 되면 오히려 역으로 생산자가 100% 이상 조세부담을 지게 되는 수가 있습니다. 간단한 그림을 통해서 체크)

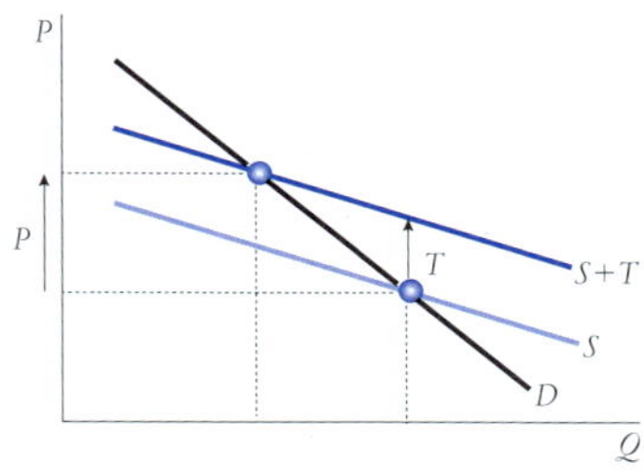

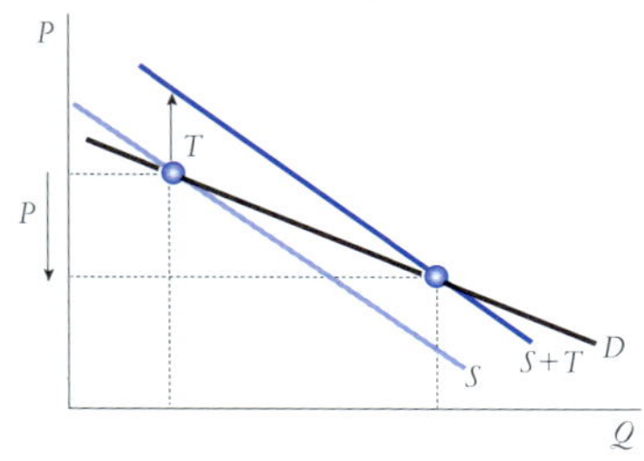

③ 이윤세가 부과되면 조세 납부 후에도 이윤극대화 생산량은 조세 부과이전과 달라지지 않는다. 따라서 가격도 변하지 않게 되어 소비자에게 전혀 전가가 되지 않고 전부 기업(생산자)이 부담하게 된다. 만일 완전경쟁시장에서 장기의 경우 경제적 이윤이 0이 되므로 이윤세 납부액도 0이 되고, 생산자와 소비자 모두 이윤세를 부담하지 않고, 정부의 조세수입도 없다.
④ 토지에 조세를 부과하는 경우 "조세의 자본화"라고 한다. 조세의 자본화란 토지에 대해서 조세가 부과되면 납세액의 현재가치만큼 토지의 가격이 바로 하락하는 것을 말한다. 이때 조세 전부가 조세부과 발표되는 시점의 토지 소유자에게 전부 귀착된다.
⑤ 유명한 지문이다. 수요곡선이 우하향의 직선인 독점시장에서 한계비용(MC)이 일정하다면 조세액의 절반(1/2)만이 소비자에게 전가된다. (※ 간단한 그림을 통해서 확인할 수 있느니 시도해 볼 것!)

정답 ②

27	중요도	★★★★	난이도	★★
	출제 포인트	최적 소득세		

▶ 다음은 최적 소득세에 대한 설명이다. 타당하지 않은 것을 고르시오.

① 소득세가 최적과세가 되기 위해서는 효율성 측면에서 초과부담이 최소화되어야 하고, 공평성 측면에서 소득에 따라 적정한 차등과세가 이루어져야 한다.
② 선형누진세는 한계세율이 일정하면서 소득이 증가할수록 조세부담이 커지는 조세이다.
③ 선형누진세에서 소득분배의 공평성을 높이기 위해서 정액보조금의 크기를 인상하면 동일한 액수의 조세수입을 얻기 위해서 세율인상을 해야 한다.
④ 최적 소득세율에 대한 스턴의 연구에 의하면 여가와 소득간의 대체탄력성이 클수록 최적 한계세율은 높아진다.
⑤ 비선형소득세에 대한 연구결과는 최고소득구간에 대해 0의 한계세율을 적용하면 파레토 개선이 이루어진다고 하였다.

핵심체크

최적소득세 : 효율성과 공평성의 조화

핵심 학습

1. 최적 소득세 목적
효율성 + 공평성
(효율성은 초과부담이 극소화되는 것이고, 공평성은 소득에 따라서 적정하게 차등해서 과세해야 한다는 의미)
⇨ 물품세는 재화에 부과되는 조세이므로 공평성을 고려하기 어려움

2. 최적선형소득세
(1) 선형누진세 : 한계세율이 일정하고, 평균세율이 상승
(2) 공평성과 효율성의 상충관계 : 공평성을 높이기 위해서 정액 보조금의 크기를 인상하면 동일한 액수의 조세수입을 얻기 위해서는 세율인상이 불가피

3. 최적비선형 소득세
소득수준이 높아질수록 한계세율도 높아지는 것
⇨ 최고소득구간에 대해서는 0의 한계세율을 적용하는 것이 최적
이 경우 조세수입은 이전과 동일한데 최고소득자의 효용수준은 상승하기 때문에 파레토 개선이 됨

4. 스턴의 연구
(1) 가정 : 여가와 소득에 대한 선호가 동일하고, 여가와 소득간의 대체탄력성이 일정하다는 가정을 전제
(2) 결론
① 평등성에 대한 선호가 강할수록 → 더 높은 세율 요구
② 소득과 여가간의 대체탄력성이 높을수록 → 더 낮은 세율 요구
③ 공평에 대한 사회적 선호가 클수록 → 더 높은 세율 요구

예시문 학습

스턴은 1976년 최적 선형누진세 모형을 세우고 적절한 계수들의 값을 가정해 최적선형누진세의 세율을 계산했다. 결론은 평등성에 대한 선호가 강할수록 더 높은 세율이 요구되고, 소득과 여가간의 대체탄력성이 클수록 더 낮은 세율을 부과하게 된다.

정답 ④

28	중요도	★★★★★	난이도	★★★★★
	출제 포인트	하버거 모형(조세 부과 일반균형모형)		

▶ **노동과 자본을 투입해서 X재와 Y재를 생산하는 하버거의 일반균형모형에서 X재는 노동집약적이고, Y재는 자본집약적으로 생산되고 있다. 두 재화의 생산기술은 규모수익불변이고, 노동과 자본의 총공급량은 고정되어 있다고 하자. 두 재화를 생산하기 위한 노동과 자본의 이동은 자유롭고, 두 생산요소 모두 완전고용된 상태이다. 생산물 시장과 생산요소 시장은 완전경쟁적이고, 기업은 이윤극대화를 추구하고 있으며, 소비자는 효용극대화를 추구하고 있다. 이때 정부는 X재 생산에 투입되는 자본에 대해서만 조세를 부과하는 경우 일반균형모형하에서 발생할 것으로 예상되는 현상으로 적절하지 않은 것을 고르시오.**

① X재 산업에 고용되어 있는 자본에 대해서 조세가 부과되면 X재의 가격상승으로 인해서 X재의 소비와 생산이 감소한다.
② 산출효과는 과세된 부문의 요소집약도에 의해서 결정되고, 조세가 부과된 부문에 집약적으로 사용되는 생산요소의 상대가격을 항상 낮추는 방향으로 작용한다.
③ 요소대체효과는 조세가 부과된 생산요소인 자본의 상대가격을 항상 낮추는 방향으로 작용한다. 산출효과에 의한 요소의 상대가격의 변화는 노동과 자본의 요소집약도의 차이가 클수록 크게 변화한다.
④ X재 산업의 자본에 조세가 부과되면 X재 산업에서의 요소집약도($\frac{K}{L}$)가 하락하고, Y재 산업에서는 요소집약도가 커진다.
⑤ 노동집약적인 X재 산업의 자본에 과세를 하게 되면 궁극적으로 자본의 상대가격이 하락하게 된다.

핵심체크

부분요소세 : 산출효과+요소대체효과

핵심 학습

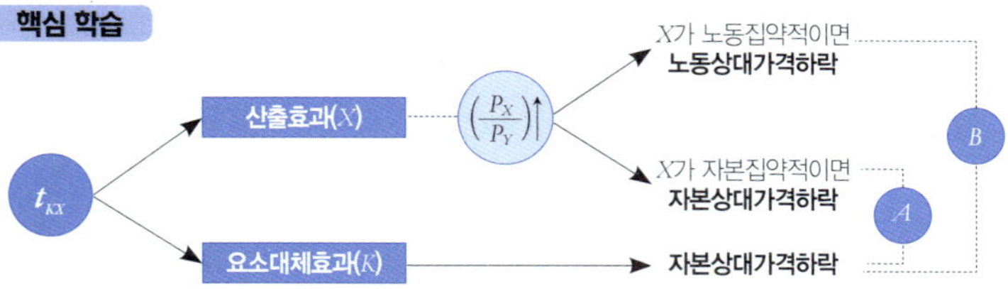

※ 요소의 상대가격(w/r)의 변화가 커지는 경우
① 요소집약도의 차이가 클수록 ② 수요의 가격탄력성이 클수록 ③ 대체탄력성이 작을수록

예시문 학습

⑤에서 X재가 노동집약적일 때, X재의 자본에 과세를 하게 되면 산출효과에 의해서는 노동의 가격이 하락하게 되고, 요소대체효과에 의해서는 자본의 노동의 상대가격이 상승하게 된다. 따라서 대체효과와 소득효과가 상반된 방향이므로 총효과는 불분명하다.

정답 ⑤

29	중요도	★★★	난이도	★★★★
	출제 포인트	초과부담과 조세수입		

▶ **다음은 종량세와 초과부담과의 관계, 그리고 종량세와 조세수입과의 관계를 나타낸 것이다.**

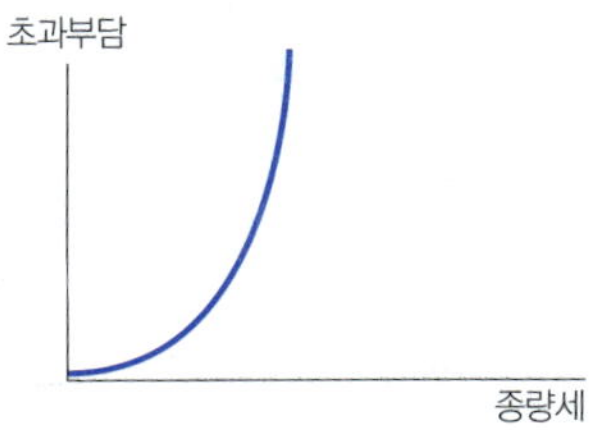

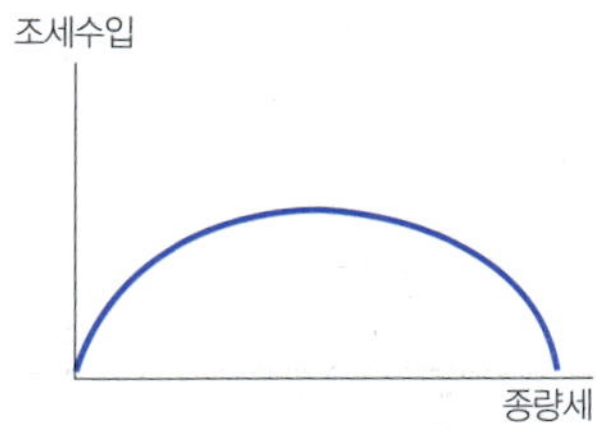

위의 두 그림을 이용하여 종량세가 높아짐에 따라서 추가적으로 조세를 거둘 때 추가로 발생하는 초과부담은 어떻게 되겠는가?

①
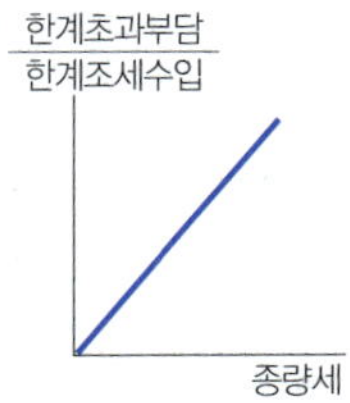

②
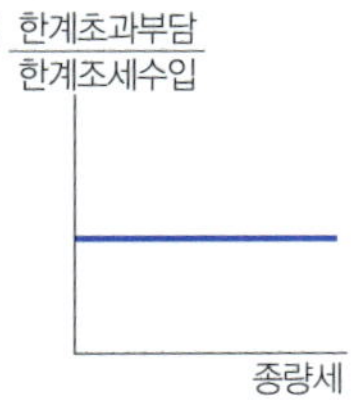

③
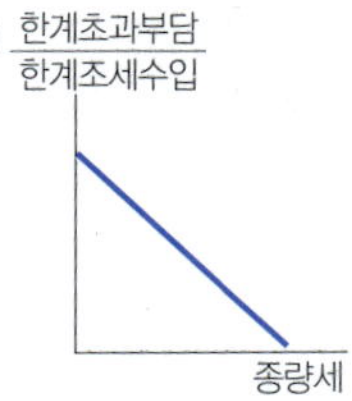

④
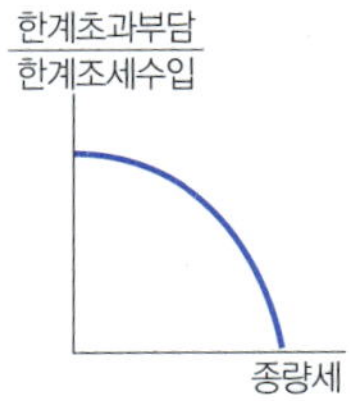

⑤
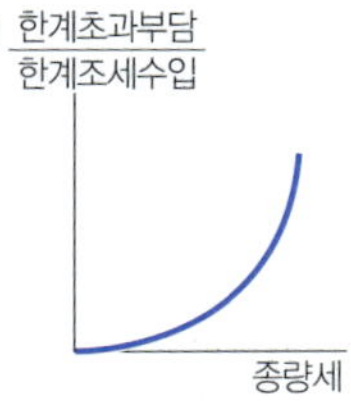

예시문 학습

종량세와 초과부담의 관계 그리고 종량세와 조세수입의 관계를 이용해 보면 종량세가 높아질수록 조세수입은 작아지는데 초과부담은 커지고 있으니 쉽게 ⑤를 답으로 구할 수 있을 것이다.

정답 ⑤

30	중요도	★★★	난이도	★★★★
	출제 포인트	조세의 초과부담		

▶ 수요곡선은 우하향하는 직선이고 공급곡선은 수평이라고 하자. 초기균형점에서 수요의 가격 탄력성이 2라고 할 때, 단위당 25%의 물품세를 부과하였다. 이때 거래량이 100단위로 감소하게 되었고, 정부의 세수는 25,000이라고 하자. 이때 초과부담은 얼마가 되는가?

① 10,000
② 12,500
③ 15,000
④ 17,500
⑤ 20,000

핵심체크

초과부담 : $\frac{1}{2}$(수요탄력성)(세율)^2(판매액)

핵심 학습

1. 초과부담의 정의
① 초과부담 = 조세의 실제부담의 크기 - 조세 징수액
② 조세가 민간부문의 의사결정을 교란해 발생하는 효율성 상실의 크기
2. 초과부담 발생원인 : 민간부문의 선택에 교란 발생(대체효과)
3. 시장 차원에서 초과부담 측정
(1) 단일 상품 경우 : $EB = -\frac{1}{2}tP\Delta Q = \frac{1}{2}t(-\frac{\Delta Q}{\Delta P}\cdot\frac{P}{Q})Q\Delta P\frac{P}{P} = \frac{1}{2}t^2\varepsilon_P S$
(2) 다상품 경우 : 두 시장 간의 대체관계와 보완관계를 고려해서 판단해야 함
4. 개인 차원에서 초과부담 측정 : 동등변화에서 조세수입을 차감한 크기로 측정
→ 무차별곡선이 L자인 경우에는 대체효과가 없어 초과부담도 없음

예시문 학습

문제의 상황을 그림으로 간단히 나타내면 다음과 같이 된다.

조세를 부과한 후에 거래량이 100이 되었고, 정부의 조세 수입(크기 B)이 12,500일 때, 단위당 물품세의 세율이 25%이기 때문에 조세 부과전의 가격은 1,000임을 알 수 있다. (조세 부과전의 가격이 1,000인데, 25%의 세율을 적용하니까 1,250이 되어 정부의 조세수입 B의 크기는 12,500이 된다.)

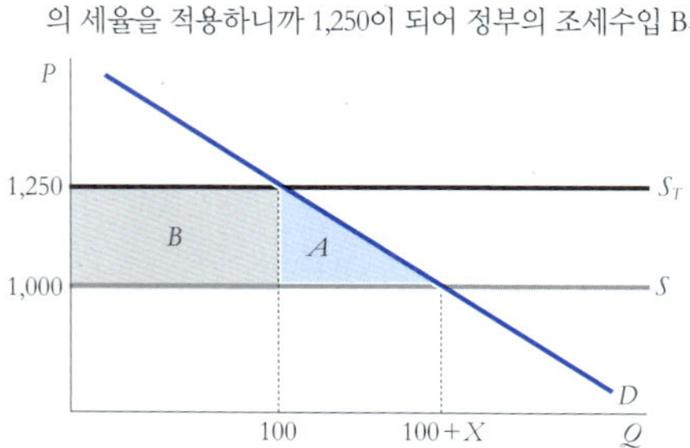

이때 원래 초기의 균형점에서 가격탄력성이 2라고 했으므로, 탄력성의 공식에 넣으면, 공식에 넣으면 $\varepsilon = 2 = \frac{\frac{X}{100+X}}{\frac{250}{1,000}}$, $X = 100$이 되고 그 결과 초과부담(A)은 $\frac{1}{2}\times 100\times 250 = 12,500$이 된다.

정답 ②

31	중요도	★★★★★	난이도	★★★
	출제 포인트	가격효과와 초과부담		

▶ **다음은 조세의 초과부담에 대한 설명이다. 틀린 것을 고르시오.**

① 물품세가 부과된 이후에 구입량이 불변이면 대체효과와 소득효과가 서로 방향은 반대이고, 크기는 같은 경우로 초과부담은 발생한다.

② 세율이 높아지면 조세부과에 따른 후생손실의 크기는 세율의 제곱에 비례해서 커진다.

③ 물품세 부과시의 초과부담은 동등변화(equivalent variation)에서 조세수입을 제거한 크기로 측정할 수 있다.

④ 두 재화가 완전보완재 관계에 있는 경우에는 소득효과가 0이기 때문에 초과부담이 발생하지 않는다.

⑤ 수요의 가격탄력성이 클수록 조세부과로 인한 민간부문의 의사결정 왜곡이 크게 나타난다.

핵심 학습

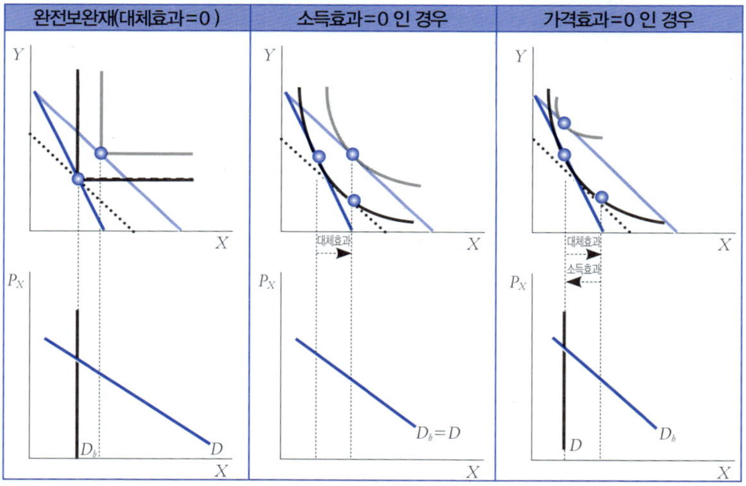

예시문 학습

완전보완재의 경우에는 대체효과가 0가 되는 경우로 이 경우 초과부담이 발생하지 않는다. 보기 지문 중에서 ①번은 매우 유명한 지문이니까 잘 살펴서 이해하시기 바란다. 물품세가 부과되었을 경우 구입량이 불변일지라도 대체효과가 존재하면 초과부담은 발생한다고 보아야 한다. 만일 물품세가 부과되었을 경우에 보상수요곡선으로 측정한 구입량이 불변이라고 하면 이때는 보상수요곡선이 수직이 되고, 대체효과가 없다는 의미이므로, 초과부담은 존재하지 않는다고 할 수 있다. 초과부담의 공식은 $EB=\frac{1}{2}t^2\varepsilon_P PQ$이므로, ① 세율의 제곱에 비례 ②가격탄력성에도 비례 ③ 거래량에 비례한다. 이때 비효율성 크기는 $\frac{1}{2}t\varepsilon_P$이다.

정답 ④

32	중요도	★★★★★	난이도	★★★
	출제 포인트	최적 조제		

▶ **다음은 최적 과세론에 대한 설명이다. 타당하지 않은 것을 고르시오.**

① 램지 법칙을 이용하면 노동과 보완성이 있는 재화에 대해서 여가와 보완성이 있는 재화보다 더 높은 세율로 과세하는 것이 효율을 증가시킨다고 한다.

② 램지조세는 상대적으로 저소득층이 소비하는 재화에 높은 세율을 적용함으로써 소득재분배에 오히려 역행하는 결과를 낳는다.

③ 램지조세는 효율만 고려하지만 최적 소득세는 효율과 공평을 함께 고려한다.

④ 최적 소득세는 소득이 증가함에 따라서 한계세율이 항상 증가하는 것은 아니다.

⑤ 누진적 선형소득세의 예산선은 비례적 소득세의 예산선을 보조금의 크기만큼 상방으로 평행이동시킨 것과 같다.

핵심체크

최적물품세(효율성)+최적소득세(효율성+공평성)

핵심 학습

최고소득자의 한계세율이 0일 경우

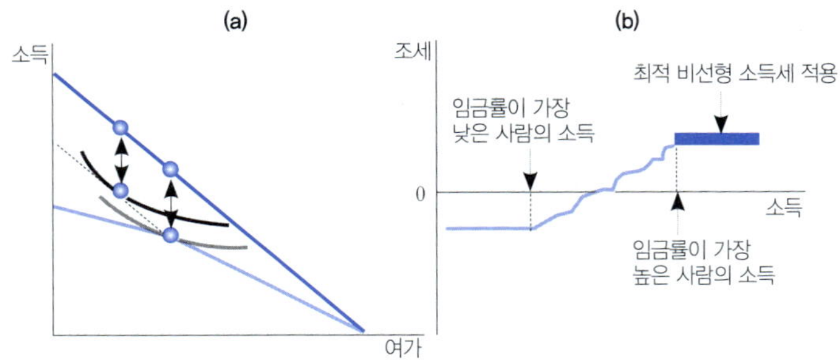

① (a)에서 최고소득자에게 낮은 한계세율을 적용할 경우 그의 효용도 증가하고, 조세수입도 증가함

② (b)에서 한계세율은 항상 1보다 작으므로, 접선의 기울기는 어느 곳에서나 1보다 작음

③ (b)에서 임금률이 가장 낮은 사람과 가장 높은 사람에 대한 한계세율은 0이므로 접선의 기울기는 0가 됨

예시문 학습

콜렛-헤이그 원칙은 여가와 보완성이 있는 재화에 더 높은 과세를 하여 간접적으로 여가에 과세하려는 시도를 한 것이다. 여가는 관찰이 가능한 변수가 아니므로 여가에 직접 과세할 수 없게 되고, 그 결과 스키용 장비와 같이 여가소비를 억제할 수 있는 재화에 높은 과세를 하여 노동공급을 증가시키는 것이다.

③ 최적 물품세의 경우는 효율성만 고려하지만, 최적 소득세는 효율성과 공평성을 같이 고려한다.

④ 최적 소득세 중에서 최적 비선형 소득세의 경우는 한계세율이 항상 증가하는 것은 아니고 최고소득자에게는 한계세율을 0로 정하게 된다.

정답 ①

33	중요도	★★★	난이도	★★★
	출제 포인트	이자소득세		

▶ **다음은 이자소득세가 저축에 미치는 영향에 대한 설명이다. 타당하지 않은 것을 고르시오.**

① 이자소득세가 부과된 이후에 대출이자율이 하락한 것은 현재소비의 상대가격이 떨어진 것을 의미한다.

② 이자지급액을 공제해 주지 않은 이자소득세는 저축이자율은 떨어뜨리지만, 차입 이자율에는 영향을 주지 않는다.

③ 이자소득세가 부과될 경우에 저축이 감소하지 않았다면 초과부담은 없다.

④ 이자소득세가 대출자에게만 부과되었다고 할지라도 차입자도 조세부담을 지게 된다.

⑤ 이자지급액을 소득공제해 주는 이자소득세는 대출자에게 과세하여 차입자에게 보조금을 지급하는 효과를 지니게 되어, 과세 전 차입자와 대출자가 동일한 세율의 적용을 받고 있었다면 조세수입은 0이 된다.

핵심 학습

이자소득세가 부과될 경우에 저축이 감소하는가 아닌가는 대체효과와 소득효과의 크기에 달려있다. 따라서 대체효과가 소득효과가 방향은 반대방향이지만, 크기가 같아서 저축이 변함없는 경우라고 할지라도 초과부담은 존재한다. 왜냐하면 초과부담은 대체효과가 존재하는가의 여부에 따라 결정되는 것이지 저축의 변화와 관계가 없기 때문이다.

예시문 학습

보기의 지문을 보면

① 하단의 그림에서 보여주고 있듯이, 이자소득세가 부과되는 경우에 예산선의 기울기가 완만하게 되었다는 것은 현재소비의 가격이 하락했다는 것을 의미하고, 그 결과 현재소비가 증가한다. 뒤집어 이야기하면 저축은 감소한다는 것을 말한다.

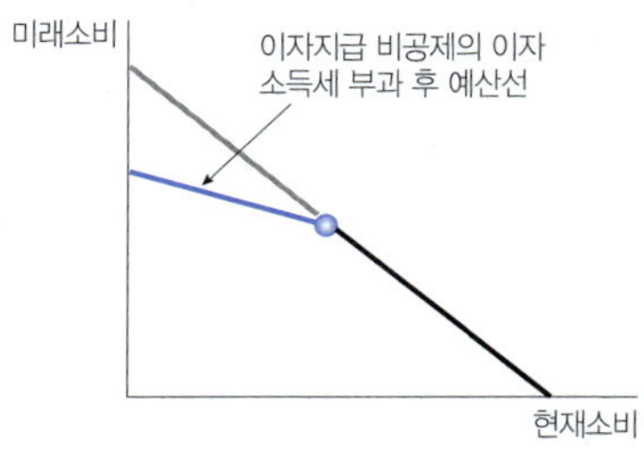

대체효과 현재소비 ↑
소득효과 현재소비(정상재) ↓ (∵ 실질소득감소)
∴ 예측불가

② 이자지급액을 공제해 주지 않는 이자소득세의 경우는 차입 이자율에는 영향을 받지 않아서 예산선이 그대로인데, 저축이자율만 떨어뜨리게 된다. 그러면 예산선이 결국 꺾이는 형태로 변한다.

③ 이자소득세 부과시의 효과를 단계별로 분석해보면(아무 이야기 없으면 저축자로 놓고 봐야 합니다.)

– 이자소득에만(근로소득세 ×) t세율로 소득세 부과

– 현재소비 기회비용(= 미래에 포기해야 하는 소비)

이자소득세 부과 → 현재소비 기회비용 낮춤

– 순이자율 $(1-t)r$로 하락

정답 ③

34	중요도	★★★	난이도	★★★
	출제 포인트	최적 탈세		

▶ **다음은 최적 과세를 위해서 고려해야 할 사항에 대한 설명이다. 틀린 것을 고르시오.**

① 세제 운용에 따른 비용 중에서 세무서 방문 비용이나 각종 서류 작성비용은 납세 협력비용에 속한다.
② 절세는 법의 테두리 내에서 이루어지는 합법적인 행위이다.
③ 탈세는 조세의 회피로 조세부담을 감소시키기 위해서 경제행위를 변경하는 것을 말한다.
④ 세율이 높아질수록 탈세에 따른 한계편익이 증가해 탈세액도 증가한다.
⑤ 탈세시 적발되었을 경우 벌금액이 커질수록 탈세액은 감소한다.

핵심체크

최적탈루소득 : 한계편익＝한계비용

핵심 학습

탈세모형

1. 가정 : 탈세 시도자의 목표는 기대소득의 극대화(위험 부담에 중립적 가정)
2. 모형
- 편익 : 탈세로 인해 줄어든 조세부담(한계세율 t) → 허위로 1원 낮추고자 신고시 얻을 수 있는 한계편익
- 비용 : 탈세 행위 적발시 추징금(벌금형태)
- 조세당국의 무작위적으로 감사를 받을 확률

벌금(θ)은 탈루소득의 크기(V)에 따라 부과 : $\theta=f(V)$

3. 분 석

① 탈루소득 1원이 증가시 기대할 수 있는 한계비용은 $\pi f'$ (π : 감사받을 확률, f' : 벌금률)
→ 탈루소득이 증가함에 따라 한계비용이 체증
② 탈세의 한계편익 : 높이가 t인 수평선 MB
탈세의 한계비용 : 우상향의 MC곡선

4. 결 론

① 납세자가 숨기려는 소득의 크기는 한계세율, 감사받을 확률, 벌금률에 의해 결정
② 탈세의 한계비용을 높이기 위해서는 감사의 확률(π)를 높이거나, 벌금률(f')을 높여야 함

예시문 학습

① 세제운용에 따른 비용으로 징세비용은 정부가 조세를 부과하거나 징수하는 데 소요되는 행정비용으로 세무서 운영비용이나 세무공무원에 대한 임금이 해당한다. 반면 납세협력비용은 납세자가 조세를 납부하는 데 소요되는 비용으로 세무서를 방문하거나 납세를 위한 각종 서류를 작성하는 데 들어가는 비용을 말한다. 일반적으로 조세체계가 복잡할수록 징세비용과 납세협력비용은 증가하고, 세무행정 규모가 커질수록 징세비용은 증가하지만 납세협력비용은 감소한다.
② 절세는 조세회피(tax avoidance)라고도 하며 조세가 부과되었을 경우에 경제주체들이 자신의 조세부담을 감소시키기 위해서 경제행위를 변경시키는 것(합법적)을 말한다.
③ 반면 탈세는 조세포탈(tax evasion)이라고도 하며 납부해야 할 조세를 기피하는 불법적인 행위를 말한다. 납세자가 허위로 자신의 소득을 낮추어 신고하는 경우가 해당된다.

정답 ③

35	중요도	★★★★★	난이도	★★★
	출제 포인트	부가가치세		

▶ **다음은 부가가치세에 대한 설명이다. 타당하지 않은 것은 무엇인가?**

① 부가가치세의 과세베이스는 소매단계에 부과되는 일반 판매세와 과세베이스는 동일하다.
② 부가가치세는 법적으로는 소비자에게 귀착된다. 그러나 실제 경제적 귀착은 부가가치세에 대해서 경제가 어떻게 반응하는가에 따라서 달라진다.
③ 전단계세액공제방식에서 영세율이 비과세효과를 가지려면 중간 소비단계에 적용되어야 한다.
④ 전단계세액공제방식에서 최종 소매단계의 세율이 소매판매세의 세율과 같으면 소비자가 내는 세액도 같아진다.
⑤ 최종 단계 이전에 면세가 적용되면 면세적용단계 이전 단계의 세액만큼 최종소비자의 납세액이 오히려 늘어난다.

핵심 학습

1. 전단계세액공제
 매출액×세율－전단계납부세액
2. 면세
 매출액×0%
3. 영세율
 매출액×0%－전단계납부세액
 (전단계납부세액환급)

예시문 학습

③ 일반적으로 전단계세액공제방식에서 최종 소매단계 이전에 할증세율이나 경감세율이 적용되는 경우에는 실제 소비자가 내야 할 세액은 영향을 받지 않는다.

왜냐하면 전단계세액공제방식에서는 현단계의 세액이 다음 단계에서 그대로 공제되기 때문이다. 이때 실제로 소비자가 최종적으로 내는 부가가치세액은 최종 소매단계의 매출액에 그 단계에서의 세율을 곱한 금액으로 결정된다. 영세율은 경감세율의 일종으로 비과세효과를 가지기 위해서는 최종소매단계에 적용되어야 한다. 이때 최종 소매단계에서의 납세액이 0이 될 뿐만 아니라 전단계 세액을 모두 돌려받기에 다른 경감세율과 마찬가지로 영세율이 최종단계 이전에 적용되면 소비자의 납세액에는 아무런 영향을 주지 못한다.

정답 ③

36	중요도	★★	난이도	★★★★★
	출제 포인트	조세의 동등성		

▶ **여러 조세들 중에서 장기적으로 볼 때 그 경제적 효과가 같은 경우를 동등성이 성립한다고 한다. 다음 중에서 동등한 조세라고 보기 어려운 것은 무엇인가?**

① 비례적 개인 지출세와 이자소득이나 기타 자본에 대한 보수에 과세하지 않는 비례적 소득세
② 비례적 개인 지출세와 저축에 과세하지 않는 비례적 소득세
③ 평생소득에 대한 과세와 평생소비에 대한 조세
④ 개인 지출세와 투자에 과세하는 부가가치세
⑤ 임금소득세와 이자소득에는 과세하지 않고 이자지급도 소득에서 공제해 주지 않는 소득세

핵심 학습

비례적 개인지출세 = 일반 판매세
= 이자소득이나 기타 자본에 대한 보수에 과세하지 않는 비례적 소득세
= 비례적 임금 소득세
= 저축에 과세하지 않는 비례적 소득세

예시문 학습

④ 투자에 비과세하는 부가가치세는 개인지출세와 동일하고, 투자에도 과세하는 부가가치세는 소득세와 유사하다. 문제의 보기 지문들을 잘 숙지하고, 추가적으로 동등성 조세를 더 설명하면

- 비례적 개인 지출세와 일반 판매세
- 비례적 개인 지출세와 비례적 임금소득세가 있다.

정답 ④

37	중요도	★★★★	난이도	★★★
	출제 포인트	법인세		

▶ **다음은 법인세와 관련한 내용이다. 설명으로 틀린 것을 고르시오.**

① 법인세는 자기자본에 의한 재원조달보다 타인자본에 의한 재원조달을 더욱 우대하는 결과를 초래하여 기업의 재무구조를 악화시키는 요인이 된다.

② 법인세는 법인부문과 비법인 기업의 자본에 대한 세제상의 차별을 초래하여 자원배분의 왜곡을 가져온다.

③ 법인세에서 이중과세를 해소하는 경우에 법인부문에 투자한 사람들은 일시적으로 자산의 가치가 하락한다.

④ 인플레이션이 발생하는 경우 선입선출법을 사용하는 기업은 세부담이 커진다.

⑤ 자기자본에 대해서 귀속이자를 비용으로 처리하는 것이 허용되고, 세법상 감가상각률과 경제적 감가상각률이 일치하는 경우 법인세는 경제적 이윤에 대한 과세가 된다.

핵심 학습

1. 법인세와 부채비율
차입금의 지급이자를 경비 처리→부채비율 상승
2. 법인세와 인플레이션
선입선출법에 의해 싼 제품을 비싸게 판매하여 이윤 증가→법인세 부담 증가
3. 법인세와 효율성
비법인부문의 우대→효율성 저해
4. 법인세의 성격
① 경제적 이윤과세(자기자본의 귀속이자 공제 허용)
② 자기자본과세(자기자본의 귀속이자 공제 불허)

예시문 학습

③ 법인부문에 이중과세가 존재하는 경우에는 비법인부문보다는 법인부문에 투자하는 사람들이 불리하게 된다. 따라서 반대의 경우로 이중과세 문제가 해결되면 당연히 법인 부분이 유리하게 되는 것이고, 이 말은 법인부문에 투자한 사람들은 자산가치가 높아진다.

정답 ③

38	중요도	★★★	난이도	★★★★
	출제 포인트	법인세의 통합		

▶ **다음은 법인세의 통합방식과 관련된 논의이다. 완전통합방식에 대한 설명을 고른 것으로 맞는 것은?**

> 가. 주주를 조합원으로 간주하여 법인이윤을 전부 주주에게 귀속시킨 후 소득세를 부과한다.
> 나. 법인세를 폐지하고 실현여부에 관계없이 자본이득에 대해서 과세한다.
> 다. 납세의무가 없는 공익단체에 대한 과세문제가 발생할 수 있다.
> 라. 배당되는 부분에 대해서만 이중과세를 조정한다.
> 마. 법인 소득에 대해서 법인단계에서 일단 과세한 후에 배당된 금액이 주주단계에서 다시 과세될 때 실제 배당액뿐만 아니라 배당분에 대해서 과세된 법인세 상당액을 과세표준에 가산하여 소득세를 계산한 후 귀속소득세를 소득세 산출액에서 세액공제한다.

① 가, 나, 다 ② 나, 다, 라 ③ 다, 라, 마 ④ 가, 다, 마 ⑤ 가, 다, 라

핵심 학습

법인세 통합
1. 완전통합 방식
(1) 조합방식(자본이득방식보다 우월)
① 법인 이윤을 주주에게 완전 귀착 후 소득세 부과
② 발생시점의 이윤에 조세가 부과되기 때문에, 이윤의 일부가 사내 유보될 경우 이를 반영한 주가상승은 자본이득 과세대상에서 공제되어야 함
→ 사내유보 증가분 중에서 개인이 차지하는 몫을 자본이득에서 빼주면 됨
③ [한계]
■ 실제 받지 않은 사내유보를 과세소득에 합산하는 것은 실현되지 않은 자본이득세 과세하는 것에 반대하는 것과 유사 논리임
■ 규모가 크고, 소유가 광범위하게 분산된 법인에 적응이 어려움
■ 납세 의무가 없는 단체(외국인, 장학재단, 공익단체)가 주주인 경우 적용 문제
(2) 자본이득방식
① 법인세를 폐지하고 현금소득 뿐만 아니라 실현여부에 관계없이 모든 자본이득에 동일한 세율로 과세하는 방식
→ 법인소득 중에서 배당되는 부분은 개인소득으로 나타나고, 사내유보되는 부분은 주식가격에 반영되어 자본이득으로 나타날 것임
② [한계] 법인단계에서 조세가 부과되지 않으므로, 투자세액공제와 같은 투자유인책은 주주에게 제공되거나 법인에게 보조금의 형태로 직접 지급되어야 함
2. 부분통합 방식 : 배당되는 부분 중에서 이중과세되는 측면이라도 제거하고자 함
(1) 배당합산방식 (2) 수취배당세액공제방식 (우리나라) (3) 지불배당공제방식

예시문 학습

(가), (나), (다)는 법인세의 완전통합방식을 설명하고 있다. (가)는 조합방식을 말하고, (나)는 자본이득 방식을 의미합니다. (다)도 조합방식을 설명하고 있다. (라)와 (마)는 부분조정방안 중의 하나인 귀속방법(그로스업, gross up)방식에 대한 내용이다. (※ 조합방식은 합명회사 방식이라고도 함)

정답 ①

39	중요도	★★★	난이도	★★★★
	출제 포인트	한계실효세율과 투자		

▶ **조세를 부과했을 때 투자에 미치는 영향에 대한 설명이다. 틀린 설명을 고르시오.**

① 가속상각을 허용하면 초기에는 납세액이 감소하고, 후기에는 납세액이 증가하지만 현재가치를 고려하면 총체적인 조세 부담액은 감소한다.
② 투자의 한계실효세율이 음(-)인 경우에는 정부가 투자소득에 대해서 보조금을 주는 것으로 조세는 투자에 긍정적인 영향을 미친다.
③ 세전수익률이 0.4이고, 세후 수익률이 0.2라고 할 때 한계실효세율로 인해 세전 투자 수익의 50%가 감소했다는 것을 의미한다.
④ 자기자본의 귀속이자를 포함한 모든 이자비용이 완전히 공제되고, 세법상 감가상각률과 경제적 감가상각률이 일치한다면 법인세는 투자를 촉진시키는 효과를 준다.
⑤ 법인세 부과로 투자가 촉진되기 위해서는 실효납세 후 자본비용이 과세전 자본의 사용자 비용보다 낮아져야 한다.

예시문 학습

① 투자를 촉진하는 방법 중의 하나로 가속상각제도를 이용하는 것이다. 법인세로 투자가 촉진되기 위해서는 자본의 사용자 비용을 낮추어야 하는데, 가속상각제도(accelerated depreciation)는 상각을 초기에 빠르게 한다. 이때 가속상각으로 초반기에 비용처리를 많이 하기 때문에 (명목)납세액은 감소하지만, 후반기에는 오히려 비용이 작게 계상되어 이윤이 크게 잡히게 되고, 그 결과 명목 납세액은 작아지게 된다. 그러나 현재가치를 고려하면 초기에 납세액 감소가 크기 때문에 전체적으로는 투자를 촉진하는 결과를 가져온다.

② 한계실효세율(marginal effective tax rat) 접근법은 세전수익률을 세후 수익률을 이용해서 다음과 같이 나타내는 경우이다.

$$실효세율=\frac{세전수익률-세후수익률}{세전수익률}$$

이때 한계실효세율이 높을수록 조세는 투자에 불리하게 작용한다. 만일 한계세율이 음(-)인 경우에는 (세전수익률-세후 수익률)<0이 되어 세금을 낸 후 수익률이 더욱 커지는 것을 의미한다. 이것은 정부는 보조금을 주는 것과 같은 효과가 있게 되어 조세는 투자를 촉진하는 결과를 가져온다.

③ 한계실효세율을 구하면 $\frac{0.4-0.2}{0.4}=0.5$가 되어 조세로 인해서 세전투자수익은 50%가 감소했음을 의미한다.

④ 법인세가 중립세의 조건을 갖추는 방법은 매우 중요하다.
첫째, 자기자본의 귀속이자를 포함한 모든 이자비용이 완전히 공제되고, 세법상 감가상각률과 경제적 상각률이 일치한다면 법인세 도입 이후에도 자본의 사용자 비용은 불변이 된다.
둘째, 자본재 구입비용을 즉시 상각하고, 이자비용공제를 허용하지 않는 경우에도 법인세 부과이후 사용자 비용은 변하지 않는 중립성이 성립한다. 이 경우 법인세는 투자에 중립적인 성격을 지닌다.
⑤는 한계실효세율이 음(-)인 것을 의미한다.

정답 ④

40	중요도	★	난이도	★★★★★
	출제 포인트	조세와 위험행위		

▶ **다음은 불확실성하에서 조세가 위험부담행위인 투자에 미치는 효과에 대한 설명이다. 다음의 표를 참고하여 물음에 답하여라.**

애코매니아는 현재 100만원을 투자하여 성공하면 40만원을 받고, 실패하면 20만원을 잃게 된다. 이때 조세가 없는 경우와 다양한 세율이 존재하는 경우가 표에 나타나 있다.

	투자	성공시 보수	실패시 손실	성공시 세율	실패시 세율
상황 1	100	40	–20	0	0
상황 2	100	40	–20	50%	50%
상황 3	200	80	–40	50%	50%
상황 4	200	80	–40	50%	0
상황 5	200	80	–40	75%	50%

① 성공과 실패시 세율이 50%가 된다면 투자자는 투자금액을 100만원에서 200만원으로 높이면 조세가 부과되지 않는 상황과 동일한 수익분포를 지닌다.
② 완전손실 상계가 이루어지는 경우에는 투자자 개인의 위험부담행위가 촉진된다.
③ 손실을 상쇄해주지 않는 [상황 4]의 경우는 위험수용행위가 증가하지 않지만, 누진적으로 조세를 부과하는 [상황 5]의 경우는 위험수용이 증가하게 된다.
④ 손실상계가 허용되지 않는 경우에 기대수익은 감소하나 위험의 크기는 불변이 된다.
⑤ 스티글리츠 위험 모형에서 절대위험기피 체증 유형의 경우는 조세가 부과시 위험부담행위가 촉진되나, 상대위험기피 체감 유형의 경우는 위험부담행위가 감소한다.

핵심체크

조세와 위험부담행위 모형 : 완전손실상계 허용 vs 부분손실상계 허용

예시문 학습

손실상계란 투자로 인해서 손실이 발생했을 경우에 세액의 일부를 환급하거나 공제해 줌으로써 손실분에 해당하는 조세부담을 감소시켜주는 것을 말한다. 문제의 표를 간단히 설명하면 다음과 같다.

	투자	성공시 보수	실패시 손실	성공시 세율	실패시 세율	납세후 순이득	납세후 순손실
상황 1	100	40	–20	0	0	4	–20
상황 2	100	40	–20	50%	50%	20	–10
상황 3	200	80	–40	50%	50%	40	–20
상황 4	200	80	–40	50%	0	40	–40
상황 5	200	80	–40	75%	50%	20	–20

- **완전손실상쇄제도를 적용하면서 세율이 50%인 조세를 도입하는 경우**

→ 투자금액을 100만원으로 그대로 유지하면서 (상황 2)처럼 납세 후 이득이 절반으로 줄지만 손실도 전반으로 줄어듬

- **완전손실상쇄제도를 적용하면서 투자를 200만원으로 증가시키는 경우**

→ (상황 3)이 되고, 순이득과 순손실의 수익분포는 (상황 1)과 같게 됨

∴ 투자자는 조세제도의 도입에 대응하여 위험자산에 대한 투자를 100만원에서 200만원으로 증가시켜 자신이 선호하는 조세부담이 없는 상태를 유지하려고 할 것임(위험 수용 증가)

- **(상황 4)처럼 실패시 세율이 0인 경우에 200만원을 투자해도 수익분포는 조세부과가 없는 (상황 1)보다 수익분포가 더 나빠짐**

→ 손실을 상쇄해주지 않으면 위험 수용이 증가하지 않음

- **(상황 5)처럼 성공시 보수는 75%로 하고, 실패시는 50%의 세율을 적용하게 되는 누진세의 경우도 (상황 1)보다 수익분포가 나빠짐→ 누진적일 경우 위험수용이 증가하지 않음**

⑤ 지문은 스티글리츠의 위험부담행위 모형이다. 내용이 어려우면 지문 ⑤만 혹시 모르니 그냥 암기해서 체크해두기 바란다.

정답 ③

저자 약력

장선구

성균관대학교 경제학과를 졸업하고 성균관대학원에서 경제학 박사학위를 취득하였다. 대학원 재학 중 BK21 경제사업단 지원으로 영국의 런던정경대(LSE), 미국의 버지니아텍(Virginia Tech Univ.), 네덜란드의 틸버그 대학교(Tilberg Univ.)에서 학술연수를 통해 학문적 소양을 높였다. 현재는 성균관대학교 경제학과 겸임교수로 재직 중이다. 짬을 내서 연세대학교에서 2013년과 2012년에 재정학을 정규강좌로 강의한 바 있고, 홍익대학교에서도 2011년과 2010년에 재정학을 정규강좌로 강의하였다. 현재 한국재정학회 종신회원이다. 저서로는 『WIDE 경제학』(2014, 3판)과 『경영학원론』(2009, 2판)이 있다.

박환재

경북대학교 경제학과를 졸업하고 미국 오하이오 주립대학에서 경제학 석사학위를, 미국 노스캐롤라이나 주립대학교에서 경제학 박사학위를 받았다. 현재 대구가톨릭대학교 경상대학 경제통상학 교수로 있다. 마르퀴즈 후즈 후(Marquis Who's who) 세계인명대사전과 세계 3대 인명대사전(Who's Who, IBC, ABI), 21세기 위대한 지성인 2000인(2000 Outstanding Intellectuals of the 21th Century-ABI, IBC)에 등재되었으며, 21세기 업적상(The 21st Century Award of Achievement-IBC)과 2006 세계선도교육자(Leading Educators of the World 2006-IBC), 올해의 국제교육자(International Educator of the Year 2006-IBC)로 선정되었다. 통계청 사무관, 오하이오 주립대학교와 캘리포니아 주립대학교 객원교수, 경제통상학회 이사, 산업경제학회 이사, 한국은행 대경본부 자문위원을 역임했으며, ABI 세계인명대사전 자문연구위원과 KDI 경제전문가 모니터위원, 각종 고시출제위원으로 활동하고 있다.

※ 공부하다 궁금한 사항이 있으면 이메일을 보내 주시기 바랍니다.
장선구(sunkujang@hanmail.net)
박환재(parkhj@cu.ac.kr)

저자와의
협의하에
인지생략

실전 재정학

2014년 2월 17일 초판 인쇄
2015년 2월 25일 초판 2쇄 발행

저　자 : 장선구 · 박환재
발행인 : 정　광　식
발행처 : **비앤엠북스**
서울특별시 금천구 가산디지털1로 70 B1-103
등　록 2004. 12. 29. / 제313-2004-00298호
전　화 2627-5710~13, 팩스 2627-5720
홈페이지 www.대학교재.net
이메일 bnmbook@daum.net

가격 30,000원　　ISBN 978-89-6821-017-4